高等学校国际经济与贸易专业主要课程教材

Guoji Jingji Hezuo
Lilun yu Shiwu

国际经济合作
理论与实务

卢进勇　杜奇华　赵囡囡　编著

高等教育出版社·北京
HIGHER EDUCATION PRESS　BEIJING

内容提要

　　各种形式的国际经济合作在当今国际经济中占有重要地位，其实质是生产要素在国际间的直接移动与重新配置。伴随着中国开放型经济的深入推进，对外经济合作业务必将获得更迅速的发展。

　　本书系统地分析了国际经济合作业务所涉及的国际直接投资、国际间接投资、跨国公司、利用外资、"走出去"战略与海外投资、国际工程承包、国际劳务合作、国际发展援助、国际技术转让、项目可行性研究、国际租赁和国际税收等问题，研究了国际经济合作的理论、主要方式、政策与作用，介绍了各类国际经济合作业务的操作程序和实用知识。

　　本书既适合于作为高等院校涉外经济、贸易、商务、金融、管理、法律、投资、政治和外交等专业学生的教材，也适合于相关企业与政府管理部门的人员使用。

图书在版编目（ＣＩＰ）数据

　　国际经济合作理论与实务 / 卢进勇，杜奇华，赵囡囡编著. -- 北京：高等教育出版社，2013.10
　　ISBN 978-7-04-038467-3

　　Ⅰ．①国… Ⅱ．①卢… ②杜… ③赵… Ⅲ．①国际合作-经济合作-高等学校-教材 Ⅳ．①F114.4

　　中国版本图书馆CIP数据核字（2013）第218952号

策划编辑	赵　鹏	责任编辑	赵　鹏	封面设计	于　涛	版式设计	童　丹
插图绘制	尹　莉	责任校对	胡晓琪	责任印制	张泽业		

出版发行	高等教育出版社	咨询电话	400-810-0598
社　　址	北京市西城区德外大街 4 号	网　　址	http://www.hep.edu.cn
邮政编码	100120		http://www.hep.com.cn
印　　刷	中国农业出版社印刷厂	网上订购	http://www.landraco.com
开　　本	787 mm×960 mm　1/16		http://www.landraco.com.cn
印　　张	30	版　　次	2013 年 10 月第 1 版
字　　数	540 千字	印　　次	2013 年 10 月第 1 次印刷
购书热线	010-58581118	定　　价	43.00 元

前　言

在当今国际经济中,除国际贸易和金融活动以外,还存在着各种形式的国际经济合作活动。从形式上来看,国际经济合作活动表现为不同的国际经济交往方式,但实质上是资本、技术、劳动力和经济信息等生产要素在国际间的直接移动与重新合理组合配置。各种生产要素的国际直接移动实现了各国(地区)之间生产要素数量、质量和种类方面的互补,使国家间经济关系的重心由传统的流通领域进入到生产领域,使各国原本相互独立的生产过程走向一体化和国际化,从而加快了国别经济和世界经济的发展。

伴随着中国开放型经济的深入推进,中国经济的国际化程度不断提高,我们不仅要"引进来",还要"走出去",不仅要大力发展对外贸易业务,而且要大力发展对外经济合作业务。目前,国际经济合作业务涉及的范围主要包括国际直接投资、国际间接投资、跨国公司、利用外资与海外投资、国际工程承包、国际劳务合作、国际发展援助、国际技术转让、项目可行性研究、国际租赁和国际税收等。国际经济合作既是一项新的业务,也是一门新的课程。本书既研究和分析了国际经济合作的理论、政策与主要方式,也介绍了各类国际经济合作业务的操作程序和实用知识。

笔者和杜奇华教授从事国际经济合作教学与科研工作已近30年,一直致力于推进国际经济合作教学与研究事业的发展。1991年我们参与编写王世浚教授主编的《国际经济合作概论》,该书被指定为1991年"全国经贸知识大奖赛"参考书,并于1993年获中国社会经济决策咨询中心"最高决策咨询奖"一等奖;1993年笔者与储祥银教授等合著《国际经济合作原理》,该书于1994年获北京市高等学校第三届哲学社会科学中青年优秀成果奖,并于1995年获对外经贸大学优秀教材二等奖;1993年笔者与邱年祝、李康华、严思忆教授合著《国际经济技术合作》,该书被原外经贸部指定为全国大中型外经贸企业经理岗位培训教材;1997年我们再次参与王世浚教授主编的《国际经济合作理论与实务》一书的编写,该书被指定为全国外经贸行业大中型企业领导人员工商管理培训教材。2009年,我们一起讲授的"国际经济合作"课程荣获"北京市高等学校精品课程"。

本书由对外经贸大学卢进勇教授、杜奇华教授和青岛大学赵囡囡博士共同撰写。卢进勇负责撰写第一章、第二章、第三章、第四章和第五章,杜奇华负责撰写第六章、第七章、第八章和第九章,卢进勇、杜奇华和赵囡囡共同负责撰写第十章、第十一章、第十二章和第十三章。在编写本书的过程中,黄珊珊、闫实强、李锋、李秀娥、温丽琴、张超、裴秋蕊、陈静、邵海燕、邹赫、田云华等协助收集了一些资料,在此表示诚挚的谢意。

在本书即将付梓出版之时,我们要特别感谢高等教育出版社有关编辑对本教材编写与出版工作给予的多方面帮助。

本书既适合作为高等院校涉外经济、贸易、金融、管理、法律、投资、政治和外交等专业学生的教材,也适合相关企业与政府管理部门的人员使用。我们衷心希望本书的出版能为国际经济合作课程的教学和国际经济合作事业的发展添砖加瓦。限于作者的学术水平和实际经验,书中难免存在不足或错误之处,恳请各位广大读者不吝赐教。

卢进勇

2013 年 1 月 28 日

目　录

第一章
国际经济合作总论

　　第二次世界大战以后,随着科技革命的发展和国际分工的深化,国际经济合作为一种新型的国际经济交往方式开始出现并取得了迅速的发展。当前,国际经济合作已成为国家间经济交往的重要内容之一,它有力地推动了参与合作国家国民经济的增长和整个世界经济的发展。本章首先论述了国际经济合作的概念与含义,然后对国际经济合作的类型与方式以及国际经济合作产生的原因和发展的趋势进行了分析,同时还分析了开展国际经济合作所能起到的作用,最后阐述了生产要素的国际移动与国际经济合作的内在联系,以及围绕生产要素国际移动方面一些其他问题。通过本章的学习,学生应对国际经济合作的基本概念和理论有一个概括性的了解与把握,从而为后面的学习打下良好的基础。

　　Since the World War Ⅱ, with the development of science and technology and the deepening of international labor division, International Economic Cooperation has emerged and quickly developed as a new method of international economic communication. International Economic Cooperation now plays a critical role in international communication and significantly pushes the economic growth of participating countries as well as the whole world. This chapter firstly introduces the definition of International Economic Cooperation, and then focuses on its types, patterns, causes, trends and significances. At the end it illustrates the internal relationship between the flow of factors of production and International Economic Cooperation as well as some relevant questions. By studying this chapter, students are expected to get a general idea about the concept and theories concerning International Economic Cooperation, so to lay a sound foundation for future studies.

第一节　国际经济合作的概念与含义

一、国际经济合作的概念

国际经济合作是指世界上不同国家(地区)政府、国际经济组织和超越国家界限的自然人与法人为了共同利益,在生产领域和流通领域(侧重生产领域)内所进行的以生产要素的国际移动和重新合理组合配置为主要内容的较长期的经济协作活动。

国际经济合作与世界经济、国际贸易等相关学科一样,也是研究国际经济关系的学科之一,但各自研究的重点不同。国际经济合作着重研究国家间在生产领域所进行的经济协作活动,即发生在生产领域中的以生产要素国际移动为本质内容的经济关系的特点和规律。

二、国际经济合作的含义

根据上述概念可以看出国际经济合作具有以下几个方面的含义。

(一) 国际经济合作的主体是不同国家(地区)政府、国际经济组织和各国的企业与个人

它们之间的合作超越国界,不同于国内各地区间的自然人、法人(企业或经济组织)和各级政府的经济协作。国际经济合作所涉及的政治风险、文化背景、国家法律、管理条件等都远比国内地区间经济协作复杂。

(二) 开展国际经济合作的基本原则是平等互利

在国际经济合作过程中,不论国家大小强弱,企业规模如何,它们的地位是平等的,都有权利享受合作的利益。因此,国际经济合作不同于历史上宗主国对殖民地附属国的掠夺、侵略与剥削,也有别于在不平等条约下国与国之间的经济活动,它是随着殖民体系全面崩溃而发展起来的新的经济范畴。

(三) 国际经济合作的范围主要是生产领域

随着科学技术和生产力的发展,国家间的经济联系不断加强,整个世界经济

日趋一体化。过去的那种仅仅发生在流通领域的国际经济联系方式已经不能完全适应科技进步和生产力发展的需要了,现代化的大生产要求在全球范围内实现生产资源和要素的最优配置,以取得最佳的经济效益。国际经济合作就是这种要求在经济领域中的反映。

(四) 国际经济合作的主要内容是不同国家生产要素的优化组合与配置

由于各国的自然条件和经济发展水平的不同,各国所拥有的生产要素存在一定的差异,包括质量上和数量上的差异。只有将不同国家占有的优势生产要素结合起来,才能更快地发展经济。通过国际经济合作,各国可以输入自己经济发展所必需而又稀缺的各种生产要素,输出自己具有优势的或者多余的生产要素,从而达到生产要素的优化组合,使各国的生产要素充分发挥作用,优势互补,推动各国生产力的发展。

(五) 国际经济合作是较长期的经济协作活动

传统的国际贸易活动一般都是就某些商品的交易进行磋商,达成协议并签订合同后,卖方负责备货交货,买方则验收付款,货款两讫后,买卖双方的权利与义务即告结束,合同即告终止,此笔交易也告完成。每笔交易持续的期限一般都不长。国际经济合作要求合作各方建立一种长期、稳定的协作关系,共同开展某些经济活动,因此,国际经济合作活动的周期一般比较长,有些项目的合作周期可能长达数十年。另外,国际经济合作的方式也比国际贸易更为灵活多样。由于合作的时间长,所以一般来讲其风险也比较大。

第二节 国际经济合作的类型与方式

一、国际经济合作的类型

国际经济合作的内容十分丰富,从不同的角度着眼可以把国际经济合作划分成不同的类型。目前一般认为国际经济合作包括以下几种类型。

(一) 广义国际经济合作与狭义国际经济合作

广义国际经济合作是指除国际贸易以外的国际经济协作活动。狭义国际经济合作则仅指国际工程承包与劳务合作和对外经济援助。本书所着重研究的是广义的国际经济合作。

（二）宏观国际经济合作与微观国际经济合作

宏观国际经济合作是指不同国家政府之间以及不同国家政府同国际经济组织之间通过一定的方式开展的经济合作活动。微观国际经济合作是指不同国籍的自然人和法人之间通过一定的方式开展的经济活动，其中主要是指不同国家的企业间的经济合作活动。宏观国际经济合作对微观国际经济合作的主体、范围、规模和性质有较大的影响，但宏观国际经济合作服务于微观国际经济合作，多数形式的宏观国际经济合作最终都要落实到微观国际经济合作上来，微观国际经济合作是宏观国际经济合作的基础。

（三）多边国际经济合作与双边国际经济合作

多边国际经济合作是两个以上的国家政府之间以及一国政府与国际经济组织之间所进行的经济合作活动。多边国际经济合作又可分为全球多边与区域多边两种具体类型。双边国际经济合作是指两国政府之间进行的经济合作活动。多边国际经济合作与双边国际经济合作一般都属于宏观国际经济合作的范围。

（四）垂直型国际经济合作与水平型国际经济合作

垂直型国际经济合作是指经济发展水平差距较大的国家之间所开展的经济合作活动。水平型国际经济合作则是指经济发展水平较接近的国家之间所开展的经济合作活动。垂直型或水平型国际经济合作一般都包括宏观与微观国际经济合作。

二、国际经济合作的方式

国际经济合作的内容十分丰富，方式多种多样，主要方式有以下几种。

（一）国际工程承包

国际工程承包具体形式包括总包、单独承包、分包、二包、联合承包和合作承包等。国际工程承包业务涉及的范围比较宽，不仅涵盖工程设计和工程施工，还包括技术转让、设备供应与安装、资金提供、人员培训、技术指导和经营管理等。

（二）国际劳务合作

国际劳务合作主要包括直接境外形式的劳务合作和间接境内形式的劳务合

作。具体形式有劳务人员（劳动力）的直接输出和输入、国际旅游、国际咨询、服务外包以及加工贸易中的一些业务环节等。

（三）　国际技术合作

国际技术合作包括有偿转让和无偿转让两个方面。有偿转让主要指国际技术贸易。国际技术贸易所采取的形式有许可证贸易（分为专利、商标和专有技术许可等）、技术服务、合作生产或合资经营中的技术转让、工程承包或补偿贸易中的技术转让等。无偿转让一般以科技交流和技术援助的形式出现。

（四）　国际发展援助

国际发展援助主要包括对外援助和接受国外援助两个方面，具体形式有财政援助、技术援助、项目援助、方案援助、智力援助、成套项目援助、优惠贷款、援外合资合作等方式。

（五）　国际直接投资

国际直接投资包括一个国家引进的其他国家的直接投资和在其他国家进行的直接投资。在中国，其具体方式有中外合资企业、中外合作企业、外资企业、外商投资股份有限公司、中外合作开发、境外投资企业、境外加工贸易企业、境外研发中心、境外并购、非股权投资等。

（六）　国际间接投资

国际间接投资主要包括国际证券投资和国际信贷投资两种方式。具体形式包括发行国际债券、境外发行股票、外国政府贷款、国际金融组织贷款、国际商业银行贷款、出口信贷、混合贷款、吸收外国存款、项目融资、国际风险投资以及国际租赁信贷等。

（七）　其他方式

其他方式包括双边与多边（分全球多边和区域多边）经贸合作、国际经济政策的协调与合作、国际土地合作（具体有对外土地出售、土地出租、土地有偿定期转让、土地入股、土地合作开发等）、国际经济信息合作、国际经济管理合作等。

第三节　国际经济合作的产生与发展

一、国际经济合作是一个历史性的经济范畴

　　国际经济合作是在传统的国际经济联系形式的基础上产生和发展起来的，是国际经济关系在一定历史条件下存在的方式。所以，国际经济合作是一个历史性的经济范畴，它的产生与发展有着深刻的经济、科技和社会历史原因。

　　在第二次世界大战(简称二战)以前传统的国际分工格局中，商品贸易是国际经济联系的最主要形式，国家间生产要素直接转移的地位并不重要。各国所具有的生产要素优势主要以商品贸易为中间载体和媒介进行间接转移，即由各国发展具备相对优势商品的生产，向其他国家出口这种商品，同时进口本国处于相对劣势的商品。在这种国际分工状况下，各国的生产要素主要是在国内进行直接的自由流动，而在各国之间没有实现完全直接地自由转移。因此，第二次世界大战以前，国际经济合作只是处于萌芽状态。

　　第二次世界大战后，国际经济联系发生了一系列变化，出现了一些新的联系形式，各国在更广泛的领域内进行合作，以国家间生产要素转移为主要内容的国际经济合作活动已发展成为当代世界经济和国际经济关系中一个非常重要的领域。真正意义上的国际经济合作是第二次世界大战以后产生和发展起来的。促进二战后国际经济合作产生与发展的主要动因有：

　　第一，第三次科学技术革命的出现及其影响。第三次科学技术革命成果在生产中的运用，使大量"技术密集型"产品得以出现，技术商品化的形成又导致新的独立的生产要素市场——技术市场的形成。在资本、劳动力、土地资源等生产要素中，技术的作用也越来越明显，科学技术成为影响一国生产力水平的最重要因素。第三次科学技术革命对国际生产、国际通信和国际运输也产生了深远的影响，使国家之间在生产领域进行广泛合作成为可能，为生产要素在国家间直接转移和重新组合配置提供了必要的条件和实际内容。因此，第三次科技革命的出现是国际经济合作在二战后产生与发展的直接动因。

　　第二，跨国公司的大发展。第二次世界大战以后，跨国公司取得了长足的发展。跨国公司与其子公司、分公司之间，以及与其他国家企业之间的生产投资和经济技术活动日益发展，遍及全世界。跨国公司的活动有力地促进了各国之间在生产领域的合作和生产领域的国际化，它们是开展国际经济合作和生产要素国际移动的一个重要主体。

第三，二战后国际分工的新变化。国际分工是国际经济关系的具体体现。第二次世界大战以后，世界经济进入了一个全新的发展阶段，国际分工有了新的发展，出现了一些新的特征：①国际分工产生的基础发生了变化。二战前国际分工产生的基础主要是自然条件，而二战后尽管自然条件对国际分工仍有重要的影响，但国际分工产生的主要基础已经变为科学技术水平和由此决定的一国的综合竞争力。②国际分工的地域和范围不断扩大。国家间的经济联系进一步加强，几乎所有的国家和地区都被纳入当代国际经济的体系中来，自觉不自觉地参与了国际分工。③国际分工的深度进一步发展。国际分工已由部门间发展到部门内和公司内，而且出现了国与国之间在不同产品、不同零部件和不同生产工艺流程方面的分工，即实现了按产品、规格型号、零部件、生产工艺流程的国际分工。各国的直接生产过程成为统一的世界生产过程的组成部分。与此相适应，各类生产要素不断地在国家间转移与重新组合配置，出现了各国在生产领域中进行商务国际合作的各种方式。④混合型国际分工成为国际分工的主要类型。二战后，虽然垂直型和水平型国际分工都存在，但居于主导地位的是二者结合而成的混合型国际分工。⑤国际分工的性质也发生了改变。由于二战后世界政治经济格局发生了重大变化，广大发展中国家纷纷独立，所以，二战后国际分工的性质也由二战前那种基本上不平等的分工变成了基本平等的分工。

第四，经济生活国际化和国家间的相互依赖的加强。进入 20 世纪 50 年代以后，世界经济的一个重大特点就是经济生活国际化趋势和相互依赖关系的迅速发展与加强。经济生活国际化是生产力发展的直接结果，是世界各国和地区经济生活社会化、生产专业化协作发展超越本国界限而实行国际安排的表现。正是生产力这一最活跃、最革命的因素的不断发展推动生产的社会化超出了一个地区、一个国家的范围，进而把现代社会的整个经济生活推向了国际化。经济生活国际化具体表现为生产国际化、市场国际化、资本国际化、金融国际化、科技国际化和经济调节国际化等方面。经济生活国际化不仅强化了国家之间在经济技术领域的相互依赖，使全球经济融合为一个难以分割的整体，而且也使国家之间在经济协调领域的相互依赖加深。任何国家都不可能在封闭状态下求得发展，任何国家的经济活动必然会以某种渠道或某种方式"传递"到其他国家，同时也接受其他国家对自己"传递"的影响。近年来，经济生活国际化进一步发展到经济全球化，各种商品和生产要素在全球范围内大规模流动与配置，跨越国界的经济活动日益增加，各国经济在各个层面上进一步相互渗透、融合与依存。经济生活国际化和国家间的经济依赖加强成为当代世界经济发展的主要趋势之一，也是推动国际经济合作发展的一个重要动因。

二、国际经济合作的发展趋势

国际经济合作的开展,能够推动各国经济的发展和提高人民的福利水平,并能在某些方面发挥国际贸易难以起到的作用,这已为越来越多的国家所共识。国际生产要素市场的状况也会对国际经济合作的开展产生一定的影响。国际经济合作今后主要的发展趋势有以下几方面。

(一) 竞争更加激烈

国际经济合作领域同国际贸易领域一样存在激烈的竞争,今后这种竞争将呈现加强的势头。在资本要素市场上现在是买方竞争,众多的国家都在为吸引更多的资本流入国内而想方设法;在劳动力要素市场上则是卖方竞争,劳动力输出国之间为争夺劳务市场而展开的竞争丝毫不亚于为争夺有形商品市场而展开的竞争。

(二) 集团化的趋势

由于生产要素移动趋向集团化,因此各经济集团内国家之间以及经济集团与经济集团之间的经济合作业务将会有较大的增长。国际经济合作中出现的集团化趋势,实际上是发达国家之间经济合作加强的表现。因为目前发展层次较高的区域经济一体化经济集团,主要集中在发达资本主义国家。

(三) 经济合作形式多样化的趋势

形式是为内容服务的。国际经济合作形式将随着国际经济合作业务内容的发展而不断多样化。近年来在国际经济合作中出现的新形式主要有:非股权形式的国际投资、BOT 投资方式、联合研究与开发新技术或新产品、带资承包工程、带资移民、劳务支付形式的补偿贸易、对外加工装配等形式的境内国际劳务合作、跨国性经济特区等。

(四) 经济政策协调经常化、制度化趋势

国家间经济政策的协调属于宏观国际经济合作。国与国之间经济依赖性的加强以及为保障和推动生产要素国际移动更顺利地进行,需要加强国际经济政策协调。现在,世界贸易组织(WTO)成员之间、八国集团之间、欧盟成员国之间、发展中国家之间以及在联合国内进行的发达国家与发展中国家之间的经济政策协调日趋频繁,并且正在向定期化和制度化方向发展。

三、国际经济合作的意义和作用

国际经济合作的开展打破了以商品贸易为主的国际经济交往的格局,为国

际经济联系增添了新的内容。国际经济合作的开展不仅会对直接参加合作的各国的经济起到积极作用，而且会对整个世界经济的发展产生良好的影响。国际经济合作的意义和作用主要表现在以下几个方面。

（一）加深各国的生产国际化和经济国际化

由于国际经济合作是各国间重点在生产领域开展的较长期的经济协作活动，因此也是各国在生产领域的相互结合，也就是生产的直接国际化，这就大大地扩展了生产力发展的空间和余地，使世界经济由传统的以世界市场为主要特征的时代，演变成以世界工厂为主要特征的时代。

（二）提高要素的使用效率和要素收益

生产要素由闲置或过剩的国家流向短缺的国家，由价格低、报酬低的国家流向价格高、报酬高的国家，实际上也就是由使用效率低的国家流向使用效率高的国家，这样可以提高要素的使用效率和收益。一个国家可以通过输出本国相对充裕或处于闲置或半闲置状态的生产要素而为本国带来比较利益和绝对利益。

（三）直接实现各国之间在生产要素的数量、质量和种类方面的互补

通过国际经济合作，能够实现各国间在生产要素方面的互通有无，能够促进生产要素在国际间的优化配置，使各国获得在生产中所必需但又缺少的生产要素，使各个国家的经济发展能够突破本国生产要素禀赋的局限性。例如，某种产品生产需要甲和乙两种生产要素。如果 A 国拥有较多的甲种生产要素而不具备乙种生产要素，B 国拥有较多的乙种生产要素而不具备甲种生产要素，在不存在生产要素流动的条件下，A、B 两国都不具有生产该种产品的能力，而通过国际贸易，A、B 两国是不能生产该种产品的，只有当 A、B 两国开展国际经济合作，A 国从 B 国输入乙种生产要素、B 国从 A 国输入甲种生产要素时，A、B 两国才都具备了该种产品的现实的生产能力。通过开展国际经济合作输入本国稀缺的生产要素，实现生产要素的国际集合，可以为各国进行规模经济生产创造条件。规模经济的发展可以提高劳动生产率，降低产品的生产成本，扩大产品的销售市场，使产品的质量和竞争力提高从而获得规模经济效益。

（四）促使生产要素价格在世界范围内出现均等化的趋势

根据赫克歇尔-俄林-萨缪尔森定理（H－O－S 定理），如果各国都以自己的要素禀赋比率和要素价格比率的差距为基础来进行商品的生产和贸易，其结果将会使贸易前相对充裕的要素价格上升，使贸易前相对稀缺的要素价格下跌，从而逐渐达到要素价格的国际均等化。这是在分析各国之间若进行自由贸易，进

行以进出口商品为载体的要素的间接移动所导致的结果。进行生产要素的直接移动就会更加导致生产要素的价格在世界范围出现均等化的趋势。但是,这仅仅是一个趋势,要达到各国之间要素价格的完全均等化是可望而不可即的。这是因为各国政府会对要素的国际移动施加或多或少的限制,况且市场上的要素价格也因各种因素的影响而变动不止。

(五) 扩大国际贸易的数量和范围,影响和改变国际贸易的流向

从动态和实际业务工作的角度来看,生产要素的国际移动将给国际贸易带来多方面的积极影响:其一,资本和技术要素的国际移动会导致机器设备和原材料等资本货物类商品的国际贸易的增加;其二,一国把从国外输入的生产要素投入出口产品生产企业或出口产业部门,会推动该国出口贸易的扩大;其三,国际工程承包业务的开展会带动和扩大与此相关的设备材料等商品的进出口;其四,生产要素国际移动数量的增加还意味着世界服务贸易(无形贸易)规模的扩大。生产要素的国际移动,特别是以直接投资形式出现的资本要素的国际移动,可以突破贸易保护主义的限制,实现国外生产国外销售,从而使国际贸易的商品流向发生改变。

(六) 改变一些国家参加国际分工的态势

生产要素的国际移动会导致某些出口产业的国际转移和某些替代进口产业的加速建立,改变一些国家参加国际分工的态势。众所周知,劳动密集型出口产业总是呈现出从劳动费用高的国家向劳动费用低的国家进行"候鸟式"转移的特征。例如,20 世纪 50 年代劳动密集型产业由欧美转移到日本,60 年代开始转移到亚洲"四小龙",80 年代移向泰国、马来西亚等东盟国家和中国东南沿海地区。近年来,日本等发达国家开始向国外转移一些资本密集型的产业。任何产业的国际转移都包含着一部分资金、技术等生产要素的国际转移,也就是说,它们是通过生产要素的国际移动实现的。随着出口产业的国际转移,必然会使相关国家的出口产业结构、出口企业组织结构和出口商品结构发生变化,从而改变这些国家在国际分工中的地位。从另一个角度来看,一个国家要加速本国替代进口产业的发展,就必须采用开放式的替代进口发展战略,通过输入国外的生产要素促进本国替代进口产业与产品的发展,从而才能实现本国产业结构的高级化和现代化。

(七) 国家间的经济协调行动为世界各国经济发展提供了良好的外部条件

国家间在政策方面进行协调,发展区域合作和跨区域合作是二战后国际经

济合作的重要内容和主要特征之一。二战后,国家间在经济上的协调包括经济发展水平相近或差距较大的国家间的协调,区域性经济组织、跨区域性经济组织所进行的协调等多种形式。国际经济协调有利于克服国际经济的矛盾和纠纷,有利于解决国际经济中的不平衡现象,从而有利于各国之间开展各种形式的国际经济合作。

第四节　生产要素的国际移动与国际经济合作

一、生产要素的概念和种类

从一定角度来讲,生产要素分析是经济学的一个重要基础。对于如何理解生产要素这一概念以及其包括哪些主要内容,国内外经济学界存在不同的看法。较具代表性的观点有五种:第一种观点认为,生产要素是指用于商品和劳务生产的经济资源,通常分为土地、劳动和资本。第二种观点认为,生产要素是指用于生产过程的社会资源,通常包括土地、劳动、资本和企业家才能。这个解释与西方经济学教科书的解释基本相同。第三种观点认为,生产要素是进行物质资料生产所必须具备的条件,即劳动者和生产资料。这个解释多见于中国的政治经济学教科书中。第四种观点是我国经济学界在研究生产力系统的构成因素时提出的,这种观点认为,生产力因素是社会生产力的细胞形态,是生产力经济学的逻辑起点。但是,在分析生产力具体由哪些因素构成时,却存在"七要素论"和"九要素论"的争论。"七要素论"者认为,生产力的构成因素包括劳动者、劳动资料、劳动对象、科学技术、生产管理、经济信息和现代教育。"九要素论"者则认为生产力的构成因素有九个,即劳动者、生产工具、能源设施、基础设施、材料、科学技术、生产信息、现代教育和生产管理。第五种观点是中国实业界在解决企业兼并和产权转让等现实问题时提出的。这种观点认为,生产要素包括人员、资金、土地、固定资产、物资、技术、信息、管理和经营权等。

以上分别介绍了中外经济学界对生产要素概念和内容的不同解释。第一种观点提出的是三要素,第二种观点提出的是四要素。这两种观点侧重于从使用价值的创造和具体生产过程的角度来分析生产要素,基本上反映的是西方经济理论界较传统的认识,对二战后提出的新生产要素(人力资本要素、研究与开发要素、规模经济要素和信息要素等)则未加以分析概括。第三种观点实际上是我国政治经济学界对生产要素的解释,由于是从人类社会生产最基本和最一般条件的角度所下的定义,所以比较抽象。第四种观点对现代化大生产条件下的生产力构成情况进行了分析,虽然比较具体,但对于要素内容的概括有些过于宽泛,在理论渊源上与第三种观点有联系。第五种观点则完全是从实际经济活动过程来概括生产要素的内容的。后三种观点在一定程度上反映了我国经济理论界和实际经济部门对生产要素概念和内容的认识。借鉴以上几种观点的长处,并结合对国际经济合作实际业务的理论分析,我们认为应当把生产要素定义为:生产要素是指使具体的生产过程得以正常进行所必需的各种物质条件和非物质条件。生产要素通常包括资本、劳动力、技术、土地、经济信息和经济管理六种。其中,资本是指通过直接和间接的形式最终投入产品生产过程的资本货物(指机器设备、厂房建筑物和原材料等)和金融资产(指股票、债券和借款等)。劳动力是指可用于生产过程的一切人力资源,不仅包括体力劳动者也包括脑力劳动者。劳动力与劳动是两个关系密切但又有区别的概念,劳动是劳动力的使用和消费,即人们在生产中付出体力和智力的活动。技术是指制造某项产品、应用某项工艺或提供某项服务的系统知识。技术要素的表现形态可以是文字、表格、数据、配方等有形形态,也可以是实际生产经验、个人的专门技能等无形形态。土地是一个广义的概念,不仅包括土地本身,还包括地下的矿藏和地上的自然资源。经济信息要素是指与产品生产、销售和消费直接相关的消息、情报、数据和知识等。经济信息是经济运动过程中各种发展变化和特征的真实反映,它具有可传递性、可再生性、可处理性、可贮存性和可共享性等特征。经济管理要素又称生产组织要素或企业家才能要素,它是指人们为了生产和生活的需要而对经济活动过程的一种自觉的控制,即通过计划、组织、指挥、监督等手段,使生产过程中的各种生产要素在时间、空间、种类和数量上组成更为合理的结构,实现最佳效益生产。经济管理的主要职能是决策和协调。

二、生产要素国际移动的原因

　　由于制约和影响生产要素国际移动的因素较多,因此对生产要素国际移动原因的分析就较为复杂和困难。从输出方和输入方不同角度进行分析所得出的原因同对一个国家(地区)的不同时期进行分析所得出的原因都不相同。但就一般而言,导致生产要素国际直接移动的具体原因主要有:各国(地区)间生产要素禀赋的差异性、各国(地区)间经济发展水平的不平衡性和各国(地区)政府的干预。

(一) 各国(地区)间生产要素禀赋的差异性

　　由于受到自然地理条件、经济发展水平和科学技术发展速度等因素的影响,各国(地区)间的生产要素存在较大的差异。这种差异性主要表现在以下几个方面。

1. 各国(地区)间资本要素的差异

各国(地区)间资本要素的差异性主要是由历史的原因和经济与科技发展水平不同所决定的。资本丰裕的国家对于资本密集型产品的生产具有巨大的优势。在历史发展中,当今发达资本主义国家通过原始积累和殖民主义的对外经济政策获取了大量建立现代化工业的资本。二战后,科学技术的发展促进了社会劳动生产率的提高从而推动了当今发达资本主义国家的资本积累。与发展中国家相比,发达资本主义国家具有资本优势。因此发达国家与发展中国家在发展经济的资本方面具有显著的差别。不仅如此,即使在发展中国家之间和发达国家之间,在发展经济所需资本方面也存在一些差异。

2. 各国(地区)间劳动力要素的差异

各国(地区)间劳动力要素的差异对于发展经济也是一个重要的影响因素,人口稠密的国家在劳动密集型产品的生产方面具有明显优势。由于历史等原因,发展中国家的劳动力比较丰裕,因此,二战后劳动密集型产品的生产主要集中在发展中国家。对于劳动力的分析,不仅要考虑劳动者的数量,而且还需考虑劳动者的能力。劳动者的能力取决于人的天然资质、接受教育的程度和长期从事的职业等。首先,就某项工作而言,某些人的天然资质优于其他人,不同的天然资质会使某人更适合于做一个工程师,另一个人更适合从事医生或律师工作。其次,一个人接受教育的程度取决于该国的教育水平。一般而言,接受教育多的劳动者比接受教育少的劳动者能生产出更多的产品。二战后,西方经济学提出的人力资本概念就是指这一情况。人力资本是指在劳动者身上进行的投资,其中包括教育、培训、卫生、保健等,以使普通劳动者的素质大大提高,从而提高劳动生产率、发展科学和利用先进的技术。这种投资和劳动力结合可以形成一种新的生产要素并对国际经济合作和国际贸易发生作用。最后,即使每个人的天然资质和接受教育的水平一样,长期从事一种或少数几种职业仍然会使人与人之间的能力产生差别。劳动者的技能会因职业不同而发生变化和改进。

3. 各国(地区)间技术要素的差异

赫克歇尔和俄林在生产要素禀赋理论中假设各国间在技术上是没有差别的。用这一假设来解释二战后各国间经济发展和经济往来是不现实的。各国间,劳动力、资本和自然资源上的差异性对于各国生产要素的流动性固然具有十分重要的影响,但是,技术也是一个不可忽视的因素。从历史上看,人类社会迄今为止经历过三次科学技术革命,每次科学技术革命都推动了各国劳动生产率的提高。但是,科学技术革命对于各个国家来说并不是同步的。18世纪60年代到19世纪60年代,英国首先开始了产业革命,其他资本主义国家在英国之后相继完成了产业革命。19世纪后期,德国开始了第二次科学技术革命,其他资本主义国家则在德国之后完成了这次科学技术革命。20世纪40年代到50年代初,一些主要的资本主义国家又开始了一次新的科学技术革命,这次科学技术革命首先发源于美国,随后,西欧和日本也迎头赶上。在这一过程中,国际技术的转让起着很大的作用。一个国家在科学技术上的优势决定了该国在技术密集型产品生产方面具有有利条件。发达资本主义国家由于技术比较发达,其技术密集型产品的生产大大优于发展中国家。技术要素属于一种人为的可得性生产要素。从根本上来说,各国(地区)间技术要素方面的差异性源自其在基础研究和应用研究上的水平。

4. 各国(地区)间在其他生产要素方面的差异

各国(地区)间在土地要素、经济信息要素和经济管理要素方面也存在一些差异。由于各国(地区)所处纬度位置和地理条件的不同,又由于社会历史的因素,各国(地区)的国土面积、土地状况和气候状况都会不尽相同。土地要素丰富的国家或地区,其价格会相对低廉;相反,则会相对昂贵。土地要素丰富,有利于进行土地和资源密集型产品的生产。经济信息要素对于经济发展来说也是不可或缺的因素之一。经济信息虽是一种无形的、非物质的生产要素,但是,当它与其他有形的生产要素结合在一起时就能够对产品的生产、销售和消费等方面产生巨大的影响。二战后,发达国家都十分强调这一要素的重要性并具有一定的相对优势,而广大的发展中国家也日益重视这一要素。各国或地区在经济管理要素方面的丰裕程度也不尽相同。与市场经济相关的经济管理,既包括整个国民经济的宏观管理,又包括微观企业的管理。总的来说,发达国家这种要素多一些,而发展中国家稀缺一些。

(二) 各国(地区)间经济发展水平的不平衡性

制约和影响生产要素在各国间进行移动的第二个重要因素在于各国经济发展水平不平衡规律的作用。发展中国家如何从不发达的经济状态进入经济发达国家的行列,如何提高本国人民的社会福利水平,都与正确的国内经济发展战略及合理的对外经济战略密切相关。其中一个非常重要的问题就在于如何输出自己相对充裕的要素(劳动力、土地等),输入相对稀缺的要素(资本、技术、管理等),实现国内资源的合理配置与运用。因而,从发展中国家和发达国家经济发展的阶段性差距来看,要素的国际移动非常必要。另一方面,从发达国家之间的关系来看,由于发展不平衡规律的作用,也导致了生产要素在发展水平相近的欧美等资本主义国家间的相互流动。

从各国经济结构角度来分析,各产业间、各部门间、各类产品生产间的比例在经济发展水平相差悬殊的国家间会产生不一致,即使在经济发展水平相近的国家间也不会完全一致。这种经济发展的不平衡性从两个方面促进了生产要素进行跨越国界的移动。一方面,从要素需求的角度来看,各国在生产能力、生产结构上的不一致,导致了对于要素需求在种类、质量和数量上的不一致;另一方面,从要素供给的角度来看,各国在要素禀赋、要素创造方面的不一致,使得各国在各类要素的可供量上也存在种类、质量和数量上的不一致。这种来自需求和供给两个方面的促进因素,将直接造成要素在各国市场上供求状况的差异,进而造成它们的价格差异。有了价格差,如果各国又不对要素移动加以限制的话,生产要素就会为获取更高的报酬而开始移动。这是因为,生产要素的国际直接移动是一国参加国际分工的一种方式,获取绝对和相对利益是生产要素发生国际移动的根本原因。追求更高的要素收益是移动的一个基本出发点,是价值规律在各国间作用的必然结果。当然,不可否认,在现实的经济生活中,由于要素配置在数量和质量上的相对固定性,或由于对要素在未来某个时期价格可能提高的预期以及出现了强大的非经济因素的作用,有时也会出现某种生产要素由价格相对较高的国家流向价格相对较低的国家的现象。

(三) 各国(地区)政府的干预

在这里,我们主要分析各国(地区)政府所采取的鼓励性措施对生产要素国际移动的影响。毫无疑问,国际经济的现实说明,各国(地区)政府采取的鼓励性干预措施对生产要素的国际直接移动产生了巨大的推动作用,是促使生产要素流出和流入的一个重要原因。这种干预措施所采取的主要手段有行政手段(颁布有关行政性的政策条例)、法律手段(以法律的形式固定有关条文)、经济手段(如税收方面的优惠政策)和国际协调手段(通过双边政府首脑会议或多边国际组织);干预的范围,则涉及了各种生产要素。就干预措施中的法律手段而言,涉及资本要素移动的有外商投资法和海外投资法等,涉及技术要素移动的有技术转让法、专利法和商标法等,涉及劳动力要素移动的有外国劳工管理法和本国劳工输出管理法规等,涉及土地要素移动的有经济特区法和有关土地出售与出租方面的法规等。尽管政府干预的动机是多种多样的,然而如果就经济动机来考察的话,政府的一切干预措施都是着眼于鼓励本国充裕要素的流出和本国稀缺要素的流入,从而缓解本国在生产要素的数量、质量和结构方面的不平衡,直接和间接地提高本国要素的收益率。

三、生产要素的国际移动与国际经济合作的内在联系

早期的经济学家在考察国际分工与国际生产时假定,生产要素在国内完全移动而在国家间则完全不移动。由于各国生产要素的自然禀赋状况不同,每个国家都是依据本国具有优势的生产要素参加国际分工,它们集中生产那些密集使用本国禀赋丰富的生产要素的商品,然后同其他国家进行交换,大家都能从国际交换中获利。在这种情况下,国与国之间进行经济联系的主要方式就是国际

贸易,各种生产要素是物化在商品中发生国际移动的,商品的国际移动代替了要素的国际移动。

伴随生产国际化趋势的加强,国与国之间经济交往的规模和方式不断扩大和多样化,生产要素国家间直接移动日益频繁,经济生活的现实推翻了生产要素在国家间完全不移动的假定。生产要素的国际直接移动与国际贸易之间既存在相互替代的关系,也存在相互补充的关系,一方不能取代另一方的功能。替代关系着眼于静态分析,是指:一方面要素移动有其障碍,国际贸易仍然有替代要素移动的基础;另一方面,国际贸易只能减轻却不能消除生产要素在各国的边际生产力差异,而且国际贸易的进行也会遇到各种障碍,因此,贸易也不能消除生产要素移动的基础。补充关系着眼于动态分析,是指国际贸易的进行间接地扩大了生产要素的国际移动。反过来讲,生产要素的国际移动也会从侧面促进贸易机会的扩大,国际贸易与生产要素的国际移动,成为一国发展与他国经济联系的两种相互补充、交错使用的方式。当然,从实质上讲,国际贸易与生产要素国际移动的起因是相同的,即都是由于各国生产要素禀赋不同所导致的生产要素价格差异,同时,它们的进行又都会使各国生产要素的价格差异趋向均等化。

生产要素的国际直接移动,使各国原本相互独立的生产过程走向国际化和一体化,使国家间经济关系的重心由传统的流通领域进入生产领域,各个国家在生产领域依据一定的原则进行较长期、较稳定的经济合作活动。国家间借助于生产要素的直接移动与重新合理组合配置而进行的活动就是国际经济合作。生产要素的国际直接移动与重新合理组合配置是国际经济合作的实质和主要内容。为了保障和推动生产要素国际移动的顺利进行,各个国家之间经常在经济政策的制定和执行方面进行一些协调活动,这种政策协调也属于国际经济合作的范畴,它是宏观国际经济合作。

四、国际经济合作与国际贸易的区别和联系

国际经济合作和国际贸易是既有联系又有区别的两个经济范畴,相互之间既存在一定的区别,也存在一定的联系。

(一) 国际经济合作与国际贸易的区别

1. 国际经济合作和国际贸易的研究对象不同

国际贸易主要研究国际商品流通的特点和规律,即生产要素间接国际移动的特点和规律,研究的重点是商品的进口与出口,属于流通领域的范畴。国际经济合作主要研究生产要素在国家间进行直接移动和重新组合配置的特点与规律及其协调机制,研究的重点在于生产领域内的直接协作。

2.国际经济合作和国际贸易开展的领域不同

国际经济合作是各国侧重在生产领域方面的合作,而国际贸易则是各国侧重在流通领域中开展的经济往来活动。

3.国际经济合作和国际贸易的交易方式不同

主要表现在以下几个方面:

(1)国际贸易都是买断和卖断的行为,所需时间一般较短。当交易达成后,买方收货付款,卖方交货收款,买方与卖方的关系即告结束。而在国际经济合作中,各方需在一段较长的时期内进行合作和发生经济往来,直到合同规定的合作期满或项目完成为止。

(2)国际贸易的方式比较简单。国际贸易的谈判签约内容相对比较简单,成交较快。而国际经济合作的内容一般都比国际贸易复杂,合作方式多样,合作项目的风险也较大,因而谈判成交时间长,难度大。

(3)国际贸易的作价比较容易。国际贸易在价格和支付条款方面都有国际市场行情和国际惯例可供参考;而国际经济合作项目的价格构成和计算方法,以及支付方式等都要比国际贸易复杂得多。

(4)国际贸易的表现形式一般是各种各样的合同,而国际经济合作一般表现为各种各样的项目。虽然项目中包含着合同,但是项目的范围比合同广,除了包括合同外,还包括项目建议书、项目可行性研究报告与项目章程等内容。

4.国际经济合作和国际贸易对各国国民经济所起的作用不同

国际贸易主要是通过各国的进口和出口影响各国国民经济,对各方来说,都可从对方获得稀缺的产品,或者通过比较利益节约生产要素的耗费,但并不直接影响各国科技水平和生产力的提高,不能直接解决一国的资金短缺问题。而国际经济合作则是合作各方在生产领域的直接合作。通过资本、技术、劳动力、土地资源等方面的转移,可以直接促进各国技术水平的提高和生产力的发展,并可缓解一国经济建设时的资金紧张状况。

(二)　国际经济合作与国际贸易的联系

1.国际经济合作与国际贸易是一国对外经济交往的两种主要形式

国际经济合作与国际贸易是各个国家参与国际分工,获得比较利益的重要手段,两者都需要在国际市场上进行交换,都必须受到平等互利和相互尊重主权等原则的制约和调节。

2.国际经济合作和国际贸易都与生产要素禀赋相关

生产要素禀赋决定了国际经济合作中各种生产要素的组合形式和结构类型,同时,生产要素的禀赋也决定了国际贸易中各国参与交换的商品种类、数量和结构。

3. 国际经济合作和国际贸易都与商品生产有关

在国际经济合作中,合作各方以自己占优势的生产要素直接参与合作,共同生产商品和服务;在国际贸易中,各国利用自己相对占优势的生产要素生产商品,通过商品的国际交换实现生产要素间接转移,获得比较利益。

4. 国际经济合作与国际贸易相互结合

在现实的经济活动中,两者常常结合在一起进行。如国际经济合作方式中的补偿贸易、承包工程都与国际贸易结合进行,技术转让、直接投资等也往往与国际贸易连接在一起,构成国际经济合作和国际贸易两种业务相互交织的综合性国际经济活动。国际经济合作与国际贸易的总的关系是两者相互替代、相互补充、相互促进和共同发展。

五、生产要素国际移动与重新组合配置的机制及生产要素市场的主要类型

(一) 生产要素国际移动与重新组合配置的机制

生产要素国际移动与重新组合配置有市场机制和非市场机制两种主要机制。市场机制是一种自发的过程,它主要通过价格杠杆来进行调节;非市场机制主要指政府和有关国际经济组织的调节,它是一种自觉的过程,主要通过法律、行政、计划等手段和政策协调来实现调节。国家通过制定经济发展战略、经济发展计划,通过国家立法和对外签署有关协定,有意识地对生产要素的流进与流出进行调节,这就是非市场调节机制。非市场调节机制不仅可以保证一国在国际生产要素流动中获得最佳效益,同时也在某种程度上影响和制约着生产要素流动的方向和生产要素移动与重要组合配置的规模。例如,如果两国间签有投资保护协定和避免双重征税协定,就有可能使这两国间的生产要素,特别是资本要素流动规模扩大、速度加快。另外,如果一国对生产要素流出的政策较松,限制较少,那么,该国相对充裕的生产要素的对外移动规模就相对较大;反之,则较小。市场机制与非市场机制的有机结合,有效地促进了生产要素在国际间的移动与重新组合配置。

生产要素的国际移动是通过生产要素市场进行的。在市场上,各种要素表现为不同的要素商品,要素商品价格的确定和一般商品价格的确定既有相同点,也有不同点。生产要素的国际市场为要素的跨国界流动提供了条件和动力。与商品的国际市场一样,它也是由需求方(买方)与供给方(卖方)构成的。在国际市场中,需求方力图以较低的价格购买所需要素,而供给方则力图以较高的价格售出自己所具有的要素。供需双方的行为,形成了两个方向相反的作用力,都对最终的成交价格、成交数量起着极大的影响作用。要素价格属于使用价格。需

求方在支付了要素价格之后得到的仅是要素的使用权,要素所有权仍归供给方。从而,利息是资本要素的使用价格,利润是管理要素的使用价格(不包括超额利润),工资是劳动力要素的使用价格,而地租则是土地要素的使用价格。消费者之所以对商品提出需求,是为了从中求得生理和心理欲望的满足(即所谓"获得效应"),因而称为"直接需求";生产者之所以需要生产要素,是为了运用它们进行产品生产,通过交换使自己的利益最大化。由于生产者对于要素需求的大小与消费者对其产品的需求量密切相关,因此,生产者对要素的需求称为"间接需求"。通过加总所有生产者对于某一特定要素的需求量,可以得出对这种要素的总需求;而加总所有的供给者对于某一特定要素的供给量,则可获得这种要素的总供给。显然,随着价格水平和市场规模的变动,总需求和总供给也会发生变动。因而,要素的移动规模也会发生变动。

(二) 生产要素市场的主要类型

从市场理论角度来划分,国际要素市场分别属于如下几种类型,即完全竞争的要素市场、完全垄断的要素市场、垄断性竞争的要素市场。不同类型的市场中,买卖双方的行为方式不同,要素移动在特点上也存在差异。

1. 完全竞争的要素市场

完全竞争的要素市场的特性在于:

(1) 供给或者需求的要素完全同质,无论是供给者对于需求者还是需求者对于供给者,双方都是在平等的地位上进行交易决策,一视同仁,互不歧视。

(2) 要素的供给者或需求者的数目无限多,个人的销售量或购买量仅占总供给或总需求的极小部分,从而个人无法影响总成交量和价格。

(3) 要素的供给者和需求者拥有关于市场的充分信息。

(4) 要素的供给者和需求者皆可自由出入市场,因而,在这类市场中,任何单个的买者或卖者都无法通过操纵要素成交量和价格以得到额外的利益。

2. 完全垄断的要素市场

从买方和卖方两个角度来分析,有买方垄断和卖方垄断两种形式的要素市场垄断。卖方垄断市场指的是一个卖者面临着许多相互竞争的买者,而买方垄断市场的情形却恰好相反。卖方(买方)完全垄断市场的特性在于:

(1) 市场上仅有一个要素的供给者(需求者),因而要素供给量(需求量)的大小完全取决于其行为,其供给量(需求量)就是整个市场上的总供给量(总需求量);

(2) 某类要素具有特殊的、难以为其他要素所替代的性质;

(3) 垄断性供给者(需求者)可独自决定要素的价格;

(4) 根据自己利益的需要,供给者(需求者)会在不同的市场中制定不同的价格,以求获得整体利益的最大化。

　　3. 垄断性竞争的要素市场

　　这一类市场介于上述两类极端市场之间,并且同时具备上述两类市场的某些特征。卖(买)方垄断性竞争市场的主要特征在于:卖(买)方数目非常多以致无法对各自的竞争者产生影响,这一点与完全竞争市场相似;然而,每一个卖(买)者所供给(需求)的要素在性质上很相似但又不完全相同,其他要素可部分地而非完全地替代,这一点显然又与垄断市场相近。这类市场的垄断性(竞争性)与要素的不可替代性(可替代性)呈正向关系。在现实的国际经济环境中,大多数要素市场属于这种类型。

六、生产要素分析的历史发展

　　生产要素理论出现于 20 世纪 30 年代,第二次世界大战以后,这一理论的研究取得了新的进展和突破。但是,生产要素理论的渊源却可以追溯到 18 世纪的古典经济学。

(一) 绝对成本和比较成本理论中的要素分析

　　亚当·斯密在 1776 年出版的《关于国民财富的性质和原因的研究》中,提出了作为国际贸易理论第一块基石的绝对成本理论。按照他的观点,在由两个国家和两种商品构成的所谓"2×2 模型"中,两国各自在一种商品的生产效率上具有优势,而在另一种商品的生产效率上处于劣势,通过商品生产的专业化以及相互间的商品交换,两国皆可获得"绝对利益"。决定商品优劣势的根本原因在于各国在商品生产的劳动成本上存在差异,因而认为只有能生产出成本绝对低的产品才有可能进行国际交换。显然,绝对成本理论无法解释下述两个问题:第一,由于各国的生产发展水平不一样,许多生产力水平低下的国家生产不出成本绝对低的产品,但它们仍然可以参加国际贸易;第二,在两种商品的生产上皆具有优势或皆处于劣势的国家是否仍有必要参与国际贸易获得利益。1817 年,大卫·李嘉图在其《政治经济学及赋税原理》一书中提出了意义深远的比较成本理论,该学说在西方国际贸易理论中一直占据着重要地位。这一学说的主要观点是:即使一国在两种商品的生产上皆具备优势或皆处于劣势,也可通过国家间的生产专业化以及商品交换而获取所谓"比较利益",即生产和出口优势较大(劣势较小)的商品,进口优势较小(劣势较大)的商品。与绝对成本理论相同的是,比较成本理论也把决定商品生产优劣势的基本原因归于各国在劳动成本方面存在的差异。

　　绝对成本理论和比较成本理论奠定了自由贸易理论的基础,对以后国际贸易理论的发展具有十分重要的意义。在要素分析上,绝对成本理论与比较成本理论采用的都是单个要素,即劳动要素分析法。在假定生产要素在国家间不能自由转移的前提下,以活劳动消耗的多少来区别成本的差异。李嘉图在其比较成本理论中假定,各国每单位劳动的素质是同一的,各国生产同类产品的生产函数是不同的。两国间劳动量投入与产出的差异来源于各国劳动要素在生产过程中所处条件差异,因此而导致了同质劳动的不同生产效率。李嘉图当时分析的生产过程中的条件差异主要是指自然资源状况方面存在的国别差异。古典经济学家坚持了劳动价值理论,以劳动成本来说明贸易的流向和利益。斯密和李嘉图在分析劳动成本差异时,都把各国自然资源的差异放在十分重要的地位。

(二) 生产要素禀赋理论与里昂惕夫之谜

生产要素禀赋理论是瑞典经济学家赫克歇尔和俄林提出的,所以有时也把该理论称为"赫克歇尔—俄林定理"。他们把贸易理论的分析扩大到一种要素以上,并且明确提出生产要素禀赋是国际贸易的基础。生产要素禀赋理论认为:不同的商品需要不同的生产要素比例,而不同国家拥有的生产要素相对来说是不同的,因此,各国应生产那些能密集地利用其较充裕的生产要素的商品,以换取那些需要密集地使用其较稀缺的生产要素的进口商品。在俄林的《地区间贸易和国际贸易》中,他从区域贸易论及国际贸易,认为由于生产要素供给的差异,供给充裕的要素价格便宜,而稀缺要素的价格昂贵,这样,不同国家生产要素价格的差异就导致了生产成本的不同,从而导致商品的价格不同,于是产生了贸易的比较利益。要素禀赋理论认为,产生比较成本差异的两个前提条件是:两个国家的禀赋不一样,不同产品在生产过程中所使用的要素配置不一样。生产要素禀赋理论还包括生产要素价格均等化的内容。由于在前面的阐述中已论及这一问题,所以在这里不再赘述。

生产要素禀赋理论为大多数西方经济学家所接受,较长时期以来,该理论成为国际贸易学说的主流。但是,随着研究的深入,要素禀赋理论的两点不足逐渐暴露出来:一是它的一些假定与国际贸易的现实不符,二是它基本上采用的是静态分析方法。要克服这两点不足就需要在研究上有所突破。真正对生产要素禀赋理论构成挑战的是"里昂惕夫之谜"。美国经济学家里昂惕夫于1947年利用美国的投入-产出表对赫克歇尔-俄林定理进行实证研究时得出了一个与通常见解相反的结果:美国出口劳动密集型产品,进口资本密集型产品。他根据美国的投入-产出表考察了美国200种产业,特别是其中直接进行对外贸易的产业,比较生产每百万美元的美国出口商品与进口竞争的商品所需资本和劳动的比率。结果他发现,美国的进口替代产品的资本密集程度高于出口产品,而美国的出口产品的劳动密集度大于进口替代产品。换句话说,美国进口的商品是资本密集型产品,而出口的商品是劳动密集型产品。这正与一般公认美国是全世界资本最为丰富的国家,其出口品应为资本密集的产品的先入之见相反,即美国的贸易结构与方向同赫克歇尔-俄林所预测的背道而驰。里昂惕夫在其所著《国内生产和对外贸易:美国资本状况再考察》(1953)一文中公布了这一发现,使美欧国际贸易学术界大为震惊,被称为里昂惕夫之谜。许多学者对其他国家进行实证研究的结果,有的符合赫克歇尔-俄林定理,有的符合里昂惕夫之谜。为回答学术界的评论,里昂惕夫又对此问题做了大量研究,发表的《生产要素比例与美国贸易结构:进一步的理论和检验分析》(1956)一文中所得到的结果仍与前述结论基本相同。为解开里昂惕夫之谜,里昂惕夫本人及其他学者曾提出多种相关因素(如劳动生产率、人力资本、研究与开发、要素密集度逆转等)作解释,试图调和赫克歇尔-俄林定理与里昂惕夫之谜。从这个意义上说,里昂惕夫之谜的提出带动了其他经济学者对国际贸易各种新现象的分析,促进了现代国际贸易理论的创新和对生产要素禀赋理论更加全面的认识。

(三) 第二次世界大战以后生产要素分析的新发展

第二次世界大战以后,对生产要素的认识和分析不论在深度方面还是在广度方面都取得了新的进展。

1. 生产要素分析在深度方面的新发展

在深度方面的新发展,主要有以下几个方面的表现:

(1) 生产要素的非同一性(异质性)。传统的贸易理论含有一种假定,即土地、劳动和资本三种生产要素之中的每一种要素的本身都是同一的,没有任何差异。然而实际上,每种生产要素都不是同一的,它包含着许多小类或亚种,这些小类或亚种的组合也是千差万别。因此,各国的生产要素禀赋不仅有数量供应的差异,还有质量上的差异。忽略生产要素禀赋的质的差异,即生产要素的非同一性,就无法对贸易作出完整或合理的解释。例如,就劳动力而言,不同国家之间在数量上可能是不相等的,但更为重要的是在质量上也可能存在差异,即在教育程度、技能以及健康等方面都可能不相同。

(2) 生产要素禀赋的变动性。在一个简单的分析模型中,将一国拥有的生产要素假设为固定不变,似乎有其必要性。但运用于具体的贸易分析,就必须考察生产要素禀赋的变动性。一个国家所拥有的资源与生产要素,不仅在数量上,而且在质量上都是一个变数。技术的进展、人口增加和资本积累等因素作用所产生的要素禀赋的变动性,必然会影响一个国家比较优势的变动,从而影响国际贸易的流向、种类和数量。例如,资本和技术要素在一个经济落后的国家或经济发展处在起步阶段的国家可能是短缺的,但当一国经济发展起来尤其是成为发达国家之后,其资本和技术的短缺状况就会大为缓解甚至会出现相对过剩。

(3) 生产要素配置比例密集性特征的变换。生产要素密集性变换指的就是同种商品在不同的国家要素密集特征是不同的。赫克歇尔-俄林在其理论的分析中曾假定,各种商品的生产函数在各国相同,因此,商品的生产要素密集性特征在各国是一样的。然而,事实上同类商品的生产技术在各国必然存在差异,生产中各类要素的实物配置比例不会完全相同,或者各类生产要素的价格在各国不相同,所以以价格表示的生产要素密集性特征就会有差异。假定日本由于资本便宜而劳动力昂贵,商品 A 的劳动密集度比商品 B 高;而在其他国家,由于资本昂贵而劳动力便宜,商品 A 的资本密集度比商品 B 高。只要在生产 A 商品时,用一种生产要素替代另一种生产要素比生产 B 商品时困难,这种生产要素密集变换就会发生,于是下述情况就有可能:日本输出的商品 A 在日本是劳动密集型的,而日本输入的商品 B 在国外也是劳动密集型的。生产要素密集型的变换表明,商品在一国是资本密集型,在另一国则可能表现为劳动密集型,所以赫克歇尔-俄林定理所揭示的贸易流向在两国都可能是不正确的,这样就会出现里昂惕夫之谜。二战后有许多经济学家运用要素密集变换来解释里昂惕夫之谜。第一个完成要素密集变换系统研究的是明纳斯,他认为现实世界中要素密集变换广泛地发生着。

(4) 技术进步与生产要素密集特征的转移。商品生产的要素配置比例是由生产技术条件决定的。除了各国生产技术条件差异导致生产要素密集变换外,无疑,生产技术的变动必然使产品的要素密集性特征发生转移。如果说变换说明的是同一时期国与国之间横向比较的要素密集性的特点,那么,转移则是表明时间序列上纵向的要素密集性变化。比如,20 世纪初时美国生产的轿车是资本密集型的,而现在则已变成技术密集型的了。技术是在商品生产和劳务生产中所积累的知识、技巧和熟练劳动的总和,它通过资本、劳动和自然资源的生产效率体现。技术进步和技术创新意味着一定的投入量可以生产更多的产品,或者说一定的产量只需较少的投入量就可以生产出来。这说明技术进步是通过影响各种要素的投入量和产品的产出量而促成产品要素密集特征发生变化的。

2. 生产要素分析在广度方面的扩展

第二次世界大战后,生产要素分析的新发展,还表现在新要素观点的提出。新要素观点认为,在考虑国际贸易商品比较优势时,除了以往的资本、劳动和自然资源要素以外,还有其他要素发挥着重要的作用。该观点赋予生产要素新的内涵,突破了原先的局限,提出了人力资本、研究与开发和规模经济等可以作为新的生产要素的见解。

人力资本是指体现在劳动者身上的,以劳动者的素质表示的资本。人力资本也称为技能劳动,主要由教育和培训投资产生,它可以作为一种特殊形态的资本发挥作用。人力资本对现代贸易格局有重要影响,同时,由于它区分了劳动力要素"质"的差异,对于解开里昂惕夫之谜也有帮助。研究人力资本与贸易格局问题的代表人物有克莱弗斯(Kravis)、基辛(Kessing)和韦赫勒(Waehror)等。研究与开发要素是指开发某项产品时所投入的费用。重视研究与开发要素研究的学者主要是格鲁勃(Gruber)和梅达(Mehta)等。研究与开发要素密集度较高的产品就是知识与技术密集度较高的产品,一般指的都是新产品。规模经济是指随着产出量的增加而导致的单位成本的下降,或者说企业达到一定的规模后所能得到的经济上的利益。规模经济的直接好处就是随产量的增加单位成本下降,从而可以增强产品在国际竞争中的优势。所以,学者们认为规模经济同其他要素禀赋一样,也应该是国际贸易的基础。

以上回顾和总结了生产要素分析的历史发展过程,从中可以看出以下几个特征:第一,对生产要素的分析总是伴随着对贸易的分析而进行的。对生产要素分析的最初目的是揭示贸易产生的原因和贸易利益的来源以及贸易的格局。但是,后来分析的范围和目的都扩展了。这说明在研究国际经济合作时不可能完全脱离对国际贸易的研究。第二,生产要素的种类由少到多,非自然的、非物质的生产要素逐步增加。从最初分析时的一种生产要素扩大到后来的六种,从最初基本上都是自然的和物质的生产要素发展到后来越来越多的非自然的和非物质的生产要素。第三,生产要素分析趋向动态化,分析越来越反映现代化大生产中所使用的生产要素的实际构成状况。

思考与练习题

1. 国际经济合作的概念和含义是什么? 它有哪些方式?
2. 简述生产要素国际移动的主要原因。
3. 生产要素的国际移动与国际经济合作是什么关系?
4. 在历史上人们对生产要素进行过哪些分析? 第二次世界大战后对生产要素分析在深度和广度方面有哪些新的进展?

案例研究

案例一

中国对外经济贸易与国际经济合作的主要方式及发展状况

2011年,全国进出口总值为36 420.6亿美元,同比增长22.5%。其中:出口18 986.0亿美元,增长20.3%;进口17 434.6亿美元,增长24.9%。2011年,中国进出口差额1 551.4亿美元(即对外贸易顺差),较上年下降14.5%。

2011年,全国新批设立外商投资企业27 712家,同比增长1.12%;实际使用外资金额1 160.11亿美元,同比增长9.72%。当年,亚洲十国/地区(中国香港、中国澳门、台湾省、日本、菲律宾、泰国、马来西亚、新加坡、印度尼西亚、韩国)对华投资新设立企业22 302家,同比增长1.11%,实际投入外资金额1 005.17亿美元,同比增长13.99%。美国对华投资新设立企业1 497家,同比下降 5.01%,实际投入外资金额 29.95 亿美元,同比下降 26.07%。欧盟 27 国对华投资新设立企业 1 743 家,同比增长 3.26%,实际投入外资金额 63.48 亿美元,同比下降 3.65%。当年,对华投资前十位国家/地区(以实际投入外资金额计)依次为:中国香港(770.11 亿美元)、台湾省(67.27 亿美元)、日本(63.48 亿美元)、新加坡(63.28 亿美元)、美国(29.95 亿美元)、韩国(25.51 亿美元)、英国(16.1 亿美元)、德国(11.36 亿美元)、法国(8.02 亿美元)和荷兰(7.67 亿美元),前十位国家/地区实际投入外资金额占全国实际使用外资金额的91.61%(上述国家/地区对华投资数据包括这些国家/地区通过英属维尔京、开曼群岛、萨摩亚、毛里求斯和巴巴多斯等自由港对华进行的投资)。

2011 年,我国境内投资者共对全球 132 个国家和地区的 3 391 家境外企业进行了非金融类对外直接投资,累计实现直接投资 600.7 亿美元,同比增长14%。其中股本投资和其他投资 456.7 亿美元,占 76%;利润再投资 144 亿美元,占 24%。

中国对外援助基本情况是:自 1950 年以来,中国在致力于自身发展的同时,在"南南合作"框架下向亚洲、非洲、拉丁美洲、加勒比、大洋洲和东欧等地区的 120 多个发展中国家提供了力所能及的经济和技术援助。中国对外援助的宗旨是帮助受援国增强自主发展能力,切实改善民生,促进受援国经济发展和社会进步。中国对外援助是发展中国家之间的相互帮助,遵循平等互利、不附带任何政治条件的原则。中国对外援助主要集中在工农业生产、基础设施和公共设施建设、文教卫生、民生服务等领域,尽量满足受援国经济和社会发展的急需。援助方式主要包括成套项目建设、提供一般物资、技术合作、人力资源开发合作、援外医疗队、紧急人道主义援助、援外志愿者和债务减免。援助资金主要包括无偿援助、无息贷款和优惠贷款。截至 2011 年年底,中国政府帮助受援国建成了 2 200 多个与当地生产、生活息息相关的各类项目,改善了受援国基础设施状况,增加了税收和就业,繁荣了城乡经济,促进了当地经济社会发展。根据受援国要求,中国还派遣技术人员赴当地提供技术服务和指导,实施项目建成后的技术援助和单项技术援助。中国还向受援国提供了大批物资和少量现汇援助。

中国政府为帮助受援国增强自主发展能力,长期以来一直重视援外培训工作,近年来更加大了工作力度。截至 2011 年,已有 14 万多名官员及管理和技术人员来华参加了培训和研修。培训内容涵盖经济、外交、农业、医疗卫生、环保等 20 多个领域。为减轻受援国负担,推动国际社会履行减免发展中国家债务的承诺,中国政府在提供对外援助的同时,还减免了重债穷国和最不发达国家的对华到期政府债务。截至 2011 年年底,已累计免除 50 个重债穷国和最不发达国家到期债务 391 笔。中国还对遭受重大自然灾害的国家及时提供紧急人道主义援助,参加了印度洋海啸、马达加斯加飓风、海地地震、巴基斯坦洪灾、非洲之角饥荒等重大国际救灾行动。近 5 年来,中国对外共提供近 200 次的人道主义救灾援助。自 1963 年以来,中国先后向 69 个发展中国家派遣了援外医疗队,派出医务人员约 21 000 人次。截至 2012 年,共有 60 支医疗队约 1 300

多名医务人员在 57 个发展中国家工作。自 2005 年起,中国开始对外派遣青年志愿者工作。到 2012 年,已向泰国、埃塞俄比亚、老挝、缅甸、津巴布韦、塞舌尔等 19 个发展中国家派遣了 470 多名援外青年志愿者,开展汉语教学、中医治疗、农业科技、体育教学、计算机培训、国际救援等方面的志愿服务。中国对外援助促进了受援国的经济和社会发展,加深了双边友好关系,树立了"南南合作"的典范。

自从 1979 年实行改革开放政策以来,中国改变了以往只对外提供援助不接受外部援助的政策,在对外提供援助的同时也利用国际双边(外国政府)和多边(联合国发展系统与世界银行)渠道接受援助。外国政府向中国提供的援助分为有偿援助和无偿援助两部分。有偿援助主要是通过政府贷款来进行的,包括项目贷款和商品贷款。改革开放以来,中国利用外国政府贷款总额达 500 多亿美元,涉及 1 700 多个项目,其中接受的日本政府贷款最多,总额达 2 248 亿元人民币(约合 270 亿美元)。日本是中国最大的援助国,中国是日本最大的受援国,中国的外来援助中有 66.9% 来自于日本,项目总数高达 200 多个。利用日本政府开发援助(Official Development Assistance, ODA)始于 1979 年。日本对华的 ODA 主要由三部分组成,即对华日元贷款、技术合作、无偿援助,分别占 80%、10% 和 10%。从 2008 年 3 月开始,日本对华贷款终结,但是这并不意味着日本对华援助都已取消,技术合作和无偿援助依然存在。中国利用国际双边无偿援助始于 1982 年,约有近 20 个国家或地区向中国提供过无偿援助,其中项目援助最多,涉及金额约合 23 亿美元,完成项目有 300 多个。中国接受的国际多边援助主要来自联合国发展系统和世界银行。截至 2006 年年底,联合国发展系统的各机构共向中国提供了超过 30 亿美元的援助。自 2007 年以后,中国接受的国际援助逐步减少。

2011 年,我国对外劳务合作派出各类劳务人员 45.2 万人,较 2010 年增加 4.1 万人,其中承包工程项下派出劳务 24.3 万人,劳务合作项下派出 20.9 万人。年末在外各类劳务人员 81.2 万人,同比减少 3.5 万人。当年,我国对外承包工程业务完成营业额 1 034.2 亿美元,同比增长 12.2%,新签合同额 1 423.3 亿美元,同比增长 5.9%。

2011 年,中国服务贸易继续保持增长势头。服务进出口总额首破 4 000 亿美元,再创历史新高;出口和进口继续稳居世界前列。当年,服务出口 1 820.9 亿美元,服务进口 2 370 亿美元,服务贸易逆差 549.2 亿美元。2011 年,中国服务进出口总额继续位居世界第四位(前三位依次为美国、德国、英国),出口居世界第四位(前三位依次为美国、英国、德国),进口居世界第三位(前两位依次为美国、德国)。

案例思考与讨论

1. 中国对外经贸业务的主要方式有哪些?

2. 在国际经济合作业务中会涉及哪些生产要素的国际移动?为什么会发生这些生产要素的国际移动?

案例二

中国石油工程建设(集团)公司开展国际经济合作业务案例

在 1998 年年初,中国石油工程建设(集团)公司通过参与国际公开招标,总承包了苏丹油田生产设施项目。该项目设计年原油生产能力近 1 000 万吨,工程主要包括 1 个中心处理厂、5 个集油站、90 千米长 20 英寸原油集输管线、108 千米 33 千伏高压输电线路、66 套井口设施及 144 千米井口管线,合同总金额 1.9 亿美元,工期 18 个月。由于自然环境差、工期紧及当地配套设施落后,该项目可谓困难重重。不过中国石油工程建设(集团)公司通过科学组织、严格管理、精心施工和顽强拼搏,最终按时、保质地完成了该工程。苏丹油田生产设施项目的成功,为该公司更好地扩展国际市场,进行广泛的国际经济合作打下了坚实的基础。

案例思考与讨论

1. 上述经济活动属于哪种方式的国际经济合作? 该种方式的国际经济合作主要涉及哪些生产要素的国际转移?

2. 除了上述方式之外,国际经济合作还有哪些方式? 请举例说明。

第二章
国际直接投资

学习要点

近年来,作为世界经济增长重要引擎之一的国际直接投资,引起了人们越来越广泛的关注。本章先后分析和论述了国际直接投资的概念与基本形式、国际直接投资的动机和主要理论、跨国并购、国际投资环境及其评估方法、世界贸易组织与多边投资协定和国际直接投资协调等内容。本章的阐述比较概括,通过学习,学生可以对国际直接投资相关问题有一个基本的理解与把握,从而在头脑中形成一个大体框架。

Key Points

In recent years, International Direct Investment has aroused more and more attention as one of the critical economic engines to the whole world. This chapter respectively illustrates the definition and basic patterns as well as the motives and main theories of International Direct Investment, Transnational M & As, International Investment Climates and the assessment methods, World Trade Organization and Multilateral Investment Treaties, International Direct Investment Coordination System and so on. After studying this chapter, students are expected to have a general understanding to the relevant questions of International Direct Investment and set up a basic knowledge framework in mind.

第一节 国际直接投资的概念与形式

一、国际直接投资的概念

国际直接投资（International Direct Investment）是指以控制国（境）外企业的经营管理权为核心的对外投资。国际直接投资又称外国直接投资（Foreign Direct Investment，FDI）、对外直接投资或海外直接投资。根据国际货币基金组织（IMF）的解释，这种控制权是指投资者拥有一定数量的股份，因而能行使表决权并在企业的经营决策和管理中享有发言权。

近年来，国际直接投资发展很快，其增长速度超过了国际贸易，已成为国别、区域和全球经济增长的重要引擎。同时，国际直接投资也成为将各国经济联系在一起的一个重要机制，因而大大推动了经济全球化的进程。

二、国际直接投资的基本形式

（一）国际合资企业

国际合资企业是指外国投资者和东道国投资者为了一个共同的投资项目，联合出资按东道国有关法律在东道国境内建立的企业。

国际合资企业是股权式合营企业，它的特点是各方共同投资、共同经营、共担风险、共享利润。它是当前国际直接投资中最常用的形式。建立国际合资企业的优点主要是：可以充分发挥各投资方在资金、技术、原材料、销售等方面的优势，形成组合优势；不易受到东道国民族意识的抵制，容易获得优惠待遇，降低投资风险；在经营上较少受到各种限制，有助于打入新的市场。但是由于投资各方的出发点不尽相同，短期和长期利益不尽一致，因而在共同的经营管理中有时也会产生分歧和冲突，影响企业的正常运转。

（二）国际合作企业

国际合作企业是指外国投资者和东道国投资者在签订合同的基础上依照东道国法律共同设立的企业。它的最大特点是合作各方的权利、义务均由各方通过磋商在合作合同中订明，是典型的契约式合营企业。

总的来说，国际合资企业与国际合作企业在利弊上相似，只是合作企业由于以合同规定作为各方合作的基础，所以在企业形式、利润分配、资本回收等方面可以采用比较灵活的方式,能适应合作各方不同的需要。

(三) 国际独资企业

国际独资企业是指外国投资者依照东道国法律在东道国设立的全部资本为外国投资者所有的企业。作为单独的出资者,外国投资者独立承担风险,单独经营管理独资企业,独享经营利润。

由于享有企业完全的所有权和经营管理权,建立独资企业的方式为跨国公司尤其是大跨国公司所偏爱,它们有时宁愿放弃投资机会也不愿以合资方式进行直接投资。建立国际独资企业虽然可以达到垄断技术、避免泄露企业秘密等目的,但是,经营上往往受到东道国比较严格的限制,容易受到当地民族意识的抵制,经营风险较大。

三、国际直接投资的发展

20世纪90年代中期以来,国际直接投资的规模不断扩大。根据联合国贸易与发展会议(UNCTAD)《2012年世界投资报告》(World Investment Report 2012)公布的数据,国际直接投资在2007年出现了创纪录的高水平,达到19 755亿美元。但是,从2008年开始,受全球金融和经济危机的影响,全球国际直接投资规模出现一定幅度的下降,2008年和2009年全球国际直接投资总额分别为17 907亿美元和11 978亿美元,2010年又开始有所回升,达到13 090亿美元,2011年进一步达到15 244亿美元。截至2011年年底,国际直接投资累积输入和输出存量已分别达到204 382亿美元和211 685亿美元。一般来讲,国际直接投资的规模会伴随世界经济形势的变化而起伏涨落,也就是说,投资增长和经济发展存在周期波动的规律,因而,从长远来看,国际直接投资仍会呈现出增长的趋势。表2-1反映了1995—2011年国际直接投资年度总金额和发达国家及发展中国家利用外资金额变化的情况。

表2-1　1995—2011年国际直接投资年度金额

单位:亿美元

年份	1995	2000	2005	2006	2007	2008	2009	2010	2011
全球总额	3 311	13 880	9 826	14 634	19 755	17 907	11 978	13 090	15 244
发达国家	2 035	11 205	6 191	9 818	13 104	10 196	6 062	6 186	7 479
发展中国家	1 133	2 461	3 323	4 272	5 743	6 500	5 192	6 167	6 844

资料来源:根据2001—2012年《世界投资报告》整理。

近年来,国际直接投资的发展呈现出以下几个特征:第一,国际直接投资规模出现大起大落,从2008年开始进入新一轮调整期,先是下降,2010年开始又逐渐回升。第二,发达国家仍是国际直接投资的双重主角,在对外投资和吸引外资(Inflow and Outflow)方面所占比例都比较高,同时,发展中国家吸收的外资金额有所增加。第三,跨国公司继续扮演 FDI 的主要角色,其作为世界经济增长强劲发动机的地位获得了进一步的增强。第四,各国纷纷采取投资自由化、便利化和规范化(概括为"三化")措施,改善投资环境,以吸引更多的外资进入。第五,跨国并购(Cross-border M&As)超过绿地投资(Greenfield Investment)成为国际直接投资的主要方式。第六,多边投资协定(框架)(MAI or MFI)谈判步履艰难,已经两次搁浅。

四、近年来全球跨国并购投资的状况

进入 20 世纪 90 年代中期以后,随着经济全球化的深入发展和各国资本市场的日趋完善,跨国并购活动逐渐增多,并购金额屡创新高,大型跨国并购交易也层出不穷。1995 年,全球跨国并购投资金额达到了 1 866 亿美元,首次超过绿地投资。此后,全球跨国并购流出额增长速度不断加快,并在 2007 年创下了 10 227 亿美元的历史纪录(见表 2-2)。跨国并购的迅速发展,使其渐渐替代了绿地投资,成为对外直接投资的一种主要方式。1996 年后,跨国并购在国际直接投资中所占比重持续上升,在 2007 年达到了 52%,2008 年和 2009 年持续大幅下降,2009 年达到最低点,在国际直接投资中的比重降至 21%。之后 2010 年比 2009 年增长了 37%,2011 年比 2010 年增长了 53%,金额达到了 5 259 亿美元。但是总体来看,绿地投资金额及项目数仍远大于跨国并购。

表 2-2 1987—2011 年全球跨国并购投资金额

单位:亿美元

年份	全球	发达国家	发展中国家	年份	全球	发达国家	发展中国家
1987	745	716	29	2000	11 438	10 876	485
1988	1 156	1 134	22	2001	5 940	5 342	557
1989	1 404	1 358	40	2002	3 698	3 411	276
1990	1 506	1 431	72	2003	2 970	2 444	402
1991	807	774	33	2004	3 806	3 159	547
1992	793	730	63	2005	4 623	4 037	638
1993	831	722	108	2006	6 253	5 272	892
1994	1 271	1 124	144	2007	10 227	8 919	1 004
1995	1 866	1 731	134	2008	7 065	5 814	1 048
1996	2 270	1 967	296	2009	2 497	2 035	391
1997	3 048	2 693	352	2010	3 440	2 572	824
1998	5 316	5 089	217	2011	5 259	4 097	832
1999	7 660	7 008	634				

资料来源:根据 1996—2012 年《世界投资报告》整理。

第二节 国际直接投资的动机与理论

一、国际直接投资的主要动机

国际直接投资的动机有时也称为国际直接投资的目的,它主要是从必要性的角度阐明投资者在进行投资决策时所考虑的主要因素,即说明投资者为什么要进行某一特定类型的投资。由于投资者在进行对外投资时既受企业本身特有的优势(资金、技术、管理、规模经济、市场技能等)的影响,也受企业所处客观社会经济环境(自然资源禀赋、国内市场规模、经济发展水平、产业结构、技术水平、劳动力成本、政府政策等)的制约,而这两方面在内容上存在相当大的差异,所以导致不同企业的对外投资动机以及同一企业的不同投资项目的动机不同。

(一) 国际直接投资动机的种类

国际直接投资的主要动机有以下几种。

1. 市场导向型动机

这种类型的投资主要以巩固、扩大和开辟市场为目的,具体又可分为几种不同的情况:

(1)投资企业本来是出口型企业,它在本国进行生产,通过出口使商品进入国外市场,但由于东道国或区域性经济集团实行了贸易保护主义,影响和阻碍了企业的正常出口,因而企业转为对外投资,在当地设厂、就地生产、就地销售,维持原有的市场或开辟新的市场。有时也会转向没有受到出口限制的第三国投资生产,再出口到原有市场所在国。

(2)企业对国外某一特定市场的开拓已达到一定程度,为了给顾客提供更多的服务,巩固和扩大其市场占有份额,在当地直接投资进行生产和销售或者在当地投资建立维修服务和零部件供应网点会更为有利。例如,机电产品在国外某一市场销售达到一定规模后,就有必要加强售后服务,建立一些维修服务和零部件供应网点。又如食品制造商或汽车制造商在国外有足够规模的生产设施,需要就地取得食品容器或汽车零配件,这时,制造容器或零配件的公司就会配合需要,在国外投资建厂,就地供应,以免失去顾客或买主。

(3)企业为了更好地接近目标市场,满足当地消费者的需要而进行对外直接投资。如快餐食品、饮料和食品原料等商品不能久储或不耐长途运输,而顾客却分散在世界各地,为了更好地接近或维持国外销售市场,企业就不得不在国外投资设立网点,以利于就近提供新鲜食品。至于无形商品服务,几乎无法储存与运输,所以要想出口主要就是通过对外投资在国外设立企业,边生产、边出售、边消费。

(4) 企业的产品在国内市场占有比例已接近饱和或是受到其他企业产品的有力竞争,因而企业在国内的进一步发展受到限制,冲破限制的有效办法之一就是对外直接投资,开发国外市场,寻求新的市场需求。

总之,市场方面的考虑在对外投资决策中占据主导地位。

2. 降低成本导向型动机

出于这种动机所进行的投资主要是为了利用国外相对廉价的原材料和其他各种生产要素等,降低企业的综合生产成本,提高经营效益,保持或提高企业的竞争能力。这一类投资可以分为几种具体情况:

(1) 出于自然资源方面的考虑。如果原料来自国外,最终产品又销往原料来源国,那么在原料产地从事生产经营活动可节省与原料进口和产品出口相关的运输费用。此外,企业为了获得稳定的原材料供应,也会在资源丰富的国家投资建立原材料生产企业,满足本企业的需要。

(2) 出于利用国外便宜的劳动力和土地等生产要素方面的考虑。工业发达国家的企业之所以进行对外直接投资,主要是想利用发展中国家廉价但有保证的劳动力,以降低生产成本。如果本国土地要素价格偏高,企业也有可能通过对外直接投资将生产经营转移到价格较低的国家去。

(3) 出于汇率变动方面的考虑。汇率的变动会直接导致出口商品价格的变动。当一国的货币升值时,会使其出口商品以外币表示的价格升高,影响其商品在国际市场的竞争力。在这种情况下,该国企业往往会扩大对外直接投资,以消除本币升值的不利影响。

(4) 出于利用各国进口关税税率不同来降低生产成本的考虑。如果一个国家的进口关税税率高,那么其他国家的企业就可能为了降低产品成本而在该国投资进行生产;反之,如果一个国家的进口关税税率低,国内市场上进口商品竞争力强,则会促使该国企业到生产成本更低的国家投资建厂。

(5) 出于利用闲置的设备和工业产权与专有技术等技术资源方面的考虑。以对外直接投资形式向国外输出闲置的设备与技术资源,可减少在国外的企业的生产与经营成本,并可实现规模生产,提高经营效益。

3. 技术与管理导向型动机

这种投资的目的主要是获取和利用国外先进的技术、生产工艺、新产品设计和先进的管理知识等。有些先进的技术和管理经验通过公开购买的方式不易得到,于是可以通过在国外设立合营企业或兼并与收购当地企业的方式获取。获取和充分利用这些技术和管理经验,可促进投资企业的发展,提高竞争力。技术与管理导向型投资具有较强的趋向性,一般集中在发达国家和地区。美国全国理事会发表的一份报告说,日本通过与美国公司和大学建立合资项目,获取了美国大量的尖端生物工程技术。

4. 分散投资风险导向型动机

这种投资的目的主要是分散和减少企业所面临的各种风险。投资者在社会稳定国家投资的目的是寻求政治上的安全感,因为社会稳定国家一般不会采取没收、干预私有经济等不利于企业的措施,企业在这类国家从事生产经营决策的灵活性较大。另外,这些国家一般不会出现会给企业生产经营活动造成极大影响的国内骚动或市场销售状况的突发性变动。很明显,企业的投资过分集中在某个国家或某个地区或某个行业,一旦遇到风险时,就会由于回旋余地不大而出现较大损失。企业所要分散的风险主要是政治风险,同时也包括经济的、自然的和社会文化方面的风险。一般而言,直接投资的这种动机是出于对国际投资风险的考虑,但在某些情况下,也有出于国内风险原因而进行对外投资的。如一家企业在世界各地进行投资生产与经营活动,不仅可以起到扩大销售的积极作用,而且可以带来原材料、技术、人员以及资金等多元化的供应来源,从而使企业不受一国国内条件的限制。

5. 优惠政策导向型动机

这种投资的主要目的是利用东道国政府的优惠政策以及母国政府的鼓励性政策。东道国政府为了吸引外来投资常会制定一些对外来投资者的优惠政策,如优惠的税收和金融政策、优惠的土地使用政策以及创造尽可能良好的投资软、硬环境等,这些优惠政策尤其是税收上的优惠政策会诱导外国投资者作出投资决策。同样,母国政府对对外投资的鼓励性政策也会刺激和诱发本国企业或个人作出对外投资决策,如鼓励性的税收政策、金融政策、保险政策以及海外企业产品的进口政策等。

除了以上五种主要的较普遍的国际直接投资动机之外,还有一些不太普遍的动机,如全球战略导向型动机(投资的主要目的是提高企业的知名度,在世界范围内树立良好的企业形象,以实现其全球发展战略)、信息导向型动机(主要目的是获取国际经济贸易方面的最新信息和最新动态)、"随大流"型动机(跟随本企业的竞争对手或本行业的带头企业进行对外投资)、公司决策者个人偏好型动机(因公司决策者对某个国家或地区的某方面事物的偏好而决定进行的投资)、为股东争利导向型动机(投资的目的是给企业的股东特别是普通股股东争取更多的利益)等。

(二) 分析和理解国际直接投资的动机时应注意的问题

第一,国际直接投资的动机较多的是从必要性的角度分析的,而对可能性方面考虑得比较少。而将必要性与可能性结合起来进行分析的是国际直接投资理论,因而为了加强对国际直接投资动机的理解,还应学习和研究国际直接投资的主要理论。

第二,上述各种投资的动机都是国际直接投资的经济动机,并未考虑政治与军事方面的动机。

第三,国际直接投资的根本动机和目的是利润最大化。各种类型国际直接投资动机是追求利润最大化的不同途径与方式。在获取利润的问题上,有直接与间接、局部与整体、近期与远期之分,这也导致投资动机呈现多样化。另外,不同企业的内外部条件与所处环境之间存在相当大的差异性,这也使不同企业在追求相同的目标时采取了不同的手段。

第四,国际直接投资的动机是可以相互交叉的。一笔对外投资可以有一个动机,也可以有两三个动机。同时并存的动机越多,在投资完成之后对投资者的好处就越大。例如,一家美国企业在中国广东省深圳经济特区投资建立了一家劳动密集型企业,其产品90%以上在国内市场销售,这家美国企业的在华投资可能具有这样几个动机:降低成本导向型动机、市场导向型动机和利用中国政府给予外商投资企业的优惠政策导向型动机等。

第五,不同类型国家之间直接投资的主要动机是不相同的。发达国家之间出于市场导向型和分散投资风险导向型动机的相互投资相对较多;发展中国家之间的投资出于市场导向型和降低成本导向型动机多于其他动机;发达国家向发展中国家的投资也主要是出于市场导向型和降低成本导向型动机;发展中国家向发达国家的投资的动机多数是市场导向型、技术与管理导向型和分散投资风险导向型。

二、主要的国际直接投资理论

第二次世界大战后,尤其是进入20世纪60年代以后,随着各国对外直接投资和跨国公司的迅速发展,西方经济学界对这一领域进行了大量探讨和研究,形成了许多观点各异的理论。这些理论一般统称为国际直接投资理论或对外直接投资理论,因提出的时间较长也被称为传统的国际直接投资理论,有时又因其多涉及跨国公司的对外投资行为而被称为跨国公司对外直接投资理论。下面对其中一些有代表性的理论作一简要的介绍。

(一) 垄断优势理论

垄断优势理论(Monopolistic Advantage Theory)是最早研究对外直接投资的独立理论,它产生于20世纪60年代初,在这以前基本上没有独立的对外直接投资理论。1960年,美国学者海默(Stephen H. Hymer)在他的博士论文《国内企业的国际经营:对外直接投资研究》中首先提出了以垄断优势来解释对外直接投资的理论。此后,海默的导师金德尔伯格(Charles P. Kindleberger)在《对外直接投资的垄断理论》等文中又对该理论进行了补充和系统阐述。由于两人从理论上开创了以国际直接投资为研究对象的新的研究领域,故学术界将他们二人并列为这一理论的创立者。后来,又有一些学者对垄断优势理论作了发展和补充。由于该理论主要是以产业组织学说为基础展开分析,因此也被称为产业组织理论分析法。

海默研究了美国企业对外直接投资的工业部门构成,发现对外直接投资和垄断的工业部门结构有关。他认为,跨国公司拥有的垄断优势是它们开展对外直接投资的决定因素。美国从事对外直接投资的企业主要集中在具有独特优势的少数部门。美国企业走向国际化的主要动机是充分利用自己独占性的生产要素优势,以谋取高额利润。海默认为,其他国家的对外直接投资也与部门的垄断程度较高有关。

垄断优势理论把跨国公司从事对外直接投资所凭借的垄断优势分为以下几类:

(1) 来自产品市场不完全的垄断优势。如来自跨国公司拥有的产品差异化能力、商标、销售技术和渠道或其他市场特殊技能,以及包括价格联盟在内的各种操纵价格的条件。

(2) 来自要素市场不完全的垄断优势。如技术要素(优势可来自专利、技术诀窍等知识产权,技术的专有和垄断既可以使跨国公司的产品与众不同,又可以限制竞争者进入市场)、资本要素(跨国公司可凭借其拥有的较高的金融信用等级而在资本市场上以较低的成本,较多、较快地筹集到资金)、管理技能和信息等方面。

(3) 来自规模经济的垄断优势。大企业为谋求规模经济而投入的巨额初始资本,对欲加入市场与之竞争的新企业无疑是一道难以逾越的门槛,并且伴随着很大的风险。另外,跨国公司可以利用国际专业化生产来合理配置生产经营的区位,避免母国和东道国对公司经营规模的限制,扩大市场占有份额。

(4) 来自政府干预的垄断优势。东道国和母国政府可以通过市场准入、关税、利率、税率、外汇及进出口管理等方面的政策、法规对跨国公司的直接投资进行干预,跨国公司可以从政府提供的税收减免、补贴、优先贷款等方面的干预措施中获得某种垄断优势。

海默还分析了产品和生产要素市场的不完全竞争性对对外直接投资的影响。在市场完全竞争的情况下,国际贸易是企业参与和进入国际市场或对外扩张的唯一方式,企业将根据比较利益原则从事进出口活动。但在现实生活中,市场是不完全的,这种不完全性是指竞争是不完全的,市场上存在一些障碍和干扰,如关税和非关税壁垒,少数卖主或买主能够凭借控制产量或购买量来影响市场价格,政府对价格和利润的管制等。正是上述障碍和干扰的存在严重阻碍了国际贸易的顺利进行,减少了贸易带来的益处,从而导致企业利用自己所拥有的垄断优势通过对外直接投资参与和进入国际市场。

(二)　内部化理论

内部化理论(The Theory of Internalization)也称市场内部化理论,它是 20 世纪 70 年代以后西方跨国公司研究者为了建立所谓跨国公司一般理论所提出和形成的理论,是解释对外直接投资的一种比较流行的理论,但不足以称其为"通论"。这一理论主要是由英国学者巴克莱(Peter Buckley)、卡森(Mark Casson)和加拿大学者拉格曼(Allan M. Rugman)共同提出来的。巴克莱和卡森在 1976 年合著的《多国企业的未来》及 1978 年合著的《国际经营论》中,对跨国公司的内部化形成过程的基本条件、成本与收益等问题作了明确的阐述,使人们重新审视内部化概念。1979 年,卡森在《多国企业的选择》一书中对内部化概念作了进一步的理论分析。拉格曼在《在多国企业内部》一书中对内部化理论作了更为深入的探讨,扩大了内部化理论的研究范围。

内部化是指在企业内部建立市场的过程,以企业的内部市场代替外部市场,从而解决由于市场不完整而带来的不能保证供需交换正常进行的问题。企业内部的转移价格充当润滑剂,使内部市场能像外部市场一样有效地发挥作用。跨国化是企业内部化超越国界的表现。

内部化理论认为,由于市场存在不完整性和交易成本上升,企业通过外部市场的买卖关系不能保证企业获利,并产生许多附加成本。因此,企业进行对外直接投资,建立企业内部市场,即通过跨国公司内部形成的公司内市场,克服外部市场上的交易障碍,弥补市场机制不完整缺陷所造成的风险与损失。该理论认为,市场不完全并非由于规模经济、寡占或关税壁垒,而是某些市场失效(Market Failure)、某些产品的特殊性质或垄断势力的存在。

内部化理论建立在 3 个假设的基础上:一是企业在不完全市场上从事经营的目的是追求利润的最大化;二是当生产要素特别是中间产品的市场不完全时,企业就有可能以内部市场取代外部市场,统一管理经营活动;三是内部化超越国界时就产生了多国公司。

市场内部化的过程取决于 4 个因素:一是产业特定因素(Industry-Specific Factor),指与产品性质、外部市场结构和规模经济等有关的因素;二是区位特定因素(Region-Specific Factor),指由于区位地理上的距离、文化差异和社会特点等引起交易成本的变动;三是国家特定因素(Country-Specific Factor),指东道国的政治、法律和财经制度对跨国公司业务的影响;四是公司特定因素(Firm-

Specific Factor),指不同企业组织内部市场的管理能力。在这几个因素中,产业特定因素是最关键的因素。因为,如果某一产业的生产活动存在多阶段生产的特点,就必然存在中间产品(原材料、零部件,信息、技术、管理技能等),若中间产品的供需在外部市场进行,则供需双方无论如何协调,也难以排除外部市场供需间的摩擦和波动,为了克服中间产品市场的不完全性,就可能出现市场内部化。市场内部化会给企业带来多方面的收益。

(三) 产品生命周期理论

产品生命周期理论(The Theory of Product Life Cycle)是美国哈佛大学教授弗农(Raymond Vernon)在 1966 年发表的《产品周期中的国际投资与国际贸易》一文中提出的。在该文中,他十分重视创新的时机、规模经济和不稳定性等因素的重要性。弗农认为,美国企业对外直接投资的变动与产品的生命周期有密切的联系。他把国际直接投资同国际贸易和产品生命周期结合起来,利用产品生命周期的变化,解释美国二战后对外直接投资的动机与区位的选择。这一理论既可以用来解释新产品的国际贸易问题,也可以用来解释对外直接投资。

弗农把一种产品的生命周期划分为创新、成熟和标准化 3 个阶段,不同的阶段决定了不同的生产成本和生产区位的选择,决定了公司应该有不同的贸易和投资战略。

在产品创新阶段,由于创新国垄断着新产品的生产技术,因此,尽管价格偏高也依然有需求,产品的需求价格弹性很低,生产成本的差异对公司生产区位的选择影响不大,这时最有利的安排就是在国内生产。企业主要利用产品差别等竞争手段,或力图垄断技术与产品生产来占领市场。这一阶段,新产品的需求主要在国内,至于其他经济结构和消费水平与创新国类似的国家如果对这种新产品有需求,则创新国企业主要通过出口而不是直接投资来满足这些国家的市场需求。

在产品成熟阶段,产品逐渐标准化,最有效的生产工序已经形成,产品的生产技术基本稳定,市场上出现了仿制品和替代品,在国内市场需求扩大的同时市场竞争也日趋激烈,新产品生产企业的技术垄断地位和寡占市场结构被削弱。此时,产品的需求价格弹性逐步增大,降低成本对提高竞争力的作用增强,因而如何降低生产成本成为企业考虑的首要因素。为此,企业一方面通过规模经济来降低成本,通过价格竞争来维持和占领国际市场;另一方面,在国内竞争日趋激烈,国内市场日趋饱和以及国外市场对这类产品的需求不断扩大的条件下,创新国企业开始进行对外直接投资,在国外建立子公司进行生产,一般投资于那些消费水平与创新国相似但劳动力成本略低于创新国的地区。到国外投资办厂的另一个好处就是可以避开进口国关税与非关税壁垒。

在产品标准化阶段,产品的生产技术、工艺、规格等都已完全标准化,产品已完全成熟。创新国企业的技术优势已经丧失,企业之间的竞争更加激烈,竞争的焦点和基础是成本和价格,因此,企业将在世界范围内寻找适当的产品生产区位,通过对外直接投资将产品的生产转移到工资最低的国家和地区(一般是发展中国家和地区),以降低生产成本,继续参与市场竞争。最初的创新国将从发展中国家进口最终产品满足国内需求,原来新产品的生产企业也将由于产品生命周期的终结而必须转向另一新产品的研究和开发。

产品生命周期理论的独到之处在于将企业所拥有的优势同该企业所生产产品的生命周期的变化联系起来,这样,就为当时的对外直接投资理论增添了时间因素和动态分析的色彩。这一理论把美国的经济结构、美国企业的产品创新取向以及美国跨国公司海外生产的动机和选址三者较好地联系了起来,一方面解释了美国跨国公司从事对外直接投资的特点,另一方面也说明了这些公司先向西欧再向发展中国家投资的原因。

(四) 边际产业扩张论

边际产业扩张论是日本一桥大学小岛清(Kiyoshi Kojima)教授在 20 世纪 70 年代提出来的。从二战后到 20 世纪 70 年代中期,日本理论界接受和流行的对外直接投资理论主要是海默和金德尔伯格的垄断优势理论以及弗农的产品生命周期理论。但后来,日本理论界提出了不同的看法,认为上述两个理论只研究了美国跨国公司的对外直接投资问题,而没有考虑其他国家对外直接投资的特点,不能解释日本的对外直接投资问题。因此,应创立符合日本国情的对外直接投资理论,用以说明和指导日本企业的对外直接投资活动。在此背景下,小岛清在其于 1979 年出版的《对外直接投资论》和 1981 年出版的《跨国公司的对外直接投资》及《对外贸易论》等书中提出了新的观点。

小岛清的投资理论有 3 个基本命题:第一,国际贸易理论中的赫克歇尔-俄林模型(H-O 模型)的基本假定是合理的,即资源禀赋或资本-劳动要素比例的假定是对的,但在运用其分析对外直接投资时可使用比资本更广义的经营资源(Managerial Resources)的概念来代替资本要素。第二,凡是具有比较成本优势的行业其比较利润率也较高,建立在比较成本或比较利润率基础上的国际分工原理不仅可以解释国际贸易的发生,也可以说明国际投资的原因。小岛清甚至认为可以将国际贸易和对外直接投资的综合理论建立在比较优势(成本)的基础上。第三,日本式的对外直接投资与美国式的对外直接投资是不同的。

小岛清认为,由于各国的经济状况不同,因此,根据美国对外直接投资状况而推断出来的理论无法解释日本的对外直接投资。日本的对外直接投资与美国相比有4点明显的不同:一是美国的海外企业大多分布在制造业部门,从事海外投资的企业多处于国内具有比较优势的行业或部门;而日本对外直接投资主要分布在自然资源开发和劳动力密集型行业,这些行业是日本已失去或即将失去比较优势的行业,对外投资是按照这些行业比较成本的顺序依次进行的。二是美国从事对外直接投资的多是拥有先进技术的大型企业;而日本的对外直接投资以中小企业为主体,所转让的技术也多为适用技术,比较符合当地的生产要素结构及水平,对当地发展具有比较优势的劳动密集型产业、增加就业和扩大出口等都有积极的促进作用。三是美国对外直接投资是贸易替代型的(反贸易导向),由于一些行业对外直接投资的增加而减少了这些行业产品的出口;与此相反,日本的对外直接投资行业是在本国已经处于比较劣势而在东道国正在形成比较优势或具有潜在的比较优势的行业,所以对外直接投资的增加会带来国际贸易量的扩大,这种投资是贸易创造型的(顺贸易导向)。四是美国公司设立的海外企业一般采用独资形式,与当地的联系较少,类似"飞地";而日本的对外直接投资多采用合资形式,注意吸收东道国企业参加,有时还采用非股权安排方式(Non-Equity Arrangement)。

比较优势理论的基本内容是:对外直接投资应该从本国已经处于或即将处于比较劣势的产业(边际产业)依次进行。这些产业是指已处于比较劣势的劳动力密集部门或者某些行业中装配或生产特定部件的劳动力密集的生产环节或工序。即使这些产业在投资国已处于不利地位,但在东道国却拥有比较优势。凡是在本国已趋于比较劣势的生产活动都应通过直接投资依次向国外转移。

小岛清认为,国际贸易是按既定的比较成本进行的,根据上述原则所进行的对外投资也可以扩大两国的比较成本差距,创造出新的比较成本格局。据此,小岛清认为,日本的传统工业部门很容易在海外找到立足点,传统工业部门到国外生产要素和技术水平相适应的地区进行投资,其优势远比在国内新行业投资要大。

(五) 国际生产折中理论

国际生产折中理论(The Eclectic Theory of International Production)又称国际生产综合理论,是20世纪70年代由英国里丁大学国际投资和国际企业教授邓宁(John H. Dunning)提出的。邓宁是当代著名的研究跨国公司与国际直接投资的专家,他的代表作是于1981年出版的《国际生产和跨国公司》,该书汇集了一系列阐述其折中理论的论文。

国际生产是指跨国公司对外直接投资所形成的生产活动。邓宁认为,导致其提出这一理论的原因主要是两个：一是二战后尤其是 20 世纪 60 年代以后国际生产格局的变化。在 60 年代以前，国际生产格局是比较单一的，那时以美国为基地的跨国公司在国际生产中占有重要地位，国际生产主要集中在技术密集的制造业部门和资本密集的初级工业部门，投资主要流向西欧、加拿大及拉丁美洲国家，海外子公司大多采用独资形式。进入 60 年代以后，国际生产格局出现复杂化趋势，西欧和日本的跨国公司兴起，发达国家间出现相互交叉投资现象，一些跨国公司开始向新兴工业化国家（地区）和其他发展中国家投资，一些发展中国家的企业也开始加入到对外直接投资的行列之中，合资形式成为海外企业的主要形式。二是缺乏统一的国际生产理论。传统的理论只注重资本流动方面的研究，而缺乏将直接投资、国际贸易和区位选择综合起来加以考虑的研究方法。在邓宁看来，他的理论将企业的特定垄断优势、国家的区位与资源优势结合起来，为国际经济活动提供了一种综合分析的方法，从而弥补了过去的不足，所以他的理论也可称为综合理论。

邓宁认为，自 20 世纪 60 年代开始，国际生产理论主要沿着 3 个方向发展：一是以海默等人的垄断优势理论为代表的产业组织理论，二是以阿利伯的安全通货论和拉格曼的证券投资分散风险论为代表的金融理论，三是以巴克莱和卡森等人的内部化理论为代表的厂商理论。但这 3 种理论对国际生产和投资的解释是片面的，没有把国际生产与贸易或其他资源转让形式结合起来分析，特别是忽视了对区位因素的考虑。国际生产折中理论吸收了上述 3 个理论的主要观点，并结合区位理论解释跨国公司从事国际生产的能力和意愿，解释它们为什么在对外直接投资、出口和许可证安排这三种参与国际市场的方式中选择对外直接投资。

国际生产折中理论认为，一个企业要从事对外直接投资必须同时具有 3 个优势，即所有权优势（Ownership-Specific Advantages）、内部化优势（Internaliza-tion-Specific Advantages）和区位优势（Location-Specific Advantages）。

（1）所有权优势主要是指企业所拥有的大于外国企业的优势。它主要包括技术优势、企业规模优势、组织管理能力优势、金融和货币优势以及市场销售优势等。邓宁认为，对外直接投资和海外生产必然会引起成本的提高与风险的增加，在这种情况下，跨国公司之所以还愿意并且能够发展海外直接投资，并能够获得利益，是因为跨国公司拥有一种当地竞争者所没有的比较优势，这种比较优势能够克服国外生产所引起的附加成本和政治风险。他把这种比较优势称为所有权优势，这些优势要在跨国生产中发挥作用必须是这个公司所特有的、独占的，在公司内部能够自由移动，并且能够跨越一定的距离。

（2）内部化优势是指企业在通过对外直接投资将其资产或所有权内部化过程中所拥有的优势。也就是说，企业将拥有的资产通过内部化转移给国外子公司,可以比通过交易转移给其他企业获得更多的利益。一家企业拥有了所有权优势,还不能说明它必然进行对外投资活动,因为它可以通过其他途径发挥和利用这些优势。一般而言,企业有两个途径发挥利用这些优势:其一,将所有权资产或资产的使用权出售给别国企业,即把资产的使用外部化;其二,企业自己利用这些所有权资产,即把资产的使用内部化。企业到底是选择资产内部化还是资产外部化取决于利益的比较。由于外部市场是不完善的,企业所拥有的各种优势进行外部化使用有丧失的危险,因而,为了保持垄断优势,企业就存在对其优势进行内部化使用的强大动力。国际直接投资就是企业利用它的所有权优势直接到国外办厂开店,建立企业内部的国际生产和运营体系的过程。

(3)区位优势是指可供投资的地区在某些方面较国内优越。在邓宁看来,一家企业具备了所有权优势,并有能力将这些优势内部化,还不能完全解释清楚直接投资活动,还必须加上区位优势。区位优势包括:劳动力成本、市场需求、地理距离、自然资源、基础设施、运输与通信成本、关税和非关税壁垒、政府对外国投资的政策,以及因历史、文化、风俗、商业惯例差异而形成的心理距离等。企业进行国际生产时必然受到区位因素的影响,只有在国外区位优势显著时,企业才可能从事国际生产。

如果一家企业同时具有上述 3 个优势,那么它就可以进行对外直接投资。这 3 种优势的不同组合,还决定了企业进入国际市场和从事国际经济活动的不同方式。

国际生产折中理论的特点和贡献在于:第一,它吸收借鉴了在此之前 20 年中出现的新的国际直接投资理论,采用了折中和归纳的方法,对各家之长兼容并蓄,并在区位理论方面作出了独到贡献。第二,它与国际直接投资的所有形式都有联系,涵盖和应用的范围宽。第三,它能够较好地解释企业选择国际化经济活动 3 种主要模式的原因,即:如果企业仅具有所有权优势,则应选择许可模式(也称契约或技术转让)进入国际市场;如果企业既具有所有权优势,也具有内部化优势,则应选择出口模式进入国际市场;如果企业同时具有所有权、内部化和国外区位 3 种优势,则应选择对外直接投资模式开展国际化经营(国际生产折中理论与企业国际化经营模式选择的关系见表 2-3)。第四,邓宁将这一理论同各国经济发展的阶段与结构联系起来进行动态化分析,还提出了"投资发展周期"学说。国际生产折中理论有时也被称作 OIL(Ownership-Internalization-Location)理论,因其概括性、综合性和应用性强而获得了对外直接投资"通论"之称。这一理论目前已成为世界上对外直接投资和跨国公司研究中最有影响的理论,并被广泛用来分析跨国公司的对外直接投资活动。

表 2 - 3　国际生产折中理论与企业国际化经营模式选择的关系

模式 ＼ 优势	所有权优势	内部化优势	国外区位优势
许可模式	√		
出口模式	√	√	
对外直接投资模式	√	√	√

（六）国际投资理论的共同出发点

以上分析和介绍了西方学者在研究国际直接投资时提出的 5 种主要理论。除此之外，还有其他一些国际直接投资理论，如投资诱发要素组合理论、寡占反映理论、产业内双向直接投资理论、纵向一体化直接投资理论、横向一体化直接投资理论、核心资产论、投资与贸易替代论、公司战略理论、动态化比较优势论等。这些理论有的是从微观角度展开研究，有的则是从宏观角度研究和分析国际直接投资现象，力图找到东道国为什么要利用外资、资本为什么要发生国际移动等问题的答案。

不同的国际直接投资理论都是采用不同的方法从不同的角度研究企业的国际投资活动，对同一现象或不同现象给出自己的解释。尽管各种理论的体系和方法不尽相同，但它们有着一些共同的出发点：第一，直接投资不同于证券投资（FPI），无法沿用传统的国际资本移动理论来解释，因为直接投资中除包含资本要素的国际移动外，还包含投资企业的技术、设备、品牌、信息和管理才能等生产要素的转移。第二，国际直接投资是企业在国内市场发展到一定规模和具有某些绝对或相对优势时的海外扩张行为，跨国公司是企业海外扩张的产物，所以学者们在进行理论阐述时一般都以不完全竞争的假设取代完全竞争的假设。第三，除阿利伯和邓宁等学者在从事微观研究的同时也力图进行一些宏观的分析以外，大多数学者则侧重研究微观的企业行为，如研究跨国公司从事对外直接投资的决定因素、动机、竞争优势、条件及其方式等。第四，从整体来看，现有的对外直接投资理论的研究主要涉及的是以下几个基本问题：采用什么样的理论模式和研究方法去研究与解释跨国公司的对外直接投资行为，如何用成本与收益分析方法去分析和评价跨国公司对外直接投资的效益，对外直接投资的决定因素或制约条件是什么，企业开展对外投资的主要动机是什么，企业的竞争优势到底在哪里，企业怎样选择国外的投资区位等。

国际直接投资理论是在 20 世纪 60 年代从国际间接投资（国际证券投资）理论中独立出来的。理论的发展源于实践的发展和丰富，可以预见，随着各国对外直接投资活动的不断开展和跨国公司影响的进一步扩大，有关这方面的理论研究也必将会不断有所创新和发展。

三、服务业国际直接投资理论

（一）传统的主要国际直接投资理论在服务业的适用性

服务业的国际化过程有其特殊性，其发展的内在动力和外部环境与工业企业有所不同。

第二次世界大战后，对外直接投资的发展和跨国公司的扩张主要发生在制造业部门，因此有关理论研究也一直集中于此，相比而言，对服务业对外直接投资的分析比较少。随着服务业在发达国家国民收入、就业和国际收支平衡等方面发挥的作用不断加强，服务部门的国内和国际地位迅速提高，对服务业跨国生产和经营的研究也开始发展起来，其出发点首先是对传统对外直接投资理论在服务部门适用性的讨论。通过对不同的传统理论观点在服务部门进行适用性检验，越来越多的经济学家相信，制造业对外直接投资理论经过修正，是完全可以用于分析服务业对外直接投资行为的。其中代表性的研究主要有以下几个：

鲍德温（Boddewyn，1989）试图使用主流理论来解释服务业跨国公司的行为。他发现由于服务产品的特殊性会引发一些问题，如对理论假设前提的违背、对服务产业特定优势区分的难度等，他认为应该对这些问题进行进一步深入探讨，但不需要作特别的定义和理论解释，只需通过简单的条件限制和详细说明就能容易地运用现有的理论。

邓宁（1989）将其在制造业发展起来的国际生产折中理论扩展到服务部门。他在《跨国企业和服务增长：一些概念和理论问题》这篇代表性文章中，解释了服务业跨国公司行为的有关概念和理论问题，指出国际生产折中理论的基本框架是适用于服务业跨国公司的，并对原有的所有权优势、内部化优势和区位优势在服务企业的具体表现进行了阐述，除此之外还列举出一些特定服务行业对外直接投资所需要具备的优势。在其分析基础之上，恩德韦克（Enderwick，1989）又分析了该理论模型应用于服务部门时，要特别注意的一些问题，如服务业很多部门是技术复杂性较低的行业，确定企业特定优势较难；又如跨国经营的非股权方式，如许可证、管理合同、特许经营等在服务业中的广泛使用，而这些以市场交换为基础的经营方式对于跨国公司理论中的内部化的作用有着重要的含义。

拉格曼（Rugman，1981）以银行业为基点分析了内部化理论的适用性。他认为，按照内部化理论，跨国公司通过创造内部市场来克服世界商品市场和要素市场的不完全性，跨国银行同样也可以实现交易内部化，从而克服国际金融市场的不完全性。与其分析基点相似，亚诺普勒斯（Yannopoulos，1983）、格瑞（Gray，1981）、考（Cho，1983）、格鲁伯（Grube，1977）、佩克乔利（Pecchioli，1983）

和威尔斯(Wells,1983)等也是以银行业为分析对象,阐明了邓宁的国际生产折中理论在解释跨国银行业发展方面的合理性。不过,这些分析假定银行的外国子公司在国际金融市场实现运作。格瑞指出,当一个银行选择在超国家的市场,如欧洲货币市场经营时,不必拥有相同的优势条件,因为在超国家金融市场,没有当地银行,不需要以所有权优势作为补偿优势。这实际上相当于重新定义了区位优势,将其范畴从某一特定国家扩展到了超国家市场,此时,区位优势具有更重要的意义。此外,上述分析指出,在银行业之外的一些服务部门,如国际饭店业、商业服务业、商业服务公司的外国机构等,所有权优势、内部化优势和区位优势也同样适用,只不过是需要根据行业特点作一些限制和详细说明。

弗农对于传统直接投资理论的适用性问题,没有作过多说明。他直接指明,既然知识的转移可以代替物品转移,那么有关制造业跨国公司的理论就可以应用于对服务业跨国公司的解释。

(二) 服务业国际直接投资理论的内容

目前涉及服务业对外直接投资的理论已有了一定的发展,比较典型的如巴克莱和卡森的内部化理论,他们在原有内部化理论的基础上,说明服务企业也有内部化中间市场的优势。卡森强调,服务消费中买者的不确定性是市场不完善的原因之一,它将导致较高的交易成本,从而使企业的对外直接投资成为一种必要。作为对外直接投资理论的集大成者,邓宁在服务业对外直接投资方面也有比较系统的论述。他指出,服务业对外直接投资也应同时具备所有权优势、内部化优势和区位优势三个条件。相对而言,该理论体系比较完善,也最具代表性,因此下面以此为基础对服务业对外直接投资的基础和动因做出解释。

1. 所有权优势

服务业所有权优势可以理解为企业得以满足当前或潜在顾客需求的能力。一般有三个重要的评判标准:第一,服务的特征和范围,如服务的构思、舒适度、实用性、可靠性、专业化程度等;第二,服务的价格和成本;第三,有关售前、售中及售后服务。具体来讲,服务业跨国公司的所有权优势主要体现在以下几个方面:

(1) 质量。由于服务一般具有不可存储性、异质性等特点,所以保证服务质量对企业尤为重要,特别是随着收入水平的提高和企业之间竞争的加剧,质量日益成为影响消费者服务需求的重要变量,在许多情况下,它是决定服务业跨国公司竞争力的一个最重要的变量。在一些服务行业中,企业创造和保持一个成功品牌形象的能力,或者在多个地区提供服务时实行质量监控的能力和降低购买者交易成本的能力,是其保持质量形象和占有竞争优势的关键。

(2) 范围经济。范围经济是指服务提供者可以满足消费者对产品种类和价格的多种不同需求。在运输、商业等服务行业中,都不同程度地存在范围经济。典型的是零售业。零售商储存商品的范围越宽、数量越大,他们在同供应商交易中的议价能力就越强,就越能通过讨价还价方式以较低价格从供应商处获得商品;同时,供货品种和数量的加大使其有能力降低消费者的交易成本,因为后者只需在一处就可以买到多种商品。此外,议价能力的提高使零售商能够加强对其买卖的产品和服务质量的控制,也有助于增大其所有权优势。

(3) 规模经济。从本质上讲,规模经济和专业化在制造业与一些服务业企业间并无太大区别,比如 500 个床位的宾馆与 30 个床位的宾馆提供的住宿服务相比,大医院与小医院提供的医疗服务相比,前者能够通过较大的规模有效降低单位成本。类似地,大型咨询机构和投资银行等可以在机构内部调动人员、资金和信息,实现人事和管理的专业化,从而可以针对不同的经营环境来调整价格以实现利润最大化。此外,大型服务业公司还往往容易得到优惠的融资条件和折扣等。至于规模经济和范围经济产生的分散风险优势,在保险、再保险和投资银行这三个行业表现得更为突出。在这三个行业中,规模是成功进行对外直接投资的前提条件。

(4) 技术和信息。在制造业中,衡量生产技术和产品知识成分的指数,通常是研究与开发占销售额的比重,专业人员、科技人员和工程人员在总就业中的比重以及取得的专利数量等。服务业中,与上述衡量标准类似的指标是对信息的把握和处理能力。在许多服务业中,以尽可能低的成本收集、加工、储存、监控、解释和分析信息的能力,是关键的无形资产或核心竞争优势。对于证券、咨询这类以数据处理为主要内容的服务行业,情况更是如此。随着知识经济的蔓延,知识密集型服务行业的跨国公司数量增多,信息和技术在竞争中的地位日益重要,它们还能为规模经济、范围经济以及垂直一体化提供机会,特别有利于大型的、经营多样化的跨国公司。但由于数据技术往往需要昂贵的辅助资产、固定成本或基础设施,因此拥有这两项优势的服务业企业也就占据了竞争中的有利地位。

(5) 企业的信誉和品牌。服务是典型的“经验产品”,其性能只有在消费之后才能得到评价,而且由于服务的主体是人,其性能还往往呈现出多边性,因此信誉和商标、品牌这样的非价格因素往往是服务业企业向消费者传递信息的有力手段,也成为企业主要的竞争优势之一。许多成功的服务业跨国公司,如高盛、标准普尔、贝恩等,其卓越服务和优良品牌的扩散往往成为对外直接投资的先导。

(6) 人力资源。服务的施动者和受动者都是人,人力资源素质的提高无疑将使服务的质量和数量大大提升,有利于增大企业的优势。另外,在人力资源的使用过程中还普遍存在“干中学”和“溢出效应”这样的动态效应,为服务业优势的创造、保持和发展奠定基础。所以,人力资源对于服务业尤为重要。

（7）创新。在许多情况下，创新形成了跨国服务公司的竞争优势，如国际医疗服务连锁经营把现代管理方式运用到传统上一直缺乏商品敏感度的领域而取得了竞争利益。把商品和服务结合在一起进行创新，也可以得到竞争利益，如计算机辅助设计、数据传递、娱乐服务等。不断在生产、经营和管理等方面进行创新，是现代企业保持恒久竞争力的根源。

此外，所有权优势还可以表现在服务业企业利用诸如劳动力、自然资源、金融、数据处理和传送设备等投入的机会，进入产品市场的机会，进入信息、金融、劳动力国际市场的机会或对国际市场的了解程度等方面。

2. 区位优势

区位优势与所有权优势和内部化优势不同，它是东道国所有的特定优势，企业无法自行支配，只能适应和利用这种优势。区位优势主要表现在以下几个方面：

（1）东道国不可移动的要素禀赋所产生的优势，如自然资源丰富、地理位置优越、人口众多等。不同的服务行业对外直接投资对区位优势的要求也不同。比如，旅游业服务点的选址显然与金融业大不相同，前者需要考虑气候、自然风光、名胜古迹等，后者则集中在工商业中心。除了区位约束性服务外，跨国公司东道国的区位选择主要受服务消费者需求支配，因此东道国人口数量、人口素质、习惯性的消费偏好等因素也决定了跨国公司的对外直接投资行为。除此之外，东道国较大的市场规模、优越的资源质量、较为完善的基础设施以及地理相邻、语言相通、文化相近的地缘优势等因素，也构成了重要的区位优势。

（2）东道国的政治体制和政策法规灵活、优惠而形成的有利条件。东道国政府在服务领域的政策干预可能会给投资者创造更好的竞争机会。例如，美国废除了对金融业混业经营的限制，这不仅有利于其境内的金融机构向大规模发展，也有利于外资金融机构扩大其在美经营范围，从而有利于吸引外国投资。又如，我国台湾地区由于逐渐放宽了对服务业外资的限制，成为东南亚地区服务业直接投资流向的一个热点。

（3）聚集经济也是一种区位优势。竞争者集中的地方，会产生新的服务机会，这种服务是针对市场发展需求而产生的。例如，国际银行在竞争者集中的大金融中心创立了银行间市场，严重依赖专业信息来源和专门技巧的服务商大多选择同类企业相对集中的领域，而保险和银行业常常会选择主要城市和中心商业区。

区位优势的获得与保持往往是服务业对外直接投资的关键。当企业投资的产业选择与东道国的区位特色相融合时，会强化产业比较优势和区位比较优势，促进对外直接投资的发展；反之，则使两者的优势相互抵消、衰减乃至丧失。但应注意的是，区位因素直接影响跨国公司对外直接投资的选址及其国际化生产体系的布局,只构成对外直接投资的充分条件。

3. 内部化优势

内部化优势是指服务业企业为了克服外部市场的不完全性和不确定性,防止外国竞争对手模仿,将其无形资产使用内部化而形成的特定优势。一般而言,与服务业跨国公司特别有关的内部化优势包括以下几个方面:

(1)避免寻找交易对象并与其进行谈判而节约的成本。服务业国际贸易的起始点是跨越国境寻求合适的客户资源,这其中必然会产生包括寻租成本、协商成本等在内的一系列交易成本。跨国公司通过将外部交易内部化,可以有效地降低交易成本,尤其是当跨国投资的启动成本低于外部交易成本时,对外直接投资就是有利可图的,企业也能因此取得竞争优势。

(2)弱化或消除要素投入在性质和价值等方面的不确定性。由于服务产品的差异性较大,又具有量身制作的特征,信息的不对称性使得买方对产品的了解程度远低于卖方,容易出现服务业的买方出价过低或卖方要价过高的现象。内部化可以克服以上弊端,消除投入方面的不确定因素,对于中间性服务产品尤为重要。

(3)中间产品或最终产品质量的保证。产品质量控制是服务业企业对外直接投资的主要动力之一。通过将服务交易内部化,服务企业可以用统一的衡量标准,实现在全球范围内对产品质量的监控,使其所有权优势得以保持和发挥。

(4)避免政府干预。目前,对服务产品跨国交易的严格管制普遍存在,配额、关税、价格管制、税收差异等干预手段层出不穷。相对来讲,外商投资由于其在一国经济发展中所产生的积极影响而易于被东道国接受。因而,通过跨越国境投资设厂不仅可以降低服务业国际交易中的政策性因素干扰,而且能得到东道国的一些优惠性投资待遇,有利于企业在当地市场展开竞争。

邓宁认为,下列几种类型的服务业企业具有内部化优势和从事对外直接投资的强烈倾向:

第一,信息密集型的服务行业,如银行业和商业服务业。这类企业以拥有的信息和知识为主要优势,这些知识带有默示性质,生产费用高、复杂且特征性强,但易于复制,只有在企业内部才能得到更好的保护和更有利的运用。

第二,以产品品牌或公司形象而著称的公司,如建筑、汽车租赁、广告和一些商业服务行业。当企业寻求质量保持和商誉维护时,就需要为服务产品建立严格的、直接的质量标准,此时就会出现内部化,因为内部化比外部市场交易对质量标准的控制更加有效。

第三,以知识为基础的创新型服务业企业。实现生产和消费的垂直一体化有利于新型服务产品的推广,这是因为在创造服务需求和普及服务产品时,需要指导购买者消费服务,而创新者对其产品所具备的知识使其成为最佳引导者。

第四，拥有商标和版权等无形资产的企业。这类企业会在国外建立保护其资产权利的分支机构。

第五，工业跨国公司拥有股权的服务业附属公司。这些公司旨在保证制造业企业以最优条件获得投入物，帮助母公司维持和发展生产、出口及海外市场。

邓宁的内部化优势理论源于巴克莱和卡森等人的分析，但他认为，拥有无形资产所有权优势的企业，通过扩大组织和经营活动，将这些优势的使用内部化，可以带来比非股权转让更多的潜在或现实利益。然而，拥有所有权优势和内部化优势的企业也可以扩大国内的规模，并通过出口来获得充分的补偿，并非一定要进行对外直接投资。所以，这两项优势只是企业对外直接投资的必要条件，而非充分条件。

1993年，索旺（Sauvant）主持的"服务业跨国化"研究对服务业跨国公司进行了综合实证分析。他对包括不同国家11个部门中最大的210个企业在10年间（1976—1986）的数据进行了回归法检验，以测定影响服务业跨国公司对外直接投资的决定因素。回归分析确定了9个决定服务业对外直接投资的主要因素，即市场规模、东道国的商业存在、文化差距、政府法规、服务业的竞争优势、全球寡头反应、产业集中度、服务业的可贸易性以及企业规模与增长。这一检验结果充分证实了邓宁理论在现实中的解释力。

四、发展中国家国际直接投资理论

20世纪80年代以来，随着发展中国家跨国公司的形成和发展，陆续出现了一些专门用来解释发展中国家企业对外直接投资行为的理论。

（一）小规模技术理论

小规模技术理论是由美国学者威尔斯针对发展中国家的对外直接投资提出的。该理论注意到发展中投资母国对发展中国家跨国公司的"特定优势"的影响，认为发展中国家跨国公司的技术优势具有十分特殊的性质，是投资母国市场环境的反映。具体来说，发展中国家跨国公司具有如下三点优势。

1. 小规模技术优势

由于发展中投资母国大多市场规模不大、需求多样化，从而迫使发展中国家的企业不得不将引进的技术加以改造，使其生产技术更具有灵活性，提供品种繁多的产品，以适应本国小规模、多样化的市场需求，从而具有小规模技术的特征。这些经过改造的小规模技术成为发展中国家跨国公司到类似市场开展对外直接投资的特殊优势之一。

2. 当地采购和特殊产品优势

威尔斯发现，当发达国家的技术转移到发展中国家后，往往需要对其加以改造,以便适应发展中国家当地的原料供应和零部件配套生产的能力,而这一优势同样成为发展中国家企业对外直接投资的特殊优势之一。另外,发展中国家的对外直接投资往往还带有鲜明的民族特色,能够提供具有民族文化特点的特殊产品,在某些时候甚至可以成为压倒性的经营优势。

3. 物美价廉优势

发展中国家跨国公司之所以有可能做到这一点,主要原因有二:一是与发达国家相比,发展中国家的劳动力成本普遍较低;二是发展中国家跨国公司的广告支出较少。

威尔斯的小规模技术理论的贡献在于:将发展中国家跨国公司的竞争优势与其投资母国自身的市场特征结合起来,能够解释发展中国家对外直接投资的部分行为。但该理论也存在明显的缺陷,如威尔斯始终将发展中国家在技术上的创新活动局限于对现有技术的继承和使用上,从而限制了该理论的适用范围。

(二) 技术地方化理论

拉奥(S. Lall)在对印度跨国公司的竞争优势和投资动机进行了深入研究之后,提出了关于发展中国家跨国公司的技术地方化理论。和小规模技术理论一样,技术地方化理论也是从技术角度来分析发展中国家跨国公司竞争优势的。

所谓技术地方化,是指发展中国家跨国公司可以对外国技术进行消化、改进和创新,从而使得产品更适合自身的经济条件和需求。拉奥强调,发展中国家跨国公司的这种创新过程是企业技术引进的再生过程,而非单纯的被动模仿和复制。所产生的技术在小规模生产条件下具有更高的经济效益,且效果会由于民族或语言等因素而得到加强。另外,拉奥还认为当发展中国家的国内市场较大,存在特殊的市场需求的情况下(如消费者的不同口味和购买力),发展中国家的跨国公司有可能填补这些市场,从而使其产品具有一定的竞争力。

(三) 技术创新产业升级理论

英国学者坎特威尔(J. Cantwell)和托兰惕诺(P. E. Tolentino)对发展中国家对外直接投资问题进行了系统的考察,提出了发展中国家技术创新产业升级理论。

技术创新产业升级理论强调技术创新是一国产业、企业发展的根本动力。与发达国家跨国公司的技术创新活动有所不同,发展中国家跨国公司的技术创新活动具有明显的学习特征。换句话说,这种技术创新活动主要利用特有的学习经验和组织能力,掌握和开发现有的生产技术。坎特威尔和托兰惕诺认为,技术不断积累可以促进一国经济的发展和产业结构的升级,而技术能力的不断提高和积累与企业的对外直接投资直接相关,它影响着发展中国家跨国公司对外直接投资的形式和增长速度。

(四) 投资发展周期理论

英国学者邓宁实证分析了 1967—1978 年 67 个国家的有关资料,将一国的吸引外资能力和对外投资能力与其经济发展水平结合起来,提出了投资发展周期理论。在这一理论中,邓宁使用了"净对外直接投资额"的概念,即一国企业对外直接投资总额与引进外国直接投资总额的差额。该理论是其国际生产折中理论在发展中国家的运用和延伸。邓宁认为,在一定的经济发展条件下,一国利用外资和对外投资是紧密相联的两个发展过程,具体可以依据人均 GDP 划分为 4 个阶段,并且指出,一国的对外投资地位与其人均 GDP 呈正比关系,随着人均 GDP 的逐步提高,一国的对外直接投资先落后于外商对该国的直接投资,而后赶上并超过(见表 2 - 4)。

表 2 - 4　邓宁的投资发展周期理论

人均 GDP	利用外资和对外投资情况
400 美元以下	只有少量的外国直接投资,几乎没有对外直接投资
400～2 500 美元	利用外资量有所增加,本国对外直接投资量仍较少,净对外直接投资额仍为负值
2 500～4 000 美元	在利用外资进一步增长的同时,对外直接投资大幅度增长,其发展速度可能超过引进外国直接投资的速度,但净对外直接投资额仍为负值
4 000 美元以上	对外直接投资增长速度高于引进外国直接投资的速度,净对外直接投资额为正值

投资发展周期理论是少有的从宏观经济角度分析发展中国家对外直接投资的理论。这一理论将一国吸收外资和对外投资能力与经济发展水平结合起来,动态地描述了跨国投资与经济发展的辩证关系,扩大了该理论的解释范围。虽然该理论存在很大的局限性,但它从理论上指出了发展中国家对外直接投资发展的一般轨迹,阐明了发展中国家跨国公司发展的可能性,因而获得了理论界较为广泛的重视。

第三节　跨　国　并　购

一、并购的概念、类型与动因

(一) 并购的概念

并购(Mergers and Acquisitions,M&A)是收购与兼并的简称,有时也称为购并,是指一个企业将另一个正在运营中的企业纳入自己企业之中或实现对其控制的行为。在并购活动中,出资并购的企业称并购企业(公司),被并购的企业称目标企业(公司)。跨国并购是指外国投资者通过一定的法律程序取得东道国某企业的全部或部分所有权的投资行为。跨国并购在国际直接投资中发挥着重要的作用,现在已发展成为设立海外企业的一种主要方式。跨国并购行为既有投资者单独出资进行的,也有联合出资进行的。

通过分析可以发现,收购与兼并既有相同之处,也有区别。两者的相同之处主要表现在:第一,基本动因相似。或者为扩大企业市场占有率;或者为扩大经营规模,实现规模效益;或者为拓宽企业经营范围,实现分散经营或综合化经营。总之,都是增强企业实力的外部扩张策略或途径。第二,都以企业产权为交易对象。两者的区别主要在于:第一,在兼并中,被兼并企业作为法人实体将不复存在;而在收购中,被收购企业可仍然以法人实体的形式存在,其产权可以是部分转让。第二,在兼并后,兼并企业成为被兼并企业新的所有者和债权、债务的承担者,是资产、债权、债务的一同转换;而在收购后,收购企业是被收购企业的新股东,以收购出资的股本为限承担被收购企业的风险并享有相应的权益。第三,兼并活动一般发生在被兼并企业财务状况不佳、生产经营陷于停滞或半停滞之时,兼并后一般需调整其生产经营状态,重新组合其资产;而收购活动多数出现在企业的生产经营处于正常状态之时,产权转让后对企业运营的影响是逐步释放的。

并购与合并(分新设合并与吸收合并)也是两个既有区别又有联系的概念。并购一般是以并购企业为主,目标企业处于被动地位,而合并时(主要指新设合并)两个企业的地位则相对平等;并购后,并购企业的名称仍然保持,目标企业的名称有的不存在,有的仍存在,但合并后(主要指新设合并)合并双方原有的名称一般都不复存在,而是出现了一个全新的名称,通常是合并双方名称的合二为一。当然,并购过程中有时也伴随着合并,对于吸收合并而言,其结果与并购有相似之处。

（二）并购的类型

企业并购的形式多种多样，按照不同的分类标准可划分为不同的类型。

1. 按并购双方产品或产业的关系划分

按并购双方产品或产业的关系，并购可以分为横向并购（同一行业领域内生产或销售相同或相似产品企业间的并购，如一家汽车制造厂并购另一家汽车制造厂）、纵向并购（处于生产同一产品不同生产阶段的企业间的并购，分向后并购和向前并购，如一家钢铁厂并购一家矿山或一家钢材贸易公司）和混合并购（既非竞争对手又非现实中或潜在的客户或供应商的企业间的并购，分产品扩张型并购、市场扩张型并购和纯粹型并购，如一家家电企业并购一家石化企业或一家银行）。

2. 按并购的出资方式划分

按并购的出资方式划分，并购可以分为出资购买资产式并购（并购方筹集足额的现金购买被并购方全部资产）、出资购买股票式并购（并购方以现金通过市场、柜台或协商购买目标公司的股票）、出资承担债务式并购（并购方以承担被并购方全部或部分债务为条件取得被并购方的资产所有权或经营权）、以股票换取资产式并购（并购方向目标公司发行自己公司的股票以换取目标公司的资产）和以股票换取股票式并购（并购方向目标公司的股东发行自己公司的股票以换取目标公司的大部分或全部股票）。

3. 按涉及被并购企业的范围划分

按并购涉及被并购企业的范围划分，并购可以分为整体并购（指资产和产权的整体转让）和部分并购（将企业的资产和产权分割为若干部分进行交易，有三种形式：对企业部分实物资产进行收购，将产权划分为若干份等额价值进行产权交易，将经营权分为几个部分进行产权转让）。

4. 按并购是否取得目标公司的同意划分

按并购是否取得目标公司的同意划分，并购可以分为友好式并购（并购公司事先与目标公司协商，征得其同意并通过谈判达成收购条件的一致意见而完成收购活动）和敌意式并购（指在收购目标公司股权时虽然遭到目标公司的抗拒，仍然强行收购；或者并购公司事先并不与目标公司进行协商，而突然直接向目标公司股东开出价格或收购要约）。

5. 按并购交易是否通过交易所划分

按并购交易是否通过交易所划分，并购可以分为要约收购（并购公司通过证券交易所的证券交易持有一个上市公司已发行股份的一定比例时，依法向该公司所有股东发出公开收购要约，按符合法律的价格以货币付款方式购买股票获得目标公司股权）和协议收购（并购公司不通过证券交易所，直接与目标公司取得联系,通过协商、谈判达成共同协议,从而实现对目标公司股权的收购)。

6. 按并购公司收购目标公司股份是否受到法律规范强制划分

按是否受到法律规范强制划分,可以将并购分为强制并购(指证券法规定的当并购公司持有目标公司股份达到一定比例时,并购公司即负有对目标公司所有股东发出收购要约,以特定出价购买股东手中持有的目标公司股份的强制性义务)和自由并购(指在证券法规定有强制并购的国家和地区,并购公司在法定的持股比例之下收购目标公司的股份)。

7. 按并购公司与目标公司是否同属于一国企业划分

按是否同属于一国企业划分,并购可以分为国内并购(并购公司与目标公司为同一个国家或地区的企业)和跨国并购(并购公司与目标公司分别属于不同国家或地区)。

(三)　并购的动因

在市场经济环境下,企业作为独立的经济主体,其一切经济行为都受到利益动机的驱使,并购行为的根本动机就是实现企业的财务目标即股东权益的最大化。当然,并购的具体动因多种多样,主要有:扩大生产经营规模,实现规模经济,追求更高的利润回报;消灭竞争对手,减轻竞争压力,增加产品或服务的市场占有份额;迅速进入新的行业领域,实现企业的多元化和综合化经营;将被并购企业出售或包装上市,谋取更多的利益;着眼于企业的长远发展和成长,谋划和落实企业的未来发展战略等。

(四)　当前跨国并购的特点

西方国家的企业并购以美国最为典型,到 20 世纪 90 年代初,美国历史上大体出现过四次重点发生在国内的并购高潮:第一次以横向(水平)并购为主,时间主要发生在 1899—1903 年;第二次以纵向(垂直)并购为主,时间主要发生在 1922—1929 年;第三次以混合并购为主,时间主要发生在 20 世纪 60 年代;第四次以杠杆并购为主,时间主要发生在 20 世纪 70 年代中期至 90 年代初期。20 世纪 90 年代中后期至 21 世纪初主要出现在发达国家的并购高潮是世界历史上的第五次企业并购高潮,这一次以跨国并购为主,其突出的特征有:

(1) 从地域来看,这次跨国并购高潮主要出现在美欧之间,特别是美国与几个欧洲大国之间。原因是这些国家大型跨国公司多,产业之间的关联性强,跨国直接投资数量大。

(2) 从行业结构来看,这一次并购高潮以跨国横向并购为主,集中在服务业和科技密集型产业。主要原因:一是企业经营战略重心发生转移,强调核心业务与核心竞争力;二是企业经营环境发生变化,各国鼓励自由化及私有化,从而鼓励外资进入。

（3）从并购方式来看，换股成为主要方式。并购企业增发新股换取被并购企业的旧股，原因有节约交易成本、不必发生大量现金的国际流动、可以合理避税以及实现股价上扬（在并购方实力雄厚的前提下），等等。

（4）从并购规模来看，这一次超过以往几次。一般认为，超过10亿美元的并购为大型并购，这一次并购高潮中所涉及的金额超过几十亿或上百亿美元的很普遍，有的甚至达到了上千亿美元。大规模跨国并购风行的原因主要是：研发费用上涨加速了并购活动的发展，国家对经济活动干预的减少为企业并购创造了有利的外部条件，股市的繁荣为跨国并购提供了充裕的资金。

二、国际直接投资企业两种建立方式的比较

国际直接投资企业的建立可以采取两种基本方式，即并购东道国已经存在的企业和在东道国创建一个新的企业。投资者需要根据不同的情况对这两种企业设立方式进行比较分析，然后决定采用哪种方式建立海外企业。

国际直接投资企业的建立方式与前面所讲的国际直接投资的基本形式是不同的，前者考虑的主要是如何在国外建立一个企业，后者则主要考虑在国外所建立企业的所有权与控制战略。因此，不应把两者混为一谈，特别是不能把并购东道国企业作为国际直接投资的一种基本形式。当然，这两者之间也有一定的联系，因为建立海外企业时要考虑到底采用哪种企业形式。

下面对国际直接投资企业的两种建立方式的优缺点进行分析。

（一）并购东道国已经存在的企业

1. 并购海外企业方式的优点

（1）可以利用目标企业现有的生产设备、技术人员和熟练工人，可以获得对并购企业发展非常有用的技术、专利和商标等无形资产，同时还可以大大缩短项目的建设周期。

（2）可以利用目标企业原有的销售渠道，较快地进入当地以及他国市场，不必经过艰难的市场开拓阶段。

（3）通过跨行业的并购活动，可以迅速扩大经营范围和经营地点，增加经营方式，促进产品的多样化和生产规模的扩大。

（4）可以减少市场上的竞争对手。

（5）通过并购后再次出售目标公司的股票或资产，可以使并购公司获得更多利润。

2. 并购海外企业方式的缺点

（1）由于被并购企业所在国的会计准则与财务制度往往与投资者所在国存

在差异,所以有时难以准确评估被并购企业的真实情况,导致并购目标企业的实际投资金额提高。

(2) 东道国反托拉斯法的存在,以及对外来资本股权和被并购企业行业的限制,是并购行为在法律和政策上的限制因素。

(3) 当对一国企业的并购数量和并购金额较大时,常会受到当地舆论的抵制。

(4) 被并购企业原有契约或传统关系的存在,会成为对其进行改造的障碍,如被并购企业剩余人员的安置问题。

(二) 在东道国建立新企业

创建海外企业可以是由外国投资者投入全部资本,在东道国设立一个拥有全部控制权的企业,也可以是由外国投资者与东道国的投资者共同出资,在东道国设立一个合资企业,但它们是在原来没有的基础上新建的企业。

1. 建立新企业的优点

(1) 创建新的海外企业不易受到东道国法律和政策上的限制,也不易受到当地舆论的抵制。

(2) 在多数国家,创建海外企业比收购海外企业的手续要简单。

(3) 在东道国创建新的企业,尤其是合资企业,通常会享受到东道国的优惠政策。

(4) 对新创立海外企业所需要的资金一般能作出准确的估价,不会像收购海外当地企业那样会遇到烦琐的后续工作。

2. 建立新企业的缺点

(1) 创建海外企业常常需要一段时间的项目营建期,所以投产开业比较慢。

(2) 创建海外企业不像收购海外企业那样可以利用原有企业的销售渠道,因此不利于迅速进入东道国以及其他国家市场。

(3) 不利于迅速进行跨行业经营和迅速实现产品与服务的多样化。

第四节   国际直接投资环境与环境评估方法

一、国际直接投资环境的主要内容

(一) 国际直接投资环境的概念

投资环境是指投资者进行生产投资时所面临的各种外部条件和因素,其英文是"Investment Climates",直译应为"投资气候"。投资是一种冒险,如同自然界的气候一样,"投资气候"也会因各种因素的影响而变幻莫测,令人难以捉摸,从而影响投资者的投资行为。国际直接投资环境是指一国的投资者进行国际直接投资活动时所面对的各种外部条件和因素,它既包括经济方面的,也包括自然、政治、法律、社会、文化和科技方面的。投资环境是各种条件和因素的一个综合体。

(二) 国际直接投资环境的分类

从不同的角度进行划分可以把国际直接投资环境分为不同的类型。

1. 从各种环境因素所具有的物质性和非物质性来分

从各种环境因素所具有的物质和非物质性来看,可以把投资环境分为硬环境和软环境两个方面。硬环境和软环境有时又称为物质环境和人际环境或有形环境与无形环境。硬环境是指能够影响国际直接投资的外部物质条件,如能源供应、交通和通信、自然资源以及社会生活服务设施等。软环境是指能够影响国际直接投资的各种非物质因素,如经济发展水平和市场规模、贸易与关税政策、财政与金融政策、外资政策、经济法规、经济管理水平、职工技术熟练程度以及社会文化传统等。

2. 从各因素的稳定性来分

从各因素的稳定性来区分,可将国际直接投资的环境因素归为三类,即自然因素、人为自然因素和人为因素(见表2-5)。

表2-5　国际投资环境因素稳定性分类

A. 自然因素	B. 人为自然因素	C. 人为因素
A_1. 自然资源	B_1. 实际增长率	C_1. 开放进程
A_2. 人力资源	B_2. 经济结构	C_2. 投资刺激
A_3. 地理条件	B_3. 劳动生产率	C_3. 政策连续性
……	……	……
相对稳定	中期可变	短期可变

3. 从国际直接投资环境所包含的内容和因素的多寡来分

从国际直接投资环境所包含的内容和因素的多寡方面来划分,可以分为狭义的投资环境和广义的投资环境。狭义的投资环境是指投资的经济环境,即一国经济发展水平、经济体制、产业结构、外汇管制和货币稳定状况等。广义的投资环境除经济环境外,还包括自然、政治、社会文化和法律等对投资可能发生影响的所有外部因素。

（三）国际直接投资环境的内容

1. 投资环境主要内容的变化

国际直接投资环境的内容随着时间的变迁而变化，并且在不断丰富。最初，人们关注的重点是投资硬环境，俗称"七通一平"，即通水、通电、通气、通邮、通路、通商、通航及平整场地等有形环境；后来，人们发现软环境（包括办事效率、教育文化、风俗习惯、政策法规、投资优惠等）也非常重要，尽管它无形，但对投资决策的作出和投资项目的运营有很大影响；现在，人们不仅关注硬环境和软环境，而且开始重视产业配套环境（如产业配套能力、零部件与原材料供应的便利程度、产业链投资、企业集群布局等），并把它看成是构成直接投资环境的一项新的内容。

2. 投资环境的具体内容

（1）政治环境。主要包括政治制度、政权稳定性、政策的连续性、政策措施、行政体制和行政效率、行政对经济干预的程度、政府对外来投资的态度、政府与他国的关系等。

（2）法制环境。主要指法律秩序、法律规范、法律制度和司法实践，特别是涉外法制的完备性、稳定性和连续性，以及人们的法治观念和法律意识等。

（3）经济环境。主要包括经济的稳定性、经济发展阶段、经济发展战略、经济增长率、劳动生产率、对外经济贸易体制与政策、地区开发政策、外汇管理制度、国际收支情况、商品和生产要素市场的状况与开放程度、人口状况和人均收入水平以及财政、货币、金融、信贷体制及其政策等。

（4）社会环境。主要是指社会安定性、社会风气、社会秩序、社会对企业的态度、教育、科研机关与企业的关系、社会服务等。

（5）文化环境。主要包括民族意识、开放意识、价值观念、语言、教育、宗教等。

（6）自然地理环境。自然地理环境优良与否，也关系到能否吸引投资。主要包括面积、地形、气候、雨量、地质、自然风光、与海洋接近程度、自然资源状况等。

（7）基础设施状况。基础设施是吸引外资的重要物质条件，主要包括城市和工业基础设施两个方面，具体如交通运输、港口码头、厂房设备、供水供电设备、能源和原辅材料供应、通信信息设备、城市生活设施、文教设施及其他社会服务设施等。

（8）产业配套环境。这是近年来跨国投资者比较关注的一个问题。其内容包括工业和服务业的配套能力、采购原材料与零部件半成品的方便程度、产业链投资与产业集聚、企业集群布局等。也有学者将其称为企业生态环境。

上面的前五项属于投资软环境,第六项和第七项属于投资硬环境,第八项属于产业配套环境。

二、国际直接投资环境的评估方法

投资环境的好坏直接影响国际直接投资决策以及国际直接投资的风险和收益,因此,在作出投资决策之前要对投资环境进行综合评估。对国际直接投资环境进行评估,大都是将众多的投资环境因素分解为若干具体指标,然后综合评价。目前国际上常用的比较典型的评估方法主要有以下几种:投资障碍分析法、国别冷热比较法、投资环境等级评分法、动态分析法、加权等级评分法、抽样评估法和体制评估法等。

(一) 投资障碍分析法

投资障碍分析法是依据潜在的阻碍国际投资运行因素的多寡与程度高低来评价投资环境优劣的一种方法。这是一种简单易行的,以定性分析为主的国际直接投资环境评估方法。其要点是,列出外国投资环境中阻碍投资的主要因素,并在所有潜在的东道国中进行对照比较,以投资环境中障碍因素的多与少来判断其坏与好。阻碍国际投资顺利进行的障碍因素主要包括以下10类:

(1) 政治障碍:东道国政治制度与母国不同;政治动荡,包括政治选举变动、国内骚乱、内战、民族纠纷等。

(2) 经济障碍:经济停滞或增长缓慢;国际收支赤字增大、外汇短缺;劳动力成本高;通货膨胀,货币贬值;基础设施不良;原材料等基础产业薄弱。

(3) 资金融通障碍:资本数量有限,没有完善的资本市场,资金融通的限制较多。

(4) 技术人员和熟练工人短缺。

(5) 实施国有化政策与没收政策。

(6) 对外国投资者实施歧视性政策:禁止外资进入某些产业;对当地的股权比例要求过高;要求有当地人参与企业管理;要求雇用当地人员,限制外国雇员的数量。

(7) 东道国政府对企业干预过多:实行物价管制,规定使用本地原材料的比例,国营企业参与竞争。

(8) 普遍实行进口限制:限制工业品和生产资料的进口。

(9) 实行外汇管理和限制投资本金、利润等的汇回。

(10) 法律、行政体制不完善:包括外国投资法规在内的国内法规不健全,缺乏完善的仲裁制度,行政效率低,贪污受贿现象严重。

投资障碍分析法的优点在于能够迅速、便捷地对投资环境作出判断,并减少评估过程中的工作量和费用。但它仅根据个别关键因素就作出判断,有时会使公司对投资环境的评估失之准确,从而丧失一些好的投资机会。

(二) 国别冷热比较法

国别冷热比较法又称冷热国对比分析法或冷热法,是以"冷""热"因素表示投资环境优劣的一种评估方法。热因素多的国家为热国,即投资环境优良的国家;冷因素多的国家则为冷国,即投资环境差的国家。这一方法是美国学者伊西·利特瓦克和彼得·拜延于 20 世纪 60 年代末提出的。他们根据美国 250 家企业海外投资的调查资料,将各种环境因素综合起来分析,归纳出影响海外投资环境冷热的七大基本因素,59 个子因素,并评估了 100 个国家的投资环境。所谓"热国"或"热环境",是指该国政治稳定、市场机会大、经济增长较快且稳定、文化相近、法律限制少、自然条件有利、地理文化差距不大;反之,即为"冷国"或"冷环境"。不"冷"不"热"者则居"中"。现以其中 10 国为例分析比较其投资环境的冷热程度(见表 2-6)。在表 2-6 所列七大因素中,前四种的程度大就称为热环境,后三种的程度大则称为冷环境。当然,中为不大也不小,即不冷不热的环境。由此看来,一国投资环境的七个因素中,前四种越小,后三种越大,其投资环境就越坏,该国即为越冷的投资目标国。表 2-6 所列 10 个国家的先后顺序就反映了各国当时的投资环境由热到冷的顺序。

表 2-6   国别冷热比较法的十国投资环境的冷热比较

国别		政治稳定性	市场机会	经济发展与成就	文化一元化	法令障碍	实质障碍	地理文化差距
加拿大	热	大	大	大		小		小
					中		中	
	冷							
英国	热	大			大	小	小	小
			中	中				
	冷							
德国	热	大	大	大	大		小	
						中		中
	冷							
日本	热	大	大	大	大			
							中	
	冷					大		大

续表

国别		政治稳定性	市场机会	经济发展与成就	文化一元化	法令障碍	实质障碍	地理文化差距
希腊	热					小		
			中	中	中			
	冷	小					大	大
西班牙	热							
			中	中	中	中		
	冷	小					大	大
巴西	热							
			中		中			
	冷	小		小		大	大	大
南非	热							
			中	中		中		
	冷	小			小		大	大
印度	热		中	中		中		
	冷			小		大	大	大
埃及	热					中		
	冷	小	小	小		大	大	大

在这项研究中,学者们还计算了美国 250 家企业在上述东道国的投资进入模式分布频率。结果表明,随着目标市场由热类国家转向冷类国家,企业将越来越多地采用出口进入模式,越来越少地采用投资进入模式。在一般热类国家,出口进入模式占所有进入模式的 47.2%,在当地设厂生产的投资进入模式占28.5%,技术许可合同和混合模式占余下的 24.3%。与此形成鲜明对照的是,在一般冷类国家,出口进入模式占所有进入模式的 82.6%,投资进入模式仅占2.9%,技术许可合同和混合模式占余下的 14.5%。一般中间类国家的进入模式介于上述两类国家之间。

(三) 投资环境等级评分法

投资环境等级评分法又称多因素等级评分法,它是美国经济学家罗伯特·斯托色夫于 1969 年提出的。等级评分法的特点是,首先将直接影响投资环境的重要因素分为八项,然后再根据八项关键项目所起作用和影响程度的不同而确定其不同的等级分数,再按每一个因素中的有利或不利的程度给予不同的评分,最后把各因素的等级得分进行加总作为对其投资环境的总体评价,总分越高表示其投资环境越好,越低则其投资环境越差(见表 2-7)。

表 2-7   投资环境等级评分标准表

投资环境因素	等级评分标准	投资环境因素	等级评分标准
一、资本抽回	0～12 分	五、政治稳定性	0～12 分
无限制	12	长期稳定	12
只有时间上的限制	8	稳定,但取决于关键人物	10
对资本有限制	6	政府稳定,但内部有分歧	8
对资本和红利都有限制	4	各种压力常左右政府的政策	4
限制十分严格	2	有政变的可能	2
禁止资本抽回	0	不稳定,政变极可能	0
二、外商股权	0～12 分	六、关税保护程度	2～8 分
准许并欢迎全部外资股权	12	给予充分保护	8
准许全部外资股权但不欢迎	10	给予相当保护但以新工业为主	6
准许外资占大部分股权	8		
外资最多不得超过股权半数	6	给予少数保护但以新工业为主	4
只准外资占小部分股权	4		
外资不得超过股权的 30%	2	很少或不予保护	2
不准外资控制任何股权	0		
三、对外商的歧视和管制程度	0～12 分	七、当地资金的可供性	0～10 分
外商与本国企业一视同仁	12	完善的资本市场,有公开的证券交易所	10
对外商略有限制但无管制	10		
对外商有少许管制	8	有少量当地资本,有投机性证券交易所	8
对外商有限制并有管制	6		
对外商有限制并严加管制	4	当地资本少,外来资本不多	6
对外商严格限制并严加管制	2	短期资本极其有限	4
禁止外商投资	0	资本管制很严	2
		高度的资本外流	0
四、货币稳定性	4～20 分	八、近五年的通货膨胀率	2～14 分
完全自由兑换	20	低于 1%	14
黑市与官价差距小于 1 成	18	1%～3%	12
黑市与官价差距在 10%～40%	14	3%～7%	10
黑市与官价差距在 40% 到 1 倍之间	8	7%～10%	8
		10%～15%	6
黑市与官价差距在 1 倍以上	4	15%～30%	4
		高于 30%	2
		总分	8～100 分

从斯托色夫提出的这种投资环境等级评分法的表格中可以看出,其所选取的因素都是对投资环境有直接影响并为投资决策者所最关切的因素,同时又都具有较为具体的内容,评价时所需的资料易于取得又易于比较。在对具体环境的评价上,采用了简单累加计分的方法,使定性分析具有了一定的数量化内容,同时又不需要高深的数理知识,比较直观、简便易行,一般的投资者都可以采用。在各项因素的分值确定方面,采取了区别对待的原则,在一定程度上体现出不同因素对投资环境作用的差异,反映了投资者对投资环境的一般看法。这种投资环境评估方法的采用有利于使投资环境的评估规范化。但是,它也存在三个缺陷:一是对投资环境的等级评分带有一定的主观性;二是标准化的等级评分法不能如实反映环境因素对不同的投资项目所产生影响的差别;三是所考虑的因素不够全面,特别是忽视了某些投资硬环境方面的因素,如东道国交通和通信设施的状况等。

(四) 动态分析法

投资环境不仅因国别而异,在同一国家内也会因不同时期而发生变化。因此,在评估投资环境时,不仅要考虑投资环境的过去和现在,而且要预测环境因素今后可能出现的变化及其结果。这对企业进行对外直接投资来说十分重要,因为这种投资短则 5~10 年,长则 15~20 年,有的甚至是无期限。这就需要从动态的、发展变化的角度去分析和评估投资目标国的投资环境。美国道氏化学公司从这一角度出发制定并采用了动态分析法评估投资环境(见表 2-8)。

表 2-8　投资环境动态分析法

1. 企业现有的业务条件	2. 有可能引起条件变化的主要原因	3. 有利因素和假设的汇总	4. 预测方案
估价以下因素: (1) 经济实际增长率 (2) 能否获得当地资产 (3) 价格控制 (4) 基础设施 (5) 利润汇出规定 (6) 再投资的自由 (7) 劳动力技术水平 (8) 劳动力稳定性 (9) 投资优惠 (10) 对外国人的态度 …… (共 40 条)	估价以下因素: (1) 国际收支结构及趋势 (2) 被外界冲击时易受损害的程度 (3) 经济增长相当于预期目标的差距 (4) 舆论界和领袖观点的变化 (5) 领导层的确定性 (6) 与邻国的关系 (7) 恐怖主义的骚扰 (8) 经济和社会进步的平衡 (9) 人口构成和人口变动趋势 (10) 对外国人和外国投资的态度 …… (共 40 条)	对前两项进行评价后,从中挑选出 8~10 个在某国某项目能获得成功的关键因素(这些关键因素将成为不断查核的指数或继续作为投资环境评价的基础)	提出 4 套国家或项目预测方案: (1) 未来 7 年中关键因素造成的"最可能"方案 (2) 若情况比预期的好,会好多少 (3) 若情况比预期的糟,会如何糟 (4) 会使公司"遭难"的方案

　　道氏化学公司认为,其在国外投资所面临的风险分为两类:第一类是正常企业风险,或称竞争风险。例如,自己的竞争对手也许会生产出一种性能更好或价格更低的产品。这类风险存在于任何基本稳定的企业环境中,它们是商品经济运行的必然结果。第二类是环境风险,即某些可以使企业环境本身发生变化的政治、经济及社会因素。这类因素往往会改变企业经营所必然遵循的规则和采取的方式,对投资者来说这些变化的影响往往是不确定的,它可能是有利的,也可能是不利的。这样,道氏化学公司把影响投资环境的诸因素按其形成的时间及作用范围的不同分为两部分:一是企业现有的业务条件,二是有可能引起这些条件变化的主要原因。这两部分又分别包括 40 项因素。在对这两部分因素作出评价后,提出投资项目的预测方案的比较,可以选择出具有良好投资环境的投资场所,在此投资经营将会获得较高的投资利润。表 2-8 中第一栏是企业现有的业务条件,主要对投资环境因素的实际情况进行评价;第二栏是有可能引起条件变化的主要原因,主要考察社会、政治、经济事件今后可能引起的投资环境变化;第三栏是有利因素和假设的汇总,即在对前两项评价的基础上,找出 8～10 个使投资项目获得成功的关键因素,以便对其连续地进行观察和评价;第四栏是预测方案,即根据对未来 7 年中的环境变化的评估结果提出 4 套预测方案供企业经营决策时参考。道氏化学公司的动态分析以未来 7 年为时间长度,这是因为该公司预计投资项目投产后的第 7 年是盈利高峰年。

　　动态分析法的优点是充分考虑未来环境因素的变化及其结果,从而有助于公司减少或避免投资风险,保证投资项目获得预期的收益;它的缺点是过于复杂,工作量大,而且常常带有较大的主观性。

　　（五）加权等级评分法

　　加权等级评分法是前面所介绍的投资环境等级评分法的演进,该方法由美国学者威廉·戴姆赞于 1972 年提出。企业在运用这种方法时大体上分三个步骤:①对各环境因素的重要性进行排列,并给出相应的重要性权数;②根据各环境因素对投资产生不利影响或有利影响的程度进行等级评分,每个因素的评分范围都是从 0(完全不利的影响)到 100(完全有利的影响);③将各种环境因素的等级评分得分乘以相应的重要性权数,然后进行加总。表 2-9 就是采用加权等级评分法对甲、乙两国投资环境进行评估和比较的结果。按照总分的高低,可供选择的投资目标国被分为以下 5 类:①投资环境最佳的国家;②投资环境较好的国家;③投资环境一般的国家;④投资环境较差的国家;⑤投资环境恶劣的国家。

　　表 2-9 中甲国的加权等级总分为 5 360 分,大于乙国的 4 390 分,这意味着甲国的投资环境优于乙国的投资环境。如果公司面临在甲、乙两国之间选择投资场所的机会,甲国是比较理想的选择。

表 2-9　投资环境加权等级评分法

按其重要性排列的环境因素	甲国			乙国		
	(1) 重要性 权数	(2) 等级评分 0～100	(3) 加权等级评分 (1)×(2)	(1) 重要性 权数	(2) 等级评分 0～100	(3) 加权等级评分 (1)×(2)
1. 财产被没收的可能性	10	90	900	10	55	550
2. 动乱或战争造成损失的可能性	9	80	720	9	50	450
3. 收益返回	8	70	560	8	50	400
4. 政府的歧视性限制	8	70	560	8	60	480
5. 在当地以合理成本获得资本的可能性	7	50	350	7	90	630
6. 政治稳定性	7	80	560	7	50	350
7. 资本的返回	7	80	560	7	60	420
8. 货币稳定性	6	70	420	6	30	180
9. 价格稳定性	5	40	200	5	30	150
10. 税收水平	4	80	320	4	90	360
11. 劳资关系	3	70	210	3	80	240
12. 政府给予外来投资的优惠待遇	2	0	0	2	90	180
加权等级总分	5 360			4 390		

（六）抽样评估法

抽样评估法是指对东道国的外商投资企业进行抽样调查，了解它们对东道国投资环境的一般看法。其基本步骤是：①选定或随机抽取不同类型外商投资企业，列出投资环境评估要素；②由外商投资企业的高级管理人员进行口头或书面评估，评估通常采取调查问卷的形式。

国际投资者可以通过这种方法了解和把握东道国的投资环境，同时，东道国政府也可以采取这种方式来了解本国投资环境对外国投资的吸引力，以便调整吸引外资的政策、法律和法规，改善本国的投资环境。组织抽样评估的单位通常是欲从事国际投资活动的企业或国际咨询公司，也可以是东道国政府的有关部门或其委托的单位。

抽样评估法的最大优点是能使调查人员得到第一手信息资料，它的结论对潜在的投资者来说具有直接的参考价值;缺点是评估项目的因素往往不可能列举得很多,因而可能不够全面。

(七) 体制评估法

体制评估法是香港中文大学闵建蜀教授于 1987 年提出的。这种方法不局限于各种投资优惠措施的比较,而是着重分析政治体制、经济体制和法律体制对外国投资的政治风险、商业风险和财务风险所可能产生的直接影响,并指出企业的投资利润率不仅仅取决于市场、成本和原材料供应等因素,而且取决于政治、经济和法律体制的运行效率。

在体制评估法中,闵建蜀确立了 5 项评价标准,即稳定性、灵活性、经济性、公平性和安全性。这些标准反映了一个国家政治与行政体制、经济体制和司法体制的运行效率,它对外国投资的政治风险、商业风险和财务风险将产生直接的影响,从而关系到外资企业能否实现其投资的利润目标。

第五节 双边、区域及多边投资协定

一、双边及区域投资协定的现状

从国别来看,各国国际直接投资政策自由化与限制差别很大;从双边层次来看,截至 2007 年年底,双边投资协定(Bilateral Investment Treaties,BITs)和避免双重征税协定(Double Taxation Treaties,DTTs)的数量已分别达到 2 608 个和 2 730 个,但大量双边投资协定的内容和标准存在相当大的差异;再从区域多边的角度看,各个区域经济一体化组织的投资自由化进程并不一致,它们在待遇标准、争端解决和投资保护措施等方面的规定也不相同。

(一) 双边投资协定概述

1. 双边投资协定的含义与内容

双边投资协定指的是资本输出国与资本输入国之间签订的,旨在鼓励、保护和促进两国间私人直接投资活动的双边协定与条约的总称。在国际投资法律体系中,双边投资协定占据着重要的地位。在保护与促进私人直接投资活动方面,它是迄今为止最有效的国际法制。

20 世纪 90 年代以来,全球双边投资协定得到迅猛发展,至 2007 年年底已有 179 个国家(地区)签署了累计达 2 608 个双边投资协定,而 1995 年年底时其数量累计才 924 个,发展速度由此可见一斑。

双边投资协定(如促进与保护投资协定)的主要内容有:受保护的投资、收益和投资者;关于外国投资的待遇,包括公正与合理待遇、最惠国待遇和国民待遇;关于政治风险的保证,包括征用和国有化(国有化的条件、征用和国有化的方式、征用与国有化的补偿)、汇兑与转移;代位求偿权;争端与仲裁等。

2. 双边投资协定的类型

目前双边投资协定主要有四种类型:

第一种为投资保证协定。投资保证协定模式由美国创立,后被某些建立有海外投资保险制度的国家所仿效,所以也称为美国式的双边投资协定。它的特点是重在对国际投资活动中的政策风险提供保证,其主要内容包括承保范围、代位求偿权和争端解决等。

第二种为促进与保护投资协定。由于是德国首创,也称德国式投资协定。其特点是内容详尽具体,以促进和保护两国间私人国际直接投资为中心内容,既包含有促进和保护投资的实体性规定,也有关于代位求偿权、争端解决等程序性规定。

第三种为友好通商航海条约。友好通商航海条约是在相互友好的政治前提下,针对通商航海等事宜全面规定两国间经济、贸易关系的一种贸易条约。这种条约本来不属于双边投资协定,但是 20 世纪 60 年代以后,在美国等国家的推动下,在这类条约中增加了保护国际投资的原则性规定。

第四种为双边税收协定。双边税收协定与国际直接投资有直接关系,主要作用是协调不同国家间在处理跨国纳税人征税事务和其他有关方面的税收关系。

3. 双边投资协定的作用

双边投资协定是国际投资法的重要组成部分,在保护外国投资方面发挥着重要的作用:双边投资协定因缔约国只有两方,较之谋求多国间利益平衡的多边投资条约,它易于在平等互利的基础上顾及双方国家的利益而达成一致,所以双边投资协定为许多国家广泛采用;双边投资协定为东道国创设了良好的投资环境;双边投资协定还可以起到加强或保证国内法的效力;双边投资协定(如促进与保护投资协定)既含有关于缔约方权利和义务的实体性规定,又有关于代位权、解决投资争议的程序性规定,为缔约国双方的私人海外投资者预先规定了建立投资关系所应遵守的法律规范和框架,从而可以保证投资关系稳定,避免与减少法律障碍;双边投资协定不仅规定了缔约国之间因条约的解释、履行而产生争议的解决途径与程序,而且规定了外国投资者与东道国政府间因投资而产生争议的解决途径与程序,为投资争议的妥善解决提供了有力的保证。

（二）概述

1. 区域投资协定的含义与内容

区域投资协定指的是指特定区域内国家间或区域性的经济组织签署的旨在促进和保护相互投资的协定与条约的总称。区域投资协定的签订既可以强化对相互间投资的保护与促进，也可以有力地推动区域内国际投资的自由化。

区域投资协定本身是区域经济一体化不断深化的产物，是区域经济一体化的必要组成部分，也是区域经济组织成员国间进行投资合作的推进器。区域投资协定主要包含在自由贸易区协议或区域一体化安排之中，根据《世界投资报告》(2008)公布的数据，截至 2007 年年底，区域投资协定已达 254 个（主要的见表 2-10）。其中典型的例子是《北美自由贸易协定》(NAFTA)。

表 2-10   包含有投资内容的若干区域协定

年份	名称	制定者	是否有约束力	是否生效
1957	阿拉伯经济联盟协议	阿拉伯经济联盟	有约束力	通过
1961	资本流动自由化法则	OECD	有约束力	通过
1961	经常项目无形资产交易自由化守则	OECD	有约束力	通过
1969	安第斯地区一体化协议	安第斯共同市场	有约束力	通过
1971	成立阿拉伯国际投资保证公司协议	阿拉伯国际投资保证公司	有约束力	通过
1972	中非关税经济共同体跨国公司法则	中非关税经济共同体	有约束力	通过
1973	加勒比共同体条约	加勒比共同体	有约束力	通过
1987	东盟关于投资促进和保护协定	东盟	有约束力	通过
1989	第四次洛美协议	欧盟-非加太会议（EU - ACP）	有约束力	通过
1991	建立非洲经济共同体条约	非洲经济共同体	有约束力	通过
1992	北美自由贸易协定	美国、加拿大、墨西哥	有约束力	通过
1994	APEC 非约束性投资原则	APEC	无约束力	通过
1994	能源宪章条约	欧洲能源宪章组织	有约束力	通过
1995	东盟服务协议框架	东盟	有约束力	通过
1995	执行茂物宣言的大阪行动议程	APEC	无约束力	通过
1996	单边和集体行动计划（马尼拉行动计划）	APEC	无约束力	通过

年份	名称	制定者	是否有约束力	是否生效
1998	东盟投资领域框架协议	东盟	有约束力	通过
2003	内地与香港、澳门关于建立更紧密经贸关系的安排	中国中央政府与香港、澳门特别行政区	有约束力	通过
2008	投资便利化行动计划	APEC	无约束力	通过
2009	中国-东盟投资协议	中国与东盟	有约束力	通过
2010	海峡两岸经济合作框架协议	中国大陆与台湾	有约束力	通过
2012	中日韩政府关于促进、便利和保护投资的协定	中国、日本、韩国	有约束力	通过

区域投资协定的主要内容包括:投资准入问题、投资政策自由化、投资鼓励措施、外商投资企业的待遇标准、投资保护、投资争端解决以及技术转让、竞争和环境保护与跨国投资相关的问题。区域投资协定相对于双边投资协定而言具有不同的特点。区域投资协定的特点主要是:区域投资协定追求的目标比双边投资协定的高;区域投资协定涉及了更为广泛的与投资相关的内容,如自由化和保护方面的内容不断增多,越来越多的区域协定中规定了"进入与开业条款";近些年来,区域投资协定开始重视投资者与东道国的争端解决问题。

2. 区域投资协定的类型

目前区域投资协定主要分为两种类型:

一种是专门针对国际直接投资的协议或协定,如经济合作与发展组织于1976年制定的《国际投资与跨国企业宣言》、安第斯条约组织于1970年制定的《安第斯共同市场外国投资规则》以及东南亚国家联盟(东盟)于1990年制定的《东南亚国家联盟促进和保护投资协定》。

另一种是内容涉及国际直接投资的协议或协定,有的是区域性自由贸易协定有涉及,有的则是区域性的经济协定有涉及,如《北美自由贸易协定》《加强东盟经济合作的框架协议》,亚太经济合作组织(APEC)的《茂物宣言》《执行茂物宣言的大阪行动议程》和《投资便利化行动计划》,欧盟的《建立欧洲共同体条约》和《欧洲联盟条约》等。《北美自由贸易协定》虽然属于自由贸易方面的协定,但其内容涉及不少投资问题,如投资与服务条款、投资保护条款、争端解决机制条款、知识产权保护条款、原产地规则条款等。

（三）现有双边和区域国际投资协定的不足

虽然双边、区域投资协定已成为保护和规范国际投资活动的主要国际规则,但现有的双边、区域投资协定存在诸多不足,还无法代替多边投资框架。不足之处主要在于:第一,适用范围窄,只适用于双边或某一区域。OECD国家试图制定的《多边投资协定》虽然是区域性的投资协定,但向全球开放,并以此作为多边投资规则的蓝本,但最终未能达成协议。第二,相互重叠和冲突,内容不统一。这主要体现在以下几个方面:①不同国家之间所签署的双边投资协定的内容不一致,相互重叠或冲突;②即使是同一国家,它与其他国家所签署的双边投资协定也不完全一致;③签署时间不同,内容也有较大的差别。第三,约束力普遍不高。双边投资协定中所规定的投资争端解决方式往往约束力不强,而且争端解决的效果极易受签署该协定的国家之间的双边关系的影响。第四,签署双边投资协定的成本较高。

二、现有多边投资协定的现状与发展

多边投资协定指的是国际经济组织为了协调和规范不断扩大的国际投资业务而制定和起草的有关国际投资方面的条约与协定。第二次世界大战结束以来的几十年间,不少国际经济组织都曾花费精力用于制定涉及投资方面的多边投资协定,总数近20个,但目前还没有一个全面的多边投资协定。

(一)二战以来与投资有关的国际协议、协定或公约概述

自第二次世界大战结束以来,包括联合国、世界银行、关贸总协定/世界贸易组织以及经合组织等在内的各种多边国际组织为建立多边投资协议做出了不懈的努力。虽然这些努力的目的大都不是为了制定全面的多边投资框架(Multi-lateral Framework on Investment,MFI),但客观上为未来的多边投资框架谈判进行了充分的准备,提供了难得的经验和教训(见表2-11)。

表2-11　二战以来与多边投资协定有关的主要协议、协定和公约

年份	名称	制定者	是否有约束力	是否通过	备注
1949	关于外国投资的公正待遇的国际守则	国际商会	无约束力	通过	
1965	关于解决各国与其他国家国民之间投资争端的公约(华盛顿公约)	世界银行	有约束力	通过	中国已参加
1972	国际投资准则	国际商会	无约束力	通过	
1976	国际投资和多国企业宣言	OECD	无约束力	通过	
1976	联合国国际贸易法委员会仲裁规则	联合国	示范	通过	

续表

年份	名称	制定者	是否有约束力	是否通过	备注
1977	关于多国企业和社会政策原则的三方宣言	国际劳工组织	无约束力	通过	
1977	对于勒索和贿赂行为守则	国际商会	无约束力	未通过	
1979	联合国关于发达国家和发展中国家避免双重征税的协定	联合国	无约束力	通过	
1979	国际不正当支付协议(草案)	联合国	示范	通过	
1980	关于管制限制性商业惯例的公平原则与规则的多边协议	联合国	无约束力	未通过	
1983	跨国公司行为守则(草案)	联合国	无约束力	未通过	
1985	国际技术转让行为守则(草案)	联合国	无约束力	未通过	
1985	多边投资担保机构公约(MIGA)(汉城公约)	世界银行	有约束力	通过	中国已参加
1992	关于外国直接投资的待遇标准	世界银行/IMF	无约束力	通过	
1994	与贸易有关的投资措施协议(TRIMs 协议)	GATT/WTO	有约束力	通过	中国已参加
1994	服务贸易总协定(GATS)	GATT/WTO	有约束力	通过	中国已参加
1994	与贸易有关的知识产权协议(TRIPs 协议)	GATT/WTO	有约束力	通过	中国已参加
1996	多边投资协定(MAI)	OECD	有约束力	未通过	
2001	多边投资框架(MFI)	WTO	无约束力	未通过	

分析表 2-11 可知,无论正式生效与否,这些协议、协定或公约都具有一些共同的特征:

首先,除了 OECD 的《多边投资协定》(MAI)以外,其他大多数只涉及投资的某些方面,均称不上全面的国际投资协定。

其次,各种协议、协定或公约制定的初衷并不一致,甚至相差巨大。如 WTO 所制定的与投资有关的主要的三个协定(TRIMs 协议、TRIPs 协议和 GATS)均是以便利国际贸易为出发点的,严格来讲,并非真正意义上的投资协议。再如,联合国起草的《跨国公司行为守则(草案)》则是出于维护发展中国家国家主权和保障民族经济的目的而制定的,其目标也不是为了全面地规范国际投资行为。

最后,就其实际效果而言,除了 WTO 的相关协定以外,其他多数协议、协定或公约要么没有约束力,要么没有通过。

根据其实际效果,可以将表 2-11 中所列的协议、协定或公约划分为三类:第一类,通过且具有约束力,而且中国也已参加了的多边投资规则。这类协议目前主要有《华盛顿公约》《汉城公约》和 WTO 的相关协定。这类协议、协定或公约是目前仅有的多边投资规则方面成功的尝试,完全可以在未来的多边投资框架谈判中加以利用或借鉴。第二类,协定本身有约束力但未获通过的多边投资规则,主要指的是 OECD 的 MAI。MAI 虽然没有通过,但是它在某些方面体现了国际投资协定未来的发展方向,对未来的多边投资框架谈判的影响是深远的。第三类,其他的通过但没有约束力,或者没有约束力也没有通过的多边投资规则,这一类以联合国的努力居多。虽然没有约束力,但是这些协议也体现了广大发展中国家对国际投资和跨国公司的密切关注,也清楚地表明,在投资自由化要求以外,还存在一个发展问题。

(二) WTO 关于多边投资框架的谈判

GATT/WTO 首次涉足投资问题是在乌拉圭回合。1986 年乌拉圭回合启动之时,以美国为首的发达国家就提出将全面的投资协定列入回合议题之中,但在发展中国家的反对之下,最终决定将范围限制在"与贸易有关的投资措施"之内展开谈判。目前,WTO 协定中与投资相关的主要包括《与贸易有关的投资措施协议》(《TRIMs 协议》)、《服务贸易总协定》(GATS)、《与贸易有关的知识产权协议》(《TRIPs 协议》)以及《补贴和反补贴措施协定》(《SCM 协定》)等(见表 2-12)。

表 2-12　WTO 与投资相关的主要协定

协定名称	规范的对象	主要内容
与贸易有关的投资措施协议(《TRIMs 协议》)	与货物贸易有关的投资措施	将最惠国待遇、国民待遇、透明度、一般取消数量限制等原则引入投资领域。明确禁止当地成分要求、贸易平衡要求、进口用汇要求和国内销售要求等 TRIMs
服务贸易总协定(GATS)	服务贸易领域的国际投资行为(即作为服务提供四种方式之一的商业存在方式)	将最惠国待遇和透明度原则作为一般义务,市场准入和国民待遇作为具体义务,由各成员方以"肯定式列表"的模式就各自的开放义务做出承诺
与贸易有关的知识产权协议(《TRIPs 协议》)	与货物贸易有关的知识产权保护(涉及外商直接投资企业知识产权的保护)	要求在知识产权保护方面实施最惠国待遇和国民待遇,且提供了最低保护标准和争端解决程序
补贴与反补贴措施协定(《SCM 协定》)	补贴等投资激励措施	就给予某个特定企业或产业、或一组企业或产业的补贴及反补贴措施进行了规范

1995 年 WTO 正式建立以后，为了推动投资议题的谈判，WTO 新加坡第二次部长级会议决定建立"贸易与投资工作组"（Working-Group of Trade and Investment，WGTI）对贸易与投资的关系进行研讨，为未来谈判做准备。2001 年召开的 WTO 多哈第四次部长级会议正式发起了"多哈发展议程"，贸易与投资关系议题也列为议程议题之一。

1.《TRIMs 协议》、GATS、《TRIPs 协议》、《SCM 协定》等协定对国际投资的规定

《TRIMs 协议》主要解决的是与货物贸易有关的投资措施问题；GATS 主要解决的是服务贸易领域的投资问题，即市场准入（商业存在）和国民待遇问题；《TRIPs 协议》解决的是与投资有关的知识产权保护问题。

上述 WTO 协定虽然都不是专门为投资而制定的协定，但毕竟将投资议题引入 WTO；而且将最惠国待遇、国民待遇、市场准入、透明度原则等概念引入到投资领域。除此之外，GATS 在制定过程中，积累了不少经验，这为日后制定多边投资规则提供了不可多得的范例。

但上述与投资有关的 WTO 协定也存在明显的不足：它们都不是严格意义上的多边投资协定，不是直接针对投资问题而制定的，而且也不全面；农业和制造业领域投资行为并未过多涉及；《TRIMs 协议》虽取得了成果，但作用有限。

2. 多哈会议之前有关多边投资框架的讨论

（1）新加坡第二届部长级会议的相关决定。此次会议正式设立了"贸易与投资关系工作组"（WGTI），对贸易与投资的关系进行研讨。

（2）WGTI 主要讨论的问题。贸易与投资间互动关系对国家发展与经济成长的意义；贸易与投资间的经济关系；研讨和评估贸易与投资的现有国际规则；在上述工作的基础上，确认目前关于贸易及投资的各项国际规则间的异同，包括重叠和可能的冲突；了解制定双边及多边投资协定的利弊；辨明投资国与东道国之间及投资者与东道国之间的权利及义务；分析目前及未来可能进行国际合作的投资政策与竞争政策间的关联性。

3. 多哈会议关于多边投资框架谈判的决定

由于目前时机还不成熟，所以多边投资协定的谈判是以多边投资框架谈判的形式出现的。多哈会议关于贸易与投资关系谈判的决定主要体现在该次部长级会议所通过的《部长宣言》，其中有关贸易与投资关系部分为第 20—22 段。概括起来，主要有以下几点：

（1）谈判的目标。建立一个使长期跨境投资（Long-Term Investment），特别是外国直接投资获得一个透明、稳定和可预见的条件的多边框架。目标是多边投资框架，其特征是主要针对外国直接投资、透明、稳定和可以预见。

（2）谈判的议程安排。多哈会议决定，在第五届部长级会议就谈判模式

(Modality of Negotiation)达成明确一致的基础上,开始进行谈判。在正式谈判之前,需要对一系列问题做一澄清。需要澄清的问题有:范围和定义,透明度,非歧视,基于 GATS 类型的、肯定列表式的预先制定的承诺的模式,发展条款,例外和国际收支保护和成员间争端的磋商和解决。

（3）谈判的原则。平衡反映投资母国和东道国的利益,适当考虑东道国政府的发展政策和目标,及其对公共利益的管理权;应适当考虑发展中国家和最不发达国家特殊的发展、贸易和财政需要,并应使各成员能够承担与其各自需要和情况相符的义务和承诺;应注意其他相关 WTO 规定;应酌情考虑有关投资的现有双边和区域安排。

（4）其他相关问题。给发展中国家和最不发达国家的技术援助和能力建设。多哈会议决定,加强该领域技术援助和能力建设,包括政策分析和制定,从而使发展中国家和最不发达国家可以更好地评估更紧密的多边合作对其发展政策和目标及人员和机构发展的影响。

（5）与政府间组织的合作。与相关政府间组织通过适当的区域和双边渠道,向发展中国家和最不发达国家提供增强的和资源充足的援助。相关政府间组织包括联合国贸发会议、经济合作与发展组织、国际货币基金组织、世界银行和联合国工业发展组织等。

三、主要的多边投资协定

从影响力方面考虑,下面选取《与贸易有关的投资措施协议》《多边投资协定》《多边投资担保机构公约》《关于解决各国与其他国家国民之间投资争端的公约》进行介绍。

（一）世界贸易组织《与贸易有关的投资措施协议》

《与贸易有关的投资措施协议》（Agreement on Trade-Related Investment Measures,TRIMs Agreement）,简称《TRIMs 协议》,是乌拉圭回合多边贸易谈判的三个新议题之一。《TRIMs 协议》列举了影响国际贸易自由进行的投资方面的措施,要求成员国在一定时期内将其取消。随着世界贸易组织（WTO）的成立和运作,这一协议已在其成员间生效,已成为一项国际经济贸易方面的通行规则和惯例。

1. TRIMs 的含义及《TRIMs 协议》的产生和规定性

（1）TRIMs 的含义。在分析 TRIMs 的含义之前有必要先分析一下什么是投资措施。简单来讲,针对投资行为所实施的措施就是投资措施。这类措施通常是资本输入国针对外国直接投资所实施的。另外,在有些时候,投资措施还包括资本输出国为保护本国海外投资者的利益而采取的一些海外投资保险措施。

但《TRIMs 协议》所探讨的范围目前仅限于前者。还有一点需要注意,《TRIMs 协议》仅仅考虑资本输入国政府所实施的投资措施,而不包括投资企业本身实施的措施。

那么,什么是"与贸易有关的投资措施"(TRIMs)?与贸易有关的投资措施是指由东道国政府通过政策法令直接或间接实施的与货物贸易有关的对贸易产生限制和扭曲作用的投资措施。在理解 TRIMs 时需要注意以下几点:①TRIMs 仅与货物贸易有关,不包括服务贸易。②不要把 TRIMs 理解为东道国政府对外商投资所采取的一切投资措施,它仅是其中的一小部分。③TRIMs 指的是那些对贸易产生限制和扭曲作用的投资措施,不包括对贸易产生积极推动作用的投资措施。④TRIMs 是要求世贸组织成员限期取消的投资措施。

(2)《TRIMs 协议》的产生过程及影响因素。乌拉圭回合谈判之前,在关贸总协定的框架之内,贸易与投资的关系没有受到多少关注。有关投资方面的最主要的进展可能就是专门小组在解决美国与加拿大的争端过程中的裁决。在关于《加拿大外资审查管理法》的争端中,关贸总协定争端解决小组看到了由美国提出的抱怨,即加拿大当局要求外国投资者作出某种承诺,以此作为投资项目获得批准的条件。这些承诺涉及对一些国内产品的采购(当地成分要求)和对一定数量与比例产品的出口(出口业绩要求)。专门小组认为当地成分要求违背《关贸总协定》第 3 条第 4 款关于国民待遇义务的规定,但是出口业绩要求并不违背《关贸总协定》的规定。专门小组在《加拿大外资审查管理法》案例中的决定具有十分重要的意义,因为它确认了就与贸易扭曲措施有关的要求而言,关贸总协定的义务是适合于由某国政府在外资项目中所实施的出口业绩要求的。同时,专门小组所作出的出口业绩要求并不违背关贸总协定的结论还进一步强调了关贸总协定与贸易有关的业绩要求的规定的范围是有限的。

乌拉圭回合谈判开始后,通过各方协商起草了一份妥协方案,与贸易有关的投资措施成为了新一轮谈判的议题。在谈判中,各缔约方提出了许多应被关贸总协定禁止的各国在引进外资中正在采用的与贸易有关的投资措施,最后由美国提交了一份清单,列出了主要的与贸易有关的投资措施,并被乌拉圭回合贸易谈判委员会采纳。清单中列出的与贸易有关的投资措施主要有:当地含量(成分)要求、贸易平衡要求、进口限制、出口业绩要求、外汇平衡要求、外汇管制、国内销售要求、生产(制造)要求、生产(制造)限制、产品授权要求、技术转让要求、许可要求、汇款限制、当地股权要求。

与贸易有关的投资措施谈判最终形成了一个妥协方案,这一方案实际上是对《关贸总协定》第 3 条关于给予进口货物国民待遇和第 11 条关于对进出口货物进行数量限制这两个条款,同与贸易有关的投资措施的适用性的解释和说明进行限定。结果,在乌拉圭回合谈判中曾被提出和讨论过的许多措施并没有包括在《与贸易有关的投资措施协议》中,包括在其中的仅是对贸易产生限制和扭曲影响的那些投资措施。对贸易影响的重视清楚地表明谈判各方当时并不打算涉及国际投资规则问题。

《TRIMs协议》的产生涉及三个相互关联的因素:一是国际直接投资的迅速发展,二是东道国政府对国际直接投资采取相应措施,三是此类措施对贸易产生了限制和扭曲效应。与贸易有关的投资措施同时涉及国际投资和国际贸易两类经济活动,制定此类措施的主要目的在于使外国投资者尤其是跨国公司,在经济活动中遵循东道国国家发展目标和产业与经济政策。国际直接投资是与贸易有关的投资措施产生和发展的经济基础,东道国政府为了贯彻其发展目标和产业与经济政策而对外国公司行为加以规范是与贸易有关的投资措施产生的直接原因。

(3)《TRIMs协议》的规定性。国际直接投资的东道国政府是此类措施的行为主体,而非投资母国政府或跨国公司;此类措施是针对国际直接投资的,而非针对货物进口;此类措施可分为限制性措施(如前面讲到的14种投资措施)和鼓励性措施(主要表现就是税收的优惠,包括国内税的减让和关税的减让,另外,还有直接或间接给予外国投资者的补贴以及以无偿或低于原投资额的办法将本国的投资部分或全部转让给外国投资者)两种类型,这两类措施都可以使外商投资企业的经营管理成本和产品价格发生变化;与贸易有关的投资措施包括许多种,各种措施对贸易的影响程度不同,有的直接有的间接,有的影响大一些有的影响小一些;此类措施既包括强制性实施的,也包括诱导性实施的(采用后可带来各种形式的利益和好处)。

2.《TRIMs协议》的主要内容

《TRIMs协议》包括两部分:一部分是正文,共有9个条款;另一部分是附件,列出了不符合《GATT 1994》(1994年《关贸总协定》)第3条第4款和第11条第1款义务的与贸易有关的投资措施,共列明了5点。

(1)《TRIMs协议》正文部分的主要内容:

①《TRIMs协议》的适用范围和鉴别与贸易有关的投资措施的原则。规定《TRIMs协议》仅适用于与货物贸易有关的投资措施。关于鉴别原则,规定在不影响《GATT 1994》之下任何其他权利和义务的情况下,所有世界贸易组织成员都不能使用与《GATT 1994》第3条国民待遇原则和第11条取消数量限制原则不一致的与贸易有关的投资措施。

②例外条款和发展中国家成员。首先,《GATT 1994》中的所有例外都可以视具体情况适用于该协议;其次,发展中国家成员可以享受特殊优惠。考虑到发展中国家在贸易和投资方面的实际情况和特殊要求,它们可以暂时自由地背离国民待遇和取消数量限制原则,但这种自由地背离应符合《GATT 1994》第18

条的规定,即主要是为了平衡外汇收支和扶植国内幼稚产业的发展等。

③ 通知和过渡安排。世界贸易组织成员应在《建立世界贸易组织协议》生效后 90 天内向该组织的货物贸易理事会通告它们正在实施的与该协议不相符的所有与贸易有关的投资措施,不仅包括其基本特征,还包括其一般的和具体的实施情况。上述措施要限期取消,这个期限(即过渡期)是:发达国家 2 年,发展中国家 5 年,最不发达国家 7 年。货物贸易理事会应发展中国家成员的要求,可以延长其过渡期,但要求方必须证明在执行协议时的特殊困难。在《建立世界贸易组织协议》生效前 180 天内开始实施且与《TRIMs 协议》不符的投资措施不享受过渡期,应立即加以取消。在过渡期内,为了不对已建立的外商投资企业造成不利影响,成员可以在两种情况下将那些已用于这些已建企业的具体的投资措施用于新建的外商投资企业。这两种情况是指:第一,新建企业生产的产品与已建企业生产的产品相同;第二,有必要避免在新建企业与已建企业间造成扭曲的竞争条件。在以上两种情况下采用的投资措施,应当向货物贸易理事会通报,并且要同对已建企业实施的投资措施一起取消。

④ 透明度要求。除必须遵守《GATT 1994》第 10 条"贸易条例的公布和实施"以及分别于 1979 年和 1994 年通过的《关于通知、磋商、争端解决与监督问题的谅解》和《关于通知程序的部长决定》以外,每个成员都应向世界贸易组织秘书处通告可以找到与贸易有关投资措施的出版物,包括中央和地方各级政府所使用的相关出版物。但成员可以不公开有碍法律实施或对公共利益及特定企业的合法商业利益造成损害的信息。

⑤ 建立《TRIMs 协议》委员会。该委员会向所有成员国开放。委员会应选举主席和副主席,每年至少召开一次会议。应任何缔约方的请求,可随时开会。该委员会的职责是:执行货物贸易理事会分配的任务,并向成员国提供与《TRIMs 协议》的运行和执行有关的任何问题的咨询服务;同时,还负责监督《TRIMs 协议》的运行和执行情况,并每年向货物贸易理事会报告这方面的情况。

⑥ 磋商与争端解决。《GATT 1994》第 22 条和第 23 条争议解决的程序与规则适用于《TRIMs 协议》项下的协商与争议解决。

⑦ 货物贸易理事会检查。在《建立世界贸易组织协议》生效 5 年内,货物贸易理事会将对《TRIMs 协议》的实施情况进行检查,并视具体情况提出修改建议,同时,考虑该协议是否需要补充有关投资政策和竞争政策方面的规定。

(2)《TRIMs 协议》附件部分的主要内容:

① 不符合《GATT 1994》第 3 条国民待遇原则的投资措施,包括那些国内法律或行政条例规定的强制性实施的投资措施,或者为了获得一项利益必须与之相符合的投资措施。具体指以下两项:a. 当地成分(含量)要求。要求外

商投资企业生产的最终产品中必须有一定比例的零部件是由东道国当地购买或者是当地生产的,而这种要求不论以任何方式表达出来。b. 贸易(外汇)平衡要求。规定外商投资企业为进口而支出的外汇,不得超过该企业出口额的一定比例。

② 不符合《GATT 1994》第 11 条取消进口数量限制原则的投资措施,包括国内法律或行政条例规定的强制性执行的投资措施,或者为了获得一项利益必须与之相符合的投资措施。具体包括:a. 贸易(外汇)平衡要求。对外商投资企业的进口作出一般的限定,或规定不得超过该企业出口量或出口值的一定比例。b. 进口外汇限制。规定外商投资企业用于生产所需的进口额应限制在该企业所占有的外汇的一定比例内。c. 国内销售要求。规定外商投资企业要有一定数量的产品在东道国销售,而不论采取何种形式表达这种要求。

以上是《TRIMs 协议》附件所列出的应限期取消的投资措施。仔细分析可以发现,在附件第一点和第二点中,有一项要求基本相同,即贸易(外汇)平衡要求。因此,可以说《TRIMs 协议》附件中所列举的属于禁用之列的投资措施主要是 4 项,即当地成分要求、贸易平衡要求、进口用汇限制和国内销售要求。

3.《TRIMs 协议》对国际直接投资的影响

《TRIMs 协议》是到目前为止在国际范围内第一个正式实施的有关国际投资方面的多边协议。《TRIMs 协议》扩大了多边贸易体系的管辖范围,将与贸易有关的投资措施纳入多边贸易体系之中。《TRIMs 协议》尽管还不尽完善,但它仍是一个积极的协议,必将对国际投资和国际贸易的自由化发展起到推动作用。

总体而言,由于《TRIMs 协议》构成了对与贸易有关的投资措施的有力的约束和限制,所以东道国对国际投资的管制将放松,政策法规的透明度增强,投资环境改善,因而为国际直接投资的发展提供了更大的空间。要求成员国在明确规定的过渡期内取消通报的相关措施有助于增强协议效率的确定性。由于已经认识到贸易、投资和竞争政策的相关性在不断加强,因此,在未来的多边贸易体系中将涉及更多的投资与竞争政策问题。

从产业结构的角度来看,由于电信、化工、汽车、制药等行业的国际直接投资受与贸易有关的投资措施影响最大,所以是该协议最大的受益行业,这些行业的利用外资将获得比其他行业更快的发展。从地区结构的角度来看,由于发展中国家使用的与贸易有关的投资措施更多一些,所以发展中国家的投资环境将会得到更大的改善,区位优势会较以前进一步加强,国际直接投资的增长速度也会比以前加快。

当然,事物都有两面性,《TRIMs 协议》的实施对发达国家和发展中国家也会产生一些消极影响,相对而言,对发展中国家的消极影响会更大一点。许多发展中国家常常利用与贸易有关的投资措施引导外资流向,保护相关产业,随着协议的实施和这些措施的逐步取消,与此有关的一些产业政策将不复存在。另外,由于当地成分要求、贸易平衡要求和进口用汇限制的禁用,使发展中国家的市场开放度扩大,某些市场有可能被国外大企业垄断,同时出口数额会减少,进口规模会扩大。还有,当地成分要求的禁用,将会缩小发展中国家根据普惠制中的原产地规则所获得的受惠产品的数量与范围。最后,如果该协议在实施中不能做到对等和利益平衡,那么它就有可能成为主要限制发展中国家的单方面协议。

(二) OECD 主导的《多边投资协定》

第二次世界大战以后,国际投资取得了迅猛的发展,尤其是 20 世纪 80 年代以来,国际投资的发展速度更是超过了国际贸易,而成为全球经济发展的主要推动力之一。随着国际投资和跨国公司的大发展,国际投资的自由化、便利化和规范化的要求越来越强烈。但是,相对于国际贸易领域而言,国际投资领域的国际协调要落后得多,至今还没有制定出类似于货物贸易领域的 GATT 和服务贸易领域的 GATS 那样的一整套国际规范。然而,制定这样一套国际规范以开创一个稳定、可预见和透明的国际直接投资环境的迫切性和必要性正在日益增加,多边投资协定的积极作用是不言而喻的。所以,要加强国际投资方面的国际协调努力,推动具有全球性国际投资规范性质的《多边投资协定》(Multilateral Agreement on Investment,MAI)的制定进程。

OECD 国家在国际直接投资中占有重要的地位,近些年来,在协调国际投资关系和制定国际投资规范方面作出了大量的工作与积极的努力。考虑到乌拉圭回合多边协定所涉及的投资领域和规则是有限的,未能完全解决发达国家所关心的问题,所以,在该回合谈判尚未结束之前的 1991 年,OECD 就已着手为制定一项全面、系统和完整的多边投资规则作准备。

1991 年以来,OECD 下属的"国际投资与多国公司委员会"和"资本流动与无形交易委员会"一直在进行多边投资协定问题的研究。1994 年,在 OECD 部长级会议上,讨论了建立全面的投资协定框架的积极作用和可行性。1995 年 5 月,OECD 部长级会议决定启动《多边投资协定》的谈判,并为协定准备了框架草案。该谈判原定于 1997 年 5 月前达成协定。但经过 2 年的谈判,各方的观点仍难以统一,于是决定将达成协定的时间推迟到 1998 年 4 月。在 1998 年 4 月的会议上,由于各种原因协定仍未最终达成。目前,OECD 仍在继续推进这项工作,但未规定谈判结束的截止日期,只是提出要在保证协定高标准和高水平的前提下尽快达成一致,完成谈判。

虽然 OECD 启动的多边投资谈判久拖未决,令人遗憾。但是,启动谈判本身和谈判已经取得的初步成果是具有非常重要的意义的,它为今后世贸组织开展这方面的谈判提供了有益的启示和打下了良好的基础。

OECD 成员国在 MAI 谈判中的主要宗旨是:为国际投资提供一个包括投资自由化和高标准的投资保护以及有效的争端解决程序在内的全面、系统和开放的多边框架。通过 MAI 谈判最终要为投资者提供一个良好的投资环境,从而促进资本要素更自由地跨国移动。将来,MAI 作为一项独立的国际协定是开放的,不仅 OECD 国家可以参加,其他国家如果愿意也可以参加。目前,各方在谈判中存在的分歧主要集中在劳工和环境标准、例外和保留、法律的域外适用、法律冲突和再投资障碍以及知识产权和争端解决等问题上。正是由于分歧一时难以消除,影响了谈判的结束时间。

未来的 MAI 应注意以下几点规定性:①投资措施所涵盖的领域应既包括货物贸易也包括服务贸易。②应将所有的投资措施都纳入协定管辖的范围之中,不仅包括限制性的投资措施也包括鼓励性的投资措施。③在协定中应充分考虑发展中国家的愿望和要求,对滥用限制性商业惯例的行为作出禁止性的规定。④应对目前大量存在的单边、双边、区域多边及全球多边投资措施或协定进行分析和整理,制定出内容、标准和进度统一的具有广泛代表性的权威的投资协定。⑤一国国内的竞争政策对其投资政策影响很大,因此在协定中还要考虑制定出相应的条款以规范各国国内的竞争政策。

OECD 制定的 MAI 与世界上现存的各类投资协定(议)相比具有以下几个特点:一是标准高,要求东道国向投资者提供安全、永久的保护和公平合理的待遇,禁止法律上和事实上的歧视做法,除非被列为一般例外、临时背离和国家保留;二是范围广,国际直接投资与国际间接投资,有形资产和无形资产,法人与自然人,与贸易有关的投资措施和与贸易无关的投资措施等都包括其中;三是约束力强,将 WTO 的争端解决机制引入;四是侧重考虑投资者利益,以此为核心来制定该协定,相反对于如何制止投资者的不正当行为,如何保护东道国及东道国合作者的利益却较少考虑;五是未考虑发展中国家的利益和要求,OECD 由发达国家组成,所以主要考虑发达国家利益,对发展中国家的要求未予反映;六是具有开放性,非 OECD 国家也可申请加入。

未来 MAI 达成后,世界贸易组织管辖的内容将出现一次实质性的扩大,其性质与特征将发生巨大的变化,从而对多边贸易体系的走向产生深刻影响,不仅多边贸易体系的原有范围被突破,而且多边贸易体系的制度设计方式和谈判进程也将进行调整。因而,世界贸易组织的名称也应考虑做出适当的改变,如改称世界经济组织或世界贸易与投资组织。

（三）《多边投资担保机构公约》

为降低在发展中国家投资的政治风险（非商业性风险），促进国际资本流向发展中国家，加快发展中国家的经济发展，世界银行草拟了《多边投资担保机构公约》（又称《汉城公约》），于 1985 年 10 月在世界银行年会上得到通过，1988 年 4 月 12 日起正式生效。同时，还成立了多边投资担保机构（简称 MIGA）作为世界银行下属的分支机构，它是具有完全法人资格的独立的国际组织。中国于 1988 年 4 月加入该公约，成为公约的创始国。

依照《多边投资担保机构公约》第 2 条的规定，多边投资担保机构的目标和宗旨是鼓励会员国（特别是发展中国家）之间的生产性投资，以补充国际复兴开发银行、国际金融公司以及其他国际开发金融机构的活动。为了达到这些目标，多边投资担保机构应履行下列职能：对会员国内来自另一会员国的投资的非商业性风险提供担保，包括共同保险和再保险；开展恰当的补充性活动，以促进投资向发展中国家会员国流动及在发展中国家会员国之间流动；为推进其目标行使其他必要的或适宜的附带权利。

多边投资担保机构承保的险别主要是：货币汇兑险，即东道国政府采取的任何限制外国投资者将货币兑换成可自由使用的货币或可接受的另一种货币，并汇出东道国境外的措施，包括东道国政府未能在合理的时间内对投资者提出的此类汇兑申请做出行动而可能造成的风险；征收及类似措施险，是指东道国政府的立法行为或行政上的作为或不作为剥夺了投资者对其投资或投资收益的所有权或控制权，但政府为管理其境内的经济活动而通常采取的普遍适用的非歧视性措施不在此列；违约险，是指东道国政府拒绝履行合同或违反与投资者签订的合同，导致投资者可能造成损失的风险；战争和内乱险，即由于东道国领土内任何军事行动或民事动乱而给投资者造成损失的风险。

多边投资担保机构的作用表现在：首先，它鼓励会员国之间的生产性投资，尤其注重资本在发展中国家的流动，并充分考虑到发展中国家的利益，促进了发展中国家的经济增长。其次，它不仅承保货币汇兑险、征收及类似措施险、战争和内乱险，还另设了违约险，对其他投资担保机构的业务起到了补充作用。再次，它通过向发展中国家提供用于吸引外商直接投资的工具、方法和技能，帮助各国推销其投资机会。最后，它有利于东道国和投资者之间投资争端的非政治性解决。

（四）《关于解决各国与其他国家国民之间投资争端的公约》

20 世纪 50 年代以后，一些发展中国家开展了规模较大的国有化运动，使得国际投资争端大量产生。同时，发达国家与发展中国家不能就投资争端的解决方式及原则达成一致,对国际资本流动产生了很大的影响。为了解决此类问题,世界银行于 1965 年 3 月主持签订了《关于解决各国与其他国家国民之间投资争端的公约》(又称《华盛顿公约》),该公约于 1966 年 10 月生效。根据公约设立了国际投资争端解决中心(ICSID),用以专门处理各国与其他国家国民之间的投资争议。中心的法律地位与多边投资担保机构相同,也具有完全法律人格,并同样有资格订立合同、取得及处置动产和不动产、进行法律诉讼。中心设有一个行政理事会和一个秘书处,秘书处由秘书长负责领导。中国于 1990 年 2 月签署了该公约,于 1993 年 2 月正式加入该公约。

该公约第 25 条第 1 款规定:解决投资争端国际中心的管辖适用于缔约国与另一缔约国国民之间直接因投资而产生并经双方书面同意提交给中心的任何法律争端。当双方表示同意后,任何一方不得单方面撤销其同意。由此可见,中心的管辖的条件是:①争端必须发生在缔约国国民或机构与另一缔约国国民或机构之间。②争端性质必须是直接因投资引起的法律争端。③争议双方书面同意将争端提交中心。中心管辖还具有排他性,主要表现在两个方面:①排除其他救济方法。公约规定,双方同意根据公约交付仲裁,应视为同意排除任何其他救济方法。②排除外交保护。即缔约国对于其国民和另一缔约国根据公约已同意交付或已交付仲裁的争端,不得给予外交保护或提出国际诉讼,除非另一缔约国未能遵守和履行对此项争端所做出的裁决。在这里,外交保护不包括纯粹为了促进争端的解决而进行的非正式的外交上的交往。

解决一国与其他国家国民之间的投资争端主要有调解和仲裁两种形式。如果想进行调解,则需向秘书长提出书面申请(内容包括有关争端的事项、当事人双方的身份以及他们同意依照交付调解程序规则进行调解等)。调解的程序是:在申请被登记后,成立由双方认可的调解员组成调解委员会;调解委员会澄清双方发生争端的问题,并努力使双方就共同可接受的条件达成协议;如果双方达成协议,委员会则起草一份报告,指出发生争端的问题,并载明双方已达成协议。如果在程序进行的任何阶段,委员会认为双方已不可能达成协议,则结束此项程序,并起草报告,指出调解并未使双方达成协议。如果一方未能出席或参加上述程序,委员会应结束此项程序并起草报告,指出该方未能出席或参加。

另外一种解决争端的形式是仲裁。与调解相同,希望采取仲裁程序的缔约国或缔约国的国民,应向秘书长提出书面请求(内容包括有关争端事项、双方的身份以及他们同意依照交付仲裁的程序规则提交仲裁等)。仲裁的程序有:组成仲裁庭,成员来自解决投资争端国际中心的仲裁人小组;作出裁决,仲裁庭应以其全体成员的多数票对问题做出决定,裁决应处理提交仲裁庭的每一个问题,并说明所根据的理由,未经双方当事人的同意不得公布裁决;裁决的解释、修改和撤销;裁决的承认和执行,裁决对双方具有约束力。双方不得进行任何上诉或采取除公约规定外的任何其他补救办法,除依照公约有关规定予以停止执行的情况外,每一方应遵守和履行裁决的规定。

四、推进全面的多边投资框架

(一) 现有各种多边国际投资规则的局限性

1. 目前还没有一个全面的多边投资协定

目前,在世界范围内生效的有约束力的有关投资的多边投资规则主要包括《与贸易有关的投资措施协议》《华盛顿公约》和《多边投资担保协定》。但是,上述协议和公约的适用范围较窄,仅就投资的某一些方面达成了一些共识,远不是全面的投资协定。如《华盛顿公约》仅是就投资争端解决问题达成了一个程序性规定,依此公约建立的国际投资争端解决中心在解决争端时也须得到当事国的同意,而且并不实际进行仲裁。

2. 其他的一些国际投资规则没有付诸实施

虽经讨论但未付诸实施的多边国际投资规则主要有《跨国公司行为守则(草案)》《关于管制限制性商业惯例的公平原则与规则的多边协议》《多边投资协定》等。其中尤其是《多边投资协定》,它是第一个全面的多边投资协定,但最终未能生效。

3. 大部分约束力较弱

除《与贸易有关的投资措施协议》以外,其他的多边投资规则的约束力普遍不强。

(二) 多边投资框架与现有的 WTO 相关协议及其他多边国际投资规则的关系

多边投资框架(Multilateral Framework on Investment,MFI)除了与现有的双边、区域投资规则有直接的关系以外,还与 WTO 与投资有关的协议以及现有的其他多边投资规则有直接关系。这三方面的关系必须加以全面的考虑和协调,如果处理不当,对多边投资框架的建立将产生不利的影响。

在 WTO 范围内,与投资有关的协定包括《与贸易有关的投资措施协议》《与贸易有关的知识产权协议》《补贴和反补贴措施协定》《政府采购协定》《服务贸易总协定》。在处理投资问题与现有的 WTO 与投资有关的协定之间的关系时,首先考虑 GATS 与《TRIPs 协议》相结合的模式,即不否定现有的协定,而对现有协定没有涉及和规范的由新的协定加以解决。在签署新的协定的时候,采取将各成员方观点比较一致的先确定下来,其余的留待以后再谈的做法。可供选择的模式还有 GATT(或 MAI)模式以及诸边协议的模式。

现有的多边投资规则还包括《华盛顿公约》和《汉城公约》，MFI 与它们之间的关系可以采取《TRIPs 协议》的模式来处理，即承认上述公约的内容和规定，对其未涉及的领域进行新的谈判。

(三) 从与国际投资有关各方的需要的角度看制定 MFI 的必要性

1. 从投资者的角度

投资者的目标是实现全球投资的利润最大化。由此出发，投资者要求通过多边投资框架实现资本自由移动、给予公正平等待遇、降低非商业风险，即实现投资自由化和便利化。

2. 从东道国的角度

东道国引进外资的目标是实现自身的发展目标。基于此目标，东道国要求通过多边投资框架发挥外资的积极作用、减少外资的消极作用、发展东道国的经济，即最大限度地利用外资发展本国经济，同时对外资进行规范管理。

3. 从投资母国的角度

FDI 并非是"零和博弈"，FDI 也会给投资母国带来利益，如带动出口，获取国外资源（技术资源、自然资源、人才资源、市场资源等）等。因此，母国要求通过多边投资框架为本国企业开展海外投资创造良好的国际环境，即促进海外投资的开展，确保海外投资的安全。

总之，投资者、投资东道国和投资母国三方都有建立多边投资框架的要求。

综上所述，迅猛发展的国际直接投资要求建立多边投资框架以实现投资的自由化、便利化和规范化；而目前现有的无论是双边的还是区域的投资协定均无法满足这一要求；多边层次的国际投资规则要么缺乏约束力，要么没有付诸实施。因此，建立多边投资框架是完全必要的。

(四) 多边投资框架谈判的前景

严格来讲，多边投资框架谈判并未正式开始，目前 WTO 还处于对投资议题进行讨论的阶段。因此，对于多边投资框架来说，能否在 WTO 新一轮谈判中完成谈判并达成协议还是一个未知数。当然，多边投资框架谈判应早日启动，并会有一个良好的前景。

思考与练习题

1. 国际直接投资的基本形式有哪些？
2. 国际直接投资的主要动机是什么？ 主要理论有哪些？
3. 简述跨国并购的概念、类型与动因。

4. 国际直接投资环境的主要内容是什么？投资环境的主要评估方法有哪些？

5. 简述《与贸易有关的投资措施协议》的含义和主要内容。

6. 简述多边投资框架（协定）谈判的背景和必要性。

7. 简述国际直接投资协调的含义、作用与途径。

案例研究

案例一

美国宝洁公司在中国的投资

宝洁公司（Procter & Gamble）始创于 1837 年，是世界最大的日用消费品公司之一，总部设在美国辛辛那提市，全球雇员超过 11 万，在全球 70 多个国家设有工厂及分公司，所经营的 300 多个品牌的产品畅销 140 多个国家和地区，其中包括洗发、护发、护肤、化妆、婴儿护理、妇女卫生、医药、食品、饮料、织物、家居护理及个人清洁用品。在 2012 年美国《财富》杂志公布的"全球最受尊敬的公司"榜单中，宝洁位居第 9 名，并在日化行业中位居榜首，同时在 2012 年世界 500 强中排名第 86 名。

宝洁公司在中国的投资进程可以分为四个阶段：

第一个阶段是进入中国市场阶段，即 1987—1989 年。1987 年，宝洁公司到广州肥皂厂调研，然后选择李嘉诚为合作伙伴。宝洁公司与香港和记黄埔有限公司分别以 69.25% 和 30.75% 的股权比例在香港注册 P&G - Hutchison Ltd.（宝洁和记黄埔有限公司，简称宝洁和黄）。1988 年 8 月，宝洁和黄与广州肥皂厂及广州经济技术开发区建设进出口贸易公司在中国广州组建成立了第一家合资企业——广州宝洁有限公司。这是宝洁公司在中国成立的第一家合资企业，标志着宝洁真正开始进入中国市场。

第二个阶段是增资集权阶段，即 1990—1998 年。1990 年，宝洁和记黄埔有限公司宣布对广州宝洁增资 900 万美元，而广州肥皂厂因没有经济实力增资，导致其所持有的股份缩减至 20%。1994 年，宝洁和记黄埔公司又进行了两次合资，其目的既是为了扩大规模也是为了减少竞争对手。先是与广州浪奇股份有限公司合资组建成广州浪奇宝洁有限公司；后来与北京日化二厂合资成立北京熊猫宝洁洗涤用品有限公司，宝洁以 65% 的股份控股合资公司，同时宝洁公司支付给熊猫品牌 50 年的使用费 1.4 亿元人民币。在两次合资以后，熊猫和浪奇两个品牌在市场的份额逐步萎缩，品牌价值逐步减低，而宝洁品牌的地位逐步上升。

第三阶段是宝洁公司独资化阶段，即 1999—2004 年。1999 年，广州浪奇股份有限公司与广州浪奇宝洁有限公司签订协议，以人民币 4 749 万元购回浪奇宝洁全部股权，利用该厂房继续生产洗衣粉。2001 年年初，宝洁和黄将广州浪奇宝洁有限公司 60% 的股权转让给香港高力公司，宣告宝洁和黄与广州浪奇彻底分手。同时，2000 年，北京日化二厂提前终止熊猫的使用合同，收回使用长达 6 年的熊猫品牌,熊猫拿到了 4 000 万元的品牌使用费,重新生产洗衣粉。2004 年,宝洁公司以 18 亿美元收购和记黄埔中国所持中国内地合资公司宝洁和黄有限公司余下 20%的股份。至此,宝洁与其在中方的最后一个合资伙伴分道扬镳,成为一家彻底的独资公司。而宝洁也在宣布独资后立即增资 6 亿元扩大生产规模。

第四阶段是宝洁公司稳步发展阶段,即 2005 年至今。目前,宝洁在中国的总部设立于广州,先后在北京、上海、天津、成都、东莞和南平等地设立了十几家分公司和工厂,员工总数超过 7 000 人,在华投资总额超过了 17 亿美元。

目前宝洁在中国销售的品牌有:玉兰油、海飞丝、沙宣、伊卡璐、飘柔、潘婷、舒肤佳、激爽、佳洁士、护舒宝、帮宝适、碧浪、汰渍等。中国宝洁是宝洁全球业务增长速度最快的区域市场之一。目前,宝洁大中华区的销售量已位居宝洁全球区域市场中的第二位,销售额也已位居第四位。宝洁公司同时注重人才本土化,中国宝洁员工中中国籍的员工占到了 98%以上。

案例思考与讨论

1. 请简要分析宝洁公司在中国投资的主要动机。

2. 请分析宝洁公司从合资到独资的原因。

3. 你认为哪种国际直接投资理论能够较好地解释宝洁公司对中国的投资? 请用你选定的理论作出解释。

案例二

日本本田公司在美国的投资

日本本田(Honda)公司的前身是其创始人本田宗一郎于 1946 年在日本浜松市设立的本田技术研究所。1948 年,本田技研工业株式会社正式建立。1952 年,本田公司的总部迁往东京;1957 年,其股票在东京证券交易所上市。目前,本田公司在全世界 30 多个国家拥有 110 多个生产厂。其主要的海外生产基地有:中国、美国、加拿大、英国、法国、意大利、西班牙、印度、巴基斯坦、菲律宾、泰国、越南、巴西、墨西哥等。

20 世纪 80 年代,日本在美国掀起了直接投资热潮。领导这一潮流的是日本的汽车公司,特别是本田公司、马自达公司、日产公司以及丰田公司。1982—2007 年,这些公司在北美总共投资了 100 多亿美元用来建立汽车装配厂。

本田公司涉足北美市场始于 1959 年。本田于当年在美国建立了摩托车销售公司。20 年后,本田公司开始在美国当地生产摩托车。1982 年本田公司开始在海外生产汽车,1986 年在加拿大建立了汽车生产厂,从而一步一步地实践着其"在最能满足需求的地方生产"的企业理念。到 2008 年,本田已在北美地区投资设立了 13 家汽车装配、发动机和零部件工厂,总投资超过 60 亿美元,其中主要的生产工厂设在美国俄亥俄州(见表 2－13)。目前,本田公司在北美的汽车生产能力每年已达 130 多万辆。2011 年年底,本田在美国印第安纳州 Greensburg 市工厂增添第二轮生产班次。该厂生产思域车型,年产能为 10 万辆。2012 年,本田投资 5 000 万美元扩建俄亥俄州 Marysville 工厂的生产线,并且自 2009 年以来首次恢复两轮班次生产。

　　美国汽车研究中心针对本田公司 2007 年状况进行了一项研究,探讨了美国本田汽车有限公司及其所有的美国附属公司和零售业务相关公司对美国经济作出的贡献,重点陈述了近年来其对美国经济发展的积极作用:本田公司在美国的生产和经营提供了超过 367 000 个就业机会和 170 亿美元的年薪;本田美国的直接投资(汽车与摩托车生产、汽车与摩托车零部件和材料供应、电力设备生产等)带来了将近 152 000 个私营部门的就业岗位,估计相关工资收入达到了 90 亿美元;本田汽车的销售网和其他相关产品销售创造了 215 000 个私营部门工作机会,这些工作的薪资估计总和为 80 亿美元。

表 2 - 13　本田公司在北美的主要生产厂及投资情况

制造工厂	建立时间	创造工作岗位	投资额
美国俄亥俄州 Marysville 摩托车厂	1979 年 9 月	750	1.55 亿美元
美国俄亥俄州 Marysville 汽车厂	1982 年 11 月	5 850	41 亿美元
美国北卡罗来纳州 Swepsonville 电力设备厂	1984 年 8 月	350	1 亿美元
美国北卡罗来纳州 Swepsonville 割草机、发动机生产厂	1984 年 8 月	580	1.88 亿美元
美国俄亥俄州 Anna 发动机制造厂	1985 年 7 月	2 600	17 亿美元
美国俄亥俄州 East Liberty 汽车厂	1989 年 12 月	2 550	11 亿美元
美国俄亥俄州 Russells Point 传动设备厂	1996 年 7 月	1 050	5.14 亿美元
美国南卡罗来纳州 Timmonsville 越野车厂	1998 年 7 月	825	1 亿美元
美国亚拉巴马州 Lincoln 汽车和发动机厂	2001 年 11 月	2 300	5.8 亿美元
美国弗吉尼亚州航空发动机事业公司	2006 年 4 月	70	0.295 亿美元
美国佐治亚州本田汽车精密部件厂	2006 年 5 月	440	1.5 亿美元
加拿大安大略省的 Alliston 发动机生产厂	2006 年 6 月	340	1.54 亿美元

续表

制造工厂	建立时间	创造工作岗位	投资额
美国南卡罗来纳州本田飞机公司 GREENSBORO 总部	2007 年 2 月	300	0.6 亿美元
美国俄亥俄州 Troy 本田公司中西部综合中心	2007 年 9 月	210	0.89 亿美元
美国北卡罗来纳州 Burlington 市小型涡轮风扇发动机厂	2007 年 10 月	—	0.27 亿美元
美国俄亥俄州 Anna 发动机厂动力总成零部件扩产	2008 年 7 月	40	0.75 亿美元
美国俄亥俄州 Russells Point 传动设备厂扩产	2008 年 7 月	—	1 亿美元
美国印第安纳州迪凯特郡汽车组装厂	2008 年 11 月	2 000	5.5 亿美元
墨西哥 Celaya 和 Guanajuato 新建汽车工厂	2011 年 8 月	3 200	8 亿美元
美国亚拉巴马州 Lincoln 汽车和发动机厂扩产	2011 年年底	190	4 亿美元

资料来源:http://www.honda.com。

案例思考与讨论

1. 你认为本田公司投资北美的主要动机是什么?

2. 你是如何理解劳动力成本的? 本田公司投资北美时会考虑劳动力成本因素吗?

3. 本田公司的发展和成长战略是一元化的还是多元化的?

案例三

美国通用电气公司并购美国霍尼韦尔公司

通用电气公司(General Electric Co.)是美国最大的公司之一,通过一系列兼并之后,公司业务已经涵盖航天、家电、媒体、金融、医疗等领域。该公司市值高达 5 000 多亿美元,是世界上年度赢利最多的企业。在全球 100 多个国家开展业务,全球员工近 30 万人。2002 年,通用电气公司的销售收入达到 1 317 亿美元。霍尼韦尔公司(Honeywell Inc.)也是一家历史悠久的老牌公司,在多元化技术和制造业方面居领导地位。其业务涉及航空产品及服务,住宅及楼宇控制和工业控制技术,自动化产品,特种化学、纤维、塑料以及电子和先进材料等领域。目前,霍尼韦尔公司在全球 95 个国家拥有 10.8 万名员工。

2000 年 10 月,通用电气公司提出按 1 股霍尼韦尔公司股票换 1.055 股通用电气公司股票的办法收购霍尼韦尔公司,以当时的股票价格计算,合同金额高达450亿美元。霍尼韦尔公司董事会很快就同意了通用电气公司的条件并正式批准合案。美国政府审查此案后,认为该项并购案无论是从长远还是从整体来看对美国都是利大于弊,因此仅仅要求通用电气公司剥离2亿美元的资产就开了绿灯放行。

因为这两家公司都在欧盟国家设有企业,所以通用电气公司于2001年2月5日向欧盟委员会提出并购申报。3月1日,欧盟委员会决定进行深入调查。2001年6月14日,通用电气公司提出补救措施,但欧盟委员会认为不足以消除并购对市场的不良影响。6月28日,通用电气公司再次提出补救措施,但终究未能说服欧盟委员会。经过详细审查,2001年7月3日欧盟委员会20名委员一致作出决定,认为该项并购将导致通用电气公司垄断欧洲飞机发动机市场,而且通用电气公司两次提出的补救措施均未能使欧盟委员会打消这些顾虑,因此最终否决了美国通用电气公司收购霍尼韦尔公司的提案。该案也成为自1990年欧盟委员会开始处理并购案以来第15个被禁止的并购案。

虽然美国政府同意了此项并购,但欧盟对此提出了不同的意见。根据欧盟的有关并购法规,凡是合并各方总的年销售额在50亿欧元(42.4亿美元)以上且在欧洲的销售额超过2.5亿欧元(1.7亿美元)的企业并购案,都必须得到该委员会的批准。而在审查通用电气公司收购霍尼韦尔公司的提案时,该委员会认为,这起合并案显然会进一步加强通用电气公司在大型喷气式飞机发动机方面的优势地位,从而有可能构成不公平竞争;特别是通用电气公司有可能将两家公司的产品捆绑销售,从而给竞争对手造成沉重打击。它还担心,合并后的通用电气公司将成为航空业务领域难以控制的巨无霸,会通过其强大的飞机融资和租赁部门——资本航空服务公司(GECAS)来操纵飞机市场行情。资本航空服务公司是全球第二大飞机买主,它将购买的飞机转租给航空公司使用。

这是历史上第一次出现两家美国公司的合并案得到美国反垄断当局批准却因遭到欧盟委员会反对而破产的案例。此案突出反映了欧盟并购法规的域外效力。在此案中,并购双方均是美国公司。但是欧盟并购法规并未就并购企业的国籍进行限定,其标准是效果原则。如1995年韩国三星公司并购美国AST公司时,因为三星公司未能及时将并购向欧盟委员会申报,从而遭到罚款处罚。不过,这也不是欧盟并购法规的专利,实际上,美国的并购法规和欧盟一样也有类似规定。此案也说明了目前世界各国的反垄断行动的步调很不一致,亟须制定一套国际通用的反垄断(并购)规则。对于一个准备开展海外并购(甚至是一国内部的并购)的企业来说,它需要考虑是否要向诸如欧盟、美国等地的反垄断当局进行申报,并争取获得其批准。只要有一方未获通过,并购就有可能破产。因此,随着越来越多的国家制定类似的具有域外效力的法律规定,企业的跨国并购活动将会受到更多的制约和监管。

案例思考与讨论

请问你如何看待域外效力的实施问题? 因域外效力引起的各国国内法律效力孰高孰低的争议如何解决?

案例四

美国某公司对东南亚和南亚 4 国投资环境进行评估

美国某公司为了打开东南亚市场,准备投资 350 万美元在东南亚建一家药厂,经用加权等级评分法对印度、印度尼西亚、孟加拉国和马来西亚四个国家投资环境进行初步评估,得出的结果是:印度的国家风险、政治经济的稳定性、税收水平、收益的返回率和政府对外资的优惠程度等加权等级评分分别是 820、740、90、210 和 650;印度尼西亚分别是 720、680、190、580 和 320;孟加拉国分别是 760、690、180、610 和 100;马来西亚分别是 960、860、430、210 和 180。

案例思考与讨论

1. 要想对上述国家各种环境因素分别进行加权等级评分,其计算方法是什么? 在上述四国中,投资环境最佳和最差的国家分别是哪个?

2. 除加权等级评分法以外,还有哪些投资环境评估方法? 它们的基本原理是什么?

案例五

经济合作与发展组织制定的多边投资协定包含的主要内容

下面介绍经济合作与发展组织(OECD)于 1998 年 4 月 24 日确定的《多边投资协定》(MAI)框架结构的内容(联合国贸发会议出版的《1999 年世界投资报告》英文版第 129~130 页登载)。其主要内容包括:

(1) 总则:前言;

(2) 范围和适用:定义(投资者与投资)、适用的地理范围、海外属地的适用;

(3) 投资者和投资的待遇:国民待遇和最惠国待遇、透明度、投资者和关键人员的临时进入、逗留与工作、经理及管理人员和董事会成员的国籍要求、就业要求、业绩要求、私有化、垄断及国有企业和特许、代表管理机构的实体、投资鼓励措施、确认安排、核准程序、自雇企业的成员、知识产权、公共债务、公司行为、研发技术、不可降低的标准、劳工与环境附加条款;

(4) 投资保护:一般待遇、征收和补偿、内乱时的保护、转移、信息交换和数据处理、代位求偿权、保护已有投资;

(5) 争端解决:国家对国家的程序、投资者对国家的程序;

(6) 例外和保障:一般例外、寻求货币与汇率政策的交易、临时保障;

(7) 金融服务:谨慎措施、确认安排、核准程序、透明度、信息交换和数据处理、自雇企业与协会的成员、支付及清算体系和贷款人、最后求助、争端解决、金融服务的定义;

(8) 税收;

(9) 特定国别例外:特定国别例外的申诉;

(10) 与其他的国际协定的关系:根据国际货币基金组织条款应承担的义务、与 OECD"多国企业准则"的关系;

(11) 实施与运作:筹备小组、成员方小组;

(12) 最终规定:签署、接受与生效、加入、不适用、检查、修订、OECD 多国企业准则的修改、退出、保存、附件的法律地位、正式文件、利益的放弃。

案例思考与讨论

1. OECD 制定 MAI 的努力为什么没有成功？它留给人们哪些经验教训？

2. 将上述 MAI 框架结构的内容与 WTO 主持谈判讨论的 MFI 可能涉及的大体内容进行对比,总结这两个文本在主要内容方面的异同。

第三章

跨国公司

学习要点

　　不论是在国际经济合作还是在国际贸易活动中,跨国公司都是主要的组织者和承担者,都是最主要的企业形式。本章从不同角度论述跨国公司,先后研究和分析了跨国公司的产生与发展、发展的新特点与新动向、概念与类型、所起到的作用、法律与管理组织形式、服务业跨国公司组织形式与特点以及跨国公司在国际技术转让中的作用等。通过学习本章,学生应理解相关概念,应对跨国公司有一个全面整体的把握。

Key Points

　　Transnational Corporations have served as the main organizers and participants as well as the primary type of enterprises in both the international economic cooperation activities and international trade. From different perspectives, this chapter in sequence analyzes the origin and development, the new characteristics and trends, the definition and types, the influences, the legal and managerial organizational structure of Transnational Corporations, and also its organizational structures and characteristics in service industry as well as its role in international technology transfer. By studying this chapter, students are expected to have a general understanding of Transnational Corporations.

第一节　跨国公司概述

一、跨国公司的产生与发展

跨国公司(Transnational Corporations,TNCs)是国际直接投资的主体,世界上绝大部分的国际直接投资都是由跨国公司进行的。仅世界 100 家最大的跨国公司在国际直接投资的总存量中就占到了 1/3 的份额。跨国公司的产生与发展主要经历了以下三个阶段。

(一) 第一次世界大战以前的萌芽阶段

跨国公司的发展已有 100 多年的历史。在统一的世界市场被逐渐开拓出来以后,为了争夺市场和获得原材料,一些西方国家的公司开始进行对外直接投资,于是产生了现代跨国公司的雏形。其中比较著名的是美国胜家(Singer)缝纫机公司于 1867 年在英国建立分厂进行生产,以后陆续扩展到欧洲一些国家,占领欧洲市场。其后,德国的弗里德里克·拜耳公司、美国的爱迪生电灯公司等也纷纷走向海外市场,利用其新产品和新技术在国外投资生产和应用。1876年,日本成立了第一家综合商社——三井物产公司。当时对外直接投资主要集中于铁路和采矿业,且多投资于落后地区。总的来说,第一次世界大战以前世界范围内从事跨国经营的企业数量较少,对外直接投资额也不大,跨国公司处于萌芽阶段。

(二) 两次世界大战之间的逐渐发展阶段

在这个阶段,对外直接投资有了相当的增长,比第一次世界大战前增加了两倍,制造业吸引了更多的国际直接投资,制造业的跨国公司发展迅速,越来越多的西方国家的大公司开始在海外建立子公司。据统计,在这个阶段共有 1 441 家西方国家的公司进行了对外直接投资。在这一时期,美国跨国公司的发展较快,美国对外直接投资的比重逐渐超过英国而居世界首位。然而,由于战争、经济危机和国家管制,跨国公司虽然有了一定的发展,但整体速度仍然较慢。

(三) 第二次世界大战以后至今的迅猛发展阶段

第二次世界大战以来,科学技术取得了突飞猛进的发展,区域经济一体化程度不断提高,经济全球化趋势加强,这使得对外直接投资在深度和广度上迅速发展,跨国公司的数量和规模大大增加,对外直接投资的作用和影响已经超过对外间接投资。根据联合国原跨国公司中心的资料,发达国家跨国公司母公司在1968年有727家,子公司27 300家,到1980年增加到母公司10 727家,子公司98 000家。

自20世纪90年代以来,随着世界经济加速走向市场化、自由化和网络化,跨国公司的全球影响越来越大,作为国际直接投资主要载体的跨国公司是连接发达国家的资金、技术和管理经验与发展中国家的资源、廉价劳动力和广阔市场的一条不可替代的紧密纽带,在世界经济的发展中起着举足轻重的作用。

根据联合国贸发会议公布的统计数据,截至2011年年底,全球跨国公司超过8万家,其中发达国家的跨国公司占世界跨国公司的近80%。尽管从2008年开始全球跨国公司规模有所下降,但2011年跨国公司海外分支机构也雇用了约6 907万人,约占全球雇员的4%。2011年,跨国公司的海外子公司的销售额约28万亿美元,创造的增加值约为7万亿美元,接近全球GDP的10%。2010年,国有跨国公司成为活跃的投资者,全球至少有650家,总共拥有8 500多个海外子公司,来自发展中经济体和转型期经济体的国有跨国公司约占56%。

跨国公司规模巨大,仅美国通用汽车公司的年销售额就相当于一个欧洲中等发达国家的国民生产总值。第二次世界大战后,跨国公司的迅猛发展大大推动了资本国际化和生产国际化的进程,促进了各种生产要素在国际上的移动与重新合理组合配制。跨国公司是推动经济全球化和区域经济一体化的主要力量之一。

二、当前跨国公司发展的新特点和新动向

在经济全球化以及技术变革不断加快的大背景下,全球跨国公司的发展呈现出了一些新的特点与趋势。

(一) 跨国公司的发展战略重新出现了回归高度专业化的趋势

传统的跨国公司理论认为,多元化经营是跨国公司一种重要的扩张战略,大型的跨国公司都立足于多种产品、多种技术和多种市场。20世纪80年代是欧美跨国公司多元化经营的鼎盛时期。而近些年来,许多跨国公司纷纷从多元化经营回归专业化经营,集中发展自己的核心产业,即归核化(Refocusing)。所谓归核化,其要点是跨国公司将自己的业务集中在最具竞争优势的行业上,将经营重点放在核心行业价值链上自身优势最大的环节上,强调核心竞争力(Core Competence)的培育、维护和发展,对非核心业务实施战略性外包(Outsourcing)。实施归核化战略的主要措施有:出售和撤销、收购及剥离、分拆和战略性外包。美国的通用电气公司和芬兰的诺基亚公司是实行归核化战略获得成功的

典型例子。

（二）投资方式多样化，跨国并购成为跨国公司对外投资的主要手段

经济全球化打破了原有的国家与国家以及不同市场之间的界限，使得跨国公司的经营进入全球性经营战略时代，由此导致的新趋势是跨国公司必须以全球市场为目标争取行业领先地位，在本行业的关键因素上追求全球规模，追求实现全球范围内的最低成本生产和最高价格销售，追求提高全球市场占有率和取得全球利润，以同业跨国战略兼并和强强联合作为追求全球规模经济的主要手段。由于跨国并购方式具有迅速打进国外市场、扩大产品种类、充分利用现有营销渠道、获得目标公司的市场份额等优点，跨国公司在对外直接投资中倾向于更多地采用并购的方式。伴随着大规模跨国并购活动的进行，跨国公司也更加重视股市融资，重视提高本企业的市场资本价值。

（三）跨国公司的本土化战略成为重要的趋势

本土化战略的实质是跨国公司将从产品制造、产品品牌、人力资源到营销方式、资本运作、研发、公司风格和经营管理等各个环节全方位融入东道国经济中的过程。这种"入乡随俗"的经营方式有助于跨国公司树立良好的公司形象，缓和东道国国内对外来资本的抵触情绪，灵活应对市场变化，更好地满足消费者需求，同时还能够降低综合生产成本从而增强盈利性。进入 20 世纪 90 年代以来，随着经济全球化和国际竞争的白热化，为了维持并扩大其在东道国的市场份额，这种强调企业生产经营活动与东道国社会经济环境的融合的战略也为越来越多的跨国公司所推崇。

以英特尔公司在中国市场的运营为例。该公司于 1985 年进入中国，一直致力于支持中国 IT 产业的发展，在中国直接投资约 45 亿美元，目前已经在中国大陆设立了 16 个分公司和办事处，拥有本地员工 6 000 多人。英特尔全球研发体系中重要的四个研发机构——英特尔中国研究中心、英特尔亚太区研发有限公司、英特尔中国软件中心和英特尔亚太区应用设计中心都在中国设立。除此之外，还在上海和成都设立了芯片封装与测试工厂，在大连设立芯片制造厂，与大连政府合作建立半导体学院，并且英特尔在中国区的销售额已经占到英特尔全球份额的 40% 左右，可以说从人才、研发、制造乃至销售等各个产业链环节都在中国实现了本土化。另外，英特尔在中国设立了"英特尔投资中国技术基金"，为中国的新兴技术和企业投资。正是由于本土化战略的有效实施，才有了英特尔在中国市场上的巨大成功。

（四）跨国公司的跨国化程度不断提高

跨国化程度由跨国公司在国外的资产值与其总资产值之比、国外销售额与总销售额之比以及国外雇员数与总雇员数之比这三个比例的算术平均值来衡量。进入 20 世纪 90 年代以后，跨国公司进一步向全球性公司发展。所谓全球性，是指跨国公司不再拘泥于其母国身份，而是从全球着眼，将生产区位和市场化分为若干区域并设立地区总部，下设多个子公司，在全世界范围内进行资源的优化配置。根据联合国贸发会议数据，2011 年全球最大的 100 家跨国公司的平均"跨国化指数"（Transnationality Index）已经达 60.78%；而 100 家最大的发展中国家跨国公司虽然起步较晚，建立时间短，跨国程度低于世界平均水平，2011 年它们的平均"跨国化指数"仍达到 40.13%。

（五）战略联盟成为跨国公司的重要发展模式

所谓战略联盟，是指两个或两个以上的跨国企业在共同投入、互补优势资源的基础上，在研发、生产、开拓市场等方面形成协力运作的战略合作伙伴关系。目前跨国公司战略联盟主要有三种形态：一是合作式联盟。这是两个以上的跨国公司出于对整个国际市场的预期目标和公司自身总体经营目标的要求，所采取一种长期性合作与联盟的跨国投资方式。二是互补式联盟。通常是将各自优势方面结合起来，既充分发挥各自的优势，又与联盟伙伴密切配合，以便共同对付其他竞争对手。三是项目式联盟。这种联盟通常是跨国公司为获取高附加值及高科技领域发展而采取单个项目或多个项目合作的形式，以便分摊巨额的项目研究与开发费用，并从中分享战略利益。

20 世纪 80 年代中期以后，随着新技术革命步伐的加快和国际市场竞争的加剧，世界各国尤其是西方发达国家的跨国公司越来越多地采用缔结战略联盟的方式来保持和扩大自身的生存空间。这种现象在高科技领域尤为突出，在跨国公司战略联盟中研究与开发型占了 80%。自 20 世纪 80 年代以来，大约 60% 的跨国公司已经建立了战略联盟。如摩托罗拉公司、索尼公司、三菱公司和加拿大贝尔公司曾签订联合协议，共同开发新一代芯片；美国波音公司和欧盟空中客车公司曾共同投资 40 亿美元联合开发研制新型技术等。

目前，跨国公司战略联盟涉及的领域十分广泛，主要集中于国际竞争异常激烈的半导体、信息技术、电子、生物工程、汽车制造、仪器、食品饮料、航运和银行等资本技术密集型行业，并且其战略合作覆盖领域从科研开发到生产、销售、服务的全过程。跨国公司战略联盟所形成的新寡头垄断，正在改变着世界产业格局，并在世界范围内将各国资源进行了重新配置。

（六）跨国公司的直接投资加速向第三产业和高附加值的技术密集型行业倾斜

全球对现代化服务需求增长很快，服务业在生产、就业、贸易和消费等方面产生良性效应，在整个国民经济中发挥着积极作用。同时由于第三产业的投资普及面广，影响范围大，比制造业有利于获得更高的投资收益。许多发展中国家也调整利用外资的政策，扩大市场准入，鼓励跨国公司进入商业、金融、保险、房地产等行业，加之 20 世纪 90 年代以来信息技术突飞猛进，互联网行业迅速延伸和扩展，服务活动的贸易性不断提高，这都在一定程度上增加了跨国公司在发展中国家服务业的投资比重，促进了对外直接投资向第三产业和技术密集型行业倾斜。近年来，制造业跨国公司服务化已成趋势。

（七）互联网等现代技术的出现，促使跨国公司开始采用新型的管理体制和组织结构

技术、经济和文化等方面的巨大变化以及跨国公司在全球的迅猛发展，使得传统的金字塔形的管理体制无力应对许多新问题，如多层次等级结构和各自为政的管理体系导致无法有效利用重要而密集的信息资源，层级过多、半径过长所引起的机械僵化和效率低下等问题还可能使企业被市场无情地淘汰。20 世纪 90 年代以来，基于互联网和现代信息技术的新型管理体制与组织结构在许多大公司中开始得到应用，新型管理体制以扁平化、分权化和管理总部小型化为特征，可称之为网络化。网络化具体包括两个方面：首先，是跨国公司管理结构向扁平化和多元化发展。跨国公司的母公司或总部逐渐由传统的决策中心转化为支持性机构，专门负责整个企业系统的目标设定和战略规划及企业产权变动等重大决策，而子公司的具体生产经营决策，对市场变化的应对措施等都放权给子公司自身独立负责，子公司的独立性和自主性因此得到较大发展。跨国公司母公司或总部和子公司之间的关系由"命令—执行"式转化为"协商—交易"式。其次，是跨国公司组织结构的内部市场化。许多跨国公司开始注重建立企业内部市场化机制，以强化下级组织的企业家意识。随着子公司与母公司之间的"命令—执行"关系正在被讨价还价关系和激励刺激关系取代，子公司之间也出现了竞争关系，这就使得跨国公司系统内部的关系具有了市场关系的色彩。

网络化的管理体制与组织结构允许人力资源、信息等在跨国公司母公司及其设在全球的子公司网络内跨国界、跨行业自由流动，它强调信息的开发与共享，使等量的信息为更多的子公司所共有，大大减少了子公司独立开发信息的成本。跨国公司对互联网的发展采取了积极的欢迎态度，并且纷纷"触电上网"，制定并实施本企业的网络发展战略。

（八）跨国公司是当代国际技术转让的主体

跨国公司进行的技术转让,客观上推动了先进技术在全球范围内的扩散,不仅有利于世界总体科技水平的提高,也在一定范围上推动了各国的经济发展。跨国公司在技术创新活动和技术成果方面的垄断地位决定了它在国际技术转让中占据着十分重要的地位,跨国公司是当代国际技术开发和技术转让的主体与主要组织形式。跨国公司在国际技术转让中的作用,主要表现在其通过对外直接投资而进行的技术转让之中。对于技术水平较低的发展中国家而言,通过引进外资,采取以市场换技术的策略,利用跨国公司的技术外溢(Spillover)效应,能够提高本国的技术水平,缩短与发达国家的技术差距。在当前的国际技术贸易中,发达国家的大型跨国公司垄断了大部分份额,西方发达国家 500 家最大的跨国公司集中控制了世界 90% 左右的生产技术和 75% 左右的技术贸易。美、日、欧之间的技术贸易额占全球的 80%,跨国公司在国际技术转让中获得了相当可观的技术收入。

（九）跨国公司的研究与开发更趋国际化

跨国公司一改以往以母国为技术研究和开发中心的传统布局,根据不同东道国在人才、科技实力以及科研基础设施上的比较优势,在全球范围内有组织地安排科研机构,以从事新技术、新产品的研究与开发工作,从而促使跨国公司的研究与开发活动朝着国际化、全球化方向发展。研发的国际化从另一个角度看也就是其在东道国的本土化。目前的研发对外直接投资主要集中在欧、美、日等发达国家的跨国公司。日本丰田汽车制造公司在日本、英国、美国、德国等地建立了跨国联网的研发体系。在每一次新产品研制时,由美国负责车型设计、德国负责内部设计、英国负责传动系统设计,而丰田公司总部除了进行动力装置等的设计外,还负责协调各研发部门的关系。爱立信公司的 40 个研究中心分布在 20 个国家,其拥有的 1.7 万名工程师通过网络联为一体。技术创新网络的建立大大提高了跨国公司创新资源的利用效率。

三、跨国公司的概念与类型

（一）跨国公司的概念

国际上对跨国公司有许多叫法,如全球公司、国际公司、多国公司、宇宙公司等,各种机构和学者根据不同的标准对跨国公司下了各种各样的定义。现将定义跨国公司的三种主要标准简单介绍如下。

1. 结构标准(Structural Criteria)

在这种标准体系下,跨国公司应该满足以下几个条件中的至少一个:

（1）在两个以上的国家经营业务；

（2）公司的所有权为两个以上国籍的人所拥有；

（3）公司的高级经理人员来自两个以上的国家；

（4）公司的组织形式以全球性地区和全球性产品为基础。

2. 业绩标准（Performance Characteristics Criteria）

该标准是指跨国公司在国外的生产值、销售额、利润额、资产额或雇员人数必须达到某一个百分比以上。百分比具体应为多少目前并无统一的认识，实践中采用 25％作为衡量标准的情况较多。

3. 行为标准（Behavioral Characteristics Criteria）

该标准是指跨国公司应该具有全球战略目标和动机，以全球范围内的整体利益最大化为原则，用一视同仁的态度对待世界各地的商业机会和分支机构。

综合各种观点，可以认为，跨国公司是指这样一种企业，它在两个或两个以上的国家从事经营活动，它有一个统一的中央决策体系和全球战略目标，其遍布全球的各个实体分享资源和信息并分担相应的责任。

（二）跨国公司的类型

从不同的角度，跨国公司可以被划分成不同的类型。

1. 按法律形式划分

按法律形式划分，跨国公司可以分为母分公司型和母子公司型。母分公司型的组织模式，适用于银行与保险等金融企业的跨国经营；母子公司型的组织模式，则比较适合工业企业。

2. 按经营项目的重点划分

按经营项目的重点划分，跨国公司可以分为资源开发型、加工制造型和服务型。资源开发型跨国公司主要以采矿业、石油开发业和种植业为主；加工制造型跨国公司主要从事最终产品和中间产品的制造，如金属制品、钢材、机械、运输设备和电信设备等；服务型跨国公司是指从事非物质产品生产，在贸易、金融、运输、通信、旅游、房地产、保险、广告、管理咨询、会计法律服务、信息等行业和领域内从事经营活动，提供各种服务的跨国公司。

3. 按决策机构的策略取向划分

按决策机构的策略取向划分，跨国公司可以分为民族中心型、民族多元型、全球战略型。民族中心型跨国公司的所有决策主要考虑母公司的权益；民族多元型跨国公司的决策以众多子公司的权益为主；全球战略型跨国公司的决策以公司的全球利益为主，这种类型的决策较为合理，目前为大多数跨国公司所采用。

4. 按公司内部的经营结构划分

按公司内部的经营结构划分，跨国公司分为横向型、垂直型和混合型。横向型多数是产品单一的专业性跨国公司,在该类型公司内部没有多少专业分工,母子公司基本上都制造同类型的产品或经营同类型的业务;垂直型是指公司内部母公司和子公司之间以及子公司之间分别制造同一产品的不同零部件,或从事不同工序的生产,通过公司内部产品转移,将整个生产过程相互衔接起来;混合型一般是经营产品多样化的跨国公司,根据各产品的生产特点,母公司与子公司、子公司与子公司之间有的是垂直型分工,有的是横向型分工。

　　5. 按生产经营的空间分布范围划分

　　按生产经营的空间分布范围划分,跨国公司可以分为区域型和全球型。区域型跨国公司的活动范围主要局限在特定区域,而全球型跨国公司是以整个世界市场作为其生产经营活动的空间。

四、跨国公司的特征

　　世界上的跨国公司多种多样,有从事制造业的跨国公司,也有从事服务业的跨国公司;有规模巨大的跨国公司,也有数以万计的中小型跨国公司;有发达国家的跨国公司,也有发展中国家的跨国公司。但无论什么类型的跨国公司,和国内公司相比,由于赖以存在的条件和环境等方面的差异,它们一般都具有以下几个特征。

(一) 国际化经营战略

　　跨国公司不同于国内公司,首先在于其战略的全球性。虽然跨国公司开始时都是在母国立足,以它作为向国外扩张的基础,但跨国公司的最终目标市场绝不限于母国市场。其经营战略是以整个世界市场为目标的。其次在于国际化经营。跨国公司为了获取资源、占领市场、保持垄断优势等,在世界各地投资设立分支机构,进行国际化经营。国内外投资与经营环境的差异会给企业的生产经营活动带来不同的影响和风险,企业要运用自己所拥有的各种资源,主动地应对环境的各种变化,以实现跨国经营的目标。实际上,国际化经营就是企业与国际环境相互作用的过程。国际化经营是跨国公司的一个最主要的特征,因为如果没有国际化经营,尤其是如果没有作为国际化经营第二层次的国际直接投资,那么跨国公司也就名不副实了。

(二) 在全球战略指导下的集中管理

　　跨国公司虽然分支机构众多,遍布全球,但诸如制定价格、生产计划、投资计划、研究与开发计划和利润分配等重大决策均由母(总)公司制定,各分支机构执行。而指导总公司作出决策的是跨国公司的全球战略,即将所有的分公司、子公司视为一个整体,以全球的观点而不是地区观点来考虑问题。因此,跨国公司在全球范围内整体长远利益的最大化是其制定政策的出发点和归宿。一切业务经营主要根据整个公司在全球范围内获得的最大利益、市场情况和总的发展作出决策,所考虑的不是一时一地的得失,而是整个公司在全球的最大利益。跨国公司将自己视为一个全球公司,而不再是某个国家的公司。这种高度集中的一体化管理,保证了生产经营网点的合理分布以及资源的合理配置,避免了重复生产和销售中的自相竞争,减少了资源浪费。

(三) 明显的内部化优势

由于跨国公司在多个国家设有分支机构,在宏观管理上又采用集中领导,因此各个分支机构之间、母公司与分支机构之间关系密切,相互协作、互相配合。这突出地体现在制定内部划拨价格、优先转让先进技术和信息资源共享上。这些做法使得跨国公司具有了国内公司所不具备的独特的竞争优势。这也部分地解释了为什么一国企业达到一定规模后就要向外扩张发展为跨国公司的原因。由于交易成本和市场失效的存在,促使跨国公司将交易内部化,即建立内部市场来取代外部市场。实际上,也只有通过这种内部交易,跨国公司才能作为一个国际化生产体系而正常运转。跨国公司内部交易在国际贸易中占有相当大的比重。

(四) 以直接投资为基础的经营手段

以对外直接投资为基础开展生产经营活动是跨国公司与传统国内公司相区别的最根本特征。一般来说,跨国公司向国外市场渗透可以有三种方式,即商品输出、无形资产转让(如技术贸易、合同制造等)和对外直接投资。随着竞争的加剧,向外输出商品为主的做法已满足不了世界市场的需要,跨国公司已越来越多地利用对外直接投资代替传统的商品输出。与出口相比,海外直接生产更符合跨国公司全球战略的需要和实现最大限度地扩大盈利的目的。当然,跨国公司以对外直接投资为其经营发展的基础,并不意味着对外直接投资是跨国公司唯一的经营活动方式,进出口贸易、技术转让、间接投资等也都是跨国公司经营活动的内容。

五、跨国公司的作用

跨国公司作为当今世界经济的一支重要力量,对国别经济和全球经济的发展发挥了巨大的作用,这些作用以积极的方面为主。当然,在一些国家的一些方面,有时跨国公司也产生了一些消极作用。下面主要分析一下跨国公司的积极作用。

（一）跨国公司是世界经济增长的引擎

以对外直接投资为基本经营手段的跨国公司已发展成为世界经济增长的引擎：跨国公司通过对研究与开发的巨大投入推动了现代科技的迅猛发展；跨国公司在传统的外部市场之外，又创造出了跨越国界的地区或全球联网的新市场——内部化市场，促进了全球市场的扩展；跨国公司的发展加速了世界经济集中化倾向；跨国公司在产值、投资、就业、出口、技术转让等方面均在世界上占有重要的地位。

（二）跨国公司加快了各种生产要素的国际移动，优化了资源配置，提高了资源利用效率

跨国公司通过进行一体化国际生产和公司内部贸易，可以形成配置和交换各国不同生产要素的最佳途径，并可利用世界市场作为组织社会化大生产、优化资源配置的重要手段。以价值增值链为纽带的跨国生产体系的建立和公司内部贸易的进行已成为跨国公司提高资源使用效率的有效方法。对于整个世界经济而言，跨国公司的发展推动了各种生产要素在国际上的移动与重新组合配置，扩大了国际直接投资、国际贸易和国际技术转让的规模，促进了经济全球化的进程和国与国之间经济合作活动的开展，使各个国家的经济越来越紧密地结合在一起，为国际经济的不断发展和繁荣作出了贡献。

（三）跨国公司对资金的跨国流动起了促进作用

一方面，跨国公司的对外直接投资促进资金跨国流动。在国外建立的全资或控股的子公司与母公司有大量的、经常的资金往来。比如，子公司向母公司上交利润、母公司向子公司追加投资等。另一方面，跨国公司的对外间接投资也会促进资金的跨国流动。跨国公司拥有大量的股票及债券等金融资产，随着计算机和通信技术的快速发展，这些金融资产的流动速度与以前相比明显加快。除此之外，跨国公司业务的发展还推动了银行的国际化经营，跨国公司需要其母国的银行在其子公司所在国家中开展业务，并为其子公司提供各种金融服务，这就会使该银行的国外业务量迅速增加。

（四）跨国公司推动了国际贸易规模的扩大和贸易结构的转变

跨国公司对国际贸易的促进作用主要有两个方面：一方面反映在外资企业对东道国出口的直接贡献上；另一方面反映在由国际直接投资进入所引起的当地企业的产品出口努力上，包括当地企业在外资企业的竞争压力下所采取的产品出口努力，跨国公司的当地采购和零部件分包安排等。跨国公司不仅通过外

部市场促进贸易的自由化,而且通过内部市场促进贸易自由化。内部贸易构成了跨国公司超越一般国内企业对当代世界贸易的突出贡献。据联合国的统计,目前约 1/3 的世界贸易为跨国公司的内部贸易。内部贸易的发展不仅改变了国际贸易的原有范畴,而且使得当今的国际贸易进一步向中间投入品和知识产品推进。也就是说,跨国公司不仅促进国际贸易量的扩大,而且促进了国际贸易结构的改变。

(五) 跨国公司对母国和东道国的发展发挥了积极作用

对于跨国公司母国来说,通过跨国公司的对外直接投资,扩大了资本输出、技术输出、产品输出和劳务输出,增加了国民财富,同时在一定程度上也增强了对接受投资国的影响。对于接受跨国公司投资的东道国来说,引进跨国公司的同时也引进了发展经济所必需的资本、先进的技术和管理理念,增加了就业机会,扩大了出口,提升和优化了产业结构,繁荣了经济。

(六) 跨国公司的发展加快了经济全球化的进程

跨国公司通过其国际化的投资、生产、销售、研究与开发等跨国经营活动,有利于国际贸易的自由化、资金流动的加速化、资源配置的最优化,从而促进了经济的全球化。第二次世界大战以来,跨国公司的壮大和世界经济的发展相伴而行、相互促进。随着经济全球化和区域经济一体化趋势的不断增强,跨国公司必将在其中扮演更加重要的角色。

第二节　跨国公司的组织形式

跨国公司的组织形式有两层含义:一是法律结构,即法律组织形式,主要涉及母公司与国外各分支机构的法律和所有权关系、分支机构在国外的法律地位、财务税收的管理等方面;二是组织结构,即行政或管理组织形式,主要职能是如何提高企业的经营管理效率,优化企业资源的配置,以求取得最佳的经济效益。下面分别简要介绍跨国公司的法律组织形式和管理组织形式。

一、法律组织形式

跨国公司的法律组织形式有母公司、分公司、子公司以及联络办事处。

（一）母公司

母公司（Parent Company）又称总公司，通常是指掌握其他公司的股份，从而实际上控制其他公司业务活动并使它们成为自己的附属公司的公司。从上面的定义来看，母公司实际上是一种控股公司。但严格来讲，母公司并不等同于只掌握股权而不从事业务经营的纯控股公司，许多实力雄厚的母公司本身也经营业务，是独立的法人，有自己的管理体系，因而应属于混合控股公司（控股兼营业公司）。母公司通过制定大的方针、政策、战略等对其世界各地的分支机构进行管理。

（二）分公司

分公司（Branch）是母公司的一个分支机构或附属机构，在法律上和经济上没有独立性，不是法人。分公司没有自己独立的公司名称和公司章程，只能使用母公司的名称和章程；它的全部资产都属于母公司，没有自己独立的财产权，所以母公司对分公司的债务承担无限责任；分公司的业务活动由母公司主宰，它只是以母公司的名义并根据它的委托开展业务。分公司一般包括生产型与销售型两种类型。

设立分公司各有利弊。

1. 设立分公司的有利之处

（1）设立手续比较简单。只需缴纳少量登记费就可取得所在国的营业执照。

（2）可享受税收优惠。由于分公司不是独立核算的法人，与母公司同属一个法律实体，所以分公司在国外的纳税一般少于子公司。另外，许多国家税法规定，如果国外分公司发生亏损，其亏损额可在母公司税前利润中扣除，而且外国分公司汇出的利润一般不作为红利而缴纳利润汇出税。

（3）便于管理。母公司通过控制分公司的管理人员而全面、直接地领导和控制分公司的经营活动。

（4）在某些方面受东道国管制较少。东道国对分公司在该国以外的财产没有法律上的管辖权，因此，分公司在东道国之外转移财产比较方便。

2. 设立分公司的不利之处

（1）对于母公司的不利影响。分公司在登记注册时须披露母公司的全部业务活动和财务收支状况，给母公司的业务保密带来威胁。而且，母公司要对分公司债务承担无限责任。分公司在终止或撤离时只能出售其资产，而不能出售其股份，也不能与其他公司合并，这对母公司来说也是不利的。

（2）对分公司的不利影响。分公司在业务上总会受到母公司的支配，难以发挥创造性。分公司在东道国被当做"外国公司"看待,没有东道国股东,因此在当地开展业务有一定困难。

(3) 对母国的不利影响。设立国外分公司常会引起母国税收的减少,所以母国对分公司的法律保护也较少。

(三) 子公司

子公司(Subsidiary)是指按当地法律登记注册成立,由母公司控制但在法律上是一个独立的法律实体的企业机构。子公司自身就是一个完整的公司。其独立性及法人资格主要表现在以下几个方面:子公司有自己独立的公司名称、章程和行政管理机构;子公司有能独立支配的财产,有自己的财务报表,独立核算、自负盈亏;子公司可以以自己的名义开展业务,进行各种民事法律活动,包括起诉和应诉。

设立子公司也各有利弊。

1. 设立子公司的有利之处

(1) 有利于开展业务。由于子公司在东道国是以一个"本国"公司的身份开展业务,所以受到的限制比较少,比分公司更容易开拓当地市场。

(2) 融资比较便利。子公司可以独立地在东道国银行贷款,可以在当地的证券市场上融资,其偿债责任只限于子公司的资产。

(3) 有利于进行创造性的经营管理。由于有较大的自主权,子公司在经营管理上可以发挥其创造性。

(4) 有利于收回投资。子公司在东道国终止营业时,可灵活选择采用出售其股份、与其他公司合并或变卖其资产的方式回收投资。

(5) 有利于进行国际避税。如果在国际避税地设立避税地子公司则有利于母公司开展避税活动。

2. 设立子公司的不利之处

(1) 手续比较复杂。因为子公司在东道国是一个独立法人,所以设立手续比较复杂,费用较高。

(2) 行政管理费用较高。在国外设立子公司必须建立东道国公司法所规定的行政管理机构,还必须对东道国大量的法律法规进行研究,这增加了子公司的行政管理费用。

(3) 经营管理方面存在一定困难。子公司需要公开自己的财务状况,这必然会增加子公司的竞争压力。对于与当地合资的子公司,其在东道国的经营活动常会受到当地股东的制约,因为发达国家的公司法比较注重保护少数股东的利益,而发展中国家的法律有时会硬性规定当地股权的最低比例以及当地董事的最低人数。

（四）联络办事处

联络办事处（Liaison Office）是母公司在海外建立企业的初级形式，是为进一步打开海外市场而设立的一个非法律实体性的机构，它不构成企业。联络办事处一般只从事一些收集信息、联络客户、推销产品之类的工作，开展这些活动并不意味着联络办事处在东道国正式开展业务。联络办事处不能在东道国从事投资生产、接受贷款、谈判签约及履约之类的业务。与分公司相同的是，联络办事处不是独立的法人，登记注册手续简单；与分公司不同的是，它不能直接在东道国开展业务，它不必向所在国政府缴纳所得税。

分公司、子公司和联络办事处作为母公司在国外直接投资的组织形式各有其特点，也各有利弊。投资者应当把它们的长处和短处同自己在东道国所要开展的业务活动的性质、所要达到的目标、本企业的经营管理能力与特色以及东道国的投资环境和税收政策等方面结合起来考虑，选择对推动本企业海外业务发展较为有利的对外直接投资形式。

二、管理组织形式

跨国公司规模大，经营地区广，分支机构众多，产品多种多样，业务内容丰富，这就要求跨国公司建立一套高效率的管理组织形式，以提高行政效率，充分利用公司资源，取得全球范围内的利益最大化。

跨国公司通常采用的管理组织形式有：国际业务部、全球性产品结构、全球性地区结构、全球性职能结构、全球性混合结构和矩阵式组织结构。下面分别加以简要介绍。

（一）国际业务部

随着产品出口、技术转让、国际投资等国际业务的扩大，跨国公司开始设立专门的国际业务部（International Division）。国际业务部拥有全面的专有权，负责公司在母国以外的一切业务。有些跨国公司设立的国际总部或世界贸易公司也属于国际业务部的性质。国际业务部作为隶属于母公司的独资子公司，其总裁一般由母公司的副总裁兼任。

设立国际业务部的优点是：集中加强对国际业务的管理；树立体现全球战略意图的国际市场的意识，并提高职员的国际业务水平。其缺点主要是：人为地将国内业务和国际业务割裂开来，造成两个部门在内销外销、技术支持等方面的对立，不利于公司有限资源的优化配置；在国际业务部发展到一定阶段时其他部门难以与之匹配，影响了经营效率。

（二） 全球性产品结构

全球性产品结构（Global Product Structure）即跨国公司在全球范围内设立各种产品部，全权负责其产品的全球性计划、管理和控制。

全球性产品结构的优点是：在强调产品制造和市场销售的全球性规划的前提下加强了产品的技术、生产和信息等方面的统一管理，最大限度地减少了国内和国外业务的差别。它的缺点在于：容易向分权化倾斜，各产品部自成体系，不利于公司对全局性问题的集中统一管理；削弱了地区性功能，并易造成机构设置重叠，浪费资源。

（三） 全球性地区结构

全球性地区结构（Global Regional Structure）即跨国公司以地区为单位，设立地区分部从事经营，每个地区都对公司总裁负责。这种结构又可分为两类：地区——职能式和地区——产品式。

全球性地区结构的优点是：由于强化了各地区分部作为地区盈利中心和独立实体的地位，有利于制定地区针对性强的产品营销策略，适应不同市场的要求，发挥各地区分支机构的积极性、创造性。它的缺点在于：容易形成区位主义观念，重视地区业绩而忽视公司的全球战略目标和总体利益；忽视产品多样化和难以开展跨地区的新产品的研究与开发。

（四） 全球性职能结构

全球性职能结构（Global Functional Structure）即跨国公司的一切业务活动都围绕着公司的生产、销售、研究与开发、财务等主要职能展开，设立职能部门，各个部门都负责该项职能的全球性业务，分管职能部门的副总裁向总裁负责。例如，财务部门对财务收支、税收安排、报表编制负有全球性的责任。

全球性职能结构的优点是：通过专业化的分工明确了职责，提高了效率；易于实行严格的规章制度；有利于统一成本核算和利润考核。它的主要缺点是难以开展多种经营和实现产品多样化，并给地区间协作造成很大困难。

（五） 全球性混合结构

全球性混合结构（Global Mixed Structure）是根据扬长避短的原则，在兼顾不同职能部门、不同地理区域以及不同产品类别之间的相互依存关系的基础上，将以上两种或三种组织结构结合起来设置分部而形成的组织结构。当跨国公司经营规模不断扩大、建立了众多产品线、经营多种业务时，或公司是由两家组织结构不同的公司合并后形成的时，通常采用混合式组织结构。

全球性混合结构的优点是：有利于企业根据特殊需要和业务重点，选择或采用不同的组织结构，且灵活性强。其缺点是：组织机构不规范，容易造成管理上的脱节和冲突，且所设各部门之间业务差异大，不利于合作与协调。

（六）　矩阵式组织结构

近年来，随着跨国公司的规模越来越大，一些跨国公司在明确责权关系的前提下，对公司业务实行交叉管理和控制，即将职能主线和产品/地区主线结合起来，纵横交错，构成矩阵形，故称矩阵式组织结构（Matrix Structure）。这意味着地区管理和产品管理同时并存，一个基层经理可能同时接受产品副总裁和地区副总裁的领导。

矩阵式组织结构的优点是各部门、各层次密切合作，将各种因素综合起来，增强了公司的整体实力；增强了各子公司的应变能力，可以应对复杂多变的国际业务环境，同时，又保持了母公司职能部门对各子公司的有效控制。它的缺点是冲破了传统的统一管理的原则，管理层之间容易发生冲突，而且组织结构较复杂，各层次的关系利益不易协调。

以上提到的六种管理组织结构各有其特点和利弊。跨国公司在决定自身管理组织结构时应充分考虑到自身的实际情况，如规模、经营产品、地区等，选择适合自己公司的组织结构。国际业务部往往是一家公司从单纯出口走向国际经营的中间步骤，有利于收集信息、探索经验、培养人才，为进一步全球性经营打下基础。对于产品品种已经实现多样化、系列化，产品类别之间生产技术差异明显，自成体系的企业，采用全球性产品结构比较合适。相反，如果产品品种并不很多，产品的规格、质量、包装、生产技术比较统一，同时销售市场分布广泛（如饮料、石油、医药等行业），那么，跨国公司则应选择全球性地区结构。全球性职能结构则主要适用于产品系列比较简单，市场经营环境比较稳定的跨国公司。当跨国公司的规模已十分庞大，产品种类繁多，业务内容丰富，经营地区广泛之时，矩阵式组织结构成为一种理想的选择。

第三节　服务业跨国公司

跨国公司是当前服务业对外直接投资的主体和主要载体。一方面，制造业和服务业企业为了扩展国际市场、实现生产的一体化，或者分享服务业迅速发展的利益，在服务领域进行了大量的对外直接投资，使得一大批服务业跨国公司应运而生；另一方面，服务业跨国公司逐渐摆脱了为制造业企业全球扩张提供支持的单一目标,积极地进行对外直接投资,日益呈现出经营国际化、业务多样化等特征,成为近年来世界经济中的活跃力量。

一、服务业跨国公司的组织形式

一般来说,大多数服务业跨国公司,特别是大型跨国公司,与制造业跨国公司一样,会采取股权和非股权投资的组织形式,具体来讲主要包括以下几种。

(一) 非股权投资

非股权投资也称非股权安排。非股权投资形式是指在一般不涉及股权或企业产权的条件下,通过契约转让一项或几项无形资产而进入目标国市场。非股权投资形式具体可分为特许经营、管理合同、许可证协议、战略合伙等方式,其中在服务业运用最为成功的是特许经营。

在特许经营方式下,特许人将自己所拥有的商标、商号、产品、专利和专有技术、经营模式等以特许经营合同的形式授予受许人使用,受许人按合同规定,在特许人统一的业务模式下从事经营活动,并向特许人支付相应费用。

特许经营的一般前提是,潜在的特许人拥有较知名的商品、商标、技术、计划与管理能力,潜在的受许人缺乏上述无形资产优势,但有资金。其具体运作模式可以麦当劳为例来加以说明。麦当劳已经在全球拥有 2 万多家分店,大约每隔15 小时,它就要开一家新的分店。对于每一家分店,麦当劳都自行派员选择地址,组织安排店铺的建筑、设备安装和内外装潢。麦当劳特许合同的期限为 20年,受许人一旦与公司签订合同,必须先付首期特许费 4.5 万美元,此后每月交一笔特许权使用费和房产租金,前者约为月销售额的 4%,后者为 8.5%。

特许经营可以使特许人以较少的投入开展国际经营,又可以使受许人在较短的时间内引入对方成熟的品牌、专利、经营管理经验等,且不必冒太大风险。特许经营的优势使其得到了包括麦当劳、肯德基、屈臣氏等在内的国际著名品牌的广泛认可,也使其渗透到了包括餐饮、零售业、人力中介、商业服务、建筑装修服务、汽车租赁、娱乐业等在内的几乎所有服务业行业。

(二) 股权投资

股权投资也称股权安排,其形式大体可分为新设和并购两种方式,是指对外直接投资者通过全部或部分参股在目标国展开经营,其经营实体一般包括海外分支机构、海外附属企业和办事处等。相对于非股权投资,股权投资形式的劣势在于直接投资成本较大,但其优势是通过跨国公司体系内的信息与资源共享,实现了无形资产的交易内部化。这一方面可以将信息不对称所导致的市场失灵降到最低,解决了非股权投资中对于品牌、管理等难以定价的问题,也避免了由于机密泄露等带来的损失,有利于投资者实现资产所有权受益;另一方面,非股权投资一般都有一定期限,投资者在将自己的经验和技术进行全球传授的同时,也为自己树立了众多潜在的竞争对手,而股权投资形式所产生的分支机构隶属于跨国公司,在其全球战略下统一行动,不会对投资者造成巨大的威胁。

在制造业中,对新设和并购两种方式的选择往往取决于相应成本的比较,而服务业中,许多行业如法律、会计、咨询等所需要的起始资本只不过是固定的办公场所和一定的现代办公设备,对资本金投入的要求不大,所以对具体投资方式的选择往往取决于政府政策等影响市场准入的因素。

现实中,服务业企业跨国直接投资采取的具体形式取决于各种因素的权衡比较。首先是各种形式的相对成本和收益的比较。股权投资成本主要包括进行股权投资所需资本和失去该资本的风险,管理、协调和监控国外股权投资的风险,以及放弃从前向专业生产和高效率供应商购买而得到的收益;非股权投资的风险主要是交易性质的,包括与交易本身相关的成本(如寻找合适的契约伙伴的搜寻成本和谈判成本)、与契约有关的成本(如价格、对所提供服务的详细说明、对所提供服务用途的控制、交货的次数和时间)、监督成本特别是质量管理和检验持续方面的成本、与契约条款能否被遵守和这些条款被破坏的有关成本,以及由于实行市场交易内部化而放弃的收益。成本与收益的对比会影响组织形式的选择,因为跨国公司在海外扩张过程中会尽可能降低成本,最大化利润空间。其次是政府干预的程度和类型,包括直接行政干预以及财政、税收、关税和非关税等政策措施的施行。服务企业所采取的组织形式受政府政策导向的影响,在一些对服务业外资严格管制的国家中,跨国公司多采取办事处之类的非股权投资形式,而在服务业管制相对宽松的国家,股权投资是一种有益的投资方式。

从当前情况来看,非股权投资是当前服务业跨国公司使用最为广泛的一种组织形式。为数不多的大型服务业跨国公司控制了全球大部分对外直接投资活动,它们的组织形式灵活多样,既有股权投资形式,也有许可证协议、管理合同等非股权投资形式。众多服务业中小型跨国公司是当今国际经济领域颇为活跃的另一支力量,它们更多的是寻求与大企业的合作,以保证资金来源、分担金融风险,或者是分享信息与技术共有的利益,非股权投资是其主要的对外直接投资形式。而参与数据服务业活动的制造业跨国公司大多推行技术服务协议、管理合同和专利等非股权投资形式。

二、服务业跨国公司发展的特点

服务业跨国公司自 20 世纪 80 年代以来迅速成长起来,成为国际贸易、投资中的中坚力量,它们在供给资金、转移技术、创造就业及推动贸易等方面都发挥了重要的作用。在其全球化经营过程中,服务业跨国公司日益呈现出以下特点。

（一）服务业跨国公司的主导战略由追随型转为主动型

从跨国公司发展的历史来看,服务业一般是跟随在制造业之后推行其跨国活动的。20 世纪 70 年代以前,制造业跨国公司主要以利用东道国的资源及廉价劳动力为动机,曾带动了铁路、公用设施和基建等劳动密集型服务业企业的海外延伸,然而,从投资规模和对东道国经济的影响上来看,服务业只是作为制造业的补充而落后于制造业。70 年代起,一方面,制造业跨国公司不断成熟,对外投资结构逐步升级、形式日益多样,为发达国家经济地位日趋上升的服务业的对外发展奠定了基础;另一方面,产品及技术的国际贸易蓬勃发展,对为工商贸易提供服务的全球发展要求日增。80 年代以后,服务业已不再单纯尾随在制造业企业之后走向海外,企业跨国化形成的国际竞争环境极大地促进了服务业寻求在全球范围内设立分支网络、渗入世界主要市场、谋取利润的跨国战略意识的加强。特别是 90 年代以来,各国放松了对历来限制甚严的电信、金融等服务部门的管制,这成为服务业跨国公司迅速向海外扩张的契机,它们逐渐摆脱了纯粹提供中间性生产投入的传统角色,也开始参与制造业活动,如跨国银行接受跨国公司委托,承办并直接参与为跨国公司所需要的银团、企业组建和变动等有关活动。但服务业跨国公司更多的是向同行业其他部类的服务领域扩展,这种多样化扩展主要强调相互衔接的一条龙服务,如跨国银行及其分支不仅为工业跨国公司提供资金,且经办公司体系内的资金调拨、周转和结算,或为制造业跨国公司的外汇、资金、市场行情、企业变动和生产经营提供咨询意见;零售业公司兼营保险和信用卡业务;数据处理公司同时经营软件和电信业服务;会计事务所除审计外,又集管理咨询、市场调研和公关等部门的服务于一身。

（二）服务业跨国公司的实力大大提升

美国《财富》杂志每年一度的"全球 500 强"评比是对跨国公司实力的一项综合考察。由近年来的数据可以看出,500 强中的服务业公司在绝对数量和相对比重上都有了较大的增长,其所占比重已超过所有其他行业跨国公司的份额加总。从绝对数量上看,最近 10 年来,500 强中总有 50% 以上属于服务业企业,近几年更是超过了 60%。

服务业跨国公司实力的提升还体现在其居高不下的营业收益率上。从最近这些年来选出的 500 强中营业收益率最高的行业排序可以看出,在收益率最高的 10 个行业中,服务业所占比例已经超过一半,如计算机服务和软件、多种经营财务公司、证券行业、网络通信、饮食服务和电信行业等都是保持多年的高收益率行业。由此可见,服务业跨国公司在全球迅速发展,其发展速度和增长规模都使其在世界经济中占据越来越重要的地位,产生了越来越大的影响和作用。

（三）服务业跨国公司并购活动频繁

随着各国放松对外商投资的限制，跨国并购可以充分发挥其投资迅捷和有效避税的优势，逐渐成为对外直接投资的主要方式。跨国并购在服务业对外直接投资中也发挥了主要的作用。近年来，服务业一直是跨国并购非常活跃的行业。从具体行业来讲，近年来全球并购市场的热点是金融服务业、电信业和传媒业。

（四）服务业跨国公司通过对外直接投资带动技术扩散

跨国公司因为拥有雄厚的资金实力在世界各地安排生产，已成为现代技术的发源地、散播者和推动器。与制造业相比，服务业跨国公司用于硬技术研究和开发的投资并不多，而以软技术优势见长，而且由于服务业产品的生产和消费难以分隔，从母公司生产中分离出技能相对低的那部分服务的可能性很小，因而服务业跨国公司向海外分支转移的技术更安全，更接近母公司的水平。日趋发达的跨国界信息流动降低了服务业海外活动的成本，跨国的计算机网络和通信系统使服务业跨国公司的海外分支成为母公司全球战略的重要组成，母公司能够更有效地组织其全球范围的活动，通过海外分支向发展中国家输出当地并不具备的现代服务，而在发达国家则提供价格更低廉、质量更优异的服务。会计、保险、租赁、跨国银行、数据处理和信息传递等现代服务领域的跨国公司对东道国乃至世界经济发展都产生了重大影响。

第四节　跨国公司与国际技术转让

一、跨国公司参与国际技术转让的原因分析

（一）国际技术转让是跨国公司实施全球化战略的重要手段

跨国公司的全球化战略，其主要特征是以世界市场为目标，着眼于整体利益和长远利益，通过在全球范围的资源配置，实现跨国公司全球利益最大化。跨国公司全球化战略的最核心部分，就是跨国公司的技术创新、技术垄断和技术竞争的策略。这既是为了不断推出新的产品，维持或扩大其市场份额的需要，更重要的是跨国公司为了争夺或保持其在该领域的垄断优势的需要，是为了生存和发展的需要。在20世纪90年代后半期，新的技术革命在微电子技术、信息工程、

生物工程技术、新材料技术、新能源和太空制造技术等方面,均取得了不同程度的突破,并迅速应用于生产,导致世界性投资和生产的快速发展。同历史上几次技术革命相比较,这次新技术革命不是仅出现一个个单项新技术,而是涌现出多学科、跨领域和整系列的新技术群。这些新的技术发展迅速,同生产领域具有密切联系,而且开发周期和应用周期比以前大大缩短,使得新的技术群迅速形成产业群。一些发达国家的经济,正是依赖这些新技术群的迅速产业化而获得发展的。

在这样的背景之下,跨国公司若想在全球获得成功,被全球的客户接受,就必须积极地从世界各地吸收各种技术信息和科研成果,不断地进行技术开发和技术创新,以保持自身技术的优势和领先地位。从理论上说,跨国公司所面临的国际市场常常是不完全市场。跨国公司要想在一个陌生的国度获得发展,无法像东道国的企业那样依靠当地的各种优势,而只能依靠自身的垄断优势。跨国公司的技术优势常常是战胜各种竞争对手的主要因素。在某一领域,哪家跨国公司最先采用新技术,或者采用最多的新技术,常常就能使这家跨国公司成为赢家。

(二) 技术的生命周期不断缩短,技术更新加快

由于高科技产品的生命周期日益缩短,新产品的研究与开发成本昂贵,风险较大,如不抓紧利用已发展的技术,这些技术很快就会被新的技术所取代而丧失其价值。技术转让是跨国公司重要的利润来源之一,为了延长技术的使用寿命,在具体进行技术转让时,跨国公司往往根据技术生命周期的不同阶段,通过贸易或投资等方式将技术转让给发展中国家,从而提高技术利用的经济效益,实现利润的最大化。

(三) 扩大商贸机会,抢先占领东道国市场

发展中国家对引进外国的先进技术,弥补本国技术空白往往持鼓励态度,并制定了多种政策鼓励跨国公司的技术出口和技术投资行为。相应地,为了增强在吸引跨国公司技术出口和技术投资方面的竞争力,许多发展中国家制定了以市场换技术的政策,这有利于跨国公司迅速进入东道国市场,并进一步促进跨国公司的技术转让。20世纪90年代以来,随着全球高新技术产业的发展,投资于发展中国家高新技术产业的跨国公司投资越来越受到东道国政府和企业的欢迎,拥有先进技术的跨国公司往往能够借助技术之便,迅速在东道国某一行业占据较大的市场份额。

（四）利用所在国资源，增强竞争力，实现对技术的控制

许多发展中国家也拥有比较完整的科研机构和研发体系，在某些基础科学领域也具有一定的竞争优势。跨国公司通过将次新技术，即处于技术生命周期成熟阶段的技术转让到发展中国家，将当地的科技人员资源、自然资源和次新技术相结合，开发出适合当地需求的产品，从而延长技术赚取利润的时间周期，增强自己的竞争力，同时还可以按照其全球战略的安排，控制技术转移的时间，实现对技术的控制。

（五）实现产品本地化

按照国际营销理论，一个企业在国内经营和在国外经营的最大不同，是其经营的环境。在影响经营环境的所有因素中，最为重要的是文化环境（包括语言、教育、宗教、社会组织、美学观念、价值观念等），东道国的文化环境与跨国公司的母国存在巨大的差异。文化环境构成了跨国公司进入东道国投资的一条必须跨越的鸿沟，也是跨国公司国际投资的最大障碍。从表面上看，跨国公司的国际技术转移与国际营销的文化环境关系不是很大。其实，任何一项技术成果或创新产品，都被打上了深深的文化烙印。有时跨国公司的产品在技术上是先进的，但是却不一定适合东道国的消费习惯。本地企业的产品，因具有文化上的认同感，容易被当地消费者接受。实际上，这也是当地企业具有的最大优势。在这种情况下，跨国公司就需要在东道国建立各种研发机构，并且与东道国的有关企业建立各种联系，以便缩小跨国经营中文化上的差异，实现产品本地化的目的。

二、跨国公司的技术转让策略和技术保护形式

（一）技术转让策略

跨国公司的技术转让策略主要体现在跨国公司母公司向子公司或分支机构转让技术的策略上，主要有以下几种。

1. 转让时机策略

跨国公司对处在生命周期不同阶段的技术采取不同的转让策略。当技术处于创新阶段时不予转让；在技术发展阶段，处于优势、有利地位的跨国公司也不予转让；对成熟阶段的技术，大多数跨国公司会予以转让；当技术处于衰退阶段时，跨国公司会千方百计地寻找买主。跨国公司所采取的这种策略旨在延长技术的生命周期。

2. 国家类型策略

跨国公司一般首先向发达国家转让技术，若干年之后再将同一技术向新兴

工业国家转让,最后才向其他发展中国家转让。

3. 转让方式策略

跨国公司在向发达国家转让技术时,常常采取联合研究与开发或技术互换等方式,而对发展中国家则以技术投资较多,而且往往转让的是成熟的技术或衰退的技术。

4. 股权差别策略

跨国公司向全资子公司既可以转让处于任何生命周期的技术,也可以转让高新技术,而向合资企业和非附属企业只转让一般性技术。

5. 以技术换市场策略

跨国公司以技术投资同东道国企业合资经营时,东道国允许跨国公司占有的市场份额越多,它就越愿意转让比较先进的技术。

(二) 技术保护形式

长期维持技术优势是跨国公司开展跨国经营的基础。跨国公司对于新技术的保护形式主要有专利保护、企业内部保护和申请商标三种方法。

1. 专利保护

专利是法律授予的并且可以依法行使的一种权力,其实质是专利申请人将其发明向公众进行充分的公开以换取对发明拥有一定期限的垄断权,保护范围限于所申请的国家和地区,专利期限一般为 15~20 年。自从 19 世纪工业革命以来,专利保护得到了普遍和高度的认同,大多数发明人和企业都是采取这种保护方式来保护其发明成果。目前这种形式仍是跨国公司维护技术优势的主要方法。在现阶段跨国公司世界性的技术管理方式下,跨国公司实行具有以下特点的专利政策:组建世界性的专利网,跨国公司从全局高度对其所拥有的专利进行国际性控制;首先以基本专利(Basic Patent)的形式将核心技术的扩散控制在跨国公司母公司之手,然后通过拥有增补专利、改进专利和登记专利,在国际上布置由有关使用方法、应用技术和改良了的外围技术等组成的专利网;跨国公司母公司对本公司一切海外单位研制出来的各项相互关联密切的专利加以集中控制;把维持公司的国际技术垄断所导致的利益与维持公司的竞争优势结合在一起,越是技术密集型的产业,这种结合越紧密。

2. 企业内部保护

企业内部保护是指对新技术发明通过在企业内部保密的办法来进行垄断,它是一种民间保护形式,不像专利那样具有法律效力,这种保护形式具有任意性、广泛性和长久性的特征。

3. 申请商标

商标是一种特殊标志,用以区别某一组织的商品和服务与其他相同组织相同或类似的商品和服务。商标通常是法律授予的永久性所有权,可以长期维护商标使用者的产品信誉和影响力。

三、跨国公司的对外直接投资是技术转让的重要方式

跨国公司的发展,直接推动了国际技术交流,表现为跨国公司的 FDI 构成了当今国际技术转让的主渠道。FDI 对东道国带来的效益之一是技术转让,这是许多发展中国家对 FDI 态度转变的原因之一。通过 FDI,跨国公司将资金、设备连同专利和专有技术等一起投向国外子公司,所转让的技术既包括生产技术,也包括组织、管理和市场营销技能等。跨国公司通过对外投资参与国际技术转让主要有以下几种具体形式。

(一) 对独资或控股子公司的内部技术转让

技术转让与跨国公司的对外直接投资安排相结合,是跨国公司技术转让中最主要的一种方式。跨国公司技术转让的先进程度往往视股权和投资而定。一般而言,跨国公司在国外投资越多,在股份企业中所占股权比例越大,提供的技术先进程度就越高,技术限制性约束就越少。如果跨国公司在国外投资较少,在股份企业中所占股权比例较少,提供的技术先进程度就越低,技术限制性约束就越多。特别是关键技术,必须在严格限定的条件下使用,并必须严格防止技术扩散。

跨国公司在东道国设立独资企业,其主要动机就是严格垄断和控制技术,增强保密性,防止技术泄密。独资企业一般按跨国公司的技术体系和经营管理方法建立,其技术创新与改造仅与母公司发生联系,较少与东道国同行业发生横向联系。由于跨国公司全资拥有或对子公司控股,因此这种转让实际上是跨国公司体系内的转让,称为技术转让的内部化,它有别于以贸易方式进行的外部化转让。内部技术转让既可以采取买卖交易的形式,也可以采取技术折价入股的形式。通过向全部或多数持股的子公司或分支机构转让技术,跨国公司能够较好地控制技术的独家使用,并获取技术所能带来的综合效益,避免向不相关企业转让技术时所产生的较高的交易成本和风险。尽管控股子公司属于合资企业,但由于处于控股地位,在开发出最新技术后,跨国公司也愿意将最新技术转让给其子公司,以增强子公司在东道国的竞争力。但由于这种方式对技术实行垄断控制,严格限制技术的传播和外溢,它对发展中国家技术进步的直接作用不如合资企业。

(二) 对非控股合资企业的技术入股和技术转让

跨国公司通过将技术和设备资本化,即以工业产权、专有技术等在东道国的

合资企业中投资入股来转让技术,这种技术出资方式称为技术资本化(技术折价入股)。当然,在具体合资经营时,跨国公司既可以把工业产权或专有技术等作价投资分取利润,也可以把技术与投资分开,合资各方另行签订技术转让协议,跨国公司获取技术使用费或提成费。跨国公司对合资企业还转让管理经验、组织方法和营销技能等方面的技术。

兴办合资企业,东道国人员能够接触到企业产品具体的生产过程,生产技术的外溢和传播作用比外资独资企业更为明显。但跨国公司一般只有在技术较成熟或专有程度较低,因而丧失技术控制权代价不甚高,以及能通过严格的协议限制其他企业接近技术的情况下,才会表现出举办合资企业的较大意愿。同时,对东道国来说,跨国公司以技术资本化方式投资兴办合资企业,其最大的问题就是技术的老化问题。由于当代技术革新日新月异,技术和产品的老化周期在加快,时间越长,技术的价值越低。如果跨国公司对合资企业拥有控股权,则技术老化问题容易解决,但若不具有控股权,跨国公司对已落后技术的革新愿望相对要低一些。

(三)　在东道国进行的研发投资

跨国公司的研发投资,是指跨国公司进行的,着眼于从基础性研究一直到科研进入应用领域,实现产品开发和商业化的整个过程中任何一个环节的投资行为。由于一定规模的研发投资是跨国公司生存的基本要求,是跨国公司发展和盈利的根本保证,同时研发投资所产生的技术创新能力也是跨国公司竞争力的源泉,因此,大型跨国公司都十分重视研发投资。

20 世纪 80 年代以前,跨国公司开发技术主要是在其母国进行的,子公司一般是将来自母公司的研究与开发成果加以应用,最多也就是加以改造或革新。但近年来跨国公司的研发活动呈现出日益国际化的趋势,一些跨国公司已经着手建立一体化的全球研发系统,发达国家、新兴工业化国家和一些发展中大国成为跨国公司研发投资的热点。跨国公司对外进行研发投资的主要目的是获取先进技术,借用东道国廉价的技术人员等研发资源,建立全球研发网络,占领当地市场,实现其在全球范围内的系统化投资战略。与一般生产性直接投资所不同的是,跨国公司进行的以技术创新为主要目标的研发投资更多考虑的是东道国的科研环境和高新技术产品的市场销售前景问题。

跨国公司的海外研究开发机构主要有两种形式:①海外子公司设立研究开发机构。例如,菲利浦公司在各个不同国家的子公司都拥有规模不一的属于子公司自己管理和支配的研究与开发机构,IBM 公司利用海外子公司与当地的研究机构建立研究中心达 300 多个。②母公司在其他国家专设研究开发实验中心、技术研究所、技术开发公司等机构。例如,荷兰壳牌公司的 16 个实验中心分布在比利时、法国、德国、荷兰、英国、日本、新加坡、美国、加拿大、印度等国家。

（四）对海外企业的人力资源投资

人力资源投资也可以理解为人力资本投资，具体是指跨国公司对海外企业雇员的技术和管理培训。由于广义的技术概念还包括管理技能和组织技巧，因此跨国公司在海外的人力资源投资也是一种技术转让的方式。工业经济时代，资本要素长期处于相对稀缺的优势地位，经济增长的关键在于资本的积累和扩张，知识经济时代增值的动力核心已转移到知识的创新。人是知识的载体，人力资本是一种隐性知识资本，具有取之不尽、用之不竭的创新潜能，知识经济时代跨国公司的竞争说到底是人才的竞争，因此，跨国公司对人力资源的管理程度日益加深，多数公司都实施全球性的人力资源开发战略，以期在全球建立知识、人才优势。

人力资本投资既是积累创造性资产的一种主要形式，又是创造其他类型的资产的一种手段，人力资源的开发是企业提高国际竞争力的重要因素。大多数跨国公司都有为其雇员制订培训计划并提供培训设施。欧洲最有声望的两所商学院——国际管理学院（IMI）和企业管理方法学院（IMEDE）最初都是作为公司培训中心（分别是雀巢公司和埃尔肯公司）建立起来的。

为海外企业雇员提供技术与管理培训是跨国公司对东道国人力资源开发所作出的重要贡献之一，由培训所带来人员素质的提高和管理技能的增加促进了东道国整体技术水平的提高。由于跨国公司拥有国际性的设施与专业知识网络，因此其在培训方面拥有独特的优势。随着大量在外资企业受过培训的东道国技术工人和管理层人员流向本国企业，导致先进技术传播和外溢，有经验和经过训练的人才的流动是技术外溢效应的重要源泉。

（五）非股权投资等其他形式

非股权投资是指在东道国企业中没有股权投资，而是通过与东道国企业签订有关管理、技术或销售等合同取得对东道国企业的控制权。非股权投资也是跨国公司开展 FDI 的一种重要形式，其中包含着向东道国企业的技术转让。当前，中国广泛存在的合作经营企业具有这种类型投资的特性。向东道国的高科技企业进行风险投资以及在东道国的高科技产业直接设立企业也是跨国公司依靠投资进行技术转让的途径。此外，将东道国企业（当地客户和供应商）纳入跨国公司产品价值链也可实现技术转移。

四、通过对外直接投资转让技术的特点

（一）成本最低、效率最高的一种技术转让方式

通过对外直接投资进行内部转让，跨国公司能够控制技术的独家使用。由

于内部转让双方的根本利益一致,遵守相同的或类似的管理准则和操作规程,并可进行充分有效的信息和人员交流,因而通过投资进行的技术转让成本低且速度快,而且可以避免外部市场的影响,节约各种市场交易成本。

(二) 转让的技术多为核心技术,能够提高东道国子公司的竞争力

对于次新或处于生命周期成熟阶段的技术,跨国公司多通过许可证贸易转让给发展中国家,以获取使用费收入。而对于核心技术,由于研发投入大,风险较高,跨国公司只愿意转让给海外的全资子公司或控股公司。拥有最新技术的跨国公司海外子公司能够借助技术的优势,提高自己在东道国的竞争力。

(三) 转让的技术实用,适合当地消费者需要

跨国公司通过投资转让技术,会考虑到东道国原有的技术水平和技术消化与吸收能力。只有那些适应东道国消费者需求水平和需求层次的技术转让,在进行投资时才对东道国具有吸引力。

(四) 在内部无偿(或以优惠价格)转让,以支持子公司发展

跨国公司通过投资形式将技术转让给子公司,是出于在全球战略角度上的通盘考虑,是为了获取全球利润的最大化。通过将基础性研发成果转让给子公司,有利于子公司研发机构迅速实现技术的商业化,将技术转化为产品,从而支持子公司的发展。

(五) 以技术换市场

与单纯的技术转让只获取技术使用费不同,结合投资行为的技术转让往往采取资本化的形式投资入股,能够绕开东道国的技术进口限制,有时还能获得东道国以市场换技术外资政策的支持,扩大在东道国的市场份额,实现以技术换市场。

思考与练习题

1. 简述跨国公司发展呈现出的一些新趋势。

2. 简述跨国公司的概念、类型与主要特征。

3. 分公司和子公司各有什么法律特征? 设立分公司和子公司的利弊分别是什么?

4. 跨国公司的管理组织形式主要有哪几种? 试分析它们各自的优缺点。

5. 简述服务业跨国公司的组织形式。

6. 简述跨国公司通过对外直接投资参与国际技术转让的主要形式。

案例研究

案例一

美国通用汽车公司的管理组织结构

美国通用汽车公司作为一家大型跨国公司,是世界上最大的汽车制造商和全球汽车业的霸主。该公司创建于 1908 年,其汽车产品销往 200 多个国家,2003 年位居《财富》杂志评选的全球 500 强第 2 位,仅次于沃尔玛,其营业收入2002 年高达 1 867 亿美元,全球雇员人数达到 365 000 人。目前,通用汽车在全球 50 多个国家设有自己的汽车装配、制造车间和分销网络,在全球 200 个左右的国家和地区销售通用汽车。其全球组织结构被分为四个经营区域,包括通用汽车北美区(GMNA)、通用汽车欧洲区(GME)、通用汽车亚太区(GMAP)和通用汽车拉丁美洲、非洲、中东区(GMLAAM)。通用汽车旗下的轿车和卡车品牌包括:凯迪拉克、雪佛兰、别克、GMC、霍顿、悍马、奥兹莫比、欧宝、庞蒂亚克、Saab、土星和沃豪等。设在中国的合资企业上海通用汽车有限公司和金杯通用汽车有限公司已分别于 1999 年和 2001 年正式投产。目前,通用汽车已在中国上海成立地区总部——通用汽车(中国)有限公司。

案例思考与讨论

1. 通用汽车公司属于哪种类型的跨国公司?
2. 通用汽车公司采用的是哪种管理组织形式? 这种形式有何优缺点?

案例二

德国汉高公司的并购扩张模式

德国汉高(Henkel)公司是世界著名的应用化学行业的跨国公司,它成立于1876 年 9 月 26 日,是由一位名叫弗里茨·汉高的德国黑森州商人在亚琛创立的,现在汉高集团总部位于德国杜塞尔多夫。到 2001 年年底,汉高公司在全世界 60 多个国家拥有各种形式的跨国子(分)公司 300 多家,员工总数约 5.6 万多名,产品逾万种,2001 年在全世界的销售额达 117 亿美元,在《财富》杂志全球 500 强中排名第 436 位。经过 120 多年的发展,汉高集团已成为一家业务遍及亚太、北美洲、拉丁美洲和欧洲的跨国公司,其产品系列从家用清洁剂、护肤品到表面处理技术和工业用清洁剂及黏合剂、油脂化学品,应有尽有。

汉高公司的发展始终与并购和从事跨国经营活动分不开,自 1913 年其在德国境外设立子公司以来,汉高公司不断成长壮大,其中很多子公司都是通过收购当地企业设立的。1917 年,汉高收购了生产碳酸钠的 Matthes & Weber 工厂,从而开始生产碳酸钠。此后又分别于 1932 年和 1935 年收购了两家刚刚开始生产合成洗涤剂的厂家,从而成为世界上最早生产合成洗涤剂的厂家之一。汉高的跨国购并先从欧洲的邻国开始,然后扩散到美国、日本、墨西哥、巴西、中国等。1980 年和 1987 年,汉高公司收购和兼并了美国化学品公司(Amchem Products)和美国帕卡化学公司(Parker Chemica Co.)。上述两家公司与汉高公司中的一个部门共同组成了汉高公司的金属化学部,汉高集团从而一跃成为世界上最大的从事金属表面处理产品研究、开发、生产和服务的企业。汉高公司的并购扩张虽声势浩大，但其并购行为是谨慎的、有节制的和有选择的。

汉高公司的发展壮大不仅得益于其大规模的收购和海外扩张，而且得益于其生产和经营产品的适度多元化，即汉高公司从最早生产清洁剂和洗涤剂开始，到后来发展化学系列产品、金属化学系列产品、建筑化学系列产品以及化妆品系列等的生产和经营。但纵观汉高公司多元化的历程，始终没有离开化学工业这个大的行业，侧重发展的是相关多元化。进入20世纪90年代，汉高公司开始进入中国。迄今为止，汉高公司在中国主要通过新建的方式设立了19家三资企业，投资总额约3.5亿美元，员工总数超过5 000人。

案例思考与讨论

1. 汉高公司的发展和扩张有什么特点？

2. 汉高公司是如何实施产品多元化战略的？

3. 汉高公司在中国投资创办企业主要采用新建方式，请分析为什么汉高没有使用其最拿手的并购方式？

第四章

中国利用外商直接投资

学习要点

自从中国实行改革开放政策以来,利用外商直接投资从无到有、从小到大逐步发展起来,已经取得了举世瞩目的成绩。利用外商直接投资是中国"引进来"战略的一个重要组成部分。从 1993 年开始,中国利用外资已经连续 12 年居发展中国家首位,外商投资已成为中国经济增长的一个重要推动力。本章首先介绍了中国利用外资的发展历程和外商投资的作用,接下来研究了中国利用外商直接投资的主要方式以及一些相关的政策法律规定,最后是几个与外商投资有关的案例研究。通过本章的学习,学生将对中国利用外商直接投资的来龙去脉和现实作用有一个比较深入的了解,能够把握利用外资方面的主要知识。

Key Points

China's utilization of FDI has developed significantly from a nil base and got glorious achievements since China began to adopt her open-door policy. China's utilization of FDI is well known as a crucial part of her "get in" strategy. Since 1993, for 12 years continuously, China has ranked no. 1 in utilizing FDI among developing countries. FDI has become an important impetus to Chinese economy. This chapter firstly introduces the history and achievements of China's utilization of FDI. Then, it illustrates the main patterns of China's utilization of FDI and some related laws and regulations. At last, some relevant case studies. By studying this chapter, students are expected to have a profound understanding about the history and influence of China's utilization of FDI as well as some relevant knowledge.

第一节　中国利用外商直接投资的发展历程和作用

一、中国利用外商直接投资的发展历程

从历史的角度来看,中国利用外商直接投资大体经历了两个发展阶段:一个是新中国成立初期,时间较短;另一个是自 1978 年实行改革开放政策以后,已持续了 30 多年。

(一)　新中国成立初期中国利用外商直接投资概况

新中国成立初期,中国利用外商直接投资有了一定的发展,但是,由于当时历史条件的制约,规模和数量十分有限。1950 年和 1951 年,为了吸收外国的资金、技术和管理经验,中国与苏联、波兰共同投资创办了 5 家合营企业,这是新中国成立后建立的第一批中外合资经营企业。中国与苏联合资创办了 4 家企业,它们分别是中苏(新疆)石油股份公司、中苏(新疆)有色及稀有金属股份公司、中苏民用航空股份公司和中苏(大连)造船公司。合资企业的股份,双方各占50％,双方均享利润,共担风险。企业由双方共同管理,设管理委员会。中方以场地、厂房及其他建筑物或建筑材料等投资入股,苏方以各种机械设备、工业器材、探测器材、飞机、航空器材等投资入股。合资协议规定了合营期限,石油、有色金属公司为 30 年,造船公司为 25 年,民航公司为 10 年。但到 1954 年 10 月,两国政府商定将上述 4 个合资企业的苏方股份转让给中方,并作为对中方的贷款,于是这 4 家企业在 1954 年年底提前结束合营。中国与波兰在 1951 年合资创办了中波轮船公司,经营航运及有关的委托代理业务,投资总额为 8 000 万旧卢布,双方各占 50％。在分配利润后,双方分别向本国政府缴纳企业所得税。公司拥有自己的船队,1951 年为 10 艘,共 10 万载重吨;1991 年已发展到 21 艘,共 40 万载重吨。这家公司原定的合营期限为 12 年,由于经营状况良好,从成立至今一直存在并开展经营活动。

从 20 世纪 50 年代中后期到 1978 年这 20 多年的时间内,中国利用外商直接投资处于停滞状态。

1978 年党的十一届三中全会以后,中国实行改革开放的方针政策,提出了要在自力更生的基础上,积极发展同世界各国平等互利的经济合作,要利用两种资源、打开两个市场和学会两套本领,这就为中国对外经济贸易事业的发展指明了方向。从此,中国利用外商直接投资进入了一个全新的历史发展时期。

（二）改革开放阶段中国利用外商直接投资情况

自 1979 年到 2011 年,中国利用外商直接投资已经走过了 30 多年的历程。据商务部数据,截至 2011 年年底,全国累计批准设立外商投资企业 73.86 万家,实际使用外资金额总计达约 1.16 万亿美元。仅 2011 年,全国吸收外商直接投资按全口径(含银行、证券业)统计为:新批准设立外商投资企业 27 712 家,同比增长 1.12％;实际使用外资金额 1 160.11 亿美元,同比增长 9.72％。根据商务部提供的数据,在累计批准设立的 70 多万家外商投资企业中,至 2011 年年底已中(终)止或已停止运营的企业逾 30 万家,大约占累计批准设立外商投资企业的 40％。据测算,至 2011 年年底注册运营的外商投资企业 40 多万家,吸收外资存量为 6 000 亿美元左右,直接就业人数约 3 000 万人。

改革开放 30 多年来,中国吸收利用外商直接投资大体经历了五个发展阶段:

第一阶段自 1979 年至 1986 年,为起步阶段。这一阶段,中国吸收的外商投资主要来自港澳地区,以劳动密集型的加工项目和宾馆、服务设施等第三产业项目居多。这些企业大部分集中在广东、福建等沿海省市,内地吸收外资则刚刚开始起步。

第二阶段自 1987 年至 1991 年,为稳步发展阶段。这一阶段,中国吸收外商投资的结构有较大改善,生产性项目及产品出口企业大幅度增加,旅游服务项目的比重降低较多,外商投资的区域和行业有所扩大,台湾厂商开始对大陆投资并逐年增加。

第三阶段自 1992 年至 1993 年,为高速发展阶段。这一阶段,利用外商投资在广度和深度上都有了新的大发展,利用外资的特点除了大幅度增长外,还有平均项目规模扩大、房地产业利用外资发展迅速、新的投资领域增加以及中西部地区利用外资步伐加快等。

第四阶段自 1994 年至 2000 年,为调整发展阶段。这一阶段,外商投资的各方面结构都发生了较大变化,利用外商投资的重点由注重数量转向注重质量和结构优化。其表现是:越来越多的西方国家大跨国公司进入中国;外商投资企业的资金来源结构和技术结构进一步改善;资金与技术密集的大型项目和基础设施项目增加,外商投资的平均项目规模不断扩大;外商投资的领域进一步拓宽,许多第三产业行业开始了利用外商投资的试点,外商投资的产业与行业结构日趋合理;中西部地区利用外商投资的落后状况有了很大的改善,利用外资的增速快于东部沿海地区。这一阶段,中国开始对外商投资逐步实行国民待遇原则,对原有的利用外资的税收和外汇等方面的政策作了一些调整。

第五阶段自 2001 年开始,为成熟稳定期。2001 年是重要的一年,中国在这一年经过 15 年的艰苦谈判之后最终加入 WTO。入世后，WTO 的基本原则在中国利用外资的政策法规中体现出来，中国实施了 WTO 涉及投资方面的协议，根据入世承诺和《与贸易有关的投资措施协议》的要求，先后修改了《中华人民共和国中外合资经营企业法》《中华人民共和国中外合作经营企业法》和《中华人民共和国外资企业法》等法规，既完善了法规体系，又提高了透明度，大大改善了外商投资的法律环境。对法规的修改和完善还加快了投资自由化和对外商投资逐步实行国民待遇的进程。入世也是为了更好地发展市场经济，随着市场经济的深入发展，中国的市场竞争秩序不断规范，竞争条件趋向公平，对外商的吸引力越来越大。法律和市场环境的改进以及 30 多年来的发展，使我国利用外商投资业务在进入 21 世纪以后趋于成熟，进入相对稳定增长期。

近年来，伴随服务业入世承诺的逐步兑现，服务业对外资的开放幅度明显扩大，服务业已经成为利用外资的新热点和新增长点。外资并购法律体系的建立激活了外商在华开展并购活动的积极性，并购无疑将日趋成为同新建一样重要的外商投资方式。第五阶段中的一个显著特征是跨国公司进一步扩大在华投资，提高中国在其全球战略中的地位，将中国纳入其全球生产和销售网络，推动中国成为全球制造业中心。近几年，跨国公司在华投资出现了以下一些新的特点：加速进入中国，全面推进中国市场战略，调整投资地域；提升中国的重要性，大幅度增加投资；进行大规模、系列化、长期化投资；投资方式多样化；投资管理体制一体化；强化与中国企业的合作；加快在华技术转让步伐，开始自觉转让技术；对投资环境提出了新的要求等。跨国公司不仅在中国建立了生产企业、研发中心、控制中心（投资控股公司、地区总部），还将逐步设立更多的采购中心、销售中心和设计中心。从跨国公司在华投资的发展历程看，跨国公司进入中国市场已经经历了三个发展阶段，即营销本地化阶段、制造本地化阶段和投资管理本地化阶段，目前，跨国公司进入中国市场正进入第四个发展阶段，即研发本地化阶段，今后，跨国公司在华经营还将发展到第五个阶段，即经营管理中心本地化阶段。据分析，继研发本地化阶段之后，接下来跨国公司在华经营将实现最后一项本地化，即经营管理中心的本地化。最终，跨国公司将在中国建立构成其全球网络的营销、制造、研发和经营管理等节点，实现本地化与全球化的全面结合。

2006 年，中国开始实施"十一五"发展规划，进一步推进全面建设小康社会与和谐社会的进程，同时公布了"利用外资'十一五'规划"，利用外资继续受到各方面的重视。这些年来，中国利用外资的政策法规在不断改善，如公布实施了新的《关于外国投资者并购境内企业的规定》，修改了《中华人民共和国公司法》《中华人民共和国企业所得税法》等，修改了《外商投资产业指导目录》。从 2007 年开始，部分在华外商投资企业的生产经营遇到了一些困难，主要原因来自两个方面,一方面是国际金融和经济危机导致国际经济增长放缓,另一方面是出口退税政策的调整和人民币升值等因素的影响。应当说,这些困难是暂时的。2012 年上半年,中国利用外资出现一定程度的下降,这主要是和世界经济总体增长不佳以及美国、欧盟国家鼓励产业回归有关。从长期来看,不断扩大的中国市场对外商投资的吸引力是持久的。中国目前正在迈向新的发展阶段,就是从"招商引资"发展到"招商选资",中国已经开始重视引资的质量,而不是单单追求引资的数量。

二、中国利用外商直接投资的作用

(一) 弥补了国内建设资金的不足

长期以来,建设资金短缺一直是制约中国经济发展的一个主要因素。因此,除了充分利用好国内的资金以外,还要积极地利用外资,以弥补现代化建设资金的不足。1979—2011 年,中国已实际使用外商直接投资超过 10 485 万亿美元,外资已成为中国经济建设的重要资金来源之一。

(二) 促进了中国经济的增长

外商投资企业的工业产值占全国工业总产值的比重 1980 年为 0.5%,到 1990 年上升到 2.28%,到 2000 年上升到 22.51%,2006 年则达到 31.50%,由于经济危机和外资部分撤出,到 2011 年时比重降为 27.1%。外商投资企业已经成为中国经济的重要组成部分,是促进中国经济持续高速增长的重要动力之一。

(三) 引进了先进的技术设备和管理经验,推动了产业结构升级

先进的技术和管理经验对经济增长方式的转变起着重要的作用。近年来,世界范围内的技术流动,越来越依靠跨国投资作为载体,跨国公司掌握着先进技术跨国转让的主要份额。吸引跨国公司投资,是发展中国家加快经济发展和技术进步的必然选择。通过创办外商投资企业,既可以达到利用外资的目的,又可以在创办和经营管理中学习和引进先进的技术设备和管理经验。外商投资企业尤其是大型跨国公司在华从事研究与开发活动,有利于提高中国的研发能力与培养研发人才。据统计,2010 年,大中型外资工业企业内设研发机构 4 475 家,占我国大中型企业内设研发机构总数的 26.8%,其中港澳台资企业设立 1 991 家,其他外商投资企业设立 2 484 家。跨国公司和其他境外投资者设立的独立研发机构的数量也快速增加,截至 2010 年年底,在华外资研发机构数达到 1 400 多家,其中跨国公司在华设立研发机构总数达 700 多家。另外,在利用外资中,我们还学到了国外先进的企业管理经验,并造就了一批新型企业管理人才,这对提高中国企业的经营管理水平有直接的推动作用。第二次世界大战以后,国际

投资的重点从战前的资源性产业转向制造业,20世纪70年代以后又将重点转向服务业。改革开放以来,外商特别是跨国公司在中国投资最密集的行业有电子、汽车、家电、通信、化学、办公用品、仪器仪表、制药等。这些行业正是中国产业结构调整与升级中重点发展的行业,外资较密集地进入这些行业,无疑会有力地推动中国产业结构的升级和优化。

(四) 扩大了社会就业,增加了国家的财政收入

外商投资企业的建立和投产开业为中国提供了大量新的就业机会。截至2010年年底,在现存注册运营的40多万家外商投资企业中直接就业的人员约3 000万人,大体占全国城镇劳动就业人口的9%,平均每一家外商投资企业吸收80人就业。外商直接投资的大量引进,还扩大了国家财政收入的来源。2010年,以外商投资税收为主(占98%以上)的涉外税收收入达16 389.91亿元(不包括关税和土地费),占当年全国工商税收总额49 451.80亿元的21.18%。

(五) 推动了对外贸易的发展

改革开放以来,中国的对外贸易取得了迅速发展,在世界货物贸易中的地位不断上升,2010年中国货物贸易进出口总额居世界第2位。在对外贸易发展的过程中,外商投资企业作出了积极的贡献,尤其是近年来,外商投资企业已成为中国对外贸易的一支生力军,其进出口总额占全国进出口总额的比重日趋扩大。据海关数据,2010年,外商投资企业进出口总额达16 003.07亿美元,占当年全国进出口总额的53.83%。外商投资在促进中国对外贸易发展的同时,也提升了中国的贸易结构和国际竞争力,使中国更广泛地参加了国际分工,加入了跨国公司的全球分工与生产环节之中,享受了进入全球分工体系的益处,从而促进了开放型经济的全面发展。外商投资企业对中国对外贸易发展的贡献除了量的方面以外,还表现在质的方面,即表现在优化了中国的出口商品结构,增加了高科技产品、机电产品的出口数量,提高了传统出口产品的科技含量。据商务部统计,2010年,外商投资企业高新技术产品出口额为4 093.6亿美元,占全国高新技术产品出口总额(4 924.14亿美元)的比重约为83.1%;同年,外商投资企业出口机电产品6 410亿美元,占当年全国机电产品出口额(9 334.3亿美元)的比重约为68.7%。2011年,外商投资企业出口机电产品7 308亿美元,增长了14%,占同期全国机电产品出口额的比重约为67.3%。

(六) 促进了社会主义市场经济体制的建立和完善

利用外资对我国经济体制的转轨过程有明显的促进作用。外商投资企业的发展促进了中国经济结构的多元化过程和传统所有制结构的改变,推动了企业

产权的流动和重组,对形成以国有经济为主导,多种所有制经济成分共同发展的格局起到了积极作用。外商投资企业以市场为导向,完全按照市场机制来经营,采用国际上通行的企业组织形式和先进的内部管理机制,这为中国传统企业制度的改革和现代企业制度的建立提供了借鉴。外商投资带来了市场机制和竞争机制以及与此相应的观念,有利于打破垄断,推动国内各种要素市场的发育和形成,推动中国宏观经济管理体制的改革和政府职能的转变,对建立和完善市场经济法律体制起到了积极的促进作用。

（七）提高了中国存量与新增资产的质量

通过与外商合资合作,可以把中国一部分企业原有的低质量的存量资产变成高质量的存量资产。中国的一些亏损企业通过合资合作,经营管理、技术开发和市场营销能力明显改善,企业经营状况好转。这是因为在外资进入的同时,人员、技术、管理、观念、市场营销网络等都会随之进入企业,实现各种生产要素的一揽子转移。如果没有其他生产要素的引入,国内企业即使投入大量资金,也可能难以改善其盈利状况和长期发展能力。外商投资设立新企业,还可以形成高质量的新的增量资产。

（八）缩小了中国与发达国家经济发展的差距

发展中国家要想缩小与发达国家经济发展的差距,首先要缩小技术差距和知识差距。缩小这些差距的主要途径有三条:一是引进外国直接投资,二是扩大国际贸易,三是获得技术转让和技术许可证。改革开放 30 多年来,中国与发达国家的差距有了明显的缩小,应当说作为经济增长发动机的外商直接投资在其中起到了重要的作用。

第二节 中国利用外商直接投资的方式

目前,中国利用外资的方式主要有外商直接投资、对外借款、外商其他投资三种。外商直接投资的方式包括:中外合资经营企业、中外合作经营企业、外资企业(外商独资经营企业)、中外合作开发、外商投资股份制企业、投资性公司和其他方式。其中前三种方式较主要。对外借款的方式包括:外国政府贷款、国际金融组织贷款、出口信贷、外国银行商业贷款和对外发行债券。外商其他投资方式包括:对外发行股票、国际租赁、补偿贸易和加工装配。在本节中将介绍和分析目前存在的外商直接投资的一些具体方式。

一、中外合资经营企业

（一）合资企业的概念与作用

中外合资经营企业亦称股权式合营企业或合资企业。它是指外国公司、企业和其他经济组织或个人依据《中华人民共和国中外合资经营企业法》（简称《中外合资经营企业法》），同中国的公司、企业或其他经济组织在中国境内共同投资举办的企业。

举办中外合资经营企业有利于引进先进的设备、技术和科学管理知识，有利于培养人才，能够带来一些通过一般的技术引进方式难以获得的先进技术，甚至取得动态技术。与外资企业相比，中外合资经营企业有利于中国大量传统企业的技术改造，可以借助对方的销售网络，扩大产品出口。中国法律法规对外商投资举办合资企业在投资领域上限制较少，国家鼓励和允许投资的项目还可以不限制经营期限。

（二）合资企业的特点

合资企业的基本特点是合资各方共同投资、共同经营，按各自的出资比例共担风险、共负盈亏。合资各方可以用现金出资，也可以用建筑物、厂房、机器设备、场地使用权、工业产权、专有技术出资。各方出资均折算成一定的比例，外国合营者的投资比例一般不得少于注册资本的 25%。中外合资经营企业的组织方式为有限责任公司，具有中国法人地位，董事会为最高权力机构。

（三）合资企业的法律特征

合资企业具有以下法律特征：

（1）合资企业是中国合营者与外国合营者共同设立的企业，是一种由合营双方共同投资、共同经营、共担风险、共负盈亏的企业。共同投资是指中外合营各方均应以一定的方式向企业投资，投资方式可以是货币、实物、工业产权和专有技术、场地使用权等。共同经营是指中外合资各方均有参与企业经营管理的权利。共担风险、共负盈亏是指合资企业如盈利由合资各方按出资比例分享；如发生风险、亏损，合资各方应尽力协助企业扭转亏损局面，并承担亏损风险。

（2）合资企业的组织方式为有限责任公司。有限责任实质上有两层含义：一是企业以其全部资产为限对外承担债务责任，二是企业合营各方以其出资额为限对企业承担责任。

（3）合资企业必须经中国政府批准，领取批准证书。在工商行政管理部门注册登记，领取营业执照，取得中国法人地位，并作为纳税义务人按照中国税法的规定按期纳税。

（4）合资企业享有自主经营的权利。《中华人民共和国中外合资企业法实施条例》（简称《中外合资企业法实施条例》）第 5 条规定：在中国法律、法规和合营企业协议、合同、章程规定的范围内，合营企业有权自主地进行经营管理。各有关部门应当给予支持和帮助。外国投资者分得的利润和其他合法权益，可以汇出境外，也可以在境内再投资。

（5）合资各方不论以何种方式出资，均要以同一种货币计算各自的股权。也就是合资各方的出资，无论是现金、机器设备、技术还是场地使用权，都必须用统一的一种货币方式来表示，如美元或人民币等。

（6）合资企业的经营期限有的行业要求约定，有的行业不要求约定。合资企业中属于国家鼓励和允许投资的项目，可以约定也可以不约定经营期限；属于国家限制发展的项目，一般要求在合营合同中约定经营期限。约定经营期限的合资企业，合资各方同意延长经营期限的，应在距经营期满 6 个月前向审批机关提出申请，取得批准。未申请和未经批准延长经营期限的，经营期满时，企业终止。

二、中外合作经营企业

（一）合作经营企业的概念与作用

中外合作经营企业亦称契约式合营企业或合作企业。它是指外国公司、企业和其他经济组织或个人依据《中华人民共和国中外合作经营企业法》（简称《中外合作经营企业法》），同中国的企业或其他经济组织在中国境内根据中外方提供的合作条件共同举办的企业。

中外合作者的投资或者提供的合作条件可以是现金、实物、土地使用权、工业产权、非专利技术和其他财产权利。中外合作企业一般由外国合作者提供全部或大部分资金、技术、关键设备等，中方提供土地使用权、厂房、可利用的设备设施，有的也提供一定量的资金。如果中外合作者在合同中约定合作期满时企业的全部资产归中方合作者所有，则外方合作者可以在合作期限内先行回收投资。这一做法，一方面，可以解决国内企业缺乏投资来源问题；另一方面，对许多急于回收投资的外国投资者具有很大的吸引力。

（二）合作经营企业的特点

合作经营企业的特点是合作方式较为灵活，它与中外合资经营企业最大的不同，在于中外各方的投资一般不折算成出资比例，利润也不按出资比例分配。各方的权利和义务，包括投资或提供合作条件、利润或产品的分配、风险和亏损的分担、经营管理的方式和合同终止时财产的归属等项,都在合作各方签订的合同中确定。

(三) 合作经营企业的法律特征

1. 组织方式和合作条件

合作企业既可以组成具有法人资格的实体,即有限责任公司;也可以组成非法人的经济实体,即合作各方共同出资或提供合作条件,按照合作企业合同的约定经营管理企业,合作各方对企业的债务承担无限连带责任,企业不具有法人资格。非法人合作企业合作各方提供的合作条件或投资可由合作各方分别所有,也可以共有,由合作企业统一管理和使用,任何一方不得擅自处理。

具有法人资格的合作企业设立董事会及经营管理机构。董事会是最高权力机构,决定企业的一切重大问题。不具有法人资格的合作企业设立联合管理委员会,由合作各方派代表组成,代表合作各方共同管理企业。另外,合作企业成立后,经董事会或联合管理委员会一致同意,报原审批机关批准,还可以委托合作一方或第三方经营管理企业。

2. 收益分配和风险承担

作为契约式合作企业,合作各方以各种方式投资,不一定要求作价,也不一定要按各自的出资比例分配收益和承担风险。合作各方可以协商确定各方的出资方式、责任、权利和收益分配等,并将其具体写在合同中。在企业成立后的经营过程中,合作企业有盈余或发生亏损,各方应得的权利和应负的责任均按合同的约定执行。合作企业可采用分配利润、分配产品或合作各方共同商定的其他方式,按合作各方共同商定的分配比例分配收益。

3. 投资回收与合作(营)期限

《中外合作经营企业法》规定:中外合作者在合作企业合同中约定合作期满时,合作企业的全部固定资产归中方合作者所有的,可以在合作企业合同中约定外方合作者在合作期限内先行回收投资的办法。

外国合作者在合作期限内可按下列方式提前回收投资:

(1) 中外合作者在合作企业合同中约定分配比例时,扩大外国合作者的初期分配比例。

(2) 经财政税务机关审查批准,外国合作者可以在合作企业缴纳所得税前回收投资。

(3) 经财政税务机关审查批准的其他回收投资方式。

国家对合作企业合营期限方面的规定基本上同合资企业差不多。合作企业的合作期限由中外合作者协商确定,并在合作合同中定明,报审批机关批准。如果合作各方要求延长合作期限,应在距合作期满 180 天前向原审批机关提出申请,说明合作合同执行情况,延长期限的原因和目的。

（四）中外合资企业与中外合作企业的区别

1. 投资方式不同

合资企业是股权式合营企业,各方的投资物都要折价计算投资比例;而合作企业是契约式合营企业,各方的投资物一般不折价计算投资比例。

2. 法律依据和法人地位不同

合资企业的法律依据是《中外合资经营企业法》及其实施条例,合资企业是中国独立的企业法人;合作企业的法律依据是《中外合作经营企业法》及其实施细则,合作企业可以成为中国独立的企业法人,也可以不成为独立法人。

3. 组织方式和管理方式不同

合资企业的组织方式是建立董事会作为企业的最高权力机构,董事会任命总经理等高级管理人员,中外双方共同管理;合作企业的组织方式不尽相同,法人制的一般成立董事会,非法人制的一般成立联合管理委员会,在管理方面,一般是以一方为主,另一方协助,或者是委托第三方管理。

4. 收益分配方式不同

合资企业按注册资本的比例分配利润和承担亏损与风险,合作企业按合同规定的比例分配利润或产品以及分担风险和亏损。

5. 合营期满资产处理方式不同

合资企业期满后按注册资本比例分配资产净值;合作企业期满后资产净值按合同的规定处理,如果外方在合作期限内已先行回收投资,则资产净值一般无偿归中方所有。

三、外(独)资企业

（一）外资企业的概念

外资企业即外商独资经营企业,是指外国的公司、企业、其他经济组织或个人依据《中华人民共和国外资企业法》(简称《外资企业法》),在中国境内设立的全部资本由外国投资者投资的企业。外国投资者的出资可以是自由兑换的外币,也可以是机器设备、工业产权或专有技术等。设立外资企业应采用国际先进技术和设备,应有利于中国国民经济的发展。

（二）外资企业的特点

外资企业具有三个基本特点:

（1）外资企业是依中国法律在中国境内设立的。因此,外资企业与外国企业是两个不同的概念,外国企业是指依照外国法律在国外设立并在该国从事经营活动的企业,它是外国的企业,具有外国的国籍。

(2) 外资企业的全部资本归外国投资者所有,因而与中外合资企业和中外合作企业不同,外资企业相当于外国跨国公司在东道国设立的拥有全部股权的子公司。

(3) 外资企业是一个独立的实体,它由外国投资者独自投资、独立经营,并成为独立核算、独立承担法律责任的经济组织。因而,外资企业不同于外国企业的分支机构,后者是外国企业(如母公司或总公司)在东道国经许可后设立的一个附属机构,不是一个独立的法律实体,只能以母公司或总公司的名义从事活动,并由母公司或总公司承担法律责任。

(三) 外资企业的法律特征

外资企业的全部资本由外国投资者投资,没有中国投资者的资金参与。外资企业的组织形式为有限责任公司,外资企业的财产全部归外国投资者所有,经营管理权为外国投资者所掌握,外国投资者享有企业全部利润并独自承担经营风险和亏损。这是外资企业与中外合资经营企业、中外合作经营企业的主要区别。

外国投资者在中国境内的投资、获得的利润和其他合法权益,受中国法律保护。

外资企业的经营期限根据不同行业和企业的具体情况,由外国投资者在设立外资企业的申请书中拟定,经审批机关批准。外资企业需要延长经营期限的,应在距经营期满 180 天前向审批机关提出延长期限的申请,审批机关在接到申请之日起 30 天内决定批准或不批准。经批准的,向工商行政管理机关办理变更登记手续。

另外,《外资企业法》及其实施细则对外国投资者的资格、外资企业的设立、出资方式、财务、外汇、税务、劳动管理、企业终止与清算等都作了明确规定。

四、中外合作开发

中外合作开发是指中国公司与外国公司通过订立风险合同,对海上和陆上石油以及矿产资源进行合作勘探开发。合作开发是目前国际上在自然资源领域广泛采用的一种经济合作方式,其最大的特点是高风险、高投入、高收益。合作开发一般分为三个阶段,即勘探、开发和生产阶段。中国在石油资源开采领域的对外合作中一般采用这种方式。截至 2007 年年底,中国总共批准中外合作开发项目 191 个,实际使用外资金额 75.07 亿美元。目前已有一些合作开发的油田投入商业性开发。

中国于 2001 年 9 月 23 日公布并施行了经过修改的《中华人民共和国对外

合作开采陆上石油资源条例》(简称《陆上石油资源条例》)和《中华人民共和国对外合作开采海洋石油资源条例》(简称《海洋石油资源条例》)。《陆上石油资源条例》规定中华人民共和国境内的石油资源属于国家所有,中国政府依法保护参加合作开采陆上石油资源的外国企业的合作开采活动及其投资、利润和其他合法权益。国务院指定的部门负责在国务院批准的合作区域内,划分合作区块,确定合作方式,组织制定有关规划和政策,审批对外合作油(气)田总体开发方案。中国石油天然气集团公司和中国石油化工集团公司负责对外合作开采陆上石油资源的经营业务;负责与外国企业谈判、签订、执行合作开采陆上石油资源的合同;在国务院批准的对外合作开采陆上石油资源的区域内享有与外国企业合作进行石油勘探、开发和生产的专营权。

《海洋石油资源条例》规定中华人民共和国的内海、领海、大陆架及其他属于中国海洋资源管辖领域的石油资源,都属于国家所有。中国政府依法保护参与海洋石油资源合作开采的外国企业的合法权益与合作开采活动。中国对外合作开采海洋石油资源的业务,由中国海洋石油总公司全面负责。中国海洋石油总公司是具有法人资格的国家公司,享有在对外合作海区内进行石油勘探、开发、生产和销售的专营权。

2011年,国务院对《海洋石油资源条例》第10条及条文的个别文字进行了修改,规定参与合作开采海洋石油资源的中国企业与外国企业,都应当依法纳税。即相关企业将依法缴纳资源税,不再缴纳矿区使用费。修改的实质是为了营造公平的投资环境,同时也是为了减少资源浪费,控制环境污染。

五、外商投资股份有限公司

外商投资股份有限公司又称外商投资股份制企业,是指外国公司、企业和其他经济组织或个人同中国的公司、企业或其他经济组织按照平等互利的原则,通过认购一定比例的股份,在中国境内共同举办的公司。外商投资股份有限公司全部资本由等额股份构成,股东以其所认购的股份对公司承担责任,公司以全部财产对公司债务承担责任,中外股东共同持有公司股份,外国股东购买并持有的股份需占公司注册资本25%以上。外国投资者还可依照有关法规对中国的 A 股上市公司进行中长期战略性并购投资,取得该公司的 A 股股份。外商投资股份有限公司是外商投资企业的一种形式,适用国家法律、法规对外商投资企业的有关规定。截至2010年年底,在华设立的外商投资股份有限公司为355家,实际使用外资金额77.23亿美元。

外商投资股份有限公司是近年来出现的一种新的利用外商直接投资的方式,它是在中国证券市场不断扩大和企业股份制改造日趋深入的背景下产生的。外商投资股份有限公司与中外合资企业、中外合作企业和外资企业的相同点是它们都是有限责任性质的企业,并且都是我国利用外商直接投资的有效方式;它们之间的不同点表现在许多方面,如设立方式不同、最低注册资本额要求不同、股权转让不同和公开性要求不同等。

国家规范和管理外商投资股份有限公司的政策法规主要有:原对外贸易经济合作部于 1995 年发布施行的《关于设立外商投资股份有限公司若干问题的暂行规定》;商务部、中国证券监督管理委员会、国家税务总局、国家工商行政管理总局和国家外汇管理局于 2005 年年底发布并于 2006 年年初施行的《外国投资者对上市公司战略投资管理办法》等。

六、投资性公司

投资性公司是指外国投资者在中国境内以独资或与中方投资者合资的形式设立的从事直接投资的公司,其形式一般为有限责任公司。

投资性公司投资设立企业,按外商投资企业的审批权限及审批程序另行报批。投资性公司设立分支机构应报商务部批准,且需符合一定的条件。符合条件的投资性公司可申请被认定为跨国公司地区总部,并依法办理变更手续。投资性公司在中国境内的投资活动不受公司注册地点的限制。经中国政府批准设立的投资性公司被赋予较其他外商投资企业更为广泛的经营范围,以鼓励跨国公司在中国开展系列性的投资活动。

为了更好地规范和促进投资性公司的发展,完善投资性公司的功能,进一步鼓励外国投资者来华投资,商务部于 2004 年 11 月 17 日公布了经过修订的《关于外商投资举办投资性公司的规定》,并于 2006 年 5 月 26 日公布了《关于外商投资举办投资性公司的补充规定》。

七、BOT 投资方式

20 世纪 80 年代以后,BOT 这种新的利用外资方式在中国出现。尽管 BOT 投资方式在一些方面有其特殊性,但它也属于利用外商投资的范围,也受中国有关外商投资企业政策法律的管辖。外商可以以合资、合作或独资的方式建立 BOT 项目公司。下面从几个角度对 BOT 投资方式进行分析介绍。

(一) BOT 投资方式的含义

BOT 投资方式有时也称为公共工程特许权。BOT 是英文 Build-Operate-Transfer 的缩写,意即建设—经营—转让。典型的 BOT 方式是指:东道国政府同国外项目公司(或投资者)签订合同,由该项目公司承担一个基础设施或公共工程项目的筹资、建造、营运、维修及转让。在双方商定的一个固定期限(一般为 15～20 年)内,项目公司对其筹资建设的项目行使运营权,以便收回对该项目的投资、偿还该项目的债务并赚取利润。协议期满后,项目公司将该项目无偿转让给东道国政府。

在 BOT 投资方式中,项目公司由一个或多个投资者组成,通常包括承包公司和设备供应商等。项目公司以股本投资的方式建立,有时也可以通过发行股票以及吸收少量政府资金入股的方式筹资。BOT 项目所需资金大部分通过项目公司从商业金融渠道获得。BOT 项目的运作过程从政府的角度来说一般要经过以下几个阶段:确定项目、招标准备及要约、评价、谈判;从私营企业的角度来说一般都要经过下列几个阶段:投资前评估、执行、建设、经营、产权移交。

BOT 投资方式是自 20 世纪 80 年代以来日渐活跃的投资方式,不论是在欧美发达国家还是在广大发展中国家,都常常采用这种方式建设大型基础项目。例如,英法两国采用这种方式合作建成横穿英吉利海峡连接两国的欧洲隧道。东盟国家也运用 BOT 投资方式引进了大量的外资参与本国基础设施的建设。BOT 投资方式是由土耳其已故总理厄扎尔在 20 世纪 80 年代土耳其国家私营计划框架工程中首创的,以后被世界各国认同并广泛采用。

(二) BOT 投资方式的特点

BOT 是一种新的利用外资的方式,它与传统的利用外资方式不同,具有以下特点:

(1) BOT 投资方式的主体一方为东道国政府部门,另一方为私营机构的项目公司,而传统利用外资的方式,其主体一般是企业与企业之间或者政府与政府之间。

(2) BOT 项目的实施是一项复杂的系统工程,需要金融、贸易、保险、技术引进、工程承包、土地、交通能源、通信、广告等各种行业的相互协调与合作,尤其是东道国政府的强有力支持,是关系到一个 BOT 项目能否成功的关键,而传统利用外资的方式,则没有这么复杂。

(3) BOT 投资方式下对项目建设方式的选择,一般采用国际招标,而传统利用外资的方式则一般不通过招标。

(4) BOT 投资方式的资金来源,主要是国际金融机构提供的无追索权贷款。采用 BOT 投资方式,可以允许政府参股。而传统的利用外资方式,其注册资本以外的贷款,也不是无追索权的贷款,同时亦不允许政府投资。

(5) BOT 投资方式的经营管理,通常是在东道国政府的许可范围内,由项目公司按自身的管理模式进行操作,而传统的利用外资方式,则按东道国有关法律及双方的约定来进行操作。

(6) BOT 投资方式合作期满后,项目公司将该项目无偿移交给东道国政府,而传统的利用外资方式,在期满后,外方一般按合同规定将标的转让给东道国企业。

（三）BOT 投资方式的使用范围

BOT 投资方式的适用范围比较广，但主要适用于一国的基础设施和公共部门的建设项目，如电厂、高速公路、污水处理厂、铁路、桥梁、隧道、港口、机场、钢铁厂、教育、医疗卫生基础设施等。这些项目一般工程量大，建设时间长，耗资巨大，关系国计民生，并属于急需项目，而且，这些项目的市场需求一般都较好，能够获得较稳定的收入。

（四）BOT 投资方式的演变

BOT 投资方式在其发展过程中出现了一系列演变方式，主要有以下几种：BOO（Build-Own-Operate），意为建设—拥有—经营；BOOT（Build-Own-Operate-Transfer），意为建设—拥有—经营—转让；BOOST（Build-Own-Operate-Subsidize-Transfer），意为建设—拥有—经营—补贴—转让；BTO（Build-Transfer-Operate），意为建设—转让—经营；BLT（Build-lease-Transfer），意即建设—租赁—转让；BT（Build-Transfer），意即建设—转让；BMT（Build-Manage-Transfer），意即建设—管理—转让。BOT 的各种变形方式各有其特点，但它们又都与 BOT 方式有某些相似的地方。

（五）BOT 投资方式的作用

BOT 投资方式的作用表现在：

（1）有利于减少政府的财政负担。政府通过让私营企业筹资、建设、经营的方式来参与基础设施项目，可将原来必须用于这方面的资金转用于其他项目的投资与建设。

（2）避免了政府的债务风险。BOT 项目的建设资金由私人企业负责筹措，政府不承担项目的贷款债务。

（3）有利于提高项目的运作效率。由于有私营企业参加，贷款机构对项目的要求就会比对政府更加严格。另外，私营企业为了减少风险，获得较多收益，客观上也会更加注重管理，控制造价。

（4）可以更好地满足社会需求。采取 BOT 投资方式，可以使一些本来急需建设但目前政府财政又无力投资建设的基础设施项目，提前建成并发挥作用，从而更好地满足社会需求，促进经济发展。

八、创业投资企业

外商投资创业投资企业（简称创投企业）是指外国投资者或外国投资者与根

据中国法律注册成立的公司、企业或其他经济组织在中国境内设立的以创业投资为经营活动的外商投资企业。创业投资企业是指主要向未上市高新技术企业进行股权投资，并为之提供创业管理服务，以期获取资本增值收益的投资方式。创投企业可以采取非法人制组织形式，也可以采取公司制组织形式。采取非法人制组织形式的创投企业的投资者对创投企业的债务承担连带责任。非法人制创投企业的投资者也可以在创投企业合同中约定在非法人制创投企业资产不足以清偿该债务时由以创业投资为主营业务的必备投资者承担连带责任，其他投资者以其认缴的出资额为限承担责任。采用公司制组织形式的创投企业的投资者以其各自认缴的出资额为限对创投企业承担责任。

设立创投企业应具备下列主要条件：①投资者人数在 2 人以上 50 人以下，且应至少拥有一个以创业投资为主营业务的且符合其他条件的必备投资者；②非法人制创投企业投资者认缴出资总额的最低限额为 1 000 万美元，公司制创投企业投资者认缴资本总额的最低限额为 500 万美元。除必备投资者外，其他每个投资者的最低认缴出资额不得低于 100 万美元。外国投资者以可自由兑换的货币出资，中国投资者以人民币出资。③有明确的组织形式。④有明确合法的投资方向。⑤除了将本企业经营活动授予一家创业投资管理公司进行管理的情形外，创投企业应有 3 名以上具备创业投资从业经验的专业人员。

创投企业可以经营以下主要业务：以全部自有资金进行股权投资，具体投资方式包括新设企业、向已设立企业投资、接受已设立企业投资者股权转让以及国家法律法规允许的其他方式，提供创业投资咨询，为所投资企业提供管理咨询等。创投企业资金应主要用于向所投资企业进行股权投资。

为鼓励外国投资者来华从事创业投资，建立和完善中国的创业投资机制，商务部和科技部等 5 个部门于 2003 年 1 月 30 日公布了《外商投资创业投资企业管理规定》，并于当年 3 月 1 日开始施行。

九、其他外商直接投资方式

其他外商直接投资方式包括外国公司、金融机构在华设立从事经营活动的分支机构（如分公司、分行）等。外国公司或金融机构经批准可在中国境内设立分支机构，从事生产经营活动。外国公司或金融机构属于外国法人，其在中国境内设立的分支机构不具有中国企业法人资格。外国公司或金融机构对其分支机构在中国境内进行经营活动承担民事责任。外国公司或金融机构的分支机构应当在其名称中标明该外国公司的国籍及责任方式，并应在本机构中置备该外国公司或金融机构的章程。外国公司或金融机构在中国境内设立分支机构，必须在中国境内指定负责该分支机构的代表人或者代理人，并向该分支机构拨付与其所从事的经营活动相适应的营运资金。分公司或分行的经营范围不得超出母公司或总行的经营范围。

第三节　中国利用外商直接投资的政策法律规定

外商投资的政策法律规定是调整外商投资企业在设立、变更、终止和经营管理过程中产生的经济关系的法律规范的总和。改革开放30多年来，为了创造良好的投资环境，鼓励外商来华投资，中国政府逐步建立了一套较为完整的外商投资法律体系，包括有关外商投资的专门法律法规、一般性的法律法规和国际条约，与此同时，还制定了包括工商政策、产业政策、地区政策、税收政策、金融政策、外汇政策、土地政策、就业政策、海关政策和投资促进政策等一系列具体的相关政策。以上这些方面涉及的利用外资政策法规数以百计，下面仅对其中几个具体方面的政策法规做一些介绍。

一、关于外商投资产业政策方面的规定

外商投资产业政策是国家总体产业政策在外商投资领域的体现。2002年公布施行的《指导外商投资方向规定》、2008年重新修订后实施的《中西部地区外商投资优势产业目录》和2011年重新修订后公布实施的《外商投资产业指导目录》三个文件具体体现了中国政府对外商投资的产业政策。其中，《外商投资产业指导目录》和《中西部地区外商投资优势产业目录》是指导审批外商投资项目和外商投资企业适用有关政策的依据。外商投资产业政策的基本原则是对外商投资进行分类指导，根据项目和地区的不同实行不同的产业政策。凡符合《外商投资产业指导目录》规定的鼓励类外商投资项目给予鼓励和优惠，对于列入《中西部地区外商投资优势产业目录》的外商投资项目可享受鼓励类外商投资项目优惠。另外，根据《鼓励外商投资高新技术产品目录》的规定，对外商投资11大类高新技术领域给予优惠。

《指导外商投资方向规定》将外商投资项目分为鼓励、允许、限制和禁止四类。鼓励类、限制类和禁止类的外商投资项目，列入《外商投资产业指导目录》；不属于鼓励类、限制类和禁止类的外商投资项目，为允许类外商投资项目，允许类外商投资项目不列入《外商投资产业指导目录》。

《指导外商投资方向规定》在第五条至第七条中分别列举了鼓励类、限制类和禁止类外商投资项目。

属于下列情形之一的，列为鼓励类外商投资项目：①属于农业新技术、农业综合开发和能源、交通、重要原材料工业的；②属于高新技术、先进适用技术，能

够改进产品性能、提高企业技术经济效益或者生产国内生产能力不足的新设备、新材料的;③适应市场需求,能够提高产品档次、开拓新兴市场或者增加产品国际竞争力的;④属于新技术、新设备,能够节约能源和原材料、综合利用资源和再生资源以及防治环境污染的;⑤能够发挥中西部地区的人力和资源优势,并符合国家产业政策的;⑥法律、行政法规规定的其他情形。

属于下列情形之一的,列为限制类外商投资项目:①技术水平落后的;②不利于节约资源和改善生态环境的;③从事国家规定实行保护性开采的特定矿种勘探、开采的;④属于国家逐步开放的产业的;⑤法律、行政法规规定的其他情形。

属于下列情形之一的,列为禁止类外商投资项目:①危害国家安全或损害社会公共利益的;②对环境造成污染损害,破坏自然资源或者损害人体健康的;③占用大量耕地,不利于保护、开发土地资源的;④危害军事设施安全和使用效能的;⑤运用我国特有工艺或者技术生产产品的;⑥法律、行政法规规定的其他情形。

上述三种项目之外的其他项目为允许类外商投资项目。

《指导外商投资方向规定》第八条至第十一条还规定了其他内容:《外商投资产业指导目录》可以对外商投资项目规定"限于合资、合作""中方控股"或者"中方相对控股"。限于合资、合作,是指仅允许中外合资经营、中外合作经营;中方控股,是指中方投资者在外商投资项目中的投资比例之和为51%及以上;中方相对控股,是指中方投资者在外商投资项目中的投资比例之和大于任何一方外国投资者的投资比例。鼓励类外商投资项目,除依照有关法律、行政法规的规定享受优惠待遇外,从事投资额大、回收期长的能源、交通、城市基础设施(煤炭、石油、天然气、电力、铁路、公路、港口、机场、城市道路、污水处理、垃圾处理等)建设、经营的,经批准,可以扩大与其相关的经营范围。产品全部直接出口的允许类外商投资项目,视为鼓励类外商投资项目;产品出口销售额占其产品销售总额70%以上的限制类外商投资项目,经省、自治区、直辖市及计划单列市人民政府或者国务院主管部门批准,可以视为允许类外商投资项目。对于确能发挥中西部地区优势的允许类和限制类外商投资项目,可以适当放宽条件;其中,列入《中西部地区外商投资优势产业目录》的,可以享受鼓励类外商投资项目优惠政策。

为了加快实施国家制定的西部大开发战略,鼓励中西部地区利用外资,引进先进技术和设备,发展中西部地区具有比较优势的产业和技术先进的企业,促进产业结构的优化升级,带动中西部地区经济整体素质的提高,中国政府有关部门于2000年发布施行了《中西部地区外商投资优势产业目录》,并于2004年修订后重新发布施行。重新修订后施行的《中西部地区外商投资优势产业目录》还兼顾到了中部地区崛起战略和东北地区老工业基地振兴战略。列入《中西部地区外商投资优势产业目录》的外商投资项目可享受《外商投资产业指导目录》中鼓励类外商投资项目的相关政策及有关优惠政策，如对设在西部地区国家鼓励类产业的外商投资企业，在一定期限内减按 15% 的税率征收企业所得税。新的《中西部地区外商投资优势产业目录》涉及中西部地区 20 个省、市、自治区，共列具体条目 267 条，主要涉及四个领域：特有矿产资源开发、退耕还林还草及粮食和特色动植物资源深加工、地方优势产业发展和扩大社会服务行业开放。目录修订坚持了四条原则：比较优势原则、时效性原则、节约资源与保护环境原则、扩大开放原则。

　　2011 年重新修订后公布施行的《外商投资产业指导目录》列出鼓励类项目 12 类、限制类项目 13 类和禁止类项目 12 类。2011 年修订的目录与 2007 修订的目录相比有以下几点不同：一是进一步扩大对外开放。新目录增加了鼓励类条目，减少了限制类和禁止类条目。同时，取消部分领域对外资的股比限制，有股比要求的条目比原目录减少 11 条。二是促进制造业改造提升。将高端制造业作为鼓励外商投资的重点领域，促进外商投资使用新技术、新工艺、新材料、新设备，改造和提升传统产业。三是培育战略性新兴产业。鼓励外商投资节能环保、新一代信息技术、生物、高端装备制造、新能源、新材料、新能源汽车等战略性新兴产业。四是促进服务业发展。积极引导外商投资服务业，推动产业结构调整。鼓励外商投资现代服务业，支持面向民生的服务业扩大利用外资，推进服务业开放进程。五是促进区域协调发展。贯彻落实我国《国民经济和社会发展"十二五"规划纲要》提出的推进新一轮西部大开发、全面振兴东北地区等老工业基地、大力促进中部地区崛起等部署，继续实行差别化的产业导向政策。

二、关于外商投资地区政策方面的规定

　　有关外商投资的地区政策指的是国家对设立在特定地区的外商投资企业给予一定的优惠和鼓励待遇。实行改革开放政策以来，中国采取的是从沿海到内陆循序渐进的开放战略。加入 WTO 以后，对这种开放战略进行了一定程度的调整。伴随着西部大开发战略、东北老工业基地振兴战略和中部崛起战略的先后实施，对进入这些地区的特定外商投资项目也规定给予一些鼓励。这些经济特殊区域，是我国吸收外商直接投资的重要载体。中国目前对外商投资实行特殊政策的区域主要有：①经济特区：包括深圳、珠海、厦门、汕头、海南及上海浦东新区。②沿海开放城市 14 个：包括上海、天津、大连、秦皇岛、烟台（含威海）、青岛、连云港、南通、宁波、温州、福州、广州、湛江和北海。③国家级经济技术开发区 49 个及 5 个享受国家级经济技术开发区政策的工业园区，遍布于各省、市、自治区。④国家级高新技术产业开发区 53 个，遍布于各省、市、自治区。⑤国家级保税区 15 个和 5 个保税港区，主要分布在沿海港口附近；国家级出口加工区 60

个,分布在各省、市、自治区;国家级边境经济合作区 14 个,主要分布在沿边省区;国家级旅游度假区 12 个,主要分布在比较著名的旅游风景区;天津滨海新区和福建海峡西岸经济区等。

根据国家实施的西部大开发战略,鼓励包括外资在内的投资到中西部内陆地区发展。有关外商投资政策措施包括:①《中西部地区外商投资优势产业目录》内的项目,享受鼓励类外商投资项目政策。②对外商投资西部地区基础设施和优势产业项目,适当放宽外商投资的股比限制。③鼓励外商投资于西部地区的农业、水利、生态、交通、能源、市政、环保、矿产、旅游等基础设施建设和资源开发,以及建立技术研究开发中心。④扩大西部地区服务贸易领域的对外开放,对一些服务业领域的开放,允许在西部地区先行试点,并允许适当扩大试点范围。⑤拓宽外资渠道:允许外商在西部地区进行 BOT、TOT 方式试点,允许外商投资项目开展包括人民币在内的项目融资,支持符合条件的西部地区外商投资企业在境内外股票市场上市,支持西部地区属于国家鼓励类和允许类产业的企业通过转让经营权、出让股权、兼并重组等方式吸引外商投资,积极探索以中外合资产业基金、风险投资基金方式引入外资。⑥鼓励已设立的外商投资企业到西部地区进行再投资,其再投资项目外资比例超过 25% 的,享受外商投资企业待遇。

东北地区是中国的老工业基地,为了促进东北地区的对外开放和吸收外资,国家采取了一系列政策措施。与东北老工业基地振兴有关的外资政策主要涉及以下几个方面:鼓励外资参与国有企业改组改造;推进重点行业和企业的技术进步;进一步扩大开放领域,提升服务业发展水平;促进区域经济合作健康发展;营造良好的发展环境,为加快对外开放提供保障。

三、关于外商投资企业核准、设立与终止方面的规定

根据国家现行法律规定,外商投资企业的设立实行政府逐项核准和审批登记制度。投资总额大小和《外商投资产业指导目录》的项目分类是划分中央政府和地方政府核准与审批外商投资企业权限的主要依据。

一般而言,投资总额在 1 亿美元以上(含 1 亿美元)的鼓励类、允许类外商投资项目及投资总额在 5 000 万美元以上(含 5 000 万美元)的限制类外商投资项目,由国家发展与改革委员会负责项目核准,由商务部负责审批。其中总投资 5 亿美元及以上的鼓励类、允许类项目和总投资 1 亿美元及以上的限制类项目由国家发展和改革委员会与商务部审核后报国务院核准。

省、自治区、直辖市及计划单列市人民政府的相应主管部门负责审批下列项目:投资总额在 1 亿美元以下的鼓励类、允许类外商投资项目,投资总额在 5 000 万美元以下的限制类外商投资项目。地方政府审批后,须报国务院主管部门和

行业主管部门备案。涉及配额、许可证的外商投资项目，须先向商务部门申请配额、许可证。

为履行中国加入世界贸易组织的承诺，依据外商投资三个法律（《中外合资经营企业法》《中外合作经营企业法》和《外资企业法》）及其实施条例（细则），中国已陆续制定并公布实施金融、商业、交通运输、电影电视制作等40多个服务贸易领域外商投资的法律、规章，在服务贸易领域的外商投资项目的审批按相应法律规定办理。

申请在华设立外商投资企业需要履行一定的设立程序。申请设立中外合资经营企业和中外合作经营企业的基本程序大体相同，包括以下几步：①项目核准。中方或外方投资者可以通过各种途径选择合资（合作）者，在了解合资（合作）者的业务范围和资信状况，确定合作意向后，由中方投资者编写项目申请报告，报审批部门（国家发展和改革委员会或地方主管部门）审批（备案）。获得核准后，中外投资者向工商行政管理部门申请企业名称登记，以保护名称专用权和防止重名。②合同与章程的申报审批及申领外商投资企业批准证书。项目获得核准后，由中方投资者将合同、章程和可行性研究报告等法律文件报送审批部门（商务管理部门）审批。审批部门自收到上述法律文件之日起，对中外合资企业应在3个月内决定批准或不批准，对中外合作企业应在45天内决定批准或不批准。获得批准后，由商务管理部门颁发外商投资企业批准证书。③营业执照的申领。领取批准证书之后，中外投资者须在30日内向工商行政管理部门办理登记注册手续，领取营业执照。营业执照的签署日期即为合资（合作）企业的成立日期。

在华设立外商独资经营企业，外国投资者可以自己办理申请和报批等手续，也可以委托具有相应资格的咨询代理机构办理申请和报批等手续。在取得发展和改革部门的项目核准后，填写"在中国设立外资企业申请表"，编制可行性研究报告，编写公司章程等有关文件，向商务管理部门申请报批。根据《外资企业法》的规定，商务部门应在收到申请之日起90天内决定批准或不批准。经批准后，由商务管理部门颁发外商投资企业批准证书。外国投资者凭批准证书办理相关登记注册手续，领取营业执照。外商投资企业在领取营业执照起30天内还需向有关部门办理相关登记手续，如到银行开立外汇及人民币账户，办理海关登记，到税务部门办理税务登记，到外汇管理部门办理外汇管理登记，到商检局办理商检登记，到劳动局办理招工、招聘手续和境外人员就业手续等。

关于外商投资企业经营期限方面的规定有：外商投资企业的经营期限，根据不同行业和项目的具体情况，由投资者按照国家有关规定协商确定，一般为10～30年，最长可为50年，经国务院特殊批准可不规定经营年限。对于约定经营期限的外商投资企业，经营期满时企业终止；如其投资各方有意延长经营期限，可在距经营期满 180 天前向审批机关申请,取得批准。在企业经营期间,企业具有其经营自主权。政府对外商投资企业不实行国有化和征收。在特殊情况下,根据社会公共利益需要实行征收的,要依照法律程序进行,并给予相应的补偿。关于外商投资企业终止方面的规定是:外商投资企业出现终止条件时,应由企业提出终止申请,报审批机关核准,核准日期即为企业终止日期。

为了改善投资环境和投资服务,方便中外投资者办理核准、设立和审批登记等手续,提高政府工作效率,打造服务型政府。目前,我国许多地方政府实行"一站式审批",商务部门和相关政府部门采取联合办公形式,对外商投资事项进行集中受理。这样做的结果是大大缩短了外商投资企业设立审批所需要的时间。另外,各省、市、区和计划单列市均成立了外商投资服务中心或促进中心,为外国投资者提供全过程的服务,即"一条龙服务"。例如,在前期可帮助寻找合作伙伴,协助选择厂址,编制项目建议书并代理上报,代办企业名称登记,编制可行性研究报告,代拟合同和章程,代办申请营业执照;中期可代办规划设计、工程建设和用地、环保和消防以及公用事业等有关建设手续;后期可代聘代招员工,提供相关信息等。同时,咨询顾问公司、律师事务所和会计师事务所等中介服务机构也可为投资者提供高效优质的服务。

近年来,我国政府借鉴国际上投资促进的经验,成立了相应的投资促进机构。在商务部下设了投资促进事务局,各省、市、区也成立了投资促进或招商引资机构。这些机构的设立有利于实施外商投资促进战略,有利于外商投资项目的核准与设立,同时也有利于组织实施境内外投资促进活动和加强与境外投资促进机构的联系。

四、关于中外合资经营企业注册资本与投资总额比例的规定

根据《中外合资经营企业法实施条例》的规定,合营企业的投资总额(含企业借款),是指按照合营企业合同、章程规定的生产规模投入的基本建设资金和生产流动资金的总和;合营企业的注册资本,是指为设立合营企业在登记管理机构登记的资本总额,应为合营各方认缴的出资额之和。这说明注册资本额与投资总额可以不一致,注册资本额一般小于投资总额。

1987 年 3 月 1 日,国家工商行政管理局发布了《关于中外合资经营企业注册资本与投资总额比例的暂行规定》,以法规的方式,明确了中外合资经营企业注册资本与投资总额的比例。其主要内容如下:

(1) 中外合资经营企业的投资总额在 300 万美元以下(含 300 万美元)的,其注册资本至少应占投资总额的 7/10。

(2) 中外合资经营企业的投资总额在 300 万美元以上至 1 000 万美元(含 1 000万美元)的,其注册资本至少应占投资总额的 1/2,其中投资总额在 420 万

美元以下的,注册资本不得低于 210 万美元。

（3）中外合资经营企业的投资总额在 1 000 万美元以上至 3 000 万美元（含 3 000 万美元）的,其注册资本至少应占投资总额的 2/5,其中投资总额在 1 250 万美元以下的,注册资本不得低于 500 万美元。

（4）中外合资经营企业的投资总额在 3 000 万美元以上的,其注册资本至少应占投资总额的 1/3,其中投资总额在 3 600 万美元以下的,注册资本不得低于 1 200 万美元。

（5）中外合资经营企业如遇特殊情况,不能执行上述规定,由商务部会同国家工商行政管理局批准。

（6）中外合资经营企业增加投资的,其追加的注册资本与增加的投资额的比例,也按上述规定执行。

（7）中外合作经营企业,外商独资经营企业的注册资本与投资总额的比例,参照此规定执行。

从上述规定中可看出以下几个特点:第一,注册资本与总投资的比例只规定下限不规定上限,即最少不得低于多大比例,但多者不限,甚至可以全额注册（注册资本与总投资额相等）。这需要视企业的具体情况而定,实际上也有许多外商投资企业是实行全额注册的。第二,注册资本随投资额的增大而比重降低,这体现了国家鼓励举办大型项目,而且大型项目中,一定数量的注册资本就能承担一般性的风险。第三,国家对一些特殊项目还给予特别优待,可允许降低注册资本的比例,这主要是指对那些大型生产性项目、高技术项目等实行的特殊鼓励政策。

中国之所以对中外合资经营企业注册资本与投资总额的比例作出规定,是出于以下几方面的考虑:首先,企业注册资本是企业用来承担债务的最低资本,如果投资额很大,注册资本很小,债权人就会不放心,也会影响企业信誉。其次,企业以较少的注册资本举债,也会发生困难。因为,金融机构向企业提供贷款,也要求贷款额与企业注册资本额有一个适当的比例。再次,使注册资本与投资总额保持一定的比例,也会使中外双方投资者减少风险。最后,中外合资经营企业的注册资本,也应与生产经营规模和范围相适应。

五、关于外商投资企业合并与分立的规定

为了规范涉及外商投资企业（包括合资、合作、外资企业和外商投资股份有限公司）合并与分立的行为,保护企业投资者和债权人的合法权益,原外经贸部、国家工商行政管理局于 1999 年 9 月 23 日发布了《关于外商投资企业合并与分立的规定》。该规定首次用法规的形式规范了外商投资企业之间的合并与分立以及外商投资企业与中国内资企业之间的合并活动,从而为外商投资企业的重

组和购并提供了法律保障。该规定的主要内容有：

公司的合并或分立,应当遵守中国的法律、法规和本规定,遵循自愿、平等和公平竞争的原则,不得损害社会公共利益和债权人的合法权益。公司的合并或分立,应符合《指导外商投资方向规定》和《外商投资产业指导目录》的规定,不得导致外国投资者在不允许外商独资、控股或占主导地位的产业的公司中独资、控股或占主导地位。公司因合并或分立导致其所从事的行业或经营范围发生变更的,应符合有关法律、法规及国家有关产业政策的规定并办理必要的审批手续。公司的合并或分立,须经公司原审批机关批准并到登记机关办理有关公司设立、变更或注销手续。

各方投资者在合并后的公司中的股权比例,根据国家有关规定,由投资者之间协商或根据资产评估机构对其在原公司股权价值的评估结果,在合并后的公司合同、章程中确定,但外国投资者的股权比例不得低于合并后公司注册资本的25%。各方投资者在分立后的公司中的股权比例,由投资者在分立后的公司合同、章程中确定,但外国投资者的股权比例不得低于分立后公司注册资本的25%。

公司与中国内资企业合并必须符合中国利用外资的法律、法规和产业政策的要求并具备以下条件:①拟合并的中国内资企业是依照《公司法》规范组建的有限责任公司或股份有限公司。②投资者符合法律、法规和部门规章对合并后公司所从事有关产业的投资者的资格要求。③外国投资者的股权比例不得低于合并后公司注册资本的25%。④合并协议各方保证拟合并公司的原有职工充分就业或给予合理安排。

六、关于外国投资者并购境内企业的规定

为了促进和规范外国投资者在中国境内的并购活动,商务部、国务院国有资产监督管理委员会、国家税务总局、国家工商行政管理总局令、中国证券监督管理委员会、国家外汇管理局六部委于2006年8月公布了《外国投资者并购境内企业暂行规定》,并于2009年进行了修订。

外国投资者并购境内企业,是指外国投资者协议购买境内非外商投资企业(简称境内公司)的股东的股权或认购境内公司增资,使该境内公司变更设立为外商投资企业(简称股权并购);或者外国投资者设立外商投资企业,并通过该企业协议购买境内企业资产且运营该资产;或外国投资者协议购买境内企业资产,并以该资产投资设立外商投资企业运营该资产(简称资产并购)。依照《外商投资产业指导目录》不允许外国投资者独资经营的产业,并购不得导致外国投资者持有企业的全部股权;需由中方控股或相对控股的产业,该产业的企业被并购后,仍应由中方在企业中占控股或相对控股地位;禁止外国投资者经营的产业,

外国投资者不得并购从事该产业的企业。

外国投资者并购境内企业设立外商投资企业,应依照该规定经审批机关批准,并向登记管理机关办理变更登记或设立登记。外国投资者在并购后所设外商投资企业注册资本中的出资比例一般不低于 25%。外国投资者的出资比例低于 25% 的,除法律、行政法规另有规定外,应依照现行设立外商投资企业的审批、登记程序进行审批、登记。审批机关在颁发外商投资企业批准证书时加注"外资比例低于 25%"的字样。登记管理机关在颁发外商投资企业营业执照时加注"外资比例低于 25%"的字样。

外国投资者并购境内企业设立外商投资企业,外国投资者应自外商投资企业营业执照颁发之日起 3 个月内向转让股权的股东或出售资产的境内企业支付全部对价。对特殊情况需要延长者,经审批机关批准后,应自外商投资企业营业执照颁发之日起 6 个月内支付全部对价的 60% 以上,1 年内付清全部对价,并按实际缴付的出资比例分配收益。外国投资者股权并购,并购后所设外商投资企业增资的,投资者应在拟变更设立的外商投资企业合同、章程中规定出资期限。规定一次缴清出资的,投资者应自外商投资企业营业执照颁发之日起 6 个月内缴清;规定分期缴付出资的,投资者第一期出资不得低于各自认缴出资额的 15%,并应自外商投资企业营业执照颁发之日起 3 个月内缴清。外国投资者资产并购的,投资者应在拟设立的外商投资企业合同、章程中规定出资期限。外国投资者并购境内企业设立外商投资企业,外国投资者出资比例低于 25% 的,投资者以现金出资的,应自外商投资企业营业执照颁发之日起 3 个月内缴清;投资者以实物、工业产权等出资的,应自外商投资企业营业执照颁发之日起 6 个月内缴清。

外国投资者股权并购的,对并购后所设外商投资企业应按照以下比例确定投资总额的上限:注册资本在 210 万美元以下的,投资总额不得超过注册资本的 10/7;注册资本在 210 万美元以上至 500 万美元的,投资总额不得超过注册资本的 2 倍;注册资本在 500 万美元以上至 1 200 万美元的,投资总额不得超过注册资本的 2.5 倍;注册资本在 1 200 万美元以上的,投资总额不得超过注册资本的 3 倍。外国投资者资产并购的,应根据购买资产的交易价格和实际生产经营规模确定拟设立的外商投资企业的投资总额。拟设立的外商投资企业的注册资本与投资总额的比例应符合有关规定。

外国投资者并购境内企业有下列情形之一的,投资者应就所涉情形向商务部和国家工商行政管理总局报告:①并购一方当事人当年在中国市场营业额超过 15 亿元人民币;②一年内并购国内关联行业的企业累计超过 10 个;③并购一方当事人在中国的市场占有率已经达到 20%;④并购导致并购一方当事人在中国的市场占有率达到 25%。

境外并购有下列情形之一的,并购方应在对外公布并购方案之前或者报所在国主管机构的同时,向商务部和国家工商行政管理总局报送并购方案。商务部和国家工商行政管理总局应审查是否存在造成境内市场过度集中,妨害境内正当竞争、损害境内消费者利益的情形,并作出是否同意的决定:①境外并购一方当事人在我国境内拥有资产 30 亿元人民币以上;②境外并购一方当事人当年在中国市场上的营业额 15 亿元人民币以上;③境外并购一方当事人及其关联企业在中国市场占有率已经达到 20%;④由于境外并购,境外并购一方当事人及其关联企业在中国的市场占有率达到 25%;⑤由于境外并购,境外并购一方当事人直接或间接参股境内相关行业的外商投资企业将超过 15 家。

有下列情况之一的并购,并购一方当事人可以向商务部和国家工商行政管理总局申请审查豁免:①可以改善市场公平竞争条件的;②重组亏损企业并保障就业的;③引进先进技术和管理人才并能提高企业国际竞争力的;④可以改善环境的。

七、关于外商投资举办投资性公司的规定

为了促进外国投资者来华投资,引进国外先进技术和管理经验,商务部于 2004 年 11 月公布了《关于外商投资举办投资性公司的规定》,并根据形势发展的需要于 2006 年 5 月公布了《关于外商投资举办投资性公司的补充规定》。该规定允许外国投资者根据中国有关外国投资的法律、法规及本规定,在中国设立投资性公司。

投资性公司是指外国投资者在中国以独资或与中国投资者合资的形式设立的从事直接投资的公司。公司形式为有限责任公司。投资性公司所投资企业是指符合下列条件的企业:①投资性公司直接投资或与其他外国投资者和(或)中国投资者共同投资,投资性公司中折算出的外国投资者的投资单独或与其他外国投资者一起投资的比例占其所投资设立企业注册资本的 25% 以上的企业;②投资性公司将其投资者或其关联公司、其他外国投资者以及中国境内投资者在中国境内已投资设立的企业的股权部分或全部收购,投资性公司中折算出的外国投资者的投资单独或与其他外国投资者的投资额共同占该已设立企业的注册资本 25% 以上的企业;③投资性公司的投资额不低于其所投资设立企业的注册资本的 10%。

申请设立投资性公司应符合下列条件:①外国投资者资信良好,拥有举办投资性公司所必需的经济实力,申请前一年该投资者的资产总额不低于 4 亿美元,且该投资者在中国境内已设立了外商投资企业,其实际缴付的注册资本的出资额超过 1 000 万美元;或者该外国投资者资信良好,拥有举办投资性公司所必需的经济实力,该投资者在中国境内已设立了 10 个以上外商投资企业,其实际缴

付的注册资本的出资额超过 3 000 万美元。②以合资方式设立投资性公司的，中国投资者应为资信良好，拥有举办投资性公司所必需的经济实力，申请前一年该投资者的资产总额不低于 1 亿元人民币。③投资性公司的注册资本不低于 3 000 万美元。

外国投资者须以可自由兑换的货币或其在中国境内获得的人民币利润或因转股、清算等活动获得的人民币合法收益作为其向投资性公司注册资本的出资。中国投资者可以人民币出资。外国投资者以其人民币合法收益作为其向投资性公司注册资本出资的，应当提交外汇管理部门出具的境内人民币利润或其他人民币合法收益再投资的资本项目外汇业务核准件等相关证明文件及税务凭证。自营业执照签发之日起 2 年内出资应不低于 3 000 万美元，注册资本中剩余部分出资应在营业执照签发之日起 5 年内缴清。

投资性公司经商务部批准设立后，可以依其在中国从事经营活动的实际需要，经营下列业务：①在国家允许外商投资的领域依法进行投资。②受其所投资企业的书面委托（经董事会一致通过），向其所投资企业提供下列服务：协助或代理其所投资的企业从国内外采购该企业自用的机器设备、办公设备和生产所需原材料、元器件、零部件和在国内外销售其所投资企业生产的产品，并提供售后服务；在外汇管理部门的同意和监督下，在其所投资企业之间平衡外汇；为其所投资企业提供产品生产、销售和市场开发过程中的技术支持、员工培训、企业内部人事管理等服务；协助其所投资企业寻求贷款及提供担保。③在中国境内设立科研开发中心或部门，从事新产品及高新技术的研究开发，转让其研究开发成果，并提供相应的技术服务。④为其投资者提供咨询服务，为其关联公司提供与其投资有关的市场信息、投资政策等咨询服务。⑤承接其母公司和关联公司的服务外包业务。

投资性公司从事货物进出口或者技术进出口的，应符合商务部《对外贸易经营者备案登记办法》的规定；投资性公司出口产品可按有关规定办理出口退税；投资性公司可通过佣金代理（拍卖除外）、批发方式在国内销售其进口及在国内采购的商品；特殊商品及以零售和特许经营方式销售的，应符合相关规定。

投资性公司设立后，依法经营，无违法记录，注册资本按照章程的规定按期缴付，投资者实际缴付的注册资本额不低于 3 000 万美元且已用于该规定第 8 条所规定的用途，投资性公司经所在地的省、自治区、直辖市或计划单列市商务主管部门审核同意，向商务部提出申请，并获批准的，还可依其在中国从事经营活动的实际需要，依照国家有关规定，经营下列业务：①受所投资企业的书面委托（经董事会一致通过），开展下列业务：在国内外市场以经销的方式销售其所投资企业生产的产品，为其所投资企业提供运输、仓储等综合服务。②以代理、经销或设立出口采购机构（包括内部机构）的方式出口境内商品，并可按有关规定办理出口退税。③购买所投资企业生产的产品进行系统集成后在国内外销售，如所投资企业生产的产品不能完全满足系统集成需要，允许其在国内外采购系统集成配套产品，但所购买的系统集成配套产品的价值不应超过系统集成所需全部产品价值的 50%。④为其所投资企业的产品的国内经销商、代理商以及与投资性公司、其母公司或其关联公司签有技术转让协议的国内公司、企业提供相关的技术培训。⑤在其所投资企业投产前或其所投资企业新产品投产前，为进行产品市场开发，允许投资性公司从其母公司进口与其所投资企业生产产品相关的母公司产品在国内试销。⑥为其所投资企业提供机器和办公设备的经营性租赁服务，或依法设立经营性租赁公司。⑦为其进口的产品提供售后服务。⑧参与有对外承包工程经营权的中国企业的境外工程承包。⑨在国内销售（不含零售）投资性公司进口的母公司产品。

被认定为地区总部的投资性公司，可依其在中国从事经营活动的实际需要，经营下列业务：该规定第 10 条、第 11 条、第 15 条所规定的业务；进口并在国内销售（不含零售）跨国公司及其控股的关联公司的产品；进口为所投资企业、跨国公司的产品提供维修服务所需原辅材料及零、配件；承接境内外企业的服务外包业务；根据有关规定，从事物流配送服务；经中国银行业监督管理委员会批准，设立财务公司，向投资性公司及其所投资企业提供相关财务服务；经商务部批准，从事境外工程承包业务和境外投资，设立融资租赁公司并提供相关服务；委托境内其他企业生产/加工其产品或其母公司产品并在国内外销售；委托境内其他企业生产/加工产品并在国内外销售，从事产品全部外销的委托加工贸易业务；经批准的其他业务。

投资性公司可以作为发起人发起设立外商投资股份有限公司或持有外商投资股份有限公司未上市流通的法人股。投资性公司也可以根据国家有关规定持有境内其他股份有限公司未上市流通的法人股。投资性公司应视为股份有限公司境外发起人或股东。允许投资性公司根据国家有关规定对上市公司进行战略投资，投资性公司应视为股份有限公司境外股东。

投资性公司投资设立企业，投资性公司中折算出的外国投资者的投资单独或与其他外国投资者一起投资的比例一般不低于其所投资设立企业的注册资本的 25%，其投资设立的企业享受外商投资企业待遇，发给外商投资企业批准证书和外商投资企业营业执照；出资比例低于 25% 的，除法律、行政法规另有规定外，均应按照现行设立外商投资企业的审批登记程序进行审批和登记。投资性公司投资设立企业，按外商投资企业的审批权限及审批程序另行报批。投资性公司在中国境内的投资活动不受公司注册地点的限制。投资性公司与其所投资设立的企业是彼此独立的法人或实体，其业务往来应按独立企业之间业务往来关系处理。投资性公司不得直接从事生产活动。

八、关于保护外商投资的规定

自从实行改革开放政策以来,为了更多地引进和利用外商直接投资,中国政府非常重视对外商在华投资的法律保护。目前,中国已经建立了比较完备的外商投资法律体系,同时,还与一些国家签订了双边投资保护协定和双边税收协定,并积极地研究有关保护外国投资的国际公约,采取了切实的步骤对外商投资企业提供了有效的法律保护措施。

国家依法保护外国合营者和外国投资者的财产所有权和处置权。《中外合资经营企业法》第 2 条规定:中国政府依法保护外国合营者按照经中国政府批准的协议、合同、章程在合营企业的投资,应分得利润和其他合法权益。只要外国合营者遵守中国的法律和规定,他们的合法财产是受我国法律保护的,任何人不得侵犯。《中外合作经营企业法》第 3 条和《外资企业法》第 4 条也对此方面的内容作出了相应的规定。《中外合资经营企业法实施条例》第 20 条规定:合营一方向第三者转让其全部或部分股权的,须经合营他方同意,并报审批机构批准,向登记管理机构办理变更登记手续。合营一方转让其全部或部分股权时,合营他方有优先购买权。合营一方向第三者转让股权的条件,不得比向合营他方转让的条件优惠。这说明在中国法律允许的范围内,外国合营者可以转让他们投资的财产。

国家对外商投资企业不实行国有化和征收。《中外合资经营企业法》第 2 条规定:国家对合营企业不实行国有化和征收;在特殊情况下,根据社会公共利益的需要,对合营企业可以依照法律程序实行征收,并给予相应的补偿。对外商投资企业实行国有化和征用是指主权国家按照法律程序,将外商投资企业的资产和经营权收归国家所有,并由国家加以控制和管理的一种政府措施。国有化的形式包括:收购外国公司控制的股份,征收外国公司的资产并给予一定的补偿,没收外国公司的资产等。在一国的相关法律中公开宣布对外资不实行国有化和征用,是发展中国家依法保护外国投资常见的措施。类似的规定在体现《外资企业法》第 5 条中。

国家保护外国投资者分得的净利润、企业期满或者终止时分得的资金以及外籍职工的工资收入等的汇出权。《中外合资经营企业法》第 11 条规定:外国合营者在履行法律和协议、合同规定的义务后分得的净利润,在合营企业期满或者中止时分得的资金以及其他资金,可按合营企业合同规定的货币,按外汇管理条例汇往国外。第 12 条规定:合营企业的外籍职工的工资收入和其他正当收入,按中华人民共和国税法缴纳个人所得税后,可按外汇管理条例汇往国外。《中外合作经营企业法》第 22 条和《外资企业法》第 19 条也作出了同样的规定。

同其他国家签订双边投资保护协定和避免双重征税与防止偷漏税的协定以及参加一些较主要的国际公约,也是保护外商在华投资合法权益的一项重要措施。双边投资保护协定也称鼓励与保护投资协定,是资本输出与输入国或互有输出与输入国家之间就其投资或与投资有关的业务活动如何给予保护达成的双边条约。投资保护协定的内容主要包括以下几个方面:受保护的投资财产的种类,东道国给予投资者的投资及与投资有关的业务活动的待遇,对外国投资者投资财产的征收、国有化措施及其补偿,投资及其收益的汇回,投资争议的解决,等等。双边投资保护协定的规定与东道国保护外资的立法相辅相成。到 2003 年年底,中国已同 110 个国家(其中亚洲 38 国、欧洲 35 国、非洲 23 国、北美洲 4国、南美洲 7 国、大洋洲 3 国)签订了投资保护协定,其中生效的已达 80 多个。中国同其他国家一旦签订投资保护协定并生效后,也就在协定规定的范围内承担了保护外资的责任和义务。

　　双边税收协定是国家之间为了协调税收关系和处理税务问题,通过谈判缔结的一种双边条约。不同国家之间在对跨国纳税人的跨国所得进行征税时,有一些问题难以独自解决,因而需要通过与其他国家签订双边税收协定的方式加以处理。一国税务部门难以单独解决的问题有三个:一是为了避免跨国纳税人受两国政府管辖重复纳税,应合理地分配有关国家之间的税收权益;二是有关国家之间相互交换税收情报,防止跨国公司偷漏税行为的发生;三是避免各国对外国投资者采取税收歧视,取得相互对等待遇。双边税收协定一般包括以下内容:协定的适用范围,协定的规范内容和有利于投资的待遇,消除双重征税的方法如抵免法(税收饶让)等,享受协定待遇的程序。在涉外税收方面,中国同许多国家签订了避免对所得双重征税和防止偷漏税的协定。到 2011 年 5 月底,中国政府已先后与世界上 96 个国家和地区签订了关于避免双重征税和防止偷漏税的协定,其中大部分已经生效。可以说,上述这些协定的签订,对于保护外商在华投资,健全和完善中国的涉外法律制度,促进国家间的相互投资,加强中国在国际经济活动中的地位等,都起到了重要的作用。

思考与练习题

1. 简述中国利用外商投资的发展历程与主要作用。
2. 简述中国利用外商直接投资的主要方式。
3. 简述中外合资经营企业和中外合作经营企业的区别点和相同点。
4. 简述外商投资产业与地区政策方面的规定。
5. 简述外国投资者并购境内企业的规定。

案例研究

案例一

通用电气公司在中国的直接投资

通用电气公司(GE)始创于 1878 年,是由托马斯·爱迪生创建的爱迪生电气公司在 1892 年与汤姆森-休斯敦电气公司合并而成。它是全球最大的跨行业经营的科技、制造和服务型企业之一。

在 20 世纪初,GE 就开始了同中国的贸易。1908 年,GE 在沈阳建立了第一家灯泡厂。1991 年,在北京成立了第一家合资企业——航卫通用电气医疗系统有限公司。1994 年,GE(中国)有限公司正式成立。2000 年,GE 在中国科技园成立了全球研发中心(上海)。

在能源方面,GE 能源集团早在 1921 年就为上海杨树浦电厂提供了两台 1.8 万千瓦的汽轮发电机组。到现在为止,GE 已经向中国提供了 270 多台燃气轮机、70 台蒸汽轮机及近千台风机,并颁发了 40 项气化技术许可。GE 还在天然气、煤气层以及其他可再生能源等领域为中国客户服务。2011 年,GE 能源集团和神华集团达成协议,成立合资企业在中国发展煤气化技术,推动清洁煤解决方案在中国的大规模商业化推广。此外,GE 能源集团还与中国华电集团公司达成战略合作,携手开发分布式热电联供项目,该项目将成为目前中国国内对天然气利用效率最高的解决方案。在水处理方面,GE 在中国提供行业内最广泛的水处理和工艺处理技术,GE 的核心膜技术在中国国内已经有了许多成功的应用案例。GE 石油天然气集团在中国的业务发展迅速,参与了大型天然气管线、炼油石化、乙烯、煤化工、工业发电等各个行业的众多大型项目。

在航空方面,GE 航空集团是世界领先的飞机喷气发动机及零部件制造商,为全球各大航空公司提供飞机发动机。GE 航空集团系统公司在中国苏州建立了近 3 万平方米的工厂,拥有 380 名员工,制造先进的航空结构件、精密组件和机械系统。系统公司的纳沃斯业务已帮助多家中国的航空公司实施了基于性能的导航系统解决方案。2010 年,中国商飞、中航工业和 GE 公司共同签署合作意向书,确定由 GE 航空集团和中国航空工业集团成立的合资企业为 C919 大飞机研制、开发新一代航空电子系统。

在医疗方面,GE 医疗于 1986 年在北京成立了第一个办事处。GE 医疗在中国建立了包括独资和合资企业在内的多个经营实体,拥有员工 4 500 多名。GE 医疗在中国共拥有七个全球生产基地,其中,在北京的 GE(中国)医疗工业园区,占地 6 万平方米,是 GE 医疗集团全球最大的生产和研发基地之一。

在交通方面,2002 年,GE 运输系统集团在北京成立了通用电气运输系统(中国)有限公司,主要是提供研发、制造等服务。2008 年,GE 运输系统集团创建了第一个矿用自卸卡车电动马达生产厂,并成立了通用电气运输系统(沈阳)有限公司。2010 年 9 月 9 日,GE 公司与中国南车旗下位于常州的戚墅堰机车有限公司成立的合资企业正式开工奠基,在中国开发、制造 GE Evolution(R) 系列机车柴油发动机并提供服务,同时向其他新兴市场提供出口。迄今为止,该公司在北京、上海、大同、成都、常州和格尔木等城市都设有办公室。

在金融方面,GE 金融在大中华区的业务包括融资租赁、私募股权投资、不良资产收购、结构性融资、贸易融资和消费者金融等。凭借 GE 在中国逾百年的经验,辅以全球网络和精深的行业知识,GE 金融服务于医疗设备、生产制造、交通、通信、建筑、能源、航空、基础设施等行业,为中国客户提供本土化的创新金融解决方案,与客户共同发展。目前,GE 金融在上海、北京、香港、台湾等设有 9 处办公地点,并拥有 120 多名金融专业人士。

目前,GE 公司的 6 个业务集团——GE 基础设施集团、GE 工业集团、GE 商务金融服务集团、NBC 环球、GE 医疗集团、GE 消费者金融集团——已全部进入中国,投资总额达 15 亿美元,建立了 59 个法律实体,在 174 个城市拥有 320 多个办公机构。2011 年,GE 在中国的销售收入达到 57 亿美元。

案例思考与讨论

1. GE 在中国直接投资的产业主要有哪些? 是否符合中国现行的《外商投资产业指导目录》的相关规定?

2. GE 是如何加强和中国的合作的? 每个行业是否采用相同的进入模式? 在中国设立的企业的性质是否有区别? 分别分析不同进入模式和企业性质的利弊。

案例二

成立中外合资企业

一家中国公司和一家德国公司商定共同出资在中国山东省青岛市某区成立一家中外合资经营企业,主要生产食品,双方商定该家合资企业的投资总额为 900 万美元,中方投资占注册资本的 40%,外方投资占注册资本的 60%。

案例思考与讨论

1. 依照中国利用外资的政策法律规定,在正常情况下,这家合资企业的注册资本至少应为多少万美元? 请简述理由。

2. 该合资企业在获得营业执照之日起的几年内应将注册资本全部缴齐? 请简述理由。

案例三

北京经济技术开发区的"星网工业园模式"

2001 年 12 月 20 日,占地 50 公顷的星网工业园一期建成,三洋能源、富士康等与诺基亚公司有配套合作关系的国际和国内主要的手机零配件厂商和服务提供商到星网工业园投资建厂,超过 20 家企业共同组建的世界级移动通信生产基地正式诞生。同一天,诺基亚集团董事长兼首席执行官约玛·奥利拉与当时的北京市市长刘淇签署合作备忘录,同样规模的"星网"二期建设开始启动。以诺基亚为龙头的星网(国际)工业园一期和二期是最具代表性的园中之园,项目总投资超过 100 亿元人民币,预计建成后年产值将达到 500 亿元人民币,并将创造 1 万个以上的就业机会,是北京目前最大的外商投资项目。

星网工业园是一种全新的利用外资模式,它是一种产业集群投资,是外商投资企业的一种扎堆现象,是不同于产品价值链的一种产业链或企业链的完整组合。在星网工业园内,从手机连接器到天线,到电池模组、按键模组、喷膜、印刷电路板,最后到手机组装,一应俱全,手机从组装到出货仅需一天。以诺基亚移动通信产品为龙头,将全球不同地域的原材料、零部件等供应商集中在一个生产空间,每个配件送到装配线的时间误差只有几分钟,所有企业没有任何库存。早晨进口料件上线生产,晚上产品进入国际零售市场,十几家厂商间的产品深加工结转 4 小时完成一次。落户全球最有市场潜力的区域,园区企业实现产品的零库存,海关监管与生产同步,时间、空间和资金的消耗减少到最低限度。保证原材料与产品零库存和运输零距离,从而有效地降低成本是星网工业园成功的奥秘所在。

案例思考与讨论

1. 星网工业园成功的奥秘是什么? 为什么说星网工业园的建立代表着一种全新的利用外资模式?

2. 什么是产业集群投资? 它是近年来跨国公司对外直接投资的一种新的趋势吗?

第五章

中国对外直接投资

学习要点

对外直接投资是中国对外开放战略的一个重要的组成部分,是"走出去"战略的主要内容,它与利用外商直接投资一起构成了中国资本要素国际移动方面有进有出的格局。本章先后论述了走出去战略、中国对外直接投资的发展特点与可能性、对外直接投资的管理、企业国际竞争力与对外直接投资的关系以及海外企业经营当地化等问题。本章的五节内容相互连贯,重点是前三节。

Key Points

Chinese overseas investment plays a significant role in the whole open-door strategy, and also is the main part of China's "go out" strategy. Chinese overseas investment and her utilization of FDI have together led to the situation of two–way capital flow in China. This chapter in sequence illustrates China's "go out" strategy, the characteristics and possibilities of Chinese overseas investment and its administration, the relationship between corporations' international competitiveness and overseas investment, and also the localization in overseas business operation. Section 1,2 and 3 are the key parts in this chapter.

第一节 实施走出去战略与企业对外直接投资

一、走出去战略的含义和层次

中国的对外开放战略包括两个相互联系的方面,即"引进来"与

"走出去"。在大力引进外资的同时,随着中国经济实力的增强和企业国际竞争力的提高,中国企业开始实行走出去战略,开始到世界各国进行海外投资,从事办厂开店等业务。对外直接投资的发展将为中国跨国公司的成长打下坚实的基础。

走出去战略有广义与狭义之分。广义的走出去战略指的是使中国的产品、服务、资本、技术、劳动力、管理以及中国企业本身走向国际市场,到国外去开展竞争与合作,到国外去发展;狭义的走出去战略是指中国企业所从事的各种对外直接投资活动,包括对外投资办厂、境外加工装配、境外资源开发、设立境外研发中心、建立国际营销网络、开展国际农业合资合作、开展跨国并购等,实质上是将各种生产要素输出到国外,将生产能力向国外延伸和布局。在现实中,有从广义角度讲的,也有从狭义角度讲的。目前,商务部使用的"走出去"概念是在狭义的基础上再加上对外工程承包与劳务合作。本章主要是从狭义角度探讨和使用走出去战略。走出去战略过去也称国际化经营战略、海外经营战略或跨国经营战略。走出去战略是与引进来战略(引进国外的资金、技术、管理、商品和服务等)相互对应着讲的,这两个方面共同构成了中国对外开放的完整格局,它们相辅相成。经济全球化加速发展的新形势和国与国之间经济上相互依存的加深,要求我们不仅要请进来,而且更要走出去。

一个企业走出去可以大体分为三个层次:第一个层次是商品输出,是指货物、服务、技术、管理等商品和要素的输出,主要涉及货物贸易、服务贸易、技术贸易以及承包劳务等。第二个层次是资本输出,是指进行各种形式的对外直接投资。如果一家企业的走出去战略发展到了第二个层次,特别是海外投资达到一定的规模(在两个或两个以上的国家拥有企业)后,这家企业也就变成了跨国公司。第三个层次是品牌输出,当一家企业拥有了著名品牌以后,它不仅可以授权国外的企业使用该品牌,还可以利用品牌的影响力与国外开展合资合作,并且可以借助品牌的知名度扩大产品的销售,可以说品牌是大跨国公司参与国际竞争的有力武器。本章中所使用的走出去战略主要是指企业走出去的第二和第三个层次。

二、实施走出去战略的必要性和作用

(一) 实施走出去战略是适应经济全球化发展的必然要求

在当今世界经济中,各国企业开展跨国经营已形成趋势和潮流,中国企业也不例外。面对 21 世纪,能否在利用国外资源和市场发展中国经济方面取得新的突破,是关系到中国今后发展全局和前景的重大战略问题。经济全球化的发展把整个世界变成了一个"地球村",中国只有顺应这一潮流,突破国界的局限,把视野和目标从国内扩展到全球,建立一个在全球化环境中同样能够取得成功的经济体系,才能确保中国现代化目标的实现和长期持续的发展。经济全球化还使世界经济格局发生新的变化,几乎所有国家都感受到了由此而带来的巨大压力和深刻影响,各国政府不得不重新考虑自己在新的世界经济分工格局中的地位,认真分析如何在一个更加开放、更加相互依存、更加市场化的世界中生存与发展。实施走出去战略,是使中国的对外开放发展到一个新水平的重要举措。它的实行有利于中国适应经济全球化的新形势,更好地参与经济全球化的进程,在新的国际分工格局中占据有利地位;有利于发挥中国的比较优势,促进国内企业积极参与国际竞争与合作。

(二) 实施走出去战略是合理配置资源和更好地利用国外资源的要求

世界上任何一个国家都不可能拥有经济发展所需要的全部资源,都会遇到资源约束的问题。经济发展所需要的资源既包括自然资源,也包括资本、技术、经济管理、经济信息、劳动力等生产要素。为了满足本国经济发展的需要,就需要从国外输入各种自然资源和各种生产要素,与此同时,也可以向国外输出本国相对充裕的各种资源和生产要素。利用本国和他国的不同资源和要素优势,在国际上实现资源和要素的合理流动与重新组合配置,获得绝对和相对利益,这也是发展实施走出去战略的一个重要动因。资源特别是关系到国计民生的战略资源,仅依靠传统的贸易渠道获得是不稳定的。因此,需要审时度势,抓住机遇,通过对外投资,获得国内经济发展长期需要的短缺资源。

(三) 实施走出去战略有利于经济结构调整和产业结构优化

要想在更广阔的空间里促进经济结构调整和产业结构优化配置,拓展新的经济发展空间和新的经济增长点,增强中国经济发展的动力和后劲,就需要实施走出去战略。20 世纪 90 年代以来,中国经济已经从卖方市场转向买方市场。目前,国内家电、纺织、重化工和轻工等行业的生产能力过剩,产品积压,技术设备闲置,造成浪费,急需寻找新的市场。通过对外投资,带动国产设备、原材料以及半成品出口,可以有效拓展国际市场。例如,家电行业,近年来持续不断的以降价为主的价格战说明该行业总体上已是供过于求。在国内市场供过于求的情况下,一方面,企业要考虑转产,并考虑提升技术水平;另一方面,企业应积极走向国外,开展实施走出去战略,尤其是到海外投资设厂,向国外输出生产加工能力,把成熟的技术转移到其他有需求的市场上去。中国企业要想在国际市场占据更大的份额,必须在建立销售网络和售后服务网点的基础上,拓展新的生存和发展空间,变商品输出为资本输出,在国外投资设厂并按照当地需求提供产品和服务,从而向国际市场的纵深渗透。

（四）　实施走出去战略是突破国外反倾销等贸易保护壁垒的需要

入世后,中国企业的产品进入国际市场将更加容易,但美国和欧盟均保留了在中国入世后15年内仍将中国视为非市场经济国家的条件,所以,入世后中国出口商品仍面对反倾销调查。别的国家实施反倾销,如果不去应诉,结果就是丢掉市场,如果去应诉但应诉失败,结果也是丢掉市场。对付反倾销调查的方法除了有关企业联合起来应诉或借助世贸组织的争端解决机制求得解决以外,还有一个更为有效的方法就是变国内生产国外销售为国外生产国外销售,也就是进行海外投资,设立海外企业,企业直接走出去。中国企业应当学会通过海外投资的方式走出去,从而彻底避免反倾销调查。因为,联合应诉是一种被动的,即使赢了官司也会削弱企业竞争力的方法。实行走出去战略除了有利于突破反倾销方面的贸易保护主义之外,还有利于克服以原产地规则和反补贴等形式出现的贸易保护主义。

（五）　实施走出去战略有利于提高中国的国际地位

提高中国的国际地位是走出去战略的多元目标之一。中国的企业走出去得越多,中国的商品和技术走出去得越多,越有利于在国际上树立中国的大国形象,提高中国的国际竞争力,提高中国的地位,维护和保障国家的安全与利益,促进祖国的统一,推动建立公正合理的国际经济新秩序。

（六）　走出去战略的实行是发展中国自己的跨国公司的需要

要增强中国经济的国际竞争力,就需要建立中国自己的跨国公司。现在,中国已经有自己的跨国公司了,但是数量太少,2012年进入世界500强的有73家(不含台湾地区),而且总体实力也不够强。中国要大力发展自己的跨国公司,要形成若干家有国际影响的大跨国公司,就必须加快发展海外投资。走出去战略的实行将有力地催生和培育中国的跨国公司,加速中国跨国公司的成长壮大。

（七）　入世后国内经营环境的变化和市场竞争的加剧迫使企业必须走出去

中国已经正式成为WTO成员,对外开放的步伐比入世前明显加快,国界对国际竞争的屏障作用越来越小,国内企业面临着发展空间受到挤压的危险。首先,入世后,由于贸易壁垒的大量减少和国民待遇的实施,外国商品和服务将更容易进入国内市场,随着国外商品和服务进入数量的增加,国内商品市场和服务市场将出现更加激烈的竞争,国内企业将面临更加困难的经营局面。其次,由于入世后国内服务市场将扩大对外资的市场准入,外国服务业企业尤其是服务业跨国公司将大举进入中国的金融、保险、电信、旅游、商业、外贸和专业服务等行业,因而国内市场这方面的竞争也将空前激烈,企业也将遇到挑战。再次,入世后,中国将根据世贸组织的原则对已经批准设立的目前仍在注册运营的 20 多万家外商投资企业逐步实行国民待遇,主要是取消给予外商投资企业的低国民待遇。取消给予外商投资企业的低国民待遇(如行业准入和业务经营限制等)将使内资企业以往所获得的一定程度的产业保护消失,从而增加生产经营风险和困难。面对入世后日趋激烈的市场竞争,国内企业要积极地迎接挑战。一方面,要发挥本土作战优势,改进管理,勇于创新,切实提高竞争力;另一方面,就是要实施走出去战略,走向广阔的国际市场,寻找新的企业生存和发展空间。中国企业只有实施了走出去战略才能更好地享受入世后所享有的权利,才能更好地抓住入世所带来的发展机遇。

第二节　中国企业对外直接投资的
发展、特点与可能性

一、中国企业对外直接投资的发展

新中国成立后的 60 多年来,企业对外直接投资大体上经历了以下几个发展阶段:

第一个阶段自 1949 年到 1978 年,为初步发展阶段。从新中国成立到实行改革开放政策以前的近 30 年间,中国企业在海外开展了一些直接投资活动。这期间,为了开拓国际市场,发展与世界各国的贸易往来,各专业外贸总公司先后分别在巴黎、伦敦、汉堡、东京、纽约、新加坡以及中国香港等国际大都市设立了海外分支机构,建立了一批贸易企业。与此同时,中国的一些与贸易相关的企业也在海外投资开办了一些远洋运输和金融等方面的企业。这是继新中国政府接管在香港的一批中资企业后,新中国国内企业自己到海外投资开办的首批企业。这批海外企业的投资规模普遍较小,多分布在世界上的一些著名港口和大城市,主要从事贸易活动,基本属于贸易性的海外投资。这批海外企业的设立为新中国对外贸易事业的发展作出了积极的贡献。

第二阶段自 1979 年到 1985 年,为进一步发展阶段。自从 1979 年中国实行改革开放政策以后,国内企业到海外投资办企业得到了较迅速的发展。1979 年11 月,北京市友谊商业服务总公司与日本东京丸一商事株式会社在东京合资开办了京和股份有限公司。这是中国实行改革开放政策后在海外开办的第一家合资经营企业。该企业的主要经营范围是为北京市食品工业企业的更新改造引进技术和设备,在日本开办北京风味餐馆和提供厨师服务等。1980 年 3 月,中国船舶工业总公司、中国租船公司与香港环球航运集团等共同投资 5 000 万美元,合资成立了国际联合船舶投资有限公司,总部设在百慕大,在香港设立国际联合船舶代理公司,从事代理中国船舶及船用设备的进出口和经营国际航运业务,中方占投资的 45%。这是当时中方投资额最大的海外合资企业。这一阶段,中国在海外投资开办的企业还有:在我国香港开办的从事金融业务的企业——中芝兴业财务有限公司,在日本开办的从事经济技术咨询服务的企业——京达股份有限公司,在也门开办的从事承包工程的企业——也中建筑工程有限公司,在荷兰开办的分别从事轮船代理业务和船舶物料供应的企业——跨洋公司与远通海运服务公司以及在澳大利亚开办的从事航运代理业务的企业——五星航运代理股份有限公司等。

第三个阶段自 1986 年到 1992 年,为加快发展阶段。在这一阶段,中国对外直接投资有了较快的发展,主要表现在:参与海外投资的国内企业类型增加,不仅包括外经外贸企业,而且包括工业企业、商贸物资企业、科技企业及金融保险企业等;海外投资的领域进一步拓宽,在服务业、工农业生产加工、资源开发等几大产业内的若干行业中都有海外企业设立;海外企业的数量增加,截至 1992 年年底,海外非贸易性企业达 1 360 家,海外贸易性企业达 2 600 家,海外贸易性企业和非贸易性企业的中方投资总额达 40 多亿美元;海外企业分布的国家和地区更加广泛,到 1992 年年底,中国企业已经在世界上 120 多个国家和地区设立了海外企业。

第四阶段自 1993 年到 1998 年,为调整发展阶段。由于整个国民经济发展中存在经济发展过热、投资结构不合理、物价上涨过快等现象,从 1993 年年中开始,国家决定实行经济结构调整,紧缩银根,让过热的经济软着陆。与此相应,海外投资业务也进入清理和整顿时期,国家主管部门对新的海外投资实行严格控制的审批政策,并要求各部门和各地方已开办的海外企业重新登记,海外投资的发展速度开始放慢。在这 6 年间,中国对外直接投资额为 12.78 亿美元,批准设立海外企业 1 500 家左右。通过对以往海外投资经验、教训的总结和对中国企业国际竞争力现状的分析,在这一阶段的后期,中国政府提出了发展海外投资的新的战略方针:鼓励发展能够发挥我国比较优势的对外投资,更好地利用两个市场、两种资源;组建跨行业、跨部门、跨地区的跨国经营企业集团;在积极扩大出口的同时,要有领导、有步骤地组织和支持一批有实力、有优势的国有企业走出去,到国外,主要是到非洲、中亚、中东、东欧、南美等地投资办厂。新的海外投资战略方针的提出预示着海外投资将出现新一轮快速发展时期。

第五阶段自 1999 年至今,为新的较快发展阶段。从 1999 年开始,为了推动出口贸易的发展,为了加快产业结构的调整,为了向海外转移国内成熟的技术和产业,中国政府提出鼓励有实力的国内企业到海外投资,通过开展境外加工装配、就地生产、就地销售或向周边国家销售,带动国产设备、技术、材料和半成品的出口,扩大对外贸易。上述新的政策措施被系统地概括成为走出去战略。为了加快实施走出去战略,商务部先后向 200 多家企业颁发了"境外加工贸易企业批准证书"。由境外加工贸易而引发的海外投资将成为今后中国海外投资一个新的增长点,这种类型海外投资的加快发展还将导致海外投资主体、方式和行业结构出现新的变化。另外,中国加入世界贸易组织后,在外国企业和产品大举进入中国市场的同时,中国企业也应当大步走向国外,以充分抓住入世后的机遇和充分利用其他缔约方给予我们的权利。目前,海外投资行为更趋合理,盲目投资减少,以市场为导向,以效益为中心,正逐步成为中国企业海外投资遵循的基本原则。随着海外投资规模的扩大和海外投资企业数量的增加,中国的跨国公司也应运而生。按照跨国公司的定义来推算,目前中国已经具有了一批自己的跨国公司。

根据商务部和国家外汇管理局统计,2011 年,中国对外直接投资额达 746.5 亿美元。其中,非金融类直接投资 685.8 亿美元,占 91.9%;金融类 60.7 亿美元,占 8.1%。根据联合国贸发会议统计,2011 年中国对外直接投资流量排名世界第九位,存量位居第六位。截至 2011 年年底,中国 13 500 多家境内投资主体共在海外设立对外直接投资企业 1.8 万多家,分布在全球 177 个国家(地区),对外直接投资累计净额(存量)4 247.8 亿美元,年末境外企业资产总额近 2 万亿美元。

二、中国企业对外直接投资的特点

中国企业对外直接投资具有以下特点:

第一,从发展规模和投资主体看,海外投资发展速度比较快,平均投资规模逐步扩大,投资主体不断优化。自从实行改革开放政策以来,中国对外直接投资就在原来较低的基础上获得了迅速的发展,并已形成一定规模,海外投资企业数量和对外直接投资金额的年均增长率都较高。近年来,国内一些规模较大的行业排头兵企业、技术较先进的企业以及具有名牌商品的优秀企业加入到海外投资的行列中来。2011 年,中国对外直接投资主体继续保持多元化格局,在非金融类存量中,占据前三位的是:国有企业所占比重为 62.7%,较上年下降 3.5 个百分点;有限责任公司占 24.9%,较上年增加 1.3 个百分点;股份有限公司占 7.6%,较上年增加 1.5 个百分点。在投资主体不断优化的同时,海外投资企业的中方平均投资规模也在不断扩大。据商务部统计,目前平均投资规模超过 1 000 万美元。

第二,从地区分布看,海外投资企业分布的国家和地区广泛,越来越呈现出多元化趋势。截至 2011 年年底,中国的近 1.8 万余家对外直接投资企业分布在全球 177 个国家或地区，投资覆盖率为 72%，其中在亚洲和非洲的投资覆盖率分别达 90% 和 85%。从境外企业的地区分布来看，中国在亚洲设立境外企业数量近万家，占总数的 53.6%，其中在香港地区设立境外企业超过 4 500 家，占境外企业总数的 25.3%；在欧洲设立了近 2 500 家，占 13.5%；在非洲地区设立的境外企业数量超过 2 000 家，占 11.5%；在北美洲地区设立了近 2 500 家，占 13.7%；在拉丁美洲地区有 800 多家，占 4.6%；在大洋洲地区有 500 多家，占 3.1%。总体来看，中国海外企业的分布格局与中国对外贸易的市场结构有着一定的联系。

第三，从行业分布看，第一、第二和第三产业都有分布。制造业占境外企业总数的 30.8%，批发零售业占 25.3%，租赁和商务服务业占 12.5%，建筑业占 6.4%，采矿业占 4.3%，农、林、牧、渔业占 4.2%。近些年，资源开发、金融与批发零售等服务业、境外加工制造业等行业因受到国家政策鼓励而成为中国海外投资的重要领域，发展较快。从对外直接投资存量的行业分布来看，租赁和商业服务业、金融业、采矿业、批发零售业、制造业、交通运输业六个行业占 89%，其中租赁和商务服务业占 33.5%，金融业占 15.9%，采矿业占 15.8%，批发零售业占 11.6%，制造业占 6.3%，交通运输业占 5.9%；在投资存量中另外几个所占比重较大的行业是：信息传输业、计算机服务和软件业占 2.2%，房地产业占 2.1%，建筑业占 1.9%。

第四，从出资方式、企业所有权结构和设立方式看，出资方式多种多样，所有权结构以合资合作居多，设立方式新建与并购并举。中国企业对外直接投资的出资方式（或称投资方式）越来越多样化，有的以现汇出资（含企业自有资金和国内贷款），有的以从国外获得的贷款出资，有的以国内机械设备等实物出资，还有的以国内的技术专利或专有技术（含劳务）出资。从中国海外投资企业所有权结构来看，海外独资企业占 30% 左右，与东道国或第三国共同举办的合资与合作企业约占 70%。这些海外投资企业分别采用了股份有限公司和有限责任公司的组织形式。中国海外投资企业的设立多采用新建方式（含股本投资、利润再投资和其他投资），采用国际上较流行的并购（含股权置换）方式设立的原来较少，但近年来不断扩大。以 2011 年为例，通过并购方式实现的对外投资占当年对外直接投资流量总额的 36.4%。

第五，从与国内母公司的关系看，海外投资企业对国内母（总）公司的依赖仍然比较重，自我开拓和横向联系能力有待加强（境外企业总数的 95% 为子公司或分支机构，只有 5% 属于联营公司）。就目前的状况而言，中国部分海外投资企业各方面业务多由国内直接控制，是国内母公司的补充，没有在海外当地形成属于本企业自己的营销网络和信息渠道。还有一些海外企业只是与母公司进行双向联系，海外企业之间以及海外企业与当地企业之间的横向联系较少。一些海外企业还没有树立在海外独立作战的意识，没有自己独立的品牌，没有把整个世界市场作为经营与赚钱的舞台,以实现在全球范围内进行资源优化配置和产品生产与销售的合理布局。

三、中国企业开展对外直接投资的可能性和条件

现阶段,中国企业到海外投资创办企业的可能性和条件主要有:

首先,中国已经拥有一批具有一定实力且在国际上享有信誉的企业。在美国《财富》杂志公布的 2012 年全球最大的 500 家企业中,中国有 79 家企业入围,超过了日本(68 家),仅次于美国(132 家)。其中,中国内地公司 70 家,香港地区公司 3 家,台湾地区公司 6 家。内地公司中有三家进入了前 10 名,中国石化集团、中国石油天然气集团和国家电网分别位列第 5、第 6 和第 7。在联合国贸发会议发表的《2009 年世界投资报告》中,按海外资产多少评选公布了"2007 年发展中国家非金融类跨国公司 100 强",中国内地有 11 家公司入选,这 11 家中国跨国公司控制着约 800 多亿美元的海外资产,海外雇员达 10.7 万人。在《美国工程新闻记录》(ENR)评选的 2012 年国际承包商 225 强中,中国内地共有 52 家企业入选,占入选企业总数的 23.1%;而在该杂志评选的 2012 年世界最大的 200 家设计公司中,有中国电力工程顾问集团等 21 家中国公司入选,占入选企业总数的 10.5%;在英国《银行家》杂志评选的 2012 年世界最大的 1 000 家银行中,中国的银行上榜数量上升到 104 家,首次赶超日本并仅次于美国,其中中国工商银行、中国建设银行、中国银行和中国农业银行四家银行都进入了前十名。上述事实说明,中国已有一批在国际上具有一定实力和影响力的企业。这些企业管理科学,经营机制先进,信誉较好,有一定的跨国经营和海外投资办厂经验,比较优势明显。它们既可用自有资金进行海外投资,也可以利用在国际金融市场上筹集的资金进行海外投资。另外,中国的大多数大型企业或企业集团都已制定了国际化经营战略,这也将有力地促进和推动中国海外投资事业的发展。

其次,中国已经具有一定的资金实力。2012 年前 7 个月中国外贸出口达 11 312.4 亿美元,2011 年年底国家外汇储备余额达 31 811.48 亿美元,2012 年中国的人均 GDP 约为 5 184 美元。这些数字说明中国每年拿出一部分资金进行海外投资和创办海外投资企业是有条件的。应当说,中国国际资本流动格局中流入大于流出的状况还会存在若干年,但这种格局正在逐步发生变化,流出与流入之间的差额正在逐步缩小。中国正在由贸易大国向投资大国转变,正在由对外直接投资的潜在大国向现实大国转变。中国已经发展到应适当加快海外投资的新阶段,资金方面的有来有往是当今国际经济发展的潮流,两者之间是可以相互促进的。

再次,中国在技术和设备方面具有比较优势。中国在一些技术领域拥有国际先进水平,而且具有大量的适用技术、特色技术和传统技术,技术商品的价格

相对便宜,这些技术在广大发展中国家是受欢迎的。同样,在单项设备和成套设备方面中国也具有相对优势。特别是近年来中国国内许多产品变成长线产品,许多企业的生产能力闲置,因此也迫切需要借助海外投资向海外转移具有一定竞争力的设备和技术。

最后,中国在管理和人才方面也具有一定的优势。尽管中国企业的总体管理水平同发达国家相比还有差距,但是,在一些地区和行业以及一些企业中管理水平还是比较先进的。例如,近年来青岛海尔集团以其卓有成效的管理而在国际上扬名,其管理经验和案例已经进入国外著名商学院的课堂和教科书。在改革开放的过程中,中国一些企业已经培养和锻炼了一批熟悉国际惯例和市场环境,有能力在海外从事生产、经营和管理的人才。

总之,无论是从客观条件还是从主观条件来看,中国企业进行海外投资和跨国经营都是具有可能性的。

第三节　中国对外直接投资的管理

一、中国对外直接投资的宏观管理

对海外投资的宏观管理主要是指国家政府各级主管部门依据中国法律和现行的相关政策,通过行政、经济和法律等手段,对中国企业和其他经济组织在境外投资设立的合资与合作企业的中方和独资企业进行的管理。上述政府各级主管部门包括:商务部、国家发展与改革委员会、国有资产监督管理委员会、财政部、国家外汇管理局、人力资源和社会保障部、海关总署等国务院直属职能部门,以及各省、市、自治区、计划单列市的外经贸管理部门等。宏观管理是多方面、多层次的,主要有对海外投资的促进、扶持、核准、保护、奖励、限制、监督、检查、惩罚和撤销等。现阶段,对海外投资的宏观管理分为综合性归口管理、专业性管理、地方政府的管理和中国驻外使领馆的管理四个方面。

商务部(原外经贸部)和国家发展与改革委员会是国务院授权的海外投资业务的归口管理部门,其主要管理职能有:制定海外投资的有关管理办法,根据有关制度对海外投资进行统计并发布公报,对海外投资企业进行年检,制定海外投资的国别产业导向目录,制定鼓励和扶持海外投资的措施,等等。商务部的归口管理是宏观管理的一个重要方面。这些年来,商务部先后制定了一系列有关对外投资管理的规定和办法,如境外投资开办企业核准事项的规定、对外直接投资统计制度等。到目前为止,有关境外投资的管理体系、法规体系、促进体系、服务体系和保障体系等有的已经建立,有的正在构建之中。

对境外投资的专业性管理包括外汇管理、国有资产管理和劳动工资管理。国家外汇管理局、中国人民银行、国有资产监督管理委员会、人力资源和社会保障部等是中国境外投资业务的协助管理部门,主要负责与境外投资有关的外汇汇出汇入、资金投放、劳动工资和境外国有资产管理等方面政策的制定、执行和监督。近年来,《境外投资外汇管理办法》《境外国有资产产权登记管理暂行办法》等专项法规的颁布实行,使这些方面的管理做到了有法可依,发挥了积极的作用。

各省、市、自治区、计划单列市政府和国务院有关部委依照国家的有关法规,对本地区和本行业的企业开展的海外投资业务的管理也属于政策性的宏观管理和调控。地方政府和有关部委的职能主要是根据本地区、本行业的综合优势与特点,在国家统一规划的范围内,确定本地区、本行业的重点投资方向和领域,制定有关境外投资的各种具体管理办法和措施。

中国驻外使(领)馆经济商务参赞处(室)也负责对设在所在国(地区)的中国海外投资企业进行指导和管理。这方面管理的具体内容包括:维护中国独资企业和合营企业中方的正当权益;监督检查中国在当地投资的独资企业与合营企业中方贯彻执行国家的方针政策、遵守所在国(地区)法律法规的情况;协调中国境外企业与当地政府的关系,使其生产经营活动有利于推动两国间经济联系的健康发展。

总体而言,国家对海外投资宏观管理的目标主要有五个:一是对海外投资的规模与总量进行调控,二是调整和优化海外投资的地区、国别、行业(领域)、主体、方式结构,三是提高海外投资的经济与社会效益,四是确保海外国有资产的保值和增值,五是为海外投资活动和海外投资企业提供各方面的服务。

二、中国对外直接投资的行业导向

考虑到目前中国进行海外投资的可能性和世界直接投资发展的新特点,以及中国国内产业结构调整和优化的目标。现阶段中国海外投资的重点行业有以下几个。

(一) 加工装配型的制造业

设立这类企业可以突破东道国实行的贸易保护主义政策,带动和扩大国内的技术、设备、半成品、零部件和原料的出口,实现就地生产、就地销售和向第三国销售;与此同时,还可以充分利用中国企业在设备、技术和人力等方面的比较优势,取得比较利益。目前,国家对这一行业的海外投资给予重点支持,为此制定了一系列鼓励和优惠政策。这一行业主要涉及机电行业和轻工服装业,具体涉及汽车、摩托车、小型农机具的组装和电视机、电冰箱、洗衣机、电风扇、空调器等家用电器的加工装配等。

（二）资源开发行业

资源开发性项目一般建设周期长、投资额较大。过去的十几年,资源开发型项目成为中国对外直接投资的一个重点,今后仍应是中国海外投资的重点。这是因为中国人均占有资源不多,在海外对中国短缺资源项目进行投资,有利于打破资源垄断,具有重要的战略意义。

（三）科技开发行业

该行业的直接投资分为三类:第一类是通过对中国目前技术上仍属空白或落后的东道国技术密集型企业的投资和参加管理,从中学习和吸取对方的先进技术,将技术带回国内应用。第二类是在国外发达国家组建高科技新产品开发公司,将开发的新产品交给国内企业生产,然后再将产品销往国外。第三类是指鼓励国内的高科技企业走向国际市场,进行海外投资,扩大高科技产品的出口,实现科技产品的国际化。国家鼓励和支持技术含量较高的海外投资项目的发展。

（四）工程承包与劳务合作业

中国具有丰富的劳动力资源,中国承包劳务企业在国际市场已具有较强的竞争力,因此,国家支持承包劳务企业在海外创办一些相关企业,以扩大中国的海外工程承包和劳务合作业务。

（五）服务贸易行业

这类企业包括金融保险、进出口贸易、商业批发、信息咨询、运输通信、医疗卫生、旅游、广告、维修服务等行业的服务性企业。通过创办独资或合资的服务行业企业,可以直接扩大中国的服务出口,并可间接促进中国有形商品的出口。

第四节　企业国际竞争力与对外直接投资

一、企业国际竞争力概念

（一）企业国际竞争力及与其他几个相关概念的关系

企业国际竞争力是指在世界经济的大环境下,一国企业以较国外的竞争者更有吸引力的价格、质量和售后服务生产并销售货物和服务,或者以资金、技术、管理和品牌等方面的比较优势到国外投资办厂并在与当地企业的竞争中不断发展的能力。在经济全球化的时代,一方面企业为了生存和发展要走向国际市场,开展跨国经营,介入国际竞争,寻求国外的资源、技术和销售空间等;另一方面,随着各国市场越来越开放和相互贸易与投资的增加,企业虽然未出国门,却难免在国内市场遭遇到很多外来竞争者。也就是说,在今天,不论企业是在国内还是在国外,为了持续发展,都必须具备参与国际竞争的实力。

国际竞争力已成为现代企业不可或缺的一种力量。企业从事对外贸易活动也好,从事对外直接投资业务也好,都必须以具备一定的国际竞争力作为前提和基础。当然,开展跨国经营后,企业将面临相对陌生的环境和激烈的市场竞争,这对企业无疑既是考验也是锻炼,因而也有利于锤炼企业的国际竞争力,从另一方面讲也有提高竞争力的反作用。

一家企业如果具有国际比较优势或竞争优势也就意味着其具有一定的国际竞争力,因为优势是竞争能力的表现。当然,将潜在的比较优势转化成现实的竞争优势还需要企业或政府采取一些具体的政策措施加以推动。拥有国际绝对优势则表示拥有绝对的国际竞争力,但这很难做到,即使做到了,在竞争激烈和技术更新周期不断缩短的情况下也很难长久保持。国际竞争力可以分为国家整体竞争力和企业竞争力两个方面,企业竞争力是国家竞争力的核心,是一国整体国际竞争力的基础。

我们在研究企业国际竞争力问题时,还经常遇到产品国际竞争力、产业国际竞争力和国家竞争力等概念,这些都是国际竞争力在不同层次和角度上的体现。产品国际竞争力是企业国际竞争力的一项具体指标,是指在国际市场上一项产品或服务由于其使用价值的特殊性或价格优势而形成的占有市场、持续获取利润的能力。产业国际竞争力指的是一国特定产业以其比其他国家相关产业更高的生产管理能力,向国际市场出口并销售产品或服务,或者是进入他国市场投资创办企业并生存发展下去的能力。国家竞争力也称为国家国际竞争力,是一个国家的经济、科技、企业管理、政府管理、基础设施、国民素质等在国际上的地位和影响力,是一国通过国际交流和国际交换保障并扩大其国民利益的能力。国家竞争力不同于综合国力,综合国力讲的是一国的整体实力,偏重静态分析;而国家竞争力分析既包括静态也包括动态,既包括综合国力,也包括实现和提高综合国力的社会经济环境的竞争力,以及保持长期持续发展的内在的成长能力。

上面提到的产品、企业和产业国际竞争力都受一定贸易条件的影响。我们所定义和分析的竞争力是指在自由贸易(投资)或排除贸易壁垒和投资限制的条件下,产品、企业和产业在国际市场上的状况和地位。这几个概念密切相关,但又彼此区别,它们之间的关系可以用图 5-1 来表示。

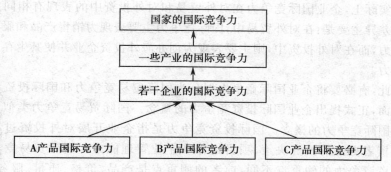

图 5-1　产品、企业、产业和国家国际竞争力关系

不可否认,在这几个概念中,位于最基础地位的是产品的国际竞争力,只有有形的商品和无形的服务卖出去了,才可谈及其他国际竞争力,否则便无从谈起。但是,最核心的还是企业的国际竞争力,因为企业是参与国际竞争的能动的主体,是社会生产的细胞,是社会财富的主要创造者,企业竞争力的内涵比产品竞争力的内涵要丰富得多。产品是由企业生产的,产品又是在不断地更新换代的,其生命周期比企业短。企业竞争力是核心,还可以从产业竞争力与企业竞争力的相互关系中看出。我们讲某个产业具有国际竞争力,说到底是因为这个产业中有若干企业已经具有了国际竞争力。当一个国家的若干产业在国际上显示出比较强的竞争力的时候,从经济角度而言,这个国家也就同时具备了较强的国际竞争力。企业是竞争的主角,是推动竞争力提高的引擎,企业国际竞争力决定了产业国际竞争力,进而也就决定了一国国家竞争力的强弱。

由此看出,从产品竞争力到国家竞争力是从微观到宏观内在逻辑的体现:产品是企业生产的,若干企业的竞争力构成一个产业的竞争力,若干产业的竞争力构成一个国家的竞争力。国家竞争力居于最宏观和最高层次,是其他几个层次竞争力的集大成,无论是提升企业竞争力还是提升产业竞争力,都是为了增强该国的国际竞争力,提高国家竞争力是当今一个国家经济社会发展的首要目标之一。

(二) 对企业国际竞争力现有概念的评价

上面关于企业国际竞争力的概念,既包括企业国际竞争力在对外贸易方面的反映,也包括了在对外投资方面的表现。目前存在的一些企业竞争力或企业国际竞争力概念,基本上都没有考虑投资或对外投资问题,所下的定义仅仅顾及了贸易或对外贸易方面。应当说,在当今国与国之间经济交往方式日趋多样化,国际直接投资和跨国公司所发挥的作用越来越大的情况下,这样的定义是不全面的。实际上,企业国际竞争力在对外贸易和对外投资中的表现有相同点也有差异。差异主要是:在对外贸易中,国际竞争力主要表现为销售产品和服务并获利的能力,而在对外投资中,则主要表现为创办海外投资企业并使其生存发展下去的能力。

因此,有必要将企业国际竞争力划分为国际贸易竞争力和国际投资竞争力两个方面,正式提出企业国际投资竞争力的概念。国际贸易竞争力类似于已有的企业国际竞争力的概念。国际投资竞争力是指企业开展对外投资过程中较其他投资者更强的投资决策、项目运作和企业管理能力。国际贸易竞争力与国际投资竞争力的侧重点不同,前者的侧重点是产品、价格、质量、服务、营销和品牌等方面的竞争力,后者则侧重于项目投融资、技术、管理和品牌竞争力等方面。

二、企业国际竞争力与海外投资的关系

(一) 企业国际竞争力是对外直接投资的基础和前提

1. 企业拥有某种优势资产是开展对外直接投资的前提条件

企业拥有某种优势资产是其开展对外直接投资的重要前提条件。无论是以货币资本出资,还是以品牌、技术或管理出资,均要求投资企业要么拥有较强的资金实力,要么拥有可资利用的无形资产。既没有什么优势资产又不能通过各种渠道获得优势资产的企业,根本不可能从事对外直接投资。

2. 企业较强的国际竞争力是开拓国际市场的重要保障

这分为以下两种情况:一种是投资前期的市场开拓,另一种是投资后期的市场开拓。不过,无论是前期的市场开拓,还是后期的市场开拓,均需要企业具备一定的国际竞争力。以制造业为例,只有企业拥有了质量过硬的产品、优质的服务和先进的技术等才有可能征服当地市场。海尔集团开拓国际市场的经验足以说明这一点。海尔集团较强的产品竞争力为其投资前期和投资后期的市场开拓作出了巨大的贡献,可以说,没有海尔集团较强的产品竞争力,其海外投资企业很难在当地立足。

3. 企业的管理竞争力是海外企业有效运作的重要保证

管理竞争力使企业竞争力的一个重要组成部分。海外企业管理是中国企业对外直接投资的关键环节之一,这一点对于以并购方式建立的海外企业来说,就显得更重要。可以说,并购后企业整合的顺利与否直接影响着整个投资的成败。一般而言,企业管理竞争力越强,特别是跨文化管理能力越强,海外企业的运作就会越好,其发展也越快,并购后企业整合得也就越迅速。因此,中国企业只有不断提升管理竞争力才能保证海外企业的有效运作。

（二）海外企业在经营管理过程中也要不断提高竞争力

1. 海外投资过程是企业国际竞争力不断移植的过程

海外企业也有一个成长过程，也要经历一个从小到大、由弱到强的过程。因此，即便母公司具有很强的国际竞争力，其海外投资企业也不可能立刻就拥有强大的竞争力。海外企业只有在国外激烈的市场竞争中将母公司的竞争力逐渐移植过来，才能真正具备竞争力。

2. 激烈的市场竞争迫使海外企业不断提升竞争力

虽然海外企业在面对激烈的市场竞争时可以得到母公司的支持，但这种支持只是暂时的和有限度的，要想应对所在地市场的激烈竞争还必须依靠自身竞争力的不断提升。实际上，企业的发展正如逆水行舟，不进则退，没有发展就无法生存。对于母公司来说，也只有海外企业的竞争力得到不断提升，它才能源源不断地为母公司带来可观的利润。

（三）海外投资是企业提高竞争力的重要手段

国际竞争力是企业开展对外直接投资的基础和前提。但反过来看，跨国经营和海外投资又是企业提高竞争力的重要手段之一。因为，一方面，企业通过海外投资可以获得企业急需的资源，这些资源既包括先进技术和管理经验等无形资源，也包括自然资源等有形资源。它们对企业整体竞争力的提升起着重要的促进作用；另一方面，企业通过海外投资扩大了市场份额，提高了品牌的知名度，从而进一步提升了国际竞争力。

三、提升企业国际竞争力与创建中国的跨国公司

（一）中国跨国公司的发展与现状

客观而言，经过这些年的发展，中国已初步拥有了一批自己的跨国公司。联合国贸易与发展会议公布的《世界投资报告》统计了中国跨国公司母公司数量（见表 5-1）。以中国内地为例，从 2001 年到 2007 年，跨国公司母公司数量从 379 家增长到了 3 429 家。《2009 年世界投资报告》还按海外资产多少评选公布了"2007 年发展中国家非金融类跨国公司 100 强"，其中入选的 11 家中国跨国公司就控制着约 800 多亿美元的海外资产，海外雇员 10.7 万人。入选 2007 年发展中国家非金融类跨国公司 100 强中的 11 家中国跨国公司情况见表 5-2。这一企业群体不仅包括国有大型企业集团，也包括颇具发展活力的私营企业；既有贸易公司，也有生产型企业。因此，不管是从数量还是质量上看，中国的跨国公司已初具雏形，发展潜力巨大。

表 5－1　中国跨国公司母公司数量

年份	中国内地	香港特别行政区	澳门特别行政区	中国台湾省
2003	2 000	948	35	606[b]
2005	3 429	1 167	46[a]	606
2007	3 429	1 167	46[a]	606[b]
2010	12 000	6 592		1 233

注:a 为 2004 年数据;b 为 2005 年数据。

资料来源:UNCTAD;World Investment Report 2011,Annex Table 34;World Investment Report 2009,P223;World Investment Report 2007,P218;World Investment Report 2006,P271。

表 5－2　入选 2007 年发展中国家非金融类跨国公司 100 强中的 11 家中国跨国公司

排名		公司	产业	资产（百万美元）		销售额（百万美元）		雇员（人）		TNI（％）
海外资产	TNI			海外	总额	海外	总额	海外	总额	
7	92	中国中信集团公司	多元化	25 514	180 945	3 287	14 970	18 305	107 340	17.7
10	70	中国远洋运输总公司	运输仓储	20 181	29 194	10 109	21 701	4 135	69 285	40.6
15	84	中建总公司	建筑	11 147	24 109	4 954	23 824	30 300	118 000	30.9
30	100	中国石油	石油、天然气、加工	6 814	191 185	3 246	122 341	22 000	1 167 129	2.7
42	75	中国石化集团	石油	4 812	14 886	24 274	31 412	225	26 632	36.8
48	61	联想集团	计算机及相关产业	4 030	7 180	10 226	16 352	5 340	23 111	47.3
80	96	中国交通建设股份有限公司	建筑	2 134	22 917	4 518	20 617	1 197	87 022	10.9
88	62	中国重汽（香港）公司	汽车	1 870	3 098	536	2 730	8 443	13 983	46.8
89	99	中国海洋石油总公司	石油、天然气	1 861	21 256	1 944	12 177	1 500	44 000	9.4
95	71	中兴集团	通信	1 740	5 610	2 750	4 761	14 971	48 261	39.9
97	95	中国五矿集团公司	金属及金属产品	1 722	10 233	3 459	21 364	798	44 425	11.6

注:TNI 表示跨国化指数,是 Transnationlity Index 的简写,有时也称跨国经营指数。跨国化指数是根据国外资产占总资产、国外销售额占总销售额和国外雇员占总雇员的比率这三个数据的平均数计算得出。

资料来源:UNCTAD;World Investment Report,2009,P231－233。

（二）发展中国跨国公司的必要性和原则

从国家战略高度来说，创建和发展中国的跨国公司是实施走出去战略的集中体现。实际上，从某种程度上说，走出去战略成败的关键就在于能否培育出一批中国自己的在国际上具有竞争力的跨国公司。不仅如此，伴随着经济全球化的发展，是否拥有确具实力的跨国公司，还是衡量一国综合经济实力和竞争力的重要标志。

从企业走出去的角度来说，一大批中国跨国公司的涌现是我国企业国际竞争力提升的重要标志。企业没有国际竞争力就不可能发展成跨国公司，因为跨国公司不是自封的，它是经过激烈的国际竞争打造出来的。

在培育中国跨国公司时应注意以下几个原则：一是市场取向原则。由于跨国公司的形成主体是企业而不是政府，所以在培养中国跨国公司时要特别注重发挥市场的作用，以市场作用为主，政府的扶持引导为辅。二是择优扶持原则。政府对发展跨国公司的扶持不应漫无边际和不加选择，而应主要针对管理出色、具有一定规模、经营状况良好的已具有一定国际竞争力的企业采取扶持措施。三是跨越所有制原则。培养跨国公司针对的是所有中国企业中的优势企业，而不应考虑其所有制性质。实际上，私营企业中已经有相当一批企业初具跨国公司雏形，略加扶持将很快发展起来。

四、提升中国企业国际竞争力的措施

（一）加快建立和完善现代企业制度

具有国际竞争力、能够成功地进行跨国经营的企业无一例外都建立了产权清晰、权责明确、管理科学的现代企业制度。而中国企业长期以来竞争力缺乏、海外投资效率低下的重要原因之一就是管理体制落后，对外界环境的反应和适应能力不强。为此，应加快企业现代企业制度的建立，使它们尽快成长为符合国际市场运行规则要求的新型主体。首先，企业应明确权责划分和内部关系，对于企业集团，应确立以资本为纽带的母子公司组织结构体制，各成员企业为独立法人，同时母公司作为子公司的出资人，通过持股、控股等产权方式建立母公司和子公司的关系纽带；其次，企业应完善法人治理结构；最后，企业应加强内部制度建设，建立员工选拔机制、人才的激励机制和对经营者的约束与监督机制。

（二）尽快形成全面创新的机制

创新是企业竞争力提升的源泉。对于中国企业而言，现阶段尤为重要的是进行经营理念、科学技术、管理方式和市场营销四个方面的创新。

（三）实施品牌战略

品牌国际竞争力的具体量化形式是品牌在国际市场上的知名度和市场占有率，即品牌的国际影响力。在激烈的国际竞争中，跨国公司倚仗的不仅仅是其雄厚的资金和技术实力，更重要的是它们的品牌优势。正是依靠品牌影响力，跨国公司才能将自己的势力扩张到其他国家和地区的市场中去。在产业结构剧烈调整的时代，品牌成为产品价值链的最高端，拥有国际品牌就能占有大部分的国际市场份额。可以毫不夸张地说，企业的真正竞争力是品牌的竞争力，品牌是企业竞争力的集中体现。

中国企业在跨国经营的过程中也要不断提升层次，即逐步从商品输出层次转向商品输出与资本输出并举的层次，然后再进一步上升，发展到商品输出、资本输出和品牌输出三结合的层次。为了加快这一进程的到来，企业必须重视品牌战略和品牌经营。从长远来看，以技术、产品、服务优势为基础的品牌，将是中国企业最终占领国际市场最有力的保证。具体来讲，企业要树立名牌意识，要借鉴国外企业成功的品牌成长和品牌运作经验，提高国内品牌自己的设计开发能力，使产品在竞争中获得高度的差异化，使品牌成为企业个性化和企业形象的标志。

（四）组建大型企业或企业集团

规模化经营是企业降低运营成本、加深专业化程度和提高产品质量的有效方法，也是企业提升国际竞争力的必要手段之一。目前，国际竞争力较强的企业基本上都是大型的跨国公司，《财富》世界500强就是比较典型的例子。以规模大而入选的500家公司基本上代表了全球企业国际竞争力的最高水平。因此，中国企业要想在国际竞争中取胜，也必须扩大自身的规模实力，组建大型企业或企业集团，将自身做大做强。

（五）培育企业核心竞争力

要提高企业的国际竞争力，就必须先从强化企业的核心竞争力入手，核心竞争力提升了，企业的国际竞争力自然也就提升了。鉴于缺乏核心竞争力是中国企业面临的一个突出问题，未来国内企业国际竞争力提升的关键在于核心竞争力的生成。

核心竞争力主要包括核心技术能力、组织协调能力、对外影响能力和应变能力，其本质内涵是让消费者得到竞争对手不可替代的价值、产品、服务和文化。由此可见，创新是核心竞争力的内在基础，品牌是核心竞争力的外在体现，而规模实力、人才资源、无形资产等则是核心竞争力的一般构成要素。因此，中国企业可以通过不断进行技术创新、打造品牌优势、扩大规模实力、保护无形资产、注重引进和培养人才等手段来培育和提高核心竞争力。

在培育企业核心竞争力的过程中,要特别注意处理好一元化经营与多元化经营的关系。当企业还不具有核心竞争力的时候,最好不要发展多元化经营,因为此时不健全的核心竞争力还不能确保多元化的成功。即使企业拥有了核心竞争力,在发展不相关多元化经营时也要特别谨慎,不具备一些特殊条件是绝对不能盲目发展不相关多元化的。盲目发展不相关多元化导致企业破产的例子在中外企业界数不胜数。

第五节　中国海外企业经营当地化

一、海外企业经营当地化的含义

经营当地化(Localization)又称经营属地化或经营本地化,是指海外投资企业以东道国独立的企业法人身份,按照当地的法律规定、文化习惯以及国际上通行的企业管理惯例进行企业的经营和管理。

海外投资企业在东道国开展生产经营活动,首先要承认自己在形式上是东道国当地的企业,是在东道国已形成的社会经济和法律环境下经营的法人,所以,要把经营当地化作为自己的基点和发展方向。实现了经营当地化,海外投资企业才算真正进入了所在国的经济运行体系之中。

要在激烈的竞争中站住脚,就要及时利用当地的人、财、物等多方面资源,要转化角色,在当地安家落户,将自己从中国的海外企业转变成东道国企业,不仅要建立生产中心,还要逐步设立销售中心、研发中心、采购中心、设计中心和管理中心等。

国际化与当地化是现代企业发展过程中相辅相成的两个方面,是结果与过程的关系,不可分割,必须正确地处理。企业开展对外直接投资是走向国际化的表现,但是,在国际化的过程中要兼顾当地化,从一定的角度来讲,当地化经营是国际化的进一步发展。

二、海外投资企业经营当地化的主要内容

(一) 经营管理当地化

经营管理当地化在企业经营管理方面实行一系列当地通行的做法。发达国家市场经济的发展较国内要早、要成熟,因而当地企业已经形成了一套适应市场经济环境需要的经营方式和经营手段,中国海外投资企业应尽快把这些做法学

到手并加以实际应用。例如,我们应采用当地或国际通行的企业制度、企业决策与管理方法、财务管理制度和会计方法、人事管理制度、营销策略、审计制度和方法以及企业资产信托机制管理方法等。只有实现经营管理的本地化才能想当地市场之所想,急当地消费者之所急,真正地贴近当地市场,才能因地制宜制定适合与当地其他企业竞争的战略。

(二)人员当地化

可以说人员当地化是所有当地化中最重要的,因为经营当地化主要还是要靠当地化人才来实施。人员当地化并不是指海外投资企业要百分之百地聘用当地人员,而是指可以大胆地、较多地聘用当地人员,不仅一般工作人员可从当地雇用,而且中高级管理人员(如总经理)也可从当地雇用,还可从当地雇用会计师、律师等专业人员。实行人员当地化政策可以充分利用当地的人力资源,为海外投资企业的发展注入活力。大量资料表明,跨国企业外派人员的失败率比较高,而且派遣母国人员赴海外企业工作的成本高,又与当地雇员和群体(政府、供应商、顾客等)存在沟通上的障碍。

(三)工资分配当地化

工资分配当地化又称国外工资制,它是指对国内外派人员实行与同企业内或同行业内外方人员相同的工资标准和待遇,把个人的工资收入与个人对企业贡献的大小挂钩。工资分配当地化后,国内外派人员原来享受的工资以外的福利待遇应取消(如免费住房、免费通信、免费用车、伙食补贴、交通补贴、往返国内机票补贴以及代缴的个人所得税等),外派员工应当像当地员工一样自己负担所有生活费用。

(四)品牌当地化

品牌当地化是企业及其商品能否被消费者认同的关键。这一点国外公司的有些做法值得中国海外企业借鉴。例如,"Sprite"原是可口可乐公司的一个品牌,如果直译成中文就是"魔鬼""小妖精""调皮捣蛋者"的意思,这显然不能给中国消费者留下良好的印象,而经过本地化翻译后的名称"雪碧",含义为纯洁、清凉,在此基础上再加上由中国体育明星所做的广告,市场反应自然是十分热烈。因此,中国的海外企业也要重视品牌,逐步扩大自有品牌在东道国的知名度和影响力,提升品牌价值,实现品牌扩张。

(五)研发当地化

实施研发当地化可以实现产、销、研一体化,不仅使研发直接为产品当地化服务,使产品更加贴近市场,而且有利于利用当地的科技人才,占领技术高端。研发当地化已成为跨国公司的一种较普遍的做法。

(六) 资金当地化

企业在海外生存与发展,必须解决融资问题。一方面,可以到当地金融机构借贷;另一方面,也可以考虑发行企业债券,或采取一些被允许的灵活的融资方式。当然,如果能够争取在当地上市,则不仅可以募集到较多的当地资金,还可以使本公司更容易得到当地消费者的认同和关注。

三、海外企业经营当地化的意义和作用

海外企业实行当地化经营战略的主要意义和作用在于:它可以解决海外企业现存的问题和改进海外企业的经营管理,使海外企业贴近当地市场,树立当地企业形象,扩大市场份额,提高经济效益,保障海外投资目的的实现;不认真实施当地化战略,海外企业就不能够发展壮大,走出去战略也就无法得到切实的落实;当地化是实现企业国际化的必由之路,只有真正雇用当地劳工,使用当地资源,了解当地法律和文化,建立了自主的生产、销售或研发中心,在东道国扎根、生长,实现真正的本地化,才能真正走向国际,成为国际化的跨国企业。

思考与练习题

1. 走出去战略的含义是什么? 它分哪几个层次? 中国企业实施走出去战略的必要性和意义是什么?
2. 简述中国企业开展海外直接投资的可能性与条件。
3. 企业国际竞争力的确切含义是什么? 它与企业海外投资是什么关系?
4. 简述发展中国跨国公司的必要性与原则。
5. 简述海外企业经营当地化的含义和主要内容。

案例研究

案例

海尔集团的国际化战略

1984 年 12 月,海尔集团的前身青岛电冰箱总厂正式成立,经过 28 年的发展,海尔集团已从当年员工不足 800 名,销售收入仅 380 万元,亏损却高达 147 万元的集体小厂,一跃成为一家集科研、生产、贸易和金融于一体的大型国际化企业集团,并且正朝着世界 500 强的目标不断奋进。目前,海尔集团是世界最大的白色家电制造商。2011 年,海尔集团实现全球营业额 1 509 亿元。海尔在全球建立了 29 个制造基地,10 个综合研发中心,19 个海外贸易公司,全球员工总数超过 7 万人,已经成为一家中国的跨国公司。海尔集团在首席执行官张瑞

敏确立的名牌战略指导下,先后实施名牌战略、多元化战略和国际化战略,从 2005 年开始海尔进入第四个战略阶段——全球化品牌战略阶段。2012 年,海尔品牌价值高达 962.8 亿元。自 2002 年以来,海尔连续 10 年蝉联中国最有价值品牌榜首。海尔品牌旗下冰箱、空调、洗衣机、电视机、热水器、计算机、手机、家居集成等 19 个产品被评为中国名牌,其中海尔冰箱、洗衣机还被国家质检总局评为首批中国世界名牌。2008 年 3 月,海尔第二次入选英国《金融时报》评选的"中国十大世界级品牌"。2008 年 6 月,在《福布斯》"全球最具声望大企业 600 强"评选中,海尔排名第 13 位,是排名最靠前的中国企业。2008 年 7 月,在《亚洲华尔街日报》组织评选的"亚洲企业 200 强"中,海尔集团连续五年荣登"中国内地企业综合领导力"排行榜榜首。海尔已跻身世界级品牌行列,其影响力正随着全球市场的扩张而快速上升。2011 年 12 月 15 日,世界著名消费市场研究机构欧洲透视(Euromonitor)发布最新数据,海尔在世界白色家电品牌中排名第一,全球市场占有率 7.8%。这是海尔第三次蝉联全球第一。截至 2009 年年底,海尔累计申请专利 9 738 项,其中发明专利 2 799 项;海尔已参与 23 项国际标准的制定,其中 7 项国际标准已经发布实施,这表明海尔自主创新技术在国际标准领域得到了认可;在创新实践中,海尔探索实施的 OEC 管理模式、市场链管理及人单合一发展模式引起国际管理界高度关注,已有美国哈佛大学、南加州大学,瑞士 IMD 国际管理学院,法国的欧洲管理学院,日本神户大学等院校的商学院专门对此进行案例研究,海尔市场链管理还被纳入欧盟案例库。

海尔集团的国际化经营之路大致可以划分为四个阶段,即 1984—1990 年的国内创牌蓄势阶段、1990—1996 年的以贸易为先导开拓国际市场阶段、1996—1998 年的探索性海外投资阶段和 1999 年至今的全球化发展阶段。与此同时,经过近 10 年的探索,海尔正式形成了成熟的国际市场战略,也就是"三个 1/3"的战略:在全球销售额中国内生产、国内销售占 1/3,国内生产、国外销售占 1/3,国外生产、国外销售占 1/3。

1996 年,海尔集团经过长期酝酿,决定与印度尼西亚莎保罗有限公司共同建立印度尼西亚海尔·莎保罗有限公司,这标志着海尔首次实现了生产国际化,海尔集团的跨国经营也随之进入了海外直接投资的新阶段。随后,海尔集团在菲律宾、马来西亚、南斯拉夫和伊朗等地相继建立了海外工厂。这一阶段的海外直接投资大多属于探索性质,但它们为海尔随后进军欧美市场积累了宝贵的经验。1999 年 3 月,海尔集团投资 3 000 万美元在美国南卡罗来纳州的坎姆顿建立了第一个海外海尔工业园——美国海尔工业园,在美国初步实现了设计、生产、销售"三位一体"的本地化经营模式。以此为标志,海尔的海外直接投资彻底摆脱了为出口服务的目的,真正进入国际化阶段。随后,海尔集团又在巴基斯坦建立了第二个海外海尔工业园,并继续扩大海尔在中东和亚太地区的海外直接投资规模。2005 年 1 月,在英国,海尔冰箱被 Ethical Consumer 杂志评为最畅销产品;在德国,科隆市政府和亚琛市政府的一次滚筒洗衣机大批量采购招标中,海尔滚筒洗衣机经过多轮竞争,最终击败了众多著名国际品牌,赢得了两市市政府的大批量订单。2005 年 7 月,海尔以"感恩百万"为主题,参与日本世博会中国馆活动,通过与日本消费者零距离接触,进一步扩大了海尔品牌在日本的知名度和美誉度。2007 年 8 月,海尔集团在德国法兰克福著名的 Westhafen(西港)大厦举行 Haier Day 主题展览活动,来自德国、瑞典等国家的主要客商参加了活动,引起了德国媒体的广泛关注,德国著名电视台 WWTV 对此做了全面报道。

海尔集团海外直接投资的本地化战略,概括起来可以归纳为"三位一体"和"三融一创"战略。所谓"三位一体",指的是在国外实现当地设计、当地生产和当地销售;所谓"三融一创",指的是海尔集团在投资东道国当地融资、当地融智、当地融文化和创本地化名牌。

海尔集团的国际化战略中还有一个全球十大经济区投资战略,指的是将全球市场划分为十个有较大国际影响力的经济共同体,在每一个共同体内选点建设工厂,以便在这些工厂的当地化率达到 60% 以后,将产品输送到共同体的其他成员国,争取获得关税等方面的优惠待遇,取得更快的发展。这十大经济区是:北美洲 2 个(北美自由贸易区和墨西哥、委内瑞拉、哥伦比亚三国集团),南美洲 2 个(南锥体和安第斯集团),中美洲 1 个(中美洲共同市场),亚洲 2 个(东盟和海湾合作组织),欧洲 2 个(欧盟和东欧),非洲 1 个(南部非洲发展共同体)。目前海尔集团已先后在乌克兰、伊朗、巴基斯坦、孟加拉国、意大利、马来西亚、菲律宾、印度尼西亚、美国、越南等国或地区设立生产厂。

海尔在海外投资建厂一直遵循着"先有市场,再建工厂"以及"盈亏平衡点"的海外投资策略,也就是说,海尔进行对外直接投资的程序是:发展出口→建立营销网络→树立品牌→达到盈亏平衡点→投资建厂。在这一程序中,海尔是否在当地投资建厂取决于市场是否已经接纳海尔的品牌,是否有市场。

海尔在国际化过程中还提出了"先难后易"的思想,其中比较有代表性的是其"先难后易"的出口战略。一般来说,企业进行国际化经营都是采取"先易后难"的战略,一点一点地积累经验,发展壮大。然而,海尔产品出口的战略却是"先难后易",即首先以发达国家为目标市场,将产品出口到发达国家,争取创出名牌,然后高屋建瓴地打开发展中国家市场,从而实现既创品牌又占领市场的目的。这表明海尔集团并不单纯走渐进式道路,而是根据海尔的名牌战略以及自身优势,适当地进行跨越式发展。

海尔集团的国际化战略大致可以归结为以上论及的三大战略,即"三个 1/3"战略、本地化战略和全球十大经济区战略。贯彻和实施本地化战略是海尔集团海外直接投资成功的关键因素之一,也是海尔集团从"国际化海尔"发展到"海尔国际"的必由之路。

案例思考与讨论

1. 海尔集团国际化战略所包括的三大战略的具体内容是什么?
2. 海尔集团的本地化策略包含哪些内容? 本地化经营有何意义和作用?
3. 海尔集团自身的品牌优势对其开展海外直接投资有何影响?

第六章

国际证券投资

学习要点

通过本章的学习,学生应了解国际证券投资和国际证券市场的含义与特征以及国际证券投资的重要意义,熟悉国际债券和股票的种类、发行方法和交易程序,掌握债券和股票的价格及其计算方法,投资基金的定义和运作方法及证券投资的基本技能。

Key Points

By studying this chapter, students are expected to understand the definition and characteristics of portfolio international investment and international securities market, and the significance of portfolio international investment; be familiar with the classification, ways of issuance and processing procedures of foreign bond and stock; master what is the price of bond and stock and how to calculate it, as well as the definition of investment fund and its operation, and the basic skills of portfolio investment.

第一节 国际证券投资概述

一、证券投资的含义

证券是代表一定财产所有权和债权的凭证,它是一种金融资本,表示对财产的一项或多项权益,其内容包括占有、行使、处分和转让等。实际上,证券就是权益的象征,合法地拥有证券就意味着合法地拥有权益,这种权益将随着证券的转让而转移,因而,权益正是证券的价值所在。

证券具有狭义和广义之分。狭义的证券是一种有面值的,并能给持有者带来收益的所有权和债权的证书,其具体内容包括股票、债券和基金证券等资本证券。广义的证券内容十分广泛,除了包括股票、债券和基金证券在内的资本证券以外,还包括货币证券、商品证券、不动产证券等。货币证券指的是支票、本票、汇票等,商品证券是指水单、仓单、提单等,不动产证券指的是房契和地契等。在日常生活中所说证券指的是狭义的证券,即股票、债券和基金证券。在大陆法系的国家中,证券被认为是有价证券的简称。有价证券是具有一定面额,代表一定的财产权,并借以取得长期利益的一种凭证。有价证券既属于经济的范畴,也属于法律的范畴。其经济范畴主要表现为有价性和收益性,即它可以买卖和转让,并能凭此取得收益;其法律范畴主要体现在证券与权益紧密相连,以及证券发行和流通的规则性。

证券投资是指个人、企业以赚取股息、红利、债息为主要目的购买证券的行为。证券投资是一种不涉及资本存量增加的间接投资,证券本身不是商品,但它可以作为商品在市场上进行买卖。证券作为商品时则与一般商品不同。一般商品是用于满足人们的某种需要,其价值是由生产该产品所需的必要劳动时间决定的,而投资者购买证券是为了满足其增值欲望,证券的价值则是由证券发行企业的经营状况决定的。证券投资的作用不仅仅体现在能给投资者带来收益,而且能加速资本集中,促进社会资金的合理流向,以满足从事社会化和国际化生产的企业对巨额资金的迫切需求。证券投资是资本流动的形式之一。证券投资的国际化,不仅使闲置资本在世界范围内得到广泛的利用,促进了世界性的经济发展,而且为证券投资企业和个人带来了更广阔的投资机会。目前,证券投资已经发展成为国际投资活动的主要形式之一。

二、证券投资的特征

证券投资是以获取收益为目的并以信誉为基础的,投资者能否获取收益或收益多少取决于企业的经营状况,证券的持有者还可以将证券在证券市场进行买卖和转让,这些就决定了证券投资具有投资的收益性、投资行为的风险性、价格的波动性、流通中的变现性和投资者的广泛性等特征。

(一) 投资的收益性

投资的收益性是指证券的持有者可以凭此获取债息、股息、红利和溢价收益。证券投资的收益分固定收益和非固定收益两大类。购买债券和优先股的投资者取得的收益是固定的,无论证券发行者的经营效益如何,他们都分别获取固定的债息和股息;而购买普通股和基金的投资者所获取的收益是非固定的,他们能否获取收益或收益的多少取决于证券发行者经营效益或基金运作的情况,盈利多则收益多,盈利少则收益少,亏损或无盈利则无收益。据统计,美国债券的投资者年平均收益率为 8% 左右,而股票投资者的年平均收益率则在 10% 以上。此外,证券的投资者还可以通过贱买贵卖获取溢价收益。

(二) 投资行为的风险性

证券投资者不仅可以获取收益,而且必须承担风险。其风险主要来自四个方面:一是经营风险,即证券的发行企业在经营中因倒闭使投资者连本带利丧失殆尽,或因亏损在短期内没有收益而给投资者造成损失;二是汇率风险,即由于投资者所用货币贬值,导致债券等的投资者到期所得到的本金和利息不足以弥补货币贬值带来的损失;三是购买力风险,即在投资期内,由于通货膨胀率的原因,货币的实际购买力下降,从而使投资者的实际收益下降;四是市场风险,即投资者往往会因证券市价的下跌而亏损。此外,政治风险往往也是证券投资者不可回避的因素。购买任何证券的投资者都要承担一定的风险,只是承担风险大小的不同而已。投资股票的风险一般要大于投资于投资基金的风险,而投资于投资基金的风险又大于投资债券的风险,投资于政府债券的风险又要比投资于其他债券的风险小得多。实际上,证券投资的收益越多,投资的风险也就越大。

(三) 价格的波动性

企业往往根据其发行证券的目的、企业的发展规划和发行方式的不同,来决定证券的发行价格,但由于企业的经济效益、市场、投资者心理和政治等因素的影响,导致市场的交易价格与票面值或发行价格相偏离,这种偏离会给投资者带来收益或损失。当然,很多投资者都想利用价格的波动来满足其资本增值的需求。

(四) 流通中的变现性

证券在流通中的变现性是指证券的让渡性和可兑换性。证券的投资者可以在证券市场上按照法定的程序公开买卖和转让证券,即持有者可以根据自身的需求和市场的具体情况自由地将证券变为现金。变现性的强弱取决于证券期限、收益形式、证券发行者的知名度、证券的信用和市场的发达程度等多种因素。一般来说,证券的信誉越高、期限越长、发行者的知名度越大、市场运行机制越发达,证券在流通中的变现性越强;否则,其流通中的变现性就较差。

(五) 投资者的广泛性

投资者的广泛性主要是指参与证券投资的人多而且面广。证券的投资者既可以是政府和企业,也可以是个人,其中个人是主要的证券投资者。证券投资对投资者的投资数量不作具体限制,投资数量由投资者根据其资金数量的多少和风险的大小自行决定,这就为寻求资本增值的社会大众参与证券投资提供了可能。据统计,美国有 1/3 的人口参与了证券投资。中国近年出现的股票热和投资基金热也充分说明了这一点。

三、国际证券市场

(一) 国际证券市场的概念

国际证券市场是由国际证券发行市场和流通市场所组成。国际证券市场一般有两层含义:第一层含义是指已经国际化的各国国别证券市场,第二层含义是指不受某一具体国家管辖的境外证券市场。目前,绝大多数的国际证券市场属于第一层含义的证券市场,只有欧洲债券市场属于第二层含义的国际证券市场。由于股票是目前国际证券市场上交易量最大的有价证券,所以通常所称证券市场一般是指股票市场。

国际证券市场历史悠久,最早可以追溯到 17 世纪创立的荷兰阿姆斯特丹证券交易所。19 世纪 70 年代以后,以股票为中心的证券交易所如雨后春笋般蓬勃地发展起来,尤其是第二次世界大战以后,股票和债券交易量的大幅度增加,使世界上形成了诸如纽约、伦敦、东京、香港等许多著名的国际证券交易所。

(二) 国际证券发行市场

国际证券发行市场是向社会公众招募或发售新证券的场所或渠道。由于发行市场卖出的是新印发并第一次出售的证券,所以也称为初级市场或一级市场。

证券发行市场由发行人、购买者和中间人组成。证券市场上的发行人一般是资本的使用者,即政府、银行、企业等;证券的购买者多为投资公司、保险公司、储蓄机构、各种基金会和个人等;中间人主要包括证券公司和证券商等。证券发行市场一般有固定的场所,证券既可在投资公司、信托投资公司和证券公司发行,也可在市场上公开出售。证券发行的具体方式有两种:一种是在证券公司等金融机构的协助下由筹资企业自行发行;另一种是由投资银行等承购商承购,然后由承购商通过各种渠道再分销给社会各阶层的销售者进行销售。当新证券发行完毕后,该新证券的发行市场也就自行消失。

(三) 国际证券流通市场

国际证券流通市场是指转让和买卖已由投资者认购了的证券的市场。因此它也被称为次级市场或二级市场。证券的发行市场是制造证券的市场,它是流通市场产生的基础,而流通市场为投资者提供了转让和买卖证券的机会,满足了投资者渴求资本短期收益的欲望,从而起到了引导投资导向和变现的作用。证券流通市场一般有四种形式,即交易所、柜台交易、第三市场和第四市场。

1. 证券交易所

证券交易所是属于有组织的、规范化的证券流通市场,这里的投资者必须通过经纪人按法定的程序从事证券的交易活动。交易所内买卖的证券也必须是经有关部门核准上市的证券。交易所内的证券交易集便利、迅速、公平、合法于一体(具体内容将在后文作专门介绍)。证券交易所属于二级市场,同时也是二级市场的主体和核心。证券交易所的组织形式一般有两种,一种是公司制,另一种是会员制。

公司制证券交易所是由投资者以股份有限公司形式设立的,以盈利为目的的法人机构。这种交易所是由股份公司提供场地、设备和服务人员,并在主管机构的管理和监督下,证券商依据证券法规和公司章程进行证券买卖和集中交割。公司制证券交易所相当于一个以盈利为目的的自负盈亏的私人公司,其收益主要来自发行证券的上市费和证券交易的手续费。公司制证券交易所本身的证券大都不上市交易,公司本身也不自行或代客买卖证券。目前,世界各国的多数交易所属于公司制证券交易所。

会员制证券交易所是由证券商自愿组成的非法人团体。会员制交易所不以盈利为目的,在交易所内进行交易的投资者必须为该交易所的会员,其会员资格经过交易所对学历、经历、经验、信誉和资产的认证以后取得。会员制证券交易所的会员既可以是投资银行、证券公司、信托公司等法人,也可以是自然人。交易所的费用由会员共同承担。这种交易所也同样提供场地、设备和服务人员,证券的投资者只能通过经纪人代为买卖。发达国家的证券交易所以前多属于会员制,但目前它们中的多数已转为公司制。

2. 柜台交易

柜台交易是指在证券交易所以外进行的交易活动,亦称场外交易。这种交易在 17 世纪就已经出现,但当时投资者多在柜台上进行,所以又称店头交易。柜台交易的证券多属可以公开发行,但未在证券交易所登记上市的证券。柜台交易的数量没有起点和单位限制,不通过竞价买卖,交易者可以不通过经纪人直接买卖证券,而是协议成交。柜台交易也有固定的场所,一般在证券经营商的营业处进行。由于柜台交易满足了不同类型和不同层次的证券投资者的需求,因而得以迅速发展。

3. 第三市场

第三市场是指非交易所会员从事大量上市股票买卖的市场,也就是说,交易的证券已经上市,但却在交易所以外进行交易。第三市场是 20 世纪 60 年代才开创的一种市场。在第三市场进行证券交易的投资者可以节省在交易所内应缴纳的佣金等交易费,因而这种市场的交易额占各种证券市场交易额总和的比重不断提高。目前,有很多投资公司、基金会、保险公司等也频繁地在第三市场上从事证券交易活动。

4. 第四市场

第四市场指的是各种机构或个人不通过经纪人直接进行证券买卖交易的市场。它实际上是通过计算机网络进行大量交易的场外市场。在第四市场上进行交易,不仅使交易者的身份得以保密并节省佣金等交易费用,而且成交迅速。第四市场上的交易活动,交易者往往互不知道对方的身份,通过将信息输入计算机来寻找客户。双方通过计算机进行磋商,最后达成交易。

(四) 世界主要的证券交易市场

1. 纽约证券交易所

纽约证券交易所成立于 1792 年,位于目前世界公认的金融中心美国纽约曼哈顿的华尔街。纽约证券交易所原是会员制,受 20 世纪 70 年代初经济危机的影响,于 1971 年 2 月 18 日改为公司制。但纽约证券交易所仍实行席位会员制。

目前纽约证券交易所拥有会员 1 416 名,其中 1 366 名席位会员,代表着600 多家证券经纪公司,约有 2 200 多种证券每天在这里进行交易,其中包括1 700 多种股票和 500 多种债券。纽约证券交易所的主要部分是交易大厅,其面积相当于足球场的 3/5,气势十分壮观,堪称世界之首。纽约证券交易所为了与世界其他各地交易所相衔接,其交易时间由过去的 6 小时改为从上午 9:30 至下午 4:00 的 6 个半小时,这不仅方便了投资者,且争取到了大量的欧洲投资者,还使全世界每天 24 小时不间断地连续进行交易。但是,如果股票指数在上午下跌250 点,交易将停止半小时,如下午下跌达到 400 点,交易将停止 1 小时。纽约证券交易所采用的交易方式有现款交易、例行交易、发行日交易和连带选择权交易 4 种。

纽约证券交易所对申请在该所上市的公司有严格的标准,即公司必须拥有1 600 万美元的有形资产和总值相当于 1 600 万美元的股票,拥有 2 000 个以上的股东,其中公众持股不得少于 110 万股,最近一年的盈利必须达到 250 万美元,过去两年的平均利润不少于 200 万美元。对批准在该所上市的公司出现下列情况之一者,将会被停止上市资格:①持股的股东低于 1 200 个;②公众拥有的股票总值低于 500 万美元;③公众持股少于 60 万股。从近几年的情况看,纽约证券交易所每年都有因不符合上述标准而被停止在该市上市资格的公司。纽约证券交易所还有一个显著的特点,就是不以数字来代表上市公司的股票,而是以1~4 个字母来表示,如 S、H、D,或 FA、HE、KT,或 KHN、TIM、QWE,或 SYU、

GAV、OPY 等,其中使用 3 个字母的居多,而使用一个字母的则为数极少。

美国对证券业务有一套较为完善的管理体制,其中直属美国总统领导的证券交易委员会对证券经营机构、证券发行、证券交易等实施全面的管理权,该委员会还按经济区域直接在当地派驻机构和人员对证券市场进行监管。此外,美国还颁布了一整套有关证券交易方面的法律。

2. 伦敦证券交易所

伦敦证券交易所成立于 1773 年,是世界上最古老的证券交易所,也是目前世界上三大交易所之一。伦敦证券交易所的交易地点不仅设在伦敦,而且在英国的格拉斯哥、利物浦、伯明翰等城市也设有交易场所。伦敦证券交易所虽然是一个股份有限公司,但也属于会员制交易所。该交易所的会员代表着 381 家证券公司。

据伦敦交易所网站数据,截至 2011 年年底,其上市公司数量为 2 539 家(其中主板 1 143 家,创业板 1 396 家),市值达 36 649 亿英镑。2010—2011 财年净利润增长 68%,达到 1.516 亿英镑(合 2.469 亿美元),其营业总额增长 7.4%,达到 6.749 亿英镑。

伦敦证券交易所有三大特色:一是该交易所内上市的债券的交易量超过了其他证券的交易量,其中英国本国公债的大部分是在该交易所进行交易的,而且债券中的大部分是外国债券;二是在该交易所的大厅内不设综合行情咨询系统,也不报告当市的最新交易牌价,而当市交易的详尽资料刊载在次日的《金融时报》等报纸上;三是从成交到交割所间隔的时间是世界所有交易所中最长的,多数股票交易是在成交后的两个星期内交割,如遇节假日,交割手续顺延。伦敦证券交易所目前主要采用现款交易和两周清算交易两种,交易所内分成 8 个交易区,即政府统一长期公债市场、美国股票市场、美国债券市场、外国公债市场、英国铁路证券市场、矿业证券市场、银行证券市场和工商证券市场。伦敦证券交易所的开市时间为上午 9:30 至下午 3:30。伦敦证券交易所的证券交易主要是在中间商和经纪人之间进行,该交易所经纪人的种类和职能与纽约证券交易所经纪人的职能大体相同,其佣金也是固定的,但对不同的证券有不同的佣金标准:股票的交易值在 200 英镑以下的,可酌情而定;交易值为 200~467 英镑的,佣金为 7 英镑;交易值在 476 英镑以上的,佣金为交易值的 1.5%。伦敦证券交易所内的中间商与纽约证券交易所内的证券自营商相似,靠低价买进高价卖出来赚取买卖差价。

除主板市场之外,1995 年伦敦证券交易所还推出了另项投资市场(AIM)。AIM 上市标准较低,主要面向新成立的、尚未达到主板市场所有标准的、具有较大发展潜力的中小企业。对有发展潜力的中小企业在 AIM 上市实行保荐人制度。伦敦证券交易所还具有高流动性、市场的多层次性、产品的多样化和高知名度等特征。此外,它还是世界上最大的股票基金管理中心。机构投资者是伦敦证券交易所证券的主要交易者,其交易份额占到交易所交易总额的80%以上,因此,对国际大机构投资者具有极大的吸引力。

3. 东京证券交易所

东京证券交易所创建于1879年,它与历史悠久的伦敦证券交易所和纽约证券交易所的历史相比,晚了近一个世纪,但它的发展速度很快,目前已经超过具有200多年历史的伦敦证券交易所跃居世界第二位,成为世界著名的三大交易所之一。

东京证券交易所内设有股票交易大厅、债券交易大厅、债券期货交易大厅、国债交易大厅和计算机系统买卖室。东京证券交易所股票交易有两种方式:一种是在交易大厅通过交易站进行交易,这里主要是交易250种日本和外国股票;另一种是通过电子计算机进行交易,即经纪人公司通过中央处理器向经纪人发出指令,经纪人接到指令后通过计算机进行交易,并将交易的结果通过中央处理器立即返回经纪人公司。该交易所股票交易的结算可采用当日结算、特约日结算和例行结算。当日结算就是在交易成交的当天进行股票或钱款的交割,特约日结算一般是在交易成交后15天内的某一日进行交割,例行结算是在交易成交后的第四个交易日进行结算,该交易所内的股票交易多数采用例行结算。至于债券交易,该交易所只允许面值100～1 000日元的国债、大面值的可转换债券、世界银行债券、亚洲开发银行债券、欧洲日元债券和外国债券集中进行交易。

东京证券交易所对在该所上市的公司也制定了标准,上市公司的股票先在第二部市场上市交易,然后才可进入第一部市场进行交易。如果其指标低于第一部市场上市的标准,就将降到第二部市场。第二部市场的上市标准为公司的净资产价值必须在15亿日元以上,成立的时间不得少于5年,在东京范围内的公司不少于600万股,东京范围以外的公司不少于2 000万股,10个最大股东所拥有的股数上市时不得超过上市总股数的80%及上市1年后不超过70%,公司最近3年的盈利额应分别达到2亿、3亿和4亿日元等。

日本对证券的管理体制是模仿美国的体制建立起来的,有关证券方面的法律和机构也十分完善和健全。东京证券交易所直接在日本政府部门的监督下进行证券交易,其为此还专门设立了证券局,证券局设一名总裁和若干名副总裁,其中一名副总裁兼任东京证券交易所的监理官。

四、国际证券投资的发展趋势

作为国际投资活动重要组成部分的证券投资,在整个20世纪80年代和90年代的最初几年一直呈迅猛发展的态势。纵观目前国际证券投资的现状,国际证券投资未来将呈现以下发展趋势。

（一）证券交易国际化

证券交易国际化主要表现在四个方面：一是证券发行、上市、交易的国际化，这主要体现在一国的筹资者不仅可以申请在其他国家发行和上市交易有价证券，而且在其他国家发行的证券既可以本国货币为面值，也可以东道国或第三国货币为面值；二是股价传递的国际化，即任何一国的股市行情都对其他国家有示范效应；三是多数国家都允许外国证券公司设立分支机构；四是各国政府间及其与国际组织间加强了证券投资合作与协调。

（二）证券投资基金化

在证券投资活动中，个人投资者数额小而且资金分散，难以参与收益较高和资本额要求也较高的证券投资活动。于是各种投资基金便应运而生。投资基金一般由专家运营，采用投资组合，而且由不同的机构进行运作、管理和监督，这不仅提高了投资者的收益率，也降低了投资风险。

（三）证券投资的增长速度超过了直接投资

从第二次世界大战结束到 20 世纪 70 年代末，国际直接投资一直占有主导地位，其中发达国家 1951—1964 年的私人投资总额中，大约有 90％采用直接投资，其私人直接投资额从 1960 年的 585 亿美元增加到 1980 年的 4 702 亿美元，平均增长速度为 11％。进入 80 年代以后，国际证券投资的增长速度超过了国际直接投资。1981—1989 年，国际债券市场的发行量从 528 亿美元增至 2 500 亿美元，平均每年增长 18.9％。世界最大的投资国美国 1980—1993 年的对外证券投资由 624.5 亿美元增加到 5 184.8 亿美元，平均每年增长 17.7％，而美国同期的对外直接投资仅从 2 154 亿美元增加到 5 486 亿美元，平均每年只增长 7.5％。1994—2001 年国际证券投资每年的增长率一直保持 15％以上。受美国经济衰退的影响，随着美国股市的暴跌，2001 年和 2004 年证券投资的数额虽有所减少，但国际证券投资的增长势头随着国际金融市场的发展与完善，以及发展中国家经济建设速度的加快及对资金需求的急剧增长，还会保持相当一段的时间。

（四）债券在国际金融市场融资中所占的比重日益提高

国际债券融资一直是国际融资的一种方式，而债券融资的地位在不断提高。1975 年，在国际金融市场融资总额 585 亿美元中，债券融资仅为 187 亿美元，占融资总额的 32％。而 1994 年债券融资达到了 2 939.4 亿美元，占当年国际金融市场融资总额 4 741 亿美元的 62％。1995—2004 年债券融资额一直保持在 5 000 亿美元以上,占国际市场融资额的比重仍维持在 50％以上。债券融资占国际金融市场融资比重的提高与各国证券市场的开放、证券市场的统一化和国际化以及交易的多样化有关。

(五) 流向发展中国家的证券资本在不断增加

20 世纪 80 年代以来,国际资本流动的总态势是流向发展中国家。进入 90 年代以后,流向发展中国家的证券资本也在迅速增加。例如,1993 年,在全球海外股票投资的 1 592 亿美元中,有 525 亿美元流向发展中国家,占了股票总投资额的 33％。1989—1997 年,流向发展中国家的证券投资每年平均递增 34％左右,其中主要是流向新加坡、马来西亚、泰国、印度尼西亚、中国等亚洲的新兴市场。1997—2004 年流向发展中国家的股票投资额,仍占全球股票投资总额的 1/3 以上。这主要与发达国家的低利率政策以及发展中国家经济发展迅速、市场收益率高、风险较小有关。

第二节　国际债券投资

一、债券的概念及其性质

债券是一种按照法定程序发行的,并在规定的期限内还本付息的一种有价证券。债券所表明的是一种债务和债权的关系。债券是由政府、金融机构和企业等为筹集资金而发行的一种借款凭证。债券实际上是把债务和债权之间的关系转化为一种有价证券,是以法律和信用为基础的借款凭证,是发行人对其借款承担还本付息义务所开具的凭证。债券对发行者来说是一种筹资手段,表明了它对持有者所欠的债务;债券对购买者来说却是一种投资工具,表明了它对发行者所享有的债权。人们购买债券的行为就是债券投资,如果投资者购买的是国际债券,就是国际债券投资。国际债券投资具有收益性、安全性和流动性等特点。债券的性质跟借款收据相似,但是,与借款收据不同的是它通常有固定的格式,较为规范,因此持券人可以在债券到期前随时把债券出售给第三者。

二、债券的特征

债券一种虚拟资本,债券作为有价证券的一种,既具有有价证券的共同点,也有其自身的特征。

（一）收益性

债券投资者的收益可以来自两个方面：一是固定的债息，这部分的收入是稳定的；二是低买高卖的买卖差价，债券的利率通常介于存款和贷款利率之间，比存款、储蓄、信托贷款等间接利息率要高。因为债券融资是直接融资，中间费用较少，债券发行者直接得到长期稳定的资金。因此债券既受投资者的欢迎，又是债务人最愿意采用的融资工具。

（二）收益的有限性

由于债券的利息是固定的，所以其持有者的收益与企业的业绩无关，即使在二级市场上博取买卖差价，固定的利息决定了其差价不可能很大，再加上不计复利，这使得投资者的收入相当有限。

（三）安全性

与其他证券相比，债券风险远比股票要小，而安全性略低于银行存款。这主要体现在以下几个方面：一是发债者通常是各国的中央政府、地方政府等各级政府，一般不存在不能按时还债的风险。如果发债者是企业，各国对发行者的信用、抵押、担保额、减债制度等有严密的资信审查制度，因此发债者一般都有较高的信誉度和偿债能力。二是债券的面额、利率和支付利息的方式都事先确定好并载于票面上，不受市场利率变动的影响。因此，投资者的本金与利息是受法律保护的。三是由于债券是债权和债务的凭证，即使企业出现亏损甚至倒闭，债券的投资者也可优先于股东获得赔偿。

（四）流动性

债券是具有高度流动性的有价证券，其变现能力仅次于银行存款。在二级市场较为发达的情况下，债券持有者若临时需要资金，可随时在市场上出售债券。

总之，由于债券具有收益性、安全性、流动性等特点，所以它是稳健的投资者的最佳选择。

三、债券的种类

债券种类的划分方法很多，下面介绍几种最常见的分类方法。

（一）按债券发行主体分类

1. 政府债券

政府债券包括国家债券和地方债券。国家债券是中央政府为维持其财政平衡所发行的债券,而地方债券是地方政府为解决其财政开支所发行的债券。

2. 公司债券

公司债券是由股份公司为筹集资金而发行的债券。

3. 金融债券

金融债券是由金融机构为筹集资金而发行的债券。

(二) 按债券是否记名分类

1. 记名债券

记名债券是指在债券上载有投资者姓名,转让时需经办理过户手续的债券。

2. 无记名债券

无记名债券是指在债券上没有投资者的姓名,转让时也无需办理过户手续的债券。

(三) 按债券是否有抵押或担保分类

1. 抵押债券

抵押债券是债券的发行者以其拥有的不动产和动产为抵押而发行的债券。

2. 无抵押债券

无抵押债券是指债券的发行者不以自己的任何物品做抵押,而是以自己的信誉为担保的债券。

3. 收入债券

收入债券是地方政府以某些项目的收入为担保而发行的债券。

4. 普通债务债券

普通债务债券是国家政府以其信誉及税收等为担保而发行的债券。

(四) 按债券形态分类

1. 剪息债券

剪息债券是指券面上附有息票,定期到指定的地点凭息票取息的债券。

2. 贴现债券

贴现债券是指以低于债券面额发行,到期按券面额偿还,其差额为投资者利息的债券。

(五) 按债券的偿还期限分类

1. 短期债券

短期债券一般是指偿还期限在1年以内的债券。

2. 中期债券

中期债券一般是指偿还期限在 1～5 年的债券。

3. 长期债券

长期债券一般是指偿还期限在 5 年以上的债券。

（六）按债券募集方式分类

1. 公募债券

公募债券是公开向社会募集的债券。

2. 私募债券

私募债券是指向少数特定人募集的债券。

（七）按债券发行的地域分类

1. 国内债券

国内债券是由本国政府、银行、企业等机构在国内发行的并以本国货币计价的债券。

2. 国际债券

国际债券是指由一国政府、金融机构、企业在国外发行的并以某种货币计价的债券。

四、国际债券的种类与类型

随着世界各国对外国投资者限制的放松和国际证券市场的迅速发展，国际债券的发行量在 20 世纪 80 年代初超过了银团贷款的数量，从而出现了国际借贷证券化的趋势。

（一）国际债券的种类

国际债券大致可分为三大类：第一类是外国债券，第二类是欧洲债券，第三类是全球债券。

1. 外国债券

外国债券是借款国在外国证券市场上发行的并以市场所在国货币为面值的债券。如某国在美国证券市场上发行的美元债券，在英国证券市场发行的英镑债券等。习惯上把外国人在美国发行的美元债券称为"扬基债券"，在英国发行的英镑债券叫"哈巴狗债券"，在日本发行的日元债券叫"武士债券"。外国债券的发行一般均由市场所在国的金融机构承保。中国曾在日本、美国、欧洲等地的证券市场上发行过外国债券。外国债券实际上是一种传统的国际债券。

2. 欧洲债券

欧洲债券是指以某一种或某几种货币为面额，由国际辛迪加承销，同时在面额货币以外的若干个国家发行的债券。如美国在法国证券市场发行的英镑债券就称为欧洲债券。按习惯,面值为美元的欧洲债券一般被称为欧洲美元债券,面值为日元的被称为欧洲日元债券,面值为欧元的被称为欧洲欧元债券,其他面值的可以以此类推。在日本东京发行的外币债券,通常称为将军债券。总之,欧洲债券的发行者、面值货币和发行地点分属于不同的国家。

欧洲债券既有期限为 1～2 年的短期债券,也有 5～10 年的中长期债券,还有无偿还期的永久性债券。它往往采取无担保、不记名的形式发行,投资欧洲债券的收益免缴收入所得税。除瑞士法郎市场以外,欧洲债券不受各国法规的约束,可以进行自由流通。欧洲债券往往通过国际辛迪加发行,并可在一个或几个国家的证券交易所同时挂牌。它具有发行成本低、发行自由、投资安全、市场容量大等特点。

欧洲债券的发行者主要是公司和国际组织。近些年来,一些国家政府也开始涉足这一市场,其投资者主要是公司和个人。币种以美元、日元、欧元和瑞士法郎居多。欧洲债券于 1961 年 2 月 1 日首先在卢森堡发行。目前,卢森堡和伦敦是目前欧洲债券市场的中心。

3. 全球债券

全球债券是指在国际金融市场上同时发行并可在世界各国众多的证券交易所同时上市、24 小时均可进行交易的债券。其最初的发行者是世界银行,后来被欧美以及一些发展中国家效仿。先后采用过美元、加元、澳元、日元等货币发行。全球债券采取记名形式发行,在美国证券交易所登记。全球债券具有发行成本低、发行规模大、流动性强等特点。全球债券是一种新兴的债券,其发行规则和程序还有待完善。

(二) 国际债券的类型

1. 一般欧洲债券

一般欧洲债券是一种期限和利率均固定不变的债券。它属于传统的欧洲债券,目前这种债券的发行量在不断减少。

2. 浮动利率债券

浮动利率债券是一种根据银行间的拆借利率为基准,再加一定的加息率,每3 个月或 6 个月调整一次利率的债券。这种债券始于 20 世纪 70 年代初期。

3. 锁定利率债券

锁定利率债券是一种可由浮动利率转为固定利率的债券,即债券发行时,只确定一个基础利率,待债券发行之后,如果市场利率降到预先确定的水平时,则将债券利率锁定在一定的利率水平上,成为固定利率,直到债券到期时止。锁定利率债券于 20 世纪 70 年代中期才开始发行。

4. 授权债券

授权债券是指在债券发行时附有授权证,债券的持有人可按确定的价格在未来某一时间内,购买指定的债券或股票。

5. 复合欧洲债券

复合欧洲债券是指以一揽子货币为面值发行的债券。到目前为止,发行这种债券已采用过的货币单位有欧洲记账单位、欧洲货币单位、特别提款权、欧洲货币合成单位。复合欧洲债券的利率固定且水平较高。

五、国际债券的发行

(一) 国际债券市场对发行者的要求

国际债券市场一般有严格的管理制度,但也有一些国家债券市场相当自由。管理较严的国家对发行者均有如下要求:

(1) 必须经过正式申请和登记,并由专门的评审机构对发行者进行审查。

(2) 发行者必须公布其财政收支状况和资产负债情况。

(3) 在发行期间,每年应向投资人报告资产负债及盈亏情况。

(4) 债券发行获得批准后,必须根据市场容量,统一安排发行的先后次序。

(5) 债券的发行与销售一般只许证券公司或投资银行经营,一般银行只能办理登记及还本、付息、转让等业务。

(6) 一般须由发行者国家政府或中央银行进行担保,担保必须是无条件的和不可撤销的。

(二) 国际债券的发行程序

国际债券的发行分公募发行和私募发行。公募发行是通过中介机构的承包包销,公开向社会募集资金;而私募发行则是在中介机构的协助下,向有限的特定投资者募集资金。其具体发行程序大致可分为以下几个步骤:

(1) 发行企业选任一家金融公司作为此债券发行的组织者,即主干事银行或主干事证券公司。双方就此债券的形式、发行市场、发行数量、币种、利率、价格、期限以及发行的报酬和费用等进行磋商。

(2) 向当地外汇管理部门提出发行债券申请,经该部门审查并提出意见后,报经该国政府有关管理部门批准。

(3) 向国外有关资信评审机构申请评级。申请评级以前,需先向国内的审查管理机构提出书面申请,并提供评级机构名称和用于评级的资料等。发行者应在得到评级结果的三日内向审批管理部门报告评级结果。

(4) 向拟发行证券的市场所在国政府提出申请,征得市场所在国政府的许可。

（5）发行者在得到发行许可后，委托主干事银行组织承销团，由其负责债券的发行与包销。

六、国际债券清算机构与清算程序

（一）国际债券清算机构

目前，国际上有两大债券清算机构，即欧洲清算系统和塞德尔国际清算机构。欧洲清算系统成立于 1968 年，总部在布鲁塞尔，是股份制机构，现有股东 125 个，主要从事债券的清算、保管、出租、借用，并提供清算场所等业务。该系统还在世界上 16 个国家和地区设立了分支机构。塞德尔国际清算机构也是股份制机构，成立于 1970 年，总部设在卢森堡，它与欧洲很多国家的银行建立了清算代理关系，其业务范围与欧洲清算系统大致相同。上述两家清算机构均有现代化的各种设施。目前，国际债券交易的清算绝大部分是通过这两个机构进行的，它们已发展成为当今世界两家最大的清算机构。

（二）国际债券清算程序

国际债券的清算大致经过以下几个程序：

（1）开立债券清算账户和货币清算账户。申请加入清算系统的银行或证券公司必须开立债券清算账户和货币清算账户。债券清算账户用于债券面额的转账，而货币清算账户用于买卖债券时，按市场价格和生息后计算出的总额转账。因为国际债券交易不仅转移所有权，而且要按市场价格计算出的等值货币支付。

（2）发送债券清算指示。债券买卖成交以后，买卖双方分别向其清算机构发送清算指示。清算指示主要包括清算机构名称、买入或卖出债券的种类、买入或卖出对象、成交日期、结算日期、债券的面额和币种、成交价格、生息与否、货币总额、结算路线、清算指示的发送者名称和发送日期等。

（3）核对清算机构发回的有关交易细节的报告，以便及时纠正。

（4）在结算日进行内部账务处理。

（5）核对清算机构的对账单，如有不符，可立即向对方和清算机构查询，如无异议，便应制作对账平衡表。

七、国际债券投资收益

债券投资收益是指投资者在一定的时期所获取的利润。债券投资收益通常用收益率来表示，而收益率是指债券投资的收益占最初投资额的比例。针对每位债券投资者的不同情况，可选用以下几种收益率作为衡量投资者收益的标准。

（一）名义收益率

名义收益率是指根据债券每年的固定利息与债券面额之比，计算出来的投资者每年的收益率，其计算公式为：

$$名义收益率 = \frac{债券年利息}{债券面额} \times 100\%$$

例如，一张面额为 100 元、年利息为 15 元的债券，其持有者的名义收益率为：

$$\frac{15}{100} \times 100\% = 15\%$$

（二）本期收益率

本期收益率是指债券每年的固定利息与债券本期市场价格之比。投资者可以通过对市场上各证券本期收益率的计算和比较，来作出投资哪种证券的决定。其计算公式为：

$$本期收益率 = \frac{债券年利息}{本期市场价格} \times 100\%$$

例如，一张面额为 100 元、利率为 15%、期限为 5 年的债券，该债券发行时最初的认购者在购买后的第 3 年年初以 90 元卖出，那么，该债券新的购买者的本期收益率为：

$$\frac{15}{90} \times 100\% \approx 16.67\%$$

（三）持有期收益率

持有期收益率是指投资者从买入债券到卖出债券期间所得的实际收入。其计算公式为：

$$持有期收益率 = \frac{卖出价 - 买入价}{买入价} \times \frac{360}{持有期限} \times 100\%$$

例如，某投资者在证券市场上以 100 元买了一张刚发行的、利率为 15%、期限为 5 年的债券，2 年之后又以 120 元的价格卖出，其持有期的收益率为：

$$\frac{120 - 100}{100} \times \frac{360}{720} \times 100\% = 10\%$$

（四）到期收益率

到期收益率是指投资者从买入债券到债券到期时止的收益率，其计算公式为：

$$到期收益率 = \frac{债券到期后的本金和利息总额 - 买入价}{买入价 \times 待偿还的期限} \times 100\%$$

例如,某投资者以 120 元购买了一张面值为 100 元、利率为 15％、期限为 5 年的债券,由于该投资者买入这张价券时,该债券已发行了 3 年,那么该投资者待 2 年后债券到期时的收益率为:

$$\frac{100+(15\times5)-120}{120\times2}\times100\%\approx22.92\%$$

第三节　国际股票投资

一、股票投资的概念

股票是有价证券的一种,它是股份公司发行的,用以证明股票持有人对公司拥有所有权,并可以分享公司股息或红利,参与公司经营管理等方面权益的凭证。股票属于要式证券,必须依据法定格式制成。股票的票面应载有公司名称、公司成立时间、发行股份总数及每股金额、本次发行的股份总数、股票的发行时间、股息或红利的发放时间与地点、股票的种类及其他差别规定、公司认为应当说明的其他事项和股票的编号等。

股票投资是企业、个人等购买股票的一种行为。股票投资者一般享有以下 3 项基本权利:①公司盈利时的分红要求权。红利也是股票投资者的收益。②剩余财产的分配权。该权利限于公司解散或倒闭时才会出现。③股东大会的参加权和表决权。股东的表决权也意味着股东对公司的间接经营管理权。股东的上述权益说明,股票投资属于间接投资,它具有收益性、风险性、变现性、决策的参与性、价格的波动性等特征。

二、股票的性质

(一) 股票是一种证权证券

股票只是一种表明已发生股权转移的证券,只起一个权利证书的作用。股票的发行是以股份的存在为前提条件。股票的作用不过是证明股东的权利,而不是创造股东的权利。所以股票不像一般的票据是设权证券,同时也不是债权证券。

(二) 股票是要式证券

股票必须按法律的要求记载一定事项,通常股票须由 3 名以上的董事签名盖章并经由主管机关或其核定发行登记机构批准后才发行。

（三）股票是有价证券

股票与其代表的股东权利，有不可分离的关系。这就是说，股票代表股东对公司资产的权利，这种资产是有一定价值的，否则其权利也就失去了意义。此外，股东权利的转让应与股票占有的转移同时进行，二者缺一不可。这点与有价证券在法理上的性质是一致的。

（四）股票不是物权及债权证券

股东虽然是企业部分财产的所有人，享有种种权利，但对公司的财产不能直接支配处理，对财产的直接支配处理是物权证券的特征，但股东可以通过其红利权、股东大会参加权和表决权、转让权和公司解散时剩余资产的分配权来达到获利的目的。同时股东也不是公司的债权人，但对企业的债务承担有限的责任，当投资者购买股票时，他随即变成公司部分财产的所有人，是公司的股东，因此股票也不是债权证券。

（五）股票是一种可转让的证券

股票是一种能带来收益的转让证书，其价格的基础是其资产的价值，作为金融资产的股票，它和其他有价证券一样既可以在金融市场上买卖，也可以用于赠予、抵押和继承。

（六）股票是一种虚拟资本

股票的运动与真实资本的运行既独立又有联系。说其独立是因为股票在证券市场上进行各种形式的交易都不会引起公司资本的增减，说其有联系是因为公司的业绩直接影响着股票价格在二级市场上的走势。实际上，公司的运营状况是二级市场股价的基础。

三、股票的种类

企业往往根据不同的需要发行不同种类的股票，而股票种类的不同也决定了投资者享有的权利和义务的不同。因此，股票投资者根据股市行情的变化，选择不同种类的股票对获取投资的最佳收益是十分有益的。股票的种类和分类方法很多：按股东承担的风险和享有的权益来分，可分为普通股和优先股；按股票是否记名来分，可分为记名股票和无记名股票；按股票有无面额来分，可分为面额股票和无面额股票。

（一）普通股和优先股

1. 普通股

普通股是股份公司必须发行的一种基本股票，是股份公司资本构成中最重要、最基本的股份。普通股是股票最普遍的形式。普通股的股东一般享有以下几项权利：

（1）收益的分享权。在公司盈利时，普通股的股东有权分享公司的盈利，但盈利的分享必须是在满足了优先股股东的股息之后。普通股股东的红利是不固定的，它取决于公司的盈利多寡，盈利多则多分，盈利少则少分，没有盈利则不分。

（2）剩余资产的分配权。在公司破产时，普通股股东有分得公司剩余资产的权利，但剩余资产的分配必须在清偿了公司的债务及优先股股东收回了最初的投资和分得了股利之后进行。

（3）决策权。股东有权参加或委托代理人参加公司股东大会，并行使其表决权，从而间接参与公司的经营管理。

（4）新股认购权。股东有优先认购公司所发新股的权利，以维持股东在公司原有的权益比例。股东在认购新股时，可以以低于市价的价格购买一定比例的新股。因此，新股认购权也是有价值的，如股东不想认购新股，可将其新股认购权按一定的价格进行转让。新股认购权一般被称为认股特权，认股特权价格的计算公式为：

$$P = \frac{P_0 \times R}{1+R}$$

式中：P 代表认股特权价格；P_0 代表股票市价与面值的差额；R 代表新股与旧股的认购比例。

例如，某公司发行的旧股面值为 20 元，其市价每股 30 元，每拥有 8 股旧股可认购 1 股新股，其每股的认股特权价格为：

$$\frac{(30-20)\times\frac{1}{8}}{1+\frac{1}{8}}=1.11(元)$$

（5）股份的转让权。除公司发起人的股份必须在达到规定的期限以后才能转让以外，其他股东的股份可以随意转让。

2. 优先股

优先股是指股东在公司盈利或在公司破产清算时，享有优先于普通股股东分配股利或资产权利的股份。

（1）优先股的优先权。优先股是相对普通股而言的。具体地讲，优先股股东的优先权主要表现在两个方面：①公司盈利分配的优先权，即在公司盈利时，在优先股股东的股息得到满足之后，普通股股东才能分得红利；②索债优先权，即在公司破产时，在优先股股东按面值得以清偿之后，如有剩余，普通股股东才能得到清偿。

（2）优先股的特点。优先股与普通股相比，还具有以下 3 个特点：①表决权受到限制。优先股股东一般没有表决权，只有在涉及直接关系到优先股股东利益的问题时，才能行使表决权。实际上，优先股股东没有参与公司经营管理的权利。②股息固定。优先股股息是事先规定的，一般按面值的一定比例计算，不能随公司盈利的多寡而增减。③具有可赎回性。近些年来，许多公司发行的优先股均订有偿还条款，发行优先股的公司一般在发行一年后可以以高于面值的价格赎回或购回已发行的优先股。鉴于优先股股息固定，而且股东又没有表决权，所以常常将优先股称为介于债券和股票之间的混合证券。

（3）优先股的种类。优先股种类很多，常见的主要有以下几种：

① 积累优先股。它是指在公司某一时期内的盈利不足以分派给股东固定的股息情况下，股东有权在公司盈利丰厚时，要求公司补足以前所欠股息积累的总额。

② 非积累优先股。它是指由于公司盈利较少，当年未能向股东发放或未如数发放固定的股息，在日后公司盈利后，股东不具有要求公司补发以前所欠股息的权利。但非积累优先股的股息一般高于积累优先股。

③ 可调换优先股。它是指股东在一定时期内，可以按一定的比例将优先股换成该公司的普通股，否则属于不可调换的优先股。在公司经营状况好而且普通股股价高时，投资者愿意将优先股调换成普通股。

④ 积累可调换优先股。它是一种兼积累优先股和可调换优先股性质的优先股。

⑤ 股息率可调整优先股。它是指股息率不固定，而是随着其他证券或利率变化而调整的优先股。这种优先股股息率的变化与公司的盈利状况无关。

⑥ 参与分红优先股。它是指股东除收取固定的股息以外，还可与普通股一起分享红利的股票。

（二）记名股票和无记名股票

1. 记名股票

记名股票是指在股票上载有股东的姓名，并将该股东的姓名和地址记载于公司股东名册上的一种可以挂失的股票。记名股票必须经卖方背书和盖章才可转让。转让时需要办理过户手续。发放股息或红利，需由公司书面通知股东。

2. 无记名股票

无记名股票是指在股票上不载有股东的姓名且不能挂失的股票。无记名股票可以在证券市场上随意转让,不需办理过户手续。公司在发放股利时,也不必向股东发出书面通知,而是凭票取息。这种股票发行手续简便,转让方便,但公司不易掌控。很多国家将无记名股票发行的数额占股票发行总额的比例限制在一定的范围之内。

(三) 面额股票和无面额股票

1. 面额股票

面额股票是指在股票上标明一定金额的股票。股票面额能使股东了解每一股所代表股权的比例,以确定对公司所有权的大小。面额股票既可以使公司在出售股票时取得公正的价格,也可以防止公司内部人员以低价获得新股,并为股票的交易价格提供了参考依据。股票的面额并不代表公司资产的全部价值,面额股票的发行公司一般不能低于面额发行。

2. 无面额股票

无面额股票是指股票上不标有一定的金额,只标有总股数的股票。无面额股票可以促使投资者在购买股票时,注意计算股票的实际价值,而不至于被面额迷惑,而且其发行价格也不受限制。

四、股票的价值与收益

(一) 股票的价值

股票本身没有价值,但股票是股东对企业所有权的凭证,它代表了一定量的资本,所以股票又有价值。

1. 股票的面值

股票面值是股票上标明的金额。其作用在于说明每股股份对企业拥有权的比例。随着企业的发展和市场各种因素的变化,股票的市场价格往往背离股票面值。

2. 股票的账面价值

股票的账面价值也称股票净值。它是根据公司的财务报表计算得出的,表明每股代表公司实际资产的价值。账面价值是公司的真正资产,也是公司债权债务相抵后所剩余额。其计算公式为:

$$账面价值 = \frac{公司净资产 - 优先股票总额}{普通股总股数}$$

3. 股票的市值

股票的市值就是股票的市场价格,即股票市场上的买卖价格。股票市场价格随着股市行情的变化经常波动,影响股票市值变化的因素很多,其中利率和股

息是最主要的因素,股票市值与股息成正比,与利率成反比。其计算公式为:

$$股票市值=\frac{股票面额×预期股利收益率}{市场利率}$$

4. 股票内值

股票内值是经济学家对企业的财务状况、未来收益和其他影响企业收入的因素分析之后,得出的股票所代表的真正价值。实际上,股票内值的高低,取决于股票未来预期的收入。股票未来预期收入高,股票的内值就高;否则,其内值就低。投资者都在寻求购买内值高于市值的股票。计算股票内值一般都把未来的收入折成现值进行计算,其计算公式为:

$$未来收入的现值=\frac{未来预期收入}{(1+贴现率)^{未来年数}}$$

(二) 股票投资收益

股票投资收益是指投资者购买股票所获取的利润。股票投资收益主要来源于股息、红利和股票的溢价,收益的大小一般用权益率来表示。

1. 股息、红利和溢价

股息是指优先股股东定期得到的固定收益。由于优先股股东的股息是固定的,一般按年计算,所以它不与公司经营状况的好坏相联系。

红利是普通股股东获取的投资收益。普通股股东的红利是不固定的,红利的多少取决于公司的盈利情况,盈利多则红利多,盈利少则红利少,无盈利或亏损则无红利。

股票溢价是指股东以高于买进股票的价格卖出股票所赚取的买卖差价。在证券市场上,一般把为赚取买卖差价而买入股票的行为叫投机,而把以获取股息或红利为目的买入股票的行为称为投资。

2. 股票投资的收益率

股票投资收益率是指购买股票所得的收入占购买股票所用金额的比例。一般来说,优先股股东的收益率是相对稳定的,而普通股股东的收益率是不稳定的。股票投资收益率有两种计算方法,即本期股票收益率和持有期股票收益率。

(1) 本期股票收益率。本期股票收益率就是本期(年)股利占本期股票价格的比例,其计算公式为:

$$本期股票收益率=\frac{本期股利}{本期股票价格}×100\%$$

例如,某公司 2009 年 1 月 1 日发行股票,股票的购买者以 50 元一股购入,2010 年 1 月 1 日购买者每股分得红利 10 元,本期股票收益率为:

$$\frac{10}{50}×100\%=20\%$$

（2）持有期股票收益率。持有期股票收益率是指投资者从购买股票开始到卖出股票时止的收益率。其计算公式为：

$$持有期股票收益率 = \frac{出售价格 - 购入价格 + 现金股利}{购买价格} \times 100\%$$

例如，某投资者购买了 100 元股票，一年后以 104 元卖出，一年中所得红利为 8 元，其持有期收益率为：

$$\frac{104 - 100 + 8}{100} \times 100\% = 12\%$$

五、股票的交易方式

（一）现货交易

股票的现货交易亦称现金交易，它是指股票的买卖双方达成交易以后，在短期内完成交割的一种买卖方式。现货交易的交割时间一般为成交的当天，但也可以是当地股票交易市场的习惯日，如美国纽约证券交易所现货交易的交割时间为成交后的第五个营业日，东京证券交易所是成交后的第四个营业日。股票的现货交易是属于一手交钱一手交货的实物交易，即买方付出价款，卖方交付股票。

（二）期货交易

股票的期货交易是指股票的买卖双方成交以后，交割和清算可以按契约所规定的价格在未来某一时间进行，即股票期货交易的双方在签订交易合同之后，买方不用立即付款，卖方也不需即时交出股票，而是在双方约定的未来某一时间进行。这样可以使买方在手中资金不足时购买股票，卖方可以在没有股票的情况下出售股票，买卖双方便可以利用这一机会，按照预期的价格变动买卖远期股票，以从中谋取买卖差价。在实际操作中，股票的买卖双方往往都以相反的合同进行冲抵，只清算买卖价差。买入期货合同，以图在交割前股价上涨，这种行为一般被称为多头；卖出期货合同，以图在交割前股价下跌，这种行为一般被称为空头。此外，投资者进行期货交易的另一个目的是套期保值，以避免价格变动的风险。

（三）保证金交易

保证金交易又称信用交易或垫头交易。它是指客户买卖股票时，向经纪人支付一定数量的现款或股票，即保证金，其差额由经纪人或银行贷款进行交易的一种方式。如果经纪人为交易者垫付的是部分款项则称为融资，如果经纪人借给交易者的是股票则叫做融券。保证金交易也是从事证券投资活动的一种手段，从事该种交易的交易者是想利用股票价格在短期内的变动牟取暴利，即投资者在预测某种股价将要上涨时,便以保证金的形式购买股票,以待股价上涨后再卖出。保证金交易属于多头或空头交易,它要求交易者必须有足够的信誉和实力,以凭此开设保证金账户。在交易的过程中,投资者用保证金购买的股票全部用于抵押,客户还要向经纪人支付垫款利息。

(四) 期权交易

股票期权交易实际上是一种股票权利的买卖,即某种股票期权的购买者,可以在规定期限内的任何时候,不管股票市价的升降程度,向期权的出售者以期权合同规定的价格购买或出售一定数量的某种股票。期权一般有两种:一种是看涨期权,即投资者按协议价格购买一定数量的某种股票的权利;另一种是看跌期权,即投资者按协议价格卖出一定数量的某种股票的权利。在股价看涨时,投资者愿意购买看涨期权;当股价趋跌时,投资者往往愿意购买看跌期权。在期权的购买者认为行使期权对自己不利时,可以放弃期权,但期权的购买费不予退还。期权合同一般随着有效期的结束而失效。期权交易一般对买卖双方均有好处,买方可以利用期权保值或赚取股票的买卖差价,而卖方则可以赚得期权的出售费。

(五) 股票价格指数期货交易

股票价格指数期货交易是投资者以股票价格指数为依据进行的期货交易。在股价指数期货交易中,买进和卖出均为股票期货合同。股份指数期货价格是由点来表示的,股份的升降以点数计算,点数代表一定数量的标准金额。

在股票交易中,投资者的风险很大,尤其是对股票发行者的经营状况和股市的急剧变化难以把握和预测,而股价指数期货交易为投资者降低了上述的一些风险。投资者在了解了国民经济的发展状况、金融市场利率和某些主要行业的发展前景后,就可以预测股价指数的走势,股价指数的变动代表了股价总水平的变动。因此,在对股价指数的升降进行准确的预测之后,投资者就可买进或卖出期货合同。

第四节 投 资 基 金

一、投资基金的概念

世界各国对投资基金(Investment Fund)的称谓有所不同,美国叫共同基金(Mutual Fund)或互惠基金,英国叫单位信托基金(Unit Trust)。投资基金属于间接投资,而且也是证券投资的一种形式。它实际是证券投资基金的募集人受投资者的委托,以向投资者发行基金凭证的方式,把分散的投资者的资金汇集起来,由具有专业知识和投资经验的专家按组合投资的原理分别投资于各种金融工具,以使投资者在承担较小风险的前提下获取最大的投资收益。

投资基金是一种大众化的信托投资工具,股票、债券、期货、黄金等金融工具又是投资基金的主要投资对象。投资基金源于100多年前的英国,它是在西方国家证券投资盛行、市场操纵和市场欺诈严重、股灾遍布的背景下而产生的,迎合了投资者的安全心理和对海外金融投资的普遍需求。后来,随着美国金融业的迅速崛起,投资基金在美国得到不断的发展和完善。

投资基金是建立在金融市场充分发展和日益完善的基础之上的。金融市场充分发展的一个重要表现是融资方式多样化,而投资基金的出现与发展正是金融市场深入发展的重要体现。金融业的充分发展扩大了投资基金的投资领域,投资基金的发展也无疑是对金融市场进一步发展的一种推动。现代投资基金代表了一种新的投资方式,它已从最初的债券和股票投资逐步发展成为各种货币市场工具投资。进入20世纪80年代以后,随着投资基金制度的日益完善,投资基金品种的不断增多以及投资基金运作技术的创新,货币市场基金每年都以成倍的速度增长,从而带动了整个投资基金业的发展。据统计,目前全球投资经理人掌握了大约30万亿美元的基金资产,其中美国共同基金资产达到了4万亿美元,仅次于商业银行4.6万亿美元的资产。尤其是进入90年代以来,美国共同基金的增长更为迅速,1990—1996年共同基金的增长速度为218%,美国大约有37%的家庭拥有共同基金,共同基金占美国所有家庭资产的36%,英国和日本拥有投资基金的家庭也接近10%。投资基金的迅速发展使目前竞争日趋激烈的金融市场体系中呈现出银行业、保险业、投资基金业三足鼎立的局面。

二、投资基金的特点

投资基金是一种证券信托投资方式,也是以金融资产为经营对象,并以金融资产的保值或增值为目的的投资工具。作为投资工具,投资基金与其他投资工具相比具有以下几个特点。

(一)专家理财

投资基金是一种投资工具,投资于投资基金就等于聘请了具有专业知识和丰富经验的专家进行投资决策和运作。他们的投资决策一般是在根据随时了解到的最新的有关经济形势、国内外市场的发展动态、上市公司的经营状况等信息,并经过认真分析和对证券市场总体走势进行预测后作出的,因此能为投资者带来较高的回报。而个人投资者往往缺乏专业知识,投资经验不足,信息不灵,只能跟风炒作,多数投资者难有收益。

(二) 风险较小

投资基金的运作人为了减少风险,通常进行组合投资。投资组合一般是指债券与股票等有价证券的组合,主要包括上市或未上市公司的股票、股权凭证、新股认购权证、政府债券、地方债券、公司债券、金融债券等,在个别国家也允许将少部分资金用于房地产业的投资。即使投资股票,也不能将全部基金只用于购买一种股票。理想的投资组合一般是选择 15～25 种证券,购买各种证券的数量也有一个适当的比例,这就大大降低了投资风险,增加了投资的安全系数。

(三) 管理和运作法制化

目前,世界各国都颁布了有关投资基金的管理和运作的法规,对投资基金的设立、管理和运作做了严格的限定。按多数国家的规定,投资基金的经营机构由基金管理公司和基金托管公司组成;基金必须委托银行作为托管人托管基金资产,委托基金管理公司作为基金管理人管理基金资产和进行投资运作;基金资产独立于基金托管人和基金管理人的资产,基金托管人与基金管理人在行政上和财务上相互独立,其高级管理人员不得在对方兼任任何职务。此外,还规定了每个基金投资于股票和债券的比例,一个基金持有一家上市公司股票占基金资产净值的最高比例,同一基金管理人管理的全部基金持有一家公司证券占该公司发行证券总数的最高比例,一个基金投资国家债券的最低比例等。管理和运作的法制化有利于保护投资者的利益。

(四) 选择性强,适合各类投资者

在发达的西方国家证券市场上,投资基金的种类众多并涉及一切投资领域。因此,投资者对投资基金有很大的选择性,投资基金的品种也适合各类投资者。对于不愿冒大风险的稳健型投资者来说,可选择购买债券基金、货币基金、优先股基金或蓝筹股基金等。对于敢冒风险追求高利的投资者来说,可选择购买期货基金、杠杆基金或认股权证基金等。与此同时,不管是力图降低风险还是寻求高利的投资者,为实现他们各自的目标,并根据国内外经济和市场形势,既可选择国家基金,也可通过本国的基金管理公司购买国际基金和海外基金。此外,由于投资基金是以基金单位为基金的认购单位,认购多少应视投资者的自身实力而定,因而投资基金既适合资金雄厚的大投资者,也适合资金较少的中小投资者。

(五) 交易成本低

在当前国际基金市场竞争日趋激烈的情况下,基金公司除了不得不加强管

理和服务之外,还在不断降低其所收取的管理费和购买手续费,而且很多国家投资基金的买卖还免交印花税。基金的管理费一般一年交纳基金净资产的 1%～1.5%,购买费一般一次性交纳 3%～5%。而如果购买股票,一年之内只要交易 5～6 次的费用就会达到或超过基金投资者第一年所交纳的费用,如果交易 2 次就可超过基金投资者第一年之后每年交纳的费用,这样算起来购买投资基金所需的费用要比购买股票所需的费用低得多。

从投资基金的上述特点来看,投资基金确实是一种风险较小,收益一般会高于储蓄和债券的投资方式。但它也并非十全十美,由于在实际运作中采用组合投资,这虽然降低了风险,但也限制了投资者的收益。而且由于一次性交纳购买费,这就使投资基金只适合长线投资,不适合短线炒作,投资者若频繁买卖基金,成本会很高,收益会低于其他投资方式。此外,投资基金也并非没有风险,它采用的组合投资虽然将风险降低到最小,但也面对风云变幻的市场风险,以及情报与预测是否准确和管理是否严谨的经营风险。投资基金也与其他投资方式一样,是一种收益与风险并存的投资方式。

三、投资基金的分类

世界各国发行的投资基金种类繁多、形式多样,这也正是投资基金在当今世界得以迅速发展的因素之一。但是国际上众多的投资基金也给其进行统一分类带来一定的难度,从目前的投资基金分类情况看,已被国际上认可的分类方法有以下几种。

(一) 公司型投资基金与契约型投资基金

1. 公司型投资基金

公司型投资基金就是美国所称的共同基金,它是以营利为目的依据公司法的规定而不是依据信托契约设立的,受基金投资者的委托通过发行股票来筹集资金并从事各种有价证券投资的股份有限公司。公司型投资基金涉及五个当事人,即投资者、基金公司、管理公司、托管公司和承销商。基金的投资者是基金的股东,是基金资产的实际持有人,以其所持有公司股份的份额分享投资收益和承担风险,并通过股东大会及其所拥有的投票权来选举董事会;基金公司是基金本身,即基金资产的名义持有人,其主要职责是根据章程作出投资决策。基金的管理公司是一个独立于基金公司并由专家组成的,执行基金公司决策的机构,即负责进行投资组合和进行投资运作。基金管理公司根据与基金公司签署的管理协议行使权利,履行义务并收取管理费。托管公司也是一个独立的机构,它主要负责保管基金资产,进行资产核算,配发股息及办理过户手续,监督基金管理公司的投资运作。托管公司一般由银行和信托机构承担,它也是根据与基金公司签署的保管协议行使权利,履行义务并收取托管费。承销商是管理公司的代理机构,主要负责基金受益凭证的销售、股息的发放及基金的赎回等。公司型投资基金的设立必须在工商管理部门和证券交易委员会注册,并同时在股票发行和交易的所在地登记。公司型投资基金已被世界各国广泛采用。

2. 契约型投资基金

契约型投资基金又称信托投资基金,是指通过发行受益凭证筹资,由基金管理公司、托管公司、投资者以签订信托契约的形式组建的一种投资基金。契约型投资基金既涉及基金管理公司和托管公司,也涉及投资者。基金管理公司作为受托者是基金的发起人,负责设定基金的类型,发行受益凭证,依据信托契约进行投资运作,并指定基金的托管机构。托管公司作为基金的受托人主要负责基金的有价证券和现金的管理,以及其他有关代理业务和会计核算业务。托管公司一般是银行或信托公司。基金的投资者也称受益人,是以购买受益凭证的方式成为信托契约的当事人的,并以此享有基金收益的分配权。契约型投资基金是一种历史最为悠久并也被广泛采用的一种投资基金,英国、日本、韩国、新加坡、中国香港和台湾设立的投资基金多属于这一类。

(二) 开放型投资基金和封闭型投资基金

1. 开放型投资基金

开放型投资基金是指投资基金发行的资本总额和份数不是固定不变的,而是根据基金自身的需要及金融市场供求关系的不断变化,随时增发新的基金份额或发行已被投资者赎回的基金份额。开放型投资基金的资本总额是不封顶的,基金公司可以根据其经营策略和金融市场的变化发行新的基金份额,因此它也被称为追加型投资基金。基金的投资者不仅可以随时购买基金份额,还可以根据行市的变化在基金首次发行一段时间以后,将所购买的投资基金的全部或部分在基金管理公司设定的内部交易日,通过内部交易柜台再卖给基金管理公司,即赎回现金。若被赎回的基金数额过大并超过了基金正常的现金储备时,基金公司还可以重新发售已赎回的基金份额。开放型投资基金的买卖价格是由基金的净资产价值加一定的手续费决定的,当然其买卖价格也反映了投资基金所投资的股票、债券等有价证券的价值及基金的收益情况。

2. 封闭型投资基金

封闭型投资基金是指基金在设立时规定基金发行的固定数额,并在规定的时间内不再追加发行,投资者也不能赎回现金。封闭型投资基金由于基金的资本总额是固定的,因此在基金资本数额达到了计划要求时,便将其封闭,在规定的时间内基金公司既不能增发基金,投资者也不能赎回现金。封闭型投资基金虽然不能赎回,但却可以像普通股一样在二级市场上通过经纪人进行买卖。其交易价格虽然也以基金的净资产为基础,但却更能反映经济形势和金融市场的状况。

(三) 固定型投资基金、管理型投资基金和半固定型投资基金

固定型投资基金是指基金的经营者只能投资于预先确定的证券,在整个信托期间,原则上既不允许变更投资方向,也不允许转卖证券;管理型投资基金又称自由型或融通型基金,这是英国的一种传统的投资基金,它是指允许经营者可以根据证券市场的市场状况,对已购进的证券进行自由买卖,以及不断调整投资组合;半固定型投资基金是介于固定型和管理型之间的一种投资基金,这种基金在日本非常流行,即在一定的条件和范围内,可以变更投资方向和内容。

(四) 单位型投资基金与追加型投资基金

单位型投资基金是契约型投资基金的一种,是以某一特定的货币总额单位为限筹集设立的一种基金,每次新募集的基金组成一个单独的基金管理公司,分别作为单独的信托财产运用和管理。单位型投资基金往往规定一定的期限,在规定的信托期限届满之前不得追加新的资金。信托期限有 3 年、5 年、7 年、10年、15 年、20 年等数种,信托契约终止后,退回本金和收益,中途既不能退回本金,也不得追加投资。在一般情况下,单位型投资基金多属于封闭性和半封闭型,或属于固定型与半固定型。此外,也有少数单位型投资基金在信托期间可以解约,即相当于单位开放型,有些基金规定经过一段时间后允许解约,这类基金也称单位半封闭型投资基金。

与单位型相对的是追加型。追加型投资基金是指在投资基金在设立后,经营者可以视基金单位的售出情况或市场状况,随时以当时的市场价格追加发行新的基金单位的一种基金。追加型投资基金大都没有期限,中途可以解约,即可以要求发行机构赎回,所以追加型投资基金多数是属于开放型的。但也有极少数是封闭型的,即中途是不可以解约的。

(五) 股权式投资基金与有价证券式投资基金

股权式投资基金就是基金的经营者以股权方式投向某一产业或某类企业公开发行或上市的股份或股票,或以参股或合资的方式进行投资。这种方式的主要目的是获得投资收益,可以参与企业经营,但不以控制企业为目的。有价证券式投资基金是基金的管理者以投资于公开发行和公开上市的股票和债券为主,即主要参与二级市场中的证券买卖。

(六) 综合型投资基金与单项型投资基金

综合型投资基金是指基金投资的业务种类可以是多样的,既可以进行直接

投资,也可以进行贷款、租赁、证券买卖、拆借融资等业务。在一般情况下,这类基金在很多国家受到严格的限制或被禁止,因为这类基金从事的业务,不能体现金融分业的要求,在某种程度上等同于综合性金融公司,既有银行业务,又有信托业务,不能体现基金的特色与独特功能。与此相对应的是单项型投资基金,这类基金从事的业务是单一的,要么仅从事股权式投资业务,要么只从事有价证券式投资业务。

(七) 本币投资基金与外币投资基金

本币投资基金是指投资基金公司向本国的投资者以本国货币为面值募集的基金。本币投资基金的管理者仅在本国从事股权式或有价证券式投资活动。外币投资基金有三种含义:一是指以向国外投资者募集国际上可自由兑换的任意一种外币为目的设立的投资基金。这种基金主要用于国内投资,并在对象国或国际上某一交易场所交易流通,分红也以外币进行。二是向国内投资者募集外币资金的一种投资基金。这种基金投资于国内可以进行外币投资的企业股权、股票和债券,分红或转让也用外币进行。三是用任一种形式向国内投资者募集外币资金,并用于在海外进行股权收购或买卖外国有价证券的一种投资基金。

(八) 货币型投资基金、债券型投资基金和股票型投资基金

货币型投资基金是指基金的投资组合由货币存款构成,它一般可以分成两类:一类是管理货币基金,投资在以各种货币发行的短期金融商品上的基金;另一类是货币市场基金,它是投资在以一种货币发行的金融商品上的基金。货币基金的主要业务是在金融市场上进行一系列长期和短期的存款和贷款。货币基金的基金单位一般是固定的,经营无限期延续,投资成本也较低。

债券型投资基金可分为很多种。第一种是政府公债型基金,这种基金只能投资于政府发行的公债,或由政府担保的基金,它主要存在利率风险,期限越长风险越大;第二种是公用债券基金,也称市政公债基金,这类基金主要投资于地方政府发行的基金,即利息是可以免税的;第三种是公司债券基金,它是一种特殊的收入基金,其管理者将其基金的 60% 以上用于公司债券。投资于公司债券基金虽然风险比前两种基金大,但获利也较前两种基金高。

股票型投资基金是经营者以投资股票为主要投资对象的一种投资基金。从理论上说,股票型投资基金投资的对象为股票,债券型投资基金的投资对象为债券。但这样划分也不是绝对的,在欧美国家,只要投资对象以债券为主,即使投资一些股票,也属于债券型投资基金。而以股票为主要投资对象的基金,投资适当比例的债券,也属于股票型投资基金。

(九) 资本市场投资基金与货币市场投资基金

资本市场投资基金是将所发行基金投向资本市场或流动性较好的证券市场、衍生产品市场等作中长期投资,以发挥资金作为资本的作用。这类基金主要包括股票基金、国债基金、公司债基金、创业基金、认股权证基金、期货基金等。货币市场投资基金是由小额存款集合成为大额存款的投资基金,主要投资指向为短期金融市场。它最初产生于美国,即由大额存款和大量债券购买具有优惠条件而引发的。这种基金主要是购买大额可转让存单、各类商业票据、银行票据,进行证券回购、短期融资等。在基金市场上,货币市场投资基金属于低风险的安全基金。

(十) 成长型投资基金、收入型投资基金、成长收入型投资基金、积极成长型投资基金、平衡型投资基金和新兴成长型投资基金

成长型投资基金是以追求长期的资本利得为主要目的而设立的投资基金。该类基金的投资对象多为企业信誉好、长期保持盈利、有良好的发展前景、股价长期稳定增值的绩优蓝筹股。这种基金的投资一般属于长期投资。

收入型投资基金主要投资于可以带来当期收入的有价证券。该种基金一般有两种,一种是主要投资于股票和债券的固定收入的投资基金,另一种是以投资股票为主的股票收入型基金,股票收入型基金一般成长潜力大,但风险也大。

成长收入型投资基金是一种以利用投资于能带来收入的证券及有成长潜力的股票来达到既有收入又会成长目的的基金。该类基金要比成长型投资基金保守。

积极成长型投资基金亦称高成长型投资基金、资本增值型投资基金或最大成长型投资基金。该类基金主要以二级市场上股票买卖差价作为收入的主要来源,其目的就是追求最大利润。该类基金主要投资于具有高成长潜能的股票或其他有价证券。

平衡型投资基金既追求资金的长期成长,又要赚取当期的收入,它既投资于股票,也投资于证券。该类基金除被限定一定的比例投资于债券和绩优股之外,其余的一般投资于普通股。

新兴成长型投资基金与积极成长型投资基金一样,追求的是成长而不是收入,投资的重点对象是新行业中有成长潜力或高成长潜力的小公司或新公司,只将极少数资金投资于信誉好的大公司。

(十一) 国内基金、国际基金、海外基金和国家基金

1. 国内基金

国内基金是指面向国内投资者发行的并在国内金融市场上进行投资活动的

投资基金。国内基金虽然在大多数国家仍占主导地位,但其筹资范围的局限性、投资机会选择的有限性和收益的有限性已表现得非常明显。

2. 国际基金

国际基金是指面向国内投资者发行的,在国际金融市场上进行投资运作的投资基金。国际基金由于是到境外金融市场上进行投资运作,这不仅为本国的投资者带来了更多的投资机会,增加了投资收益和分散了投资风险,而且可使本国的投资者及有关投资和金融机构了解、认识和熟悉国际金融市场,并为其开辟了投资国际金融市场的手段。

3. 海外基金

海外基金又称离岸基金,它是指面向基金公司所在国以外的投资者发行的,并投资于境外金融市场的投资基金。海外基金的发行范围广、投资的地域宽和投资组合的选择性强。发行海外基金对一国的国内投资机构或金融机构来说是熟悉国际金融市场、了解国际金融市场法规、成为跨国经营企业的一条重要途径。

4. 国家基金

国家基金是指面向境外投资者发行的,在国内金融市场投资运作,并在基金发行完毕后受益凭证在境外证券市场上市进行交易的一种投资基金。国家基金是一种基金公司的所在国没有还本付息的债务压力且操作简便、成本较低、风险较小的投资基金。国家基金是一个国家利用外资,解决本国发展资金不足的重要手段。

四、投资基金的设立与运作

投资基金的设立与运作指的是从发起设立基金、提交基金设立申请、发表基金招募说明书、发行基金证券到基金上市的全部过程。

(一)基金发起人发起设立基金

基金发起人是投资基金的发起者及最终设立者。基金发起人是一个法律概念,它一般指具有法人地位的机构。在金融体制非常完善的国家,基金发起人必须符合规定的条件,如对发起人资本、财务状况、组织机构、业绩、营业场所、认购基金股份或认购基金单位的要求等。基金发起人一般为经国家有关部门批准设立的证券公司、信托投资公司和基金管理公司等。基金发起人的主要职责是制订有关设立基金的具体工作方案,确定拟设立基金的类型,起草申请基金设立报告和信托凭证,募集设立基金所需费用,并对由于自身的过失给投资者造成的任何损失承担连带的赔偿责任。如果发起人是两个或两个以上,还应签订发起人协议书,以明确各发起人之间的权利和义务。

（二）向投资基金的主管部门提交设立投资基金的申请

基金的发起人在完成了设立基金所需的各项准备工作之后便可向国家有关投资基金的主管机构提出设立基金的申请。在向主管机构提出设立基金的申请时,除了提交能说明设立基金必要性和可行性的基金设立申请报告以外,还应同时提交能体现发起人权利和义务的发起人协议及能反映基金性质和管理等情况的招募说明书,并附带有委托管理协议、委托保管协议、基金公司章程、信托契约、每个基金发起人最近3年的财务报告以及会计师、律师、经纪人、投资顾问接受委任的信件等文件。

（三）发表基金招募说明书

基金招募说明书是向所有的基金投资者发布的,用以说明基金性质,基金当事人权利和义务以及基金从发起、运作到终止全过程的法律性文件。其主要内容包括基金的设立背景、种类、规模、发行价格、发行原则、发行对象、投资者应支付的费用、交易的方式和条件、投资的策略和范围、派息和纳税的时间与方式、财会报告制度以及当事人权利与义务等。基金招募说明书的编写应以公开、公正、公平为原则,力求简洁和通俗易懂,并保持相对稳定,以确保广大投资者的利益。基金招募说明书一般发布在规定的报刊上。

（四）发行基金证券

基金证券亦称基金券或受益凭证,它既是基金管理公司或信托投资机构签发给投资者的确认其投资份额的证书,也是投资者参与分红及出让份额的凭证。基金证券的发行在设立基金的申请获得国家有关主管部门批准后进行,基金证券的发行方法与股票、债券的发行方法类似,大致有两种发行方式,即公开发行和定向发行。如果基金的发行数额较大,一般采用公开发行;如果数额较小,一般采用定向发行。基金证券既可由基金管理公司或信托投资机构自行发行,也可通过承销机构代为发行。基金的发行价格可以采用以面值为准的平价、高于面值的溢价或低于面值的折价三种。基金的个人和机构投资者按照规定的程序并凭规定的证件,通过购买基金证券来实现其投资。投资者的多寡及其购买基金单位数量的大小则是基金发行能否成功的关键。

（五）基金的上市

基金发行成功之后,基金管理公司依法向有关证券交易所提出上市申请,经审查并符合交易所规定的上市条件后,便可获准在交易所挂牌交易。从不同性质基金的特点来看,封闭型投资基金可以上市进行交易,而开放型投资基金只是通过内部的交易柜台购回或赎回,但在目前发达国家的证券市场上,开放型投资基金也可上市流通。上市基金的交易规则与股票和债券的交易规则大致相同。基金的上市不仅满足了基金投资者的变现要求,而且加强了基金的透明度和市场监督,同时也扩大了基金的影响。

五、投资基金的管理

(一) 投资基金管理的主要依据

投资基金管理的主要依据包括投资基金章程、信托契约、委托管理协议、委托保管协议和招募说明书等。

1. 投资基金章程

投资基金章程是基金的发起人在设立基金时所制定的纲领性文件。其主要内容包括总则(基金的名称、地址、法定代表人、类型、宗旨、管理人、托管人及制定该章程的依据)、基金证券的有关规定、基金的发行与转让(发行对象、规模、方式、认购的最低额、期限及存续期)、基金持有人的权利与义务、投资目标、投资政策、投资范围、投资限制、有关当事人的职责、资产评估与经营情况的报告时间和方式、基金运作所需的各项费用及其计算、会计与税收、终止与清算、公司董事会的产生办法和权限以及附则等。投资基金章程是对基金管理的主要法律依据,也是投资者或债权人了解基金的重要文件。

2. 信托契约

信托契约是基金管理人与托管人在设立基金时,为明确双方的权利和义务而制定的一种核心性文件。它的主要内容包括当事人的名称和地址、基金的名称和期限、基金的规模(发行总额、单位面额、受益凭证单位总数)、基金设立的目标、投资政策、投资限制、派息政策、基金资产净值的计算和报告方法、基金的发行与认购方法、基金所有当事人(包括管理人、托管人、投资顾问、投资者、律师等)的权利与义务、信托费用种类与标准、信托契约的修改与终止等。信托契约与基金章程一样也是投资基金的根本大法,投资基金的所有文件如招募说明书、设立基金的申请报告、基金募集与发行计划、受益证书等都是以信托契约为依据的。

3. 委托管理协议

委托管理协议是公司型投资基金与基金管理公司就委托管理公司对基金资产进行投资管理问题达成的协议。委托管理协议的作用在于从法律上确立了基金公司和基金管理公司的权利和义务。选择合格的基金管理人是使基金增值及投资者权益得以保护的重要保障。作为基金的管理人不仅应具有法律所规定的资产、固定的经营场所和必备的设施、一定数量的专业技术人员,还应具有优良的业绩和良好的信誉。基金管理公司应该是经国家有关主管部门批准的信托投资公司、证券公司或专门从事基金管理工作的基金管理公司。

4. 委托保管协议

委托保管协议是基金公司或基金管理公司与基金托管人就保管基金资产问题达成的协议。委托保管协议的作用在于明确委托人即基金公司或基金管理公司与受托人即基金托管公司的权利与义务,其中主要是明确受托人的责任和义务。一般来说,委托保管协议一般都要求受托人承担以下几方面的义务:一是按委托人的指示保管基金资产,二是对投资项目进行清算,三是负责基金证券买卖的交割、清算和过户,四是负责向投资者派息及新增基金份额的认购,五是对管理公司进行监督。委托保管协议应在基金设立之前签署,并且也是提出设立基金申请时所应必须附带的材料。

5. 招募说明书

招募说明书在前面已经作了介绍,它是经国家有关部门认可的一个法律性文件。它实际上是一种自我介绍性文件,在该文件中基金公司向投资者介绍基金本身以及基金的管理人、托管人、法律顾问、投资顾问、审计师、律师等有关当事人的详细情况。其目的是让投资者了解本基金,以使投资者作出是否投资本基金的决策。实际上,招募说明书是基金对投资者的许诺,投资者也以此监督基金公司的运作。当投资者的权益受到侵犯时,他们便可以依此行使权利来维护其自身利益。招募说明书已成为基金经营与管理的纲领性文件。

(二) 投资基金运作与管理的法律规范

从事投资基金活动国家的政府,为了规范其证券市场的正常运行机制,保护每一个基金投资者的利益及其资金安全,对投资基金的运作与管理进行了程度不同的监督和限制。其限制具体体现在以下三个方面。

1. 基金投资对象的限制

投资基金作为一种信托投资工具应具有一定的投资范围,按多数国家的法律规定,投资基金主要用于投资上市或未上市公司的股票、股权凭证、新股认购权证、政府债券可转换公司债、金融债券等有价证券,以及一些变现性较强的商业票据。有些国家不许投资未上市的公司股票,只有极个别国家允许进行诸如房地产业务等直接投资。

2. 基金投资数量的限制

投资基金在投资股票时,各国都规定了每个基金投资股票和债券的最低比例,购买同一公司证券的数量占该公司已发行证券的最高比例,以及购买同一公司的股票占该基金资产净值的最高比例等。其具体比例各国的规定并不一致,多数国家把每个基金投资股票和债券的最低比例限定在 80% 左右,而购买同一公司证券的数量占该公司已发行证券的最高比例,以及购买同一公司的股票占该基金资产净值的最高比例限定在 5％～10％。有些国家对不同类别的投资基金采取不同的比例限定,也有些国家对所有各类的投资基金采用相同的比例限定。

3. 基金投资方法的限制

为了防止出现欺诈行为或使投资者受到伤害,各国都严格规定禁止利用基金购买本基金或基金的董事、主要股东、主要承销商所持有的证券,或将基金资产出售给或借给上述与基金本身有关的人员;禁止经营多种投资基金的基金管理公司对其所经营的投资基金进行相互间的交易;禁止从事信用交易,即利用拆借资金或贷款买入证券以及卖出借来的证券。

（三）投资基金的投资政策与投资组合

1. 投资基金政策

投资基金政策是基金公司为实现投资基金设立的宗旨和目标而制定的原则性的指导方针。在制定投资政策时,应从以下五个方面入手:一是投资组合。不同的投资政策将会影响基金运作时所采用的投资组合,制定的投资政策一定要符合基金的性质,收入型或平衡型投资基金往往制定保守的投资政策,积极成长型或成长型投资基金应制定较激进的投资政策,而成长及收入型投资基金则应制定较适中的投资政策。二是购买证券的分散程度,即基金持有股票所属公司的数量和购买各种不同公司证券的比例。较保守的投资基金制定的投资政策应有利于证券的分散化,追求高利润基金的投资政策,往往对投资证券分散化的限制较宽。三是各种证券质量的搭配。保守型投资基金为了取得稳定的收益,其投资政策对证券发行者的业绩要求较高,否则不许买进,而追求高利润基金的投资政策给予基金的操作者较大的证券选择自由。四是充分利用基金进行投资的程度。谋求高利润基金的投资政策一般允许把基金全部用于投资股票和债券等,而求得稳定收益基金的投资政策则要求用基金资产在短期票据、债券和股票之间进行转移,并保留一定数量的现金。五是收益的发放方式。追求收入型投资基金和平衡型投资基金的投资政策一般把基金的收益定期以现金的形式直接发放给投资者,而追求高利润的积极成长型或成长型投资基金的投资政策则一般不将收益以现金的形式直接分配给投资者,而是将收益滚入本金进行再投资,以求更高的收益。

投资基金政策是由基金性质决定的,它实际上是投资基金运作的导向。积极成长型、成长型投资基金适合勇于冒险的投资者,平衡型、收入型投资基金则适合较为保守和十分保守的投资者,而成长及收入型投资基金更适合介于两者之间的投资者。投资基金政策应在其招募说明书中体现出来,以使投资者选择适合自己需要的投资基金。

2. 投资基金的投资组合

投资组合就是基金管理公司在利用基金资产进行投资运作时,将基金资产分散投资于国内外各种有价证券和不动产等。投资组合是投资基金运作与管理的一个核心问题,因为投资组合是投资基金的一大特征。投资于投资基金虽然风险较小,但并非没有风险,它也像投资于其他证券一样,存在来自政治、经济、社会等方面的变动所导致损失的风险,以及来自金融市场、利率、购买力、基金本身经营不善或欺诈行为造成损失的风险。

投资组合的目标就是降低投资风险。根据金融市场上收益与风险成正比的关系,投资组合分为收入型投资组合、成长型投资组合及两者结合型的投资组合。收入型的投资组合一般将投资风险较大的股票与安全性较高的债券的比例定为1∶9到2∶8之间,而成长型的则为9∶1到8∶2之间,两者结合型的一般是5∶5左右。以降低投资风险为目标的投资组合的具体内容就是分散风险,而分散风险的方法应从以下几方面考虑:①证券种类的分散,即投资股票与债券的比例;②国别的分散,即购买国外证券和国内证券的比例;③行业或部门的分散,即选购工业、农业、交通、通信、金融等部门及电子、化工、汽车、服装等行业的比例;④证券发行公司的分散,即投资不同规模、不同实力、不同前景公司证券的比例;⑤证券到期时间的分散,即选购期限长短不同证券的比例;⑥投资时间的分散,即可以先把基金的一部分存入银行或购买一些短期商业票据,然后逐步分期和适时地将这部分资金用于选购目标证券。投资组合是依据投资政策而制定的,它是投资基金性质的具体体现。投资组合往往还会随着基金管理人的变化、投资目标的改变、费用的调整、基金资产的增减和配置的变化而变化。

(四) 投资基金的费用、利润的分配、税收和报告制度

1. 投资基金的费用

投资基金的费用主要是指基金在整个运作过程中所需的各种投入,它主要由基金的开办费(设计费、注册费及与此有关的投入费)、固定资产的购置费、操作费(会计师费、律师费、广告费、召开受益人大会的投入费)、受益凭证的销售费、基金利润的分配费以及行政开支费(管理人员的办公、工资、福利、保险等费用)构成。

投资基金设立与运作所需的费用主要来自投资者和基金本身的收益。投资者交纳的费用有以下几项:①首次认购费。它是投资者首次认购基金时一次性支付的费用,该费用一般为购买基金总额的3%左右,用于刊登广告、购买设备和支付中间人的佣金。②管理年费,即基金管理人因经营和管理基金而从基金收益中提取的费用,提取的标准各国不一,主要由基金的性质而定,一般为基金资产净值的0.25%～2.5%。③保管年费,即基金的托管人因保管和处分基金资产而从基金收益中提取的手续费,提取标准一般为基金资产净值的0.2%。④赎回费和投资财务费,即投资者出售或赎回基金时所交的费用,该费用一般为

单位基金资产净值的 0.5%～1%。⑤业绩费。基金管理人根据其业绩从基金收益中提取的费用,业绩费一般为年利润的 3%～4%。

2. 收益及其分配

投资基金的收益除了来自债券与股票的利息和股利之外,还有一部分来自利用基金资产投资于有价证券所得到的买卖差价收益,即资本利得,以及基金所持有的证券增值带来的收益,即资本增值。基金净收益的分配比例各国不一,一般要求将每年盈利的 90% 以上分配给投资者,美国规定不少于 95%,我国规定不少于 90%。收益的发放方式既可采用现金的方式直接发放给投资者,也可将其收益滚入本金进行再投资。

3. 投资基金的税收

世界各国对投资基金的收税方法并不一致,多数国家对投资基金的经营者是免税的,因为投资基金的经营者既不是基金资产的所有者,也不是基金的受益者。基金的收益是运用信托资产创造的,投资基金的经营者只不过是一个委托代理机构。纳税人应该是基金的投资者,即交纳所得股息、利息、红利收入的所得税,股票基金和债券基金的交易税及交易单据的印花税等。纳税可采用由投资者自缴和由基金公司代缴两种方式。有些国家和地区对基金的投资者免征一定的税金,特别是对海外投资基金的投资者免除一切税收。

4. 投资基金的报告

按各国的法律规定,基金公司应定期或不定期地向投资者公布基金的有关信息,这些信息主要通过基金运作过程中发布的报告与公告来披露。这些报告与公告包括:①基金的年度报告与中期报告。其主要介绍基金一年或半年来的运营状况和基金管理人的经营业绩,其中包括基金的资产负债表和损益表等。②基金资产净值公告。每月至少公告一次,介绍基金的资产净值及每基金单位资产净值。③基金投资组合公告。至少每季度公告一次,主要介绍基金资产投资于股票、债券及其持有现金等的比例。上述报告一般由基金管理人编制并向投资者公布。

第五节　中国证券市场

一、新中国证券市场的产生与发展

证券市场是商品经济发展的产物。中国自改革开放以来,随着引入市场经济,证券市场已成为社会主义经济的重要组成部分。随着市场经济在中国的充分发展,中国证券市场从组织结构到法律规范正日趋成熟和完善。

(一) 新中国成立至改革开放前的证券市场

新中国成立之初,中国政府虽然实行国有化,把财政收支、资金管理和物资调拨统一在政府手中,并整顿旧中国遗留下来的各种经济组织和机构,但并没有关闭证券市场,而是采取利用证券市场的政策,来促进国民经济的恢复和发展。这主要体现在中央政府在关闭旧的证券市场的同时,又建立了新的证券市场。1949 年 6 月,新中国成立后的第一个证券交易所,即天津证券交易所在原天津证券交易所的旧址成立,从此翻开了新中国证券交易所的历史。1950 年 2 月 1日,北京也成立了证券交易所,随后上海也成立了新的证券交易所。这些证券交易所是按国家有关证券方面的法规设立的,其运作完全是在政府的严格控制下进行的,但只从事单一的现货交易,不做期货,并且不以赢利为目的。1952 年以后,随着企业社会主义改造的完成,中国企业只剩下全民所有制和集体所有制两种形式,股份制在中国已不复存在。中国政府在 20 世纪 60 年代虽然也发行过债券,但发行的渠道是通过国有银行,而不是通过证券市场,而且不许上市流通。1952 年 7 月,天津证券交易所并入天津投资公司,证券交易所在中国消失。此时的中国证券市场应该说已名存实亡。

(二) 改革开放之后的中国证券市场

从 1978 年改革开放至今,中国的证券市场大致经历了两个发展阶段。

第一阶段是 1978 年至 1990 年。这一阶段中国的证券市场开始重新萌芽,主要表现是随着农民收入的大幅度增加,中国农村广泛合股集资并创办了一系列各种类型的乡镇企业,这些合股集资而形成的企业虽然只是在花名册上登记或开具股金收据,不上市发行股票,但它毕竟是中国股份制经济的萌芽。二是在农村股份制经济的带动下,城市的股份制企业也应运而生。1984 年成立的北京天桥股份有限公司成为中国第一家股份制企业。同年 11 月,上海飞乐音响股份有限公司率先向社会公开募集股票,成为中国首家公开向市场发行股票的企业。此后在北京、上海、西安、沈阳、广州、重庆等地出现了通过发行股票进行筹资的活动。此外,中国政府还恢复了债券的发行。1981 年,中国政府发行了新中国成立以来的首批国库券,1985 年以后又相继发行了金融和建设等债券。中国证券交易在 90 年代以前,大都属于场外交易,而且多属地区性的,还没有形成真正意义的全国性证券交易中心。

第二阶段是从 1990 年开始至今。这是中国证券市场的起步阶段。1990 年12 月,上海证券交易所正式挂牌营业,它是新中国成立后第一家按国际标准运作的交易所。上海证券交易所的成立不仅标志着在中国大地消失了 38 年的证券交易所又重获新生,而且标志着新中国证券交易市场的诞生。此后,深圳证券交易所也在 1991 年 7 月宣告成立。中国证券市场从此进入了迅速发展时期。

伴随着中国证券市场的发展,有关证券方面的法规日趋完善。中国政府从 1990 年至今相继出台了《中华人民共和国证券法》《中华人民共和国公司法》《中华人民共和国国库券条例》《股票发行和交易管理暂行条例》《企业债券管理条例》《国务院关于股份有限公司境外募集股份及上市的特别规定》《关于严禁国有企业和上市公司炒作股票的规定》《上市公司证券发行管理办法》《中华人民共和国证券投资基金法》和《关于加强证券期货信息传播管理的若干规定》等法律、法规。尤其是 1999 年 7 月 1 日开始实施的《中华人民共和国证券法》,使投资者的权益得到了保护。该法于 2005 年 10 月 27 日由全国人大常委会修订通过后于 2006 年 1 月 1 日开始实施。《中华人民共和国证券投资基金法》于 2012 年进行了修订,并于 2013 年 6 月 1 日起施行。证券法规的健全和完善,也标志着中国证券市场走向成熟。

截至 2011 年年底,深沪两市上市公司(A 股和 B 股)的数量已达到 2 342 家,股票市价总值 214 758.1 亿元,其中股票流通市值 164 921.3 亿美元,股票总发行股本 36 095.52 亿股(含在境内上市公司发的 H 股),股票有效账户数达到 14 050.37 万户,发行的证券投资基金 915 只。2011 年,沪深两市境内外筹资额达到 7 506.22 亿元,其中境内筹资额 6 780.47 亿元。

二、中国证券市场的对外开放

中国证券市场的对外开放主要体现在以下三个方面。

(一) 发行 B 股

B 股是中国国内企业向境外投资者发行,在境内证券交易所以外币认购和进行交易的股票。B 股股东的权利和义务与 A 股相同,其红利以人民币计算,但折成外汇汇出国外。1992 年 2 月 1 日,上海真空电子器件股份有限公司首次在上海证券交易所发行了总额为 1 亿元人民币 B 股,到 2005 年 8 月 30 日止,共有 110 家企业在上海和深圳两家交易所发行了 B 股,其筹资总额约合 30 多亿港元。B 股的发行为中国的上市公司开辟了新的融资渠道,并促进了中国证券市场的进一步发展。当然,B 股市场已有多年没有扩容了,随着 QFII(合格境外机构投资者)制度的实施,即外国投资者被直接允许进入中国的 A 股市场,其存在的必要性受到了金融界的质疑。但无论如何,在中国经济发展的最初阶段,B 股市场对中国的证券市场以及资本市场的发展起到了重要的作用。

（二）外国证券公司进入中国

自 1979 年中国政府批准第一家国外银行在北京开设办事处以来，目前已有约 40 个国家或地区的近 600 家境外金融机构在中国设立了办事机构或代表处。其中有 100 多家外国银行在中国设立了分行，并有近 60 家海外证券公司进入中国证券市场，有 20 多家境外证券代理客户入驻上海证券交易所 B 股专用席。与此同时，日本大和证券公司与中国最大的证券公司华夏证券公司共同建立了合资投资信托公司，中国人民银行、中国经济技术投资担保公司、美国摩根士丹利公司、新加坡政府投资公司、香港名力集团 5 家单位在 1994 年 10 月组成了中国国际金融有限公司，这也是中国第一家中外合资银行。外国证券公司进入中国证券市场不仅推动了中国证券市场的开放，而且有助于中国企业和证券公司走向世界。

（三）实施 QFII 制度

QFII 制度是指允许合格的境外机构投资者，在一定规定和限制下汇入一定额度的外汇资金，并转换为当地货币，通过严格监管的专门账户投资当地证券市场，其本金和投资收益在外汇管制和相关法规管理下可以转为外汇汇出的一种市场开放模式。QFII 制度是中国证券市场向外国投资者开放的第一步，也是引进境外机构投资者成熟的投资理念、优化中国证券市场投资者的结构以及促进中国证券市场国际化的重要一步。QFII 制度一般是发展中国家证券市场发展到一定阶段的产物，其目的在于有节制地让发达国家的投资者进入国内证券市场，以规范和促进本国证券市场的发展。随着证券市场的成熟，这一制度也会随即消失。QFII 最早产生于 20 世纪 90 年代初的我国台湾地区。1991 年 1 月 2 日，台湾地区开始实施 QFII。1992 年，QFII 正式进入台湾证券市场。台湾目前已取消 QFII，准许外资自由进出。韩国、印度等国也相继采用过 QFII 制度。

随着中国证券市场的发展，中国于 2001 年下半年也开始着手研究 QFII，并成立了 QFII 研究小组。2002 年 11 月 5 日，中国人民银行和中国证券监督管理委员会（简称证监会）联合发布了《合格境外机构投资者境内证券投资管理暂行办法》，对 QFII 的门槛等问题作了详细的规定。此后，国家外汇管理局要求境外合格投资者申请的投资额度不得低于等值 5 000 万美元的人民币，不得高于等值 8 亿美元的人民币。这标志着 QFII 制度在中国境内正式启动。在随后的几个月中，包括瑞银集团、野村证券、高盛等在内的众多境外大型金融机构纷纷向中国证监会递交资格申请并获得了批准。截至 2012 年 3 月底，已有 147 家外资金融机构获得 QFII 资格，获准投资额 245.5 亿美元。

三、中国参与国际证券市场活动

(一) 中国发行国际债券融资

中国经济的迅速发展引发了急需建设的交通、能源、通信等基础设施领域对资金的巨大需求,由于国际债券具有期限长和筹资数额大等优点,中国政府和企业从 20 世纪 80 年代初开始采用发行国际债券这一发达国家惯用的筹资方式。1982 年 1 月,中国国际信托投资公司在日本东京市场上首次发行了 100 亿日元的私募债券,期限为 12 年,票面利率为 8.7%,从而开创了中国利用国际证券市场筹集资金的先例。1983 年 8 月,福建投资企业公司又在日本东京市场发行了50 亿日元利率为 8.5%、期限为 10 年的私募债券。1984 年 11 月,中国银行首次在日本东京市场发行了 200 亿日元的公募债券。中国银行、中国国际信托投资公司和福建投资企业公司于 1985 年先后在东京、法兰克福、香港、伦敦和新加坡发行了 10 宗国际债券。据统计,1986—1992 年,中国先后在国际债券市场上总共发行过 49 次债券,筹资 16.6 亿美元。此后,中国利用国际债券市场融资的数额急剧上升,1993 年中国的金融机构在国际证券市场上发行债券达 21 次,筹资共达 28 亿美元。1994 年 1 月 14 日,财政部代表中国政府正式向美国证券交易委员会注册登记发行 10 亿美元的全球债券,并同时在美国、欧洲和亚洲销售。发行该债券的牵头机构是美国的美林证券公司,这也是中国首次进入美国资本市场。2004 年 10 月,中国又在美国发行了 5 亿美元的主权债券。2004 年 9 月,中国国家开发银行发行了价值 10 亿美元的全球债券,此次发行的全球债券包括美元和欧元两种,债券筹集资金继续投向国家重点项目。本期债券发行的主承销商包括美国、英国、法国和瑞士的多家银行,美国、欧洲和亚洲的众多机构投资者购买了此次债券。同年,中国进出口银行和中国工商银行分别发行了 7.5 亿美元和 4 亿美元的国际债券。

(二) 中国企业海外上市融资

1. 中国企业海外直接上市

海外上市是中国企业走向世界的一个重要途径。进入 20 世纪 90 年代以后,随着中国证券市场的对外开放,中国企业也开始了到海外发行股票并直接上市的历程。中国企业海外上市方式主要包括在中国香港发行 H 股、在美国发行美国存托凭证(ADR)以及直接挂牌上市。

(1) 发行 H 股与红筹上市。H 股是在中国内地注册的股份有限公司在香港发行的普通股的简称。H 股分为主板和创业板。发行 H 股的中国公司注册地在中国内地,适用中国法律和会计制度,向香港投资者发行股票,在香港主板或创业板上市。中国对 H 股主板上市的条件主要为：筹资用途符合国家产业政策、利用外资政策及国家有关固定资产投资立项的规定；公司净资产不少于 4 亿元人民币，过去 1 年税后利润不少于 6 000 万元人民币，并有增长潜力，按合理预期市盈率计算，筹资额不少于 5 000 万美元（高于香港主板的规定）。中国对 H 股创业板上市没有什么特殊要求，只是强调了股份公司设立应合法，公司及主要发起人符合国家有关法规和政策，在最近 2 年内没有重大违法违规行为，其他条件只要符合香港创业板上市规则即可。1992 年 10 月，中国证券监督管理委员会确定了首批 9 家大型国有企业作为试点单位，在香港发行 H 股并上市。1993年 6 月 19 日，中国证券监督管理委员会、香港证券及期货事务监察委员会、香港联合交易所、上海和深圳证券交易所在北京联合签署了内地与香港关于证券监督的合作备忘录，这为中国内地企业在香港上市奠定了法律基础。从 1993 年 6月 29 日青岛啤酒股份有限公司最先在香港上市，至 1994 年 6 月 6 日东方电机股份有限公司正式在香港联合交易所挂牌上市，获准上市的 9 家中国内地企业共发行 55.06 亿 H 股，筹资达 116.81 亿港元。1994 年，内地又安排了 22 家企业到香港上市。为配合 H 股的发展，香港恒生指数服务有限公司于 1994 年的 8月 8 日正式推出了恒生中国企业指数，以帮助投资者了解中国企业的表现。

　　中国内地企业在香港上市的另一种方式是红筹上市，即公司注册地在中国境外，通常在开曼、百慕大或英属维尔京群岛等地，适用当地的法律和会计制度，但公司的主要业务资产在内地。红筹上市公司对投资者发行股票并在香港联交所上市，在禁售期结束后，所有股票都可以流通。

　　H 股和红筹方式上市有所不同：一是 H 股上市仅是对公众发行的股票上市流通，其他股票不能流通；而红筹上市在禁售期以后便可以流通，是全流通概念。二是上市审批程序有所不同。H 股需要中国证监会批准方能向香港申请上市。对于红筹上市，则取消了无异议函的“审批”。三是从上市公司能否在大陆发行A 股看，发行 H 股的公司在香港上市后经过申请还可以在国内增发 A 股。四是红筹上市可以实施股票期权、员工信托股票等激励机制，在国内员工激励机制法规不完善的情况下，这一点无疑是高科技企业选择红筹上市的重要原因。五是 H 股上市后再融资需要中国证监会批准，受《公司法》约束，而红筹股无须批准并可根据企业的发展和市场的情况依交易所规则再融资。

　　截至 2012 年 11 月底，共有 280 家内地企业在香港证券交易所上市，总集资额超过 16 800 亿港元。其中 H 股主板 144 只，创业板 28 只，中资红筹主板 103只，创业板 5 只。

　　（2）发行 ADR。ADR 是 American Depositary Receipt（美国存托凭证）的缩写。ADR 是指由美国存托银行发行的一种类似股票证书的可转让票据，它代表美国投资者对非美国公司、政府或美国公司的海外子公司发行证券的所有权凭证。具体地讲,在美国发行股票的外国公司将其股票,由承销商交由本国银行或外国在本国的分支机构保管,并以此为担保通知美国的存托银行发行股票存托凭证供美国投资者购买,美国投资者购买的存托凭证就是外国公司发行股票的凭证,投资者可将存托凭证上市转让或凭以领取股息。如果股票存托凭证是向全球投资者发行时,则称为全球股票存托凭证(Global Depositary Receipt,GDR)。

ADR 是因外国投资者在美国发行股票不便及美国投资者上市转让外国公司股票困难而产生的。ADR 的发行实际上是避开了美国法律对外国公司股票在注册手续、财务报表、会计准则、信息披露等方面的严格管辖,并为美国投资者购买并转让非美国公司的股票提供了便利。

从 1993 年 7 月第一家在美上市的青岛啤酒公司算起,中国公司在美国上市已有 10 年的历史。中国公司在美国上市的主要市场是美国证券交易所、纳斯达克交易所以及电子柜台交易市场。

纽约证券交易所是世界最大、容纳世界上最优秀的上市公司的交易所。纳斯达克(National Association of Securities Dealers Automated Quotation,NAS-DAQ)交易所意为全国证券交易商协会自动报价系统,由于有科技含量极高和成长性极强的中小企业以及大量的非美国公司在这里上市,所以它是真正意义的全球性的为高科技企业提供上市融资机会的股票交易所。该交易所有两个独立的市场组成:一个是为那些在财务、股本和管理等方面均符合标准的高科技企业提供融资的纳斯达克国家市场,另一个是上市条件更为宽松的小资本市场。电子柜台交易市场(Over the Counter Bulletin Board,OTCBB)是由纳斯达克管理的股票交易系统,它是为还未达到在纳斯达克和纽约证券交易所上市条件的公司提供上市融资的市场,微软和思科等国际知名企业都曾在此上市融资。

中国证券监督管理委员会在 1994 年所选定的第二批到海外直接上市的国有企业中,有华能国际电力、华能发电开发、东方航空、南方航空和天津钢管 5 家公司可以通过发行 ADR 到美国证券市场上挂牌上市。1994 年 4 月 28 日,中国证券监督管理委员会和美国证券交易委员会签订了《中美合作监管备忘录》,从此开始了两国股票投资领域的合作。中国山东华能国际电力公司于 1994 年 8 月 4 日以 ADR 方式在美国纽约证券交易所挂牌上市,成为新中国第一家在美国纽约证券交易所以 ADR 方式上市的公司。此后,中国有些公司将已发行的 B 股或 H 股转为 ADR 形式在美国上市,如上海的氯碱化工、上海轮胎橡胶和上海第二纺织等。也有的公司是在全球配售过程中将在美国发行的部分以 ADR 的形式配售上市,如上海石化股份有限公司等。上海石化于 1998 年 8 月 H 股在香港上市的同时,将 50% 的 H 股转为 ADR、GDR。中国企业将 B 股和 H 股转为 ADR 在美国发行,成为中国证券市场与国际接轨的又一途径。

（3）直接挂牌上市。1999 年 7 月 14 日，中国证监会发布《关于企业申请境外上市有关问题的通知》的同一天，中华网在美国纳斯达克挂牌上市，成为中国大陆首家在美国纳斯达克上市的公司。截至 2011 年 8 月 1 日，在纽约证券交易所上市的中国大陆企业共有 80 家。中国大陆的公司虽然 1999 年才登陆纳斯达克，目前上市公司数量为 159 家。① 此外，由于 OTCBB 的上市标准较低，所以中国企业出现在 OTCBB 的时间要早于纳斯达克，1998 年 12 月 20 日，主要从事英文网上商业信息服务的沈正中贸网信息技术有限公司率先在美国 OTCBB 挂牌上市。此后，北京世纪永联和深圳蓝点也分别于 1999 年 11 月和 12 月在此上市。截至 2008 年 12 月 31 日，共有 60 多家中国公司在 OTCBB 上市。除美国外，也有部分中国企业在英国等国家的证券市场上市。

2. 中国企业海外间接上市

中国企业海外间接上市主要有两种方式，即买壳上市和造壳上市。

（1）买壳上市。买壳上市是指一家或几家公司联合以现金或交换股票的形式，收购另一家在海外证券市场上挂牌上市的公司的部分或全部股权来取得上市资格。中国企业通过买壳上市融资始于 1984 年年初，但为数很少。20 世纪 90 年代以后，通过该方式上市的中资公司有所增加，目前已达到 30 家。例如，首钢在 1992 年收购了香港东荣钢铁公司 51% 的股权后，将公司更名为香港首钢国际公司，并募股集资达 18 亿港元。买壳上市筹资不仅可以通过注入资产来增加公司的实力，而且可以避开一些当地政府对外国公司上市的严格限制，并可以节省大量的时间。目前，虽然到海外买壳上市的中国企业必须经过中国证券监督管理委员会的批准，但买壳上市仍不失为中国企业国际化的一个最佳途径。

（2）造壳上市。造壳上市筹资有两种具体做法：一是一些企业通过在国际证券市场所在国或地区注册成立一家控股公司，对其国内企业进行控股，然后国内企业间接以控股公司的身份申请上市；二是国内企业与已上市的外国公司合并，通过增发新股或换股上市。这种做法实际上是中外合资企业海外上市的一种基本模式。

（三）中国企业对外证券投资

中国企业对外证券投资只是刚刚起步，只有 20 多年的历史。1986 年，中国国际信托投资公司通过国际融资租赁的方式购买了澳大利亚波特兰铝厂 11% 的股份，以此开始了中国进入国际市场从事证券投资的历史。20 世纪 90 年代以后，中国企业海外证券投资有所发展。1990 年，中信香港集团收购了香港泰富发展有限公司 49% 的股份，并将该公司改名为中信泰富。香港泰富发展有限

---

① http://www.nasdaq.com/screening/companies-by-region.aspx? region＝Asia.

公司是一家在香港已上市的公司,中信香港集团收购了该公司后,利用其上市公司的地位进行了一系列注册和收购活动,使中信泰富从 1990 年 2 月市值仅为 7 亿港元的小公司,到 1994 年发展成为一家市值 400 余亿港元的大公司。在中国企业从事海外证券投资的同时,中国的各主要金融机构也大力发展海外金融业务,尤其是注重海外证券业务的开展。截至 2008 年年底,中国境内的一些大银行在海外开设的分支机构超过 600 家,遍布亚洲、美洲、大洋洲和欧洲,分支机构的资产已超过 2 000 亿美元,其中中国银行分布在 70 个国家或地区的分支机构超过 500 家,海外资产逾千亿美元。受中国企业的经济实力所限,中国企业海外证券投资的规模虽然远远小于中国企业的海外上市筹资规模,但是中国企业从事海外证券投资活动却为中国企业跨国化开辟了又一重要途径。

思考与练习题

1. 证券投资的特征是什么?
2. 证券投资的发展趋势是什么?
3. 国际债券有哪几种类型?
4. 优先股和普通股的区别是什么?
5. 股票有哪几种交易方式?
6. 投资基金的特点是什么?
7. 什么是国际证券发行市场?
8. 国际证券流通市场分哪几种形式?
9. 中国企业是如何在海外证券市场上市融资的?

案例研究

案例

中国概念股私有化的退市风潮——小肥羊

将 2010 年称为华尔街的"中国年"算不得夸张,因为这一年赴美上市中国企业数量达到创纪录的 45 家,融资额高达 38.86 亿美元,甚至出现了一周之内 5 家中国公司挂牌美国市场的盛况。

然而,刚准备在美国享受盛夏阳光的中国公司没想到,第二年便遭遇到最冷的寒冬。2011 年,在美新上市的公司只有可怜的 11 家,第四季度甚至一家都没有。大部分中国概念股股价低迷,被腰斩的个股比比皆是,还有一大批沦为一两美元的"垃圾股",面临被摘牌的境地。这也是中概股私有化退市最为凶猛的一年。根据罗仕证券有限公司(Roth Capital Partners)的统计,不包括被强制摘牌的企业,2011 年在美已经或正在通过私有化交易退市的中国企业股本总额高达 78 亿美元,其中已经被管理层、战略收购财团和私募股权基金等买断的中概股总规模达到 35 亿美元,此外还有 43 亿美元的此类交易正在进入被收购或托管程序。这个数字也远远超过了 2011 年中国企业在美首次公开募股

(IPO)22 亿美元的总融资额。

　　曾经的梦想之地,如今却满是无奈。刚刚削尖了脑袋想要挤进公众市场,现在又费尽周折地通过私有化退市而成为私有公司,上市、退市、再上市……为何要如此折腾? 为何要私有化?

　　小肥羊餐饮连锁有限公司(简称小肥羊,原代码:0968.HK)的发展,似乎总是以 4 年为周期。2000 年开始,小肥羊开始在全国各地生根发芽。2004 年,投行出身的卢文兵来到小肥羊,担任"上市副总裁"。之后的 4 年,经验丰富的卢文兵引领小肥羊一路凯旋,年收入超过 50 亿元,向全世界扩张。2008 年,小肥羊成功登陆香港,被称为"中国火锅第一股"。然而,4 年后的 2012 年 2 月 2 日,小肥羊结束了港交所之旅,摘牌退市,卢文兵离任。这戏剧性转折的背后,是小肥羊和美国百胜餐饮集团(简称百胜集团)的一纸收购合约。百胜集团是拥有肯德基、必胜客等著名连锁品牌的美国餐饮巨头。从 2011 年 4 月起,百胜集团就提出以 45.57 亿港元或溢价三成收购小肥羊,但出于保护民族品牌和防止垄断的考虑,经过了 7 个月时间,中国商务部才给予批准。卢文兵认为,股价偏低不是退市的原因,退市更多地取决于企业战略的考虑。上市公司股权结构复杂,有很多小股东,企业决策过程比较复杂,而私有化之后则不存在这些问题,这样有利于企业作出统一决策。

　　案例来源:孙冰,李晓,凤凰网财经频道。

　　案例思考与讨论

　　1. 出现中国概念股私有化浪潮的原因有哪些?

　　2. 中国概念股私有化浪潮对国外投资者对我国的证券投资决策有什么影响?

第七章

国际技术贸易

学习要点

通过本章的学习,学生应了解专利和商标权的特点、种类和授予条件,专有技术的含义及与专利的区别,熟悉有关专利和商标权的国际公约,掌握技术转让的方式、知识产权的种类及其保护、中国对外技术贸易的管理等。

Key Points

By studying this chapter, student are expected to understand the characteristics, classification and entitlements of trade mark right, and its difference from patent; be familiar with international conventions relevant to patent and trade mark right; master ways of technology transfer, classification of intellectual property rights and its protection, as well as management of foreign technology trade in China.

第一节　国际技术贸易概述

一、技术的含义及其特点

目前,国际上对"技术"还未形成统一认识。由于认识角度上的差异,技术有狭义和广义之分。狭义的技术是指那些应用于改造自然的技术,而广义的技术则是指解决某些问题的具体方法和手段。技术一词在不同的领域也有不同的解释。在社会科学领域,技术是指用于解决社会发展中所面临的问题的具体措施;而在自然科学领域,则被认为是解决生产领域问题的某种发明或技能。世界知识产权组织在1977年版的《供发展中国家使用的许可证贸易手册》中给技术下的定义是:"技术是指制造一种产品的系列知识,所采用的一种工艺,或提供一项服务,不论这种知识是否反映在一项发明、一项外形设计、一项实用型或者一种植物的新品种,或者反映在技术情况或技能中,或者反映在专家为设计、安装、开办、维修、管理一个工商企业而提供的服务或协助等方面。"这是迄今为止国际上给技术所下的最为全面和完整的定义。实际上世界知识产权组织把世界上所有能带来经济效益的科学知识都定义为技术。

技术具有一些显著的特点:技术属于知识范畴,但它是用于生产或有助于生产活动的知识;技术是生产力,但技术是间接的生产力;技术是商品,但它是一种特殊的商品,它比现有技术具有更高的经济价值、选择性,具有使用条件等。

根据不同的标准,技术可以被划分为若干种类型。按技术的作用来划分,可分为生产技术和经营技术;按技术的形态划分,可分为软件技术和硬件技术;按技术的公开程度划分,可分为公开技术、半公开技术和秘密技术;按技术的所有权状况,可分为公有的技术和私有的技术;按技术的法律状态,可分为工业产权技术和非工业产权技术。

技术作为人类经验的总结和智慧的结晶,将会随着科学技术的进步而发展,人们也会借助于不断进步的科学方法来加深对技术的内涵和复杂性的认识。技术也将成为人们认识自然、解决生产等领域所面临问题的最有力的武器。

二、国际技术市场

国际技术市场是一种"虚拟的"市场,而非实体市场。但该市场又是客观存在的,集技术开发、技术交易、技术中介和技术信息交换等功能为一体的、按行业分割的市场结构。国际技术市场具有以下特点:研究与开发格局由聚集转为分散,技术在其生命周期的早期就向海外转移,国际技术市场转让机制不断拓宽,软件技术占技术贸易额的比重不断增加,"技术国有化主义"趋势有所加强,跨国公司仍是国际技术市场上的主导力量,等等。

三、国际技术转让与国际技术贸易

联合国在《国际技术转让行动守则草案》中,把技术转让定义为"关于制造产品、应用生产方法或提供服务的系统知识的转让","单纯的货物买卖或只涉及租赁的交易都不包括在技术转让的范围之内"。国际技术转让是带有涉外因素的转让,是跨越国境的转让。

国际技术转让与国际技术移动不同。国际技术移动是指技术从一个国家向另一个国家的移动,即技术的位移,这种位移可以发生在不同国家或地区之间,也可以发生在同一国家内的不同地区之间。而国际技术转让是指一国技术的所有者将技术的所有权或使用权转让给另一国的其他人,即技术的所有权或使用权的转让。技术的所有权和使用权属于知识产权的范畴。

国际技术转让分无偿和有偿两种。无偿的技术转让属于非商业性质的技术援助,有偿的技术转让是一种商业性的技术买卖。凡是通过双边政府间的带有援助性的经济合作或科学技术交流等形式所进行的技术转让,属于无偿的或非商业性的技术援助;而通过贸易途径并以企业为交易主体的技术转让则属于有偿的或商业性技术转让。有偿的技术转让实际上是一种贸易活动。因此,有偿的国际技术转让也被称为国际技术贸易。

国际技术贸易,是指不同国家的当事人之间按一般商业条件进行的技术跨越国境的转让或许可行为。

国际技术贸易的标的是技术,而技术是一种无形的商品。但在国际技术贸易的实际运作中,只有发达国家之间的技术贸易才会有单纯的软件贸易,而发展中国家在开展技术贸易时,由于技术落后和应用科学技术的能力较差,往往在进行软件贸易的同时,还伴随着硬件贸易,即引进技术与进口设备相结合。与此同时,许多发展中国家为解决资金的严重短缺,又往往将引进技术和设备与利用外资相结合。国际技术贸易在国际贸易中的地位日益重要,其实际操作也日益复杂。

四、国际技术贸易的产生与发展

技术在国际上的转让由来已久,早在公元6世纪,中国的养蚕和丝绸技术就曾通过丝绸之路传到中亚、西亚和欧洲各国。10—15世纪,中国的造纸、火药、印刷术相继传到西方。16世纪初,德国的机械表制造技术和意大利的眼镜技术也先后传到日本和中国。16世纪以前,英国的技术水平还远远落后于欧洲大陆,英国的工业是在引进欧洲大陆先进的工匠技术的基础上发展起来的。但是,18世纪以前的技术转让还不属于现代意义上的技术贸易,这主要表现在两个方面:一是转让的手段落后,国家间的技术转让主要是工匠技能的传播,而不是许可权的转让。二是传播的时间较长。中国的养蚕和丝织技术用了1 800多年才传到欧洲,造纸、火药和印刷术传到欧洲也用了600多年;而意大利的眼镜和德国的机械表技术则分别用了300年和100多年的时间才传到日本和中国。

现代意义的技术贸易是通过技术的商品化,并伴随着资本主义商品经济的发展而逐步发展起来的。进入18世纪以后,随着工业革命的开始,资本主义的大机器生产逐步代替了封建社会的小农经济,这为科学技术提供了广阔的场所,并出现了以许可合同形式进行交易的技术贸易。19世纪以来,随着西方各国技术发展速度的加快和技术发明数量的不断增多,绝大多数国家都建立了以鼓励发明制造为宗旨的保护发明者权利的专利制度,这就促使以许可合同形式出现的国际技术贸易的迅速发展。第二次世界大战以后,科学技术在经济发展中所起的作用日益重要,国际间经济上的竞争实际上表现为技术的竞争。为此,技术已作为一种特殊的商品成为贸易的主要对象,这就使二战后以来的技术贸易额不断增加。20 世纪 60 年代中期技术贸易的年成交额仅为 27 亿美元,70 年代中增至 110 亿美元,到 80 年代中激增到 500 亿美元左右,90 年代国际技术贸易每年的成交额超过了 1 000 亿美元,进入 21 世纪以后国际技术贸易额激增至 5 000 亿美元,其增长的速度不仅高于货物贸易而且也高于一般服务贸易,国际技术贸易已经成为国际贸易的重要组成部分。

五、国际技术贸易的特点

科学技术是生产力已被世界各国普遍认识,各国竞相开展国际技术转让活动。随着国际技术市场竞争的日趋激烈,国际技术贸易出现了以下特点。

(一) 发达国家在国际技术市场上占有统治地位

长期以来,国际技术转让活动主要集中在发达国家,发达国家的技术贸易额占世界技术贸易额的 80% 以上,而且主要集中在美、英、法、日、德等少数几个国家。这 5 国的技术贸易额就占发达国家技术贸易总额的 90% 以上。这是因为它们既是技术的出口大国,也是技术的进口大国。近几年来,发展中国家的技术进出口无论在数量上还是在种类上都有了长足的发展,但它们在国际技术市场上的份额极为有限,一般不超过 10%,而且局限在少数几个新兴工业化的国家。实际上发展中国家在国际技术市场上主要扮演的是接受者的角色,这主要与它们经济发展水平低和技术水平落后有关。

(二) 软件技术在国际技术贸易中的比重日益提高

20 世纪 80 年代以前,国际技术贸易主要是通过引进和出口先进设备等硬件来进行的,以软件为交易对象的交易较少,进口国往往是以购买设备等硬件为目的兼购买软件。进入 80 年代以后,这种状况发生了根本性的变化,以许可贸易形式进行的软件交易占据了主导地位,技术的进口国往往为了购买某项专利或专有技术而附带进口一些设备。尤其是发达国家间的技术贸易,软件技术的转让已占其技术贸易额的 80% 以上,其中美国的软件技术销售额每年递增达 30% 以上。近几年来,发展中国家开始注重技术引进的效益,减少硬件技术的引进,软件技术正逐渐成为其技术引进的主要标的。

(三) 发达国家的跨国公司控制着国际技术贸易

国际技术贸易不仅集中在少数几个发达国家,而且被这些国家的跨国公司控制。据统计,西方国家的跨国公司控制着发达国家技术贸易的 80%,而发展中国家技术贸易的 90% 也控制在西方国家的跨国公司手中。这主要是与它们资金雄厚、技术力量强大,重视技术开发,并拥有众多的专利技术有关。正是因为跨国公司在技术贸易中的垄断地位,它们在技术转让的谈判中处于有利地位,往往以垄断高价向发展中国家出售其技术,并附加一些诸如限制性采购等条件。跨国公司转让技术一般与资本输出和商品输出相结合,通过在东道国建立子公司或合资公司进行。

(四) 国际技术市场上的竞争日趋激烈

国际技术市场上的竞争主要表现为发达国家之间的竞争。美国的技术出口遍及全球,日本的技术市场主要是亚洲,法国多向非洲国家出口技术,东欧则是德国的技术市场。它们为了保持原有的技术市场或扩大其技术市场份额,都在不断地进行技术开发。美国为保持其对尖端技术的垄断,严格控制本国先进技术的外流,并经常运用国家安全机密法和出口管制法来限制某些先进技术的出口。日本为保持自己在微电子技术等方面的领先地位,也加强了对技术出口的限制。与此同时,英、法、德三国也不甘寂寞,为了争取市场份额,它们经常联合开发与研究,如 20 世纪 70 年代合作研制的空中客车飞机已对美国航空技术的垄断地位提出了挑战。国际技术领域中的竞争正成为新一轮贸易战中的主要焦点。

六、国际技术贸易与其他业务的关系

(一) 国际技术贸易与国际商品贸易的关系

国际技术贸易与国际货物贸易存在较为紧密的关系,从区别的角度来看:①贸易对象不同。②贸易当事人关系不同,国际技术贸易的当事人不只是单纯的买卖关系。③国际技术贸易比货物贸易更加复杂,操作难度更大。④政府干预的程度不同。通常来讲,鉴于技术贸易本身的性质以及各国政府对技术的重视,政府对国际技术贸易的干预更多。

两者的联系体现在:①商品在国家间的流动实际是各种形式技术的流动;②技术贸易促进进出口商品结构向高级化发展;③技术贸易加速了国际贸易方式多样化的进程;④技术贸易成为疏通商品贸易渠道的手段。

(二) 国际技术贸易与国际直接投资的关系

首先,技术转让是投资的一种方式,投资方向通常与技术转让方向具有一致性;其次,国际直接投资往往具有技术扩散效应、技术外溢效应、技术创新效应等。

第二节 国际技术贸易的内容

国际技术贸易的标的是无形的技术知识,一般包括受法律保护的专利技术、商标,以及不受法律保护的专有技术。

一、专利

(一) 专利的含义

专利(Patent)最早起源于中世纪的英国,当时英国国王为鼓励发展国内产业,对引进外国技术的个人发给一种专利证,授予其使用该技术的独占权,但专利权仍属于国王,这实际是现代专利制度的雏形。现代专利是指专利主管机关依照专利法的规定,根据发明人的申请,经审查并在符合法律规定的条件下,授予发明申请人在规定的时间内对其发明所享有的一种独占实施权。专利就其内容来说应包括三个方面:一是独占的实施权,即在一定期限内,发明人对其发明所享有的独占实施权;二是受法律保护的发明创造,包括发明专利、实用新型专利和外观设计专利;三是专利文献,包括说明书、权利要求等。

(二) 专利的种类

1. 发明专利

发明(Invention)不同于发现。发明是指对产品、方法或其改进所提出的新的技术方案,而发现则是揭示自然界已存在的但尚未被人们认识的事物。发明一般有三个特征:一是发明必须是一种技术方案,即用来解决某一具体问题的方案;如果不能在生产中被利用,则不能取得法律的保护。二是发明是对自然规律的利用,即它是在对自然规律认识的基础上的革新或创造。三是发明是具有最高水平的创造性技术方案,即比已有的技术先进。发明还有三种表现形态:第一种表现为产品发明,它是指经过人们智力劳动创造出来的新产品。产品发明可以是一个独立的新产品,也可以是一个产品中的某一部件。第二种表现是方法发明,即制造某种物品或解决某一问题前所未有的方法。第三种表现是改进发明,即发明人对已有产品发明和方法发明所提出的具有实质性改革及创新的技术方案。

2. 实用新型专利

实用新型(Utility Model)是指对产品的形状、构造或二者的结合所提出的适用于实用的新的技术方案。实用新型也具有三个特点：一是它必须是一种产品，如仪器、设备、日用品等；二是它是一种具有形状的物品，如气体、液体或固体的物质；三是它必须实用。实用新型虽然是一种发明，但其技术价值较发明低，即对实用新型的创造性要求较低，其经济效益则不一定低于发明。实用新型亦被称为"小发明"。

3. 外观设计专利

外观设计（Design）是指对物的形状、图案、色彩或其结合所做出的富有美感并能应用于工业的新设计。形状是指平面或立体轮廓，即所占空间形状，无固体形状的气体、液体及粉末状的固体不属于外观设计的范围。图案是指作为装饰而加于产品表现的花色图样、线条等。色彩是指产品表面的颜色。美感是指其形状、图案、色彩等所具有的特点。很多国家对外观设计不要求其具有美感。外观设计往往是外形、图案和色彩三者结合后所产生的富有美感的外表或形态，而不涉及产品的制造和设计技术。

（三）专利的特点

专利是一种无形的财产权，具有与其他财产权不同的特征，即专利具有专有性、地域性、时间性和实施性四个特征。

1. 专有性

专有性也称独占性或排他性。它是指同一发明在一定的地域范围内，其专利权只能授予一个发明者，做出同一发明的其他人不能获得同一发明内容的专利权。发明与物质生产不同，在物质产品的生产中，每生产一件新产品就能生产一份新的财富，而技术发明是一项能被普遍应用的解决某一问题的新的技术方案。重复研制不能产生新的使用价值和增加新的财富，重复以前的发明也不能称为发明。发明人被授予发明专利权后，其在一定的期限内享有独立制造、使用和销售权，其他人如欲使用，必须征得专利权人的同意，否则属于侵权行为。

2. 地域性

专利权是一种有地域范围限制的权利。除有些情况下依据保护知识产权的国际公约，以及个别国家承认另一国批准的专利权有效以外，技术发明在哪个国家申请专利，就由哪个国家授予专利权，而且只在专利授予国的范围内有效，对其他国家不具有法律约束力，即其他国家不承担任何保护义务，其他人可以在其他国家使用该发明。但是，同一发明可以同时在两个或两个以上的国家申请专利，获得批准后其发明便可在该国受到法律保护。

3. 时间性

专利权是一种具有时间性的权利。专利权的有效保护期限结束以后，发明人所享有的专利权便自动丧失，一般不能续展，发明便成为社会公有的财富，其他人可以自由地使用该发明制造产品。目前,世界各国的专利法对专利的保护期限规定不一,一般为 10~20 年。《中华人民共和国专利法》(简称《专利法》)对发明专利的保护期限规定为 20 年,对实用新型专利和外观设计专利的保护期限规定为 10 年。专利的保护期限是以专利权人履行缴费义务为前提的,如果专利权人没按规定履行其缴费义务,即使在法律规定的专利保护期限内,也会丧失其专利权。

4. 实施性

对发明者所得到的专利权,除美国等少数几个国家以外,大多数国家都要求专利权人在给予保护的国家内实施其专利,即利用专利技术制造产品或转让其专利。

(四) 授予专利权的条件

1. 授予发明专利和实用新型专利的条件

根据世界各国专利法的规定,授予专利权的发明和实用新型必须具有新颖性、创造性和实用性。

(1) 新颖性。新颖性是指在提出专利申请以前,尚未有过的发明或实用新型。判断发明和实用新型是否具有新颖性一般依据以下三个标准:

① 时间标准。多数国家在时间标准上采用申请日原则,即发明和实用新型在申请日以前没有公开过,也就是说没有其他人向专利的授予机构就相同内容的专利或实用新型提出过专利申请。也有少数国家以发明的时间为准,即专利权授予技术的最先发明者,而不是最先提出申请的人。

② 地域标准。目前,世界各国所采用的地域标准有三种:第一种是世界新颖,即发明或实用新型必须在全世界任何地方未被公开或未被使用过,英国、法国、德国等均采用世界新颖标准;第二种是国内新颖,即发明或实用新型在本国范围内未被公开和使用过,澳大利亚、新西兰和希腊等国则采用国内新颖标准;第三种是混合新颖,即发明或实用新型从未在国内外出版物上发表过,并从未在国内公开使用过,中国、美国、日本等采用混合新颖标准。

③ 公开的形式标准。世界各国的专利法都规定,一项发明或实用新型必须是从未以任何形式为公众所知,否则将失去新颖性。

(2) 创造性。创造性是指申请专利的发明和实用新型,与已有的技术相比具有实质性特点和显著的进步。已有的技术在这里是指专利申请日之前已公开的技术;实质性的特点是指申请专利的发明和实用新型与已有的技术相比有本质性的突破;显著的进步则是指发明或实用新型克服了已有技术的某些缺陷和不足,并取得了较大的进步,如降低了原材料的消耗和成本,或提高了劳动生产率等。在实际操作中,创造性比新颖性更难评判,但判断发明的创造性和新颖性是有本质区别的。前者是对发明的技术质量进行判断,即发明比已有技术的先进程度和创造程度;而后者则是判断发明是否已包括在已有技术之中,只要没包括在已有技术之中,不管其创造程度或先进程度如何,均被认为具备新颖性。

（3）实用性。实用性是指发明或实用新型能够在产业上制造或使用,并且能产生积极的效果。这里的产业不仅包括工业、农业、矿业、林业、渔业和牧业,还包括运输和金融等服务性行业。在产业上制造和使用是指能在生产中制造和使用,并能多次和反复地制造和使用。能够产生积极的效果是指能提高劳动生产率,节省劳动力,改进产品的质量。否则,发明创造就没有任何价值。实际上,实用性既是发明创造的技术属性,也是发明创造的社会属性。

2. 授予外观设计专利的条件

授予外观设计专利的条件与授予发明和实用新型专利的条件有所不同。外观设计应在申请日以前,没有在国内外出版物上公开发表过或没有在国内公开使用过,即出版公开应以世界新颖为准,使用公开则以国内新颖为准。此外,外观设计也必须具备创造性和实用性,而且有些国家还要求外观设计富有美感。

3. 不授予专利的发明创造

为促进社会经济的发展,维护良好的社会秩序和公共道德,各国都对一些阻碍社会进步、有损社会公德的发明制造不授予专利。目前,我国对以下各项不授予专利:①科学发现;②智力活动的规则与方法;③疾病的诊断与治疗方法;④动植物品种;⑤用原子核变换方法获得的物质;⑥对平面印刷品的图案、色彩或者二者的结合作出的主要起标志作用的设计。

（五）专利权的内容

专利权包括两类权利:人身权和财产权。

人身权是指"发明人或者设计人有在专利文件中写明自己是发明人或者设计人的权利"。

财产权包括:①独占实施权。该权利包含两方面内容:一是指专利权人有使用、生产制造、许诺销售、销售、进口其专利产品的权利,或使用其专利方法以及使用、许诺销售、销售和进口依照该专利方法直接获得的产品的权利。二是指专利权人有禁止的权利。②许可权。专利权人有权许可他人实施其专利的权利,但必须订立书面实施许可合同。③转让权。专利权人有权根据自己的意愿依法将专利权转让给他人。④标记权。专利权人有权在其专利产品或者该产品的包装上标明专利标记和专利号。⑤放弃权。专利权人感到没必要或不愿意继续维持其专利权的有效,有权主动放弃专利权。放弃专利权可以采取停止缴纳年费的办法,也可以以书面方式向专利管理机构声明放弃。⑥请求保护权。在专利权受到侵犯时,专利权人有权要求专利管理机构制止侵权行为,也可以直接向法院提起诉讼,要求侵权方排除侵害,赔偿经济损失。

（六）专利侵权的概念、侵权行为与侵权的处理

1. 专利侵权的含义

我国《专利法》第 60 条规定,"未经专利权人许可,实施其专利,即侵犯其专利权"。专利侵权行为可分为两类：一类是违法侵权行为,另一类是法律不视为侵权的行为。

2. 专利侵权行为

（1）未经许可,为生产经营目的实施他人专利的行为：为生产经营目的制造、使用、许诺销售、销售、进口其专利产品,或者使用其专利方法以及使用、许诺销售、销售、进口依照该专利方法直接获得的产品。或者制造、销售、进口其外观设计专利产品。

（2）假冒他人专利的行为：未经许可,在其制造或者销售的产品、产品包装上标注他人的专利号；未经许可,在广告或者其他宣传材料中使用他人的专利号；未经许可,在合同中使用他人的专利号；伪造或者变造他人的专利证书、专利文件或者专利申请文件。

（3）以非专利产品冒充专利产品,以非专利方法冒充专利方法的行为：制造或者销售标有专利标记非专利产品；专利权被宣告无效后,继续在制造或者销售的产品上标注专利标记；在广告或者其他宣传材料中将非专利技术称为专利技术；在合同中,将非专利技术称为专利技术；伪造或者变造专利证书、专利文件或者专利申请文件。

但根据我国《专利法》第 69 条规定,有下列情形之一的,不视为侵犯专利权：

（1）专利产品或者依照专利方法直接获得的产品,由专利权人或者经其许可的单位、个人售出后,使用、许诺销售、销售、进口该产品的。

（2）在专利申请日前已经制造相同产品、使用相同方法或者已经作好制造、使用的必要准备,并且仅在原有范围内继续制造、使用的。

（3）临时通过中国领陆、领水、领空的外国运输工具,依照其所属国同中国签订的协议或者共同参加的国际条约,或者依照互惠原则,为运输工具自身需要而在其装置和设备中使用有关专利的。

（4）专为科学研究和实验而使用有关专利的。

（5）为提供行政审批所需要的信息,制造、使用、进口专利药品或者专利医疗器械的,以及专门为其制造、进口专利药品或者专利医疗器械的。

另外,为生产经营目的使用、许诺销售或者销售不知道是未经专利权人许可而制造并售出的专利侵权产品,能证明其合法来源的,也不承担赔偿责任。

3. 侵权的处理

专利权受到侵犯,特别是引起纠纷的,专利权人或者利害关系人可以请求管理专利工作的部门处理。这是我国处理专利纠纷的特点之一,是《专利法》赋予管理专利工作的部门处理侵权纠纷的权力。这种做法解决侵权纠纷速度快、费用低。

专利权受到侵犯,特别是引起纠纷的,专利权人或者利害关系人也可以依照《中华人民共和国民事诉讼法》直接向法院起诉。

我国《专利法》规定,专利侵权纠纷涉及新产品制造方法的发明专利的,制造同样产品的单位或者个人应当提供其产品制造方法不同于专利方法的证明。专利侵权纠纷涉及实用新型专利或者外观设计专利的,人民法院或者管理专利工作的部门可以要求专利权人或者利害关系人出具由国务院专利行政部门对相关实用新型或者外观设计进行检索、分析和评价后作出的专利权评价报告,作为审理、处理专利侵权纠纷的证据。

假冒专利的,除依法承担民事责任外,由管理专利工作的部门责令改正并予公告,没收违法所得,可以并处违法所得 4 倍以下的罚款;没有违法所得的,可以处 20 万元以下的罚款;构成犯罪的,依法追究刑事责任。

侵犯专利权的赔偿数额按照权利人因被侵权所受到的实际损失确定;实际损失难以确定的,可以按照侵权人因侵权所获得的利益确定。权利人的损失或者侵权人获得的利益难以确定的,参照该专利许可使用费的倍数合理确定。赔偿数额还应当包括权利人为制止侵权行为所支付的合理开支。

权利人的损失、侵权人获得的利益和专利许可使用费均难以确定的,人民法院可以根据专利权的类型、侵权行为的性质和情节等因素,确定给予 1 万元以上 100 万元以下的赔偿。

二、商标权

(一) 商标的概念及其作用

1. 商标的概念

商标(Trade Mark)是指生产者或经营者用以标明自己所生产或经营的商品,与其他人生产或经营的同一商品有所区别的标记。商标可以用文字、图形、字母、线条、数字或颜色单独组成,也可以是由上述几种形式结合在一起组成。

2. 商标的作用

商标是商品经济的产物,在当代经济生活中,它具有以下作用:

(1) 区别商品的生产者、经营者、服务者、进货来源及档次。同一类商品往往有若干家生产者、经营者或若干个产地。消费者可以通过商标来辨别商品的产地、经营者或生产者,以便消费者精心选购其心目中的名牌产品及有良好信誉的生产者或经营者的产品。此外,商标往往还能说明产品的档次,如汽车中的奔驰和宝马代表高档车,而丰田则代表中档车。

(2) 代表商品质量和服务质量。消费者总是把商标和产品质量联系在一起。消费者心目中的著名商标是逐渐树立起来的,是企业以长期保持高质量和周到的售后服务赢得的。因此,商标一般是产品质量的象征和生产企业的商誉。在目前的国际贸易中,有很大比例的交易是凭商标进行买卖的。

(3) 有助于商品和服务的广告宣传。一个好的商标设计,往往图形醒目、文字简练,便于消费者识别和记忆。用商标做广告,其效果远比冗长的文字说明要好,可使消费者对商品的质量、性能、用途、式样、耐用程度等有一个完整而又美好的印象,从而加深消费者对该商品的印象,增加消费者对该商品的购买欲望。

(二) 商标的种类

随着科学技术的发展,产品品种的不断丰富,以及商标制造技术的日益进步,商标的种类也在增多。商标从不同的角度可划分为不同的类别。

1. 按商标的构成要素分

按商标的构成要素,可分为文字商标、图形商标和组合商标。

(1) 文字商标。文字商标是指由文字组成的商标。文字一般包括中文、外文、汉语拼音、字母或数字等。如万宝路香烟、可口可乐饮料等均属文字商标。

(2) 图形商标。图形商标是由几何图形、符号、记号、山川、建筑图案、日用品、动物图案等组成的商标,如某蜂蜜品牌的商标就有一只蜜蜂。

(3) 组合商标。组合商标是由文字和图形两部分组合而成,如羊城牌围棋的商标上有"羊城"二字和一只山羊,并有一个围棋棋盘。

2. 按商标的使用者来分

按商标的使用者来分,可分为制造商标、商业商标和服务商标。

(1) 制造商标。制造商标是商品的制造者使用的商标,这类商标代表着企业的商誉和产品的质量。商品上的商标多属这类商标,如索尼电器和北京的天坛家具等。

(2) 商业商标。商业商标是商品的销售者使用的商标。这类商标往往是享有盛誉的商业企业使用,如中国外贸公司出口茶叶使用的"龙"商标,天津粮油进出口公司出口葡萄酒使用的"长城"商标,以及日本三越百货公司使用的"三越"商标。

(3) 服务商标。服务商标是旅游、民航、运输、保险、银行、建筑、维修等服务性企业使用的商标,如中国人民保险集团使用的"PICC"等。

3. 按商标的用途分

按商标的用途分,可分为营业商标、等级商标和证明商标。

（1）营业商标。营业商标是指以生产或经营企业名字作为商标，如"同仁堂"药店、"盛锡福"帽店、"六必居"酱菜园、"狗不理"包子铺等。这类商标有助于提高商标或企业的知名度。

（2）等级商标。等级商标是同一企业根据同一类商品的不同质量、规格等而使用的系列商标。这种商标在国外使用得相当普遍。如雷克萨斯为丰田公司的高端品牌，丰田品牌则为中低端品牌。

（3）证明商标。证明商标又称保证商标，它是指用于证明商品原料、制造方式、质量精密度或其特征的商标，如绿色食品标志、真皮标志、纯羊毛标志、电工标志等均属于证明商标。

（三）商标权及其内容

商标权是指一国的商标主管部门根据商标申请人的申请，经核准后，授予商标申请人的一种商标专用权。商标权是一个集合概念，它包含以下四方面内容。

1. 使用权

只有商标的注册人才是该注册商标的合法使用者。

2. 禁止权

商标所有人有权向有关部门提起诉讼，请求判令他人停止侵权行为，可要求侵权人赔偿其经济损失，并追究侵权人的刑事责任。

3. 转让权

商标所有人可以将商标的所有权有偿或无偿转让给他人，并放弃一切权利。

4. 许可使用权

商标所有人可以以有偿或无偿的方式许可他人使用自己注册的商标。

（四）商标权的特征

商标权也是一种受法律保护的无形资产，属于知识产权的范畴。它一般具有以下特征。

1. 独占性

独占性是指商标是其所有人的财产，所有人对其享有排他的使用权，并受到法律保护，其他人不得使用。商标的独占性一般表现在两个方面：一是所有人享有在核定的产品上的独家使用权，未经所有人同意，其他人不得乱用或滥用。二是商标所有人享有禁止权，即其他人不得将与商标所有人的注册商标相同或近似的商标用于同一类或类似的商品上。商标权只能授予一次，其他人在一种或类似商品上再提出相同或近似商标的使用申请，无法得到商标主管机构的授权。

2. 时间性

商标权的保护有时间限制，一般为 10～15 年，中国为 10 年。但与专利权所不同的是,在商标保护期届满时,可以申请续展,而且对续展的次数不加限制。只要商标权所有人按期缴纳费用并按期办理续展手续,即可永远保持商标的所有权。

3. 地域性

商标权的所有人,只有在授予该商标权的国家境内受到保护。如果商标权想要在其他国家得到同样的保护,商标的所有人必须依法在其他国家申请注册。

(五) 商标权的法律保护

1. 侵犯商标权的主要表现

(1) 未经注册商标所有人的许可,在同一种商品或者类似商品上使用与其注册商标相同或者近似的商标。

(2) 销售侵犯注册商标专用权的商品。

(3) 伪造、擅自制造他人商标标志或者销售伪造、擅自制造的注册商标标志。

(4) 未经商标注册人的同意,更换其注册商标并将该更换商标的商品又投入市场。

(5) 给他人的注册商标专用权造成其他损害:在同一种或者类似商品上,将与他人注册商标相同或者近似的标志作为商品名称或者商品装潢使用,误导公众;故意为侵犯他人商标专用权行为提供仓储、运输、邮寄、藏匿等便利条件。

2. 我国法律对商标权的保护

(1) 商标侵权行为的认定。根据《中华人民共和国商标法》(简称《商标法》),商标侵权行为认定,是以损害事实是否产生为前提,而不是以侵权人主观上是否有错误为条件。一般认定侵权行为主要根据以下原则判别:侵权事实是否存在,行为是否违法,行为和侵权事实有无因果关系,侵权是否由于当事人的过失或故意造成的。

(2) 对侵犯商标权行为的处理。商标侵权纠纷的解决方式有和解、行政处理、司法诉讼。商标侵权赔偿数额与罚款数额为侵权人在侵权期间侵权所获得的利益,或者被侵权人在被侵权期间因被侵权所受到的损失,包括被侵权人为制止侵权行为所支付的合理开支。

三、专有技术

(一) 专有技术的概念

专有技术来自英语中的 Know-how,其意为"知道怎么干"该词在 20 世纪五六十年代首先出现于英国和美国,目前在世界上已被广泛认可和使用。至于对专有技术的理解,国际上还没形成统一的认识。世界知识产权组织在其 1972 年制定的《发展中国家保护发明示范法》中,对专有技术所下的定义是:"所谓专有技术,是指有关使用和运用工业技术的制造方法和知识。"国际商会在拟定的《关于保护专有技术的标准条款的草案》中,把专有技术定义为:"为实施某种为达到工业生产目的所必须具有的秘密性质的技术知识、经验或其积累。"专有技术一般包括知识、经验、数据、图纸、配方、技术资料等。它既涉及工艺、技能、制造和加工标准,也涉及制造、使用和维修的程序等。专有技术实际上是没有申请专利的知识产权,专有技术的所有人依靠自身的保密手段来维持其所有权,因而专有技术又被称为秘密技术。

第二次世界大战以后,尤其是 20 世纪六七十年代以来,随着技术贸易的迅速发展,专有技术的转让数量占国际技术贸易量的比例日益提高,甚至超过了专利技术的交易量。例如,在中国引进的技术中,90%以上都属于专有技术。专有技术虽然是不受法律保护的秘密技术,但却能用于工业生产和服务等行业,它对社会经济的发展有着重要的实用价值。

（二）专有技术的特征

专有技术不像专利技术和商标一样经过法律的认可而得到保护,它是一种非法定的权利,因此,它往往具有以下特征。

1. 保密性

专有技术是不公开的、未经法律授权保护的秘密技术。凡是以各种方式为公众所知的技术都不能称为专有技术。由于专有技术未经法律程序授权得到保护,因此,专有技术的所有者只能依靠自身的保护措施来维持其技术的专有权。如美国可口可乐公司研究出可口可乐的配方后,没去申请专利,而是将配方分为两部分,总经理和总工程师各持其中的一部分,以此为手段将可口可乐的配方从 1886 年保持至今。专有技术往往也会因保密措施不当而变为公开技术,从而丧失其商业价值。专有技术之所以没有取得专利权主要有两种可能:一种可能是它不具备取得专利权的条件;另一种可能是专有技术虽然具备取得专利权的条件,但专有技术的所有者愿意自行保密而未去申请专利。因此,专有技术的范围比专利技术更为广泛。

2. 经济性

专有技术也是人类智慧的结晶,但它也必须能应用于生产和服务等行业,当然也会产生经济效益,否则就称不上技术,也不会成为技术贸易的标的。专有技术的经济性在形态上,既可以是从产品的开发到最终制成制成品的总体系列技术,也可以是以一项或几项产品的配方、工艺或产品设计方案为主的单项技术。

3. 可传授性

专有技术作为一种技术必须能以言传身教或以图纸、配方、数据等形式传授给他人,而不是依附于个人的天赋条件存在的技术。

4. 历史性

专有技术不是研究人员灵机一动而产生的,而是经过多年的经验积累总结出来的,这一过程往往需要很长时间。随着经济和科学技术的发展,专有技术的内容也会随之丰富和发展,但有些专有技术也会随着替代技术的问世而被淘汰。

（三）专有技术与专利的区别

专有技术与专利技术一样,都是无形资产和人类智慧的结晶,都能应用于工业生产和服务等行业,并且都具有一定的商业价值。但它们也有以下几个区别。

1. 法律地位不同

专利是经过法律程序得以授权,并受法律保护的技术;而专有技术由于某种原因没申请专利或不能取得专利的技术,因此它不受法律保护而只能靠自身的保护来维持其所有权。

2. 技术内容的范围不同

专有技术内容的范围比专利技术宽。世界各国都对授予专利的技术领域做了限定,并不是所有技术都能申请专利。此外,技术的所有者在提出专利申请时,必须用文字对技术作出详细的介绍,这就等于公开了其技术,并往往容易被他人窃用。为此,专利的申请者一般只将技术中容易被别人仿造的部分申请专利,而对技术的核心部分自我进行保密。总之,专有技术的内容不仅包括各种能授予专利权的生产和服务等行业的技术,而且包括不能授予专利权的管理、经营等方面的技术。

3. 存在的时间不同

专利技术受法律保护的时间是有限的,一般最长为 20 年,而且不能续展。而专有技术不受时间的限制,即在技术不过时的情况下,只要保密工作做得好,可以永远作为技术而存在,如可口可乐的配方作为专有技术已保密 100 多年了。

（四）技术秘密的法律保护

技术秘密既是人类智力劳动成果,也是一种专用性的权利,还是一种财产性的权利,对技术秘密进行法律保护是非常必要的。

根据各国法律的规定,属于对技术秘密的侵犯行为包括:

（1）以盗窃、利诱、胁迫或者其他不正当手段获取权利人的技术秘密。

（2）披露、使用或者允许他人使用以前项手段获取的权利人的技术秘密。

（3）违反约定或者违反权利人有关保守商业秘密的要求，披露、使用或者允许他人使用其所掌握的技术秘密。

（4）第三人明知或者应知前款所列违法行为，获取、使用或者披露他人的技术秘密，视为侵犯技术秘密。

对侵犯技术秘密的法律救济可以援引各种法律，如合同法、民事侵权行为法、制止不正当竞争法、商业秘密法、刑法等。另外，国际社会也有相关的协议对侵犯技术秘密予以保护，包括：国际商会于 1961 年制定的《有关保护技术秘密草案》、保护工业产权国际协会制定的《保护技术秘密的示范法》、WTO 的《与贸易有关的知识产权协议》。

第三节　国际技术贸易方式

技术作为商品是无形的。因此，技术贸易的方式与有形商品贸易的方式相比有很大的不同，技术贸易虽然不经过租船、报验、报关、装运、投保及验收等有形商品贸易的履约程序，但往往要涉及相关国家的法规、国际公约及众多的技术人员，并常常伴随着设备及原材料等有形商品贸易。技术贸易从交易的开始到交易的结束一般需要很长一段时间，因为技术贸易的内容和方式极为广泛和复杂。目前，国际技术贸易的主要方式有许可证贸易、技术服务、合作生产与合资经营、国际工程承包、补偿贸易等。

一、许可证贸易

（一）许可证贸易的概念

许可证贸易（Licensing）亦称许可贸易，是指技术的提供方与接受方之间签订的、允许接受方对提供方所拥有的技术享有使用权及产品的制造权和销售权。许可证贸易的核心内容是转让技术的使用权，以及产品的制造权和销售权，而不是技术的所有权。许可证贸易都是有偿的。

许可证贸易是目前进行国际技术转让最主要的方式。随着科学技术的进步、新技术的不断涌现，以及技术在经济发展中的作用日益凸显，各国都把引进技术作为当务之急。而技术的提供方为了获取高额利润，或绕过贸易壁垒，或开拓新的技术市场，不断以有偿许可的方式出让技术的使用权，这就促使许可证贸易在全球范围内得以迅速发展。

（二）许可证贸易的种类

1. 按交易的标的划分

按交易的标的划分，可分为专利许可、专有技术许可、商标许可和综合许可。

（1）专利许可。专利许可是指将在某些国家获准的专利使用权许可他人在一定的期限内使用。专利许可是许可证贸易最主要的方式。

（2）专有技术许可。专有技术许可是指专有技术的所有人在受让人承担技术保密义务的前提下，将专有技术有偿转让给他人使用。保密条款是专有技术许可合同的主要条款，双方应对该条款中就保密的范围与期限作出规定。在转让专有技术时，许可方有义务帮助受让人掌握受让的技术。

（3）商标许可。商标许可是指商标所有人授予受让人在一定的期限内使用其商标的权利。由于商标涉及企业的商誉，因此，许可方对受让人使用该商标的商品质量有严格的要求，并对使用该商标的商品质量有核准和监督权。

（4）综合许可。技术的所有人把专利、专有技术和商标的使用权结合起来转让给他人使用。许可证贸易大多属于综合许可，单纯以专利、专有技术或商标为标的的许可交易则很少。

2. 按授权的范围划分

按授权的范围划分，可分为普通许可、排他许可、独占许可、分许可和交叉许可。

（1）普通许可。普通许可是指许可方将技术和商标的使用权、专利产品的制造权和销售权，授予被许可方在一定的地域或期限内享用。许可方在该地区仍享有上述权利，以及将上述权利转让给该地区第三者的权利。

（2）排他许可。排他许可是指许可方将技术和商标的使用权、专利产品的制造权和销售权，转让给被许可方在一定的地域或期限内享用。许可方虽然在该地域内仍享有上述权利，但不得将上述权利转让给该地区的第三者享用。排他许可也称全权许可。

（3）独占许可。独占许可是指许可方将技术和商标的使用权、专利产品的制造权和销售权，转让给被许可方在一定的地域或期限内享用，许可方不仅不能在该地域内将上述权利转让给第三者，就连许可方自己在该地域内也丧失了上述权利。

（4）分许可。分许可亦称可转售许可，是指许可方将其技术和商标的使用权、专利产品的制造权和销售权转让给被许可方在一定的地域或期限内享用以后，被许可方还可以将所得到的上述权利转让给其他人使用。

（5）交叉许可。交叉许可又称互换许可，是指许可贸易的双方将各自所拥有的技术和商标的使用权、专利产品的制造权和销售权相互交换，互相许可对方享用上述权利。交叉许可交易既可以是普通许可,也可以是排他许可或独占许可。

二、技术服务

技术服务是伴随着技术转让而进行的。目前,国际上出现了很多以提供信息、咨询、技术示范或指导为主的技术服务性行业。它们主要是通过咨询服务和人员培训来提供技术服务的。

咨询服务的范围很广,如帮助企业进行市场分析和制订行业发展规划,为项目投资进行投资前可行性研究,为项目施工选择施工机械,对企业购置的设备进行技术鉴定,为大型项目提供设计服务等。人员培训是指技术服务的提供者为生产企业所需各类技术人员进行专业培训,既可以让需要培训的人员到技术服务的提供国接受集中而又系统的培训,也可以由技术服务的提供方派专家到技术服务的接受方所在国进行讲学,或进行实际操作示范。技术服务与许可证贸易不同,它不涉及技术使用权与所有权的转让,而是技术的提供方用自己的技术和劳动技能为企业提供有偿服务。

三、合作生产与合资经营

合作生产是指两个不同国家的企业之间根据协议,在某一项或某几项产品的生产和销售上采取联合行动并进行合作的过程。而合资经营则是指两个或两个以上国家的企业所组成的共同出资、共同管理、共担风险的企业。合作生产与合资经营的区别在于,前者强调的是合作伙伴在某一领域合作中的相互关系,而后者主要强调企业的所有权及其利益的分享和亏损的分担问题。不管是合作生产还是合资经营,技术在合作生产或合资经营过程中实现了转让。在合资经营过程中,一方一般以技术为资本来换取效益和利益,而另一方无论以什么形式的资产为股本,都成为技术的受让者。合作生产的内容比合资经营更为广泛,既可以是项目合作、开发合作、生产合作,也可以是销售合作。在生产合作的过程中,其中的一方实际上是以获取技术要素为宗旨,以提高其产品质量及增强企业实力为目的。利用合作生产或合资经营来引进国外先进技术,已成为世界各国的普遍做法。

四、国际工程承包

国际工程承包也是国际技术转让活动的一种形式。它是指通过国际招标、投标、议标、评标、定标等程序或其他途径,由具有法人地位的承包人与发包人之间,按一定的条件和价格签订承包合同,承包人提供技术、管理、材料,组织工程项目的实施,并按时、按质、按量完成工程项目的建设,经验收合格后交付给发包人的一项系统工程。工程承包方式适用于大型的建设项目,如机场、电站和各类生产线的新建或扩建等。这类项目不仅规模大,而且伴随着技术转让问题。在施工中,承包商将使用最新的工艺和技术,并采购一些国家的先进设备,有些项目还涉及操作人员的技术培训、生产运行中的技术指导,以及专利和专有技术的转让。由于目前的国际工程承包活动盛行交钥匙工程及建设—经营—转让(BOT)等方式,这就使国际工程承包中技术转让的内容十分广泛。现在许多国家都想通过国际工程承包活动来带动本国企业的技术改造。

五、补偿贸易

补偿贸易是指在信贷的基础上,一国企业先从国外厂商那里进口技术和设备,然后以回销产品或劳务所得,分期偿还外商提供的技术和设备的价款。补偿的具体方法大致可分为五种:第一种是直接补偿,即以引进技术和设备所生产出的产品返销给对方,以返销所得的价款补偿;第二种是用其他产品补偿,即技术和设备的进口方不是以进口的技术和设备产出的产品,而是以双方约定的其他产品补偿;第三种是以进口的技术和设备产出的产品所获取的收入补偿;第四种是以提供劳务的形式补偿,即技术和设备的进口方以向出口方提供一定量的劳务来补偿其进口技术和设备的价款;第五种是混合补偿,即技术和设备的进口方一部分以直接产品,一部分以其他产品或现汇或劳务来抵偿进口技术和设备的价款。补偿贸易也是发展中国家引进技术的一种途径。因为在补偿贸易方式下,技术和设备的出口方向进口方提供信贷,这正好解决了急需技术和设备的发展中国家的资金问题。通过补偿贸易,一些老企业得以进行技术改造,填补了进口国的某些技术空白,增强了进口国的出口创汇能力,进而推动了进口国技术的进步和经济的发展。

第四节　国际技术贸易价格与税费

一、技术的价格

(一)技术价格的概念及其决定因素

技术是有价值的,技术的价值是技术的价格的依据,但技术的价格与其价值并不相符。技术的价格实际上是技术的接受方向技术的提供方所支付的全部费用,同时也是双方对超额利润和新增利润的分成。

不管是什么技术,其价格总是在不断变化的。技术价格的确定及波动幅度一般取决于以下几个因素:一是技术的研究开发成本。研究开发成本高的技术,其价格则较高;否则较低。二是技术的市场需求。市场需求大的技术,其价格则较高;否则较低。三是技术的成熟程度。引进后便能使用的成熟技术,其价格较高;引进后还需进一步开发试验才能使用的技术价格则应较低。四是技术的生命周期。生命周期长的技术价格较高,很快被淘汰的技术价格较低。五是支付方式。是一次性支付还是分期付款都会影响价格的高低,前者的价格一般较低,后者的价格一般较高。六是谈判的策略与技巧也直接影响着技术的价格。

(二) 技术价格的构成

技术的价格一般由以下三个部分构成:

1. 技术的研究开发成本

这部分成本主要包括研究开发技术时所消耗的物化劳动和活劳动,它大约要占技术价格的 $60\% \sim 70\%$。

2. 增值成本

该部分主要包括技术的提供方为转让技术而支付的各种费用,如派出谈判人员、提供资料和样品、培训人员、签订合同、提供技术指导及管理等费用。

3. 利润补偿费

该部分主要包括由于技术的转让使技术的提供方在技术的受让国市场或第三国市场,失去该技术产品的市场份额而蒙受利润损失所应得到的补偿。

二、技术转让费的支付

技术贸易的支付方式与商品贸易有所不同,目前国际上通行的技术转让费的支付方式大致有以下三种。

(一) 总付

总付是指双方在签订技术转让协议时,确定一个总价格,然后由受让方一次性或分期支付。这种支付方法虽然价格明确,但由于利润与收益无关,使技术的买方难以得到卖方的技术帮助,从而使技术难以发挥最大的效益,同时也使卖方丧失了因利润增加而获取额外利润的机会。

(二) 提成支付

提成支付是双方签订技术转让协议时,不确定技术的总价格,而是规定根据所转让的技术投产后的实际经济效益,在一定的偿付期限内按一定的比例提取技术转让费的一种方式。提成支付可按销售额、利润或产量提成。

（三）入门费加提成费

入门加提成费是总付和提成支付两者相结合的支付方式。它是在双方签订了技术转让协议之后，技术的受让方按协议规定，先向技术的提供方支付一笔款项，即入门费；然后在转让的技术投产以后，按销售额、利润或产量提成支付。入门费加提成费支付是目前国际技术转让中使用最多的一种支付方式。

三、国际技术贸易中的税费

（一）对技术使用费征税的特点和一般原则

技术使用费所得税的征收，涉及双重管辖权，涉及国家间税收利益的分配。国际上征收所得税一般遵循以下原则：

（1）对在收入来源地设有营业机构的纳税人，其技术使用费所得一般并入营业利润，计征企业所得税。

（2）在收入来源地未设营业机构的纳税人，则采取"从源"控制，即在被许可方向许可方支付使用费时，由其代税收部门扣缴。称为"预提所得税"。代税务部门扣缴的被许可方称为扣缴义务人。

（3）以预提方式扣缴使用费所得税，税率一般低于公司所得税税率。因为，预提所得税的纳税义务人是在来源地未设营业机构的外国自然人或法人，很难按正常征税程序和税率计算应纳税所得额，只能采取按使用费金额全额计征。但按使用费全额计征，纳税人的税负过重。因此，税率上有所降低，使纳税人的实际应纳税额与一般企业扣减费用后的应纳税额保持平衡。

（二）双重征税对国际技术贸易的影响及解决途径

双重征税直接恶化了国际技术贸易的宏观环境；双重征税迫使许可方提高转让技术的报价，加重了被许可方的经济负担；双重征税导致许可方市场竞争力下降；双重征税导致被许可方利用引进技术取得利益减少；双重征税将给许可方和被许可方国家的国际收支带来消极影响。

为了解决双重征税，有关国家政府通过国内立法，确定一种减免税原则，规定使用费来源国先行行使征税权，居民所在国依据纳税义务人在所得来源国纳税的实际情况，采取免税、减税或扣除等措施。还可以通过政府间避免双重征税协定，签约国适当限制税收管辖权的实施范围，确认共同采取措施，由所得来源国优先行使管辖权，但承诺减低所得税税率，居民所在国政府对纳税人在所得来源国已纳税费予以抵免，使税收利益在有关国家间均衡分配。解决双重征税的具体方法如下。

1. 自然抵免（全额抵免）

在技术输出国和技术输入国的所得税税率完全相同的情况下，技术输出国允许进行跨国经营的居民全额抵免已经向输入国政府缴纳所得税，不再向技术输出国缴纳所得税。

2. 申请抵免

当技术输出国所得税税率高于技术输入国所得税税率时，可申请抵免。居民首先向本国税务部门提交申请税收抵免书，并须附上该居民在外国（技术输入国）的纳税证明。经本国税务部门核准后可办理一次性抵免（一年一次）。

3. 最高限额抵免

当技术输出国的所得税税率比技术输入国的所得税税率低时，向本国政府申请抵免的最高限额只能是其外国所得按本国税率计算得出的应纳税额。

4. 费用扣除法

所谓费用扣除法，是指跨国纳税人将其国外已缴纳的所得税作为已开支费用，从其总所得收入中扣除，汇回本国，按本国所得税税率进行纳税。

（三）拟订技术引进合同税费条款应注意的问题

我国企业拟订技术引进合同税费条款应遵循以下原则：被许可方政府依据我国税法，对许可方征收的与执行合同有关的一切税收，由许可方支付；被许可方政府依据我国税法，对被许可方所征收的与执行合同有关的一切税收，由被许可方支付；在我国境外，有关国家政府课征的与执行合同有关的一切税收，由许可方支付。另外，技术引进合同中，不得规定违反我国税法的条款；对外商在我国境内所得给予减、免税优惠待遇，必须依法履行必要手续；对外经营单位必须履行扣缴义务人的职责，并提醒国内用户及时办理税收减免手续。

第五节　知识产权及其保护

一、知识产权的概念

知识产权（Intellectual Property）又称智力成果权，是指对科学、文化、艺术等领域从事智力活动创造的智力成果依法享有的权利。知识产权是一种私权，是特定智力创造成果依法享有的专有权利。

由于不同的国家、地区及国际组织对知识产权的理解和界定范围不尽相同，从而产生了对知识产权的不同解释。

世界知识产权组织在《建立世界知识产权组织公约》中采取了较为广义的知识产权定义法,根据该公约第 2 条第 7 款的规定,知识产权应包括下列权利:

①关于文学、艺术及科学作品有关的权利;②关于表演艺术家的演出、录音和广播的权利;③关于在一切领域中因人的努力而产生的发明;④关于科学发现的权利;⑤关于工业品式样的权利;⑥关于商品商标、服务商标、厂商名称和标记的权利;⑦关于制止不正当竞争的权利;⑧在工业、科学及文学艺术领域的智力创作活动所产生的权利。

另外,作为世界贸易组织重要协议的《与贸易有关的知识产权协议》在其第一部分第 1 条中列明了其所管辖的知识产权范围,它们是:

①版权及邻接权;②商标权;③地理标志权;④工业品外观设计权;⑤专利权;⑥集成电路的布图设计权;⑦未披露信息的保护权;⑧许可协议中反竞争行为的控制权。

其中"未披露信息的保护"主要指对商业秘密的保护,也包括对技术秘密的保护。对商业秘密的保护问题,各国学术界及司法界争论颇多,焦点集中在商业秘密能否作为一种财产权加以保护。由于世界贸易组织的《与贸易有关的知识产权协议》主要从国际贸易的角度进行知识产权法律体系的构建,更关注知识产权的贸易方面,而商业秘密必然对其拥有者的市场竞争力产生重大影响,自然发达国家的跨国公司希望商业秘密被当做一种财产权加以保护,这正是发达国家跨国公司积极寻求在关贸总协定范畴内进行知识产权保护谈判的原因。所以,随着世界贸易组织成员的不断扩大,各主要贸易伙伴都接受将商业秘密作为财产权加以保护,因此,这一争论应告一段落。

二、知识产权的特点

知识产权作为一种财产权,与人们所拥有的普通意义上的财产权不同,它有以下基本特征。

(一) 知识产权具有无形性

知识产权与其他有形财产权(如物权)的最大不同之处在于其无形性的特点。正是由于其无形性,知识产权的权利人通常只有在其主张自己权利的诉讼中,才表现出自己是权利人。为此,英美法国家把知识产权称为"诉讼中的准物权"。一些大陆法国家,则把知识产权称为"以权利为标的的物权"。

正是这种无形性,使得知识产权贸易中的标的物只能是知识产权这种无形财产权中的使用权;而不同于有形商品贸易中,贸易标的物是有形的商品,在贸易中既存在商品使用权,又存在商品所有权的转移。同样,由于知识产权的无形性,因此容易脱离知识产权所有人的控制。并且,知识产权所有权人即使在其权利全部转让后,仍有可利用其创造的智力成果获取利益的可能性。因而,法律上有关知识产权的保护、知识产权侵权的认定、知识产权贸易等比有形商品更为复杂。

（二） 知识产权的专有性

知识产权作为智力劳动的成果,其无形性决定了它在每一次被利用后会引起全部或部分消失或损失、损耗,却并不可能全部被消灭。知识产权不同于有形财产,它可以为多数人同时拥有,并能够为多数人同时使用它而获得利益。例如,某一商标的所有权人,可以将其商标同时许可若干人使用而获益。因此,作为无形财产的知识产权,其在使用、占有、收益、处分等方面的一系列特点使其有别于有形财产的使用、占有、收益与处分。这种所有权只能通过对智力劳动成果的所有人授予专有权才能有效地加以保护,为此决定了知识产权的专有性特点。

知识产权的专有性表现为其独占性和排他性。这种独占性和排他性表现为知识产权的所有权人对自己所创造的智力劳动成果享有的权利任何人非经权利人许可都不得享有或使用,否则属侵犯权利人的专有权,并且权利人在法律允许的范围内可以以合适的方式使用自己的智力劳动成果并获得一定利益。此外,知识产权的专有性还决定了某项知识产权其权利人只能是一个,不可能两个或两个以上的自然人或法人拥有相同的某项知识产权的专有权。当然,这种专有性还决定了知识产权只能授予一次,而不能授予两次或两次以上。

（三） 知识产权时间与地域的有限性

知识产权所有权人拥有的权利不是无限期地存在,而具有时间性的特点,即知识产权仅在一个法定的期限内受到保护,法律对知识产权的有效期作了限制,权利人只能在一定的期限内对其智力劳动成果享有专有权,超过这一期限,权利便终止,其智力劳动成果便进入公有领域,成为人类均可共享的公共知识、成果,任何人都可以以任何方式使用而不属于侵权行为。由于各国对知识产权不同对象的保护期限存在差别,因而同一知识产权对象在不同国家可能获得的保护期限是不同的。例如,有的国家对发明专利的保护期为 15 年,有的国家则为 20 年。实用新型和外观设计专利有的国家保护期限为 7 年,有的为 10 年。

与知识产权时间性相伴生的是知识产权的地域性,即知识产权是依一个国家的法律确认和保护的,一般只在该国领域内具有法律效力,在其他国家原则上不发生效力。这种地域性的特征从根本上说是知识产权的本性所决定的,因为知识产权是由国家法律直接确认的,权利的获得不是天然所拥有,而必须以法律对这些权利有直接而具体的规定为前提,通过履行特定的申请、审查、批准等手续才能获得。但是,也有一些国家对某些知识产权的获得并不完全都通过申请、审查、批准等手续。

应该指出的是,知识产权的地域性不能理解为知识产权只能够在其授予国才能得到保护。随着经济生活的国际化、全球化日益增强,国家与国家之间、区域范围、全球范围知识产权国际保护合作的日益扩大,区域性、全球性知识产权协议的签署及实施,使得传统意义上知识产权地域性的特征得以改变。某项知识产权经过一定的国际合作方式,可以在更多国家与地区范围内得到保护。随着经济全球化的不断深入和发展,以及世界贸易组织的积极推动,可以预见全球性的知识产权协议与地区性的知识产权协议会不断地拓展知识产权保护的地域。

总之,知识产权是有时间性和地域性的,而这种时间与地域也是相对的,并非绝对的。

（四）知识产权具有可复制性

知识产权作为智力劳动成果,它必然通过一定的载体表现出来。无论是专利、商标、专有技术,还是著作权、商业秘密,它必然要通过产品、作品或其他有形物加以体现。这样才能将知识产权作为财产权的性质表现出来。例如,一位作家构思了一个美好的故事情节,可以通过录音、写书的形式向人们展示。录音带及书籍这种物质形式的载体可以反映作家的思想及创作过程。这种性质决定了知识产权具有可复制的特性,并通过这种复制进一步表现知识产权的财产及价值。例如,一项专利技术,通过生产出来的专利技术产品表现专利技术本身;通过这种专利技术产品的复制、批量生产体现该项专利发明的价值。

三、知识产权的类型

（一）按客体的性质划分

按客体的性质来划分,可将知识产权分为著作权和工业产权。

（1）著作权主要是独立创作的作品依法享有的权利,如文字作品、视听作品、音乐作品、多媒体作品、科学作品等。

（2）工业产权是发明创造技术类成果依法享有的权利,如专利、商业秘密、计算机软件、数据库、集成电路布图设计等。

（二）按主体对客体支配程度划分

按主体对客体支配程度划分,可将知识产权分为自主知识产权和非自主知识产权。

（1）自主知识产权,是指以基本或原创性智力成果为对象,依法获得的、具有完整、独立自主支配该成果能力的专用权。

（2）非自主知识产权，是指在原创性智力成果基础上，做出的具有重大技术进步和显著经济效益的智力成果，依法获得的、其实施受原创成果主体制约的专用权。

四、知识产权的保护

（一）网络与知识产权

20 世纪 80 年代起计算机的广泛应用带动了信息社会热。目前又是由于计算机网络及数字技术的广泛应用带动了知识经济的发展。传统的农业经济及工业经济的特点是有形资产起决定作用，而知识经济则是无形资产起决定作用。在知识经济中，商品生产看起来隐性化。事实上，网络环境还使商品流通的一部分也隐性化。这就是直接电子商务活动。例如，通过网络出售软件、多媒体、数据库等，均已与传统的市场上出售有形磁盘、光盘等销售活动大相径庭了。知识经济必然而且已经带来知识产权上全新的问题。而这些新问题，又集中在网络的应用上。

知识产权具有专有性和地域性，而网络上应受知识产权保护的信息则多是公开、公知、公用的，很难被权利人控制。此外，网络上知识传输的特点是无国界性。上述的冲突引出了知识产权领域最新的实体法问题。在国际上，有观点提出以淡化、弱化知识产权的专有性，来缓解专有性与公开、公用的矛盾。而更多的观点乃至国际公约，则主张以进一步强化知识产权保护、强化专有性来解决这一矛盾。例如，1996 年 12 月世界知识产权组织主持缔结了两个版权条约，其中增加了一大批受保护的客体，增列了一大批过去不属于版权的保护权利。而美国、欧盟已在进入 21 世纪之前，修订知识产权法，使之符合新条约的要求。此外，在商标保护方面，强化专有性的趋势则表现为使驰名商标脱离商品以及服务而加以保护。这种强化知识产权专有性的趋势，应当说对发展中国家未必有利，但目前尚没有发展中国家表示出坚决抵制。主要原因是：在知识经济中，强化知识产权保护的趋势是无法抵制的，发展中国家应及早研究对策。

上述冲突也引发了知识产权保护中的程序法问题，亦即在涉外知识产权纠纷中，如何选择诉讼地及适用法律的问题。过去，绝大多数知识产权侵权诉讼，均以被告所在地或侵权行为发生地为诉讼地，并适用诉讼地（法院所在地）法律。但网络上的侵权人，往往难以确认其在何处；在实践中，侵权复制品只要一上了网，全世界任何地点，都可能成为侵权行为发生地。这种状况，主要是由网络的无国界性决定的。曾有人提议采取技术措施，限制网络传输的无国界性以解决上述冲突，但实践中困难极大。更多的国家以及地区，实际上正通过加速各国知识产权法律国际一体化的进程,即弱化知识产权的地域性来解决这一矛盾。国际知识产权法律一体化,就要有共同的标准。多少年来,已经确认的专有权,一般不可能再被撤销。于是,保护面广、强度高的发达国家法律,在大多数国际谈判场合,实际被当成了一体化的标准。发展中国家虽然并不情愿,却又阻止不了。

(二) 电子商务中的知识产权保护问题

电子商务首先影响了各国的合同法及商法。1995 年,美国最先考虑修改其《统一商法典》。随后提出了《统一电子贸易法》的议案,以适应电子商务的需要。1996 年,联合国国际法委员会发布了《电子商务示范法》,国际商会起草了《电子商务指南》进一步解释该示范法。此后,不少国家及地区(如欧盟)纷纷开始了相关立法或修法。我国在《中华人民共和国合同法》中也加进了电子合同的原则性规定。但正像世界知识产权组织的两个新条约只是解决问题的开始一样,电子商务中的合同法以及商法问题的全面解决,仍要留给以后解决。

电子商务可以分为直接电子商务与间接电子商务两类。间接电子商务即网络上谈判、签合同、订购商品,但商品本身仍需要通过有形方式邮寄或送达。直接电子商务会涉及更多的知识产权问题。网络传输中既已涉及版权产品的无形销售,就必然产生版权保护的新问题。而更值得重视的是,它还必将产生(或者已经产生)对网上的商标及其他商业标志保护,乃至商业秘密保护等诸多方面与传统保护有所不同或根本不同的问题。我国《商标法》将可受保护的标志界定为文字、图案或其组合,它只能是静态的,而且在网上有进一步发展的趋势。正当国内并不鲜见的议论在断言"域名决不会被纳入知识产权范围"时,域名已实际上成为商誉乃至商号的一部分受到了保护,甚至已经作为无形资产被实际交易着。但域名与在先商标权、在先商号权的冲突如何真正妥善解决,则可在以后进行解决。在驰名商标范围内,已经大体得以解决。一些国家的反垄断法以及世界知识产权组织准备缔结的国际条约,均已作出了这方面的示范。但对非驰名商标以及商号,其与域名冲突的问题,仍无令人满意的答案。这主要在于权利产生的程序上:商标权多经官方行政批准注册产生,域名专利则多经非官方组织登记产生,商号权(按《巴黎公约》的要求)却仅仅依实际使用产生。

(三) 生物技术与知识产权保护

传统生物技术以及其产品(如植物新品种)的保护即使到了 20 世纪末,仍不断在早已实现这种保护的发达国家受到争议。例如,1996 年当欧洲生物学家提出应取消农业生产者对植物新品种的"合理使用"亦即增强其专利权时,欧洲绿色和平组织则强烈要求根本上取消对植物新品种的专有权。生物基因、新生物合成等发明中的知识问题,对中国这样的发展中国家可能就更重要了。在生物技术比较发达的澳大利亚,1998 年两个政府研究机构在以"自己的"植物新品种申请"准专利"(即"植物品种专利权")时,被指控为"生物盗版"。该纠纷所产生的这一知识产权新术语,是不应被轻视的。中国已经有过类似的纠纷,但并未引起注意。原因是生物工程总体在中国的发展还较滞后。

第六节 保护知识产权的国际公约

一、保护专利的国际公约

(一)《巴黎公约》

《巴黎公约》是《保护工业产权巴黎公约》的简称,它 1883 年签订于法国巴黎,1884 年生效,先后经 7 次修订,最后一次修订是 1979 年 10 月 2 日做出的。中国于 1985 年 3 月 19 日成为该公约第 95 个成员国。截至 2012 年 6 月,该公约缔约方已达 174 个。迄今为止,《巴黎公约》是世界上参加国最多和影响最大的一个保护知识产权的国际公约。它为世界各国在工业产权保护方面提供了一个基本准则。其中保护专利的内容主要体现在以下四大原则中。

1. 国民待遇原则

国民待遇原则是指各成员国在保护工业产权方面必须给予其他成员国的国民,平等地享受该国国民能够获得的保护;即使是非成员国国民,只要他们在公约某一成员国国内有住所,或有真实、有效的工商营业所,亦应给予相同于本国国民的待遇。

2. 优先权原则

优先权原则是指缔约国的国民向一个缔约国第一次提出专利和商标权申请后,又在一定的期限内就同一发明和商标向另一缔约国提出申请时,其第二次申请日应视同第一次申请日。发明和实用新型的优先权期限为 12 个月,而商标和外观设计仅为 6 个月。优先权原则的意义在于保护世界上最先提出申请的人。

3. 专利权独立原则

专利权独立原则是指一个缔约国对一项发明授予了发明专利,而其他缔约国没有义务必须对同一发明授予专利。此外,任何一个缔约国不能以同一发明在其他缔约国被驳回或宣告无效,而将此发明驳回或宣告无效。这实际上要求各国的专利法彼此独立,互不影响。

4. 强制许可原则

强制许可原则是指自专利申请日起满 4 年或从专利批准日起满 3 年,取得专利权的发明创造,如无其正当理由而未实施或未充分实施,缔约国的专利主管当局有权根据要求,颁发实施该项专利的强制许可,取得强制许可者,在给予专利权人合理的报酬之后,便可以实施该项专利。

(二)《专利合作条约》

《专利合作条约》1970 年签订于华盛顿,1978 年生效,1979 年和 1984 年分别进行了修改。其成员必须是《巴黎公约》的成员,到 2012 年 6 月,共有 145 个成员国。中国于 1994 年 1 月 1 日正式加入该条约。该条约的主要内容是,在申请人自愿的基础上,一个发明要想在部分或所有缔约国取得保护,通过一次国际申请,便可在部分或所有缔约国获得专利权。这样的国际申请与分别向每一个缔约国提出的保护申请具有同等的效力。

(三)《海牙协定》

《海牙协定》是《工业品外观设计国际保存海牙协定》的简称。《海牙协定》签订于 1925 年,分别于 1934 年和 1969 年进行过两次修订,其成员必须是《巴黎公约》的成员,截至 2004 年 12 月 31 日,已有成员 40 个。该协定的主要内容是,缔约国的任何国民、居民或在其成员国有实际营业所的人,如果想在不同的缔约国取得工业品的外观设计专利,可以直接或按照缔约国的法律通过该国的工业产权局向世界知识产权组织国际局提出外观设计保存。这里的保存与注册的含义相同。中国目前还不是该协定的成员国。

(四)《欧洲专利公约》

《欧洲专利公约》签订于 1973 年,1977 年 10 月 7 日生效,其成员到 2005 年 4 月为止共有 30 个。该公约规定:"一切个人、法人、依法成立的相当于法人的一切团体均能申请欧洲专利。"授予欧洲专利权,并不是一种在一切缔约国统一发生效力的专利权,而是在申请人所指定的一个或几个缔约国发生效力的专利权。根据《欧洲专利公约》建立的欧洲专利局总局设在慕尼黑,在海牙和柏林分别设了两个分局。分局负责欧洲专利申请的初审,而总局则负责实质性审查和专利权的授予。该公约实际上是地区性的跨国专利授予公约。

二、保护商标权的国际公约

(一)《巴黎公约》

《巴黎公约》不仅涉及专利权的保护,也涉及商标权的保护,它为世界各国包括专利权和商标权在内的整个工业产权制度的建立奠定了基础。《巴黎公约》涉及商标权保护的主要内容有:

1. 国民待遇原则

见本章本节保护专利权的国际公约中的《巴黎公约》。

2. 优先权原则

见本章本节保护专利权的国际公约中的《巴黎公约》。

3. 共同规则

共同规则是指缔约国必须遵守的规则。涉及商标保护方面的内容主要包括:

(1) 缔约国办理商标注册,均按国内法律规定,各自独立。

(2) 商标的转让,如按照一个缔约国的法律规定,只有连同该商标所属的厂商或牌号同时转让方可生效。只有将厂商或牌号在该国的部分连同在该国制造和销售带有被转让的商标的商品专用权一起转让给受让人,才能认为其有效。

(3) 对于服务商标也必须给予保护。

(4) 禁止在商标上使用缔约国的国旗、国徽、纹章、官方检验印记及政府间国际组织的旗帜、证章、缩写和名称。

(5) 对于仿造、模仿或翻译在缔约国已经驰名的商标,则拒绝或撤销注册并禁止使用。

(二)《商标国际注册马德里协定》

《商标国际注册马德里协定》简称《马德里协定》。它是以《巴黎公约》为基础,在世界知识产权组织的管理下专司国际注册问题的实质性协定。《马德里协定》签订于 1891 年 7 月 14 日,并经过 7 次修改,最后一次修订是 1979 年。《巴黎公约》的成员才有资格参加该协定,中国于 1989 年 10 月 4 日成为《马德里协定》的成员国。截至 2013 年 7 月,《马德里协定》缔约国为 91 个。此外,《马德里协定》的一些成员国与非成员国还于 1989 年 6 月 27 日在西班牙马德里通过了《商标国际注册马德里协定有关议定书》(简称《马德里议定书》),并于 1995 年 12 月 1 日生效,由此组成了马德里联盟。中国也是《马德里议定书》的成员国。截至 2013 年 7 月,《马德里议定书》的成员国共有 56 个。按《马德里协定》的规定,任何一个缔约国的自然人和法人在所属国办理了某一商标的注册后,如果又要求在其他缔约国得到法律保护,则可向设在日内瓦的国际局申请注册。国际局收到申请即予以公告,并通知申请人要求给予保护的缔约国。被要求保护的缔约国收到通知后在一年内作出是否给予保护的决定。如果在一年内未向国际局提出驳回声明,则该商标被视为已在该国核准注册并予以法律保护。实际上各缔约国只需办理一次注册手续,付一次费用,以法文填写统一的表格,就可取得在两个或两个以上国家的商标注册。

(三)《尼斯协定》

《尼斯协定》是《商标注册用商品和服务国际分类尼斯协定》的简称。该协定于 1957 年 6 月 15 日在法国的尼斯签订,1961 年 4 月 8 日生效,后经 4 次修订,最后一次修订生效于 1982 年。截至 2004 年 7 月,已有 72 个成员国参加。参加该协定的成员国必须是《巴黎公约》的成员。《尼斯协定》的主要内容是对商标注册用商品和服务的国际分类做了专门的规定,其中把商品分为 34 类,服务项目分为 8 类。此外,该协定又把各类中的具体商品和服务项目分为 1 万项。《尼斯协定》规定各成员国应当使用该商品和服务国际分类方法,但没强调缔约国必须把它作为唯一的商品和服务的分类方法。《尼斯协定》为商标国际注册提供了一个系统的国际分类表,使商标注册和检索更加方便,同时也有利于对商标的管理。中国于 1988 年 11 月 1 日开始采用《尼斯协定》的分类,并于 1994 年 8 月 9 日正式成为《尼斯协定》的成员国。

(四)《维也纳协定》

《维也纳协定》是《商标图形国际分类维也纳协定》的简称。《维也纳协定》虽然签订于 1973 年 6 月 12 日,但由于该协定规定其成员国必须达到 5 个才能生效,所以该协定于 1985 年才生效。《维也纳协定》的签字国虽然有 19 个,但截至 1998 年 9 月 10 日,《维也纳协定》成员国只有古巴、法国、几内亚、吉尔吉斯斯坦、卢森堡、荷兰、波兰、摩尔多瓦共和国、罗马尼亚、瑞典、特立尼达和多巴哥、突尼斯、土耳其 13 个国家。《维也纳协定》的主要内容是,在《尼斯协定》的基础上,把含有图形的商标进行了分类。其中分为 29 个大类,144 个小类和 1 569 个细目。对图形进行国际统一分类,有利于相同或近似的图形商标进行检索,避免了商标所有人之间的权利冲突。中国虽然未加入《维也纳协定》,但中国在 1988 年采用《尼斯协定》的分类的同时,已开始采用《维也纳协定》关于商标图形的国际分类。

三、《与贸易有关的知识产权协议》

《与贸易有关的知识产权协议》(Agreement on Trade-Related Aspects of

Intell ectual Property Rights，TRIPs Agreement）是关贸总协定乌拉圭回合中所签署的一揽子协议的一部分。将知识产权纳入关贸总协定的议题是 1990 年通过的。1994 年 4 月 15 日，《与贸易有关的知识产权协议》等一揽子协议在摩洛哥马拉喀什签署。《与贸易有关的知识产权协议》主要包括以下几部分内容。

（一）基本原则

《与贸易有关的知识产权协议》规定，所有缔约国应遵守《巴黎公约》《专利合作条约》《马德里协定》，并继续承担对《伯尔尼公约》《罗马公约》《集成电路知识产权华盛顿条约》的义务。缔约方对协议的内容一旦发生争执，应按世界贸易组织规定的途径解决。

（二）有关工业产权的规定

《与贸易有关的知识产权协议》中有关知识产权的规定包括专利、工业设计、商标、地理标志和集成电路的布图设计。

1. 专利

《与贸易有关的知识产权协议》中所涉及的专利仅指发明专利。关于专利权人的权利，该协议规定：专利权人有权制止他人未经同意制造、使用、销售或为上述目的的进口被授予专利的商品；有权制止未经许可而使用该生产方法，以及销售或进口该方法直接获得的产品。该协议对专利权做了一些限制规定，即为了不使专利权妨碍第三方合法权益而进行限制，但限制不能与专利的正常使用相冲突，限制不能不合理地损害专利权人的合法权益。

2. 工业品外观设计

《与贸易有关的知识产权协议》规定，所有成员国必须对工业品的外观予以保护，保护期至少为 10 年，权利人有权禁止他人未经许可而制造、出售体现该设计的产品，有权禁止他人未经许可，以营利为目的对该设计的实质性部分进行复制。该协议允许成员国对工业品的外观设计给予一定限制，但条件是必须保证第三方合法权益不至于受到外观设计专有权不应有的影响；不能妨碍有关设计的正常利用；限制不能过度，以免损害权利人的利益。

3. 商标

《与贸易有关的知识产权协议》规定，缔约国必须对商品商标、服务商标提供注册保护，对驰名商标要给予特别保护，获准注册是取得商标权的唯一途径。申请注册的商标必须具有"视觉可视别"的标记。商标无正当理由而连续三年不使用，可予以撤销。商标应允许无限期地续展，首次注册和每次续展的期限不得少于 7 年。

4. 地理标志

地理标志又称产地标志。按《与贸易有关的知识产权协议》的规定,当某种商品在质量、功能等特征上与该地有密切联系时,这个地理名称才构成应予保护的"原产地标志"。使用非商业真实来源的地理标志或以其他不正当方式使用原产地标志的行为属于违法行为。善意使用某种地理名称作为商标注册,或善意使用地理名称但未在公众中引起混淆的,可以不撤销其注册或不禁止使用。

5. 集成电路布图设计

《与贸易有关的知识产权协议》规定,一切为生产经营目的进口、销售或者散布含有受保护的布图设计,将该布图设计集成于一片材料之上或者之中的集成电路,以及集成电路构成的物品均为非法。不许对集成电路实行强制许可,对集成电路提供的保护期限自登记之日起或首次付诸商业使用之日起至少为 10 年,或从有关设计完成之日起 15 年。

6. 知识产权的实施

《与贸易有关的知识产权协议》规定了知识产权的实施程序,并把保护的具体措施分为一般义务、民事与行政措施、临时措施、边境措施和刑事程序五部分。这些措施是知识产权在世界范围内进行保护的有力保障,也是对知识产权保护尚不完备的发展中国家进行法制建设的一种促进。

（三）　有关版权的规定

《与贸易有关的知识产权协议》要求各缔约国必须遵守《伯尔尼公约》1971年文本的实体条款及附件。缔约方必须把计算机程序作为《伯尔尼公约》中所指"文字作品"给予保护,将数据库作为汇编作品予以保护。保护期不得少于作品经许可而出版之年年底起 50 年。关于表演者和唱片、录音制品的制作者,表演者有禁止他人未经许可录制其未曾录制的表演和复制这类录制品的权利,并有禁止他人未经许可而以无线广播的形式传授或向公众传送其现场表演的权利。录音制品的制作者有权许可或制止直接或间接复制其录制品,并有权许可或禁止以商业目的出租其录制品。广播组织者有权许可或禁止他人录制或复制其广播,并有权禁止以无线电或电视传播其广播。

（四）　有关商业秘密保护的规定

《与贸易有关的知识产权协议》要求缔约国保护商业秘密。该协议中所指商业秘密是不为公众所知,能为权利人带来经济利益,具有实用性并经权利人采取保密措施的技术信息和经营信息。这说明商业秘密不仅包括具有秘密性质的经营管理方法及与经营管理方法密切相关的经营信息,还包括那些凭技能和经验产生的,在实践中尤其是工业中适用的技术信息。根据该协议的规定,商业秘密的权利人有制止他人未经许可而披露、获得或使用有关信息。该协议对商业秘密的保护期限未作具体规定。对商业秘密的保护等于未公开的技术也可以得到法律保护,这就填补了专利与版权之间的空白。

第七节 中国对外技术贸易管理

国际技术贸易涉及中国政治、经济、生产、金融、技术、法律及国家发展战略和政策等多个方面,所以,为了保证对外技术贸易的健康发展,维护技术进出口的经营秩序,规范技术进出口的经营行为,中国制定了一系列有关技术进出口的法令法规,对中国对外技术贸易进行管理。

一、中国技术进出口管理制度

1950 年,中国对外技术贸易开始起步,20 世纪 60 年代初,国家通过对外经济技术援助和国际科技合作向一些发展中国家出口技术,并从发达国家引进先进技术。80 年代以后,中国通过技术贸易途径出口的技术越来越多,为规范技术进出口行为,中国先后制定了有关的技术进出口管理制度,并随形势的不断发展对其中某些规定做了新的修订。1985 年 5 月 24 日,国务院发布了《中华人民共和国技术引进合同管理条例》;1988 年 1 月 20 日,原外经贸部发布了《中华人民共和国技术引进合同管理条例实施细则》,1996 年 3 月 22 日,发布了《中华人民共和国技术引进和设备进口贸易工作管理暂行办法》。

但是,中国加入世界贸易组织以后,为履行作为 WTO 成员的义务,国务院于 2001 年 10 月 30 日通过了《中华人民共和国技术进出口管理条例》(2011年修订);2001 年 12 月 30 日,原外经贸部与国家经贸委(现合并为商务部)又发布了《禁止进口限制进口技术管理办法》和《技术进出口合同登记管理办法》,原外经贸部与科学技术部发布了《禁止出口限制出口技术管理办法》(均于 2009 年修订)。与此同时,过去的技术进出口管理条例及实施细则全部废止。

除上述专门法规外,其他涉及对外技术贸易管理的主要法规还有《中华人民共和国对外贸易法》(以下简称《对外贸易法》)、《中华人民共和国知识产权海关保护条例》等。

二、中国对外技术贸易的管理部门

根据《中华人民共和国技术进出口管理条例》(简称《技术进出口管理条例》)

规定,商务部依照《对外贸易法》和该条例的规定,负责全国的技术进出口管理工作。省、自治区、直辖市人民政府外经贸主管部门根据商务部授权,负责本行政区域内的技术进出口管理工作。国务院有关部门按照国务院规定,履行技术进出口项目的有关管理职责。

(1) 依照《对外贸易法》,商务部在进出口管理方面履行以下职责:①拟订和执行对外技术贸易的政策、管理规章和鼓励技术出口政策;②拟订高新技术产品出口目录和国家禁止、限制进出口技术目录;③管理技术和高新技术产品的出口,管理技术引进和国际招标;④拟订和执行国家技术出口管制政策,颁发与技术防扩散出口相关的出口许可证;⑤组织多边和双边工业技术合作;⑥负责外经贸科技发展、技术进步等事务。

(2) 省、自治区、直辖市人民政府外经贸主管部门根据商务部的授权,负责本行政区域内的技术进出口管理工作。由于国家实行统一的对外贸易制度,所以省一级的地方政府对技术进出口的管理,仅能根据商务部的授权,并仅能在授权的职责范围内进行管理,而且只能在本行政区域内从事管理工作。省一级的地方政府经商务部授权后,可以独立地负责技术进出口管理工作,以自己的名义行使行政权力并承担行政责任。

(3) 其他技术进出口管理部门。除商务部以外,对技术进出口具有部分管理职责的部门还有国家发改委、科技部、外交部等。

三、中国对技术进出口的管理

(一) 中国对技术引进的管理

中国对技术引进的管理主要是通过将其纳入国家经济技术发展的统一规划,并根据国家的政策所制定的有关法令法规,对技术引进项目及其合同实行管理。

1. 中国现阶段技术引进的基本原则和政策

(1) 技术引进必须从中国的国情、国力、特点和条件出发,结合国民经济各产业部门的技术结构、发展特点来选择引进技术的基础和方式,这是技术引进的一项基本原则。

(2) 技术引进首先要保证建立在国家经济发展急需的基础上,同时又结合经济体制改革,以利于搞活大中型企业。

(3) 注重对引进技术的消化吸收和推广创新,并使之国产化。

(4) 进一步完善技术引进的市场战略,坚持多方位引进技术。提倡以多种形式引进技术,特别是要注重以技术许可贸易、技术服务、顾问咨询、合作生产、合作设计以及关键设备的引进等方式开展工作,增加引进项目中技术软件的比重,控制成套设备的进口。

（5）在引进技术的同时引进先进的管理方法。

（6）利用多渠道筹集外汇资金,引进先进和适用技术。

（7）利用税收杠杆,对有些项目的技术引进实行税收优惠政策。

2. 中国技术引进的程序

（1）技术进口交易的准备。这一阶段的工作包括引进技术项目的立项和可行性研究,其主要内容包括:①技术引进企业制订进口技术的计划,报有关政府主管部门审查批准;②进口技术的计划获得批准后,技术引进企业编制进口技术项目建议书,报有关政府主管部门审查批准;③项目建议书获得批准后,技术引进企业编制可行性研究报告,报有关政府主管部门审查批准;④可行性研究报告获得批准后,技术引进企业便可以进行正式的技术询价和谈判,若企业无进出口经营权,则需委托有经营权的外贸公司代理办理进口有关技术。

（2）对外谈判并签订合同。这一阶段主要包括以下主要工作:①正式对外询价,对技术和价格等有关因素进行综合分析;②技术谈判,进一步了解技术的内容和技术供方的意图;③商务谈判,在技术谈判的基础上进行有关商业内容的谈判;④商签合同,在按照有关法律的规定向审批机关办理审批手续后,进出口双方按照谈判的结果签订合同。

（3）履行合同。技术引进合同批准后,受方应统筹安排,加强与供方协调,按照合同的规定,按时按质履行合同。在这一过程中,需要完成以下工作:①供方交付技术资料,受方支付入门费;②受方派技术人员赴供方培训;③供方交付机器设备、生产线,货到后受方提货及报验;④供方派技术人员,协助受方安装技术设备,帮助受方掌握技术;⑤投料试生产,供方和受方按照合同规定的技术标准验收,并签署验收报告;⑥受方支付合同价款;⑦争议的解决、索赔等。

以上三个阶段中,为维护我方利益,根据实践经验并参考一些国家的立法,我国规定,引进合同中不得含有下列不合理的限制性条款:①要求受方接受同技术引进无关的附带条件,包括购买不需要的技术、技术服务、原材料、设备或产品;②限制受方自由选择从不同来源购买原材料、零部件或设备;③限制受方发展和改进所引进的技术;④限制受方从其他来源获得类似技术或与供方竞争的同类技术;⑤双方交换改进技术的条件不对等;⑥限制受方利用引进的技术生产产品的数量、品种或销售价格;⑦不合理地限制受方的销售渠道或出口市场;⑧禁止受方在合同期满后,继续使用引进的技术;⑨要求受方为不使用的或失效的专利支付报酬或承担义务。

同时,对外商投资企业,外方以技术作为投资的,该技术的进口应按照外商投资企业设立审批的程序进行审查或者办理登记。

另外,在技术引进合同的履约过程中涉及税收和用汇问题,分别统一由国家税务局(涉及关税的由海关总署)和国家外汇管理局负责解决和管理。

3. 中国对进口的技术的管理分类

第一类:鼓励进口的技术,也称自由进出口的技术。

依照《技术进出口管理条例》第 7 条规定:"国家鼓励先进、适用的技术进口。"这一鼓励技术进口的规定,有以下三方面内容:

(1) 我国鼓励先进、适用的技术进口,是为了促进工农业科学技术水平的提高。

(2) 关于先进、适用的技术并没有明确的定义,根据我国多年的技术贸易管理实践,形成了一定的判断标准:有利于发展高新技术,生产先进产品;有利于提高产品质量和性能,降低生产成本,节约能耗;有利于改善经营管理,提高科学管理水平;有利于产业结构优化升级;有利于充分利用本国资源、保护生态环境和人民健康;有利于扩大产品出口、增加外汇收入。技术贸易主管部门规定的先进、适用技术必须符合上述一项以上标准。

(3) 鼓励措施。①对于技术进口经营者免征关税和进口环节增值税。②对于外国技术转让人减征、免征预提所得税。

第二类:限制进口的技术,采用进出口许可证制度管理。

《技术进出口管理条例》第 10 条规定:"属于限制进口的技术,实行许可证管理;未经许可,不得进口。"我国对限制进口的技术,实行许可证管理。

《对外贸易法》规定,基于下列原因,国家可以限制有关技术进口:

(1) 为维护国家安全、社会公共利益或者公共道德,需要限制进口的。

(2) 为保护人的健康或者安全,保护动物、植物的生命或者健康,保护环境,需要限制进口的。

(3) 为实施与黄金或者白银进口有关的措施,需要限制进口的。

(4) 为建立或者加快建立国内特定产业,需要限制进口的。

(5) 对任何形式的农业、牧业、渔业产品有必要限制进口的。

(6) 为保障国家国际金融地位和国际收支平衡,需要限制进口的。

(7) 依照法律、行政法规的规定,其他需要限制进口的。

(8) 根据我国缔结或者参加的国际条约、协定的规定,其他需要限制进口的。

第三类:禁止进口的技术,国家严禁进口。

《对外贸易法》规定,基于下列原因,国家可以禁止有关技术进口:

(1) 为维护国家安全、社会公共利益或者公共道德,需要禁止进口的。

(2) 为保护人的健康或者安全,保护动物、植物的生命或者健康,保护环境,需要禁止进口的。

（3）为实施与黄金或者白银进口有关的措施，需要禁止进口的。

（4）依照法律、行政法规的规定，其他需要禁止进口的。

（5）根据中国缔结或者参加的国际条约、协定的规定，其他需要禁止进口的。

同时，《对外贸易法》还规定，国家对与裂变、聚变物质或者衍生此类物质的物质有关的货物、技术进口，以及与武器、弹药或者其他军用物资有关的进口，可以采取任何必要的措施，维护国家安全。

（二）中国对技术出口的管理

1. 中国技术出口的基本原则和方针

（1）技术出口要严格遵守国家的法律，符合国家安全的需要和外交政策，不得危害国家安全和公共利益。

（2）积极鼓励开拓技术出口。

（3）走"贸工技银"结合的科技兴贸道路。

（4）国家主要运用法律、经济手段对技术出口贸易进行宏观调控，制定禁止、限制、鼓励技术出口项目的不同类别，实行不同的管理措施。

（5）遵守国际规范的惯例，保护知识产权，严禁承担不出口义务的引进技术的再出口。

（6）技术出口要符合我国外贸和科技政策、有利于和我国对外贸易和国际经济合作的发展，推动科学技术的进步。

2. 中国技术出口的程序

国际技术出口程序大致可分为三个阶段：

第一阶段：技术出口项目的立项批准。其内容主要包括技术出口项目的可行性研究和报主管部门批准。

第二阶段：谈判与签约。其内容主要包括技术询价和报价，技术谈判和商务谈判，以及接受与签订合同。

第三阶段：合同的履行。其内容主要包括技术资料的准备与交付，对受方人员的技术培训，派技术人员赴受方进行技术指导和技术项目验收，合同有关的机器设备及其他物料的准备和交付，合同价款的收汇等。

3. 中国对技术出口的分类管理

第一类，鼓励出口的技术，即自由出口的技术。

《技术进出口管理条例》第30条规定："国家鼓励成熟的产业化技术出口。"对属于自由出口的技术，实行合同登记管理，合同自依法成立时生效，不以登记为合同生效的条件。

进入 21 世纪,随着经济、贸易全球化深入发展和我国加入 WTO,我国对外贸易步入新阶段,迫切需要进一步增加成熟的产业化技术出口,并以此带动高技术含量、高附加值的机电产品和成套设备出口的比重,以适应国际竞争的新形势,使我国对外技术贸易获得更好发展。目前,我国已拥有大量成熟的技术,其中不少已经达到世界先进水平。鼓励成熟的产业化技术出口,不仅可以进一步促进技术开发,还可以通过转让技术带动我国生产线及成套设备的出口,扩大技术出口规模。因此,国家鼓励成熟的产业化技术出口,并采取了一定的鼓励措施,即采用税收优惠政策和政策性金融手段。

第二类,中国限制出口的技术。

《对外贸易法》规定,属于下列情形之一的技术,国家可以限制出口:

(1) 为维护国家安全、社会公共利益或者公共道德,需要限制出口的。

(2) 为保护人的健康或者安全,保护动物、植物的生命或者健康,保护环境,需要限制出口的。

(3) 为实施与黄金或者白银出口有关的措施,需要限制出口的。

(4) 国内供应短缺或者为有效保护可能用竭的自然资源,需要限制出口的。

(5) 输往国家或者地区的市场容量有限,需要限制出口的。

(6) 出口经营秩序出现严重混乱,需要限制出口的。

(7) 依照法律、行政法规的规定,其他需要限制出口的。

(8) 根据我国缔结或者参加的国际条约、协定的规定,其他需要限制出口的。

同时,《对外贸易法》还规定,国家对与裂变、聚变物质或者衍生此类物质的物质有关的货物、技术出口,以及与武器、弹药或者其他军用物资有关的出口,可以采取任何必要的措施,维护国家安全。

第三类,中国禁止出口的技术。

《对外贸易法》规定,属于下列情形之一的技术,国家禁止出口:

(1) 为维护国家安全、社会公共利益或者公共道德,需要禁止出口的。

(2) 为保护人的健康或者安全,保护动物、植物的生命或者健康,保护环境,需要禁止出口的。

(3) 为实施与黄金或者白银出口有关的措施,需要禁止出口的。

(4) 国内供应短缺或者为有效保护可能用竭的自然资源,需要禁止出口的。

(5) 依照法律、行政法规的规定,其他需要禁止出口的。

(6) 根据中国缔结或者参加的国际条约、协定的规定,其他需要禁止出口的。

同时,《对外贸易法》还规定,国家对与裂变、聚变物质或者衍生此类物质的物质有关的货物、技术出口,以及与武器、弹药或者其他军用物资有关的出口,可以采取任何必要的措施,维护国家安全。

四、中国对技术贸易管制中限制性商业惯例的做法

(一) 中国关于限制性商业惯例的法律规定

中国调整限制性商业惯例工作进入成熟阶段的标志是 2002 年开始实施的《技术进出口管理条例》,此条例列举了技术进口合同中不得含有的下列不合理的限制性条款:

(1) 要求受让人接受并非技术进口必不可少的附带条件,包括购买非必需的技术、原材料、产品、设备或者服务。

(2) 要求受让人为专利权有效期限届满或者专利权被宣布无效的技术支付使用费或者承担相关义务。

(3) 限制受让人改进让与人提供的技术或者限制受让人使用所改进的技术。

(4) 限制受让人从其他来源获得与让与人提供的技术类似的技术或者与其竞争的技术。

(5) 不合理地限制受让人购买原材料、零部件、产品或者设备的渠道或者来源。

(6) 不合理地限制受让人产品的生产数量、品种或者销售价格。

(7) 不合理地限制受让人利用进口的技术生产产品的出口渠道。

上述规定使得国内技术引进部门在抵制国外技术许可方提出的限制性要求时有了法律依据。

(二) 中国在国际技术贸易实践中应采取的对策

在中国进行对外技术贸易过程中,对待国外技术许可方提出的限制性要求,一方面要遵守中国相关规定,对某些不合理条款予以拒绝,另一方面,也要根据实际情况,灵活处理。

(1) 签订技术进出口时,必须遵守我国的法律,凡法律规定合同中不得含有的限制性商业条款,未经特别批准,不得订入合同。

(2) 对中国法律未作明确规定的限制性条款,可以根据交易的具体情况、我方之所需和利弊关系,灵活掌握。原则是从我方的技术引进目的和总体利益出发,对我方有利或条件对等。有时为了我方引进必要技术的长远利益考虑,也需要做出一定的、合理的让步。

思考与练习题

1. 国际技术贸易的特点是什么?
2. 授予专利的条件是什么?

3. 专有技术与专利的区别是什么？

4. 国际技术转让有哪几种方式？

5.《巴黎公约》的主要内容是什么？

6.《与贸易有关的知识产权协议》包括哪些内容？

7. 什么是知识产权？

8. 知识产权包括哪些类型？

案例研究

案例

欧莱雅商标保护案

2011 年，江苏省南通市中级人民法院（简称南通中院）对欧莱雅公司在中国起诉的商标侵权民事纠纷案作出一审判决，判令被告杭州欧莱雅化妆品有限公司、上海美莲妮化妆品有限公司停止商标侵权，共同赔偿因商标侵权给欧莱雅公司造成的损失 40 万元；杭州欧莱雅化妆品有限公司停止使用欧莱雅文字的企业名称，并赔偿由不正当竞争给欧莱雅公司造成的损失 10 万元。

欧莱雅公司，1963 年 3 月 1 日在法国登记成立。从 1981 年起至 2001 年，欧莱雅公司经中国国家商标局核准，先后注册了"欧莱雅"等系列商标，核定使用在商品国际分类第 3 类化妆品、美容剂、香水等商品上。2000 年 6 月，"欧莱雅"被中国国家商标局列入《全国重点商标保护名录》。2006 年上半年，欧莱雅被中国国家商标局认定为驰名商标。

被告杭州欧莱雅公司成立于 2004 年 6 月 15 日，其与上海美莲妮公司共同生产销售化妆品。2005 年 1 月，上海美莲妮化妆品有限公司在其生产销售的化妆品包装上使用了中文标志"莱雅"，被上海市工商行政管理局认为与欧莱雅公司的商标构成近似，侵犯了欧莱雅公司的注册商标专用权，被罚款 40 万元。2008 年 3 月，欧莱雅公司的工作人员经公证，在南通某超市有限公司购买了 34 件"莱雅"牌系列化妆品，这些化妆品包装底部标明"法国欧莱雅化妆品有限公司（香港）技术授权、杭州欧莱雅化妆品有限公司（监制）出品、上海美莲妮化妆品有限公司（生产）分装"。

杭州欧莱雅化妆品公司在其域名为 www.loiyir.com 的网站上大量宣传和推荐"莱雅"系列化妆品，并称"源自法国欧莱雅化妆品公司，针对亚洲女性皮肤特点为服务目标的世界级品牌"，"法国欧莱雅化妆品公司经过多年的酝酿、精心策划，决定在人间天堂名城——杭州设立杭州欧莱雅化妆品有限公司，隆重推出'美丽方程式'品牌——莱雅"。

2008 年 8 月，欧莱雅公司起诉至法院。南通中院经审理后认为："欧莱雅"商标具有较强的显著性，且已具有相当高的市场知名度，已为相关公众所熟知。上海美莲妮化妆品有限公司、杭州欧莱雅化妆品有限公司的产品使用的商标在字母数量、部分字母的排列顺序及书写方式以及读音上，与欧莱雅公司的注册商标构成近似，容易使普通消费者将被控产品误认为来自于欧莱雅公司或与欧莱雅公司存在关联。法院在考虑涉案商标数量、商标声誉和知名度、影响力、侵权人主观故意、涉案产品种类、侵权时间等侵权情节及后果,以及欧莱雅公司为制止侵权的合理支出等因素后酌定赔偿额后,作出上述判决。

案例思考与讨论

1. 欧莱雅公司为何被判胜诉?
2. 欧莱雅公司维护商标权的举动有什么值得学习之处?

第八章

国际工程承包与劳务合作

学习要点

通过本章的学习,学生应了解开展国际工程承包的必要性,国际工程承包与劳务合作合同;熟悉施工索赔,国际工程承包与劳务市场的现状与特点,国际工程承包涉及的银行保函和保险业务;掌握国际工程承包中招标与投标的基本方法和程序,国际劳务合作方式。

Key Points

By studying this chapter, students are expected to understand why it is necessary to implement international contracting for construction and know what is international contracting for construction and labor cooperation; be familiar with the definition of construction claim, the status quo and characteristic of international contracting for construction and labor cooperation and related business such as banking guarantee letter and insurance; master the fundamental methods and procedure of invitation and bidding of international contracting for construction, and the way of international labor cooperation.

第一节　国际工程承包概述

一、国际工程承包的含义及其业务范围

(一) 国际工程承包的含义

国际工程承包(International Contracting for Construction)是

指一国的承包商,以自己的资金、技术、劳务、设备、原材料和许可权等,承揽外国政府、国际组织或私人企业即业主的工程项目,并按承包商与业主签订的承包合同所规定的价格、支付方式收取各项成本费及应得利润的一种国际经济合作方式。国际工程承包涉及的当事人主要有工程项目的所有人(业主或发包人)和承包商,业主主要负责提供工程建造所需资金和酬金等,而承包商则负责工程项目的建造、工程所需设备和原材料的采购,以及提供技术等。

(二) 国际工程承包的业务范围

国际工程承包的业务范围极为广泛,几乎遍及国民经济的每个部门,甚至进入了军事和高科技领域,其业务内容随科学技术的进步也日益复杂,规模更加庞大,分工越来越细。国际工程承包就其具体内容而言,大致包括以下几方面:

(1) 工程设计。工程设计包括基本设计和详细设计。基本设计一般在承包合同签订之前进行,其主要内容是对工程项目所要达到的规格、标准、生产能力等的初步设计;而详细设计一般在承包合同签订之后进行,其中包括机械设计、电器设计、仪表仪器设计、配套工程设计及建筑物设计等,详细设计的内容往往因工程项目的不同而有所区别。

(2) 技术转让。在国际工程承包中往往涉及工程所需专利技术和专有技术的转让问题。

(3) 机械设备的供应与安装。工程项目所需机械设备既可由业主提供,也可由承包商提供,还可由双方分别提供不同的设备,设备的安装主要涉及技术人员的派遣及安装要求等。

(4) 原材料和能源的供应。原材料和能源的供应与机械设备的供应一样,既可由业主供应,也可由承包商提供,还可由双方分别提供不同的部分。

(5) 施工。施工主要包括工程建造及施工人员的派遣等。

(6) 资金。资金应由业主提供,但业主往往要求承包商提供信贷。

(7) 验收。验收主要包括验收方法、验收时间和验收标准等。

(8) 人员培训。人员培训是指承包商对业主派出的人员进行有关项目操作技能的培训,以使他们在项目建成并投入运营后,充分掌握该技术。

(9) 技术指导。技术指导是指在工程项目建成并投入运营以后,承包商为使业主能维持对项目的运营,继续对业主进行技术指导。

(10) 经营管理。有些承包合同属于 BOT 合同,即要求承包商在项目建成投产并经营一段时间以后,再转让给业主,这就使经营管理也成为承包商的一项重要内容。

上述广泛而又复杂的承包内容说明,承包商不仅要使其各类人员和施工设备配套完备,而且必须具有较高的组织管理水平和技术水平。

二、国际工程承包方式

（一）总包

总包是指从投标报价、谈判、签订合同到组织合同实施的全部过程，其中包括整个工程的对内和对外转包与分包，均由承包商对业主或发包人负全部责任。采用这种承包方式签署的承包合同也叫总包合同。这是目前国际工程承包活动中使用最多的一种承包形式。

（二）单独承包

单独承包是指由一家承包商单独承揽某一工程项目。这种承包形式适用于规模较小、技术要求较低的工程项目。采用单独承包的承包商必须具有较雄厚的资金和技术实力。

（三）分包

分包是指业主把一个工程项目分成若干个子项或几个部分，分别发包给几个承包商，各分包商都对业主负责。在整个工程项目建设中，由业主或业主委托某个工程师或某个分包商负责各分包工程的组织与协调工作。在分包条件下，业主分别与各承包商签订的承包合同叫分包合同或分项合同。

（四）二包

二包是指总包商或分包商将自己所承包的工程的一部分转包给其他承包商。二包商不与业主发生关系，只对总包商或分包商负责，但总包商或分包商选择二包商必须征得业主的同意。总包商或分包商与二包商签订的合同叫二包合同。一般来说，总包商或分包商愿意把适合自己专长、利润较高、风险较小的子项目留下来，而把利润较低、施工难度较大而且自己又不擅长、风险较大的子项目转包出去。

（五）联合承包

联合承包是指由几个承包商共同承揽某一个工程项目，各承包商分别负责工程项目的某一部分，他们共同对业主负责的一种承包形式。联合承包一般适用于规模较大和技术性较强的工程项目。

（六）合作承包

合作承包是指两个或两个以上的承包商，事先达成合作承包的协议，各自参加某项工程项目的投标,不论哪家公司中标,都按协议共同完成工程项目的建设,对外则由中标的那家承包商与业主进行协调。

三、国际工程承包市场及其特点

(一)国际工程承包市场简介

随着科学技术的不断进步,各国经济的飞速发展,国际工程承包市场已遍及世界各地。就目前来看,国际上已形成了欧洲、亚太、中东、北美、拉美和非洲六大地区经济市场。

欧洲市场历来都是世界最大承包劳务市场之一,全球 225 家最大的承包商 2011 年在该地区的营业额为 941.83 亿美元,占它们在国际市场营业总额 3 836.6 亿美元的 24.5%。随着经济全球化大潮的推动,统一大市场的建成和经济的稳步增长,欧洲市场仍将保持原有的繁荣,除德国以外,俄罗斯、波兰、罗马尼亚、英国、意大利、法国、西班牙等在基础设施方面的投资额都有很大的增长。如西班牙 2002 年用于建筑业的投资就达 1 000 亿美元,英国未来 25 年将增加 600 亿～800 亿美元的投资,用于地铁和建筑的投资。但西欧市场历来是一个封闭的市场,进入该市场对很多承包商来说都是可望而不可即的。

亚太市场一般是指南亚、东南亚、东亚、西北亚及大洋洲的澳大利亚和新西兰,该市场于 20 世纪 80 年代中期之后逐渐兴旺。由于该地区国家大都采用了适宜外资的政策,以及国际金融机构和发达国家投资者对该地区投资的不断增加,亚太市场正在成为具有巨大发展潜力的市场。1996 年,全球最大的 225 家承包商在这一市场的营业额为 424.53 亿美元,几乎占总营业额的 33.48%,成为世界第一大市场,但由于 90 年代末该地区多数国家受亚洲金融危机和经济不景气的影响,建筑业的投资额出现了大幅度下滑,2002 年全球 225 家最大的承包商在该地区的营业额为 226.84 亿美元,在国际市场营业总额中的占比下降到 16.2%。但日本和中国建筑业的投资额仍保持强劲的增长势头。日本 2002 年在建筑业上的投资额就达 6 179 亿美元,仅次于美国,处于世界第二,而中国也达到了 1 913 亿美元。越南、韩国和印度等国也成为这一地区较为活跃的承包市场。

中东市场是 20 世纪 70 年代中期随该地区国家石油美元收入的不断增加而发展起来的一个承包市场。进入 80 年代后,由于中东各产油国石油美元收入的锐减,以及两伊战争、阿富汗战争和两次伊拉克战争的冲击,该承包市场出现明显萎缩。随着战争的结束,战后的重建及其他中东国家基础设施建设的加快进行,中东市场逐渐复兴。中东市场也是一个受油价影响较大的市场,随着世界原油价格的上涨,中东工程承包市场进一步活跃。

北美市场由美国和加拿大两个发达国家组成。全球 225 家最大的承包商 2008 年在北美市场的营业额占国际市场营业总额的 14.1%。该市场工程项目的技术含量一般较高,因此,该市场历来被来自美、英、法、日等发达国家的大公司垄断,就发展中国家的承包公司目前的经济及技术实力而言,在未来 10～20 年内还很难涉足该市场。北美市场目前不仅是世界上最大的工程承包市场,也是最规范的市场。其中,美国建筑业的年投资规模一直保持在 7 000 亿美元左右。

拉美市场和非洲市场一样一直处于比较消沉的状态,该市场虽然基础设施落后,但由于多数国家常年经济萧条,致使拉美国家在基础设施方面的投资数量极为有限,全球最大的 225 家承包商每年在这一市场上的营业额一般不会超过其总额的 10%。2008 年,全球 225 家最大的承包商在拉美市场的营业额为 236 亿美元,占其国际市场营业总额的比重为 6.1%。西班牙和意大利对拉美地区工程承包市场的贡献较大,2008 年两国所占市场份额分别为 26.1% 和 17.5%,巴西和美国的市场份额也都达到了 10% 以上。虽然这些地区各国都在采用能促进本国经济发展的政策,但由于该地区经济基础较差、资金不足、支付信誉不良以及政治动荡,很多承包商望而却步。随着近年拉美各国政府采取一系列措施来吸引外资以及对基础设施投入的增加,该市场会有一个较大的转机。

非洲经过了 40 多年的政治动荡,多数国家的政局开始走向稳定,其经济也结束持续衰退而步入了稳定发展的时期,各国每年的经济平均增长率保持在 3% 左右,进入到二战后历史最好时期,因此也给该地区的工程承包市场带来了转机。该市场主要集中在北部的阿尔及利亚、摩洛哥、埃及和尼日利亚,以及南部的南非等国。该地区基础设施落后,对天然气、石油和电力的开采和开发有较大的需求,随着该地区国家政治体制的改革和私有化进程的不断加快,非洲市场成为最有潜力的工程承包市场。目前,我国公司的触角已经伸向南部非洲,已在南非、纳米比亚、津巴布韦和博茨瓦纳等 26 国承揽了一些建筑、雕塑、设计等工程项目。其中中国工程承包企业对非洲地区工程承包市场的贡献最大,2008 年中国有 46 家工程承包公司在非洲地区的营业额约达 216 亿美元,占整个市场份额的 42.4%。全球 225 家最大的工程承包商 2008 年在非洲的营业额为 508.85 亿美元,在国际市场营业总额 3 900.1 亿美元中的占比为 13%。

(二) 国际工程承包市场的特点

自 20 世纪 80 年代初至今,由于各国承包商数量的不断增加和各国因出现不同程度的经济困难所导致的发包数量的减少,以及各国对本国承包市场保护的加强,国际工程承包市场出现了以下特点。

1. 竞争激烈,利润下降

由于国际承包市场上承包商数量的不断增多,以及发包项目的减少,市场上形成了激烈的竞争态势。这就使承包价格越压越低，一些国家的承包商为了夺标，常常以低于成本的价格投标，中标后靠带动原材料和设备的出口，或借机索赔来争取赢利。

2. 承包商对国内市场的依靠加强

由于国际工程承包竞争日趋激烈，难以获利，再加上国际金融市场动荡不定，汇率风险较大，许多承包商开始把注意力转向本国的承包市场，如90年代初世界排行前250名的承包商中有近90%是靠本国市场的承包业务盈利的。

3. 市场保护措施日益加强

在国际工程承包市场竞争日趋激烈的态势下，很多国家为扶植本国的建筑业，减少外汇支出，维护本国的经济利益，纷纷出台了一些保护主义措施。如限制外国承包商的承包范围，规定外国公司只有与当地公司联营或雇用当地代理人才能取得承包资格，限定外国公司承揽本国的工程项目使用当地劳务的比例，给予本国公司各种优惠，以及通过设置各种障碍来限制外国承包商在本国的承包活动。

4. 带资投标、延期付款和实物支付的做法日益普遍

带资投标实际是一种投标与资金挂钩的做法，即投标人向发包人融资。就目前的国际承包市场而言，投标人向发包人融资已成为投标的先决条件，而且融资的优惠程度也成为除标价以外的另一个能否中标的决定因素。此外，延期付款和以实物支付的做法也日渐增多，如许多中东国家以石油或天然气来支付拖欠的工程项目的费用。

5. 承包项目由劳动密集型向技术密集型转化

随着科学技术的迅猛发展，出现了许多技术含量较高的新型产业，这就使项目建设从单纯的土建工程转向以技术工程为主的成套设施的建设，这类项目对承包商提出了更高的要求。

第二节　招标与投标

一、招标

（一）招标的概念

招标（Invitation to Tender）是指由发包人或业主就拟建工程项目的内容、要求和预选投标人的资格等提出条件，通过公开或非公开的方式邀请投标人根

据上述条件提出报价、施工方案和施工进度等,然后由发包人经比较择优选定承包商的过程。择优的标准一般是指最佳技术、最佳质量、最低价格和最短工期。要想在众多的投标者中选出在上述四个方面均具有优势的承包商是比较困难的,发包人应根据自己的资金能力、项目的具体要求、投标人的专长和所报价格与条件来确定中标者。

(二) 招标的方式

1. 竞争性招标

(1) 公开招标。公开招标是指招标人通过国内外各种有影响的报刊、电视、广播等宣传媒介刊登广告,发布招标信息,不限国籍地使全世界所有合格的承包商都有资格参加投标,招标人择优选择中标人的整个过程。公开招标的特点是招标通知必须公开发出,不限投标人的数量,开标也必须有投标人在场时当众进行,但评标和定标却秘密进行。一般来说,除非招标文件另有规定,公开招标的中标者应该是报价最低的投标者。采用这种招标方式有利于招标人降低成本,引进最先进的技术、设备及原材料,而且可使所有承包商都能得到公平的对待。世界银行认为,只有采用公开招标才能体现效率(Efficiency)、经济(Economy)和公平(Equity)的"三E原则"。

(2) 国际限制性招标。国际限制性招标是指发包人不通过刊登广告,而是有选择地邀请若干家承包商参加投标的一种竞争性招标方式。限制性招标所限定的承包商主要有以下几种情况:一是为了保护本国的建筑市场,只允许本国的承包商参加投标或保留工程的某一部分给本国的承包商;二是为发包工程提供贷款的国家要求业主只邀请贷款国的承包商投标,必须把第三国甚至东道国的承包商排除在外;三是由于为工程提供贷款的机构是某一金融机构或组织,它们有时要求发包人在该金融机构或组织的成员国的承包商之间招标;四是有些项目较为特殊,对承包商在技术和经验上有较高的要求,国际上有能力建造该工程的承包商为数不多,所以只能邀请国际上有能力的承包商参加投标。在限制性招标的方式下,由于招标通知不使用广告的形式公之于众,所以只有被邀请并接受邀请的承包商才是合法的投标人,未接到邀请或通过其他途径得知招标信息的承包商,未经发包人的许可无权参加投标。

(3) 两段招标。两段招标也是国际公开招标中的一种,但要把招标过程分为两个阶段:先是采用公开招标,从合格的承包中选出3~5家承包商作为候选人;然后再让他们重新报价,并确定最终的中标者。两段招标不是两次招标,而是一次招标分为两个阶段,并只与承包商签署一个承包合同。

2. 非竞争性招标

非竞争性招标是相对竞争性招标而言的,它是不通过公开的方式来确定工程项目的承包商的一种招标方式,如谈判招标。

谈判招标目前一般有两种做法:一种是招标人根据自己的需要和所了解到的承包商的资信和技术状况,将符合要求的承包商排列出顺序,然后先与最符合要求的承包商进行谈判,若不能与之达成协议,则按顺序继续与下一个进行谈判,直至达成协议为止,这种做法也叫议标。另一种是在开标以后,招标人分别与各投标人同时进行谈判,这就等于给了每个投标人多次报价的机会,最后与最符合要求的承包商签署承包协议。这种招标方式的优点在于由于给了每个投标人多次报价的机会,从而使招标人得益于投标人的价格竞争。谈判招标一般适用于专业技术较强、施工难度较大、多数承包商难以胜任的工程项目,在这种招标方式下,投标者能否中标的决定因素主要不是价格,而是承包商的技术能力、施工质量和工期等条件。

(三) 招标的程序

招标是以业主为主体从事的工作,整个招标过程所需要的时间,往往随招标方式和项目特点的不同而有所差异,少则一年,多则几年。这些工作从成立招标机构开始到签订承包合同需要严格按照招标程序和要求进行,并要做大量繁杂而又细致的工作,其大致要经过以下具体程序。

1. 成立招标机构

业主在决定建造某一项目以后,便开始进行国际招标工作,且这项工作的整个过程一般由一个专门设立的机构全权负责。招标机构可以自己设立,也可以委托国际上常设的招标机构或从事招标的咨询公司代为招标。招标机构的能力和工作效率直接影响着招标的成败。

2. 制定招标规则

招标规则主要包括以下内容:一是确定招标方式,即采用公开招标、限制性招标、两段招标,还是谈判招标;二是广告刊登的范围和文字表达方式;三是确定开标的时间和地点;四是评标的标准等。

3. 编制招标文件

招标文件是招标的法律依据,也是投标者投标和准备标书的依据。招标文件的具体内容应视项目的规模和复杂程度而定,主要包括招标人须知、担保书、合同条件和技术规范等。因为招标人所要建造的工程项目和所要采购物资的具体内容与要求,以及评标的具体标准全部体现在招标文件中,所以招标文件力求完整和准确。招标文件所用语言应该是国际商业通用的英文、法文和西班牙文。

4. 发布招标公告

招标公告是招标机构利用广播、电视以及国内外知名度较高的报纸、期刊,向国内外所有合格的承包商发布的招标启事,即邀请所有合格的承包商投标。

招标公告的主要内容包括发包人的名称、项目的名称与概况、项目的资金来源、招标的方式、投标的开始时间与截止日期、评标的地点与时间、招标文件的发售时间与办法等。

5. 进行资格预审

资格预审是招标机构发布招标公告以后承包商投标之前,对拟投标人是否有能力承揽其所要建设的工程项目而进行的一种资格审查。资格审查的内容包括承包商以往的业绩与信誉、设备与技术状况、人员的技术能力、管理水平和财务状况等。参加资格预审的承包商应向招标机构提供投标意向书、公司章程与条例、公司技术和行政管理机构的人员名单、公司现有的机械设备清单、公司现有的合同清单、公司过去五年来承揽类似合同的清单、公司资产负债表、业主或监理工程师对公司资信的证明和银行对公司资信的证明。资格预审的标准应在招标公告中注明,经资格预审所有符合标准的承包商都应准予投标。

6. 通知承包商参加投标

资格预审之后,招标机构以书信的方式向所有资格预审合格的承包商发出通知,让他们在规定的时间内和指定的地点购买标书,以参加投标。投标通知同时也在报纸上公布,但不公布获得投标资格的公司名称。

7. 收标

投标人按招标机构指定的地点投递标书,招标机构在投标地点设有由专人保管的投标箱,保管人员将收到的投标书放入投标箱,并将盖有日期的收据交给投标人,以证明其投标书是在投标截止日期之前收到的。投标截止日期一到,便立即封闭投标箱,此后收到的投标书均属无效。

8. 开标

开标一般有两种形式,即公开开标和秘密开标。公开开标是指招标人在规定的时间和地点按收到投标书的先后顺序,将所有的投标书当众启封,宣读每个投标人的姓名和标价。公开开标一般是在通知所有投标人参加并在公证机构的监督下进行,开标时投标书对自动降低价格的说明以及是否附有投标保证书和保函也一并宣布,但投标书的详细内容不必也不可能全部宣读。所有标价均应记录在案,由招标负责人签字。按世界银行的规定,在公开招标的情况下,从发布招标文件到开标间隔时间的长短取决于工程的大小和复杂程度,一般工程不少于 45 天,较复杂的大型工程应在 90 天以上,以便投标人有足够的时间去进行现场考察等投标所必需的准备工作。秘密开标和公开开标大体一致,其唯一的区别在于秘密开标是在不通知投标人参加的情况下进行。

9. 评标

评标是招标机构的有关部门按一定的程序和要求,对每封投标书中的交易条件和技术条件进行综合评价,并选出中标候选人的过程。中标候选人一般为

2~3人，并按综合条件排定名次，即最低标（第一中标人）、次低标（第二中标人）、第三低标（第三中标人），若无意外，最低标应是最终的中标者。交易条件主要是看标价，对业主来讲，标价越低越好；技术条件主要包括施工方案、施工所采用的技术、施工的组织与管理、工期，以及施工方案的合理性、可靠性和科学性。评标的标准必须与招标文件规定的条件相一致。

10. 定标

招标机构经过综合分析，写出评标报告并选择报价低、技术实力强、信誉好和工期短的承包商作为中标者，这一过程称为定标。业主在定标前要分别与中标候选人就合同的条款和细节进行谈判，以达成共识，确定最后的中标者。招标机构在定标后应以电话、电报、电传等快捷的方式通知中标人，对未中标者也应及时发出评标结果。招标不一定都能选中中标人，即所谓废标，也就是招标人拒绝全部投标。一般来说，招标人在出现了下列四种情况之一时，有权拒绝全部投标：①投标人太少，一般指少到不足三家；②最低标价大大超过国际市场平均价格或业主制定的标底；③所有投标书均未按招标文件的要求编写；④所有得标候选人不愿意降价指标底线以下。废标后，可进行第二次招标。

11. 签订承包合同

中标人接到中标通知以后，应在规定的时间内与业主签订承包合同，并递交履约保证书，至此，招标工作全部结束，中标人便可着手准备工程的开工建设。但若中标人未按期签约或故意拖延，并未事先向招标机构提出可以接受的申请，则中标人应被视为违约。

二、投标

（一）投标的概念

投标（Bid）是以承包商为主体从事的活动。它是指投标人根据招标文件的要求，在规定的时间并以规定的方式，投报其拟承包工程的实施方案及所需的全部费用，争取中标的过程。投标书中的标价是承包商能否中标的决定性条件。因此，报价要极为慎重，标价应既要有竞争力，又要有利可图。

（二）投标的特点

（1）投标的前提是必须认可全部招标条件，否则就失去了参加投标的机会。

（2）投标属于一次性标价，但主动权掌握在招标人手中，即在业主选定最后中标人的过程中，投标人一般没有讨价还价的权利。

（3）投标在法律上属于要约，投标人因此要极为慎重，标价一旦报出，不能随意撤销。为此，招标人一般要求投标人交纳投标保证金。

（三）投标的程序

投标本身也是一个过程，其主要经过投标前的准备、询价、制定标价、制作标书、投递标书、竞标等程序。

1. 投标前的准备

投标前的准备工作十分重要，它直接影响中标率的大小。准备工作应从以下三方面入手：

（1）收集有关信息和资料。需要收集的资料主要包括两个方面：一是项目所在国的情况，如项目所在国政治的稳定性，与邻国的关系，经济的发展水平，基础设施状况，金融与保险业的发达程度，水、电、石油、天然气、原材料的供应状况，自然、社会、文化环境等。二是收集竞争对手的有关资料，其中主要是了解能够参与本行业投标的企业数目，这些企业的经营状况、生产能力、知名度，以及它们参加投标的次数和中标率等。如果竞争对手在各方面均优于本企业，而且本企业中标的机会很小，就应放弃该项目的投标，应转向本企业中标机会较大的其他项目。

（2）研究国际招标法规。国际招标活动涉及的东道国法规有采购法、合同法、公司法、税法、劳动法、外汇管制法、保险法、海关法、代理法等。

（3）组成投标小组。投标小组的成员应由从本企业各部门中选拔出来的具有各种专业技术的人员组成，他们的能力将是本企业能否中标和获利的关键。

2. 询价

询价是投标人在投标前必须做的一项工作，因为在承包活动中，承包商往往需要提供设备和原材料，询价的目的在于准确地核算工程成本，以作出既有竞争力又能获利的报价。此外，有时生活物资和劳务的价格也是询价的一个内容。

3. 制定标价

投标价格的制定工作可以分以下两步来做：

（1）成本核算。成本主要包括直接成本和间接成本。直接成本主要包括工程成本、产品的生产成本、包装费、运输费、运输保险费、口岸费和工资等，间接成本主要包括投标费、捐税、施工保险费、经营管理费和贷款利息等。此外，一些不可预见的费用也应考虑进去，如设备、原材料和劳务价格的上涨费，货币贬值费及无法预料或难以避免的经济损失费等。

（2）制定标价。制定标价考虑的因素主要有以下三个：一是成本。原则上说，承包商在成本的基础上加一定比例的利润便可形成最后的标价。二是竞争对手的情况。如果竞争对手较多并具有一定的经济和技术实力，标价应定得低一些，如果本公司从事该工程的建造有一定的优势，竞争对手较少或没有竞争对手，则标价可以定得高些。三是企业投标的目的。若是想通过工程的建设获取利润,则标价必须高于成本并有一定比例的利润。在目前承包市场竞争如此激烈的情况下,很多承包商不指望通过工程的建造来取得收益,而是想通过承包工程带动本国设备和原材料的出口,进而从设备和原材料的出口中获取利润。出于这种目的的承包商所制定的标价往往与工程项目的建造成本持平或低于成本。当然,标价定得越低,中标率则越高。

4. 制作标书

标书是投标书的简称,亦称投标文件。它的具体内容依据项目的不同而有所区别。编制标书是指填好投标书及附件、投标保证书、工程量清单和单价表、有关的技术文件等,投标人的报价、技术状况和施工工程质量全部体现在投标书中。在编制标书以前,预审合格的承包商根据业主的通知到指定的机构购买招标文件,并一定要仔细阅读招标文件,编制的标书一定要符合招标文件的要求,否则投标无效。

5. 投递标书

投标书编制完成以后,投标人应按招标人的要求装订密封,并在规定的时间内送达指定的招标机构。投递标书不宜过早,一般应在投标截止日期前几天为宜。

6. 竞标

开标后投标人为中标而与其他投标人的竞争叫竞标。投标人参加竞标的前提条件是成为中标的候选人。在一般情况下,招标机构在开标后先将投标人按报价的高低排出名次,经过初步审查选定 2～3 名候选人。如果参加投标的人数较多并且实力接近,也可选择 5～7 名候选人。招标机构通过对候选人的综合评价,确定最后的中标人。有时也会出现 2～3 名候选人条件相当,招标机构难以取舍的情况,此时便会向候选人重发通知,再次竞标。

第三节　国际工程承包合同与施工管理

一、合同的种类

国际工程承包合同从不同的角度,可以划分为不同的类型。

(一) 按价格的构成和价格的确定方法划分

按价格的构成和价格的确定方法来划分,合同可以分为总价合同、单价合同和成本加酬金合同。

1. 总价合同

总价合同是指在承包合同中规定承包价格，业主按合同规定分期或一次性支付给承包商的一种合同形式。总价合同中所确定的价格是根据工程的图纸和承包的内容计算出来的，其价格一般是固定不变的。如果采用这种合同形式，投标人必须将一些可能发生的风险考虑进去，如原材料价格的上涨、工资的上涨、自然原因导致的误工、政治变动等，否则投标人将可能蒙受难以估量的损失。在有些情况下，总价合同中规定有价格调整条款，即在原材料或工资上涨幅度超过一定的比例时，合同的价格也作相应的调整，这就等于将一部分风险转移给了业主。

2. 单价合同

单价合同是一种按承包商实际完成的工作量和合同的单价来支付价款的一种合同形式。合同中所确定的单价，既可以固定不变，也可以随机调整，其主要取决于合同的规定。总价合同和单价合同的区别在于前者按总价投标承包，而后者则按单价投标承包。在总价合同中，虽然也要求投标人报单价，但不要求详细；而在单价合同中，所列单价必须详细，其所报总价只是在评标时用于与其他投标人做比较。

3. 成本加酬金合同

成本加酬金合同是以工程实际发生的成本（施工费和材料费等），再加上双方商定的管理费和利润向承包商支付工程款的一种合同形式。在这种合同形式下，由于成本实报实销，所以承包商的风险很小，但这种合同的管理费和利润往往与工程的质量、成本、工期三项指标相联系，因此，承包商比较注重质量、成本和工期，业主便可从中得益。

（二）按承包的内容划分

按承包的内容来划分，可以分为施工合同、设备的供应与安装合同、工程咨询合同、工程服务合同、交钥匙合同、交产品合同、BOT 合同等。

1. 施工合同

施工合同是业主与承包商签订的工程项目的建造实施合同。在国际工程承包活动中所签订的大多属于这类合同。

2. 设备的供应与安装合同

这种合同的形式依承包商责任的不同而有所不同：一是单纯的设备供应合同，即设备的供应者只负责提供设备；二是单纯的设备安装合同，即承包商只负责设备的安装；三是设备的供应商既负责提供设备又负责设备安装的合同；四是设备的供应商负责提供设备，并负责指导业主自行安装的合同。

3. 工程咨询合同

工程咨询合同实际上是一种专业技术服务合同，业主咨询的主要内容有投资前的可行性研究、图纸的合理性、实施方案的可行性等。

4. 工程服务合同

工程服务合同是业主与能够提供某些服务工作的公司签订的合同,其主要目的是为工程项目提供服务。这类合同只有在建造规模较大而且较复杂的工程项目中签署。

5. 交钥匙合同

交钥匙(Turnkey)合同国际上也叫建造—设计(Design-Build,DB)模式,它是指承包商承担从项目的可行性研究、规划设计、勘察选点、工程施工、原材料的购买、设备的供应与安装、技术培训、试生产等一系列工作的全部责任的一种承包方式,即承包商将已建成竣工的工程项目交给业主后即刻投入生产使用。在这种承包方式下,承包商的风险较大,但收益较高,同时也可保证业主得到高质量的工程项目。

6. 交产品合同

交产品合同是指承包商不仅负责项目的可行性研究、规划设计、勘察选点、工程施工、原材料的购买、设备的供应与安装、技术培训、试生产等工作,还应负责指导业主生产出一定数量的合格产品,并在原材料及能耗达到设计要求之后才能正式移交给业主的一种承包方式。这种承包方式往往适合技术含量较高的大型项目。

7. PPP 合同

PPP(Public-Private-Partnership)合同是指公营与私营合作项目合同。PPP 合同方式起源于 20 世纪 80 年代中期,90 年代才被世界各国广泛运用。该类合同更强调业主对监控和售后服务的要求,业主在招标时提出参数和规范要求,并进行全程监控,所有付款都与履约好坏及其连续性等挂钩,付款要在运营达到业主满意以后进行。由于 PPP 合同强调了业主的监控和管理作用,克服了EPC 合同业主监管不力的缺陷,因此,PPP 合同目前在日本、韩国和澳大利亚等发达国家采用得更为普遍。

8. BOT 合同

BOT(Build-Operate-Transfer),意即建设—经营—转让。BOT 合同实际上是承包商将工程项目建成以后,继续经营该项目一段时间才转让给业主的一种承包方式。业主在采用 BOT 方式发包时,往往要求承包商负责项目的筹资或提供贷款,从而使筹资、建造、运营、维修、转让集于一体,承包商在协议期内拥有并经营该项目,从而达到回收投资并取得合法利润的目的。这种承包方式多用于政府与私营部门之间,而且适用的范围较广,尤其适用于那些资金需求量较大的公路、铁路、城市地铁、废水处理、发电厂等基础设施和公共设施项目。

9. BOOT 合同

BOOT(Build-Own-Operate-Transfer),意即建设—拥有—运营—转让。它与 BOT 的区别主要有两个方面:一是所有权的区别。BOT 方式,项目建成后,承包商只拥有所建成项目的经营权;而 BOOT 方式,在项目建成后,在规定的期限内,私人既有经营权,也有所有权。二是时间上的差别。采取 BOT 方式,从项目建成到移交给政府这一段时间一般比采取 BOOT 方式短一些。

10. BOO 合同

BOO(Build-Own-Operate),意即建设—拥有—运营,是指承包商按照政府的授权负责工程的施工、运营,并最终享有该工程项目的最终所有权。在这种模式下,政府一般在融资方面给予承包商以便利和支持,并在该项目的运营中给予免税等优惠待遇。该种合同模式适用于基础设施项目。

一国政府采用 BOT、BOOT 还是 BOO 合同形式,体现了该国政府对于基础设施私有化程度的态度。BOT 意味着一种很低的私有化程度,因为项目设施的所有权并不转移给私人;BOOT 代表了一种中等的私有化程度,因为设施的所有权在一定有限的时间内转给私人;而 BOO 代表的是一种最高级别的私有化,因为在该种模式下,项目设施没有任何时间限制地转移给私人。

11. EPC 合同

EPC(Engineering-Procurement-Construction),意即设计—采购—施工总承包,是指工程总承包企业按照合同约定,承担工程项目的设计、采购、施工、试运行服务等工作,并对承包工程的质量、安全、工期、造价全面负责。EPC 合同有两个特点:一是固定总价。在 EPC 合同条件下一般采用总价合同,即业主与承包商先谈好价格,由于遇上类似不良地质条件等情况,承包商是不能向业主索赔的,这就是说承包商要承担设计、自然力和不可预见的困难等风险,因此 EPC 合同比 FIDIC 条款"红皮书"中单价合同的风险要大,因为该种情况在"红皮书"中则列入索赔范畴之列。二是 EPC 合同中没有咨询工程师这个角色,因此业主对承包商的监控力度较弱,只能派业主代表对施工进度进行监控,当发现进度比计划慢时,可以要求承包商采取补救措施,其他问题无权干涉。三是注重竣工试车,只有试车成功才能谈最终验收。

12. BOOST 合同

BOOST(Build-Own-Operate-Subsidy-Transfer),意即建设—拥有—运营—补贴—转让,是指承包商在工程项目建成后,再授权期内管理和拥有该设施,并享有政府一定的补贴,待项目授权期满后再移交给当地政府的一种承包模式。

(三) 按承包方式划分

按承包方式划分,可分为总包合同、分包合同和二包合同(这三种合同已在本章第一节承包方式中作了介绍,这里不再重复)。

二、国际工程承包合同的内容

国际工程承包合同的内容虽依承建项目内容的不同而有所不同,但其主要条款大体一致,大多数国家也都为本国的承包活动制定了标准合同格式,目前,最广泛使用的合同格式是由国际顾问工程师联合会(Federation International Des Ingenieurs-Conseils,FIDIC)拟定的《土木建筑工程(国际)施工合同条款》,亦称 FIDIC 条款。FIDIC 条款的第一版发行于 1957 年,1963 年、1977 年、1987 年和 1999 年又分别印发了第二版到第五版。FIDIC 条款得到世界银行的推荐,成为目前国际上最具权威的从事国际工程承包活动的指导性文件。1999 年的 FIDIC 条款由《施工合同条件》(简称新红皮书)、《EPC/交钥匙工程合同条件》(简称银皮书)、《永久设备和设计—建造合同条件》(简称新黄皮书)和《合同简短格式》(简称绿皮书)四部分组成,即土木工程施工合同的一般条件、专用条款和合同格式三方面内容,其主要包括以下内容。

(一) 承包合同的定义

这一部分主要阐明合同的当事人、合同中所包含的文件及其规范,以及对合同中所出现的各种术语的解释。

(二) 业主的责任与违约

业主主要负责清理并提供施工场地,协助承包商办理施工所需的机械设备、原材料、生活物资的出入境手续,支付工程建设款等。按 FIDIC 条款的规定,业主应支付各类工程款,其在接到承包商要求付款的请求后,应在 28 天内向承包商提供已作出资金安排的证据,否则承包商可以暂停工作或降低工作速度;工程师在收到承包商的期中支付报表和证明文件后的 28 天内应向业主发出期中支付证书,业主在工程师收到承包商交来的期中支付报表和证明文件后的 56 天内向承包商支付期中工程款。业主收到工程师签发的收到最终支付证书后的 56 天内向承包商支付工程款。如果业主未按合同规定的期限和数额支付,或因业主破产、停业,或由不可预见的原因导致其未履行义务,承包商有权解除合同,撤走设备和材料,业主应向承包商偿付由此而发生的损失和费用。

(三) 承包商的义务与违约

承包商是指其投标书已被业主接受的人,其主要义务是工程施工,接受工程师的指令和监督,提供各种保函,为工程办理保险。其中承包商应在接到中标通知书 28 天内按合同的规定向业主提交履约保函。当承包商未经许可转包或分包,拖延工期,放弃合同或破产时,业主可以没收保证金并在发出通知 14 日后令承包商撤出工地,自行施工或另找承包商继续施工,由此而产生的费用由违约的承包商负担。若承包商的施工不符合设计要求,或使用了不合格的原材料,应将其拆除并重新施工。承包商应在达成索赔协议后 42 天内向业主支付索赔款,承包商还必须在业主提出修补缺陷的要求后 42 天内进行修补。

(四) 工程师和工程师代表

工程师是由业主任命并代表业主执行合同规定的任务,如发出开工、停工或返工等指令。除非合同另有规定,工程师行使的任何权利都应被视为已征得业主的同意。工程师代表应由工程师任命并向工程师负责,其主要职责是代表工程师在现场监督,检查施工质量,处理实施合同中发生的问题。工程师代表也可任命一定数量的人员协助其工作。承包商必须执行工程师的书面或口头指令。对于口头指令,承包商应要求工程师以书面形式在 7 天之内予以确认。如工程师对承包商发出的要求确认申请函自发布之日起 7 天内未予答复,该口头指令应被视为工程师的一项指令,其工程款的结算也以该指令为依据。

(五) 转让与分包

承包商无业主的事先同意,不应将合同或其中的任何部分转让出去。在得到业主许可的情况下,可将工程的一部分分包给其他承包商,但不能全部分包出去。

(六) 开工与竣工

承包商应在收到工程师发出的开工通知后的合理时间内从速开工,其工期以投标附录中规定的开工期限的最后一天起算,并应在标书附件规定的时间内完成。只有在额外增加工程的数量或改变性质,业主的延误、妨碍或阻碍,不可预见的意外等情况下,承包商才有权延迟全部或部分工程的竣工期限。

(七) 检验与检查

工程师有权进出工地、车间检验和检查施工所使用的原材料、零部件、设备,以及生产过程和已完工的部分工程。承包商应为此提供便利,不得覆盖或掩饰而不外露。当工程的基础或工程的任何部分已准备就绪或即将准备好可供检查时,承包商应及时通知工程师进行检查,不得无故拖延。

(八) 工程移交

当整个工程基本完工并通过合同规定的竣工检验时,承包商可向工程师发出通知及附带在缺陷维修期间内完成任何未完工作的书面保证。此通知和保证应被视为承包商要求工程师发给接收证书的申请,工程师应在接到该通知后的 21 日以内,向承包商发出接收证书并注明承包商尚未完成的所有工作。承包商在完成所有工作和维修好所指出的缺陷时,并使工程师满意后的 21 天之内有权得到工程接收证书。另外,在某些特定的情况下,工程师也可对某一部分已竣工的工程进行接收。

(九) 工程变更

工程师在认为有必要时,可以对工程或其任何部分的形式、质量或数量作出变更。如果变更后的工程量超过一定的幅度,其价格也应作相应的调整;如果工程的变更是由承包商引起的,变更的费用应由承包商负担。

(十) 价格与支付

承包合同中的价格条款不仅应注明总价、单价或成本加酬金价,而且应将计价货币、支付货币以及支付方式列入其中。在国际承包活动中,一般采用银行保函和信用证来办理支付,其支付的具体方法大都采用预付款、进度款与最终结算相结合的做法。即承包合同签订后和开工前,业主先向承包商支付一定比例的预付款,以用于购买工程所需的设备和原材料,预付款的比例应占合同总额的 $10\% \sim 20\%$;然后承包商每月底将实际完成的工作量分项列表报给工程师,并经其确认后支付给承包商一定比例的进度款;业主待工程全部完工并经验收合格后,与承包商进行最后的结算,支付尚未支付的所有剩余款项。

(十一) 特殊风险

在合同履行过程中,如果出现了签订合同时无法预见到的不可抗力事件,承包商将不承担责任。如果世界任何地方爆发了战争,无论是否已经宣战,无论对工程施工在经济和物质上有无影响,承包商应完成施工直至合同终止,但业主在战争爆发后的任何时候有权通知承包商终止合同。如果出现的特殊风险造成工程费用的增加,承包商应立即通知工程师,并经双方协商后,增加相应的承包费。

(十二) 争议的解决

如果业主与承包商之间发生争议,其中的一方应书面通知工程师并告知另一方,工程师在收到本通知的 84 天内作出决定并通知业主和承包商。如果业主或承包商对工程师的决定不满意或工程师在 84 天内未能作出决定,不满方应在收到工程师决定的 7 天之内或在通知工程师决定而工程师又未作出决定的 84 天之后的 7 天内通知对方和工程师,再交由争端裁决委员会(DAB)进行解决。

争端裁决委员会由业主和承包商合同双方各提名一名委员,双方再与上述两位委员协商确定第三位委员,委员的报酬由双方平均支付。该委员会必须在 84 天内拿出裁决意见。双方中的任何一方对裁决有异议,都可提交仲裁机构进行仲裁。仲裁机构的仲裁决议必须在通过双方友好协商解决争端的努力 56 天后作出。如果双方都未发出要求仲裁的通知,工程师的决定将作为最终有约束力的决定。

三、国际工程承包的施工管理

在国际工程承包活动中,工程的施工一般都在承包公司总部以外的国家进行,这涉及承包商在国外施工的管理问题。工程施工的国外管理一般分为总部管理和现场管理两个层次。

(一) 总部管理

总部管理的大致内容是:①制定或审定项目的实施方案;②为项目筹资及开立银行保函;③制定统一的规章和报表,对现场提交的各种报告进行整理和分析,对重大问题进行决策;④监督项目资金的使用情况及审核财务会计报表;⑤选派现场各类管理和技术人员;⑥指导并帮助采购项目所需设备和原材料。

(二) 现场管理

现场管理一般分为项目总管理和现场施工管理两个层次。

1. 项目总管理

项目总管理是工程的全面性管理,主要包括合同管理、计划管理、资金管理、财务管理、物资管理、组织工程的分包与转包、人事工资管理、工程的移交与结算、处理与业主的关系、处理与东道国政府及海关、税务、银行等部门的关系等工作。

2. 现场施工管理

现场施工管理的主要工作有制订具体的施工计划,协调各分包商的施工,做好设备和原材料的维护与保管,招聘和雇用普通劳务人员,劳务人员工资的核定与发放,监督工程质量,做好工作记录,提交有关工程的报告等。

第四节　国际工程承包的银行保函

一、银行保函的含义

保函是承包合同当事人的一方为避免对方违约而遭受损失,要求对方提供的一种能保障自己权益的担保。银行保函是指银行应申请人的请求向受益人开出的,担保申请人正常履行合同所规定的某项义务的独立的书面保证文件。它实际上是以银行承诺文件面目出现的一种抵押金。银行保函属于备用性的银行信用,它不是一般的履约担保文件,而是一种违约赔款保证书,即如果保函的申请人没有履行其担保文件中所担保的义务,银行则承担向受益人赔偿经济损失的责任。在国际工程承包活动中,银行保函目前已是最普遍、最常见和最容易被各方接受的信用担保形式。

二、银行保函的内容

银行保函是一种规范化的经济担保文件,为了保障受益人的合法权益,其内容十分具体和完整,因而世界各国银行开具的保函的内容基本一致。其具体内容大致如下:

(1) 申请人,即承包商或被担保人,应注明申请人的全称和详细地址。
(2) 受益人,即业主或总包商,应注明受益人的全称。
(3) 担保人,即开具保函的银行,应写明担保行的全称和详细地址。
(4) 担保金额,即担保所使用的货币与最高限额。
(5) 担保责任,即在承包商违约时如何承担索偿义务。
(6) 索偿条件,即承包商违约时,业主凭何种证明进行索偿。
(7) 有效期,即保函的起止时间及保函的生效和失效条件。

三、银行保函的种类

(一) 投标保函

投标保函是银行根据投标人的请求开给业主的,用于保证投标人在投标有效期内不得撤回其标书,并在中标后与业主签订承包合同的保函。投标保函是随投保书一起递交给招标机构的,其担保金额一般为投保报价总额的 0.5%～3%,中小型项目一般为 3%～5%,有效期一般为 60 天、90 天、150 天、180 天不等,长的还有 270 天。对未中标者,业主应及时将保函退回。中标者在规定的时间内与业主签约并递交履约保函后,业主也应将投标保函退还给投标人。如果业主宣告废标,投标保函则自然失效。

(二) 履约保函

履约保函是用于保证承包商严格按照承包合同要求的工期、质量、数量履约的保函。按 FIDIC 条款的规定,承包商应在接到中标通知后的 28 天内递交履约保函,其担保金额一般为承包合同总额的 10%,其有效期一般不能短于合同规定的工期。如果工期延长,也应通知银行延长履约保函的有效期。如果承包商中途毁约或破产,业主有权要求银行支付保函的全部担保金额。履约保函只有在工程全面竣工并获得现场监理工程师签署验收合格证后才予以退还。按 FIDIC 条款的规定,业主应在工程师颁发"缺陷责任证书"之日后的 14 天之内将履约保函退还承包商;如果业主和承包商达成索赔协议后 42 天承包商仍拒付此款项,或业主提出承包商修补缺陷的要求 42 天后仍未修补的,业主可以扣留履约保函。

(三) 预付款保函

预付款保函是银行开立的用于保证承包商按合同的规定偿还业主已支付的全部预付金额的担保文件,即如果由于承包商的责任,业主不能在规定的期限内从工程结算款中按比例扣还预付的款项,业主有权向银行索偿担保金额作为补偿。预付款保函的担保金额应与业主预付款的金额相等,一般为合同总金额的 10%～15%,其担保期限一般从承包商收到预付款之日起到扣还完毕止。由于预付款是逐笔扣还,所以预付款保函的担保额会随之减少。

(四) 工程维修保函

工程维修保函是银行应承包商的请求开具的一种用于保证承包商对完工后的工程缺陷进行维修的经济担保文件。维修保函的担保金额一般为合同金额的 5%～10%,有效期为 1～2 年。维修期的开始时间应为工程竣工验收合格之日,在履约保函到期并退还之前,承包商必须开具维修保函。维修保函既可以重新开立,也可以以续展履约保函的形式来代替。维修保函一般在规定的期限内未发现需要维修的缺陷后退还。

(五) 临时进口物资税收保函

临时进口物资税收保函是银行应承包商的请求开给业主的一种经济担保文件。该保函担保承包商在工程竣工之后,将临时进口的用于工程施工的机械设备运出工程所在国,或在永久留下这些设备时照章纳税。该保函的担保金额一般与临时进口的机械设备价值相等,担保的有效期一般比施工期限略长。承包商在将机械设备运出工程所在国并取得海关出示的证明之后便可索回保函。

(六) 免税工程的进口物资税收保函

免税工程的进口物资税收保函是银行应承包商的要求,开给业主的一种担保承包商将进口的材料全部用于其承包的免税工程的经济担保文件。该保函的担保金额与进口的原材料的价值相等,其有效期与工期基本一致。在承包商向税务部门展示了业主颁发的、进口物资已全部用于免税工程的证明之后便可退回保函。

第五节　国际工程承包的施工索赔与保险

一、施工索赔

（一）施工索赔的含义

施工索赔是指由于业主或其他有关方面的过失与责任，即非承包商自身的原因，使承包商在施工中增加了额外的费用，承包商根据合同条款的有关规定，通过合法的途径和程序要求业主或其他有关方面，偿还其在施工中蒙受的损失。施工索赔的方式主要有两种，即要求延长工期和要求赔偿款项。索赔既是承包商的一种正当的权利要求，也是依据承包合同所应得到的合理补偿。在国际工程承包市场竞争日趋激烈的情况下，很多承包商几乎已无利可图，甚至亏损报价，只有借助索赔来赚取利润。

（二）施工索赔的原因

导致施工索赔的原因一般有以下几种。

1. 自然条件

承包商在施工中所遇到的自然条件或环境比合同中所描述的更为艰难或恶劣，如出现了经现场勘察也难以观测到的地质断层，地下水文条件与事先预测的不符，必须移动地下旧管线，地下有旧建筑物等，这将会增加施工难度和施工时间，进而增加施工费用，而上述情况和障碍并非一个有经验的承包商在签订合同时所能预料到的。

2. 工程变更

在施工中，工程师要求承包商更改或增加额外工程量的情况是非常普遍的，承包合同一般都有业主有权临时增减工作量的规定。其变更主要在以下两个方面：一是工程量的变更，即工程师要求增减工程量，也就是说，承包商所完成的实际工程量超过或少于业主提供的工程量表。如果削减的工程量未超过合同规定的幅度，一般不予索赔；如果由于某种原因业主将本属于承包商的工程量转给其他承包商去做，承包商可以获得工程准备费和管理费的索赔。二是工程质量变更。在施工中现场工程师不认可承包合同所要求的原材料的质量、设备的性能等,并对其提出更高的标准,或提出更高的做工质量和试验要求,或现场工程师为此故意拖延下达上述变更命令,承包商为此可以要求索赔。

3. 不可抗力风险

不可抗力风险是指在签合同时所无法预见的,而且是不可避免和不可预防的自然灾害或意外事件,如自然灾害造成的额外费用,战争、罢工、民族冲突、入侵、内战等导致工程出现的各类损失等。此类风险应由业主承担。

4. 工程的暂停和中止

在施工中工程师可以下令暂停全部或部分工程的施工,只要暂停命令不是承包商的原因或其他风险造成的,承包商不仅可以延展工期,而且由此而付出的额外费用,包括额外增加的工资和管理费等,应由业主负担。工程的中止主要是指由于遇到了意外情况或双方任何一方的原因使工程无法继续进行下去,不得不中止合同,承包商应得到补偿。

5. 工期延误

承包商遇到了并非由于自身的原因和责任而影响工程进度的障碍,从而增加了额外的支出,承包商有权得到补偿。工程延误索赔的主要原因包括:工程量的增加,业主未按时提供施工场地,工程师拖延对施工图纸、工序、材料的认可,业主未能按规定较好地协助承包商按时办好工程所需的境外技术和普通劳务人员的入境手续,业主未能按时提供合同规定的原材料和设备,现场工程师拖延发放工程付款证、验收合格证等证书,对于本来合格的施工和材料拆卸检查并重新修复,以及遇到人力不可抗力的自然灾害和意外事故而误工等。

6. 货币贬值

在金融市场动荡不定的今天,承包商为避免货币贬值给自己造成损失,往往在承包合同中订有货币贬值补偿条款。但多数补偿条款仅限于东道国政府或中央银行正式宣布的贬值,而市场上汇率的自由浮动则不在此列。

7. 物价上涨

凡订有物价上涨补贴条款的合同,在施工所需原材料、燃料以及运输费和劳务费等价格上涨时,可按规定的程序向业主提出差价索赔。索赔的数额应按双方事先定好的计算公式进行计算。

8. 工程进度款的延误支付

对于业主故意拖延向承包商支付其应按时支付的工程进度款而造成的工期延误或利息损失,应由业主承担。

（三）施工索赔的依据与费用

承包商向业主提出索赔的主要依据是合同以及招标文件、施工图纸等合同的附件,与此同时还应附带能证明确实增加了承包商支出的其他证明材料,如有关双方会谈内容的记录、与工程师往来的各种信件、工程师所下达的各种指令、施工进度表、施工设备和材料的使用记录、工程照片、工程质量的检查报告等施工材料,以及工资的支付、设备和材料的采购、材料和劳务价格的调整、汇率的变动、工程进度款的支付、会计账目等财务资料。

根据上述施工索赔的原因可以说明,承包商可以得到索赔的费用一般应包括以下几种:①由于工程量的增加、工资上涨和工程延误所导致的劳务费;②由于工程量的增加、使用材料质量要求的提高和物价上涨所产生的材料费;③由于工程量的增加、工期的拖延致使增加设备的使用数量和时间所引发的设备费;④由于业主的原因导致分包商向总包商的索赔而产生的分包费;⑤由于增加工程量和工期拖延必须加办保险所产生的保险费;⑥由于增加工程量和拖延工期所产生的管理费;⑦由于工程量的增加和工程的拖延致使保证金的延长所出现的保证金费;⑧由于业主延期支付工程进度款所导致的利息。

(四) 索赔的程序

施工索赔大致要经过以下步骤。

1. 提出索赔要求

按 FIDIC 条款的规定,承包商应在索赔事件发生后的 28 天之内分别向监理工程师和业主发出索赔通知,通知的主要内容为要求索赔的原因和具体项目。

2. 提交索赔报告

承包商应在索赔通知发出 28 天之后,或在监理工程师同意的时间内,向工程师提交正式索赔报告,其主要内容为要求索赔的各项费用及总金额,并附有索赔所需的各种依据。索赔报告应简明扼要并富有逻辑性。

3. 索赔谈判

谈判是解决索赔问题的一种较好的途径。谈判前应组成一个精明强干的谈判班子,最好聘请国际上有名望的索赔专家参加。谈判应本着实事求是和有理、有利、有节的原则来说服对方。

4. 索赔的调解

在经过双方谈判,无法达成一致的情况下,可以由第三方进行调解。调解有两种方式:一种是非正式的,即通过有影响的人物或机构进行幕后调解;另一种是正式的,邀请一名双方都能接受的中间人进行调解。调解是在双方自愿的基础上进行的,若其中的任何一方对其工作不满意或双方无法达成协议,便可结束其调解工作。

5. 工程师的决定

承包商在调解无效之后,可以以书面的形式提请工程师对索赔问题作出处理决定。工程师应以公平合理的原则在收到申诉书的 84 天之内作出处理决定，并通知双方。若双方在收到处理决定的 7 天内均未提出仲裁或诉讼的意向，那么工程师的决定则成为对双方都有约束力的决定。

6. 仲裁或诉讼

如果双方中的任何一方对工程师的处理不满意或工程师在 84 天之内未作出处理决定，不满方可在收到工程师决定的 7 天内，或在提请工程师决定而工程师却未作出决定的 84 天之后提请仲裁或诉讼。如果提请诉讼，一般需要的时间较长；如果提请仲裁，仲裁机构应在收到仲裁通知后的 56 天之内作出裁决。不管是仲裁还是诉讼，其结果都是终局性的。

（五）索赔应注意的问题

施工索赔是国际工程承包管理中的重要环节，也是国际工程承包中正常的经营活动。通过巧妙的方式，让业主认同索赔，既是承包商的权利，也是承包商能否盈利的关键。在索赔过程中，承包商应注意以下几个问题。

1. 索赔权的问题

所谓索赔权是承包商所拥有的，业主认可承包商在施工中出现的某些损失是由于业主方面，或由于业主变更合同内容，或由于自然条件等不可抗力的原因引发的，并在法律上承包商应该获得相应补偿的一种权利。索赔权的成立与否取决于两个因素：一是施工合同文件，承包商应通晓合同的条款、施工的技术规程、工程量表、工作范围等；二是施工所在国的有关法规，施工索赔的理由还得符合施工所在国的法律规定。此外，承包商还应该找出有关类似情况索赔成功的案例，以求得到业主的索赔认可。

2. 合理计算赔款金额

承包商提出的索赔金额既要有根有据，又要合情合理，不能漫天要价，否则得不到业主的认可。其计算的依据包括合同的计价方法和可索赔的项目。

3. 按时并按程序提出索赔要求

承包商的索赔权是有时间限制的，按 FIDIC 条款的规定，应在索赔事项发生起算 28 天之内，并以书面形式发送工程师并抄送业主。

4. 写出有力度的索赔报告

索赔报告的好坏是能否让业主认可的一个关键。其力度主要在于逻辑性和索赔费用与损失之间的因果关系；其文字不仅应简单明了，而且措辞应委婉有理。

5. 力争友好协商

友好协商是解决索赔问题的最佳途径。因为承包商提出索赔的最终目的是得到应得的补偿，通过友好协商解决索赔问题，既可以达到快速得到补偿的目的,也有利于维持承包商的良好声誉。目前国际上各种索赔案件大多是通过友好协商解决的。

二、国际工程承包保险

(一)国际工程承包活动的风险

国际工程承包是一项风险较大的经济活动,这主要是由于其所需时间长、牵涉内容广而且复杂、技术要求较高、资金投入大,并涉及国别政策、国家间的政治经济关系所致。任何风险的出现都会给双方造成不同程度的损失,了解国际工程承包风险则是防范风险的前提。国际工程承包风险一般有以下几类。

1. 政治风险

政治风险主要是指由于项目所在国政府的更迭、派别斗争、民族冲突、与邻国的冲突,以及经济政策的变化造成各种损失的可能性。

2. 经济风险

经济风险主要是指由于业主延期支付工程款、汇率的变动、通货膨胀、市场供求关系的变化、服务系统出现问题、施工现场及周围环境发生变化造成损失的可能性。

3. 自然风险

自然风险是指由于风暴、地震、洪水、雷雨等自然界的异常变化造成财产损失和人身伤亡的可能性。

4. 意外事故风险

意外事故风险是指在施工中由于外来的、突然的、非意料之中的事故,造成财产损失和人身伤亡的可能性,如火灾、爆炸、施工设备倾倒或在作业中断裂、设备或材料被盗、施工人员滑落等。

(二)国际工程承包保险的险别

1. 工程一切险

工程一切险亦称全险,它是指在工程项目施工期间,由于自然灾害、意外事故、施工人员的操作失误给在建工程、到达现场的材料、施工机械和物品、临时工程、现场的其他财产等造成的损失。工程一切险实际上是一种综合性的险别,但工程一切险却不承保所有风险,如由于战争、罢工、政策的变化、违约等原因导致的损失则不在该险别承保的范围内。工程一切险一般按合同的总价投保,其保险期限应从开工之日或第一批施工材料运抵施工现场时起,到工程竣工之日或事先约定的竣工之后的某一时间止。

2. 第三方责任险

第三方责任险是指在施工中,由于任何事故给与工程无关的第三方造成的财产损失或人身伤亡,保险公司予以赔偿的一种险别。第三方责任险只针对保险公司和被保险人以外的第三者的财产损失或人身伤亡,不包括被保险人财产损失或雇员的伤亡,而且只有在被保险人应依法承担赔偿责任时,保险公司才予以办理赔偿。

3. 人身意外险

人身意外险是指保险公司负责赔偿被保险人在施工中因意外事故致使人身伤亡损失的一种险别。承包合同一般都规定承包商必须为施工人员投保人身意外险,在投保人身意外险时,还可同时附加由意外事故致伤的医疗保险。人身意外险的保险金额应视施工所在国的法律而定,有些国家允许承包商为外国雇员在国外保险公司投保,但本地雇员必须在本国保险公司投保。

4. 汽车险

汽车险是指施工运输车辆在工地以外发生事故,保险公司负责赔偿由此而造成的损失的一种险别。施工中运输车辆的风险分为工地内和工地外风险两类,汽车险仅负责在工地外发生事故造成的损失,而施工车辆在工地内发生事故导致的损失应属于工程一切险的责任范围。有些国家对施工车辆实行强制性保险,未投保汽车险的施工车辆不许在公路上行驶。

5. 货物运输险

货物运输险是指工程所需机械设备、原材料、零部件等在运输期间遭受自然灾害和意外事故造成损失,保险公司负责赔偿的一种险别。在国际工程承包活动中,采购施工机械、设备、原材料和零配件的费用一般占整个工程费的50%～80%,这些物资的运输大多通过海运,在海运风险如此之大的今天,为运输中的货物投保是非常必要的。货物运输险的险别很多,一般分为两大类:一类是可以单独投保的基本险,即平安险、水渍险和一切险;另一类是不能单独投保,只能在投保了一种基本险之后加保的附加险。附加险本身也分成三种,即一般附加险、特别附加险和特殊附加险,而且每种附加险又有很多险别,至于投保哪一险别,应视货物的性质而定。货物运输险的保险金额一般可按 CIF 价格(成本加保险费和运费价)的110%投保。

6. 社会福利险

社会福利险是保险公司为工程所雇用的本国和外籍雇员失业、退休、死亡提供救济或补偿的一种险别。有些国家对此采用强制性保险,而且必须在国家指定的保险公司投保。这种做法对外籍雇员极不合理,但外籍承包商在施工结束后外籍雇员离开时可以要求退还一定比例的保险费。

第六节　国际劳务合作

一、国际劳务合作概述

（一）劳务的概念及种类

1. 劳务的概念

劳务是劳动服务的简称,系指劳动力的所有者向需求该种劳动服务的单位或个人提供的活劳动。这种活劳动既可以是为工业、农业等行业提供的生产性劳动,也可以是为商业、旅游、金融、保险、运输、通信、建筑、医疗、教育等行业提供的服务性劳动,这实际上是劳动力要素的合理配置。

2. 劳务的种类

劳务划分的方法很多,从不同的角度可以划分为不同的种类。

（1）按劳动力提供服务所在部门来划分。劳务按劳动力提供服务所在部门不同可以划分为要素性劳务和非要素性劳务。要素性劳务主要是指在工业、采矿业、加工业和农业等生产部门就业的劳动力;而非要素性劳务是指在商业、金融、保险、运输、咨询、旅游、文教等服务性行业就业的劳动力。

（2）按提供服务的目的来划分。劳务按提供服务的目的来划分,则可分为五种,即从事工农业生产、资源开发和加工工业等物质生产的生产型劳务,从事公路、铁路、港口、机场、桥梁、水利、厂房建设等直接为工农业生产和资源开发提供服务的服务型劳务,从事商业、金融、保险、咨询、交通运输、计算机服务等间接为生产活动服务的服务型劳务,从事餐饮、旅游、民用航空、海陆空客运、医疗卫生、民用建筑、家庭服务等满足人们物质消费需要型劳务,从事文化艺术、体育、教育等满足人们精神消费需要型劳务。

（二）劳务合作的含义

国际劳务合作也称劳务或劳动力输出,是指一国的各类技术和普通劳务,到另一国为另一国的政府机构、企业或个人提供各种生产性或服务性劳动服务,并获取应得报酬的活动。国际劳务合作实际上是一种劳动力要素在国际间的重新组合配置。

国际劳务合作与国际服务贸易有一定的区别。劳务合作讲的是作为生产要素之一的劳动力要素在国际间的移动。在传统意义上,国际劳务合作仅指国际经济技术合作中的工程承包和劳务输出,它只不过是内涵广泛的国际服务贸易中很小的一部分。目前,国际劳务合作概念已大大扩展,涵盖了服务贸易的许多部分。另外,发生在物质生产领域的劳务合作的内容,并不属于国际服务贸易的范畴。因此,国际劳务合作与国际服务贸易是既相互独立又相互联系的两个概念。

当代国际劳务合作也不同于过去那种简单的劳动力转移。在原始资本积累时期,劳动力的转移是一种强制性的奴隶贸易,即使是在两次世界大战之间,也是一种带有殖民色彩的移民活动,不同于今天的劳务合作。当代国际劳务合作产生于第二次世界大战之后,并经过多年的发展,形成了以国际工程承包、国际投资、技术服务、咨询服务等形式进行的一种劳动服务,这种劳动服务形式已成为当代国际经济合作的一种重要形式。

(三)　国际劳务合作的作用

国际劳务合作已成为国际经济合作的一种重要形式,它既对劳务的输出国和输入国有很大的促进作用,也对整个世界经济产生了巨大的影响。

1. 对劳务输出国的作用

国际劳务合作对劳务输出国的作用主要表现在五个方面:一是增加了外汇收入。很多国家通过劳务出口和工程承包获取了可观的外汇收入,尤其是一些人口密度较高的发展中国家,它们中的有些国家外汇收入的一半以上来自国际劳务合作。二是缓解了国内的就业压力。有些发展中国家人口密度大,而且工业落后,其国内根本无法安置过剩的劳动力,劳务输出便成为解决这一问题的出路之一。三是学到并掌握了国外一些先进的技术和管理方法。外派的劳务人员在国外提供劳动服务的同时,也掌握并带回了国外先进的技术和管理方法,从而提高了外派劳务人员的素质。四是扩大了商品出口。劳务输出国在外派劳务提供各种服务的同时,也将本国的原材料、设备和技术等出售给输入国。五是增加了输出国劳动服务者个人的收入。劳务的提供者到国外从事劳动服务不仅获得了收入,而且其收入一般高于国内,进而又提高了其生活质量。劳务输出有时也会给国内造成通货膨胀、技术人员外流、国家限制出口的技术泄露、新的传染病的流入等负面影响。

2. 对劳务输入国的作用

对劳务输入国的作用一般表现在以下三个方面:第一,弥补了国内劳动力不足或某些行业劳动力短缺的问题。有些国家工业较发达或发包项目较多但人力又不足,而有些国家虽不缺劳动力,但其本国人又不愿从事某些脏、累、有污染、收益低的工作,输入外籍劳动力便成为解决上述问题的最好途径。第二,解决技术难题。有些国家技术落后,劳动力素质较差,无法适应本国经济发展的需要,引进技术劳务可以帮助解决很多国内技术难题,进而还可起到引进国外先进技术、调整产业结构的作用。第三,降低产品成本、提高产品的竞争能力或获取高额利润。雇用外籍劳务一般不受本国最低工资水平的限制,即工资可低于本国劳动力的工资,从而使产品成本下降,达到增强产品竞争能力或获取高额利润的目的。

劳务输入也会导致民族纠纷、犯罪率上升、新的传染病的传入等不利影响。

3. 对整个世界经济的作用

劳务合作对世界经济的影响主要表现在以下三个方面:

(1) 促进了科学技术在世界范围内的普及。在劳动力的转移过程中,有相当部分的劳动力是具有某种专业技术知识的,他们将所拥有的技术带到世界各地,使这些输入技术劳务的国家也能分享世界上最先进的技术所带来的效益。

(2) 加深了生产的国际化程度。源源不断的劳动力转移使世界形成了庞大的劳动力市场,使作为生产要素之一的劳动力要素在世界范围内进行配置,从而加深了生产的国际化程度。与此同时,技术劳务的转移有些是通过跨国公司的海外投资带动的,这不仅促进了劳务输入国的产业结构的调整,而且加深了生产的国际化。

(3) 扩大了贸易的数量。技术劳务在国外提供各种技术服务时,往往要求技术的输入国使用其母国的设备和原材料,或推荐具有国际先进水平的其他国家的产品,从而增加了国际贸易的数量并扩大了贸易的范围。

二、劳务输出

(一) 劳务输出的含义

劳务输出实际上就是劳动力的输出,是指拥有一定技能或符合国际劳动力市场需求的普通劳动者,为获得更多的各种形式的收益,出国从事各种形式的有偿服务。这在人口学上称为人口流动或有劳动能力的人口流动。劳动力的流动一般是以实现其自身的价值增值为动力,并伴随着国际市场需求而产生的。20世纪70年代以来,劳务输出事业得以迅速发展,劳务贸易的发展速度超过了商品贸易,其比重已占到世界贸易总额的约25%,发达国家的劳务贸易已占到其对外贸易总额的30%~40%,劳动力要素已成为国际市场上最活跃的要素之一。

(二) 劳务输出的客观必然性

劳务输出之所以在20世纪70年代以后得以迅速发展是有其客观必然性的,其主要表现在以下几个方面。

1. 世界经济发展的不平衡性

有些国家技术落后,资源有限,资金短缺,而人口却较多,由于受其技术水平和产品销售市场所限,其国内的企业数量和工业规模十分有限,这就造成了就业压力。而有些国家技术先进,工业规模十分可观,因而呈现出劳动力的相对不足,需要引进外籍劳务来弥补国内劳动力的短缺。世界经济发展的不平衡性是劳务输出的根本原因。

2. 经济生活的国际化

二战后,和平的环境使科学技术得以飞速发展,随着科学技术的飞速发展,各国之间的经济关系也日益密切,谁都不能在封闭的状态下求得发展,各国为求得发展便开始了经济生活国际化的进程,因为即使最发达的国家也不可能做到在所有领域都是领先的,引进技术和技术劳务便成为其保持领先地位的一条重要途径。

3. 世界产业结构的调整和国际分工的深化

随着国际分工的深化和产业结构的调整,不仅促使资金、原材料、设备、技术在国家间自由移动,发达国家往往还在输出大量过时技术的同时,输出了很多技术劳务和普通劳务,以缓解国内的就业压力。而且发展中国家在引进技术发展经济的同时,由于国内劳动力的素质较低,需要外籍的技术劳动力进行技术指导,以发展国内的落后产业或创建国内的空白产业,这些都推动了劳务输出。

(三) 劳务输出的方式

目前各国输出劳务主要采取以下几种形式:

(1) 对外承包工程。国际工程承包一般涉及考察、勘探、设计、施工、安装、调试、人员培训甚至经营等工作,这些工作需要派出一定数量的施工、技术和管理人员。

(2) 技术和设备的出口。技术的出口国在向技术的进口国出口技术时,进口国往往要求出口国派出有关技术人员进行技术指导,或对进口国的有关技术人员进行培训,这种方式派出的劳务人员一般是技术劳务。

(3) 直接出口劳务。有些国家通过签署合同的方式,直接向需求劳务的国家出口各类劳务人员,如医生、护士、海员、厨师、教师、体育教练员等。

(4) 在海外投资设厂。一国的投资者在海外创办独资企业、合资企业和合作企业的同时,将会随之派出一些技术人员和管理人员,如果东道国允许,甚至还会派出一些普通工人。

三、国际劳务市场

(一) 国际劳务市场的含义

国际劳务市场是世界上从事劳务交易的场所。它是整个国际市场的重要组成部分,对劳动力要素在国际间的流动起到了非常重要的作用。国际劳务市场经过了 20 世纪 50 至 60 年代的孕育与发展,形成了西欧和北美两大劳务市场。随着 70 年代西方国家的经济陷入滞胀和 80 年代的缓慢增长,以及中东国家石油收入的剧增和亚洲"四小龙"的兴起,国际劳务市场已从只进行普通劳动力流动的西欧和北美两大市场,发展成为亚太、中东、西欧、北美、拉美和非洲并能提供多种劳动服务形式的多元化市场。进入 90 年代以后,由于世界经济增长缓慢,各国的贸易保护主义日益盛行,使劳务市场上的竞争更趋激烈。目前,随着多数国家采用调整与发展并重的政策,国际劳务市场呈现出对技术劳务需求增加的态势,而且国际劳务市场多元化的趋势还在进一步加强。据世界劳工组织统计,目前全球每年的流动劳务约为 3 000 万~3 500 万人,从市场分布看,欧洲、北美、亚洲仍然是吸引外籍劳务的主要市场,如亚太地区每年需求 800 万~1 000 万外籍劳务,北美需求 1 700 万外籍劳务,欧洲发达国家需求近 800 万外籍劳务,中东需求 70 多万外籍劳务。从行业对劳务需求的分布看,信息产业、生物和环保工程、计算机技术、商业和旅游业等朝阳产业对外籍劳动力需求的增长速度快于建筑、纺织、土木工程等传统产业。此外,医护和农业技术人员的需求也在不断地增长。

国际劳务市场与国际商品市场有很大的不同,其主要表现在以下两个方面:一是交易的对象不同,商品交易市场交易的对象是有形的,即有形的实物,而劳务市场上交易的标的是无形的,即非物化的活劳动;二是交易场所的设置不同,商品交换场所有很多都是固定的,如各类商品交易所以及定期举办的展销会和贸易洽谈会等,而劳务市场一般都没有固定的场所,经常是哪里有劳务需求,哪里就是劳务市场。

(二)世界主要的劳务市场

1. 亚洲劳务市场

亚洲地区持续快速增长的经济状况,导致了其对劳动力需求的增加。亚洲劳务市场成为具有巨大发展潜力的市场,在国际劳务市场中的地位举足轻重,也是中国劳务输出的最主要的市场。亚洲劳务市场包括中东劳务市场和东亚、东南亚劳务市场。

中东劳务市场的发展主要得益于本地区所蕴藏的丰富的石油和天然气资源。在沙特阿拉伯、科威特、阿拉伯联合酋长国、卡塔尔等产油国家是中东地区集中全球劳务最主要的市场。20 世纪 70 年代末 80 年代初,国际石油价格经历了两次大幅度提价,使得中东产油国获得了巨额的石油美元收入。为了将这些资金用于本国的经济开发和基础设施建设,从而发展本国的国民经济,人口稀少、劳动力不足的产油国家开始从本地区其他非产油国家招募劳务,后来又吸引了东南亚大批劳务进入中东市场,中国也于 1979 年以承包工程的形式向该地区输出劳务。此后的两伊战争影响了中东劳务市场的发展。产油国经济低迷,劳务市场也随之萎缩,许多外籍劳务撤回了本国。近年来,随着世界石油价格的攀升,中东劳务市场又开始复苏。

东亚、东南亚地区包括日本、中国香港、新加坡、马来西亚、中国台湾、泰国和韩国等主要的劳务市场。这些国家或地区曾是向中东劳务市场输出劳务的生力军,同时它们也吸引了大批其他国家的劳务人员进入本国。其中,日本每年大约需要引进 60 万外籍劳动力,新加坡每年也需要 8 万外籍劳工。东亚、东南亚劳务市场的兴起主要取决于这些国家和地区产业结构调整所造成的结构性劳动力短缺,其大规模输入的多是一些初级劳动力。各国和地区政府为了保护本国劳务,又各自制定了政策法规,在不同程度上限制外籍劳工的大规模进入。随着这些国家和地区市场对高级劳务人员的需求有所上升,有更多高素质的外籍劳务开始进入东亚、东南亚劳务市场。

2. 西欧劳务市场

西欧劳务市场的空前发展,可以追溯到 20 世纪四五十年代,它是最具悠久历史的国际劳务市场。英国、法国、德国、意大利等西欧发达国家的工农业发展水平位居世界前列,这些国家是西欧劳务市场中吸收劳务最多的国家。由于整体生活水平较高,当地的人们不愿从事一些脏、累、险的工种,因此造成劳动力的缺乏,仅德国每年至少要接纳 5 万名外籍劳工。在西欧国家几乎各行各业都面临劳动力短缺的状况,尤其是在条件差的行业和边远地区,就越存在对外籍劳务的需求。随着西欧国家工业结构的调整,本国劳动力大都转向技术和知识密集型的新兴行业,外籍劳工的就业范围自然就局限在那些工作强度大、工作环境脏、差的工种以及条件差的边远地区。这种情况下,外籍劳务不会妨碍本国工人的就业,这也是西欧各国将外籍劳务的就业限制在较低级工种的目的所在。另外,一些专业性强、当地工人无法胜任的工作也必须通过招募外籍劳务来完成。

3. 北美劳务市场

北美劳务市场由美国和加拿大两个发达国家的劳务市场所组成。北美地区历史上就是吸收外来移民最多的地区,尤其是美国,大部分人都是当年移民的后裔。经济的发展和科技的进步对劳务市场的发展起着重要的推动作用。20 世纪 70 年代以来美国产业结构的调整创造了更多的就业机会,随着产业结构从资本密集型向技术和知识密集型的转化,高科技产业部门对高层次劳务人员显示出更高的需求,很多企业对雇员的教育程度要求较高,而大量美国学生对学习失去兴趣,尤其是黑人和拉美裔人的辍学率提高,导致有些岗位招不到合适的人选。由于服务业的不断发展,服务行业的就业机会也在大量增加。另外,美国经济发达,社会福利较高,很多美国人不愿从事一些条件差的体力劳动,他们宁愿靠领取失业救济金为生。这些都造成了美国经济中结构性的劳动力短缺现象。美国对外来劳务的需求保证了整个北美市场的活跃与繁荣,加拿大甚为宽松的移民政策也为北美劳务市场注入了活力。与西欧劳务市场的外籍劳工只从事一些层次较低的工作不同,在北美劳务市场,除了那些从事脏、累、险、差的体力劳动的部门外,一些高科技产业部门,如半导体、生物工程、计算机、人工智能及航天部门等,都遍布着来自不同国家的劳务人员。不少来自发展中国家的科学家、研究人员、技术人员和工程师等都活跃在美国经济的各个行业,并发挥着重要作用。

4. 非洲劳务市场

非洲地区的经济发展水平及其所拥有的自然环境资源决定了非洲劳务市场在短期内很难出现较大的发展。首先,非洲地区经济基础较差,尽管非洲各国也都制定了一些能促进本国经济发展的政策,但是由于资金的缺乏、支付信誉较差,从而在一定程度上影响了非洲劳务市场的发展。其次,除了尼日利亚、喀麦隆、加蓬、安哥拉及刚果等少数几个产油国家以外,大部分非洲国家都缺乏良好的投资环境,它们不是处于气候炎热的热带地区,就是处于茫茫无际的沙漠地带。构成非洲劳务市场的劳工大军中,很多是为谋生而背井离乡的非洲难民。难民受教育程度低,所以只能从事一些简单的劳动。而具有一定资金来源的少数几个产油国,为了发展本国经济,就要从非洲以外的地区招募劳务。比如在公路、港口、机场等基础设施建设以及城市供水、农村水利灌溉、矿产开采等项目的实施当中,都需要招募外籍劳务来进行勘察、设计、施工、调试及管理等工作。这样,在这几个拥有石油资源的非洲国家中,国际劳务市场才得以有所发展。

四、国际劳务合同的基本条款

国际劳务合同是确立国际劳务输出与输入或彼此之间雇用关系的法律文件。国际劳务合同与其他经贸合同有所不同,因为它要受当地的政治、法律、宗教、文化等因素的制约。目前各国所签署的国际劳务合同是以欧洲金属工业联络组织拟定的"向国外提供技术人员的条件"为蓝本,其主要包括以下内容。

(一)雇主的义务

雇主(一般被称为甲方)应负责外国劳务的入境手续,为他们提供基本的生活设施和工作条件,有责任对他们进行技术培训或指导,并尊重他们的人格。此外,雇主除应向劳务人员支付工资以外,还应支付从募集外籍劳务人员到外籍劳务人员抵达本国所产生的动员费、征募费、旅费、食宿费以及办理出入境手续所需各种费用。

（二）劳务输出方的义务

劳务的输出方（一般被称为乙方）应按雇主的要求按时派出身体健康、能胜任工作的劳务人员，并保证他们遵守当地的法律，尊重当地的宗教和风俗习惯及项目结束后离开本国，而且应负责及时更换因身体不适或违反上述规定而必须离境的劳务人员。

（三）劳务人员的工资待遇

劳务人员的工资标准是按其技术职称和工种而定的，可按小时、日或月来计算，而且不得低于当地的最低工资标准。劳务工资既可用外币计价，也可用东道国货币计价，支付货币中可规定外币和东道国货币分别所占比例，但外币不得少于工资总额的 50%。劳务人员工作满一年后，工资标准也应随东道国物价上涨的幅度而进行相应的调整。劳务人员工作满 11 个月后可以享受 1 个月的带薪休假，其往返旅费由雇主负担。若劳务人员放弃回国休假并继续为雇主工作，雇主除支付正常工资以外，还应按规定支付加班费。

（四）劳务人员的生活待遇

劳务人员的伙食、住宿和交通应在合同中作出明确规定。在一般情况下，雇主根据劳务人员的级别与职务来安排他们的食宿。按国际惯例，领队和工程师等一般每人一间，其面积不小于 10 平方米；医生、翻译、会计、厨师以及各类技术和管理人员两人一间，每人平均面积不得小于 8 平方米；普通工人几人一间不定，但每人不得低于 4 平方米。而劳务人员的伙食既可由雇主直接提供，也可提供伙食费，由劳务人员自行解决。雇主一般负责提供班车接送劳务人员上下班，但往返时间不得超过一小时，超过的时间算上班。

（五）劳动与社会保障

雇主应提供为保证劳务人员在工作中的安全所需一切劳保用品，而且应为劳务人员办理人身和医疗等保险。按国际惯例，雇主应以 1∶150 的比例为劳务人员配备医生。如果劳务人员需要住院治疗时，其住院费和各种治疗费由雇主负担。如果当地无法治疗，必须送往外地、邻国或回国就医时，也应由雇主支付路费。如果由于雇主的原因致使劳务人员伤亡，雇主应赔偿一切损失；如果是由于劳务输出方的过失，则由劳务输出方承担损失。

（六）仲裁条款

劳务合同应订有仲裁条款,其目的在于发生了不能通过友好协商解决的争议时,得到及时的解决。仲裁机构是由双方选定的,但一般应选择东道国的仲裁机构作为劳务合同的仲裁机构。仲裁机构在收到争议双方签署的申请之后,根据国际惯例和当地的法律进行裁决,裁决的结果对双方都有法律约束力。

第七节　中国对外承包工程与劳务合作

一、中国对外承包工程

（一）中国对外承包工程的现状

中国对外承包工程业务从 20 世纪 70 年代末正式起步,经历了改革开放以后 30 多年的曲折历程,至今得到了迅速发展。中国对外工程承包业务遍及世界六大洲的 190 多个国家和地区,对外承包合同额在 20 世纪 80 年代初只有几千万美元,而 2011 年已扩大到 1 034.2 亿美元。中国公司从事的业务范围十分广泛,涉及建筑、石油化工、电力、交通、通信、水利、冶金、有色金属等多个领域,承包工程方式也从最初的单纯劳务承包发展到勘察设计、施工、设备采购、材料进口等工程总承包方式以及项目管理。

（二）中国对外承包工程的特点

综合分析我国现阶段对外承包工程发展的情况,其特点主要有以下几方面。

1. 对外承包工程业务发展速度较快

20 世纪 70 年代末 80 年代初,中国对外承包工程业务处在起步之初,对外承包合同额仅有几千万美元;进入 90 年代,年合同额以 10% 左右的速度增长。2002—2009 年新签合同额年增长率基本上保持在 15% 以上,2006 年更是出现了同比增长 122.9% 的最高纪录。2010 年和 2011 年受全球经济复苏乏力因素的影响,新签合同额年增长率回落到 6.5% 和 5.9%。完成营业额也呈现出类似走势。2011 年我国对外承包工程业务新签合同额 1 423.3 亿美元,同比增长 5.9%;完成营业额 1 034.2 亿美元,同比增长 12.2%(见表 8-1)。截至 2011 年年底,我国对外承包工程累计完成营业额 5 390.2 亿美元,签订合同额 8 417.3 亿美元。

表 8 - 1　1997—2011 年中国对外承包工程情况

年份	新签合同额 （亿美元）	同比增长 （%）	完成营业额 （亿美元）	同比增长 （%）
1997	85.160	—	60.360	—
1998	92.430	8.5	77.690	28.7
1999	101.990	10.3	85.223	9.7
2000	117.187	14.9	83.790	−1.7
2001	—	—		
2002	150.550	15.5	111.940	25.8
2003	176.700	17.4	138.400	23.6
2004	238.400	35	174.700	26
2005	296.14	24.2	217.63	24.6
2006	660.05	122.9	299.93	37.8
2007	776.21	17.6	406.43	35.5
2008	1 045.62	34.7	566.12	39.3
2009	1 262.10	20.7	777.06	37.3
2010	1 344.00	6.5	922.00	18.7
2011	1 423.3	5.9	1 034.20	12.2

资料来源：1997—2004 年数据来自中国对外贸易白皮书、中国对外承包工程商会网站，2005—2009 年数据来自《中国统计年鉴》，2010 年和 2011 年数据来自商务部统计。

2. 在国际承包工程市场上占有的份额较小

近年来，我国对外承包工程业务基本上保持了快速、稳定的增长势头，无论是每年完成的营业额，还是新签合同额，基本上都有较高比例的增长（见表 8 - 1）。但是，面临竞争激烈的国际承包工程市场，中国对外承包工程业务在国际承包市场占有的份额仍然较小。2012 年，我国入围《工程新闻记录》（ENR）杂志国际承包商 225 强的 52 家承包商完成营业额 627.8 亿美元，较 2011 年增长 9.9%，仅占全球海外承包市场的 13.8%（见表 8 - 2）。

表 8 - 2　2006—2012 年中国入围《工程新闻记录》杂志国际承包商 225 强企业数量与份额

ENR 年度	入围国际 225 强 企业数	入围 225 强企业海外 营业额（亿美元）	增长率 （%）	占全球海外承包 市场份额（%）
2006	46	100.7	14.0	5.3
2007	49	162.9	61.8	7.3
2008	47	226.8	39.2	7.4
2009	50	432.0	90.5	11.1

续表

ENR 年度	入围国际 225 强企业数	入围 225 强企业海外营业额(亿美元)	增长率(%)	占全球海外承包市场份额(%)
2010	54	505.7	17.1	13.2
2011	51	570.6	12.8	14.9
2012	52	627.8	9.9	13.8

资料来源:整理自《工程新闻记录》杂志。

3. 大项目增多,工程技术含量日益提高

中国对外承包工程的项目档次和技术含量不断提高。1997 年中国承揽的 1 000 万美元以上的大中型项目 142 个,比 1996 年增加了 40 个;1998 年新签合同额在 1 000 万美元以上的项目 146 个,其中 5 000 万美元以上的项目 23 个;1999 年,中国对外承包工程业务继续保持迅速增长势头,新签合同额超过 1 000 万美元的工程项目近 200 个,累计合同额 61.3 亿美元,占全国对外承包工程合同总额的 60%,其中 5 000 万美元以上的工程项目 27 个;2000 年,新签单向合同额 1 000 万美元以上的对外承包工程和劳务合作项目 164 个,累计合同额 58.8 亿美元,占合同总额的 34%,其中 1 亿美元以上的工程项目 9 个;2002 年,中国企业继续发挥自身优势,在普通房建、交通运输、电力等领域签订的大项目增多,保持了较快的发展势头,新签上亿美元的合同达 19 个。其中承揽的苏丹麦洛维大坝项目的合同额为 6.5 亿美元。

4. 市场多元化战略取得初步成效,但对外承包业务仍主要集中在亚洲市场

近些年来,中国对外工程承包业务的区域范围逐步扩大,工程项目已遍布六大洲的 180 多个国家和地区。中国在开拓欧美发达国家市场、贯彻市场多元化战略方面取得初步成效。如表 8 - 3 所示,2011 年中国企业对外工程承包完成营业额 1 034.24 亿美元,业务主要集中在亚洲和非洲地区。中国企业在亚洲地区完成营业额 510.22 亿美元,占当年完成营业额的 49.33%;在非洲地区完成

表 8 - 3   2011 年中国企业对外工程承包完成营业额及地区分布

地区	完成营业额(亿美元)	占比(%)
亚洲	510.22	49.33%
非洲	361.22	34.93%
拉丁美洲	79.17	7.65%
欧洲	46.00	4.45%
大洋洲及太平洋岛屿	23.22	2.25%
北美洲	14.22	1.38%
其他	0.19	0.02%

资料来源:整理自《中国统计年鉴 2012》。

营业额 361.22 亿美元,占当年完成营业额的 34.93%。中国企业在亚洲和非洲两大地区完成的营业额占比之和达到 84.26%。除了亚洲和非洲地区外,中国企业对外工程承包业务主要分布在拉丁美洲和欧洲地区,2011 年完成营业额分别占当年营业总额的 7.65% 和 4.45%。

5. 大型实体企业的对外工程承包能力逐渐增强

据《工程新闻记录》杂志的统计,52 家中国内地公司入围 2012 年全球最大 225 家国际承包商。作为经营主体,中国公司的对外工程承包能力逐渐增强,中建总公司、中冶集团、中国港湾建设集团公司等一批骨干公司在国际市场上表现出较强的竞争能力。如巴基斯坦山达克铜矿项目是中冶集团 1995 年承建的大型交钥匙工程,完全采用中国的技术和设备,2001 年中冶集团与其签署了经营租赁合同,期限 10 年,合同金额 3.1 亿美元;2002 年 3 月,中港集团总承包了巴基斯坦瓜达尔港工程,合同额 1.98 亿美元;2002 年 5 月 29 日,由中国电力技术进出口公司在柬埔寨承揽的基里隆 I 级水电站修复工程提前一年竣工,该项目合同金额 1 942.86 万美元,经营方式为 BOT,由我方运行 30 年,工程受到了柬埔寨政府及各界人士的好评;2002 年 8 月,中国上海外经集团代表中方联合承包体,与伊朗签署了合同金额为 2.15 亿美元的德黑兰北部高速公路项目,该项目是隧、桥、路相结合的典型项目,难度大,设计费用达 600 万美元,是集技术、设备、施工、管理、原材料和劳务出口为一体的崭新模式;中国化学工程总公司在 2003 年 4 月与印度尼西亚巨港电站业主签署了一份 BOOT 项目合同,经营期限 20 年;2003 年 5 月,中国环球化学公司与越南化学总公司签订了海防磷酸二铵项目建设管理承包合同(MPC),这是中国公司与外国公司所签的第一个完整的 MPC 合同。这些项目都标志着中国国内的龙头企业具备了承揽 EPC、BOT 项目的能力,中国对外工程承包能力已经进入一个新的层次。

6. 与国际大承包商之间仍然存在较大的差距

中国公司在国际承包工程市场上越来越表现出较强的竞争优势,但这种竞争优势是相对的,而不是绝对的。同发展中国家的承包商相比,中国公司具备一定的优势,但同欧美大型国际承包商相比,中国公司的劣势也非常明显。2012 年,美国《工程新闻记录》杂志评选的世界最大 225 家国际承包商中,中国交通建设集团有限公司排名第 10 位,排名较 2010 年有所上升,但仍未能进入全球最大的 225 家国际承包商的前十强。该公司 2010 年完成营业额 71.34 亿美元,仅相当于排名第一的德国霍克蒂夫公司国际承包营业额(274.2 亿美元)的 26%。

（三） 中国对外承包工程的市场分布

近年来,中国对外工程承包市场实施多元化战略,工程项目遍及亚洲、非洲、欧美、北美洲、拉丁美洲及大洋洲六大洲的 180 多个国家和地区。据《工程新闻记录》杂志统计,2011 年有 51 家中国公司进入 225 家国际大承包商的行列。在这 51 家中国公司的国际承包营业额中,48.1%集中在亚洲和中东地区,41.1%在非洲,5.85%在拉丁美洲,仅有不到 5%在欧洲和北美洲,可见,中国的对外承包业务仍主要集中在亚洲和非洲地区(见图 8-1)。

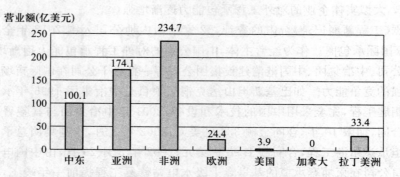

图 8-1   2011 年入围《工程新闻记录》的中国企业营业额地区分布

资料来源:整理自《工程新闻记录》杂志。

二、中国对外劳务合作

(一) 中国对外劳务合作的含义

对外劳务合作是指具有对外劳务合作经营资格的境内企业法人与国(境)外允许招收或雇用外籍劳务人员的公司、中介机构或私人雇主签订合同,并按合同约定的条件有组织地招聘、选拔、派遣中国公民到国(境)外为外方雇主提供劳务并进行管理的经济活动。对外劳务合作属于国际服务贸易中的自然人流动范畴,涉及一国的服务提供者短期进入另一国消费者的所在地,为另一国消费者提供服务并获取相应报酬,也是一种涉外人力资源合作。中国的对外劳务合作也是劳动力要素在国际间的重新组合配置,并属于国际劳务合作的一部分。

(二) 中国对外劳务合作的现状

到目前为止,中国对外劳务合作有了较大的发展,它已经成为中国开展对外服务贸易中的一个优势项目。中国公司广泛开展对外劳务合作业务,从事的业务范围十分广泛,其中涉及公路、桥梁、港口、水电站、水坝、房屋建筑、园林建筑、天然气管道、地质勘探、航天等,派出的劳务人员从原来的建筑工人、医务人员、工程师等,发展到海员、司机、律师等。这不仅扩大了中国在国际上的影响力,带动了产品、原材料和技术的出口,还锻炼了一大批技术和管理人员,并为国家和个人增加了外汇收入。

中国公司从事的对外劳务合作业务,若从 1979 年正式起步算起,至今已有三十几个年头。这三十几年来,中国公司的经济和技术实力在不断壮大,其影响也在不断扩大。每年派出的劳务人员数量与 20 世纪 70 年代末刚起步时相比有了飞速发展,从 1979 年仅 2 000 人左右发展到 2011 年的 45.2 万人。截至 2010 年年底,我国对外劳务合作累计完成营业额 736 亿美元,签订合同额 760 亿美元,累计派出各类劳务人员 543 万人。

表 8-4 给出了 1997—2010 年中国对外劳务合作的情况。从表 8-4 中的数据可以看出,近几年来,除 1998 年、2002 年和 2010 年有所下降以外,中国对外劳务合作业务整体上保持了稳定的增长态势,无论是每年完成的营业额,还是新签合同额,基本上都有较高比例的增长。

表 8-4 1997—2010 年中国对外劳务合作情况

年份	新签合同额 (亿美元)	同比增长 (%)	完成营业额 (亿美元)	同比增长 (%)
1997	25.49		21.65	
1998	23.90	(-6.24)	22.76	(5.13)
1999	26.32	10.2	26.23	15.2
2000	29.91	13.6	28.13	7.2
2001	(33.25)	(11.17)	(31.76)	(12.90)
2002	27.5	-17.3	30.71	-3.3
2003	30.87	12.2	33.09	7.7
2004	35	13	37.5	13
2005	42.5	21.4	48	28.0
2006	52.3	23.1	53.7	11.9
2007	67	28.1	67.7	26.1
2008	75.6	12.8	80.6	19.1
2009	74.7	-1.2	89.1	10.5
2010	87.2	16.7	89	-0.1

资料来源:《中国对外贸易白皮书》(其中加括号的值是根据白皮书中的数据推算而来的),商务部统计。

现阶段中国对外劳务合作业务基本上处于稳步增长的状态,这与国家政策的支持与协调、对在外劳务人员的逐步规范管理、中国公司经济技术实力的不断增强、劳务人员素质的逐渐提高以及中国积极努力开拓多元化市场等都是密不可分的。

经过多年实践,中国对外劳务合作至今已发展成为由经批准的经营公司与境外雇主和外派劳务人员三方签约,有组织地派遣各类劳务人员到有关国家或地区为境外雇主提供服务,并通过经营公司对外派劳务人员进行后期跟踪管理,以最大限度地保护外派劳务人员合法权益的一项双边经济合作活动。随着改革开放的逐步深入,中国对外劳务合作规模不断扩大,已经成为中国对外经济合作的重要组成部分,形成了对外劳务合作与对外承包工程、对外援助、对外投资和对外贸易等各项业务相互联系、相互促进的格局。

2010年,我国对外劳务合作完成营业额89亿美元,与2009年持平;新签合同额87.2亿美元,同比增长16.8%。全年累计派出各类劳务人员41.1万人,同比增长4%,年末在外各类劳务人员84.7万人,较2009年同期增加6.9万人。截至2010年年底,我国对外劳务合作累计完成营业额736亿美元,签订合同额760亿美元,累计派出各类劳务人员543万人。中国1978年年末在外劳务人员只有4人,2011年年末已增加到81.2万人。

(三) 中国对外劳务合作的特点

1. 基本上保持稳步增长

中国的对外劳务合作业务从20世纪70年代末正式起步,经历了几十年的发展。从表8-4的数字来看,近几年每年完成营业额和新签合同额基本上保持了稳步增长,近几年对外劳务合作新签合同额、完成营业额增长率大都超过10%,业务发展情况较好。随着中国对外劳务合作管理的进一步加强、对劳务人员合法权益保障机制的进一步完善,以及在其他各方面的逐步成熟,中国对外劳务合作业务必将继续保持良好的发展势头。

2. 市场分布呈多元化趋势

中国在保持原有市场的基础上,积极开拓新市场。近年来,在外的中国劳务遍及亚洲、非洲、欧洲、北美洲、拉丁美洲及大洋洲等各个地区,这相对于原来中国对外劳务合作业务在起步之初容易受单一市场波动影响的情况有了很大的改善。但从市场结构来看,亚洲仍是中国对外劳务合作的主要市场。2002年,分布在亚洲地区的中国外派劳务人数为32.06万人,占中国外派劳务人员总数的78.1%;非洲地区为3.2万人,占7.8%;欧洲为2.1万人,占5.1%;北美洲为1.76万人,占4.3%。由此可以看出,亚洲地区外派劳务人数仍然占据绝对优势,而由于语言、技术标准等障碍,中国对欧美等地区劳务市场的开拓仍然是非常困难的。

3. 大型专业企业的作用逐步增强

中国公司从事国际工程承包和对外劳务合作业务发展到今天,其经济和技术实力在不断壮大,影响也在不断扩大。近年来,跻身于美国《工程新闻记录》杂志评选的世界225家最大承包商行列的中国公司几乎每年都有所增加,位居我国首位的中国建筑工程总公司的名次也在逐渐提前。从这些大型专业企业完成营业额及其在国际上的位置来看,它们在中国工程承包及劳务合作业务中确实发挥了骨干作用,显示了中国企业的实力。

4. 对外劳务合作的档次在逐步提高

中国对外劳务合作的档次逐步提高,除普通劳务外,工程师、医生、护士等专业技术人员,以及飞机维修、软件设计、卫星发射等高科技和经营管理专门人员的份额有所增加。但是,在开拓高新技术市场领域,中国公司仍然任重而道远。

(四) 中国开展对外劳务合作业务的意义

(1) 增加了外汇收入。据专家测算,中国外派劳务目前每年汇回和带回的外汇收入约 20 亿美元。

(2) 缓解了国内就业压力。2011 年年末在外劳务人数(81.2 万人)比 1982年年末在外人数(3.2 万人)增加了 24.4 倍,占全国城镇就业人数的比重由 1982年的 0.03% 提高到 0.226%,上升了 7.5 倍。

(3) 改善了劳务人员家庭经济状况,使得 400 多万劳务人员率先富裕起来。

(4) 外派劳务带动了地区开放和经济发展,有着"输出一人,富裕一家;带动一片,安定一方"的美誉。如四川省犍为县国民生产总值的 10% 是通过外派劳务实现的。

此外,对外劳务合作还使外派劳务人员学到了国外的先进技术和管理经验,提高了自身素质;一些外派劳务人员通过在国外工作,与国外企业和商人建立了良好的关系,带回了一些贸易和投资项目;推动和促进了中国与有关国家的政治、经济、文化交往与联系。

(五) 中国对外劳务合作的市场分析

伴随着中国经济的飞速发展,中国的对外劳务合作事业也在不断进步。如今,中国劳务人员遍及亚洲、非洲、欧洲、北美洲等世界主要的国际劳务市场,拉丁美洲、大洋洲地区也都有中国的劳务人员。

亚洲劳务市场是中国劳务输出的最主要市场,中国劳务人员在亚洲地区完成营业额及劳务人数超过了在世界其他地区的总和。首先,这与亚洲劳务市场本身的规模是分不开的,亚洲劳务市场是国际劳务市场中最具活力和潜力的。另外,中国地处亚洲,劳动力资源丰富,也是使得亚洲地区成为中国劳务输出的主要市场的因素之一。在正式的劳务合作业务开始以前,中国政府就曾经以无偿的经济技术援助形式向中东地区输出过劳务,这为以后中国的对外劳务合作业务积累了经验,并奠定了基础。从 1979 年开始,中国劳务正式以劳务合作的形式进入中东地区,打开了我国在中东劳务市场发展对外劳务合作业务的大门。除中东市场外,中国凭借其地缘上的优势及其相对廉价的劳动力资源,在向东亚、东南亚市场输出劳务方面也占据相当的优势。鉴于亚洲市场在中国劳务合作业务中的重要地位,中国在积极开拓新市场,推行市场多元化的过程中,也要注意在亚洲传统市场的业务拓展,使得中国对外劳务合作业务在亚洲劳务市场得以维持并不断发展。

非洲劳务市场是中国对外劳务合作的第二大市场。非洲地区的自然环境条件本来不利于国际劳务合作业务的开展,但由于中国与非洲地区合作较早,早在20世纪60年代中国就已经以经济援助的方式向多个非洲国家派出医疗队和铁路修建人员,当时从事这些经济援助项目积累起来的经验和信誉是保证后来中国在非洲劳务市场上占有优势的重要原因。在非洲劳务市场的中国劳务人员主要集中在石油资源丰富的产油国家。

欧洲和北美劳务市场是国际劳务市场中具有活力和发展潜力的两大市场,目前它们分别是中国发展对外劳务合作业务的第三和第四大市场。由于中国劳务进入这两大市场的时间较晚,而且欧美各国为避免外籍劳工大规模进入,挤占本国劳工市场,都在一定程度上制定了限制外籍劳务进入的政策、法规,这些都使得中国的对外劳务合作业务在欧、美市场的规模有限,市场份额一直较低。然而,随着中国经济实力的增强,中国对外劳务合作公司在质量、信誉、效率上不断发展,中国向欧洲和北美劳务市场的劳务输出正在发生稳步增长,除普通劳务外,高级技术和专业人员也将在这些发达国家的劳务市场中占有一席之地。

思考与练习题

1. 当代国际工程承包市场的特点是什么?
2. 国际招标方式有哪几种?
3. 招标需要经过哪些程序?
4. FIDIC 条款的内容是什么?
5. 导致施工索赔的原因有哪些?
6. 什么叫国际劳务合作?
7. 劳务的种类有哪些?
8. 国际劳务合同的主要条款有哪些?
9. 中国对外工程承包和劳务合作的特点是什么?

案例研究

案例

中国铁建沙特承包工程巨亏

2011 年 3 月,中国铁建股份有限公司(简称中国铁建)承建的麦加轻轨项目全线开通。往年驾车往返于各个朝觐点的很多穆斯林将改乘这条轻轨,麦加在朝觐高峰期的道路拥堵状况将大为改善。

　　但在这一项目背后,中国铁建付出了近 42 亿元人民币的亏损代价。2010年 10 月,中国铁建发布公告称,公司承建的沙特麦加萨法至穆戈达莎轻轨项目由于实际工程数量比签约时预计工程量大幅增加等原因,预计将发生大额亏损,按 2010 年 9 月 30 日的汇率折算,总的亏损额预计约为人民币 41.53 亿元。

　　中国铁建对亏损作出的解释是,沙特麦加轻轨项目采用议标方式,而非投标方式,即指定由中国铁建承建。此外,总承包合同和具体条款也比较特殊,即采用"EPC＋O＆M"的总承包模式(即设计、采购、施工加运营、维护总承包模式),由中国铁建负责麦加轻轨项目设计、采购、施工、系统(包括车辆)安装调试以及从 2010 年 11 月 13 日起的 3 年运营和维护。EPC 项目和一般的工程合同不一样,后者一般图纸详细,承包商只要按照图纸和技术规范来分析工程和报价就可以,而前者通常只有"业主要求"或"概念设计",因此,对 EPC 项目进行成本预算的程序必须很专业。而中国铁建在项目签约时只有概念设计,由于业主提出新的功能需求导致工程量增加,致使该项目在实施过程中,合同预计总成本逐步增加。到 2010 年 6 月 30 日,预计总成本增加到 125.44 亿元。到2010 年下半年,项目全面进入大规模施工阶段,各分部分项工程全面展开,实际工程数量比签约时的预计工程数量大幅度增加,导致项目工作量和成本投入大幅增加,计划工期出现阶段性延误。

　　尽管中国铁建对此次巨亏作出了上述解释,但归根结底,原因还在于中国铁建在沙特轻轨项目上缺乏海外运作的专业素质和审慎态度。从中也可看出我国大型国企在进行国际工程承包时的一些固有的毛病——投资前风险意识不足,项目运作中更多依赖政府力量而非市场规则,缺少责任追究制度等。

　　案例思考与讨论

1. 国际工程承包的管理中需要注意的问题有哪些?
2. 中国对外承包工程的特点是什么?

第九章

国际租赁

学习要点

通过本章的学习,学生应了解现代租赁业在国际经济合作活动中的作用,国际租赁的方式与特征;熟悉有关租赁方面的国际法规,了解现代租赁与传统租赁的区别;掌握国际租赁合同的主要条款与运作程序,租金的计算方式。

Key Points

By studying this chapter, students are expected to understand the role that modern lease industry has played in international economic cooperative activities, as well as the patterns and characteristic of international leasing; be familiar with international regulations and laws related to leasing and the difference between modern and traditional leasing; master the principal clauses and operational procedures of international leasing contract and the method of how to calculate the rent.

第一节　国际租赁概述

一、国际租赁的概念

租赁业是一种既古老又崭新的交易方式。迄今为止,国际上尚未对租赁(Leasing)一词形成统一的概念,甚至同一个国家的学者、政府部门、法律部门和经营者等,对租赁的概念也没形成统一的认识。但就世界各国租赁业的运作方式而言,租赁是指出租人在不转让所有权的条件下,把设备、物资、商品、财产等出租给承租人在一定的期限内使用,承租人按租赁契约的规定,分期付给出租人一定租金的一种融资与融物相结合的经济活动。国际租赁也称跨国租赁,是指分居不同国家和地区的出租人与承租人之间的租赁活动。

现代国际租赁与传统的国际租赁不同,现代国际租赁业务是以金额巨大的机器设备、飞机、船舶等为租赁对象,以融资为目的。其主体既可以是个人和企业,也可以是国家政府和国际组织。现代国际租赁实质上是企业进行长期资本融资的一种手段。由于租赁公司提供以融资代替融物的服务,使企业在获得使用权的同时,实际上减少了长期资本的支出,并能将其有限的资金用于其他短期业务支出。租赁融资已经与银行借款、公司债券和分期付款等长期信贷方式一起,成为金融大家庭中的一员。

二、国际租赁的产生与发展

租赁的历史可以追溯到原始社会末期,在漫长的发展过程中,租赁业经历了古代租赁、近代租赁和现代租赁三个发展阶段。

古代租赁出现于原始社会末期,其具体表现为一些富人出租其工具、牲畜、货物乃至人,以获取租金。公元前3000年前,腓尼基人开始租赁船只。巴比伦王国曾在公元前1750年通过了一项立法,规定个人资产也可进行租赁交易。古代租赁实际上是一种实物租赁,它是以获取租赁物的使用价值为目的,以支付一定的报酬为前提的。

近代租赁开始于18世纪中叶,它是随着欧洲工业革命的开始而发展起来的。其租赁物主要为铁路车辆、船舶、制鞋机、缝纫机、电话等设备。但租赁的目的仍然只限于使用设备本身,而且只租不售。

现代租赁业则起源于第二次世界大战以后的美国,其标志是美国的 J. H. 杰恩费尔德在1952年创立了世界上第一家专营租赁业务的企业——美国国际租赁公司,该公司开始了真正意义上的集融资与融物于一体的租赁业务。融资与融物相结合实际上是现代国际租赁业的特征。此后,融资与融物于一体的融资方式被其他发达国家所效仿。进入20世纪70年代以后,银行开始参与租赁业务。从80年代起,发达国家的租赁业进入成熟期,其租赁物主要包括飞机、汽车、计算机、无线电通信设施、工业机械与设备、医疗设备、废物处理设施、家具和办公用品等,而且发展中国家也开始将租赁业作为一种融资手段,如1994年巴西一家航空公司从美国、日本及欧洲以融资租赁的方式租进了60架飞机。截至2004年年底,世界上已有100多个国家或地区开展了租赁业。近几年,全世界年平均租赁额均超过了3 500亿美元。据《2010年世界租赁年报》的统计,2008年全球租赁总额(主要是金融租赁)达6 340亿美元,美国、德国、日本分别以

1 100亿美元、715.7亿美元、670.1亿美元位居前三名。国际租赁业已成为当今国际资本市场上仅次于商业贷款的第二大融资方式。

三、现代租赁的特征

现代租赁既不同于销售、分期付款和租用,也不同于古代租赁和近代租赁。由于现代租赁是以融资为主要目的,因此它具有以下几个特征。

（一）现代租赁是融资和融物相结合,并以融资为主要目的的经济活动

近代租赁的承租人只是为了获取租赁物的使用权,到期偿还,对租赁物的所有权则不感兴趣。而在现代租赁业务中,出租人按承租人的需要购得设备后,再将其出租给承租人使用,目的在于收取超过贷款本息的租金,这实际上是出租人的一种投资行为。而承租人则通过取得设备的使用权,解决其资金不足的问题,并用租来的设备生产出具有高额利润的产品来偿还租金。租赁的设备在使用一段时间后,可以将设备退回、续租或留购。在现代租赁合同中,租期往往与租赁物的寿命一样长,这就等于将所有权引起的一切责、权、利转让给了承租人,实际上已变成了一种变相的分期付款交易,即融资与融物相结合。这表明,承租人的目的不仅是为在某一段时间内使用该物品,而且想以此为融资手段占有该物品。

（二）承租人对租赁物的所有权和使用权是分离的

现代租赁虽然在租期结束时,出租人和承租人可能成为买卖关系,或在租期未到之前就已含有买卖关系。但在租期内,由于设备是由出租人购进的,设备的所有权仍属于出租方,承租人只是在按时支付租金并履行租赁合同各项条款的前提下,对所租设备享有使用权,而不存在所有权。

（三）一笔租赁业务往往存在两个或两个以上的合同,并涉及第三方或更多的当事人

在现代租赁活动的过程中,有些租赁方式往往要在一笔租赁交易中,签订两个或两个以上的合同。例如,融资租赁至少涉及三方当事人,即出租人、承租人和租赁物的供货商,并由出租人与承租人之间签订一个租赁合同及由出租人与供货商之间签订一个购货合同。如果出租人需要融资,那么不仅要涉及银行或金融机构,而且需要由出租人与银行或金融机构签订一个贷款合同。

（四）承租人有选择设备和设备供货商的权利

在现代租赁业务中,承租人租赁的设备往往是根据承租人提供的型号、规

格、技术指标和性能购置的,甚至连提供设备的供货商及购买设备的商务条件都是由承租人指定和商定的。

四、现代国际租赁业迅速发展的原因

现代国际租赁业自 20 世纪 50 年代出现起,一直以惊人的速度发展,1988 年达到了顶峰,其增长率为 21.5%。此后,国际租赁业虽然受世界经济衰退的影响而出现增长放慢的态势,但仍保持着约 10% 的年增长率,其中欧、美、日等发达国家企业利用租赁方式筹资进行设备改造已占新设备投资额的 20% 以上,有些国家甚至达到了 30%。1999 年和 2000 年全世界的租赁额分别达到了 4 735 亿美元和 4 989.5 亿美元。虽然 2001 年以后世界租赁业受政治动荡,安然、世通和其他跨国公司倒闭的影响,租赁额有所回落,但仍保持在 4 500 亿美元以上的高水平。2007 年全球金融租赁达到 7 062 亿美元的最高峰。2008 年受国际金融危机的影响回落到 6 340 亿美元。二战后国际租赁业之所以能以如此速度发展,其原因主要有以下几个方面:

(一) 二战后科技进步加快,西方发达国家经济长期保持高速增长

二战后,由于科技革命的推动,世界经济增长迅速。新技术和新产品不断涌现,设备更新的周期也随之缩短,这就使各国的固定资产投资需求旺盛,原有的使用手段已满足不了企业对巨额资金的需求,因而刺激了以融资为特征的现代租赁业的发展。2008 年,欧洲国家租赁额占世界租赁市场的份额在 48.5% 左右,加上美国、加拿大、日本等国家的租赁额,发达国家的年租赁额大约占到世界租赁总额的 70% 以上,这充分反映了现代租赁与经济发展水平之间的关系。

(二) 企业对外来资金依赖程度的加深

20 世纪 70 年代末至 80 年代初,工业发达国家经济相继进入滞胀状态,一方面资金市场供过于求,另一方面用于实业的资金不足,这就使企业对外来资金的依赖程度加深。此外,再加上国际商品市场竞争激烈和贸易保护主义在西方各国又一次盛行,这就促进了带有融资性质并可有效地绕过贸易壁垒的现代租赁业的发展。

(三) 发达国家政府对租赁业的支持

发达国家政府对租赁业的支持主要表现在两个方面:一是政策上的支持,其主要体现在税收方面,租赁业一般可享受政府给予的某些额外的减税和免税待遇,政府还为租赁公司提供专项贷款和信用保险等;二是各发达国家都颁布了有

关租赁的各种法规,使租赁市场走向法制化轨道。

五、国际租赁的作用

国际租赁是一种融资与融物相结合的中长期信贷方式。它对承租人、出租人、制造商和金融机构等租赁市场上的参与者,以及租赁物的进出口商来说,与简单的商品买卖相比均有相对较大的益处。其具体体现在以下几方面:

(一) 降低了企业的生产成本

很多发达国家都对租赁设备采取了一定的鼓励措施,如税收减免和加速折旧。承租人在采用租赁方式时,可将租金从成本中扣除不必要的税,如果采用贷款,只能将所付利息计入成本,本金的归还是不能免税的。此外,出租人由于能从其应税收入中抵免设备的投资支出,从而大大降低了出租人的购买成本,使承租人以租赁方式比购买方式获取设备的成本低成为可能。鉴于出租人将其投资和加速折旧的部分好处转让给了承租人,以及承租人本身享有的优惠,采用租赁比采用借款购买设备的成本要低得多。

(二) 增加了利用外资的数量

国际上所采用的利用外资的方式很多,但在很多方面都有限制。政府贷款虽然条件优惠,但均有限制性采购规定,金额也不会很大,并往往与项目相联系。出口信贷不仅限定购买的商品,而且只贷给购买设备合同金额的85%。商业贷款虽然也能得到购买设备所需的100%的贷款,但往往以各种形式的抵押作为贷款条件。而采用租赁方式,不仅可使承租人享有购买设备所需资金的100%的融资。而且国际货币基金组织一般不把租赁货物视为承租人所在国的对外债务,因此不会影响该国从其他途径筹集资金,这实际上增加了利用外资的数量。

(三) 加快了设备的引进速度

在企业缺乏资金购买设备的情况下,申请各种形式的贷款往往手续繁杂,如提供担保或进行资信调查,有些贷款还需借款国政府出面商谈或提供担保以及审批等。这往往需要很长时间,有的甚至长达1~2年。如果采用租赁方式,设备和供应商可由承租人指定,设备的引进一般由租赁公司包办,就会大大节省设备的引进时间。

(四) 避免了通货膨胀造成的损失

在当今世界,通货膨胀已成为普遍现象。租赁设备由于租金是固定的,即使以后物价上涨,承租人仍以签订租赁合同时的货币价值支付租金,这就避免了由于通货膨胀而给承租人造成的损失。

(五) 加强了设备的有效利用

对出租人来说,将自己闲置不用的设备或本国已经淘汰的设备出租给其他需要该设备或那些经济不发达的国家,会使一些企业已无任何价值的设备仍然可以产生经济价值。

(六) 降低了投资风险

在租赁期间,由于承租人对租赁的设备不具有所有权,当承租人不能按时支付租金时,出租人有权收回租赁物。而在贷款的情况下,当债务人不能偿还债务时,债权人只能通过法律程序起诉,在债务人以其资产不足以偿还债务时,债权人只得自认倒霉,这说明租赁融资的风险小于贷款风险。此外,由于承租人可在租期结束后将租赁的设备退还给出租人,这也使承租人避免了借巨资购买的设备在使用了几年后弃之无用或设备过时而需要更新所产生的损失。

(七) 促进了销售

在租赁方式下,由于承租人的租金是分期支付的,再加上享有税收和折旧的优惠,使以租赁方式购买设备比贷款购买便宜,这就增加了社会购买力,实际上是增加了销售量。即使在经济处于不景气或政府采用紧缩政策,致使购买力下降时,仍然可以依靠租赁方式来维持商品的销售,如美国电报电话公司 1992 年的成交额有 13% 是靠租赁方式达成的。

第二节　国际租赁方式

随着科学技术的进步和经济的迅速发展,各国的租赁公司为满足不同状况客户的需求及适应不断变更的经营环境,以增强自身的竞争能力,采用或创立了适合当前国际市场需求的各种租赁方式。

一、融资租赁

融资租赁(Financing Lease)是指在企业需要添置设备时,不是以现汇或向金融机构借款去购买,而是由租赁公司融资,把租赁来的设备或购入的设备租给承租人使用,承租人按合同的规定,定期向租赁公司支付租金,租赁期满后退租、续租或留购的一种融资方式。融资租赁主要有以下几个特征:

(1) 承租的设备及设备的供货商是由承租人选定或指定的。由于租赁的设备是出租人按承租人的要求或指定购买的,这就难免出现出租人对该设备缺乏了解或是外行,所以出租人对设备的性能、物理性质、缺陷、供货商交货迟延、设备的维修保养等概不负责。

(2) 至少涉及三方当事人,即出租人、承租人和供货商。因为设备或供货商是承租人选定的,这就使得承租人先与供货商联系,再由出租人与供货商接触,最后出租人将所购设备租给承租人使用。

(3) 要签两个或更多的合同,即出租人与承租人签订一个租赁合同,出租人与供货商签订一个买卖合同。这实际上是一种三边交易,两个合同相互制约。如果出租人由于资金不足需要向银行或金融机构融资,出租人还要与提供贷款的机构签订一个贷款合同。

(4) 全额清偿。即出租人在基本租期内只能租给一个特定的用户,并可在一次租赁期限内全部收回投资和合理的利润。

(5) 租期较长。融资租赁的期限一般是根据设备当时的折旧速度来定,一般为 3~10 年。实际上融资租赁的租期基本上与设备的使用寿命相同。

(6) 不可解约性。由于租赁的设备是承租人自己选定的,合同期满前,双方均不能解约,只有当设备自然毁坏并已证明丧失了使用效力的情况下才能终止合同,但必须以出租人不受经济损失为前提。

(7) 租赁设备的所有权与使用权相分离。在租期内,设备的所有权在法律上属于出租人,而经济上的使用权则属于承租人。

(8) 在租赁期满时,承租人有退租、续租和留购的选择权。在通常情况下,出租人由于在租期内已收回了投资并得到了合理的利润,再加上设备的寿命已到,出租人以收取名义货价的形式,将设备的所有权转移给承租人。

融资租赁实际上是租赁公司给予用户的一种中长期信贷,因为出租人支付了全部设备的价款,等于对企业提供了 100% 的信贷,因此它具有较浓厚的金融色彩。融资租赁往往被看做是一项与设备有关的贷款业务,所以融资租赁又被称为金融租赁或完全支付租赁。融资租赁适用于价值较高和技术较先进的大型设备,如大型电子计算机、施工机械、生产设备、通信设备、医疗器械、办公设备等。目前,发达国家企业的大型设备有近 50% 是通过融资租赁方式取得或购买的,它已成为国际上应用得最为广泛的融资方式。

融资租赁交易程序图如图 9-1 所示。

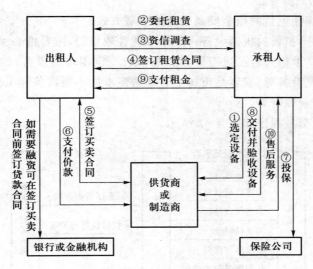

图 9-1 融资租赁交易程序图

二、经营租赁

经营租赁(Operating Lease)是指出租人根据租赁市场的需求购置设备,以短期融资的方式提供给承租人使用,出租人负责提供设备的维修与保养等服务,并承担设备过时风险的一种可撤销的、不完全支付的租赁方式。它也被称为服务性租赁或操作性租赁。经营性租赁一般具有以下特征:

(1) 中途可以解约。在租赁期限内,承租人如果发现租赁的设备已经过时,在承租人预先通知出租人的前提下,可以将所租赁的过时设备退回给出租人,以租赁更先进的设备。这种方式实际上是由出租人承担设备过时的风险。

(2) 租期较短。经营性租赁的租期一般远远低于设备的使用寿命,一般在3年以下。

(3) 不完全支付。即承租人在一次租约期间所支付的租金不足以补偿承租人购买设备所支付的价款和预期利润,而是通过不断地多次出租设备,逐步收回投资与利润。

(4) 租赁的对象多为有一定市场需求的通用设备。由于经营性租赁的租期较短,出租人不能从一次租约中收回成本和利润,只能通过多次出租给不同的客户来达到收回成本和利润的目的。因此,出租人购置的用来出租的设备多为具有普遍需求的通用设备。

(5) 出租人负责提供租赁设备的维修与保养等项服务。

(6) 租金较高。由于出租人要承担设备过时的风险,并提供维修与保养等服务,因此经营性租赁的租金要高于其他租赁方式。

　　经营租赁所租赁的机器设备一般是专业性较强的,需要精心保养和管理,发展较快,并且是承租人自己进行保养和维修有一定困难的设备,如计算机、科学仪器、工业建筑设备等;或者是市场上有普遍需求的小型设备和工具,如汽车、照相机、摄像机、录像带等。

　　经营租赁交易程序如图9-2所示。

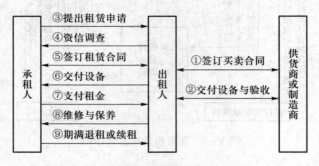

图9-2　经营租赁交易程序图

三、杠杆租赁

　　杠杆租赁(Leveraged Lease)在英美法系国家被称为衡平租赁。它是指出租人提供购买拟租赁设备价款的20%～40%,其余60%～80%由出租人以设备作抵押向银行等金融机构贷款,便可在经济上拥有设备的所有权及享有政府给予的税收优惠,然后将用该方式获得的具有所有权的设备出租给承租人使用的一种租赁方式。购置设备成本中的借款部分称为杠杆,即财务杠杆(Financial Leverage),所以称杠杆租赁。杠杆租赁具有以下特点:

　　(1) 涉及的当事人至少为三方:一方为出租人,另一方是承租人,还有一方是贷款人。贷款人常常被称为债权持有人或债权参与人。杠杆租赁有时还涉及物主托管人和契约托管人。

　　(2) 贷款人对出租人无追索权。出租人是以设备、租赁合同和收取租金的受让权作为贷款担保的,在承租人无力偿付或拒付租金时,贷款人只能终止租赁,通过拍卖设备来得到补偿,而无权向出租人追索。

　　(3) 出租人在购置拟租赁的设备时,必须支付20%的价款,作为其最低风险投资额。

　　(4) 租期结束时,租赁设备的残值必须相当于设备有效寿命的20%,或至少还能使用一年。

　　(5) 租赁期满,承租人必须以设备残值的市价留购该设备,不得以象征性价格留购。

杠杆租赁实际上是一种举债经营。出租人将以定期收取的租金来偿付贷款。贷款人提供的贷款对出租人无追索权,但出租人必须以设备、租赁合同和收取租金的受让权作为担保。通过财务杠杆,可以充分享有政府提供的税收优惠和加速折旧的好处,使出租人和承租人共同受益。杠杆租赁20世纪70年代末起源于美国,目前,英国和澳大利亚也广泛采用。杠杆租赁适用于价值百万元以上及有效寿命在10年以上的大型设备或成套设备。杠杆租赁实际上是把投资和信贷结合起来的一种融资方式。

杠杆租赁交易程序如图9-3所示。

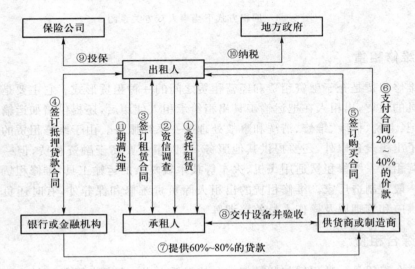

图9-3 杠杆租赁交易程序图

四、售后回租租赁

售后回租租赁简称回租。它是指承租人将其所拥有的设备出售给出租人,然后承租人再从出租人手里将出售给出租人的设备重新租回来的一种租赁方式。采用回租实际上可以使承租人在继续对原来所拥有的设备保持使用权的前提下,收回设备的投资,以解决资金不足的困难和加速企业的资金周转。回租与融资租赁类似,其区别在于融资租赁是出租人出资直接从供货商或制造商那里购买承租人选定的设备,而在回租方式下,承租人先出资从供货商或制造商那里购买其所需设备,然后再转卖给出租人,并继续租用该设备。回租的租赁物多为已使用过的旧设备,回租新设备的情况极为少见,即承租人一般不会为出售给承租人而去出钱购买设备,而是为使用而购买了该设备,并在使用了该设备一段时间以后,为解决企业资金的暂时困难才采用回租。由于承租人回租的设备已使用过一段时间,因此,即使承租人购买的是新设备,但回租的也属于旧设备。因此,如果回租的设备在出售或回租前已提足了折旧,企业在回租后仍享有租金免税待遇和折旧的好处。如果出售设备的价款高于其账面值,承租人还可获得资产差价的收益。

回租方式下当事人双方的关系如图 9-4 所示。

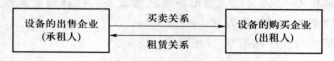

图 9-4　回租方式下当事人双方关系图

五、维修租赁

维修租赁是介于融资租赁和经营租赁之间的一种租赁形式。它主要是指运输工具的租赁,出租人在把运输工具出租给承租人使用后,还提供诸如运输工具的登记、上税、保险、维修、清洗和事故处理等一系列服务。由于维修租赁的出租人除了出租设备以外,还要提供其他服务,所以租金要高于融资租赁,但一般低于经营租赁。维修租赁适用飞机、火车等技术较复杂的运输工具,维修租赁的出租人一般是制造厂家。维修租赁的出租人除负责维修和保养外,有时还负责燃料的供应和管理以及操作人员的培训等。

六、综合租赁

综合租赁是一种租赁与贸易相结合的租赁方式。租赁与贸易相结合不仅可以减少承租人的外汇支付,还可以扩大承租人与出租人之间的贸易往来,带动双方国家的商品出口,促进商品贸易与租赁业的共同发展。目前,综合租赁方式繁多,但大致有以下几种。

(一) 租赁与补偿贸易相结合

补偿贸易是指设备的进口方不是以现款来偿付设备的价款,而是以该设备生产出的产品、双方约定的其他产品或劳务作为对出口商的补偿。租赁与补偿贸易相结合是指出租人在向承租人出租设备时,承租人并不以现款支付租金,而是承租人用所租设备产出的产品偿付租金。

(二) 租赁与加工装配业务相结合

租赁与加工装配业务相结合是指承租人不用现款来支付租赁设备的租金,

而是承租人以租来的设备承揽出租人的来料加工、来件装配和来样加工业务,承租人以加工应得的工缴费来作为对租金的支付。

(三) 租赁与包销相结合

包销是指出口人通过协议把某一种商品或某几种商品,在某一地区和期限内的经营权单独给予某个包销人或包销公司的一种贸易做法。租赁与包销相结合是指由出租人把设备出租给承租人使用,承租人将所租设备产出的产品交给出租人包销,出租人应得的租金从包销产品的价款中扣除。

(四) 租赁与出口信贷相结合

出口信贷是指一国政府为促进本国商品的出口,在给予利息补贴的前提下,鼓励本国的银行对本国的出口商或外国的进口商提供利率较低的优惠贷款,以解决本国出口商的资金周转困难,或国外进口商支付进口出口国产品所需资金的一种融资方式。租赁与出口信贷相结合是指出租人把利用所得出口信贷购买的设备出租给承租人,从而达到降低承租人租金的一种方式。这种做法可以增强出租人在租赁市场上的竞争能力。

第三节　国际租赁合同

一、国际租赁合同的基本条款

国际租赁合同属于经济合同的范畴。鉴于国际租赁业务的特点,一项国际租赁交易往往需要订立多种合同,如进出口销售合同、租赁合同、贷款合同、维修合同等,但租赁合同是其中的基本合同。在国际租赁业务中,由于租赁方式及租赁物的不同,租赁合同的内容也有所差别,但一般应包括以下条款。

(一) 合同的当事人

租赁合同的当事人主要是指出租人和承租人。出租人是租赁物品的所有者,而承租人则是租赁物的使用者。当事人是合同应首先予以明确的。

(二) 租赁物品

合同中应明确列明租赁物品的名称、规格、牌号、数量和交货期,并说明出租人根据承租人的要求购买租赁物后,租给承租人的使用条件。

（三）租赁期限

租期一般从交付租赁物之日起,如需要安装设备,则应从设备安装完毕,承租人正式开始使用算起。租期的长短主要取决于设备的使用寿命。发达国家一般以设备寿命75%的时间作为设备租赁的最低期限。价值较低的通用设备一般在3年左右;厂房、机械设备、计算机等一般在5年左右;飞机、船舶、铁路机车等一般为10年。

（四）租金

支付租金是承租人的一项主要义务,租金条款必须明确总金额、支付方式、支付时间、每次支付的数额、付款地点、支付货币等。此外,合同还应规定承租人在租赁开始时应缴纳的保证金数额。

（五）租赁物的购买与交货

合同要注明出租人所购买的拟租赁的设备是由承租人选定的,并出具必要的证明。租赁合同还应明确租赁物的交货时间和地点、交货人不能按时交货的责任、验货时间和方法等。

（六）纳税

国际租赁业务中涉及海关关税、工商统一税等多种税款。双方应在合同中列明各自应纳的税种。

（七）租赁物品的保管、使用和保养

租赁合同中应规定承租人对设备的保管义务、设备的使用方法和注意事项,以及设备的保养责任。

（八）保险

为租赁物投保也是租赁业务中的一项重要内容。双方应在合同中规定由谁投保。如果是由承租人投保,承租人应以出租人的名义投保,并应在由于保险范围内的风险致使租赁物受损时,向出租人提交有关文件,以使出租人顺利获取保证金。

（九）租赁保证金

承租人一般在签订合同时,交一笔租赁保证金。保证金的具体数额应在合同中注明。保证金一般不计利息,租期结束后退还给承租人或移作租金支付给出租人。

(十) 担保人

担保人必须保证承租人严格履约,并应在合同上签字。

(十一) 期后租赁物的处理

在租赁合同中,应规定租赁期满后租赁物的处理方法。如果退还,应规定租赁物品除正常消耗外应保证的状态;如果续租,承租人提出续租的最后时间;如果留购,应规定留购的价格。

(十二) 违约与索赔

双方不仅在合同中应规定双方的权利和义务,还应规定履约过程中对各种违约情况的索赔金额和方法。

(十三) 争议的解决

租赁合同应规定,出租人、承租人以及担保人对履约过程中所出现的争议的解决方法和解决地点。

二、租金的构成

租金是出租人出租设备所应向承租人收取的补偿和收益。租金一般由租赁物的现值、出租人为购买租赁物筹资所支付的利息、手续费、预期的名义货价、利润、运费、保险费等组成。

(一) 租赁物的现值

租赁物的现值是指出租人根据承租人的要求,出资购买租赁物所发生的费用,包括购买设备的货价、运输费和保险费。

(二) 利息

利息是指出租人因融资购买设备而向贷款银行或其他金融机构所付的贷款利息。利息的高低直接影响着租金的数额。

(三) 手续费

手续费是指出租人为承租人办理租赁业务所支付的营业费,如办公费、工资、差旅费、税金等。

（四）预期的名义货价

预期的名义货价是指租赁物的期后残值。租赁物残值的计算与折旧期有关。期后残值大则租金低,残值小则租金高。

（五）利润

利润是出租人出租物品应获取的收益。出租人的利润也来自租金。

（六）运费

运费是指将租赁物从购买地运到承租人处所付的运输费用。

（七）保险费

保险费是指租赁物投保所付的费用。

三、租金的计算

租金由租赁物的现值、利息、手续费、预期的名义货价、利润、保险费、运费等组成。其计算公式为:

$$租金 = \frac{(租赁物原价+运费+保险费-估计残值)+利息+利润+手续费+税金}{租期}$$

但是,在租赁业务中,由于租金的支付时间和方法不同,致使租金的计算方法也有所不同。目前,国际上一般采用以下几种计算方法。

（一）附加率法

附加率法是指按租赁物的价款,再加上一个特定的比率来计算租金。其计算公式为:

$$R = PV\frac{1+ni}{n} + PV \cdot r$$

式中:R——每期租金;

PV——租赁资产的概算成本;

n——还款次数(按月、季、半年或年来计算);

i——与还款次数相应的折现率;

r——附加率。

例1:某企业欲从某租赁公司租赁一套设备,设备的概算成本为80万元,期限为8年,每年年末支付租金,折现率为6%,附加率为4%,每期租金应为:

$$R = 800\,000 \times \frac{1+8 \times 6\%}{8} + 800\,000 \times 4\%$$

$$= 180\,000(元)$$

（二）年金法

年金法是以现值观念为基础，将一项租赁资产在未来各项租赁期间内的租金总额，按一定比率折现，使其现值总和恰好等于租赁资产的概算成本。每期租金固定不变时，为等额年金法。等额年金法有先付后付之分，其计算公式为：

$$R = PV \frac{i(1+i)^{n-1}}{(1+i)^n - 1} (先付)$$

$$R = PV \frac{i(1+i)^n}{(1+i)^n - 1} (后付)$$

式中：R——年金或每期租金；

　　PV——租赁资产的概算成本；

　　　i——折现率；

　　　n——租赁期数。

例2：以例1为例，若先付，则：

$$R = 800\,000 \times \frac{6\%(1+6\%)^{8-1}}{(1+6\%)^8 - 1}$$

$$= 121\,536.56(元)$$

若后付，则：

$$R = 800\,000 \times \frac{6\%(1+6\%)^8}{(1+6\%)^8 - 1}$$

$$= 128\,828.75(元)$$

（三）递减式计算法

递减式计算法是指承租人所交的租金中，每期偿还的本金相等，其中所含利润费不同，即开始所付的租金高，而后几年递减。其计算公式为：

$$R = 各期占款本金数 \times 年利率 \times 占款年数 + 各期应还本金数$$

例3：某企业与某租赁公司达成一笔设备租赁业务，设备的概算成本为300万元，租期为5年，每年年末支付一次租金，利息和手续费合年利率为9%。如果采用先期多付、后期少付的办法，每年应付的租金、5年应付的总租金、每年的利费额和5年的利费总额分别为：

第一年应付租金为：$3\,000\,000 \times 9\% \times 1 + 600\,000 = 870\,000(元)$

第二年应付租金为：$2\,400\,000 \times 9\% \times 1 + 600\,000 = 816\,000(元)$

第三年应付租金为：$1\,800\,000 \times 9\% \times 1 + 600\,000 = 762\,000$（元）

第四年应付租金为：$1\,200\,000 \times 9\% \times 1 + 600\,000 = 708\,000$（元）

第五年应付租金为：$600\,000 \times 9\% \times 1 + 600\,000 = 654\,000$（元）

5 年共交租金为：$870\,000 + 816\,000 + 762\,000 + 708\,000 + 654\,000 = 3\,810\,000$（元）

第一年至第五年的利费额分别为 270 000 元、216 000 元、162 000 元、108 000 元和 54 000 元。

5 年的利费总额为 $270\,000 + 216\,000 + 162\,000 + 108\,000 + 54\,000 = 810\,000$（元）。

上述例题还可用表 8-1 表示。

表 8-1　递减式计算法例题表　　　　单位:万元

项目 期序	占款年数	本金金额	应付本金	利费额	租金
1	1	300	60	27	87
2	1	240	60	21.6	81.6
3	1	180	60	16.2	76.2
4	1	120	60	10.8	70.8
5	1	60	60	5.4	65.4
应付总额				81	381

（四）本息法

本息法是利用本息数来计算租金。本息数是指租赁期内承租人应支付租金总额与租赁资产概算成本的比率。其计算公式为：

$$R = PV\frac{C}{n}$$

式中：R——年金或每期租金；

PV——租赁资产概算成本；

n——租期；

C——本息数。

例 4：某企业欲从某租赁公司租赁一套设备,该套设备的概算成本为 260 万元,租期为 4 年,每年年末支付租金,本息数为 1.40,每期租金应为：

$$R = 2\,600\,000 \times \frac{1.40}{4}$$

$$= 910\,000（元）$$

（五）租赁率法

租赁率法的计算公式为：

$$R = PV \frac{1+i}{n}$$

式中:R——年金或每期租金；

　PV——租赁资产概算成本；

　　n——租期；

　　i——租赁率。

例5:以例4为例,若租赁率为20％,用租赁率法计算出的每期租金应为：

$$R = 2\ 600\ 000 \times \frac{1+20\%}{4}$$

$$= 780\ 000 (元)$$

第四节　国际租赁机构及实施程序

一、国际租赁机构

目前,国际上经营租赁业务的机构大致可分为四类,即租赁公司、金融机构、制造商和经销商、国际租赁组织,它们构成了国际租赁市场。

（一）租赁公司

租赁公司可分为专业租赁公司和融资租赁公司两种。专业租赁公司是专门从事租赁业务的企业,这种公司往往专营某一类设备或某几类设备的租赁业务,租赁的设备公司或根据市场需求购置,或根据承租人的指定代购,并为出租的设备提供保养、维修、更换零件和技术咨询等服务,同时也从事租赁业务的介绍和担保等业务。而融资租赁公司虽然以租赁形式出现,但其主要作用是在保持对设备所有权的前提下,为承租人垫付资本,向承租企业融通资金。

（二）金融机构

西方很多国家的银行或其他金融机构,利用其雄厚的资金在其内部设立经营租赁业务的部门,或几家金融机构联合组成从事租赁业务的机构。如日本东京租赁公司是第一劝业银行的子公司,总和租赁公司是住友银行的子公司,阿尔杰克公司是法国东方汇理银行参与创立的从事租赁业务的公司。

（三）制造商和经销商

20 世纪 70 年代以后,很多发达国家机械设备的制造者和经销商,在本企业内部设立从事租赁业务的部门或直属的租赁公司,以经营本企业所生产或销售的设备的租赁业务。他们开展租赁业务的目的是扩大其产品销路,如美国商用机器公司、美国电报电话公司等就大量出租其所制造的产品。

（四）国际租赁组织

20 世纪 60 年代中期以来,世界租赁市场上相继出现了一些由不同国家企业联合组成的国际租赁组织,如由英国、美国、法国、意大利、荷兰等国银行组成的总部设在卢森堡的租赁协会,1973 年由美国、英国、德国、意大利、日本、加拿大等国银行组成的东方租赁控股公司等。

上述四类经营租赁业务的机构各有优势:金融机构在融资条件上能提供很多优惠,而租赁公司、制造商和经销商则能在维修服务方面提供便利。

二、国际租赁的基本程序

国际租赁的程序往往随租赁的方式不同而不同,而且每个从事租赁业务的租赁公司往往有自己的一套做法,但基本程序大致相同,包括以下几个步骤:

（一）申请租赁

承租人先向租赁公司提出租赁申请,索取并填写租赁委托书。

（二）选定拟租赁的设备

有些租赁方式的租赁设备是由承租人选定的,承租人先同自己所需要设备的生产企业或供货商,就拟租赁设备的品种、规格、性能、品质、交货期、价格等事宜进行商谈,谈妥后再由出租人代为购买。除经营租赁外,出租人一般不承担技术谈判的责任。在选择拟租赁的设备时,既可以由承租人自行选定拟租赁的设备,也可以由租赁公司按承租人的要求,向承租人推荐拟出租的设备。

（三）租赁预约

承租人就拟租赁设备的有关事项与制造商或供应商谈妥后,就所治谈的有关设备的品名、品质、规格、价格、供货时间、维修保养等事项通知出租人,并与出租人商谈设备的租赁方式和期限,同时还应要求出租人开具租赁费估价单。承租人对估价单进行研究并与出租人磋商后办理预约租赁。

（四）审查

租赁公司接受预约租赁后，承租人应向出租人提交企业的经营许可证及各种财务报表等文件。出租人根据承租人提供的文件和自己掌握的材料对承租人进行资信审查，必要时还可委托有关信用调查机构对承租人进行资信调查，出租人根据审查结果来决定是否接受租赁。

（五）签订租赁合同

经过资信调查，如果承租人的条件符合出租人的要求，出租人将就租赁中的一些细节问题与承租人进行磋商，双方达成一致后便可签订正式的租赁合同。

（六）订购设备

租赁合同签订后，租赁公司根据承租人在租赁合同中所规定的设备的型号、规格等要求向制造商或供货商订购拟租赁的设备，或按承租人与供货商已达成的条件与承租人指定的供货商签订购货合同。与此同时，承租人还应与供货商就设备的安装与维修、人员培训、零配件的供应等事宜签订技术服务合同。

（七）租赁设备的交接

制造商或供货商根据供货合同的规定，向承租人直接供货。承租人应做好租赁设备的报送和提货等工作，以保证租赁设备能顺利进口和交接。

（八）租赁设备的验收

承租人收到租赁物后，经过安装和一段时间的试运转后，如果符合合同要求，即为验收合格，租赁期从验收的合格日开始起算。

（九）支付设备价款

设备的价款由出租人支付，如果出租人资金不足，则可向银行等金融机构申请贷款。出租人根据购货合同规定的支付条件向制造商或供货商支付租赁设备的价款。

（十）支付租金

承租人在收到租赁的设备并验收合格后，按租赁合同的规定，按期向出租人支付租金，租金一般按月、季、半年或一年，分期在期初或期末支付。

（十一）投保

在租赁期内,由于租赁设备的所有权属于出租人,所以一般应由出租人或承租人以出租人的名义与保险公司签订租赁设备的保险合同并支付保险费。如果在租赁期限内发生保险范围内的索赔事故,承租人应提供必要的文件,配合出租人顺利得到保险公司的赔款。

（十二）维修与保养

在租赁期内,租赁设备的维修与保养的责任因租赁方式的不同而不同,有由出租人负责的,也有由承租人负责的。双方对此应在合同中作出明确规定。

（十三）缴纳税金

出租人和承租人根据租赁合同的规定,分别缴纳各自应负责支付的税款。

（十四）租赁设备的期后处理

租赁合同期满后,对租赁设备的处理一般有四种方法:一是承租人将设备退还给出租人;二是承租人与出租人签订续租合同,以续租设备;三是承租人买下租赁的设备,其价格既可按市场价格,也可以以象征性价格购买,这要根据租赁方式和租赁设备的期后残值而定;四是出租人将租赁的设备无偿赠送给承租人。

第五节　中国的融资租赁业

一、中国融资租赁业的产生与发展

融资租赁是中国利用外资的形式之一,它具有融资和贸易的双重职能,并已被中国企业广泛采用。中国的融资租赁业起源于 20 世纪 70 年代末 80 年代初,发展至今也不过只有 30 多年的历史,比发达国家整整晚了近 30 年的时间,其大致分以下几个发展阶段:

（一）起步阶段(1979—1983 年)

1979 年 7 月,中国颁布了历史上第一部《中外合资经营企业法》。同年 10 月,中国国际信托投资公司在北京成立,作为中国利用外资窗口之一的中国国际信托投资公司随即便开展起了国际租赁业务,并于 1980 年从日本租进了第一批日产汽车。同年还为河北涿县塑料厂引进了编织机生产线。1981 年又与美国汉诺威尔制造租赁公司和美国劳埃德银行合作,中国国际信托投资公司以杠杆租赁的方式帮助中国民航从美国租进了有史以来第一架波音 747 飞机。然后,在当时的中国国际信托投资公司董事长荣毅仁的倡议下,经国家有关部门的批准,由中国国际信托投资公司、北京机电设备公司和日本东方租赁公司合资组建了中国第一家专门从事租赁业务的租赁公司——中国东方租赁有限公司。1981 年 7 月,第一家专营租赁业务的中资企业中国租赁有限公司也在北京诞生。上述两家公司的成立标志着中国现代租赁业的开端。此后,众多从事租赁业务的机构在中国境内纷纷涌现。在这一时期中国政府和企业并未深刻地认识到融资租赁的融资功能,因此从事租赁业务的机构注册资本很低,并且脱离业主,租赁资产的比例也偏低,当时的业务量与现在相差甚远,4 年累计业务量仅为 5 300 多万美元。

(二)　发展阶段(1984—1989 年)

1984 年至 1989 年是中国租赁业的高速发展时期,其主要表现为租赁业务的范围扩大了,由原来的汽车和飞机等运输工具扩展到工业技术改造等多个领域。中国租赁业的发展速度与中国国民经济的发展速度基本达到了一致。

(三)　成熟期(1990 年至今)

进入 20 世纪 90 年代以后,中国的租赁业开始走向成熟。具体表现为中国经营租赁业务的企业开始强调效益,即加强对投资项目的可行性研究和评估,制定了重点投资领域等,业务量徘徊在 80 年代末的水平,近些年的业务量又有所增加,1994 年达到了 5.5 亿美元,2003 年达到了 22 亿美元。当然在这期间,中国租赁业也出现了运作不规范、资金成本偏高、资产总量急剧扩张等问题,导致欠租问题严重。受东南亚金融危机的影响,1992—1996 年中国的融资租赁也出现了负增长,1997 年以后中国的融资租赁又恢复增长。中外合资租赁公司在 1997 和 1998 年的租赁交易额分别达到了 158% 和 56%,非银行金融类的租赁公司的租赁交易额也分别达到了 5.86% 和 20.2%。中国租赁业是改革开放的产物,中外合资租赁公司已成为中国利用外资的重要渠道之一,它有力地支持了中国的经济发展。中国各租赁公司已基本形成了业务网络,相互间建立了横向合作关系,并与国外的大租赁公司、金融机构和制造商建立了经常性业务往来。中国的租赁业正在成为世界租赁行业中崛起的一支新生力量。

截至 2008 年 12 月 31 日,中国申请注册的专业租赁公司已有近 200 多家,这些租赁公司包括中外合资公司和中资公司,同时约有 400 多家信托投资公司兼营租赁业务,它们遍布中国十多个省市。1981—2008 年年底,累计引进租赁项目为 10 000 多项,金额超过 50 亿美元。

二、中国从事租赁业务的机构

中国从事租赁业务的公司大致可分为四类。第一类是由中外合资组建的经营租赁业务的公司,如上述的中国东方租赁有限公司;第二类是完全由中资组成的租赁公司,如上述的中国租赁有限公司;第三类是专业租赁公司,即专门经营某种设备或面向某些部门的租赁公司,如由中国有色金属工业总公司、中国银行信托咨询公司、中国工商银行、美国第一联美银行、法国巴黎国民银行共同出资组建的中国国际有色金属租赁有限公司,该公司专门经营全国有色金属企事业单位的融资租赁业务;第四类是由银行或金融机构设立的专营租赁业务的部门,如中国银行信托投资公司和中国国际信托投资公司的租赁部都是经营租赁业务的部门。

三、中国租赁业的特征

国际租赁业是经济发展到一定阶段的产物,但由于世界各国的租赁业所处政治和经济环境不同,各国的租赁业也不尽相同。中国租赁业受国情的影响,也有自己的特色,其具体表现在以下四点:

(一) 中外合资租赁企业是中国租赁业的骨干

中国的租赁业是从开展国际租赁业务开始的,即先有国际业务,后有国内业务,实际上国内租赁业务是靠国际租赁业务带动起来的。如中国第一家专门从事租赁业务的企业就是中外合资设立的中国东方租赁有限公司。目前,在中国境内专营租赁业务的租赁公司中,中外合资设立的租赁公司占一半以上,中国租赁业的发展进程与发达国家租赁业的发展进程正好相反。中国的租赁业之所以出现先有国际业务后有国内业务的发展进程,不仅是由于中外合资租赁公司熟悉国际业务和国际惯例,而且正反映了在目前形势下,中国利用外资、引进国外先进技术设备的特殊要求。正是这种外向型经济的特殊要求,给了这些外资租赁公司充分发挥作用的机会。

(二) 中国的租赁企业多以从事进口融资租赁业务为主

中国的租赁企业之所以以从事进口融资租赁业务为主,主要是由目前国内落后的技术状况和企业资金短缺造成的。中国的汽车、飞机等大型运输工具及其他一些大型机械设备比西方发达国家落后,而且这些大型运输工具和设备的价格昂贵,企业又缺乏资金,这就使帮助中国企业融资租赁外国的运输工具和先进的技术设备成为中国租赁公司的主要任务。此外,由于中国的运输工具和机械设备较为落后,经营出口租赁业务就较为困难。

(三) 中国利用租赁融资的行业较广,但多为技术改造项目

中国利用租赁进行融资的行业有运输、邮电、电力、机电、轻纺等,其行业分布十分广泛,但80%以上的融资租赁项目是技术改造项目,其中相当一部分是出口创汇项目。

(四) 承租人可提前向出租人偿还租金

在租金的偿还上,承租人被许可按规定的金额提前偿还租金,而这在西方发达国家是法律所禁止的,否则将被处以罚款。

(五) 中国租赁业仍较落后

就整个世界来说,中国租赁业还属于落后行列,这主要表现在虽然中国2008年的租赁额已达218.8亿美元,居世界第8位,但仅占当年世界租赁总额6 340亿美元的不足3.45%,而位居世界租赁业前3位的美国、德国、日本的租赁额则分别为1 100亿美元、715.7亿美元、670.1亿美元,分别是我国租赁总额的5.03倍、3.27倍和3.06倍,分别占世界总租赁额的17.4%、11.3%和10.6%。

四、中国的租赁方式

(一) 自营进口租赁

自营进口租赁的具体做法是,租赁公司自筹资金,按照国内用户的要求,以买方的身份与国外制造商或供货商签订购货合同,设备进口以后,再将其租给国内承租人使用,在租赁期间,由承租人分期向国内出租人支付租金。

自营进口租赁的实施程序是:①国内承租人向国内出租人提出租赁申请;②选择外国供货商;③出租人与国外制造商或供货商进行技术和商务谈判并签订买卖合同;④承租人和出租人签订租赁合同;⑤出租人为进口设备,向银行申请开立信用证;⑥国外制造商或供货商直接向承租人发货;⑦承租人办理报关手续;⑧承租人验收货物;⑨出租人向国外制造商或供货商付款;⑩承租人向出租人支付租金;⑪租赁物的期末处理。

(二) 进口转租赁

进口转租赁的做法是国内租赁公司根据承租人提交的拟租设备的订单,

先以承租人身份从国外租赁公司租进设备,再以出租人的身份将租进的设备转租给国内承租人。其具体操作程序是:①国内承租人向国内出租人申请租赁;②国内出租人向国外出租人申请租赁;③国外出租人选择制造商或供货商;④国内承租人与国外制造商或供货商进行技术交流;⑤国内出租人与国外制造商或供货商进行商务谈判;⑥国内出租人与国外出租人洽谈租赁条件,并签订租赁合同;⑦国外出租人与国外制造商或供货商签订买卖合同;⑧国内承租人与国内出租人签订转租合同;⑨国外制造商或供货商向国内出租人发送租赁设备;⑩国外出租人凭装运单据向制造商或供货商支付货款;⑪国外出租人向国内出租人转交装运单据;⑫国内出租人将收到的设备转交给国内承租人;⑬国内承租人验收租赁的设备;⑭国内承租人向国内出租人支付租金;⑮国内出租人向国外出租人支付租金;⑯租赁设备的期后处理。

(三) 回租后的进口转租赁

回租后的进口转租赁是指国内出租人用现汇从国外制造商或供货商处购入设备,并将购入的设备以与购买时相同的价格出售给国外的出租人,然后再从国外出租人处租回,并转租给国内承租人的一种租赁方式。这种租赁方式的运作程序是:①国内承租人向国内出租人提出租赁申请;②国内出租人选择国外制造商或供货商;③国内出租人与国外制造商或供货商进行商务谈判并签订购货合同;④国内承租人与国外制造商或供货商进行技术谈判并签订维修服务协议;⑤国内出租人与国外出租人签订设备的转售及回租合同;⑥国内出租人与国内承租人签订转租合同;⑦国外制造商或供货商向国内出租人发货;⑧国外出租人凭提单向制造商或供货商付款;⑨国外出租人向国内出租人转交提单;⑩国内出租人将收到的设备交给国内承租人;⑪国内承租人验收设备;⑫国内承租人向国内出租人支付租金;⑬国内出租人向国外出租人支付租金;⑭设备的期后处理。

(四) 介绍租赁

介绍租赁是指由国内租赁公司介绍,国内承租人直接与国外的制造商或供货商签订供货合同,并直接与国外出租人签订租赁合同,国外出租人在收到国内租赁公司或银行等金融机构出具的支付租金的保函之后,将设备交付给国内承租人使用的一种租赁方式。国内承租人按合同的规定,分期支付租金。合同期满后,按合同的规定办理设备所有权的转让手续。介绍租赁与自营进口租赁的区别在于,一是国内的租赁公司由出租人变成了介绍人或担保人;二是国内的租赁公司由设备的买方变为代替国内承租人向国外出租人办理支付租金结算的委托单位。

五、国际租赁业在中国经济发展中的作用

中国的租赁业虽然起步较晚，但发展迅速，而且租赁业在中国经济发展中的作用十分明显。具体表现在以下几个方面。

（一）国际租赁是中国利用外资的一种最有效的手段

中国租赁业是从经营国际业务开始的，因此，中国租赁业的一个显著特点是，中外合资租赁公司不仅在中国租赁市场上占有较大的比重，而且起着十分重要的作用。截至 2003 年年底，由商务部批准成立的中外合资 40 多家租赁公司，为中国 4 000 多家企业融通外资达 80 亿美元，约占中国借债总额的 45%，而且相当于中国 1978—1997 年利用外国政府贷款总额 305 亿美元的 1/4。中国民航各航空公司通过融资租赁的方式利用外资的数额高达 300 多亿美元。目前，中国利用租赁进行融资已成为仅次于外商在中国的直接投资和中国对外借款的一种利用外资的形式。如 2002 年中外合资租赁公司共引进外资折合人民币 80 亿元，业务量达到空前的 40 亿元人民币。

（二）促进了中国企业的技术改造和外向型经济的发展

20 世纪 80 年代初期，中国几乎所有企业都面临着技术设备陈旧、工艺落后、亟须进行技术改造和更新等问题。解决这些问题最急需的是资金，而且是外汇。依靠国家出资进行技术改造和更新是难以满足所有企业需求的，在资金不足或没有资金的情况下，中国企业采用融资租赁的方式进口企业所需国外先进技术和设备，既可解决资金不足的问题，又可加速进行企业的技术改造和设备更新，同时还可在短期内实现产品的更新换代。十几年来，国际租赁业务已遍及全国所有的省市，涉及轻纺、能源、通信、运输、机械、电子、精仪、化工等行业的数千家企业的 6 000 多个技术改造项目。此外，融资租赁还可达到扩大企业产品出口规模的目的。例如，轻纺产品历来是中国的创汇产品，环球租赁公司承办的石家庄第六棉纺织厂项目及华和租赁公司承办的青岛国棉六厂项目都达到了产品更新换代的目的，这不仅使中国的轻纺产品保持了原有的世界市场，而且增加了世界市场份额。

（三）促进了产业结构的调整和资本要素的优化配置

改革开放之前，中国的产业结构不尽合理，有些行业甚至是空白，国家难以有能力出巨资来解决这些问题，而融资租赁对改变这一状况起到了十分重要的作用。15 年来，中国租赁业所走过的路已充分证明了这一点。以中国民航业为例，航空运输业是一个投资规模大、资产可塑性强、风险系数高、经营较灵活的特

殊行业。20 世纪 70 年代末 80 年代初,中国民航不仅飞机少,而且机型落后,国家没有力量出巨资一下购买许多几千万美元一架的大型飞机,这就严重制约了中国民航运输业的发展。中国民航自 1980 年采用美国投资减税租赁方式向美国波音公司租用了第一架波音 747SP 飞机后,其各大航空公司又分别运用了香港杠杆租赁、德法双沽杠杆租赁、日本杠杆租赁、欧洲进出口信贷租赁、日本杠杆租赁与美国进出口银行担保相结合的租赁、日本进出口银行担保租赁等融资租赁方式,引进了各种型号的飞机,截至 2004 年年底,中国以租赁方式引进的飞机达 400 余架,从而大大发展了我国民航运输业,使中国民航运输业从落后的地位,一跃而成为全国最发达的行业之一。中国民族运输业利用租赁得以发展的成功例证告诉我们,在资金少的情况下,利用融资租赁方式引进国外的先进技术和设备,可以使那些亟待发展的行业边生产、边创利、边还款,从而达到振兴和发展落后行业的目的。近些年来,中外合资组建的一些租赁公司为邮电、石油、电力等部门融资达 4 亿美元,以引进国外的先进技术和设备,使中国一些亟待投入巨资进行开发的产业得到了飞速的发展。

(四) 有利于调整中国的外债结构

利用租赁进行融资不仅不会出现外资在某一行业比重过大或外商对某一行业垄断的现象,而且可以与外商直接投资、补偿贸易、政府贷款、买方信贷和卖方信贷等其他利用外资的形式相结合,使它们相互补充和相互调节,从而起到减少国家外债负担的作用。

思考与练习题

1. 现代租赁的特征是什么?
2. 国际租赁在经济发展中的作用是什么?
3. 国际租赁有哪几种方式?
4. 租金有哪几种计算方法?
5. 国际租赁对中国经济发展的作用是什么?
6. 中国开展国际租赁有哪几种方式?

案例研究

案例

莱芜 A 起重运业公司融资租赁

莱芜 A 起重运业公司(简称 A 公司)是一家集大型物件运输、吊装服务和现代化物流于一体的交通运输企业。公司 2005 年注册资本只有 4 000 万元,但随着近几年我国电力、冶金、石油、化工等重工业的发展,对大型运输和吊装服务需求增加,企业规模迅速扩大,2008 年年末资产总额达 2 亿元,并跻身中国起重、吊装施工企业"双十强"。

为进一步扩张企业规模,2009 年,该公司拟从德国利勃海尔公司购置履带式 LR1750 起重机一台,价值 6 000 万元,但由于企业有效抵押资产不能满足银行信贷条件,辖内金融机构在审批该贷款项目时均未通过,企业发展遭遇融资瓶颈。

为解决问题,在德国利勃海尔公司的推荐下,A 公司尝试向德益齐租赁(中国)有限公司申请融资租赁业务。后者对 A 公司进行考察时,认为 A 公司虽然缺乏有效抵押资产,但在国内有较高的市场占有率和较强的竞争优势,且资产、盈利、经营及信用状况良好,融资租赁业务风险不大。基于此,2009 年 6 月 5 日德益齐租赁有限公司与 A 公司签订了《融资租赁合同》,同时向德国利勃海尔公司购置价值 6 000 万元的履带式 LR1750 起重机一台,租赁给 A 公司使用,租赁期 4 年。租赁期内,起重机设备所有权归德益齐租赁有限公司,但使用权和用益权归 A 公司。A 公司依据《融资租赁合同》按月向德益齐租赁有限公司支付租金(共支付租金 6 450 万元)。租赁到期后,德益齐租赁有限公司将起重设备所有权转移给 A 公司,租赁业务终结。

在德益齐租赁有限公司租赁业务的扶持下,A 公司经营规模得以顺利扩张。2010 年第一季度,A 公司因规模扩张,流动资金需求明显增加,加上每月 150 多万元的租赁费固定支出,企业流动资金出现周转困难。为筹集流动资金,在申请银行贷款无果的情况下,A 公司向华融金融租赁股份有限公司申请回租式融资租赁,即申请华融金融租赁股份有限公司按设备评估价 2 400 万元,购买 A 公司 2006 年 11 月购置(购置价 3 955 万元)的德国利勃海尔 500 吨汽车起重机设备一台,华融金融租赁股份有限公司再将设备按约定期限(4 年)租赁给 A 公司使用,后者按月向前者支付租赁费用(共计 2 955 万元),2014 年 9 月租赁期满后,华融金融租赁股份有限公司将设备所有权归还 A 公司。在不影响设备正常营运的同时,A 公司通过暂时将物化资本转为货币资本,为企业带来了 2 400 万元的流动资金,企业流动资金周转困难得以解决。

案例思考与讨论

1. 本案例中,A 公司运用到了租赁中的哪几种方式?
2. 租赁对于企业的正常运营和发展的作用是什么?

第十章
国际发展援助

学习要点

通过本章的学习,学生应了解国际发展援助的含义、方式,国际援助机构以及中国接受国际援助和对外提供发展援助的情况,掌握当代国际发展援助的特点、作用,国际组织和外国政府发放发展援助的条件,申请和发放援助的具体程序以及各援助大国的主要援助国家和地区。

Key Points

By studying this chapter, students are expected to understand the meaning and ways of international development assistance and its bodies and institutions, as well as the status quo of China's making use of international development assistance and providing it to other countries; master the characteristic of international development assistance and its role, the requirements of the providing assistance by international organizations and foreign countries, the procedure of how to apply and provide assistance, as well as the principal target nations for the main donor countries.

第一节　国际发展援助概述

一、国际发展援助的概念

国际发展援助(International Development Assistance)是国际经济合作的主要方式之一。它是指发达国家或高收入的发展中家及其所属机构、国际有关组织、社会团体以提供资金、物资、设备、技术或资料等方式,帮助发展中国家发展经济和提高社会福利的具体活动。国际发展援助分有偿和无偿两种,其形式有赠与、中长期无息或低息贷款,以及促进受援国经济和技术发展的具体措施。它的目标是促进发展中国家的经济发展和社会福利的提高,缩小发达国家与发展中国家之间的贫富差距。国际发展援助属于资本运动的范畴,它是以资本运动为主导,并伴随着资源、技术和生产力等生产要素在国际间的移动,所采用的各种方式和方法均为资本运动的派生形式。

二、国际发展援助的目标

在人类跨入 21 世纪的时候,世界正发生着深刻的变化,贫困的含义不仅指低收入和低消费,教育、卫生、营养和人口问题也都是消除贫困的主要内容。发达国家经济的飞速发展及其人民的高福利与经济停滞不前的发展中国家及其人民生活日益恶化形成了鲜明的对比,促进发展中国家的经济发展和解决发展中国家人民的温饱问题正在成为发达国家政府的工作之一。

(一) 减少贫困

贫困仍然是目前困扰全球以及阻碍世界经济发展的一大问题。按照世界银行的发展报告的统计,在目前全世界 60 亿人口中,有 28 亿每天靠不足 2 美元的生活费来维持生计,有 12 亿人每天的生活费不足 1 美元,其中 44% 在南亚地区,这是美国和西欧 200 年前就已达到的生活标准。由于战争、种族冲突和饥荒,全球至少有 54 个国家的人民生活水平在倒退。目前欧洲一头奶牛每天的生活费是一个非洲人每天生活费的 3 倍;20 个最富裕国家的人均收入是 20 个最贫穷国家人均收入的 37 倍。据联合国统计,2011 年最不发达的国家共有 48 个,非洲 33 个,亚洲与太平洋地区 14 个,拉丁美洲和加勒比地区 1 个。

(二) 控制人口

目前全世界的人口已超过 60 亿,每分钟降生 275 人,每分钟死亡 98 人,每年人口净增 9 175 万。据世界银行估计,在未来 25 年中,世界人口将增加 20 亿左右,新增人口的 97% 在发展中国家。照此发展下去,到 2050 年世界人口将达到 100 亿。人口在发展中国家的快速增长,正在给发展中国家乃至整个世界带来巨大的压力,控制人口正在成为发展援助的主要任务之一。

(三) 普及教育

在学龄儿童中,9% 的男孩和 14% 的女孩无法入学。在非洲的 7 亿人口中,70% 为文盲。在南亚地区,女性受教育的年限仅是男性的 1/2,在中学女性的入学率仅是男性的 3/4。在拉丁美洲,土著居民受教育的年限不足非土著居民的 3/4。

(四) 消除疾病

目前世界上,由于疾病,每 100 个婴儿中就有 6 个等不到他们 1 岁生日,8 个活不到 5 岁,最贫困地区 1/4 的婴儿会在 12 岁前夭折,撒哈拉以南非洲的婴儿死亡率是高收入国家的 15 倍。名列全球生活指数倒数第一的塞拉利昂,国民的平均寿命只有 35 岁。疾病肆虐也是发展中国家普遍存在的现象。在津巴布韦和乌干达等非洲国家,每 4 个人中就有一人感染了艾滋病。

(五) 促进发展中国家的经济发展

世界银行通过贷款和技术援助,帮助发展中国家制定经济和社会政策,建立金融体制,加强基础设施建设,实现国企民营化,提高生产效率,降低通货膨胀,促进发展中国家经济的均衡发展。

此外,国际机构还通过贷款方式来支持发展中国家的水资源管理、河水治理、污水处理、清洁能源来支持发展中国家经济的可持续发展。

三、国际发展援助的方式

国际发展援助方式,按其援款的流通渠道可分为双边援助和多边援助,按其援助的方式可分为财政援助和技术援助,按援款的使用方向可分为项目援助和方案援助。

(一) 双边援助

双边援助(Bilateral Aid)是指两个国家或地区之间通过签订发展援助协议或经济技术合作协定,由一国(援助国)以直接提供无偿或有偿款项、技术、设备、物资等方式,帮助另一国(受援国)发展经济或渡过暂时的困难而进行的援助活动。双边援助与多边援助并行,是国际发展援助的主要渠道。近些年来,虽然世界各国通过多边渠道提供的援助数额有所增加,但通过双边渠道提供的援助活动仍居其对外援助的主导地位。

在双边援助中,根据援助提供的形式来分,援助可分为财政援助和技术援助,其中财政援助占有较大的比重,技术援助所占比重近年来有所上升。根据援助的有偿和无偿性来分,可分为双边赠与和双边直接贷款。双边赠与是指援助国向受援国提供不要求受援国承担还款义务的赠款。赠款可以采取技术援助、粮食援助、债务减免和紧急援助等形式来进行。双边直接贷款是指援助国政府向受援国提供的优惠性贷款,它一般多用于开发建设、粮食援助、债务调整等方面。

（二）　多边援助

多边援助（Multilateral Aid）是指多边机构利用成员国的捐款、认缴的股本、优惠贷款及在国际资金市场借款或业务收益等，按照它们制订的援助计划向发展中国家或地区提供的援助。在多边援助中，联合国发展系统主要以赠款的方式向发展中国家提供无偿的技术援助，而国际金融机构及其他多边机构多以优惠贷款的方式提供财政援助。在特殊情况下，多边机构还提供紧急援助和救灾援助等。

多边援助是第二次世界大战以后才出现的一种援助方式，西方发达国家一直是多边机构援助资金的主要提供者。截至 2008 年 12 月 31 日，经济合作与发展组织 30 个成员国向国际复兴开发银行和国际开发协会认缴的股本和捐款，分别占两机构股本总额和得到捐款总额的 55％和 95％。其中美国、日本、德国、法国、英国提供的援助资金在多边机构援助资金总额中占有较大比重。由于多边机构援助资金由多边机构统一管理和分配，不受资金提供国的任何限制和约束，所以多边援助的附加条件较少。

（三）　财政援助

财政援助（Financial Assistance）是指援助国或多边机构为满足受援国经济和社会发展的需要，以及为解决其财政困难，而向受援国提供的资金或物资援助。财政援助分赠款和贷款两种。贷款又分为无息贷款和有息贷款。有息贷款的利率一般低于国际金融市场利率，贷款的期限也较长，一般在 10 年以上，而且还有较长的宽限期。

财政援助在资金方式上可分为官方发展援助（Official Development Assistance）、其他官方资金（Other Official Flow）和民间资金（Private Flow）三种。官方发展援助是发达国家或高收入发展中国家的官方机构为促进发展中国家的经济和社会发展，向发展中国家或多边机构提供的赠款或赠与成分不低于 25％的优惠贷款。赠与成分是根据贷款利率、偿还期、宽限期、收益率等计算出来的一种衡量贷款优惠程度的综合性指标。衡量援助是否属于官方发展援助一般有三个标准：一是援助是由援助国政府机构实施的；二是援助是以促进发展中国家的经济发展为宗旨，不得含有任何形式的军事援助及各种间援形式的援助；三是援助的条件必须是宽松的，即每笔贷款的条件必须是减让性的，其中的赠与成分必须在 25％以上。其他官方资金是指由援助国政府指定的专门银行或基金会向受援国银行、进口商或本国的出口商提供的，以促进援助国的商品和劳务出口为目的的资金援助。其援助主要是通过出口信贷来实施的。其他官方资金也属于政府性质的资金，也以促进发展中国家的经济发展和改善其福利为援助的宗旨，贷款的赠与成分也必须在 25％以上。它与官方资金的区别在于不是以政府的名义实施的援助。民间资金是非政府组织提供的援助,也称民间发展援助,它是指由非营利的团体、教会组织、学术机构等提供的援助,主要是以出口信贷和直接投资的形式来实施的。

（四）技术援助

技术援助(Technical Assistance)是技术先进的国家和多边机构向技术落后的国家在智力、技能、咨询、资料、工艺和培训等方面提供资助的各项活动。技术援助分有偿和无偿两种。有偿的技术援助是指技术的提供方以优惠贷款的形式向技术的引进方提供各种技术服务;而无偿的技术援助则是指技术的提供方免费向受援国提供各种技术服务。

技术援助采用的主要形式有:援助国派遣专家或技术人员到受援国提供技术服务;培训受援国的技术人员,接受留学生和研究生,并为他们提供奖学金;承担考察、勘探、可行性研究、设计等投资前服务活动;提供技术资料和文献;提供物资和设备;帮助受援国建立科研机构、学校、医院、职业培训中心和技术推广站;兴建厂矿企业、水利工程、港口、码头各种示范性项目等。20 世纪 60 年代以来,随着科学技术的迅速发展,技术援助的规模和形式都有了较大的发展。在 60—70 年代,发达国家每年向发展中国家提供的技术援助资金数量只占其对外援助总额的 10% 左右,到 80—90 年代,这一比例已提高到 30% 左右,有些发达国家甚至达到了 60%。技术援助已成为加强发达国家与发展中国家经济合作的重要手段。

（五）项目援助

项目援助(Project Assistance)是援助国政府或多边机构将援助资金直接用于受援国某一具体建设目标的援助。由于每一个具体的援助目标都是一个具体的建设项目,故称项目援助。项目援助的资金主要用于资助受援国开发动力资源和矿藏,建设工业、农业、水利、道路、港口、电信工程以及文化、教育、卫生设施等。

项目援助既可以通过双边渠道,也可以通过多边渠道进行。其资金主要来源于各发达国家或高收入发展中国家的官方援助及世界银行等多边机构在国际资金市场上的借款。由于项目援助均以某一具体的工程项目为目标,并往往与技术援助相结合,所以援款不易被挪用,从而有助于提高受援国的技术水平。目前,由于许多发达国家将扩大本国商品的出口和保证短缺物资的进口来源作为提供项目援助的先决条件,因此,项目援助对援助国也甚为有利。

（六）方案援助

方案援助(Programme Assistance)又称非项目援助,是指援助国政府或多边机构根据一定的计划,而不是按照某个具体的工程项目向受援国提供的援助。项目援助一般用于进口拨款、预算补贴、国际收支津贴、偿还债务、区域发展和规划等方面。

一个援助方案含有数个或更多的项目,并且往往要经历数年或数十年的建设周期。虽然含有若干个项目,但援助方案本身一般不与具体项目相联系。在多数情况下,方案援助的资金往往附带有严格的使用规定,特别是近些年来,援助国或多边机构往往要求对方案援助的执行情况进行严格的监督与检查。方案援助也是发达国家目前经常采用的一种援助方式。进入 20 世纪 80 年代以后,经济合作与发展组织的发展援助委员会 17 个成员国以方案援助形式提供的援助额已占到双边援助协议额的 1/3 以上。在美国国际开发计划署目前提供的援助额中,方案援助一般占 50％以上。

四、国际发展援助的特点

近些年来,国际发展援助已成为当今世界一种十分引人注目的国际经济合作活动。随着当今世界各国政治和经济实力对比的不断变化,国际发展援助出现了以下几个新特点。

(一) 政治色彩日益浓厚

在 20 世纪 80 年代之前的国际发展援助中,援助国只注重受援国的政治倾向,即援助国只给予本政治集团内的国家或在政治上与援助国立场一致的国家经济援助。进入 80 年代以后,随着一些社会主义国家改革大潮的涌起和东欧国家的巨变,西方发达国家开始将"民主、多党制、私有制、劳工标准"等作为向发展中国家提供发展援助的先决条件,它们往往以经济援助为条件,要求受援国必须按西方国家的意图进行政治和经济改革,如一些西方发达国家将受援国国内的政治、经济和社会状况以及受援国的人权记录和民主进程作为援助的重要指标和根据,美国就曾公开声称其援助目标是"促进民主和推行美国外交政策"。援助国的政治条件使一些发展中国家得到发展援助的数额日益减少,如被西方国家认为经济改革不力的科特迪瓦、几内亚、肯尼亚、尼日尔和多哥等国受援数量大幅度下降,而改革有成效的坦桑尼亚、乌干达、赞比亚的受援数量则略有上升。实际上,发达国家正在把援助作为影响发展中国家政策的一种工具。

(二) 附加条件日益增多

近些年来,越来越多的援助国将援助与采购援助国商品和使用援助国的劳务联在一起,并且限制性采购占援款的比例不断提高。目前,发展援助委员会成员国提供的双边援助,有一半以上要求受援国购买援助国的商品和使用援助国的劳务。这种带有限制性采购的援助往往迫使受援国进口一些质量差、价格高的商品和劳务，以及一些不适用、过时的技术，这不仅减弱了发展援助的作用，同时还加大了受援国的债务负担。这便是许多发展中国家经济发展速度减慢，债务增加速度加快的重要原因之一。

（三）援助规模停滞不前

以经济合作与发展组织成员国为例，该组织成员国的官方发展援助额虽然从 1970 年的 69.86 亿美元增加到 1993 年的 544.53 亿美元，但增长幅度却不断下降。在 1970 年至 1980 年的 10 年间，该组织成员国的援助额从 69.86 亿美元增加到 272.96 亿美元，增长幅度为 290.72%；而 1980 年至 1990 年的援助额虽然从 272.96 亿美元上升到 533.56 亿美元，但增长幅度却下降到 95.47%；90 年代以后，援助规模进入停滞状态，1993 年的援助额仅比 1990 年增加 10.97 亿美元，增长幅度仅为 2.06%。为了实现联合国提出的到 2005 年将世界贫困人口减少一半的目标，英国财政大臣戈登·布朗虽然在 2003 年的八国财政会议上建议，国际发展援助从当时 500 多亿美元的水平，2010 年争取提高到 1 000 亿美元，美国财长约翰·斯诺虽对此表示欢迎，准备将美国的援助额在 2007 年提高到 150 亿美元，但却少有行动。从 1999 年至 2003 年，发达国家提供的援助总额基本保持在 620 亿美元左右。援助规模的增长幅度虽停滞不前，但要求紧急援助的最不发达国家却从 70 年代的 25 个增加到 2011 年的 48 个，符合国际开发协会援助条件的年人均国民生产总值在 865 美元（以 1994 年美元计算）以下的非常贫困的国家，也从 1990 年的 42 个增加到 2003 年的 70 多个。目前，国际发展援助规模的停滞不前与要求援助的贫困国家不断增加的矛盾日益突出。

（四）大部分援助国没有达到联合国规定的援助标准

根据联合国 1970 年通过的《联合国第二个 10 年国际发展战略》的规定，发达国家对发展中国家提供的官方发展援助净交付额应占其国民生产总值的 0.7%。而提供发展援助较多的经济合作与发展组织成员国的平均援助水平，不仅没有达到这个标准，反而离这一标准越来越远。经济合作与发展组织提供的官方发展援助净交付额平均占国民生产总值的比例从 1980 年的 0.35% 下降到 1992 年的 0.33%，进入 21 世纪以来也只能维持在 0.3% 的水平。只有年官方发展援助额在 30 亿美元以下的瑞典、荷兰、挪威、丹麦等援助小国达到了援助额占国民生产总值 0.7% 的标准，援助大国中只有法国近 10 年来一直保持在 0.6%～0.63% 之间，接近联合国要求的 0.7% 的标准，其中世界上两个最大的援助国美国和日本 1993 年分别只有 0.15% 和 0.26%。2000 年西方国家的官方发展援助净交付额仅占其国民生产总值的 0.22%，创下了 30 多年来的最低水平。石油输出国组织成员国每年提供的援助额占各国国民生产总值的平均比重也从 1976 年的 2.32% 下降到 1993 年 0.46%，随着本地区战争的频仍和恐怖主义盛行，这一比例也降至不足 0.3%。据世界银行统计，以官方发展援助为主的优惠性资金，在 1970 年至 1980 年间约增加了 50%，1980 年至 1990 年间约增加了 50%，而在 1990 年至 2000 年间却下降了 25%。

（五）援助格局发生了变化

国际发展援助格局的变化主要表现在三个方面：一是日本、挪威、加拿大、瑞典、芬兰、法国、意大利和丹麦的地位上升，美国、英国、德国、荷兰、澳大利亚、新西兰、比利时、爱尔兰的地位下降。1988 年以前，美国每年提供发展援助的数额一直居世界第一位，其中 1988 年达 101.41 亿美元，但 1989 年只有 76.76 亿美元，下降了约 25%，仅比法国多 2.26 亿美元，居第二位，而日本 1989 年以 89.49 亿美元跃居世界第一位。从 1980 年至 1993 年，美国提供的援助额占发达国家援助总额的比重从 26.2% 下降到 17.85%，而日本从 12.18% 上升到 20.68%，日本、法国、意大利的援助额分别从 1980 年的 33.53 亿美元、41.62 亿美元、6.83 亿美元上升到 1993 年的 112.59 亿美元、79.15 亿美元、30.43 亿美元。日本的官方发展援助额自 1991 年以后一直保持在 100 亿美元以上，而美国 1993 年仅为 97.21 亿美元。从 1994 年至 2003 年，美国和日本的对外援助净交付额每年保持在 100 亿美元上下。二是石油输出国组织成员国的援助数量普遍减少。从 1975 年至 1989 年，石油输出国组织成员国的援助额平均减少了 61%，其中占该组织成员国援助额 70% 以上的沙特阿拉伯，1989 年的援助额竟然比其提供援助最多的 1980 年减少了约 80%。1980 年曾提供过 2.77 亿美元援助的卡塔尔，在 1989 和 1990 年竟然分别接受了 3 亿和 2 亿美元的援助。两次伊拉克战争使伊拉克和科威特都退出了援助国的行列，转而成为受援国。三是进入 20 世纪 90 年代以后，援助国继续减少，苏联已经解体，解体后的苏联各共和国由援助国变成了受援国。

由此看出，双边发展援助已从原先的以美国、日本、西欧、中东地区产油国和苏联为主的世界双边发展援助体系，变为以日本、西欧和美国为主要援助国的世界双边发展援助的新体系。

（六）援助的形式发生了变化

援助形式的变化主要体现在项目援助的比重下降，而方案援助和债务减免的比重上升。1990 年生产性项目援助占国际发展援助总额的比重从 1976 年的 21.8% 下降到 12.2%，债务减免的比重却达到了 23.3%。其中美国 1990 年的债务减免数额占美国当年官方发展援助总额的 57.1%，从 1998 年至 2004 年，美国每年的债务减免数额占美国当年官方发展援助总额的比重均保持在 50％以上。

（七）双边发展援助的地理分布相对稳定

美国发展援助的重点在拉丁美洲和中东地区,法国集中在非洲讲法语的国家,英国将南亚和非洲的英联邦国家视为援助的主要对象,日本则将大部分援助给予了东南亚各国,而石油输出国组织的成员国将援款的 80％以上给予了阿拉伯国家。近些年来,主要援助国都加强了对撒哈拉以南地区非洲国家的援助,减少了对南亚国家的援助。从 80 年代初到 90 年代末,流向撒哈拉以南非洲国家的双边援助额占双边援助总额的比重由 28.5％上升到 31.3％,而流向南亚国家的却从 18.7％下降到 10％。

（八）援助的赠与成分不断提高

1989 年以后,发展援助委员会成员国向发展中国家提供发展援助的赠与成分平均超过了 90％,超过了发展援助委员会规定的 86％的标准。从 1995 年至 2004 年,发达国家向 48 个最不发达国家或地区提供发展援助的赠与成分平均高达 98％,其中对 15 个国家援助的赠与成分达到了 100％。

（九）受援国加强了对援助项目的管理和评估

20 世纪 80 年代以前,双边援助的管理与评估工作远远不如多边援助。进入 80 年代以后,援助国加强了同受援国就有关援建项目某些具体问题的联系与合作,并注重项目评估,有时甚至参与项目管理,以此来提高援助的效益。如从 1997 年开始,联合国发展系统开始推行在驻地一级实施"联合国发展援助框架"的做法,使受援国的发展计划与联合国的援助计划相一致,以提高援助资金的使用效益。

（十）发达国家往往是受益最多者

发达国家每年拿出数千亿美元的援款或物资,但这种援助最大的受益者却是发达国家自己。美国国际开发署的网页直言不讳,"美国对外援助计划的受益者始终是美国,美国国际开发署近 80％的合同和赠款直接落进了美国公司的腰包,从而为美国产品创造了市场,为美国人创造了成千上万个就业机会"。据美国《华盛顿邮报》2003 年 5 月 26 日报道,美国国际开发署的对外援助在首都华盛顿地区造就了一项庞大的"援助生意",这个地区聚集了数十家争夺美国国际开发署合同的"开发公司"。其中大多数公司的员工是美国国际开发署的退休人员。美国民主党议员吉姆·麦克德莫特所做的一项研究表明,美国花在针对非洲艾滋病危机上的每一美元中,有53美分留在了华盛顿地区。按照联合国的统计,在联合国所需援助物资的采购合同中,10万美元以上合同的供应商一般都是发达国家的跨国公司,这也反映了联合国在采购中一般是带有浓厚的捐助国市场保护色彩。

（十一）　安全援助正受到各援助国的普遍重视

"9.11"后以美国为首的西方发达国家从政治上的军事援助扩大到跨国犯罪和反对恐怖主义,甚至一度将打击恐怖主义作为援助的首要目标。

（十二）　发展援助政策在不断地调整和变化

各国的对外发展援助政策直接影响到多边机构的援助政策和援助资金的流向。20世纪80年代以来,各发达国家的发展援助政策不断地调整。以欧盟为例,从80年代的第四个《洛美协定》到2000年的《科托努协定》,欧盟的援助政策从以贸易特惠为特色转为强调自由贸易,从注重援助的经济方面转为注重发展援助的政治和社会内涵,从不干预和保持中立特色转为注重对受援国的经济政治政策的监督和干预。

（十三）　减债正在成为援助的主要方式

债务历来是发展中国家最沉重的负担,尤其是非洲。在全世界48个最贫穷的国家中非洲占了34个,非洲人口占世界总人口的11%,但经济只占世界经济总量的约1%。据联合国的统计,非洲每年财政收入的25%用于偿还3 000多亿美元的债务。目前非洲的债务以每年23%的速度递增,远远高于非洲经济目前3%～5%的平均增长率。2000年年底国际金融机构联合签署了一份公报,宣布减免18个非洲国家总额为340亿美元的债务;在2005年6月的8国财长会议上,发达国家减免非洲18国所欠世界银行、国际货币基金组织、非洲开发银行等国际金融机构400亿美元的债务,减免债务正在成为发展援助的重要方式。

第二节　联合国发展系统的援助

一、联合国发展系统

联合国发展系统(United Nations Development System)亦称联合国援助系统(United Nations Assistance System),是联合国向发展中国家提供发展援助

的机构体系。该系统是一个非常庞大而又复杂的体系,拥有 30 多个组织和机构。这些组织和机构在世界各国或地区设有众多的办事机构或代表处。联合国发展系统的机构可以分为三大类:第一类是政策指导性机构,如联合国大会、经济及社会理事会等。第二类是筹资机构,主要包括开发计划署、人口基金会、儿童基金会和粮食计划署等,其中前三个筹资机构也被称为联合国的三大筹资机构。前两类机构直属联合国发展系统。第三类是联合国的专门机构或称执行机构,它们主要是由各国政府通过协议成立的各种国际专业性组织,这些专业性组织是一种具有自己的预算和各种机构的独立的国际组织。但由于它们通过联合国经济及社会理事会的协调同联合国发展系统进行合作,并以执行机构的身份参加联合国的发展援助活动,故称联合国发展系统的专门机构。目前,联合国有近 20 个专门机构,它们分别是国际劳工组织、联合国粮农组织、联合国教科文组织、联合国艾滋病规划署、世界卫生组织、联合国妇女发展基金、国际货币基金组织、国际复兴开发银行、国际开发协会、国际金融公司、国际民用航空组织、万国邮政联盟、国际电信联盟、世界气象组织、国际海事组织、世界知识产权组织、国际农发基金、联合国工发组织等。各专门机构根据自己的专业范围,承担执行联合国发展系统相应部门的发展援助项目。联合国发展系统的主要任务是向发展中国家提供无偿技术援助。

二、联合国发展系统的三大筹资机构

联合国发展系统的三大筹资机构是指开发计划署、人口基金会和儿童基金会。联合国发展系统的援款大部分是通过这三个机构发放的。

(一) 联合国开发计划署

联合国开发计划署(United Nations Development Programme,UNDP)是联合国发展系统从事多边经济技术合作的主要协调机构和最大的筹资机构。它是根据 1965 年 1 月联合国大会通过的第 2029 号决议,将技术援助扩大方案和经济发展特别基金合并而成,总部设在美国纽约。其宗旨和任务是:向发展中国家提供经济和社会方面的发展援助;派遣专家进行考察,担任技术指导或顾问,对受援国有关人员进行培训;帮助发展中国家建立应用现代科学技术方法的机构;协助发展中国家制订国民经济发展计划及提高它们战胜自然灾害的能力。开发计划署的领导机构由执行局和秘书处组成,执行局由 36 个各大洲的成员国代表组成,任期 3 年,每年举行 3 次常会和 1 次年会。秘书处主要是按照执行局的政策并在署长的领导下处理具体事务。署长的任期为 4 年。开发计划署的援助资金主要来源于会员国的自愿捐款,发达国家是主要的捐款国,其资金拥有量占联合国发展系统资金总量的一半以上。其援款主要是根据由会员国的捐款总额、受援国的人口总数和受援国人均国民生产总值所确定的指规数（Indicative Planning Figure）进行分配。1972 年以后，开发计划署开始实行发展周期制度，即每 5 年为一个周期，进行一次援款分配。到目前为止，开发计划署已进行了 6 个周期，前 2 个周期将援款的 2/3 分配给了人均国民生产总值不足 300 美元的国家，从第 3 个周期开始将援款的 80％在人均国民生产总值低于 500 美元的国家之间进行分配，其中人均国民生产总值低于 250 美元的国家还得到了特别照顾。开发计划署提供援助的方式主要是无偿的技术援助。其无偿技术援助活动的范围主要包括发展战略、政策和计划的研究与开发，自然资源、农业、林业、渔业、工业、运输、通信、贸易和金融等方面的考察与开发，人口、住房、卫生、就业、文化和科技等方面的培训与现代技术的应用等。开发计划署已向世界上 140 多个发展中国家或地区提供过发展援助，并在 134 个国家或地区设立了驻地代表处。目前约有 4 万多人服务于开发计划署的各类机构及其自主的各类方案和项目。

（二）联合国人口基金会

联合国人口基金会（United Nations Population Fund, UNFPA）也是联合国发展系统主要的筹资机构。它成立于 1967 年，原名为人口活动信托基金，1969 年改为现名，总部在美国纽约。人口基金会的主要机构也是由 36 国组成的执行局。其宗旨和任务是：提高世界各国人口活动的能力和知识水平；促进国际社会了解人口问题对经济、社会和环境方面的影响，促使各国根据各自的情况寻求解决这些问题的有效途径；对有关人口计划诸如计划生育、人口统计资料的收集和整理，人口动态研究，人口培训及机构的设立，人口政策及规划的制定、评估、实施等方面的问题给予协调和援助。人口基金会的资金主要来自各国政府和各民间机构的捐赠。该基金的援款主要用于人口较为稠密的亚洲和太平洋地区国家，它们得到的援款大约占该基金会援款总额的 35％以上。根据联合国对各国人均国民收入和人口的统计，人口基金会将受援国分为 A、B、C 三类，划入 A 类的国家有 62 个，资金分配比例为 67％～69％，B 类的国家有 39 个，资金分配比例为 19％～21％，C 类的国家有 12 个，资金分配比例为 7％～9％。目前中国属于 C 类国家。人口基金会以无偿技术援助的形式提供的项目援助的内容主要有：学校内外的人口教育，计划生育的宣传教育及规划管理和节育手术，进行人口普查，统计手册的编制，人口方面基本数据的收集，关于人口学数据、人口变动、人口发展和社会经济因素对人口影响等方面的分析，制定人口政策和方案并对这些政策和方案进行评价，实施人口政策和方案，为妇女、儿童、青年、老年、赤贫者、残疾者提供特别的援助方案，为人口会议、培训机构、情报交换所和文件中心的建立提供援助。

（三）联合国儿童基金会

联合国儿童基金会(United Nations Children's Fund, UNICEF)原称联合国国际儿童紧急救援基金会(United Nations International Children's Emergency Fund)。1946年12月，为向当时遭受第二次世界大战破坏地区的儿童提供紧急救济而设立，期限仅为3年。1953年10月，联大正式通过决议将其永久化，总部设在纽约。儿童基金会的领导机构也是由来自36个各洲的成员国代表组成的执行局，并在全世界设有37个国家(地区)委员会。目前，它在全球的125个国家设有办事处，并设有8个地区办事处，在意大利还设有一个研究中心，它已发展成为联合国发展系统的主要筹资机构之一。儿童基金会的宗旨和任务是：根据1959年11月联合国《儿童权利宣言》的要求，帮助各国政府实现保护儿童利益和改善儿童境遇的计划，使全世界的儿童不受任何歧视地得到应享的权益。儿童基金会的援助资金主要来自各成员国政府、国际组织和私人的自愿捐赠，有时也通过出售贺年卡等方式进行筹资活动。该基金会将资金的2/3用于对儿童的营养、卫生和教育提供援助；1/3用于对受援国或地区从事有关儿童工作的人员进行职业培训。儿童基金会在与发展中国家的合作中，主要采用三种形式：一是对规划和设计儿童服务项目方面提供技术援助；二是为上述服务项目提供用品和设备；三是为援助项目中培训从事儿童工作的有关人员提供资金。儿童基金会始终奉行"普遍性、中立性和无偿性"的原则，即在发放援款时，不论儿童的种族、信仰、性别或其父母政见如何，一律公平对待。接受儿童基金会援助的国家大致可分三类：第一类是需要特别援助的国家，这类国家主要包括人均国民生产总值在410美元以下的最不发达国家，儿童不足50万而又确实需要特别照顾的小国和暂时需要额外援助的国家等；第二类是人均收入在410美元以上的发展中国家；第三类是已经达到较高经济发展水平，但由于缺乏专门人才，仍然需要特殊援助的国家。目前已有近120个发展中国家和约14亿儿童接受儿童基金会的援助。儿童基金会一直致力于儿童和妇女方面的保护工作，并经常以项目的名义进行，如儿童基金会曾在阿富汗开展"妇女收音机计划"，为阿富汗的妇女购进了约2 000部收音机，让她们收听有关健康和营养的节目；为880万名年龄介于6个月至12岁的阿富汗儿童提供永久性麻疹免疫保护；为约5 000名来自阿富汗偏远地区的教师提供教学技巧培训，并为50万名学生提供足够的学校设施和学习用品。在非洲，儿童基金会在非洲教育部长会议上发起了一场"2005年底前25国运动"，其目的是彻底消除全世界在初级和中等教育过程中的性别差异，帮助发展中国家的青少年女性获得接受教育的权利，让这些国家了解女童入学的必要性，并确保贝宁、巴布亚新几内亚、也门、印度、孟加拉国等25国政府为女童提供就学机会。该基金会已援助的项目涉及儿童基础服务设施、母幼卫生永久服务设施、儿童常见疾病防治、家庭计划、饮用水及环境卫生、教育培训、灾难救济等。资金在全球范围内各领域的分配比例是,妇女儿童保健占 33％,供水和环境卫生占 9％,儿童营养占 6％,社区发展、妇女参与发展和特殊儿童保护占 14％,教育、早期儿童保护和发展占 16％,计划宣传和跨部门活动占 22％。1965年儿童基金会曾获得诺贝尔和平奖。

三、联合国发展系统援助的实施程序

联合国发展系统所采用的主要援助方式是提供无偿的技术援助。其提供无偿技术援助的整个程序主要包括国别方案和国家间方案的制订、项目文件的编制、项目的实施、项目的评价及项目的后续活动等。这一程序又称项目的援助周期。到目前为止,某些程序在联合国发展系统内的各个组织和机构中尚未完全得到统一,现行的有关程序均是以 1970 年联合国大会通过的第 2688 号决议为主要依据,并在此基础上根据项目实施的需要加以引申和发展而成的。

(一) 制订国别方案和国家间方案

国别方案(Country Programme)是受援国政府在联合国发展系统的有关组织或机构的协助下,编制的有关受援国政府与联合国发展系统的有关出资机构在一定时期和一定范围内开展经济技术合作的具体方案。国别方案的具体内容主要有:①受援国的国民经济发展规划;②需要联合国提供援助的具体部门和具体项目;③援助所要实现的经济和社会发展目标;④需要联合国对项目所作的投入。每一个接受联合国发展系统机构援助的国家都必须编制国别方案,但国别方案必须经联合国有关出资机构理事会的批准,经批准的国别方案成为受援国与联合国发展系统有关机构进行经济技术合作的依据。在联合国发展系统的多边援助中,国别方案所占援助资金的比重最大。国家间方案(Inter-Country Programme)亦称区域方案(Regional Programme)或全球方案(Global Programme),它是联合国在分区域、区域、区域间或全球的基础上对各国家集团提供技术援助的具体方案。国家间方案的内容与国别方案的内容基本相同,但必须同各参加国优先发展的次序相吻合,并根据各国的实际需要来制订。国家间方案也须由联合国有关出资机构理事会的批准方能生效。根据规定,国家间方案至少应由两个以上的国家提出申请,联合国才考虑予以资助。国别方案和国家间方案均是一种含有许多项目的一揽子方案,其中的每一个具体方案须逐个履行审批手续。根据联合国的现行规定,40 万美元以上的项目须由出资机构的负责人批准;40 万美元以下的项目只需由出资机构负责人授权其派驻受援国的代表批准即可。

(二) 编制项目文件

项目文件(Project Document)是受援国和联合国发展系统有关机构为实施

援助项目而编制的文件。项目文件主要应该包括封面及项目文件的法律依据，项目及与此有关的具体情况，项目的监督、审评和报告，项目的预算四部分。项目文件封面主要包括项目的名称、编号、期限、主要作用和次要作用、部门和分部门、实施机构、政府执行机构、预计开始时间、政府的投入、项目的简要说明等。项目文件内容的第一部分是项目文件的法律依据，即编制项目文件所依据的有关法律条文或条款。该法律条文或条款通常包括受援国与联合国发展系统有关机构之间签署的各种协议。第二部分主要是说明项目及与此有关的具体情况，这一部分是项目文件的核心内容。它主要包括：项目的发展目标、项目的近期目标、其他目标、项目的活动、项目的产出、项目的风险、事前义务、后续援助等内容。项目文件是受援国政府、联合国发展系统的出资机构和执行机构执行或监督项目的依据。

（三）项目的实施

项目的实施是指执行项目文件各项目内容的全部过程。这一过程主要包括以下几项工作：

（1）任命项目主任。项目主任是直接负责实施援助项目的组织者和责任者，其一般由受援国政府主管业务的部门任命，并经政府协调部门和联合国发展系统有关机构的协商和认可。在通常情况下，国别方案下的项目主任由受援国当地人担任，国家间方案下的项目主任由国际人员担任。

（2）征聘专家和顾问。项目专家和顾问的征聘一般由受援国政府决定，但受援国政府必须在项目实施开始前的 4 个月提出征聘请求，并与联合国发展系统有关机构协商和编写拟聘专家和顾问的报告。

（3）选派出国培训人员。为实施援助项目而需要出国培训的有关技术人员，主要以进修和考察两种形式进行选派，出国进修和考察的具体人选均由受援国家政府推荐、经联合国发展系统有关执行机构对其业务和外语水平审查批准后方可成行。

（4）购置实施项目所需要的设备。根据联合国的规定，联合国发展系统出资机构提供的援助资金只能用于购买在受援国采购不到的设备或需用国际可兑换货币付款的设备，价格在 2 万美元以上的设备应通过国际竞争性招标采购，价格在 2 万美元以下或某些特殊设备可以直接采购，购置实施项目所需设备的种类和规格需经联合国发展系统出资机构的审核批准。

（四）项目的评价

项目的评价是指对正在进行中的或已完成的项目的实施、结果、实际的或可能的功效等，作出客观和实事求是的评价。项目评价的目的在于尽可能客观地对项目的实施和功效作出论证。项目的评价工作主要包括对项目准备的审查、对项目申请的评估、对各项业务活动的监督和对项目各项成果的评价。其中对各项业务活动的监督和对项目各项成果的评价最为重要。对各项业务活动的监督又称进行中的评价,它主要是通过两种方式进行:一种是三方审评,即由受援国政府、联合国发展系统的出资机构和执行机构三方,每隔半年或一年举行一次审评会议,审评项目的执行情况、财务情况、项目的近期目标和活动计划。三方审评的目的是找出项目实施中的问题,研究解决方法,调整和制订下一阶段的工作计划,三方审评会议一般在项目的施工现场举行。另一种是年度审评,它是在三方审评的基础上,由受援国政府同联合国发展系统的出资机构对项目总的执行情况所进行的一年一度的审评。

(五) 项目的后续活动

项目的后续活动(Follow-up Action of Project)亦称项目的后续援助(Follow-up Assistance of Project)。它是指联合国发展系统的技术援助项目按照原订的实施计划完成了各项近期目标之后,由联合国发展系统的有关机构、受援国政府、其他国家政府或其他多边机构继续对项目采取的援助活动。项目的后续活动一般可分为三种类型:

(1) 在联合国发展系统的有关机构提供的技术援助项目实现了近期目标之后,为了达到远期发展目标,由联合国发展系统的有关机构对该项目继续提供的技术援助。这种形式的后续活动被联合国称为第二期或第三期援助。

(2) 在联合国发展系统对某一项目提供的技术援助结束之后,由其他国家政府或其他多边机构对该项目或与该项目有直接关系的项目,以投资、信贷或合资等形式提供的援助。这种形式的后续援助大多属于资本援助。

(3) 在联合国发展系统对某一项目提供的技术援助结束之后,由受援国政府根据项目的实际需要,继续对该项目或与该项目有直接关系的项目进行投资,以扩充项目的规模,增加项目的效用。项目的后续活动实际上是巩固援助项目成果的一种手段。

第三节　世界银行贷款

一、世界银行概述

世界银行是世界银行集团的简称,共包括 5 个机构,即 1945 年设立的国际复兴开发银行、1956 年设立的国际金融公司、1960 年设立的国际开发协会、1965 年设立的解决投资争端国际中心和 1988 年设立的多边投资担保机构。国际复兴开发银行的主要任务是以低于国际金融市场利率向发展中国家提供中长期贷款；国际金融公司则负责向发展中国家的私营部门提供贷款或直接参股投资；国际开发协会专门从事向低收入的发展中国家提供长期的无息贷款；解决投资争端国际中心通过调停和仲裁外国投资者与东道国之间的争端，帮助促进国际投资，以鼓励更多的国际投资流向发展中国家；多边投资担保机构主要是通过向外国投资者提供非商业性风险担保，帮助发展中国家吸引外国投资，也为政府吸引私人投资提供咨询服务，传播有关发展中国家投资机会的信息。其中国际复兴开发银行、国际金融公司和国际开发协会属于援助性的国际金融机构。世界银行的资金主要来自成员国认缴的股本、国际金融市场筹资、贷款的业务收益等。按世界银行成立时的协议规定，成员国应缴纳认购股本的 20％，其中 2％必须用黄金和美元支付，其余 18％用本国货币支付，1988 年第三次增资后，成员国应缴纳认购股本的比例降为 3％，其中 0.3％用黄金和美元支付；其余 2.7％用本国货币支付。

二、世界银行的国际发展援助活动

世界银行的宗旨是通过向成员国中的发展中国家提供资金和技术援助，来帮助发展中国家提高生产力，以促进发展中国家的经济发展和社会进步，通过可持续发展和投资于人来减少贫困，提高生活水平。因此，世界银行把影响最大的领域作为其援助重点，如生育健康、妇女保健、营养、儿童早期开发计划、基础教育等为最主要的援助对象。世界银行每年向 100 多个国家的发展项目提供新增的贷款承诺额在 200 亿美元左右，它已发展成为当今世界上最大的开发性和援助性国际金融机构。其具体活动表现在以下几个方面。

（一）直接向发展中国家提供贷款和为发展中国家融资提供担保

向发展中国家提供贷款一直是世界银行的主要任务，而为发展中国家的融资提供担保也是世界银行的任务之一，世界银行实际上是发展中国家经济发展资金的主要来源之一。

（二）支持发展中国家在农业、基础设施、教育卫生等方面的发展

农业、基础设施、教育卫生历来是世界银行对发展中国家资金支持的重点领域，因为世界银行认为，这一领域的发展有利于世界银行目标的实现。

（三）帮助发展中国家制订发展计划和实施宏观经济改革

世界银行的贷款均为项目贷款，这些项目必须符合发展中国家的宏观经济

发展规划,尤其是对正在进行经济改革或转型的发展中国家的有关促进改革的项目,世界银行会给予更多的资金支持。

(四) 充当发展中国家经济发展的顾问机构

世界银行一般会利用其拥有的技术、信息、经验为发展中国家提供咨询和培训,帮助发展中国家制定可持续发展经济政策。其主要通过三种途径:一是与发展中国家成员国广泛对话,以保证在宏观经济政策、机制和一些关键部门的政策改革方面发挥较大作用;二是促使发展中国家在项目建设中使用最新的科技成果和最有效的操作方式;三是向发展中国家介绍有关的研究成果并推广其积累的经验。

三、世界银行贷款政策的演变

世界银行贷款政策的形成与演变,与世界经济及发展经济学的演变有着密切的关系,世界银行不断地把发展经济学的新观点和新思想付诸实践,因此其贷款政策从其成立大致经历了三个发展阶段。

(一) 投资主导型政策(20世纪50年代至60年代中期)

在这一阶段,世界银行认为资本积累是不发达国家经济发展的关键因素,不断地向发展中国家注入资本,可提高发展中国家的储蓄率,能促使发展中国家经济的快速增长。因此世界银行的贷款对象主要是那些需要大量投资而发展中国家又无力承担的项目,为此还特为发展中国家设立了国际开发协会,以向发展中国家转移资金。

(二) 增长再分配型政策(20世纪60年代中期至80年代初)

这一时期虽然发展中国家经济有所发展,但发展中国家居民的贫富差距在拉大,世界银行开始进行收入和消费有利于穷人的再分配,并力图把生产性资本转移给穷人。世界银行的贷款重点由此转移到农业、农村发展和社会服务领域,在发展经济学界把这种政策称为增长再分配型政策。

(三) 市场经济政策(20世纪80年代初至今)

受发展经济学从强调政府干预和公共部门带动经济起飞转变为强调市场导向和私人部门作用的影响,世界银行贷款开始对支持经济政策调整,建立市场机制的项目提供贷款。如提高支持公共部门调整、金融部门改革、市场发育、贸易体制改革等政策性贷款的比例,帮助发展中国家建立市场经济机制,并为发展中国家的政策研究、制订改革的行动计划、进行机构和法制建设提供技术援助,此外还在其支持的投资项目中增加政策性要求,如对我国贷款的电站项目要求同时进行电价改革和控制污染,支持的工业项目要求企业进行股份制改革等。

因此,世界银行目前贷款的业务活动的目标主要在于减少贫困、保护环境、开发人力资源、帮助成员国减轻债务、加强私营部门发展等。

四、世界银行贷款的特点

世界银行是具有开发援助性的国际金融机构,其主要目的是向成员国中的发展中国家提供资金和技术援助。因此,世界银行向发展中国家提供的开发援助性贷款具有以下特点。

(一) 贷款期限较长

国际复兴开发银行的贷款期限一般为 20 年,其中含 5 年的宽限期;国际开发协会的贷款期限长达 30 年,其中含 10 年的宽限期。

(二) 贷款实行浮动利率

贷款利率每半年调整一次,利息按已支付未偿还的贷款余额计收,对贷款协议签订 60 天后还未支收的已承诺的贷款余额收取年率为 0.75% 的承诺费。国际开发协会贷款虽免收利息,但须征收年率为 0.75% 的手续费,手续费按已拨付未偿还的贷款余额计收。

(三) 贷款的还本付息实行"货币总库制"

从 1980 年开始,世界银行对国际复兴开发银行的贷款还本付息实行"货币总库制"。"货币总库"由各国已支付未偿还贷款余额组成,并用几十种货币折算成美元进行混合计算。其中日元、德国马克、法国法郎、英镑、瑞士法郎等占 70% 以上,美元只占 10%。如果其指数受美元大幅度贬值的影响而急剧上升,借款国还本付息的数额也随之大幅度上升。也就是说,汇兑风险要在所有借款国之间分摊。

(四) 申请世界银行贷款需用的时间较长

从贷款项目的选定、准备、评估到贷款协议的正式签订一般需要 1 年半或更长的时间。这也说明使用世界银行贷款的手续十分烦琐。

五、世界银行的贷款条件

世界银行贷款虽然具有援助开发性质,但世界银行不是慈善机构,它的资金很大一部分来自国际金融市场的筹措,这就使贷款必须有足够的偿还保证。世

界银行为了实现其贷款宗旨,特别强调贷款的使用效率。因此,世界银行要求贷款的使用者必须具备下列条件:

(1) 贷款只贷放给会员国政府或由会员国政府、会员国中央银行担保的公私机构。

(2) 贷款一般用于世界银行批准的特定项目。这些经批准的特定项目,都是世界银行确认在技术上和经济上是可行的并在借款国的经济发展中应优先考虑的。但世界银行一般只提供该贷款项目所需资金总额的 30%～50%,其余部分由借款国自己筹备。

(3) 贷款项目建设单位的确定必须按照世界银行的采购指南,实行公开竞争性招标、公正评标并报经世界银行审查。

(4) 贷款项目的执行必须接受世界银行的监督和检查。

(5) 只贷给那些确实不能以合理的条件从其他途径得到资金的会员国。

(6) 只贷给有偿还能力的会员国。因为世界银行不是一个救济机构,它的贷款资金主要来自会员国认缴的股份和市场融资,为了银行业务的正常运转,它必然要求借款国有足够的偿还能力。贷款到期后必须足额偿还,不得延期。

六、世界银行贷款的种类

世界银行贷款形式很多,但大致可以分为以下五类。

(一) 具体投资贷款

具体投资贷款又称项目贷款。这类贷款的发放必须与具体的建设项目相联系,如世界银行向农业和农村发展、教育、能源、工业、交通、城市发展及给水和排水等项目发放的贷款均属于这一类。发放这种贷款的目的是提高发展中国家的生产能力和增加现有投资的产出。这类贷款在世界银行成立之初曾占有绝对的比例优势,随着世界经济空前的发展及世界银行政策的调整,这类贷款在其贷款业务中的比重已有所下降,但目前仍占 40%左右。在世界银行向我国提供的贷款中,具体投资贷款占了 80%以上。

(二) 部门贷款

部门贷款大致可分为三种,即部门投资贷款、中间金融机构贷款和部门调整贷款。

1. 部门投资贷款

部门投资贷款的重点在于改善部门政策和投资计划,帮助发展中国家有关机构制订和执行部门投资计划。这类贷款对借款国的组织机构要求较高,借款国要按与世界银行商定的标准对每个具体项目进行评估和监督。到目前为止,中等发展中国家使用这类贷款较为普遍,并且这类贷款多用于运输部门的项目。

2. 中间金融机构贷款

中间金融机构贷款主要是指世界银行通过受援国的中间金融机构再转贷给具体的项目。承揽这项贷款业务的中间金融机构一般是开发金融公司和农业信贷机构。这类贷款项目的选择、评估和监督由借款机构负责,但项目选择和评估的标准及贷款利率由承办机构和世界银行商定。目前我国承办这类贷款的银行是中国投资银行和中国农业银行等。

3. 部门调整贷款

当借款国执行能力有限,总的经济管理和政策改革水平或国民经济的规模不允许进行结构调整时,世界银行将考虑提供部门调整贷款。这种贷款的目的在于帮助借款国某一具体部门进行全国的政策调整和体制改革。中国曾向世界银行借过一笔 3 亿美元的该种贷款,用于在农村开发方面的改革。

(三) 结构调整贷款

使用结构调整贷款的条件较为严格,借款国必须按规定的程序和条件使用这类贷款,其中任何一笔贷款未按条件执行,下一笔贷款便停止支付。该类贷款旨在帮助借款国在宏观经济、部门经济和机构体制方面进行全面的调整和改革,以克服其经济困难,特别是国际收支不平衡。结构调整贷款比部门调整贷款涉及的范围要广。近些年来,随着苏联的解体和东欧国家体制的变化,这类贷款占世界银行贷款的比重有所增加,主要用于帮助这些国家进行经济转轨。

(四) 技术援助贷款

世界银行在向发展中国家提供技术援助贷款时,不仅要求贷款的一部分用于项目的硬件建设,而且要求将其中的一部分资金用于人员培训和组织机构的改革等软件建设。该种贷款的目的不仅是为某一具体项目的建设,而且是为发展中国家制订国民经济规划、改革国营企业和改善机构的经营管理提供帮助。

(五) 紧急复兴贷款

紧急复兴贷款是世界银行向由于自然或社会原因所造成损失的发展中国家提供的贷款。世界银行曾因大兴安岭火灾为我国提供过这类贷款。

(六) 小额扶贫信贷

小额扶贫信贷是世界银行 20 世纪 90 年代中后期推出的为发展中国家的穷人提供的无抵押担保的小额信贷。它的特点是资金入户,资金的使用者自我管理。这样不仅解决了穷人贷款难的问题,也提高了穷人的个人能力,小额扶贫贷款的效用已超越了贷款本身。如 1995 年 10 月起,世界银行在陕西安康汉滨区的小额贷款效果显著,5 年后该区 98％的农户解决了温饱问题。

七、世界银行贷款的发放程序

世界银行贷款的发放需要经过项目的选定、项目的准备、项目的评估、项目的谈判、项目的执行和项目的总结评价六个程序。这六个程序也被称为项目周期。

(一) 项目的选定

项目的选定是指由借款国选定一些符合本国经济和社会发展需要并符合世界银行贷款政策的项目,提供给世界银行进行筛选。借款国选定项目以后,编制"项目的选定简报",然后将"项目的选定简报"送交世界银行进行筛选。经世界银行筛选后的项目,将被列入世界银行的贷款计划,成为拟议中的项目。

(二) 项目的准备

项目准备工作的主要内容是借款国对经世界银行筛选过的项目进行可行性研究。项目的可行性研究一般由借款国独立完成,但世界银行对借款国所进行的项目可行性研究等项目准备工作提供资金和技术援助。项目准备工作时间的长短取决于项目的性质和借款国有关人员的工作经验和能力,一般需要 1～2 年。

(三) 项目的评估

项目评估就是由世界银行对筛选过的项目进行详细审查、分析、论证和决策的整个过程。它实际上是对项目可行性研究报告的各种论据进行再分析、再评价、再论证,并作出最后决策。如果世界银行认为申请贷款的项目符合其贷款条件,就提出两份报告书,其中先提出一份项目可行性研究的"绿皮报告书",随后再提出一份同意为该项目提供贷款的通知书,即"灰皮报告书"。

(四) 项目的谈判

世界银行在经过项目评估并提出上述两份报告之后,便邀请借款国派代表团到其总部就签署贷款协议问题进行谈判。项目谈判的内容主要包括项目的贷款金额、期限、偿还方式,以及为保证项目的顺利执行所应采取的具体措施。项目的谈判大约需要 10～14 天,在双方共同签署了贷款协议之后,再由借款国的财政部代表借款国政府与世界银行签署担保协议。在贷款协议和担保协议报经世界银行执行董事会批准,并报送联合国登记注册后,项目便可进入执行阶段。

（五）项目的执行

项目的执行一般由借款国负责，但世界银行要对项目的执行情况进行监督。项目执行必须是在贷款项目完成了法定的批准手续之后进行。项目执行主要包括两方面内容：一方面是配备技术和管理等方面的专家，并制定项目的实施技术方案和时间表；另一方面是组织项目建设的招标工作，按世界银行的规定，投标者除瑞士之外，必须是国际复兴开发银行和国际开发协会的会员国，如果投标者是来自借款国的企业，还可以给予 10％～15％的优惠。

（六）项目的总结评价

项目的总结评价是世界银行对其提供贷款项目所要达到的目标、效益和存在的问题所进行的全面总结。对项目的总结评价一般在世界银行对项目贷款全部发放完毕后一年左右进行。在对项目进行总结评价之前，一般先由项目的银行主管人员准备一份项目的完成报告，然后由世界银行的业务评议局根据项目的完成报告对项目的成果进行全面的总结评价。

第四节　政　府　贷　款

政府贷款是各类贷款中优惠程度最高的一种，具体体现为无息或低息，以及贷款期和宽限期均较长。以发展援助委员会成员国提供的政府贷款条件为例，贷款的平均期限为 30 年左右，宽限期平均为 10 年，利率均在 3％以下，其赠与成分平均高达 80％。这确实是发展中国家寻求发展资金的一种较好途径。

一、政府贷款的概念及其种类

政府贷款亦称外国政府贷款或双边政府贷款。它是指一国政府利用其财政资金，向另一国政府提供的具有开发援助性质、期限较长、利率较低的优惠性贷款。政府贷款的偿还期一般为 20～30 年，最长的可达 50 年，其中含有 5～10 年的宽限期，贷款的年利率一般为 2％～3％。有的国家在发放政府贷款时免收利息。政府贷款的资金主要来自各国的财政拨款，并通过列入国家财政预算支出的资金进行收付，所以政府贷款一般是由各国的中央政府经过完备的立法手续加以批准后才能提供。政府贷款按贷款的条件可分为四类：第一类是软贷款或称政府财政性贷款。这种贷款有无息和低息两种，而且还款期和宽限期均较长，它一般贷放给那些非营利的开发性项目。第二类是混合性贷款。它是将政府财政性贷款和一般商业性贷款混合在一起的一种贷款,其优惠程度低于财政性贷款而远远高于一般商业性贷款。第三类是将一定比例的赠款与出口信贷结合而成的一种贷款。第四类是政府财政性贷款与出口信贷结合而成的一种贷款。由于政府贷款是一种无息或低息、偿还期限较长并有一定的宽限期的优惠性贷款,因此政府贷款含有一定的赠与成分。按国际惯例,政府贷款属于官方发展援助,其赠与成分必须在25%以上。

二、政府贷款的特点

(一) 资金来自于政府预算

贷款国用国家的预算资金直接与借款国发生信贷关系,属于国家资本输出的一种形式。

(二) 政府贷款属于主权外债

政府贷款是借款国政府借用外国政府的一种外债,属于债权和债务国政府之间发生的一种债权和债务关系。因此它被视为一种主权外债。

(三) 政治性极强

政府贷款是必须建立在两国政治经济关系良好的基础上的一种合作关系。美国在推翻萨达姆政权后,美国国防部立即宣布筹款17亿美元用于援助伊拉克。

(四) 政府贷款的数额受援助国财政支出和国际收支的影响

在一个国家经济状况较好或国际收支状况良好时,该国用于政府贷款的数额可能会较多。但当经济状况不好或国际收支出现逆差时,用于政府贷款的数额便随之减少。

三、各国提供政府贷款的一般条件

政府贷款的提供者是发达国家或有能力提供贷款国家的政府,这些国家政府往往根据本国的政治和经济需要,规定了不同的贷款条件。但大致可归纳为以下几种。

(1) 接受政府贷款的项目单位不管是国营的还是私营的,必须以政府的名义接受,即需要经过双方国家的政府照会,并通过法定的批准程序和辅之以一系列的外交函件。

(2) 借款国必须按贷款国的要求购买项目建设所需的物资和设备,即限制性采购。从目前来看，大多数贷款国都要求借款国将贷款的全部或一部分用于购买贷款国生产的物资和设备。即使贷款国没有采用限制性采购条款，但也要求借款国必须以国际公开招标的方式，或在包括经合组织成员在内的，或在发展援助委员会所规定的发展中国家或地区的"合格货源国"采购设备和物资。

（3）有些国家在发放政府贷款时，将贷款的一定比例与出口信贷相结合。其目的在于带动贷款国的商品出口，以扩大贷款国商品输出的规模。

（4）也有少数国家在发放政府贷款时，要求借款国在政治倾向、人权等方面作出承诺。因此，政府贷款的发放必须以两国良好的政治关系为前提。

四、政府贷款的发放程序

政府贷款一般由援助国政府主管财政的部门或通过该部门由政府设立的专门机构负责提供。政府贷款对援助国和受援国来说都是一种涉外业务，但它与国内业务又是密不可分的，其中的很多工作往往同时或交叉进行。由于提供政府贷款的援助国较多，所以它们发放贷款的程序也不相同，但大都需要经过以下几个程序：

（1）由受援国选定贷款项目，并与援助国进行非正式的会谈。在受援国向援助国提出项目贷款的请求以前，先由受援国申请项目贷款的单位向受援国的有关主管部门提交贷款申请，然后由受援国主管部门选定需要贷款的备选项目。在准备申请贷款的备选项目确定之后，由受援国政府的有关主管部门以政府的名义与贷款国政府的有关主管部门进行非正式的会谈，并将申请贷款的备选项目提供给贷款国进行研究。双方经过仔细的研究和磋商，开始对双方共同感兴趣的项目进行调查、评估和筛选。

（2）编制贷款项目可行性研究报告。贷款项目的可行性研究报告一般由借款国的项目单位负责。如果项目单位确有困难，可以聘请外国的咨询机构帮助编制。项目可行性研究报告实际上是贷款国确定是否给该项目提供贷款的依据。在项目可行性研究报告得到正式批准以后，便可签订各种商务合同。

（3）援助国对双方共同感兴趣的项目进行调查和评估。对备选的贷款项目进行调查和评估是援助国选定贷款项目的基础。援助国为确保受援国所借款项到期能够还本付息，并使援助性贷款用于受援国急需建设或能够促进受援国经济和社会发展的项目，就必须对借款国的经济状况和未来的发展前景进行调查，并在调查的基础上进行评估，以了解项目在技术上和经济上的可行性。调查一般可采用两种方式：一种是援助国对受援国提交的贷款项目可行性研究报告和项目建设的具体实施计划进行调查和研究；另一种是援助国派调查组到借款国进行实地调查，实地调查的内容主要包括受援国的工农业生产、资源、工业基础设施（包括能源、交通运输、电信等）、管理水平、进出口状况、国际收支、偿债能力、经济政策、有关法规、近期规划和长远发展目标等。援助国在调查的基础上开始对备选项目进行评估,评估的内容主要包括从确定项目到提出项目贷款的全部过程,以及项目形成的背景和特点;项目是否符合受援国国民经济发展计划的目标;项目的工程总体规划在技术上的可行性;项目的实施计划是否切实可行(包括资金来源、执行机构、施工方式、计划与进度、原材料的采购方法等);项目的预算(包括土地、设备、原材料、动力与燃料、人工以及其他费用);项目的贷款计划和支付时间表;项目在财务上的可行性;项目的经济和社会效益;项目对环境的影响等。

(4) 援助国与受援国举行正式会谈,并由援助国通过外交途径对项目贷款进行正式承诺。在调查和评估的基础上,援助国与受援国开始举行正式会谈,以确定双方共同感兴趣的合作领域或项目、贷款金额和贷款的各项具体条件等。在经过双方正式会谈并确定了贷款项目和各项具体条件之后,援助国则通过外交途径向受援国正式作出提供项目贷款的承诺,即援助国向受援国承诺提供贷款的项目、贷款金额和贷款期限等。

(5) 商谈贷款条件、签署贷款协议。在援助国和受援国政府间的正式会谈中所谈的贷款条件往往是总体的或原则性的,而不是具体的。有关项目贷款的各项具体的财政条件和实施细则有时在政府间的会谈中确定,有时由两国政府委托各自的中央银行或其他有关银行来商谈确定。在援助国正式作出贷款承诺并确定了具体条件以后,两国政府应正式签署贷款协议。

(6) 项目的实施、总结评价和还本付息。贷款协议签署后,借款单位根据协议做好接货、商检、调试、投产工作,并按协议规定提取贷款。项目建成并进行试运转后,双方对贷款项目进行总结评价,受援国还应按时还本付息及支付各项应付的费用。

第五节　主要发达国家的对外发展援助

一、美国的对外发展援助

美国是当今世界经济势力最强的国家,也是历史上提供发展援助最早和数量最多的国家。1980—1999 年,相当于同期发展援助委员会其他成员国提供的官方发展援助总额的约 1/5。早在第二次世界大战初期,美国就曾利用其在第二次世界大战中取得的政治、经济和军事上的优势,谋求通过双边援助来发展同其他国家的政治经济关系。1945 年 12 月,美国就与英国签署了财政协定,美国以英国支持布雷顿森林协定和建立国际货币基金组织为条件,给予英国 37.5 亿美元的低息贷款。1947—1952 年,美国又通过马歇尔计划向西欧提供了 131.5 亿美元的援助。1949 年以后,美国通过"第四点计划"将援助的范围扩大到亚洲和非洲的发展中国家。

二战后,美国一直是世界上头号的援助大国,尤其是 20 世纪 70 年代之前,美国每年提供的发展援助数量比发展援助委员会其他成员国提供的援助数量的总和还要多。1989 年,美国提供的官方发展援助额首次居日本之后,降为第二位,1990 年加上对发展中国家的债务减免才回到第一位。1991—1999 年,美国多数年份的官方发展援助额处于第二位。美国的对外发展援助数量的增加与其经济实力的增长是极不相称的,尤其是 60 年代以来,发展援助与经济实力相比有负增长的趋势。1965 年美国提供的官方发展援助净交付额占其国民生产总值的 0.58%,到 1970 年、1975 年、1980 年、1985 年却分别降至 0.32%、0.27%、0.27% 和 0.24%,1989 年降至最低点 0.15%,1990—2004 年一直保持在 0.22%～0.25%。这不仅低于联合国规定的 0.7% 的标准,而且是发展援助委员会成员国中提供官方发展援助净交付额占国民生产总值比例最低的国家。

美国的对外发展援助政策是与其政治经济利益紧密联系在一起的,援助政策取决于政治经济的需要,并经常根据其政治经济的需要加以调整。美国的对外援助分为安全援助和发展援助,安全援助是指为外交政策服务的军事援助。20 世纪 80 年代中期以前,军事援助占有相当的比重,1946—1985 年,美国共向 170 多个国家和多边机构提供过 4 070 亿美元的援助,其中发展援助为 2 940 亿美元,军事援助为 1 130 亿美元,分别占援助总额的 74% 和 27%。80 年代中期以后,美国对发展援助政策进行了调整,开始强调利用援助来促进发展中国家有关货币、私人投资和农产品价格等方面经济政策的改革;增加对私人部门的援助,以推动受援国市场经济的发展;加强技术援助,以培训受援国当地居民接受和应用技术的能力;帮助受援国建立学校、技术推广站、研究中心、培训中心和卫生保健系统。

国际开发署是美国负责实施发展援助的政府机构,它是依据美国 1961 年的对外援助法由肯尼迪下令设立的。经过多次变革,1998 年确定为一个直接处于国务卿领导下的法定的对外援助执行机构,美国的发展援助方案也是由国际开发署制订的。美国提供的发展援助一般采取赠款和贷款两种形式,但一半以上的援助采取限制性采购或半限制性采购,而且贷款的偿还必须以美元支付,并常常附有改善人权和民主状况,实行市场经济等条件。此外,美国还设立了主要用于援助与其有特殊政治和安全利害关系的经济支撑基金,目前有 40 多个国家享受该基金的援助。美国发放贷款的优惠程度取决于受援国的经济状况,对取得国际开发协会贷款资格的发展中国家,贷款期限为 40 年,宽限期为 10 年,偿还期为 30 年,宽限期内的贷款利率为 2%,偿还期内的贷款利率为 3%;对人均收入较高但又低于 1 300 美元的发展中国家提供贷款的期限为 25 年,宽限期为 10 年,宽限期前 5 年的贷款利率为 2%,后 5 年为 3%,偿还期内的贷款利率为 5%;对人均收入高于 1 300 美元的发展中国家,贷款期限为 20 年,宽限期为 10 年,宽限期前 5 年的贷款利率是 3%,后 5 年是 5%,偿还期内的贷款利率是 6%。

美国对外发展援助的主要地区是中东,每年向中东地区提供的发展援助额约占其援助总额的 60%;其次是拉美和非洲,分别占 20% 和 15%。以色列和埃及是接受美国援助最多的国家,大约占美国向中东地区提供援助总额的 2/3。近些年来,美国加强了对非洲国家的援助,尤其是加强了对尼日利亚、苏丹、索马里、利比里亚和塞内加尔的援助。美国提供援助的主要部门是粮食与营养、人口与卫生、教育与人力资源等。

二、日本的对外发展援助

日本虽然是二战中的战败国,但从经济起飞到跨入发达国家的行列只有 20 多年,其国民生产总值 1966 年超过法国,1967 年超过英国,1968 年超过原联邦德国,目前已是世界第二经济大国。日本的对外援助额也随其经济的发展不断增加。日本从 20 世纪 60 年代开始对外提供援助,1965 年对外发展援助总额仅为 2.44 亿美元,在美国、法国、英国和原联邦德国之后居第五位;1975 年为 11.48 亿美元,超过英国位居第四;1985 年为 37.97 亿美元,超过原联邦德国跃居第三位;1986 年为 56.34 亿美元,成为世界第二援助大国;1989 年以 84.94 亿美元首次超过美国成为世界第一援助大国。从此以后,除个别年份外,日本的对外发展援助数量基本上位居世界之首。1991—2004 年,日本的对外官方发展援助净交付额虽然都在 100 亿美元以上,但其占国民生产总值的比例仍然没有达到联合国所规定的 0.7% 的标准,一直徘徊在 0.29%~0.32%,低于发展援助委员会成员国的平均水平。

日本从事对外援助的主要机构是 1961 年设立的海外经济协力基金,该基金直属经济企划厅领导,负责具体实施日本的对外发展援助。日本对外发展援助的方向和规模由经济企划厅、外务省、大藏省、通产省等共同协商。国际协力事业团和日本输出入银行也是负责日本对外发展援助的执行机构,前者主要负责技术援助,后者主要负责发放优惠性贷款。日本政府于 1992 年 6 月 30 日通过了《政府开发援助大纲》,确立了对外援助的原则、目标、重点地区、重点领域和实施方法。

日本对外提供发展援助的主要形式有赠款、贷款和技术援助。赠款只向最不发达的发展中国家提供,一般用于帮助它们提高农业生产能力的粮食援助和难以获得资金的开发性项目,另外也对发展中国家的教育、渔业和救灾等提供赠款。贷款分两类：一类是由日本政府向发展中国家政府提供的直接贷款；另一类是由日本企业提供资金用于这些企业在发展中国家的合作项目。其中直接贷款又分为用于购买项目所需设备、材料和劳务的项目贷款，开发项目购置设备的设备贷款，通过受援国开发金融机构向受援国某项目提供资金的两步贷款，为项目设计、标书编写、咨询服务提供的工程服务贷款，支持项目当地费用的当地费用贷款，为项目建设的超支部分或维修已建成项目提供补充资金的补充资金贷款。日本提供的技术援助主要包括培训受援国的技术人员，派遣专家和技术人员到受援国进行技术指导及科研合作，向受援国提供设备和仪器等。

　　日本政府贷款的期限一般为 15～30 年，宽限期为 5～10 年，贷款的利率一般在 2.5% 以下，贷款的赠与成分平均在 70% 左右。日本发放政府贷款的限制性采购部分目前为 25% 左右，而且在发放政府贷款时，要求受援国必须通过国际竞争性招标方式向所有合格货源国的合格供货厂商或承包商购买商品和劳务，对于有些非限制性采购贷款，日本政府要求受援国在经济合作与发展组织成员国范围内购买商品和劳务。日本是为中国提供官方发展援助较多的国家，原则上无附加条件，但操作中却是限定性的，如日本政府贷款的多数项目规定"限定两国间采购"等捆绑条件。

　　日本的援助政策也是逐渐变化的。二战以后，日本在美国的占领下，进行了一系列政治经济改革，并走上了和平发展之路。在美国的扶植下，日本的经济得以迅速发展，为了恢复与东南亚国家之间的关系，日本于 1954 年 10 月作为援助国加入了英联邦国家主导的"南亚及东南亚经济合作与发展的科伦坡计划"，以赠送和借款方式向上述地区国家提供资金或物资、派遣专家、接收培训研修生。而日本采用了派遣专家、接收培训研修生援助方式。1955 年日本政府在预算中拨款 3 840 万日元，正式开始派遣专家、接收培训研修生业务，从此拉开了日本对外援助的序幕。日本还曾要求美国设立"亚洲版的马歇尔计划"，要求美国每年投资 40 亿美元，设立科伦坡框架内的"东南亚开发基金"。该提议没有得到美国的支持。1958 年年初日本出资 50 亿日元设立了"东南亚开发合作基金"，后来又追加了 100 亿日元。1958 年 8 月，出资 30 亿日元设立了"经济合作基金"。从 1958 年开始，日本开始向印度政府提供"束缚性"日元贷款，政府贷款从此成为日本对外从事经济援助的主要手段。1973 年，由于第一次石油危机的爆发，阿拉伯国家将日本列为"非友好国家"，减少了对日本的石油供应。87.7% 靠从中东进口石油的日本，改变追随美国轻视阿拉伯国家的立场，对中东国家开展援助外交，中东国家又将日本列入"友好国家"。

　　亚洲是日本主要的援助对象，日本每年大约将 2/3 以上的援款用于援助亚洲国家，如印度尼西亚、中国、泰国、印度和菲律宾等。在大平首相的倡导下，日本从 1966 年开始向非洲国家提供援助并几乎遍布所有非洲国家。近些年来，日本增加了对撒哈拉以南非洲国家的援助。日本的发展援助主要集中在电力、天然气和运输部门,向这三个部门发放的援款大约占其对外援助总额的 50% 以上;其次是农业和采矿业。日本很少对发展中国家的教育、卫生和计划生育等部门提供援助。日本与美国不同,其援助对象是与其贸易和投资联系密切的国家。从 1979 年开始,每年都要对中国提供大量的援助,其主要方式有资金合作、技术合作和人才交流。资金合作包括有偿资金合作、无偿资金合作和利民无偿资金援助。有偿资金合作主要是长期低息贷款,一般为 50 年,还款期 40 年,宽限期10 年;无偿资金援助主要是提供赠款,用于农业、医疗保健、环保、人才培养和教育等领域;利民无偿资金援助主要是小额赠款,主要是向非政府组织及地方公共项目提供的资金援助。技术合作主要是派遣专家将日本的技术传授给中国,接收进修生,提供设备等,涉的领域主要有基础设施、农业和环境保护。人才交流主要是培养相互理解的人才,实施人与人交流计划。

三、法国的对外发展援助

法国是发展援助委员会中的第三大援助国,1985—1999 年,法国提供的官方发展援助净交付额基本保持在联合国所规定的 0.7% 的标准以上,它是世界五个经济大国中提供的官方发展援助额占国民生产总值比例最高的国家。法国历来非常重视发展援助,它的官方发展援助额一直在稳步增长,1965年、1970 年、1975 年、1980 年、1985 年、1990 年分别为 7.52 亿美元、9.71 亿美元、20.93 亿美元、41.62 亿美元、39.95 亿美元、71.63 亿美元,此后,各年便维持在 70 亿~80 亿美元的水平上。即使在发展援助委员会 18 个成员国中有 11 个国家的官方发展援助净交付额都比前一年有大幅度下降的 1989 年,法国的官方发展援助额仍比 1988 年提高了 5.85 亿美元,达到了 74.5 亿美元,仅比当年头号经济大国美国的官方发展援助净交付额 76.76 亿美元少了 2.26 亿美元,而当年位于第一和第二援助大国的美国和日本 1989 年的官方发展援助净交付额却分别比 1988 年减少了 24.6 亿美元和 1.96 亿美元。

法国主管对外发展援助的机构有合作部、文化科学和技术关系管理总局、中央经济合作金库、财政部、领地国务部,它们分别负责不同国家和地区的发展援助工作。法国的海外省和领地的发展援助由领地国务部直接负责,各专业部和中央经济合作金库有时也向它们提供援助;对撒哈拉以南讲法语的非洲国家的财政和技术援助由合作部负责,贷款由中央经济合作金库负责;对其他发展中国家的无偿援助和援助性贷款由财政部负责,技术援助由文化科学和技术关系管理总局负责。此外,法国的各专业部分别负责执行各自领域内的技术援助。1975 年以后,中央经济合作金库开始向讲法语以外的国家和地区提供援助。

法国提供援助的主要形式有赠款、贷款和技术援助。赠款在法国提供的双边援助中一直占有很高的比例,目前每年在 80％左右。法国政府贷款的期限一般为 30 年,宽限期为 10 年,利率原来在 2.5％以下,1987 年以后改为 2％以下,从第二个 10 年开始每半年还款一次。政府贷款有时还以混合贷款的形式提供。法国的技术援助主要采取培训技术人员、接收留学生和派遣技术专家等形式。法国对外发展援助的重点地区是海外省及其领地,每年将援助总额的一半以上给予这些国家和地区;其次是讲法语的非洲国家和地区以及《洛美协定》的成员国。目前,法国增加了对法语以外国家和地区的发展援助。法国对外提供的发展援助主要集中在教育和卫生部门;其次是农业和农村发展部门。

四、德国的对外发展援助

德国是世界第三经济强国,也是发展援助委员会五大援助国之一。20 世纪 70 年代,德国跨入发展援助委员会三大援助国的行列。进入 80 年代以后,由于法国对外援助额的不断增加而退居第四位。德国的官方发展援助净交付额一直在稳步增长,似乎每隔五年就要踏上一个新的台阶。1965 年,德国的官方发展援助净交付额为 4.56 亿美元,1970 年达 6.99 亿美元,比 1965 年上升了 34.48％;1975 年为 16.89 亿美元,比 1970 年上升了 58.7％;1980 年为 35.67 亿美元,比 1975 年上升了 52.6％;1990 年为 93.80 亿美元,比 1980 年上升了 38.02％。此后便一直维持在这一水平上。虽然德国的官方发展援助净交付额占其国民生产总值的比例一直徘徊在 0.4％左右,远远低于联合国所规定的 0.7％的水平,但高于西方国家 0.3％的平均水平。

德国的发展援助政策是:原则上只向与德国有正式外交关系的发展中国家提供援助,援助数额的多少取决于受援国与德国的关系;一般不进行军事援助,也不向与军事援助有关的项目提供援助;受援国必须是发展中国家或有某种特殊需要的国家。近些年来,德国政府提出了援助政策应遵循的五大目标,即和平、人权、民主、市场经济和环境保护。

德国的双边发展援助的方式主要有贷款、无偿援助和技术援助,并只提供给那些经双方商定的项目。德国政府贷款的条件视受援国经济状况而定,对最贫穷的发展中国家的贷款期限为 50 年,宽限期为 10 年,利率仅为 0.75％;对收入较高的发展中国家的贷款期限为 20 年,宽限期为 5 年,利率在 4％左右;对中等收入的发展中国家的贷款期限为 30 年,宽限期为 10 年,利率在 2％左右。德国对最不发达国家有关基础设施项目往往采取无偿援助。德国提供技术援助的形式主要包括培训、科研和咨询。

德国从事双边发展援助的主要机构有德意志开发银行和复兴信贷银行。德意志开发银行主要通过投资和贷款的方式向最贫穷的发展中国家提供财政援助和技术援助,而复兴信贷银行则向所有发展中国家提供项目贷款和技术援助。

德国对外发展援助的重点国家或地区是非洲最贫穷的国家或地区,尤其是撒哈拉以南的非洲国家或地区,德国每年向这些国家或地区提供的援助额大约占德国对外援助总额的 50%以上;其次是亚洲,约占 25%;拉丁美洲和欧洲各占 10%左右。能源、交通、工业和农业是德国对外发展援助的主要部门。

五、英国的对外发展援助

英国是世界上最早从事发展援助的国家之一,截至 2004 年年底,英国共向 130 多个国家或地区提供过发展援助。英国 1960 年的官方发展援助净交付额在发展援助委员会中仅次于美国居世界第二位,进入 20 世纪 60 年代中期以后,援助大国的地位不断下降,1987 年以后位于美国、日本、法国、德国和意大利之后退居第六位。英国的官方发展援助净交付额占国民生产总值的比重也不断下滑,从 1965 年的 0.47%下滑到 1990 年的 0.27%,在经济合作与发展组织的成员国中位居第 17 位。目前,英国援助大国的地位正在受到经济合作与发展组织其他成员国如荷兰、加拿大和瑞典等的挑战。

英国开展双边援助的主要方式有赠款、贷款及援助与贸易基金。英国政府每年提供的双边赠款占援助总额的比例很高,基本维持在 95%以上。贷款的赠与成分也很高,70 年代在 70%左右,90 年代平均在 98%以上,既高于发展援助委员会成员国 92.8%的平均水平,也高于发展援助委员会要求其成员国达到的 94.7%的水平。英国的政府贷款往往是由 25%的政府贷款和 75%的出口信贷所组成,贷款的期限一般为 20~25 年,宽限期为 5~10 年,利率为 5%。援助与贸易基金虽然是用于发展援助,但它是为促进英国商品的出口而设立的,在使用该基金提供的援助时,英国对项目合同总价的 30.1%~35.1%提供赠款,对合同总额的 69.9%~64.9%提供出口信贷或由受援国以自有外汇支付,这一方式主要用于对亚洲远东地区的援助。

英国主管对外发展援助工作的机构是 1964 年设立的海外开发局。在此之前,联邦关系部和外交部分别负责英联邦国家和英联邦以外国家的援助。1961 年,英国成立了海外合作局,接管了政府各部门分管的所有的技术援助工作。但该局从属于外交部领导。英国发展援助的执行机构是英联邦开发公司,它只对英联邦国家提供有偿援助,不提供无偿援助。英国对外发展援助的重点地区是非洲,尤其是撒哈拉以南的非洲国家,每年将 50%以上的援款用于这一地区,其中肯尼亚、马拉维、莫桑比克、赞比亚、乌干达、苏丹、津巴布韦、埃塞俄比亚等国得到的援助最多;其次是南亚地区的国家,南亚的印度是累积得到英国援助最多的英联邦国家。英国对外发展援助的主要部门是教育、健康、人口、公共管理等,每年资助这些部门的款项占英国双边发展援助总额的 25%;其次是能源、运输、农业和采矿等部门。英国对中国的援助起步较晚。1997 年以后英国才开始制定针对中国的发展援助计划,其方式不是贷款,而是资助。其重点在于提高卫生和教育水平,这也是英国在全球范围内消除贫困战略的一部分。

第六节　中国与国际发展援助

现代世界是一个开放的世界,对于已经打开国门并日益开放的中国来说,从事和接受国际发展援助已成为中国参与国际经济合作活动的重要内容。对外向发展中国家提供援助和向国际多边机构提供援助资金,并接受国际多边和双边援助,对加强中国与世界各国的联系与合作,提高中国的国际地位,推动改革开放,加快中国的经济发展有着非常重要的意义。

一、中国对外援助方式

(一) 资金方式

中国对外援助的方式从资金角度来看,可以分为无息贷款方式、优惠贷款方式、援外项目合资合作基金方式、无偿援助方式和债务减免。

1. 无息贷款方式

无息贷款方式是中国对外援助的传统方式,主要用于受援国一般基础设施建设项目和一些民用基础设施等项目,以扩大中国在受援国的政治和社会影响。在过去的 50 多年里,中国通过无息贷款方式帮助许多发展中国家建设了一大批公共民用设施,政治和社会影响重大。但鉴于我国对外援助主要推行优惠贷款方式,今后除对外已签的无息贷款协议继续执行外,中国政府一般不再向受援国提供新的无息贷款。如有特殊需要确需对外提供新的无息贷款,应报国务院批准。

2. 优惠贷款方式

优惠贷款是中国政府指定的金融机构对外提供的具有政府援助性质、含有赠与成分的中、长期低息贷款。其优惠贷款的年利率最低为 2%,贷款期限最长不得超过 20 年,贷款优惠利率与中国人民银行基准利率之间的利息差额由政府的援外经费进行补贴。优惠贷款主要用于中国企业和受援国企业合资合作建设,经营当地需要又有经济效益的生产性项目,或提供中国生产的成套设备或机电产品等。这样做的好处在于:一是政府资金与银行资金相结合,可以扩大援助规模;二是银行作为执行机构能提高资金的使用效益;三是推动了双方企业的投资合作,以有利于带动中国的技术、设备、原材料的出口。这也是目前国际上通用的一种做法。截至 2009 年年底,中国共向 76 个国家提供了优惠贷款,支持项目 325 个,其中建成 142 个。中国提供的优惠贷款 61% 用于帮助发展中国家建设交通、通信、电力等基础设施,8.9% 用于支持石油、矿产等能源和资源开发。

3. 援外项目合资合作基金方式

援外合资合作项目基金是中国政府为支持中国企业同受援国企业以合资经营、合作经营以及租赁等方式到发展中国家投资实施项目的一笔资金。中国政府援建的或拟援建的受援国有需要、有资源且有经济效益的中小型生产性项目均可采用这种方式。援外项目合资合作是援外与投资、贸易和其他方面的互利合作相结合的一种新的援外方式,是指在中国政府与受援国政府原则协议的范围内,双方政府给予政策和资金支持,中国企业同受援国企业以合资或合作经营的方式实施项目。其具体做法是,中国企业与受援国企业就某一项目共同出资进行合作,中国政府和受援国政府在政策和资金上予以支持。这种方式有利于中国政府援外资金同企业资金相结合,扩大资金来源,提高援助效益。

4. 无偿援助方式

无偿援助是指中国政府向受援国无偿提供资金、物资、技术、人力资源和其他服务的援助方式。无偿援助主要用于承担满足受援国政府建设的最基本的生产生活需求的福利性援外项目及人道主义援助项目,如医院、学校、低造价住房和打井供水等。无偿援助的主要对象是经济比较困难的周边友好国家、最不发达国家和外交上有特殊需要的国家,还可将一部分无偿援助资金与联合国发展系统的资金相结合,开展发展中国家间技术合作活动。无偿援助不仅灵活、多样、实施快、效果好,而且可以配合中国的外交工作。因此,中国政府今后将适当增加无偿援助。但是无偿援助应主要用于项目、技术和物资援助,以及多边援助资金和大使援助基金。在中国财力允许的范围内,还继续提供少量的捐款,援建一些受援国人民能广泛受益的公共工程和社会福利项目。

5. 债务减免

中国也和其他援助国一样,采用对发展中国家减免债务的援助方式。截至 2009 年年底,中国还与非洲、亚洲、拉丁美洲、加勒比和大洋洲 50 个国家签署免债议定书,免除到期债务 380 笔,金额达 255.8 亿元人民币。

(二) 项目类型

中国对外援助的方式从项目类型来划分,包括成套项目、一般物资项目、技术合作项目、培训项目、优惠贷款项目、援外合资合作项目和现汇援助。

1. 成套项目

对外援助成套项目是指在中国政府提供的无偿援助、无息或低息贷款项下,主要由中国进行考察、设计并提供设备材料、组织或指导施工、安装和试生产全过程或其中部分阶段的建设项目。成套项目实行企业总承包责任制和监理责任制。截至 2009 年年底,中国共帮助发展中国家建成 2 000 多个与当地民众生产和生活息息相关的各类成套项目,涉及工业、农业、文教、卫生、通信、电力、能源、交通等多个领域。

2. 一般物资项目

一般物资项目是指中国根据受援国的要求,向其提供物资产品,包括单项设备。一般物资项目主要是紧急救援物资。中国提供的物资涉及机械设备、医疗设备、检测设备、交通运输工具、办公用品、食品、药品等众多领域。这些物资满足了受援国生产生活急需,其中一些设备如民用飞机、机车、集装箱检测设备等,还促进了受援国装备能力的提高和产业的发展。

3. 技术合作项目

技术合作项目是指中国根据受援国的要求,向受援国派遣专家或技术人员以提供技术服务和指导。技术合作涉及领域广泛,包括工业生产和管理,农业种植养殖,编织、刺绣等手工业生产,文化教育,体育训练,医疗卫生,沼气、小水电等清洁能源开发,地质普查勘探,经济规划等。技术合作期限一般为 1～2 年,必要时应对方要求可以延长。截至 2008 年年底,中国累计向受援国派出各类专家和技术人员 70 万人次。

4. 培训项目

培训项目是指中国为受援国培训管理人员和专业技术人员,举办经济管理官员研修班。培训项目援助是中国对外援助的重要内容之一。当前中国采取"请进来,走出去"的方法,加强与发展中国家人力资源开发方面的合作。目前主要有 5 种形式,包括经济管理官员研修、技术培训、区域人员交流、双边技术培训和"走出去"技术培训,其中官员研修和技术培训项目是重点。截至 2009 年年底,中国为发展中国家在华举办各类培训班 4 000 多期,培训人员 12 万人次,包括实习生、管理和技术人员以及官员。培训内容涵盖经济、外交、农业、医疗卫生和环保等 20 多个领域。目前,每年在华培训发展中国家人员约 1 万名。此外,中国还通过技术合作等方式为受援国就地培训了大量管理和技术人员。

5. 优惠贷款项目

优惠贷款项目是指中国根据受援国的要求,在优惠贷款项下建设有经济效益的生产性项目,或者支持有偿还能力的受援国建设基础设施和社会福利性项目,或者提供成套设备与机电产品等。中国设立优惠贷款风险补偿基金,专门用以补偿由不可抗力风险造成的优惠贷款损失,接受补偿的银行使用拨付资金冲减贷款损失。2003 年,中国在受援国实施优惠贷款项目又取得新进展,全年中国进出口银行评估通过了 15 个优惠贷款项目。

6. 援外合资合作项目

援外合资合作项目是指在中国政府与受援国政府原则协议的范围内,双方政府给予政策和资金支持,中国企业同受援国企业以合资或合作经营的方式实施的具有援外性质的项目。中国设立援外合资合作项目基金,用以支持中国企业利用受援国当地资源和中国的设备、技术,与受援国企业举办合资合作项目及在受援国举办独资、租赁经营等以生产性为主的中小型项目。

7. 现汇援助

现汇援助是指中国根据受援国要求,直接向其提供外币现汇。现汇援助不利于援助资金的有效使用,在今后应当适当加以控制。

二、中国与国际发展援助机构的合作

(一) 中国利用国际双边援助

外国政府向中国提供的援助也分为有偿和无偿援助两部分。外国政府对中国的有偿援助主要是通过政府贷款来进行的,中国政府接受的外国政府贷款中既有项目贷款,也有商品贷款;既有有息的,也有无息的;还有与出口信贷相结合的混合贷款。20 世纪 80 年代以来,中国接受的外国政府贷款多为混合贷款。中国接受外国政府贷款的利率一般为 1%～3%,偿还期为 20～30 年,综合计算其赠与成分在 35% 以上。政府贷款从币种来看,有美元贷款、日元贷款、英镑贷款、法国法郎贷款、马克贷款和科威特第纳尔贷款等。自 1979 年以来,中国已与日本、比利时、丹麦、法国、英国、意大利、德国、西班牙、奥地利、瑞士、瑞典、卢森堡、荷兰、挪威、芬兰、加拿大、澳大利亚、科威特、韩国等建立了双边贷款关系。截至 1998 年 5 月 31 日,中国利用外国政府贷款总额为 353.7 亿美元,涉及 1 700 多个项目。其中中国接受的日本政府贷款最多,大约占到了中国接受的外国政府贷款总额的 40%。自 1979 年到 2000 年 12 月 31 日止,日本共向中国提供了 2.65 万亿日元的政府贷款,约合 220 亿美元,占中国接受外国政府贷款总额的 40%。其中第一批(1979—1983 年)提供了 15 亿美元;第二批(1984—1988 年)为 21 亿美元;第三批(1990—1995 年)为 56 亿美元;第四批(1996—2000 年)为 128 亿美元。此外,2000 年,日本还向中国提供了 172 亿美元的特别贷款,用于北京地铁和西安咸阳机场的改建工程。2000 年以后,日本对中国的政府贷款改为采用单年度方式,而且对中国提供的贷款额连年下滑,2001 年共提供了 1 613.6 亿日元的政府贷款,比 2000 年的 2 144 亿日元减少了 25%,2003 年仅有 967 亿日元。截至 2005 年 3 月底,日本政府已累计向中国政府承诺提供日元贷款协议金额约 31 330 亿日元,用于 232 个项目的建设。经国务院批准,原对外贸易经济合作部原先委托中国对外经济贸易信托投资公司办理的外国政府贷款转贷业务及相关资产、债权、债务,从 1995 年 9 月 1 日起,全部划转中国进出口银行。中国政府利用国际双边无偿援助较晚,始于 1982 年,到目前为止,大约有近 20 个国家或地区向中国提供过无偿援助。到目前为止,外国向中国提供的双边无偿援助多属于项目援助,其项目援助额约合 23 亿美元,共完成项目 300 多个。

(二) 中国利用国际多边援助

中国接受的国际多边援助主要来自联合国发展系统和世界银行。自 1971 年中国恢复了在联合国的合法席位以后,中国与联合国发展系统的合作经历了逐步扩大到深入发展的过程。中国于 1972 年到 1978 年曾派代表参与了联合国有关发展问题的决策并向其捐款。从 1979 年起,中国改变了只捐款不受援的政策,开始接受联合国发展系统的无偿援助。截至 2004 年年底,联合国发展系统的各机构共向中国提供的援助超过了 30 亿美元,其中主要是通过开发计划署、粮食计划署、农发基金、人口基金会、儿童基金会、粮农组织、世界卫生组织、教科文组织、全球环保基金等机构提供的,涉及农牧渔业、林业、机械、电子、能源、基础设施及老少边穷的开发项目 1 000 多个。

1. 中国与联合国开发计划署的合作

到目前为止,联合国开发计划署对中国已结束实施了 5 个国别方案,即第一个国别方案(1981—1985 年)、第二个国别方案(1986—1990 年)、第三个国别方案(1991—1995 年)、第四个国别方案(又称第一个援华国别框架)(1996—2000 年)和第五个国别方案(又称第二个援华国别框架)(2001—2005 年)。涉及的项目包括农业,工业,交通与电信,化工、食品与农药,冶金与建材,轻工与纺织,能源与电力开发,文化、教育、科技与卫生,环境保护,智力引进与吸收外资,经济改革与对外开放,扶贫等。1979—2004 年的 25 年间,开发计划署共向中国提供了 5.78 亿美元的核心资金,此外,通过开发计划署筹集的政府分摊资金为 1.5 亿美元。截至 2003 年年底,安排的项目数共 627 个,其中农业 77 个、工业 138 个、能源环保 87 个、交通通信 26 个、教育卫生 77 个、扶贫 43 个、管理改革 40 个、智力引进 15 个、引进外资 20 个、金融外贸和地质 21 个、区域规划 6 个、南南合作 19 个以及其他项目 58 个。据不完全统计,截至 2005 年 7 月,实施的项目已达 800 余个。目前中国是开发计划署的第三大受援国,仅次于印度和孟加拉。与此同时,根据有取有予的原则,中国于 2003 年向开发计划署提供正常资源捐款 370 万美元和当地费用捐款 250 万元人民币,截至 2003 年年底中国共向联合国开发计划署正常资源捐款近 5 500 万美元和当地费用捐款 3 000 万元人民币。

2. 中国与联合国人口基会的合作

人口基金会一开始就重视与中国的合作,合作涉及的领域有妇幼保健和计划生育、避孕药的生产与研究、妇女、人口和发展。人口基金会于 1980 年 6 月就通过了第一个援华国别方案(1980—1984 年),提供援款 5 000 万美元,安排项目 22 个。其中,中国与人口基金会于 1982 年合作进行了第三次全国人口普查,人口基金会向中国提供了 21 套计算机设备,使中国首次利用计算机处理数据获得成功。此外,人口基金会又向中国提供了第二个(1985—1989 年)、第三个(1990—1996 年)和第四个(1997—2000 年)援华国别方案。根据第四个援华方案,人口基金会将在 1997—2000 年向中国提供 2 000 万美元的援助。2003 年,人口基金会理事会又通过与中国合作的新周期方案(2003—2005 年),方案约合1 500 万美元,其中 1 050 万美元的正常资源无偿援助和 4 500 万美元的待筹资金无偿援助。截至 2004 年年底,中国共接受人口基金会的援款达 2.5 亿美元,安排了近 180 多个项目。在接受人口基金援助的同时,1979—2005 年 8 月底,中国也向人口基金提供过正常资源捐款约 1 410 万美元,1992—2003 年,共向人口基金会驻华代表处捐款当地费用 275 万元人民币。

3. 中国与联合国儿童基金会的合作

中国与儿童基金会也分别在 1980—1981 年、1982—1984 年、1985—1989年、1990—1993 年、1994—1995 年和 1996—2000 年开展了 6 期合作,援款额分别为 700 万美元、2 016 万美元、5 000 万美元、5 000 万美元、3 600 万美元和8 500 万美元,涉及儿童免疫、卫生与营养、基础教育、妇幼发展等方面,其中 20世纪 80 年代初合作实施的脊髓灰质炎、麻疹、白喉、百日咳 4 种疫苗接种以省为单位达 85%,1991 年以县为单位也达到了 85%。截至 2004 年年底,我国共接受儿童基金会捐款约为 3.2 亿美元。自 1980 年开始中国在力所能及的情况下每年都向儿童基金会捐款,2003 年就捐款 115 万美元。截至 2005 年 8 月 30日,中国共向人口基金会提供的捐款已达 1 420 万美元,其中 2005 年就捐款 120万美元。

开发计划署、人口基金会和儿童基金会是联合国发展系统内向中国提供援助最多的机构。截至 2004 年年底,上述三个机构共向中国提供援款 11.48 亿美元,安排了 1 200 多个项目。

4. 中国与世界银行的合作

世界银行贷款也是中国利用多边援助的一个主要途径。中国利用世界银行贷款是从 1981 年开始的,30 多年来,世界银行向中国的贫困地区提供了大量的贷款,以支持中国的基础设施建设、教育、卫生、农村发展、减贫以及培训和技术援助等。

中国与世界银行的合作始于 1981 年,那时正处于中国改革开放之初,技术和引进技术所需外汇的短缺正是中国燃眉之急,因此中国与世界银行的合作正是解决生产要素稀缺的问题。90 年代,中国开始注意利用世界银行的智力资源,如引入世界银行的竞争性招标机制、工程监理制度、业主制度、项目的评估方法,以及通过世界银行项目引进其供水和污水的收费方法等。进入 21 世纪以后,中国又注意引入世界银行的发展理念,将减少贫困与发展联系在一起,开始注重体制创新、私营部门的发展。

截至 2005 年 6 月 30 日,世界银行向中国提供的贷款总承诺额累计已达 386 亿美元,其中包括约 90 亿美元的软贷款,用于支持项目 262 个,约 70%投向了中国西部地区。50%的贷款主要用在交通、能源、工业和城市建设等基础设施领域,其余为农业、教育、卫生和社会保障等部门。此外,世界银行在与中国合作调研方面也进行了投资,截至 2004 年年底共完成经济和部门研究报告 120 多篇。中国是迄今为止世界上接受世界银行贷款最多的国家,每年接受世界银行贷款最多的时候可达 40 亿美元,近些年来有了大幅度的下降。2003 年、2004 年和 2005 年分别为 11 亿、12.18 亿和 10.3 亿美元。根据双方的意愿,以后双方的合作规模将保持 10 亿~15 亿美元之间。世界银行的贷款对中国的减少贫困、基础设施的建设和社会发展起到了非常重要的作用。

思考与练习题

1. 国际发展援助的具体方式有哪些?
2. 当代国际发展援助的特点有哪些?
3. 何谓联合国发展系统?
4. 世界银行发放贷款需要经过哪些具体程序?
5. 各国提供政府贷款的条件有哪些?
6. 中国对外援助的方式有哪些?

案例研究

案例

瑞典国际开发合作署援助云南环境可持续发展能力建设项目

一、项目背景

为了加强云南省环保系统和有关政府部门执行环境影响评价相关法律法规的能力,提高大学和研究机构开展环境影响评价的水平,正确引导非政府组织积极参与环境影响评价的过程,云南省环保厅 2003 年通过省商务厅向国家商务部提交了申请瑞典政府无偿技术援助的项目建议书。在国家商务部和环保部的大力支持下,瑞典大使馆于 2004 年开始对项目进行评估,随后多次派出专家帮助完善项目建议书。

二、项目概况

2006 年年初,项目建议书顺利通过瑞典国际开发合作署(以下简称 SIDA)的审批,6 月份 SIDA 与云南省环保厅签署了"云南环境可持续发展能力建设项目"实施协议。SIDA 援助资金总额为 798 万瑞典克朗。项目分两个阶段实施:

第一阶段 3 个月(2006 年 8—10 月),为项目准备期;第二阶段 38 个月(2007 年 2 月—2010 年 3 月),为项目实施期。

在项目准备期间,国际咨询专家组三次到云南开展工作,先后走访了省级相关政府部门、环评科研机构以及非政府组织,了解云南省在项目环评和战略环评领域的需求状况,召开项目启动研讨会。2007 年 1 月 23 日,专家组正式将项目启动报告和项目实施方案提交云南省环保厅和 SIDA 审查。2 月 19 日,SIDA 批准项目进入实施阶段。

为了实现项目目标,项目引入国际先进的成人学习理念,并采用培训战略环评地方培训员的方法开展活动。项目对云南省非政府组织战略环评需求进行了评估,并根据需求组织了 4 期共 76 人次参加的非政府组织战略环评公众参与能力建设培训研讨会,对非政府组织积极参与环境问题的对话进行引导。国内外专家对包括美国大自然协会(TNC)、生物多样性与传统知识研究会(CBIK)、香港乐施会(OXFAM)、世界混农林业中心(ICRAF)、云南思力农药技术替代中心(PEAC)等 10 多个非政府组织及高校代表开展专题培训,编写完成了《战略环评公众参与指南》(中文版)及《战略环评公众参与指南》(英文版)。在云南省环境科学学会支持下,项目还建立了非政府组织公众参与数据库和网页,为环保部门与云南省环境类非政府组织之间的交流搭建了交流平台。云南省内的部分非政府组织代表应邀参加了项目正式验收鉴定会议。

三、项目的影响

瑞典国际开发合作署对云南的援助项目为云南省培养了第一支战略环评地方培训员队伍,为云南省开展战略环评培训做好了人才储备;完成了《战略环评核心培训材料》和《战略环境影响评价培训指南》的编写,为云南省开展战略环评培训准备了基础教材;提高了云南省环保部门战略环评的管理能力、技术咨询单位开展战略环评的能力、非政府组织参与重大规划及其环评影响评价过程的能力;提高了非政府组织公众参与的能力和意识,对引导和推动非政府组织正确、积极、有效地参与战略环评过程起到了重要的作用。此外,还促进了云南省与国际和国内战略环评相关组织的联系和交流,宣传了云南省在推动战略环评过程中的成功经验,并通过引入国际国内战略环评先进理念和经验,提高了云南省开展战略环评的水平。

案例思考与讨论

1. 瑞典国际开发合作署对云南的援助项目有什么意义?

2. 云南应该怎样更好地利用国际援助项目,以促进其经济、社会的持续发展?

第十一章

区域经济一体化

学习要点

通过本章的学习,学生应了解区域经济一体化的含义,经济一体化的原因,有关区域经济一体化的各种理论;熟悉区域经济一体化的趋势,各区域经济一体化组织的特点;掌握经济一体化的形式,各经济一体化组织,经济一体化与全球化的关系。

Key Points

By studying this chapter, students are expected to understand the definition, the cause of and related theories on regional economic integration; be familiar with the trend of regional economic integration and the characteristic of organizations of regional economic integration; master the patterns of regional economic integration, organizations and the relations between economic integration and globalization.

第一节 区域经济一体化概述

一、经济一体化和区域经济一体化

(一) 经济一体化

一体化(Integration)一词最初是指企业的组合,即企业内部的各个部分结为一个整体。20 世纪 50 年代,当国家之间的经济联合开始出现时,荷兰经济学家简·丁伯根(Jan Tinbergen)在《论经济政策的理论》一书中,首次明确赋予经济一体化(Economic Integration)以完整词义。

到目前为止,在经济学的一般理论中,经济一体化尚没有公认和明确的定义。众多学者从不同角度对这一概念进行了解释。

(1)荷兰经济学家简·丁伯根认为,经济一体化的本意在于以区域为基础,提高区域内的要素流动,达到资源的有效配置和利用。该定义是有关各国贸易的自由化。

(2)匈牙利经济学家贝拉·巴拉萨的定义是,资本与劳动力在国家间流动的人为障碍的完全消除。

(3)美国经济学家查尔斯·金德尔伯格的定义是,生产要素国际流动障碍的消除,并导致要素价格的均等化。

(4)美国学者罗伯特·J. 卡博认为一体化主要是经济发展水平相近的国家在国民经济之间发展深刻的相互联系和开展分工的客观进程。

从上述这些不尽相同的定义中可以发现,(国际)经济一体化是国与国之间产品和要素流动障碍的消除,或者从更广泛、更深刻的意义上来讲,经济一体化是再生产过程各阶段国际经济障碍不断消除的状态和过程。

因此,就广度而言,经济一体化既指两个或几个国家之间的经济一体化即区域经济一体化,也指世界所有国家之间的经济一体化即世界经济一体化。就程度而言,经济一体化既指两个以上的国家之间存在一定的经济联系如贸易关系,也指两个以上的国家之间完全的经济联合。

(二)　区域经济一体化

显然,从一定意义上来讲,区域经济一体化只是经济一体化的一种形式。学者们在解释经济一体化概念的同时,也对区域经济一体化的内涵问题发表了不同看法。例如,上面提及的匈牙利经济学家贝拉·巴拉萨认为,区域经济一体化是利益相近的国家之间的联合,包含着取消属于不同民族国家之间的歧视性措施,这将必然导致货物销售的自由市场以及资本、劳动统一市场的建立。美国经济学家查尔斯·金德尔伯格则认为区域经济一体化必然导致的结果是,两个或两个以上的国民经济体系联合成一个地区贸易协定。因此,准确把握区域经济一体化的内涵,需要注意以下三点。

1. 区域经济一体化不同于一般的经济一体化

从内涵上讲,经济一体化既可能是若干国家或地区范围内的,也可能是世界范围内的,而区域经济一体化只是局部范围内若干国家或地区之间的经济一体化。从外延上讲,区域经济一体化只是经济一体化的形式,除此之外,经济一体化还包括世界经济一体化,即整个世界范围的经济一体化。

2. 正确把握区域经济一体化同区域自由贸易协定之间的关系

一般而言，区域自由贸易协定是区域经济一体化的基础和起点，而且目前一般的区域经济一体化也只是停留在区域自由贸易协定的水平上。但是，区域经济一体化是比区域自由贸易协定层次更高的一个概念，它不仅包括区域内的自由贸易，还包括诸如生产要素的自由流动和宏观经济政策的协调等更广泛的内容。

3. 既要静态地把握区域经济一体化，又要动态地理解区域经济一体化

区域经济一体化既表示成员方之间某种程度的经济一体化，各国民经济之间不存在各种形式歧视的一种状态，也可视为成员方经济之间消除不同国家经济单位之间的歧视，不断趋于一体化的一个过程。

二、区域经济一体化、世界经济一体化与经济全球化之间的关系

（一）区域经济一体化与世界经济一体化的关系

区域经济一体化与世界经济一体化的关系主要体现在以下几方面。

1. 二者的根本动因都是经济主体在市场力量驱动下追求利益的最大化

区域经济一体化组织实现的是特定区域内的利益最大化，而世界经济一体化追求的则是全球范围内的利益最大化。

2. 二者实现各自目标的基本要求都是消除各经济主体之间的贸易投资障碍

一方面，经济一体化是再生产过程各阶段国际经济障碍不断消除的状态和过程。区域经济一体化组织实行"对内自由，对外保护"的歧视性政策，其实质是为了增加区内所有成员国国民福利，保障区内国家总体利益，采取使各国经济在原有基础上融合得更加紧密的措施。至今没有数据表明任何一个区域经济一体化组织在组成组织后加大了对外经济壁垒，只是区内国家经济的融合要比区外国家经济间融合的程度更高，区内贸易比区外贸易增长更快。

另一方面，世界经济一体化趋势是经济发展内在规律在世界范围的体现。这一规律就是不断在空间上扩大经济活动交换的范围，冲破各种交换障碍，并以一种共同机制即市场经济机制来确定这种经济联系。

3. 区域经济一体化是世界经济一体化的阶段性成果和持续发展的推动力量

发达国家与发展中国家在经济体制、经济发展水平方面的不平衡和发达国家之间的不平衡，是当代世界经济的根本特征。在这样的国际经济环境中，要求全球范围内各国消除同等程度的经济障碍是困难而且是不现实的。而在特定区域内的各国之间（如地理上毗邻、需求相似、经济发展水平接近等）更容易达成经

济一体化。因此两种经济一体化形式不但并存,而且在区域层面和全球层面上表现为不同步性,即在现实世界中,区域经济一体化成果相对领先于世界经济一体化,不同地区的区域经济一体化运动也呈现不同发展态势。区域经济一体化是世界经济一体化在目前国际环境下的阶段性成果和局部性实现,并非二者背道而驰。

20世纪90年代以来,区域经济组织呈现出开放性、交叉性的发展特征,成为跨地区、跨制度的国与国之间协同发展的载体,如亚太经济合作组织就是一个典型。世界经济一体化成为当代经济一体化的研究重点,这是在50年代以欧共体为原型的区域经济一体化基础上的升华。多样性的区域经济一体化在走向相互融合的道路中,被已扩大了的成员国整体接受的经济规则和运行模式将成为世界经济一体化内在运行机制的雏形和制度准备。区域经济一体化不会被世界经济一体化的发展削弱,而将成为世界经济一体化持续、加速发展的重要推动力。

(二) 经济一体化与经济全球化的关系

全球化(Globalization)是在1985年由美国学者提奥多尔·拉维特(Theodre Levitt)在《市场全球化》一文中首次提出的,随即在国际经济学、国际政治学和国际文化学中得到了普遍使用。下面将通过分析二者之间的区别来阐述其逻辑关系。

1. 经济全球化不等于经济一体化

(1) 经济全球化与经济一体化的性质不同。经济全球化表达的是世界经济在范围上的发展和扩大,反映了各个相对独立的国民经济之间的联系越来越密切的总趋向。随着生产力和生产关系发展的必然,国家间限制要素流通的各种障碍逐渐消除,世界各国和地区除了极个别的以外几乎都被纳入了世界经济的运行体系。可以看出,经济全球化是人类社会发展客观规律的表现,并以世界市场的形成和成熟为前提条件。这一客观发展的历史进程,在经济空间上表现为各国市场关系的平面网络结构,单个国家或地区可看做网络链条上的链接点,各自实行资源的全球优化配置和国际合作协调。

经济一体化表示的是各国经济在内在机制上的关系。它与经济全球化的本质区别在于,经济一体化在空间上建立垂直层次的机制型立体结构,即在分立的国界和区域内通过协议约束形成共同的内在机制,制定共同的政策和制度规范,实现组织体系内的超越国家的协调和管理。因此,经济一体化是国家主观意志的产物。相对于各国经济关系高度融合中种种人为有形或无形障碍的逐渐消除,一体化内部的管理制度是其最终确立并得以存续的制度保障和前提条件。

(2) 经济全球化与经济一体化的表现形式不同。在一个没有约束机构的经济全球化框架中,国家作为独立的主体,其行为的出发点首先是维护和争取自身利益。那些国力较强的发达国家依据其在全球化网络中的影响力和控制力制定经济规则,享受更多或主要的利益。因此各国间在表现为合作关系的同时,更多地表现为一种竞争关系,尤其是综合国力的竞争。

而一体化有利于成员国实现共同利益的最大化,因为内部集体行动的结果是基于以共同利益为前提的共同意志,避免了单独行动追求私利的恶性竞争。在体系内部的合作与竞争中更多体现的是协调与合作。

2. 经济全球化与经济一体化的逻辑关系

经济一体化与经济全球化都是当今世界政治和经济发展中的两大潮流,它们代表了不同层次上的发展动向。经济一体化是在世界各国经济联系越来越密切的背景下进行的,全球化是一体化的客观基础,一体化是全球化基础上更高层次的国际融合机制。经济全球化的不断发展和扩大有助于经济一体化的深入发展。经济一体化所带来的共同利益的最大化是促进全球化发展的内在动力。

综上所述,经济全球化是全人类一种普遍的客观现象,而经济一体化的形成条件比经济全球化严格得多。巨大的制度障碍和严重的利益冲突,使全球范围内的一体化(即世界经济一体化)难以正式形成。目前真正意义上的经济一体化更容易并主要在区域层面上形成,如欧盟等区域组织。从根本意义上讲,区域经济一体化的发展有助于进一步推进经济全球化,也成了世界经济一体化的先驱和基石。因此,经济全球化、世界经济一体化和区域经济一体化之间的关系,应看成是密切关联、相互促进和相辅相成的。

第二节 区域经济一体化的产生与影响

一、区域经济一体化的发展历程

区域性经济集团的不断涌现,成为二战以后当代世界经济发展的重要特征。到目前为止,区域经济一体化发展经历了三个阶段,即出现了三次高潮。

（一）第一次高潮发生在 20 世纪五六十年代,是经济一体化的初创时期

许多国家积极吸取二战前贸易壁垒导致世界经济大危机的教训,纷纷建立区域性贸易集团,以实现区域内的贸易自由化。1951 年西欧国家法国、原联邦德国、意大利、比利时、荷兰、卢森堡六国建立煤钢共同市场。1955 年,法国强烈

主张建立由少数西欧国家组成的欧洲经济共同体；英国则主张由大多数欧洲国家共同组成集团式的欧洲工业产品的自由贸易区。这既体现出英、法两国的不同主张，更反映出两国均希望建立以自己为中心的贸易集团。1957年，上述六国签订了《罗马条约》，正式组成欧洲经济共同体，并于7月1日正式生效。而欧洲大陆外围的国家英国、丹麦、挪威、葡萄牙、瑞典、瑞士和奥地利七国，于1959年签订《斯德哥尔摩条约》，于1960年5月建立欧洲自由贸易联盟。此外，20世纪60年代发展中国家也建立了一些区域性经济组织，其中比较著名的有：亚洲的东南亚国家联盟（1967年），拉美的中美洲共同市场（1961年）、安第斯条约集团（1969年），非洲的中部非洲关税及经济同盟（1964年）、南部非洲关税同盟（1969年）等。

（二）第二次高潮发生在20世纪70年代至80年代初期，是经济一体化的蓬勃发展时期

两次石油危机之后，世界各国贸易保护主义抬头，以关贸总协定维系的多边贸易体制失灵，世界各国把自由贸易的希望再度寄托在区域性经济集团身上。于是在新的科学技术和生产力高度发展的背景下，掀起了第二次区域经济一体化高潮。这一时期，发达国家的区域经济一体化稳步发展。丹麦、爱尔兰、英国和希腊先后加入欧共体，使欧共体的成员国达到10个。加上1986年葡萄牙和西班牙的加入，欧共体的成员国达到了12个。1983年，澳大利亚和新西兰两国也成立了自由贸易区。

这一时期那些二战后获得独立、正积极努力探索发展之路的发展中国家，在区域经济一体化方面的发展尤为显著，出现了许多新的规模较大的区域经济一体化组织。主要有：亚洲的海湾合作委员会（1981年）和经济合作组织（1985年），拉美的拉美自由贸易区（1973年）、加勒比共同体（1973年）和拉美一体化协会（1981年），非洲的西非经济共同体（1973年）、西非国家经济共同体（1975年）、南部非洲发展协调会议（1980年）以及东部和和南部非洲优惠贸易区（1981年）等。

（三）第三次高潮发生在20世纪80年代末至今，是经济一体化的内涵深化时期

20世纪80年代末，关贸总协定乌拉圭回合谈判迟迟达不成协议，世界各国普遍感到失望，更加重视区域性的贸易自由化。尤其是美国开始改变长期奉行的单一多边主义原则，开始重视实行地区主义和双边主义，积极参与区域经济一体化。乌拉圭回合谈判结束之后，由于其结果的实施仍然需要一段时间，加之其存在的缺陷，世界许多国家仍然对多边贸易体制缺乏信心，区域经济一体化的势头仍然强劲。参与经济一体化的国家日益增多、经济一体化的层次越来越高，经

济一体化逐渐走向开放型，并突破某一区域的界限，实现跨区域、跨地区的区域经贸合作。特别是 20 世纪 90 年代以来，环太平洋和亚洲地区、几乎整个欧洲大陆、北美洲成为区域经济一体化的焦点。这一时期，欧共体由共同市场发展为经济联盟（1993 年），美国和加拿大建立了美加自由贸易区（1989 年）。发展中国家建立的区域性经济集团也很多，主要有亚洲的阿拉伯合作委员会（1989 年），拉美的南方共同市场（1991 年）和中美洲自由贸易区（1993 年），非洲的阿拉伯马格里布联盟（1989 年）等。这一时期，还出现了亚太经合组织（1989 年）和北美自由贸易区（1992 年）这样的南北国家之间的区域经济一体化组织。

经过二战后 50 多年的发展，一体化的浪潮几乎波及整个世界。根据世界贸易组织的统计，截至 2012 年 1 月，关贸总协定和世界贸易组织得到通知的区域经济一体化协议有 511 个，其中 319 个协议仍在生效。世界上几乎所有国家和地区都参加了某种区域经济合作组织，并且 80% 左右是近十年来建立的。

二、区域经济一体化形成与发展的原因

经济一体化早就随着新航路的开辟而起步，但其迅速发展却是在二战以后。二战后出现的国际经济合作形式有两种：一种是世界性的，如联合国经济社会理事会、国际货币基金组织、世界银行、世界贸易组织等；另一种是区域性的，如欧盟、东南亚国家联盟等。二战以后，区域经济组织的建立和经济一体化迅速发展有其深刻的历史、政治、经济原因。

（一）对战争的思考和经济集团的建立是经济一体化在全球形成与发展的历史原因

1. 二战后新的国际经济秩序和贸易自由化方向亟待确立

早在二战前，一些资本主义强国凭借其实力把持一定的政治、经济势力范围，并且以自己的货币为核心，形成了各个相互排斥的经济集团。1929—1933年发生了席卷资本主义世界的经济危机，主要资本主义国家为了各自利益，纷纷实行外汇管制和高关税、数量限制等超保护贸易主义政策，这严重阻碍了国际贸易的发展。加之缺乏强有力的国际机构协调，经济发展日益失衡的集团间矛盾激化，以至最终诉诸武力。从这个角度上，经济界的一些学者将经济民族主义归结为战争爆发的主要原因之一。因此二战结束前，联合国及其他国际组织、世界各国都极力倡导自由贸易，重建多边支付体系、重建国际经济的良好秩序和主张国际合作。为此，建立了具有世界性的国际经济贸易组织，如国际货币基金组织、世界银行和关税贸易总协定等。

2. 区域经济合作是二战后经济重建、恢复与发展的重要保障

有关国家为恢复国内经济，重建国际经济秩序，吸取教训，纷纷朝着贸易自

由化方向发展。但是在二战期间经济遭受毁灭性打击的国家都感到单纯依靠自己的力量是很困难的。于是,通过相互间的经济合作、建立区域性的经济合作组织来共同重建受战争蹂躏的经济就成了各国的首选。在这种背景下,以法国为首的欧洲经济共同体、以英国为中心的欧洲自由贸易联盟相继建立。

(二) 科技和生产力的高速发展及各国生产力非均衡发展是区域经济一体化的经济基础

二战后,以原子能工业、电子工业、生物工程和新材料等为标志的第三次科技革命兴起,大大加速了社会生产力的发展,进一步促进了世界范围内的生产社会化。同时,科技进步和新技术的扩散改变了国际分工的格局,极大地影响着世界经济结构的变化。世界经济不是国别经济的简单总和,而是世界各国在国际分工基础上形成的相互依赖的庞大复杂系统。例如,生产力的发展产生了逾越国界的要求时,使一国市场无法承受原有分工与规定规模的经济;科技革命的迅速发展使新技术和新产品的研发费用不是一个企业甚至一国所能承受的。因此,商品经济全球化趋势和国际经济的相互依赖,在客观上迫切要求各国彼此间要打破国界进行经济协调和联合来解决,这为地区经济一体化的形成与发展提供了重要的物质基础。并且也可以看出,在各国经济非同步化发展的情况下,经济生活的国际化只能促成某些地区的一部分发达国家结成地区经济一体化,进行共同的经济调节。与此同时,经济发展水平差异不大的国家也结成区域经济组织,从而使自己在国际经济斗争中居于有利的地位。欧洲的"尤里卡"计划、国际空间站、人类基因图的绘制,都是国际合作的典型体现。

需要补充的是,生产力的发展只构成一体化的充分条件。它还需要有下述条件才能形成:

(1) 当生产力发展到产生逾越国界的要求却遇到来自其他地区对商品、资本流动设置的各种关税和非关税壁垒,而这种障碍又难以在世界范围内通过双边谈判予以解决时,才有可能率先在本地区形成区域经济组织,以便在局部范围内妥善加以解决。

(2) 当生产力发展的逾越国界要求遇到了来自其他地区商品与资本的严峻挑战时,需要依靠地区组织来保护其成员国产业,确保对本地区市场的占有。

(3) 组成一体化的成员国必须同处于一个经济区域中,而不是纯粹地理意义上的区域。经济区域是指区内诸成员国经济具有竞争性(可以实行产业内分工)或互补性(可以实行产业间分工),有长期交往传统。否则,即使在同一地理区域里形成一体化组织,也难以获得真正发展,这是一体化形成的基础条件(欧共体和北美自由贸易区便是典范)。二战后蓬勃兴起的遍及五大洲的一百多个区域经济一体化组织或多或少与上述条件有关。

（三）维护民族经济利益及政治利益是地区经济一体化形成与发展的内在动因

在不平衡发展规律作用下，二战后的世界经济、政治各方面都一直在经历着重大的震荡、调整和改组。无论是发达国家的经济一体化，还是发展中国家的经济一体化，其根本原因都在于维护自身的经济、贸易利益，为本国经济的发展和综合国力的提高创造更加良好的外部环境，并且发达国家的力量对经济一体化组织的发展起了主要作用。

1. 发达国家之间力量的此消彼长促使它们通过经济一体化进行相互保护

二战后出现了美苏两强全球争夺格局，世界经济的"两个平行市场"促进了区域经济一体化的发展。美国在推行马歇尔计划过程中，始终把争取欧洲的统一作为对欧政策的核心。通过协定，西欧国家之间的关税壁垒逐渐削减，取消了一些贸易限额，并成立了西欧支付同盟，以促进西欧贸易和支付的自由化。再加上西欧各国出于摆脱美国的控制和苏联及其东欧盟国的威胁、维护国家主权和提高国际地位等方面的考虑，都有利于西欧走加强联合经济一体化的道路。苏联则在其势力范围内成立了经互会，在原料、食品、机器、设备等方面进行相互协作。由于两大阵营在全球的对峙，这种一体化进程主要表现为一部分有共同利害关系的国家形成区域性的经济合作关系。

"冷战"结束后，真正意义上的全球经济一体化进程才得以向更深广的方向发展。世界市场的竞争日益加剧，贸易摩擦、投资摩擦时有发生，单独一国与强大的竞争对手对抗都显得力不从心。发达国家由于内部经济发展的不平衡，三足鼎立的格局已初见端倪。美国经济地位的相对衰落，日本和西欧经济地位的不断上升，使得它们在劳动生产率和经济增长速度等方面此消彼长，已不同以往，从而也就有了在全球市场上重新划分势力范围的内在要求。为此，它们一方面通过相互渗透，将自己的经济触角伸向对方的内部市场；另一方面，则通过区域合作，发挥传统联系和地缘优势，寻找和建立稳定的市场和势力范围，避免在贸易摩擦的解决过程中都处于极为不利的地位。

2. 经济一体化是新兴民族国家维护自身经济权益与促进发展的重要途径

二战后，原有的殖民体系迅速瓦解，新兴民族国家纷纷独立。它们致力于发展经济，但众多国家与地区在发展经济的过程中普遍碰到物质和技术能力薄弱、管理水平低下、资金不足、国内市场狭窄等问题，缺乏单独建设大型工业项目和其他项目的能力。这迫使它们在保持和发展与原宗主国、发达国家经济关系的同时，努力加强彼此间的经济合作，走经济一体化的道路。如中美洲共同市场、加勒比共同体、中部非洲国家经济共同体、西非经济共同体等发展中国家间建立的经济一体化组织都深刻地反映出共同努力发展经济的强烈愿望。

现今发展中国家内部也发生了变化。一部分新兴工业化国家的发展较快,它们迫切需要开发和利用发达国家的市场,进一步扩展自身的经济力量,同时也需要占领其他发展中国家的市场.转移部分生产能力。另一部分处于更为困难之中的发展中国家,则根据自身的需要,通过寻求区域优惠安排,解决发展民族经济所面临的各种难题。正是在这种背景下,南北双方都在调整其对外经济政策,在经济国际化的同时,推动了区域集团化的发展,并力图以此来增强驾驭国际市场,适应国际市场变化的能力。据不完全统计,目前已经有 100 多个发展中国家参加了近 40 个一体化组织。

总之,由于诸种原因,二战后区域经济一体化在世界不同地区迅猛发展并由此而产生了两种趋势:一是区域经济一体化组织和集团的产生和迅速发展;二是跨国公司、多国公司的出现和急剧增加。这表明区域经济一体化是世界政治经济发展和演变的必然产物,多种形式的区域经济一体化的产生和发展不仅对区域内各国经济发展有巨大的推动作用,而且对世界政治经济也产生了深远的影响。

三、区域经济一体化对世界经济的影响

当今,世界范围内大大小小的区域一体化组织产生了巨大的经济效应,改变了世界经济格局,刷新了世界经济特点。当今的世界经济形势估计、世界经济规模的计量逐渐开始以区域为单位,区域经济在世界经济与国别经济中,越来越占有重要的地位。作为世界经济发展的一个主要趋势,区域经济一体化对世界经济的影响越来越大。

(一) 区域经济一体化使世界经济格局发生了重大变动

世界经济经过长期区域集团化的发展,目前已形成西欧、北美、东亚三大板块格局。这三大板块具有经济发达、生产高度社会化、对世界经济和国际经济关系影响极大、辐射能力强且合作与竞争激烈的明显特点。目前三大板块正在向世界"三大经济圈"演变,显示出区域经济一体化的强烈影响。以欧洲共同体为核心同欧洲自由贸易联盟联合组建的"西欧经济区",在逐步吸纳东欧国家后,最终将建成"全欧洲经济区"。尽管其步履艰难,但其总体轮廓已依稀可见。北美板块经过美、加、墨三方的自由贸易协定谈判,正在建立一个以美国占主导地位的泛美经济联盟。《美洲提议》试图建立西半球美洲自由贸易区,它将形成拥有8 亿人口的大市场,这在某种程度上能抵消欧洲统一大市场建立后对美国的不利影响。以日本为主导的"东亚经济圈",虽然总体上经济实力较之欧共体和北美自由贸易区为弱,并且是一种较为松散的区域经济一体化形式,但本区域内经济增长很快,一个包容太平洋西岸的经济圈正在酝酿和形成中。总之,三大板块的延伸、辐射与吸引,使之呈现出鲜明的区域经济一体化的态势,已经或正在、直

接或间接地影响到整个世界经济的发展。可见,区域经济一体化创造出不同的国际经济合作模式,带动了全球经济的发展。它有利于形成多极世界,推动经济全球化的进程。

（二）改善了世界贸易地区的分布并产生不同的世界贸易效应

区域经济一体化过程中产生的众多的区域性贸易集团组织对世界贸易产生重要影响。

首先,区域经济一体化改善了世界贸易在二战后初期主要集中在少数几国的地区分布格局,主要经济贸易集团在世界贸易中所占比重不断提高。例如,欧共体 12 个成员国在世界贸易中的比重由 1975 年的 18.5% 提高到 1990 年的 24.2%。目前世界上最大的三个区域经济集团——欧盟、北美自由贸易区和亚太经合组织,已拥有世界上大约 80% 的 GDP 和 80% 以上的国际贸易,其中跨国公司占贸易的 67% 左右。

其次,地区经济一体化对集团内成员国经济各方面都将产生积极影响。这主要表现在以下两个方面:

（1）区域经济一体化有力地促进了集团内部的贸易增长。不同层次的众多经济一体化集团中,通过削减或免除关税,取消贸易的数量限制,削减非关税壁垒形成区域性的统一市场,加上集团内国际分工向纵深方向发展,使经济相互依赖加深,致使成员国间制成品的贸易环境比第三国市场要好得多。同时在贸易自由扩大化的影响下,每一成员国的对外贸易扩大,影响到市场结构、贸易对象和商品结构的变化,也相应引起其生产规模的扩大,带来了规模经济效益,促进了区域内部经济发展而产生贸易创造效应。因此,集团内部贸易在成员国对外贸易总额中所占比重也明显提高。如欧盟自建立之后,区内贸易发展迅速,占成员国贸易总额的比重由 1960 年的 34.5% 上升到 1998 年的 55.2%。事实表明,凡参加到区域集团中的国家和地区在经济上都取得了很大的发展。如芬兰在加入欧盟前经济连续四年负增长,1995 年加入后经济恢复了增长。北美自由贸易区的运行也使三国受益:墨西哥贸易出口最高年增长率达 20%,加拿大为 10%,美国是 5%。

（2）区域集团深化了成员国之间的国际分工和技术合作,加速了产业结构的优化组合。经济一体化的建立有助于成员国的协调和合作,促进区域内的科技一体化。如在欧共体共同机构的推动和组织下,成员国在许多单纯依靠本国力量难以胜任的重大科研项目中,如原子能利用,航空、航天技术,大型电子计算机等高精尖技术领域进行合作。同时,经济一体化创造的自由贸易区和共同市场,给域内企业提供了重新组织和提高竞争能力的机会和客观条件。通过兼并或企业间的合作,促进了企业效率的提高,同时实现了产业结构的高级化和优化。

再次,区域经济一体化可能对整个世界的国际贸易和发展中国家的贸易水平带来消极影响。其消极影响也表现在以下两个方面。

（1）从微观环境上看，区域经济一体化形成的经济集团组织，主要产生两种贸易效应，即贸易转移效应和贸易创造效应。当集团成员国间的贸易扩大低于其同非集团成员国间的贸易量，则贸易创造效应小于贸易转移效应，世界贸易趋于缩减并产生不利的影响。一体化经贸集团"对内保护，对外歧视"的特征，影响了成员国与非成员国的贸易扩大。以欧共体为例，成员国内部贸易的比重从1960 年的 36.4％提高到 1992 年的 61.1％，而对非成员国的出口占其比重从63.6％降到 38.9％。

（2）工业发达国家之间的关税及非关税壁垒，严重影响了发展中国家本来就缺乏竞争能力的商品或服务的出口。同时，为了突破贸易壁垒的市场进入障碍，很多国际资本通过直接投资的方式进入投资环境优越的发达国家集团内部，从而导致了发展中国家发展经济急需的资本不能引进，加剧了国内资金短缺的矛盾。虽然，发展中国家之间的区域经济集团在一定程度上可以抵消这些不利影响，但是鉴于发展中国家整体的经济发展水平和技术能力，发展中国家建立强大民族工业的进程和产业结构的优化调整必定要受阻。20 世纪 80 年代的拉丁美洲债务危机、1995 年墨西哥金融危机和 1997 年东南亚金融危机使我们深刻地意识到，经济一体化给发展中国家带来的负面影响是不容忽视的。

总而言之，区域经济一体化和集团化的发展对世界经济和贸易产生重要而深远的影响，其中也包括一些消极的影响。虽然从国别角度讲，整体上经济区域集团化将对发达国家的经济产生更多的有利影响，它将引起发达国家国际市场垄断势力的重新组合，为其经济增长寻找和建立较为稳定的市场势力范围。但是，更加应该注意的是，从世界经济发展角度看，区域经济一体化的积极影响是占主导地位的。区域经济一体化的积极意义就在于，取消了区域集团内的市场障碍，深化了区域内的国际分工，增强了成员国生产国际化和国际合作的程度，促进了区域经济的发展，因而使各区域集团在国际经济竞争中处于较主动的地位，并对世界经济一体化起到一定的推动作用。

第三节　区域经济一体化的形式、特点及其发展趋势

一、经济一体化的形式

区域经济一体化组织在二战后开始迅速涌现，并在 20 世纪 90 年代进入深

化发展时期。虽然世界范围内出现的许多一体化组织成员组成情况不同,表现形式各异,但它们都可以被从不同角度划分成相应的类别。有关经济一体化的形式分类,一般有以下几种划分方法。

(一) 按照组织性质与经济贸易壁垒取消的程度划分

结合二战后区域经济一体化的实际发展进程,众多学者依据贸易自由化和经济联系紧密程度的差异,把区域经济一体化分成了以下几种发展阶段。他们认为,国际经济一体化的进程可用它当时所处的一体化阶段来测度。这些阶段之间相互作用,前续阶段的发展形成较后阶段产生的动力,同时后续阶段的一定发展会推动较前阶段的完全实现。一体化组织发展的顺序依次为商品市场的经济一体化(关税同盟),然后是生产要素的一体化(共同市场),接着是紧密的政策一体化(经济联盟),最后是各项经济政策的完全一致(完全的经济一体化)。具体如下:

1. 优惠贸易安排

优惠贸易安排(Preferential Trade Arrangements,PTA)是指在实行优惠贸易安排的成员国间,通过协议或其他方式,对全部商品或一部分商品规定其特别的关税优惠或非关税方面的优惠。如 1932 年英国与其以前的殖民地成立的大英帝国特惠关税制规定:成员国间相互减免关税,但对非成员国仍维持较高的关税,形成一种优惠贸易集团。另外,第二次世界大战后建立的"东南亚国家联盟"等也属于此类。从该阶段贸易自由化的程度来看,它是市场经济一体化最低级、最松散的一种表现形式。因此,许多学者往往对这种形式忽略不计。

2. 自由贸易区

自由贸易区(Free Trade Arrangements,FTA)通常是指签订自由贸易协定的国家所组成的经济贸易集团,在成员方之间消除关税和非关税的贸易限制(如数量限制),实行商品的完全自由流动,但每个成员方对非成员方的贸易壁垒不发生变化,仍维持各自的贸易政策。例如,1960 年成立的欧洲自由贸易联盟(European Free Trade Association,EFTA)、拉丁美洲自由贸易协会(Latin American Free Trade Association,LAFTA)等属此种层次的区域经济合作。

许多经济学家认为,由于自由贸易区对外不实行统一的共同关税,其建立后会发生贸易偏转效应(Trade Deflection Effect),即那些原产自非成员国的产品将由贸易区内关税较低的成员国进口,然后间接转入关税较高的成员国销售。这样不同成员国的对外关税差别很大的状况为非成员国的出口避税提供了可能,将可能导致关税收入与收入分配不公平的现象。因此,为消除区外商品冒充区内商品避税的影响,自由贸易区必须严格海关监管,要求成员国间的产品实行产地证明书制度(System of Certification of Origin),以减少转运的发生。自由贸易区内的原产地规则是非常严格的。例如，一般规定只有商品在自由贸易区内增值 50% 以上才能享受免税待遇，有的商品甚至被规定只有在自由贸易区内增值 60% 以上时才能享受免税待遇。但无法完全禁止贸易偏转的发生。

　　需要补充说明的是，有的学者认为在优惠贸易安排与自由贸易区阶段之间，还存在一种过渡形式的一体化——单一商品的经济一体化。它是指把某一特定工业部门置于一个超国家的高级管理机构控制之下。其权力包括为所有成员国规定生产配额，为多余工人的重新培训提供必要的资金，并且制定一些规则来防止不公平的竞争。例如，欧洲煤钢共同体、美加汽车产品协定、非洲木材组织等。

　　3. 关税同盟

　　关税同盟（Customs Union, CU）是指由两个或两个以上的国家所组成的区域经济一体化组织。在成员国间彼此消除商品的关税和非关税限制，实现区域内商品的完全自由流动，并建立对非成员国的统一的关税政策。如 1826 年成立的北德意志关税同盟，二战后由比利时、卢森堡、荷兰成立的卢荷比经济联盟（Benelux Union），1958 年成立的欧洲经济共同体都属此类一体化。简单来说，关税同盟即自由贸易区加共同的对外关税。与自由贸易区相比，关税同盟的最优越之处在于，由于关税同盟对外实行统一关税，可以完全消除非成员方的避税和搭便车现象从而不存在贸易偏转效应。

　　4. 共同市场

　　共同市场（Common Market, CM）是指以关税同盟作为基础，不仅在成员国间消除贸易障碍，实行贸易自由化，建立对非成员国的统一关税，而且允许商品以外的技术、劳动力、资金等生产要素在成员国间流动，并制定共同的经济政策。共同市场即关税同盟加生产要素自由流动。欧洲经济共同市场在 1970 年接近这一阶段。

　　5. 经济同盟

　　实行经济同盟（Economic Union, EU）的国家不仅实现商品、生产要素的自由移动，建立共同对外的关税，并且还要在共同市场的基础上，制定、执行和协调统一对外的某一些共同的货币金融政策、财政政策与社会政策。通过实行统一的经贸政策，逐步废除经济贸易政策方面的差异，使一体化的范围从商品生产、交换扩大到分配等领域。协调各成员国的经济发展并使之形成一个庞大的经济实体。经济同盟是现实中存在的最高级的区域经济一体化形式，欧洲联盟（European Union）则是唯一达到这一标准的区域性经济集团。

　　6. 完全的经济一体化

　　完全的经济一体化（Complete Economic Integration）是最高层次的经济一体化形式。在此阶段，成员方之间实行完全统一的贸易、金融和财政政策，并且这些政策由拥有超国家权力的经济组织制定和实施,区域内各国真正成为一个国家。因此,有的学者也把这一阶段称为政治同盟。例如,欧洲经济共同体1988年提出在1992年实现"大市场"的目标,就是向这种一体化方向发展。目前欧盟正在向完全的经济一体化的目标迈进。另外,还有些区域性集团组织形式,如东南亚联盟就是一个经济、政治、社会和文化合作的组织。

综上所述,按照贸易障碍清除的程度不同,可以把区域经济一体化的主要形式由低到高排列为优惠贸易安排、自由贸易区、关税同盟、共同市场、经济同盟、完全的经济一体化(见表11-1)。总之,区域经济一体化形式绝不仅限于上述几种,随着国家间经济合作的加强与协作内容的增加,还会出现新的区域经济一体化形式。

表 11-1　区域经济一体化主要形式的比较

区域经济 一体化形式	优惠关税	商品的 自由流动	共同对外 关税	生产要素的 自由流动	经济政策 协调	超国家 经济组织
优惠贸易安排	√					
自由贸易区	√	√				
关税同盟	√	√	√			
共同市场	√	√	√	√		
经济同盟	√	√	√	√	√	
完全的经济一体化	√	√	√	√	√	√

(二) 按参加经济一体化的范围划分

1. 部门经济一体化

部门经济一体化(Sectoral Economic Integration)是指区域内各成员国间的一个或几个部门(或商品)纳入一体化的范畴之内,实现局部经济部门中的协调一致。如欧洲煤钢共同体、欧洲原子能共同体、美加汽车贸易协议等。

2. 全盘经济一体化

全盘经济一体化(Overall Economic Integration)是指区域内成员国间的所有经济部门均被纳入一体化的范畴之内。例如,欧洲联盟内的区域经济合作便涉及几乎所有经济部门。

可以看出,部门经济一体化与全盘经济一体化是就参与区域经济一体化的范畴、范围而言的。这种一体化类别与经济一体化的层次,如自由贸易区、关税同盟、共同市场、经济同盟等是有区别的。全盘经济一体化可以采取共同市场,也可以采取经济同盟的形式,它并不一定等同于完全经济一体化。但是完全经济一体化客观上必然要求全盘一体化。

（三）按组成经济一体化组织的国家的经济发展水平划分

1. 水平经济一体化

水平经济一体化（Horizontal Economic Integration）是指由经济发展水平大致相同或接近的国家共同组成的经济一体化。例如拉美自由贸易协会、欧洲自由贸易联盟、欧洲联盟等。

随着 20 世纪 70 年代以来亚太地区特别是东亚经济的迅速发展，以及 80 年代末期和 90 年代初期东欧剧变和苏联解体，一些地域邻近、经济发展水平相当的国家为在激烈的国际政治、经济竞争中站稳脚跟，纷纷走上联合发展区域经济一体化的道路。

2. 垂直经济一体化

垂直经济一体化（Vertical Economic Integration）是指经济发展水平、发展阶段差异较大的国家与地区间所组成的经济一体化。典型的区域经济一体化组织如北美自由贸易区中的美国、加拿大、墨西哥，其经济发展水平、实力、阶段均存在一定的差异。

应注意的是，水平经济一体化组织横向之间比较，可以存在经济发展水平的较大差异。例如，南锥体共同市场四国的阿根廷、巴西、巴拉圭、乌拉圭，其经济发展水平及实力与同时期水平经济一体化的欧洲联盟各国相比，有明显的差距。

二、区域经济一体化的特点

（一）早期区域经济一体化的特点

尽管区域经济一体化形式各异，仍可以从上述理论中概括出其基本特点。并且在区域经济一体化组织发展的初级阶段得到验证：

（1）地理位置毗邻或基本相邻是区域经济一体化组织成员国的一个主要特点。

因为国土毗邻的区位因素可降低交易成本，因而在区域经济一体化产生与发展进程中发挥着重要作用。

（2）成员国的经济发展水平、市场运行机制、经济管理体制基本接近。

（3）社会经济制度基本相同，也就是说，区域经济组织集团成员国的社会制度和对外经贸政策以及长远的战略利益基本一致。

（4）区域经济一体化组织各成员国的文化环境其中包括宗教信仰、文化习惯、生活价值观念等相互认同，如果在文化环境方面相差甚远，也很难形成区域经济一体化集团。

（5）从国土面积和人口规模来看，区域经济一体化组织成员国都是一些中小国家。只有建立区域经济一体化组织,才能扩大其生产规模和生产社会化程度,解决其国内市场狭小的问题。

（二）当今区域经济一体化的特点

特别需要指出的是,当代的区域经济一体化实践已经开始对上述特点有所突破,区域经济一体化的主要特点集中于地理位置邻近和实行开放经济。尤其是 20 世纪 90 年代以来,区域经济合作开始向更广泛、更紧密和更高层次的方向发展,并出现了一些新的特点：

（1）当代区域经济一体化发展迅速,影响面广,并有不断扩大的趋势。从参加的国家和地区来看,世界上绝大多数国家都至少是一个区域经济一体化组织的成员。根据 WTO 的统计,其成员都受到一定的区域经济一体化协议的约束,几乎所有 WTO 成员都参加了一个以上的区域经济一体化协议,有些 WTO 成员甚至成为 10 个以上区域经济一体化协议的成员。截至 2004 年年底,将近60％的区域经济一体化协议是欧洲国家之间缔结的,大约 15％是发展中国家之间缔结的。

原有的区域经济一体化组织的成员国持续增加,范围不断扩大,并向更高的层次和形式发展。同时,新的区域经济一体化组织不断涌现。根据 WTO 统计,1948—1994 年在关贸总协定登记的区域性经济集团只有 124 个,而自 1995 年WTO 成立以后已达 100 多个。在现存的区域经济一体化组织中,绝大多数是在最近十年里产生的。又据 WTO 提供的数据,截至 2011 年 1 月,已经产生区域经济一体化协议共有 511 个,其中 319 个已经生效。尤其需要引起注意的是,类似亚太经合组织、美洲自由贸易区和大西洋自由贸易区这样的超级区域经济一体化组织已经产生或者正在酝酿,显示了区域经济一体化发展的强劲势头。

（2）当代区域经济一体化的组织形式以自由贸易区和关税同盟为主,其中尤以自由贸易区为最,但也存在优惠贸易安排、共同市场和经济联盟等其他一些形式。

（3）突破了区域性经济集团只能由经济发展水平相近的国家组成的传统观念,区域性经济合作中的意识形态色彩越来越淡化。例如,欧洲经济共同体各成员国经济发展水平和经济实力方面的差距正在拉大;北美自由贸易区首先是一些政治经济大国建立的区域经济集团,甚至社会制度和经济管理体制迥异的国家也有可能朝着区域经济一体化方向发展。

（4）各类区域经济一体化的效果各有不同。尽管区域经济一体化组织不断涌现,但其实际成效却差别悬殊。根据普遍的研究成果,凡是发达国家之间的区域经济一体化都取得了成功,其中尤以欧盟最为典型。经过几十年的努力,欧盟终于实现了货币联盟,在主要欧洲国家中,欧元最终替代了作为这些国家主权象征的本国货币。欧洲经济一体化的成功也使不愿接受世界经济霸权的国家和经济体受到鼓舞。

（三）　区域经济一体化的发展趋势

20世纪90年代以来,在经济全球化的大背景下,各地区域经济合作组织发展势头迅猛。这主要是因为：

（1）世贸组织主持下的多边贸易谈判障碍重重,进展缓慢。各成员间的经济发展水平差距很大,成员多,差距大,各自的要求不同,谈判必然旷日持久,步履维艰。

（2）国际贸易中的保护主义频频抬头,贸易战从未间断。现实状况使各国认识到,要使142个成员国家和地区短期内在经贸安排上达成一致是不可能的。但是,几个国家或者十几个国家和地区,在相互发展水平差距不太大的情况下,通过谈判达成合作协议却是相对容易和可行的。因此,在世贸组织规则框架所允许的范围内,越来越多的国家和地区寻求通过建立区域经贸安排来规避形形色色的贸易壁垒。促进区内经贸发展,增强本国的国际竞争力。目前,区域经贸安排对区内国家实行优惠的差别待遇,其贸易转移效果甚至排他性的特征日益明显。为在国际贸易中抵消区域经贸安排对本国的歧视性影响,那些尚未加入区域合作的国家迫于竞争的需要,也希望参与到区域经贸安排之中。

第四节　区域经济一体化理论

经济学家纷纷对二战后迅速发展的区域经济一体化进行了研究和探索,提出了很多理论和学说。最早创建经济一体化理论的是荷兰经济学家丁伯根和美国经济学家范纳(J. Viner)两位学者。丁伯根认为经济一体化是国与国之间的经济合作。而范纳在《关税同盟问题》(1950年)中将关税同盟作为经济一体化的普遍形式,从理论上考察了关税同盟组建后产生的经济利益及对贸易流动和全球福利的影响,系统地提出了关税同盟理论,从而使二战后关税同盟理论从定性分析发展到了定量分析,并成为经济一体化的第一个完整理论。关税同盟理论在提出后随着现实的发展而不断得到修正和完善。在这个动态发展过程中,有的学者如小岛清、西托夫斯基(T. Scitovsky)、德纽(J. F. Deniau),他们将标准的区域经济一体化理论在深度上进行了新的挖掘,着重从动态角度考察区域经济一体化;有的学者如布朗(Brown)、库珀(C. A. Cooper)、马赛尔(B. F. Massell)则是在广度上将经济一体化理论进行了拓展,使其适应发展中国家的实际需要。一体化理论的发展过程不仅仅体现了以关税同盟为代表的一体化组织经济效应分析从静态分析到动态分析的过程,而且反映出国际经济学中典型的实证分析方法向世界经济学中典型的规范分析方法发展的过程。

按照众多学者的分析,任何形式的区域经济一体化对成员方和集团外国家都将产生一定影响,这便是区域经济一体化的效应。但理论界目前尚没有很完善的一体化效应分析方法。下面将针对一些主要学派的理论,从不同角度考察区域经济一体化可能产生的效应。

一、范纳的开创性成果——关税同盟理论及贸易创造和贸易转移效应

(一) 范纳模型的分析框架

按照范纳的观点,完全形态的关税同盟应具备以下三个条件:①完全取消各参加国间的关税;②对来自非成员国或地区的进口设置统一的关税;③通过协商方式在成员国之间分配关税收入。

因而,关税同盟成立以后,自身始终存在两种矛盾的功能:伙伴国之间实行自由贸易,对伙伴国以外的第三国实行差别待遇和贸易保护。范纳在对关税同盟的阐述当中,考察了关税同盟产生的经济利益,开创性地区分运用了"贸易创造"和"贸易转移"这两个新概念来衡量关税同盟在促进自由贸易的同时又违背自由贸易时产生的实际效果。

在范纳局部均衡的分析框架中,其基本假设为:①世界分为三个部分,本国、伙伴国和非成员国或称外部世界,在以下的分析中,分别用 H、P、F 来表示。②世界上生产和消费的全部商品可以分为两组,即对"本国"来说的"可进口商品"和"可出口商品"。③商品是同质的。④一些在研究国际贸易纯理论时常用的假设,如商品市场和要素市场是完全竞争的市场;要素能在国内自由流动,而不能在国家间自由流动;贸易限制只能采用关税的形式,要素充分就业等。

(二) 关税同盟的静态效果

1. 贸易创造效应

贸易创造效应(Trade Creation Effect)是指组建关税同盟所带来的成员方之间贸易规模的扩大以及由此造成的经济福利的增加。关税同盟建立以后,成员方之间取消了各种关税和非关税壁垒,实现了贸易的自由化,这时原来由本国生产的某些商品将被其他成员方低成本的进口商品所取代,新的贸易得到创造,从而导致贸易规模扩大。贸易创造效应主要由生产效应和消费效应组成。

从生产角度讲,实现贸易自由化以后,国内成本高的产品被伙伴国成本低的产品替代,各成员方的生产专业化水平提高,它们可以把本国资源使用从原来效率

低的部门转向效率高的部门。从而大大提高生产效率,扩大了生产所带来的利益。

从消费角度讲,低成本的伙伴国商品的进口将导致本国市场价格的降低和消费者支出的减少,使消费者剩余增加,节省下的资本可用于其他产品的消费,扩大了社会需求。

从这两方面的利得可看出,创造贸易的结果是关税同盟各成员方的社会福利水平提高。下面用图 11-1 来说明关税同盟的贸易创造效应及其组成。

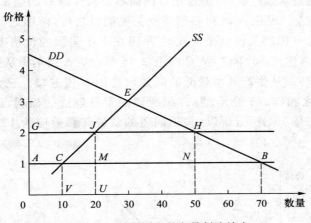

图 11-1 关税同盟的贸易创造效应

如图 11-1 所示,以 A 国商品 X 为例。横轴表示商品 X 的数量,纵轴表示该商品 X 的价格,SS 表示商品 X 的供给曲线,DD 表示 X 的需求曲线。B 国 X 的商品自由贸易价格为 1 美元,C 国 X 商品的自由贸易价格为 1.5 美元。如果 A 国对所有进口 X 商品征收 100% 的从价税,那么 A 国将从 B 国以 2 美元的价格进口 X 商品。在这一价格下,B 国需求量为 50 单位(GH),而本国的供应量为 20 单位(GJ),故有 30 单位(JH)需要从 B 国进口。故 A 国有 30 美元($MNHJ$)的关税收入。

如果 A 国和 B 国建立关税同盟,取消从 B 国进口的关税,对 C 国仍保持 100% 的从价税,故以 1 美元的价格从 B 国进口,此时 A 国的需求量为 70 单位 (AB),本国仅供应 10 单位(AC),另外 60 单位(CB)从 B 国进口。此时,A 国的消费者因组建关税同盟而获得的福利为 $ABHG$,消费者剩余有所增加。同时,产生了 $ACJG$ 部分的生产者剩余,而产生了 $MNHJ$ 的税收收入,CMJ 和 NBH 这两个三角形共 15 美元才是 A 国的静态净福利,其中 CMJ 为生产效应,NBH 为消费效应,这便是关税同盟的贸易创造效应。

2. 贸易转移效应

贸易转移效应(Trade Division Effect)又称贸易转向效应,是指组建关税同盟所带来的贸易由非成员方向成员方的转移以及因此造成的福利损失。由于关税同盟对外实行统一关税政策,对第三国的歧视导致从外部进口减少,转为从伙伴国进口,成员方的贸易发生了转向。由于伙伴国并不是生产效率最高的国家,从原来的第三国进口成本较低的产品改为从伙伴国进口成本较高的产品,就会造成一定的损失。

　　以图 11-2 为例加以说明,基本情况同图 11-1。在关税同盟建立之前,A 国对 X 商品的需求供给缺口,由盟外 B 国而不是伙伴国 C 国提供,A 国获得 30 美元的税收收入。现在 A 国和 C 国建立关税同盟之后,两国之间互免关税,A 国仍然维持对 B 国的关税壁垒。此时 A 国在 1.5 美元的价格上需求量为 60 单位,其中国内生产 15 单位,从 C 国进口 45 单位。A 国不再从生产效率较高的 B 国进口,转而从生产效率较低的同盟伙伴国 C 国进口。三角形 $C'J'J$ 和 $H'B'H$ 面积之和(3.75 美元)为 A 国所得的贸易创造的福利,而贸易转移导致的福利损失是 15 美元,所以,关税同盟的贸易转移效应为 11.25 美元的净福利损失。

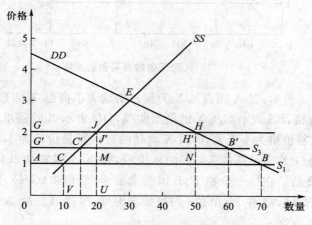

图 11-2　关税同盟的贸易转移效应

3. 贸易扩大效应

　　成立关税同盟后,本国 X 商品的价格在贸易创造(P_F)和贸易转移(P_P)的情况下都比本国自己专业化生产该产品的价格(P_0)要低。因此,当本国 X 商品的进口需求弹性大于 1 时,本国对该种商品的需求会增加,并使其数量增加。这就是贸易扩大效应(Trade Expand Effect)。与从生产方面考察上述两种效应的角度不同,对贸易扩大效应是从需求方面进行分析的。关税同盟无论是在贸易创造还是在贸易转移的情况下,由于都存在使需求扩大的效应,从而都能产生扩大贸易的效应。

（三）范纳模型的基本结论

基于对贸易创造和贸易转移的分析，可以看出关税同盟对一国福利的影响是不确定的，它取决于贸易创造与贸易转移两种效应的比较。关税同盟的静态效应就是由贸易创造带来的收益减去贸易转移造成的损失最终取得的实际利益。如果贸易创造效应大于贸易转移效应，则建立关税同盟是有利的；反之，就是不利的。一般来说，本国进口需求的弹性越大、国内生产成本与伙伴国的差异越大而伙伴国与非成员方的成本差异越小，贸易创造效应越有可能大于贸易转移效应，建立关税同盟就越有利。这主要是因为，本国的进口需求弹性越大，本国与伙伴国之间的生产成本差距越大，贸易创造效应带来的福利增加就越大。而伙伴国与非成员方的成本差异越小，贸易转移效应导致的福利损失就越小。

（四）关税同盟的其他经济效应

除了上述效应之外，区域经济一体化的效应还包括以下几个方面。

1. 降低行政支出

关税同盟建立以后，成员方之间关税和非关税壁垒被废除，与征税有关的行政支出，如设立海关和其他行政机构等方面的费用将减少。

2. 减少走私

区域经济一体化组织建立以后，商品在成员方之间自由流动，在同盟内消除了走私产生的根源。

3. 改善贸易条件

关税同盟建立后，一般会减少同盟对外部的出口供给和进口需求，导致其出口价格上升而进口价格降低，从而改善同盟的整体贸易条件。

4. 提高经济地位

同盟建立后，集团整体经济实力大大增强，统一对外进行关税减让谈判，有利于同盟成员国地位的提高。如欧盟与美国在关贸总协定谈判中围绕农产品贸易而形成的对抗充分反映了欧盟地位的提高、美国地位的相对削弱。

二、以现代贸易理论为基础的经济一体化理论

从 20 世纪 60 年代开始，随着欧洲一体化实践的发展，一体化理论也有了新的成果。许多学者结合经济一体化的实践和克鲁格曼的现代贸易理论，在强调区域经济一体化能产生一定的静态效应外，还补充了众多的动态效应。虽然这些对关税同盟更深入的研究仍以范纳理论为出发点，却基于与以往根本不同的动态分析角度。范纳的理论带有许多假设条件，是一种抽象的模型分析，而后人的扩展、补充构成的经济一体化理论则放宽了诸多假设条件，是以客观现实分析

为主的归纳和总结,因此可视其为经济一体化问题的几个单独的理论。区域经济一体化的动态效应主要是竞争效应和规模经济效应。作出重要理论贡献的学者有小岛清、科登(W. M. Corden)、西托夫斯基、德纽、克劳斯(M. B. Krauss)和巴拉萨等。

(一) 大市场理论及区域经济一体化的竞争效应

1. 区域经济一体化的竞争效应

区域经济一体化的竞争效应是指建立区域性经济集团之后,原来的贸易和投资壁垒被废除,原有的一国范围内的垄断随之被打破,国内的企业不得不面临成员方企业的强大竞争。在这个问题上,苏联经济学家西托夫斯基和德纽的"大市场理论"最为著名,也是迄今为止大量文献中唯一较有说服力的理论。

2. 大市场理论的核心

这两位学者将经济一体化的形式扩展到以共同市场作为分析基础。与关税同盟相比,共同市场的目标是消除保护主义的障碍,实现生产要素(劳动力、资本)的自由流动。所以,大市场理论的核心是:共同市场可以把那些被保护主义分割的每一个国家的小市场统一成一个大市场,通过大市场内的激烈竞争,实现专业化、大批量生产等方面的利益。

3. 共同市场产生的良性循环

在建立共同市场之前,生产厂商和企业家都热衷于狭窄的市场和受保护的缺乏激烈竞争的市场。很多耐用消费品因价格居高不下而在大众消费市场普及率较低,不能进行批量生产。因此导致了市场陷入高利润率、高价格、低资本周转率、小规模生产的恶性循环之中。实际上,西欧国家在组建欧共体组织之前所处的矛盾状况就验证了这一点。

大市场的建立扩大了市场规模,经济扩张刺激成员方之间的竞争加剧。企业不得不转向大规模生产以实现规模经济效益,同时产生以企业家之间交易的相互依赖为基础的外部经济效益。所以机器设备的充分利用、大批量专业化生产、最新技术的利用和竞争的恢复等因素,都使生产成本和销售价格下降。再加上取消关税所引起的价格下降,必将导致购买力的增强和消费水平的提高。消费的增加又导致投资的进一步增加。这样,经济就会开始滚雪球式的扩张,消费的扩大引起投资的增加,投资的增加又导致价格的下降、工资的提高和购买力全面提高,市场随之进一步扩大,出现良性循环。

(二) 协议性分工原理及区域经济一体化的竞争效应

1. 区域经济一体化的规模经济效应

区域性经济集团建立以后,可以把原来分散的小市场结成统一的大市场,使企业摆脱市场规模的限制,获得规模经济效益。尽管通过向世界其他国家的出口也可以达到规模经济的要求,但是世界市场竞争激烈,存在许多不确定性,而区域性经济集团的建立则可以使企业获得能据以实现规模经济的稳定市场。

2. 协议性分工原理的理论背景

分析区域经济一体化规模经济效应的最著名理论,是日本经济学家小岛清于 20 世纪 70 年代在其代表作《对外贸易论》中提出的协议性分工理论。小岛清认为,一方面,大市场理论提出的实现规模经济的目标和竞争激化的手段往往会导致以各国为单位的企业集中和垄断,这不利于内部贸易的扩大。另一方面,因为传统的国际经济学涉及的是成本递增下通过比较优势形成的国际分工和平衡,没有考虑成本相同和规模收益递减的情况。而成本递减现象却是世界经济的客观现实,也是经济一体化的目标之一。因此,为了和谐地扩大成员方之间的分工和贸易,获得一体化的规模经济效益,单纯依靠传统的国际分工理论是不够的。针对上述两方面问题,小岛清认为必须引进共同市场的内部分工原理,探讨在长期成本递减规律下两国通过协议方式实行的专业化分工。

3. 协议性分工理论的基本内容

在长期成本递减规律的作用下,有关的商品成本将有所下降。再加上国家间的商品贸易没有了关税这一附加成本,两国均获得了收益的增加。小岛清理论的核心是自由贸易有时会损害两国利益,而在规模收益递减部门,国家间可以通过协议扩大分工和贸易,相互提供市场,共同分享规模经济效益,使成员国之间的贸易产生净福利增加,这也是协议性分工的目标。

协议性分工与规模经济效益的关系如图 11-3 所示。

如图 11-3 所示,在实行分工之前,Ⅰ国和Ⅱ国都分别生产 X、Y 两种商品,C_1、D 表示Ⅰ国和Ⅱ国分别生产 X 商品的成本,F、E_1 分别表示Ⅰ国和Ⅱ国分别生产 Y 商品的成本。从中可以看出,由于受国内市场狭小的限制,X 商品和 Y 商品的产量都很小,导致生产成本很高。现在假定 X 商品全部由Ⅰ国生产,Ⅱ国把 $X_Ⅱ$ 量的国内市场提供给Ⅰ国;同时,Y 商品全部由Ⅱ国生产,Ⅰ国把 $X_Ⅰ$ 量的国内市场提供给Ⅱ国。经过上述分工之后,随着市场规模的扩大和产量的增加,X 商品的生产成本(C_2)和 Y 商品的生产成本(E_2)均明显下降。

4. 实行协议性分工的条件

小岛清进一步说明,能以协议性分工方式分享规模经济效益的国家必须处于具备容易达成协议条件的地区,并归纳如下:

(1)实行协议性分工的国家必须具有大致相同的要素禀赋和经济发展水平,都能生产作为协议性分工对象的商品。在这种条件下,互相竞争的各国之间扩大分工和贸易,既是关税同盟理论的贸易创造效果,也是协议性国际分工理论的目标。在要素禀赋或经济发展水平差异较大的国家,如在工业国和初级产品

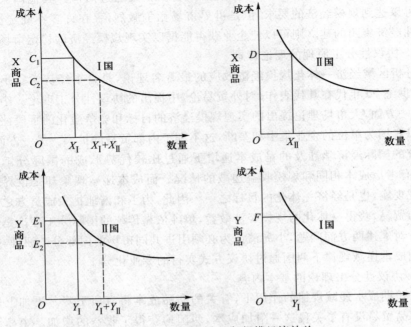

图 11-3　协议性分工与规模经济效益

生产国之间,某个国家可能由于比较成本差异较大或实现完全专业化,比较优势原理仍可有效地发挥作用。这些国家之间可形成垂直型分工,没有必要实行协议性分工。

(2) 作为协议性分工对象的商品必须是能够获得规模经济效益的商品,否则也没有必要实行协议性分工。

(3) 对于参与协议性分工的国家来说,生产任何一种协议性分工对象商品的成本和利益差别都不大,即任何一方的让与并不至于产生太大的利益损失。没有优劣之分的产业容易达成协议。

综合考虑以上三个条件,协议性分工主要发生在发达国家之间。

(三) 区域经济一体化的其他动态效应

根据有关学者的分析,区域经济一体化的动态效应主要还包括以下几个方面。

1. 刺激投资

由于市场扩大和需求增加,各成员方企业必然会扩大投资。同时,强大的竞争压力也迫使企业在降低成本和提高效率方面增加投资。但是,为了占领伙伴国的市场,新增加的投资往往会流向成员方交界的地区甚至伙伴国国内,给其他地区的经济发展带来不利影响。

2. 吸引外资

区域经济一体化组织建立之后,集团内部拆除了贸易壁垒,但仍然维持成员方对外的贸易壁垒。为了绕过贸易壁垒,进入集团的内部大市场,分享自由贸易的好处,非成员方企业纷纷在集团内部投资,设立"关税工厂"。

3. 提高要素流动性

区域经济一体化组织建立后,市场的统一以及贸易和投资的自由化,将提高生产要素在成员方之间的流动性,甚至实现在成员方之间完全的自由流动。要素流动性的提高将促进生产要素的合理配置,减少生产要素的闲置。但是,要素流动带来的"回波效应"将会损害要素流出地区尤其是边远和落后地区的经济发展。

4. 促进技术进步

区域性经济集团建立之后,为了充分分享市场规模扩大的好处,同时也为了应对激烈的竞争,企业不得不增加研究和开发方面的投资,加强新技术的开发和利用,从而大大促进技术进步。

三、发展中国家经济一体化理论简介

(一) 标准区域经济一体化理论的局限性

标准区域经济一体化理论是以欧洲传统工业国之间的市场一体化为研究对象的。与欧洲工业国在经济发展阶段或经济贸易结构方面有根本差异的发展中国家的经济一体化,不能用它们的理论来充分说明。例如,对于一些工业化程度低、初级产品出口依赖度高的发展中国家,在发展中国家相互间结成经济一体化,实现区域内自由贸易、对区域外国家采取贸易差别化措施时,高成本的区域内产品的消费者价格会比低成本的发达国家产品低廉,导致贸易转移效应。但是从资源配置的效率分析,发展中国家的经济一体化反而增大了负面效应的可能性。

鉴于标准区域经济一体化理论的上述局限性,为满足发展中国家区域经济一体化的需要,一些学者在一般经济学理论的影响和发达国家区域经济一体化成功经验的启发下,把标准区域经济一体化理论加以扩展,提出了适用于发展中国家之间南南型区域经济一体化的特殊理论。在这方面,布朗、库珀、马赛尔、约翰逊(H. G. Johnson)、德尔(S. Dell)等学者贡献较大。

(二) 标准区域经济一体化理论的扩展内容

布朗等人对区域经济一体化理论的扩展主要包括以下两个方面。

1. 强调南南型区域经济一体化的动态效应

发达国家之间的经济一体化是根据现存经济结构下的比较成本原理，实现其资源最优配置的目的，其动机是使区域内贸易自由化。而发展中国家之间的经济一体化则是从根本上改善生产及贸易结构，促进工业化目标的实现。在发展中国家，贸易创造和贸易转移的静态效应，不如通过规模经济、促进竞争、扩大市场等投资诱因增大带来的动态效应。具体来说，它可以为成员方的工业化和经济发展带来如下动态效应：

（1）不发达国家希望实行工业化政策，但因国内市场狭小，无法实现大量生产和大规模经济，所以扩张新产业会受到限制。发展中国家地域性特惠贸易圈的形成，能建立一个统一扩大的市场，缓解上述市场限制，有助于成员国企业实现规模经济。

（2）区域内贸易的增长，促进相互间工业品生产的竞争，使发展中国家通过不断学习积累经验，逐渐具备向世界市场输出工业品的能力，从而改善贸易结构。不发达国家从具有比较优势的消费产业过渡到工业化生产，有效地实现消费品进口。又因扩大市场、促进生产、扩大出口等扩散过程，扩大一国或地域整体的投资机会，促进经济增长。

（3）经济一体化不仅带来国家间的替代，也会带来商品间的替代。国家间替代是指由于经济一体化的区域内贸易自由化和对区域外差别措施，使商品的供给国互相转换的现象。商品间替代是区域内试图以消费商品的自给自足，抑制从区域外发达国家进口消费品，促进投资的现象。发展中国家间形成一体化组织后，以区域为单位的进口替代政策，拓宽了消费商品的区域内分布幅度。从区域整体的角度看，可提高自给自足的可能性。这样由投资收入替代消费收入，而节约的外汇可转移开发所必需投入品，达到促进发展中国家工业化的动态效应。另一方面，本国的产业结构调整和区域外进口替代也相应变得容易。

2. 强调区域经济一体化的"对外保护"作用

区域经济一体化的根本特征是"对内自由，对外保护"。一般来说，标准区域经济一体化理论强调"对内自由"，而把"对外保护"效应作为一种副产品。但库珀、马塞尔、德尔等人则强调后者，即主张把区域经济一体化作为促进工业生产的保护手段。

库珀、马赛尔和约翰逊等学者在修正范纳的关税同盟理论的过程中，从一国工业发展的角度出发，对关税同盟的保护贸易特性作了解释，形成了工业偏好理论。该理论认为，一般情况下，大部分发展中国家都有发展现代工业的偏好，偏好程度接近的几个国家结成的关税同盟将形成一个统一扩大的市场，有助于成员国企业实现规模经济。同时政府通过直接补贴、成员国间关税减免及对外关税保护等措施引导资金向本国工业生产转移，使工业生产获得更好的发展条件，实现一国设想的产业结构安排,从而导致由工业生产利益所代表的公共福利的增加。

在有关一体化组织的保护作用的论述上,最著名的是德尔的"通过集团保护的进口替代理论"。从 20 世纪 30 年代以后,拉丁美洲实施了进口替代型工业化战略。德尔认为,对于发展中国家来讲,建立对区域内实行贸易自由化和对区域外实行贸易差别化的经济一体化,可以使进口替代的领域从一国规模扩大到地域规模,提高政策实施的效率。这种情况下的市场一体化具有在保护下达到地区的大市场(Protected Access to a Region-wide Market)甚至具有集团保护(Group Protection)的意义。从而能提高现存产业的效率,扩大保护范围,增强保护效果,对直接产品产业和间接产品产业的发展作出贡献,最终促进相应地区的工业化和经济发展。

四、对经济一体化理论的评价

关税同盟理论从静态角度论证了缔结关税同盟带来的经济效应,大市场理论从动态角度分析了经济一体化带来的经济效应,协议性国际分工理论则从规模经济降低生产成本的角度阐述了区域经济一体化经济效应产生的根源。范纳开创的经济一体化理论和后人提出的诸多经济一体化理论,丰富了世界经济理论和学说。就理论本身而言都不存在错误,但这些理论都是在当时的世界经济背景下形成的,反映了特定历史时期的经济一体化发展水平。在目前经济一体化进程有了重大推进的现实基础上,既有理论对很多现象已经无法解释,这使得这些理论在总体上反映出某些局限性:

(1) 上述理论对国与国之间的经济组织形式主要是停留在关税同盟、共同市场这两个一体化层次上,因而对一体化的认识也局限于贸易障碍的消除过程。但这些理论显然已落后于当代众多形式的经济一体化组织已基本实现了资本、劳动力自由流动的现实基础。所以上述理论对经济一体化的理解还停留在浅层次的经济一体化阶段。

(2) 对发达国家经济一体化现象的探讨仍然占据主要位置,对当今迅速崛起的发展中国家的区域经济一体化现象重视不足。

在上述经济一体化的理论中,如对大市场理论和协议分工理论的阐述中,隐含着对容易达成一体化协议的国家所具备条件的规定。从现实情况看,符合这些条件的一般都是发达国家,这两个理论实际上解释了发达国家经济一体化运动的形成,而对发展中国家的经济一体化的开展则无法充分加以解释。与此相比,工业偏好理论符合发展中国家经济发展的要求,20 世纪 60 年代、70 年代以拉美为主的发展中国家经济一体化运动是以进口替代发展战略为根本指导思想的,其经济一体化思想基本上与工业偏好理论的主张相符合。但是,相对于成果丰富的标准区域经济一体化理论来讲,对发展中国家经济一体化的研究相对匮乏。

(3) 这些理论从单向因素、微观角度探讨和分析较多,对多因素、宏观分析不够,尤其对经济一体化形成的政治、经济利益的综合分析较差。例如,不考虑由于政府政策的选择而出现的限制,包括以多边国际协定表现的外部限制和国内特定时期为达到特定经济目标而采取的经济政策所表现的内部限制。

第五节 世界主要区域经济一体化组织的发展现状

20 世纪 80 年代中期以来,区域经济一体化迅猛发展并进入了飞跃的新时期。参与经济一体化的国家日益增多、经济一体化的层次越来越高,经济一体化逐渐走向开放,并突破某一区域的界限,实现跨区域、跨地区的区域经贸合作。在发达国家之间、发展中国家之间、发达国家与发展中国家之间都存在不同程度和层次的经贸合作关系。相比较而言,欧盟、北美自由贸易区和亚太经济合作组织是当今众多经贸合作和区域经济一体化组织中较为成功的运作形式。目前已形成西欧、北美、东亚三大板块格局,并正在向世界"三大经济圈"演变,显示出区域经济一体化的强烈影响。鉴于发展中国家经济一体化不成功的现实,本节主要探讨上述三个典型的经济合作和区域经济一体化组织的形成、特点及存在问题等。通过对它们的分析来了解当今区域经济一体化组织的现状。

一、欧洲联盟——区域经济一体化的先锋和典型

欧洲联盟是迄今为止发展进程最快、范围最广、层次最高、管理机构最完善和成效最大的区域经济一体化组织。在区域经济一体化运动较发达的欧洲、美洲与亚洲三大地区中,欧洲经济一体化是最具实质内容的。

(一) 欧洲经济一体化的阶段性发展

1. 基本建成内部大市场

欧盟的前身是欧洲经济共同体[①]。1957 年,比利时、荷兰、卢森堡、德国、法国和意大利签署《罗马条约》,其目的是建立一个经济共同体即欧洲经济共同体(European Economic Community,EEC)。但由于种种原因,该组织共花费了30

---

① 欧共体的 6 个创始成员国于 1952 年组建煤钢共同体,1958 年又建立了欧洲经济共同体和欧洲原子能共同体。1965 年上述三个组织合并统称"欧共体"。

多年的时间,才算完成了《罗马条约》规定的任务,完成了下面阶段的相继过渡:

(1) 自 1962 年起实行共同农业政策。

(2) 自 1968 年 7 月 1 日起,取消内部关税,建立关税同盟;在这一时期还实行了共同财政政策,建立了欧洲货币体系。

(3) 1992 年年底,正式结成"内部统一大市场",实现了货物、服务、人员和资金的自由流动。

可以看出,20 世纪 80 年代末至 90 年代初,欧共体仅停留在经济领域的联合,已经不能适应急剧变化的形势,急需在政治和安全方面有一定的合作。否则,统一市场即使开始实行,也难以顺利运转。

2. 《马斯特里赫特条约》的签署

1991 年 12 月,欧共体 12 国草签《马斯特里赫特条约》(简称《马约》)。《马约》规定了经济与货币联盟的具体目标和实施步骤,将欧共体原有的"政治合作"升格为共同外交和安全政策,并建立起在内政和司法方面的合作机制,从而使欧共体的活动范围突破了以经济活动为限,而经济活动又以关税同盟、共同市场为中心的格局,将欧共体的经济一体化推进到经济联盟的阶段。在《马约》的批准过程中尽管遇到了各种阻力,在有的国家甚至掀起轩然大波,但它最终于 1993 年 11 月 1 日正式生效。

3. 建设"西欧经济区"

欧共体在加紧推进自身经济一体化的同时,还在 1991 年 10 月与"欧洲自由贸易联盟"达成了建设"欧洲经济区"的协定。按照该协定,欧洲 19 个发达国家将建成一个能保证商品、劳务、资本和人员自由流动的贸易集团,亦即将大约 60% 的欧共体法规(除农业、税收、外贸政策之外)进一步推广到欧洲自由贸易联盟的 7 个成员国。1994 年 1 月 1 日,由除瑞士、列支敦士登外的欧洲 17 国组成的"欧洲经济区"正式启动。

4. 欧洲经济与货币联盟的完成

1999 年 1 月 1 日,欧洲统一货币——欧元正式启动。作为一种战略选择,极大地促进了欧洲统一大市场的最终建成和欧洲经济区的有效运转,是当前欧洲一体化进程的核心和象征。1998 年 7 月 1 日,欧洲中央银行正式成立。2002 年 1 月 1 日,包括比利时、德国、西班牙、法国、爱尔兰、意大利、卢森堡、荷兰、奥地利、葡萄牙和芬兰在内的 11 个欧元创始国货币终止流通,完全由欧元取代,标志着欧洲经济与货币联盟的基本完成。

(二) 欧洲经济一体化成员范围的不断扩大

以《罗马条约》为开端的欧洲一体化不断向广度和深度方向发展的同时,参加一体化的成员国也不断增加。到 2012 年 12 月为止,它主要经历了六次扩大过程：

（1）1973 年 1 月 1 日，英国、丹麦和爱尔兰加入欧共体；

（2）1981 年 1 月 1 日，希腊成为欧共体的第 10 个成员国；

（3）1986 年 1 月 1 日，葡萄牙和西班牙加入欧共体，使欧共体成员国数量增至 12 个；

（4）1995 年 1 月 1 日，芬兰、瑞典和奥地利三国正式加入，欧盟成员国增加到 15 国。

（5）2004 年 5 月 1 日，捷克、爱沙尼亚、塞浦路斯、拉脱维亚、立陶宛、匈牙利、马耳他、波兰、斯洛文尼亚和斯洛伐克 10 国正式成为欧盟成员国。欧盟的此次东扩也是历史上规模最大的一次。东扩计划从 20 世纪 90 年代上半期欧共体与中东欧国家签订的"欧洲协定"开始，历经十余年，最终成功实现。

（6）2007 年 1 月 1 日，罗马尼亚、保加利亚加入欧盟。

（三）欧洲经济一体化的作用

1. 欧盟的一体化对区内成员国的影响

因为区内各国经济发展不平衡的现实，从短期来讲，对于那些新加入的成员国如东扩中的中东欧国家，会在个别行业及决策机制上带来一定的压力和冲击。但从长期来看，欧洲一体化推进过程的渐进性在一定程度上消除了上述不利影响。欧盟在大市场范围内的资源优化配置，最终有力地促进了成员国的经济增长。1994 年，在确定吸收东欧国家加入欧盟大家庭的筹备工作计划中，欧盟执委会发表了有关欧盟成员扩大对该组织的影响的研究报告。结果表明在短期内，由于区内发达国家的制造业与农业相对丧失竞争力，对生产与劳动力就业会带来压力，会使这些部门对东欧产品进口积极寻求限制措施。相比较而言，对欧盟中发达程度相对较低的希腊、葡萄牙、爱尔兰等国家，由于担心东欧的加入会影响欧盟对其援助资金的再分配，也会阻碍东欧的加入。但是从长期来看，1987—1995 年，对欧盟整体与较发达的制造业与农业会产生减少国民生产总值 0.2 个百分点的极小影响，1987—2010 年，则会带来增加 0.8％的国民生产总值的积极影响。

其次，从理论角度讲，欧洲经济一体化有力地促进了成员国贸易和经济的发展：

（1）从静态效应来看，欧盟的贸易创造效应较为明显。欧盟自建立之后，区内贸易发展迅速，占成员国贸易总额的比重由 1960 年的 34.5％上升到 1998 年的出 55.2％。尽管其中存在一定的贸易转移效应，但根据大多数学者的研究，其贸易创造效应要明显超过贸易转移效应。

（2）一般的研究结果表明，欧盟的动态效应也是积极的。据相关研究的估计,1992 年统一大市场建成后,由于更充分地利用规模经济而获得的利益占欧共体国内生产总值的 2.1%,由于竞争加剧而获得的利益占国内生产总值的 1.6%。

2. 欧盟区域经济推动了新的区域经济一体化的纵深发展

(1) 区内经济的不平衡促进了欧盟经济一体化的深化。欧盟一体化程度的不断加深反映出经济不平衡发展对区域经济一体化的加速作用,主要表现在:

一方面,欧盟与联盟外经济相比,发展相对滞后,这促使欧盟谋求进一步的保护体系,东扩行为就是加强与北美、东亚抗衡之势的重要一步;另一方面,在欧盟内部,各国经济发展的不平衡也促使欧盟越来越采取区域性政策,并通过建立更高层次、更大范围的一体化"外壳"来容纳内部的不平衡发展。如果没有欧盟,很难设想希、葡的几乎全部工业不被日本或美国及欧盟其他强国挤垮。欧盟建立统一大市场,从某种意义上讲也是为了照顾内部经济发展的不平衡,为经济落后的国家提供一个更为广阔、更受保护的市场,从而有可能带动这些国家经济的增长,使得这些国家在国际上的竞争能力具有"欧洲标准"。同时,有了统一大市场的存在,近年来区内经济发展低迷的发达国家可以通过与发展水平较低的国家间的合作来拉动经济回升。

(2) 欧洲经济一体化对世界范围内其他国家的影响。欧盟国家近 20 年在经济合作方面的成就举世瞩目。一方面,欧盟模式的成功,对发展中国家区域经济一体化实践具有很重要的示范效应,成为它们积极投入区域经济一体化的重要动力源泉。如非洲经济一体化实施的步骤,基本上是以欧盟的发展过程作为蓝本,再结合非洲的具体情况进行的。另一方面,面对欧盟不断升级的现实,欧盟对美、日等发达国家的影响更多地表现为压力,然后才是压力产生的动力。北美自由贸易区不会仅停留在贸易领域,美洲经济区的启动就是最好的例证。

因此,没有欧盟的存在,或没有欧盟实现统一大市场的努力,20 世纪 80 年代末 90 年代初,尽管存在世界经济发展内在规律的作用,也不至于迅速出现新的区域经济一体化浪潮,即使出现,也不可能有现在这样的广度和深度。

(四) 欧盟一体化模式的发展趋势

欧盟单一货币和东扩进程是欧洲一体化进程进入一个新时期的标志。除了以自身发展程度的提高和一体化内涵不断升级这一方式推进一体化进程外,参与一体化的国家不断增加也是另一种推动力量。这两种形式构成了欧洲一体化纵向和横向发展的两股力量。欧洲一体化就在这两股力量交织中不断向前发展,达到了当代区域经济一体化运动中的最高水平。

欧洲经济一体化 40 年自我发展、自我推进的历程显示,每一轮成员国的扩大和经济一体化程度的提高都不是一帆风顺的。一体化进程攀得越高,区内国家的经济发展水平存在差异越大,要付出的努力必然也越多。例如,欧盟的东扩行为就历经了十余年的计划。因此,21世纪,欧盟需要继续深入进行自我调整,以更完善的运行机制和发展模式来继续推进经济一体化的进程,这一新的发展模式必然体现为"差异欧洲"的思想。1997年6月通过的新欧盟条约确定了五项原则,即同一性原则、差异性原则、自愿性原则、灵活性原则和辅助性原则。欧盟今后将趋于多元化、弹性化、松动化,以多层次、多领域、多速度、多形式的方式坚持欧洲经济和政治一体化进程。

二、北美自由贸易区——经济一体化进程中的制度创新

按传统的经济一体化理论,经济发展水平悬殊的国家间是不适合组建经济一体化组织的。北美自由贸易区(North American Free Trade Area,NAFTA)自1994年以来的良好运行状况在区域经济一体化运动中具有开创性的意义,从而引起世界广泛的关注。

(一)北美自由贸易区的建立过程

二战后相当长一段时间,美洲的经济一体化发展极不平衡。南美发展较快,而相比之下北美特别是美国、加拿大这两个发达国家热情不足。20世纪80年代中期以后,恰恰是美、加两国使美洲的经济一体化进入一个加速发展的新阶段。

80年代国内外经济力量的此消彼长,经济关系有所发展的美国和加拿大,经过谈判于1987年10月达成《美加自由贸易协定》,并在1989年1月1日正式开始生效执行。根据协定,两国将于1998年最终建成美加自由贸易区,实现双边免税自由贸易。同时该协定还对双边服务贸易自由化、双边投资以及贸易争端的解决作出许多具体规定。墨西哥前总统萨里纳斯在1988年上任之后便积极寻求与美国的自由贸易协定的谈判,后来加拿大也主动加入谈判过程。三国于1991年6月12日在多伦多召开了第一次部长级会议。历经14个月的谈判,1992年8月12日,宣布三国在《北美自由贸易协定》基础上建立北美自由贸易区,从1994年1月1日正式生效。

(二)北美自由贸易区取得的成果

北美自由贸易区在1994年成立时,其人口为3.67亿,国民生产总值7万多亿美元。这一市场的实力足以与欧洲联盟对抗(当时其人口为3.8亿,国内生产总值7万多亿美元)。北美自由贸易协定使三国在如下方面取得了重大成果:

第一,北美自由贸易区在之后的几年内消除各自的关税壁垒,15年内实现商品的自由移动。由于在三国中墨西哥经济实力最弱,美国和加拿大允许普遍

优惠制对墨西哥继续有效,帮助墨西哥尽快缩短与两国的经济差距。

第二,在共同消除非关税壁垒方面,三国对取消农牧业方面的非关税壁垒措施几乎取得了普遍一致的看法。此外,该协议还涉及大量的服务贸易、投资及商人流动方面的障碍消除。

第三,就环保、劳工标准及开放贸易的时间表等问题进行了协商,并就环保问题达成了协议。尽管在劳工标准方面未达成协议,但与会代表都发表了积极寻求三方都能接受的方案的意思表示。这一时期,美国历任总统克林顿、布什都对有关劳动与环保附属条款协议的进展情况作出了积极的推动。

总之,北美自由贸易区是由两个发达国家与一个发展中国家构成的,其中美国是最大的发达国家,墨西哥是典型的发展中国家,两者经济发展水平悬殊,按传统的经济一体化理论,它们是不适合组建经济一体化组织的。《美加自由贸易协定》的签订和实施,是 80 年代后半期发生于世界经济领域的一项重大事件,也是美、加两国经济关系史上的一座新的里程碑;而北美自由贸易区更是引起世界的聚焦,尤其是美国与墨西哥之间的经济一体化运动格外引人注目,它自 1994 年以来的良好运行在区域经济一体化运动中具有开创性的意义。

（三）美加墨自由贸易协定是成员国之间可获利性与经济矛盾的统一体

在经济合作中,三方虽各有受益,墨西哥是最大的受益者。美、加、墨三国经济发展分属三个不同的层次,因此它们签订的协议实施上具有互补性,各方都将从中受益。就目前而言,墨西哥获益更大一些。如 1994 年至 1996 年间,美国和加拿大、墨西哥的双边贸易增长率达 44%,大大高于同期美国与世界其他国家总贸易量 33% 的增长率。墨西哥贸易出口最高年增长率达 20%,加拿大为10%,美国是 5%。墨西哥之所以受益更大,是因为它作为区域内唯一的发展中国家得到的利益主要来自于跨国公司的投资。因为北美自由贸易区在以汽车和纺织品产业为主的对外贸易中制定了严格的原产地规则,而且规则所要求产品的最低当地成分按不同的时间阶段逐年上升。这一措施确定了享受免税资源必须达到的最低的北美附加值标准,该限制性的原产地规则实际上成了一种歧视性的非关税壁垒。同时墨西哥低廉的劳动力成本的事实,使它在区内成为理想的投资地区。区外国家对北美的投资为达到原产地的标准,都纷纷扩大了对墨西哥的投资。此外还有美国和加拿大的跨国公司投资,都大大推进了墨西哥的工业进程和国内就业水平。

随着自由贸易圈的建立,三方在经济合作过程中也出现了一些问题和矛盾。矛盾主要体现在以下两个方面:

（1）农产品贸易在现有的所有一体化谈判中都是争议最集中的项目,在发达国家与发展中国家经济一体化进程中就更突出。美、墨两国的农产品贸易因补贴和竞争政策的问题而难以统一规则。墨西哥对农产品进口维持了大量的许可证,而美国和加拿大则保留了大部分的进口补贴。其根本原因就是农产品是发展中国家具有优势的出口产品,对墨西哥这样经济相对落后的国家而言,限制继而取消补贴是不可能的。因此,墨西哥不作出让步,美、加两国也不愿意单独在补贴上采取实质性减低措施。

(2) 在很多项目的实际操作上,自由贸易圈成员国并未完全依照协议的规定去做,而且某些规定实际上增加了经济壁垒,使现实中的经济障碍消除并不如协议中规定的那样广泛。

虽然谈判达成的一致性意见能缓和发展过程中产生的矛盾,但是出于对本国利益的维护,三国协议无法彻底解决这些问题。因此,美加墨自由贸易协定实际上是各成员国之间可获利性与经济矛盾的统一体。其中,前者具有长期性质,它将给成员国带来长期的经济效应;后者是暂时的,它将通过一体化进程中一次又一次的谈判而得到解决。

三、亚太经济合作组织——开放性的"区域经济一体化"

亚太经济合作组织(Asian-Pacific Economic Cooperation,APEC)是成立最早但迄今仍然没有建成的一个南北型自由贸易区。

(一) 亚太经济合作组织的建立和发展

从 20 世纪 60 年代初开始,日本、澳大利亚等国的学者和政府人士就积极倡导在亚太地区建立区域性的经济合作组织,并分别成立了一些以企业、学术界人士等为成员的或由官、商、学人士组成的半官方的组织。20 世纪 80 年代,在区域经济一体化浪潮的影响下,一些亚太国家又酝酿成立官方的正式区域经济合作组织。1989 年 11 月,在澳大利亚的倡议下,亚太地区包括美国、加拿大、日本、韩国、马来西亚、印度尼西亚、新加坡、泰国、菲律宾、文莱、澳大利亚和新西兰在内的 12 个国家在堪培拉召开外交与经济部长级会议,这标志着亚太经济合作上升到政府之间进行协商的层面。从成立到现在,亚太经合组织大致经历了以下三个阶段:

1. 探索阶段(1989—1992 年)

这一阶段除了 APEC 的成立大会外,还包括每年定期召开的三届部长级会议。该阶段是亚太经合组织寻找自身发展方向、道路和方式的探索阶段。在该阶段,亚太经合组织只是一个松散的经济论坛,如成立大会确定了该组织的宗旨和目标,如"不搞成封闭性的贸易集团"、"以平等、协商、渐进方式来推进地区经济合作和贸易化"等。在第四届曼谷部长级会议上决定成立常设性秘书处,拉开了亚太地区经贸合作的序幕。

2. 探索阶段(1993—1997年)

该阶段是亚太经合组织的大发展阶段,其主要标志是:

(1) 组织成员数量增加,先后接纳墨西哥、巴布亚新几内亚和智利成为新成员。

(2) 该组织朝着机制化的方向迅速发展。拥有秘书处、委员会、部长级会议和领导人非正式会议等,已从松散的论坛蜕变成一个准组织。

(3) 组织内的贸易投资自由化和经济合作的计划不断产生,并且有些计划已得到实施。

比较著名的计划如1994年APEC首脑非正式会谈上达成的《茂物宣言》,确定了亚太地区和全世界今后经济合作的道路和方向,即发达国家在2010年前,发展中国家在2020年前实现区域内贸易和投资自由化;各国一致同意在人力资源开发、经济基础设施的建设、科学与技术、环境保护、中小企业发展、公共部门的参与等部门加强合作;宣言强调"坚决反对建立一个不谋求实现全球自由贸易的内向的贸易集团",而不是演变成一个同世界其他地区相对抗的贸易集团。

3. 调整阶段(1998年至今)

亚洲金融危机的爆发引发了亚太经合组织的各种矛盾,该组织原有的一些内在缺陷暴露无遗,贸易投资自由化陷入停顿,经济和技术合作也缺乏实质性行动。如2000年在文莱召开的第十二次部长级会议,因缺乏实质性内容而回到了空谈阶段。因此,成员国在许多重大问题上产生了重大分歧,对组织的功能和效力产生了怀疑。亚太经合组织的运行处于调整和新的探索过程之中。

(二) 亚太经济合作组织的特点

从亚太经济合作组织的运行角度看,亚太经济合作组织有非机制性、开放性和非约束性等特征。

1. 非机制性

从本质上说,亚太经济合作组织是一个官方论坛,不存在自身的规则和制度,而是通过协商,达成共识,各自采取行动;它十多年建立起来的一套职能性机构没有固定的组织体系,现有组织机构属于临时性质的,而且尚未健全。非制度化和非机构化导致它还不是一个真正的区域经济一体化组织。

2. 开放性

开放性是亚太经济合作组织区别于其他区域经济一体化组织的一个鲜明特点,即坚持"开放的地区主义"。

(1) 亚太经合组织遵循世界贸易组织的宗旨和原则,而不制定自己特殊的规则。

（2）亚太经合组织内部的贸易投资自由化成果原则上适用于外部的非成员国，集团外成员可以分享该组织成员之间的市场开放的好处。

（3）亚太经合组织要为推动区域内部和外部的贸易投资障碍的消除，即全球贸易和投资自由化作出贡献。这主要通过该组织推动世贸组织的多边谈判和自身"开放的地区主义"的示范效应而实现。

3. 非约束性

亚太经合组织核心原则之一是"自主自愿"，强调非约束性。在该组织制订计划时，实行全体协商一致的原则，也依靠各成员的自愿行动实施。即便是某个成员国不履行已经承诺的计划，亚太经合组织也不能提出谴责或惩罚。例如，《茂物宣言》中贸易和投资时间表的制定，只属于原则性的承诺而未签署任何法律文件，真正的执行尚经各成员国讨论协商进行。

此外，从亚太经合组织的成员上看，不仅数量众多、规模庞大，而且社会经济制度各异、文化背景不一，经济发展水平相差悬殊，结构十分复杂。迄今为止该组织的成员已达 21 个。同时，亚太经合组织的结构特征上呈现出复合性的特点。在一般的区域经济一体化组织中，所有的成员共同组成一个统一组织，下面不再设次级的组织；而在亚太经合组织中，在统一的组织下面，还存在由若干成员组成的小集团，即次区域经济一体化组织，如东南亚国家联盟、澳新自由贸易区等。

综上所述，亚太经济合作依据现实条件下奉行"开放的区域主义"的合作原则，不搞封闭的贸易集团。比照区域经济一体化的基本特征，严格来讲，亚太经合组织并不是一个标准的或规范的区域经济一体化组织，它在区域经济一体化运动中的地位是相当特殊的。鉴于亚太地区经济成就的获得是普遍受惠于经济开放和自由化的政策的结果，故作为该地区的经济合作重要保障的亚太经济合作组织必须以有助于世界经济的持续发展和一体化为前提。并且实践也再次证明，亚太经济合作组织的发展模式是与全球经济一体化的背景分不开的。

四、发展中国家间的经济一体化——不成功的实践

从 20 世纪 50 年代开始，发展中国家就酝酿发展区域经济一体化。1960年，最早的两个南南型区域经济一体化组织——中美洲共同市场和拉丁美洲自由贸易联盟正式诞生。到目前为止，已经建立了 100 多个区域性经济集团。其中，比较著名的有：拉丁美洲的中美洲共同市场、安第斯条约集团、加勒比共同体、拉丁美洲一体化联盟、南方共同市场；非洲的中非关税与经济同盟、西非经济共同体、大湖国家经济共同体、东南非洲共同市场、马格里布联盟；亚洲的阿拉伯共同市场、东南亚国家联盟、海湾合作委员会和经济合作组织等。

发展中国家最初组建区域性经济集团时制定的目标都很宏大,企图通过发展区域内贸易和经济合作来实现工业化和经济发展。但是,近半个世纪的实践表明,发展中国家的区域经济一体化并没有达到预期的目标,更没有像发达国家区域经济一体化那样成功。在长期的历史发展过程中,南南型区域经济一体化组织也制订了相当多的一体化计划,但真正付诸实施的却很少,最终往往都由于各种原因而不了了之。直到目前,南南型区域经济一体化的贸易创造效应和动态的好处都是非常有限的。导致不成功的原因很多,当今较为流行的说法是各成员对于区域经济一体化措施的执行不力。也有的学者认为发展中国家的一体化自身存在无法弥补的缺陷,基本上不具备成功的条件,而相比之下,南北型自由贸易区是发展中国家区域经济一体化的方向。总之,无论何种原因,他们的普遍结论就是南南型区域经济一体化实践是不成功的。因此,对于广大发展中国家来讲,在区域经济一体化道路上还需要进行更加努力的探索。

第六节　中国与区域经济一体化

一、中国参与区域经济一体化进程的必要性

20世纪70年代以来,中国开始奉行对外开放政策,重视发展与世界各国特别是与发达国家的贸易和经济合作,取得了令世人瞩目的经济奇迹。历史进入21世纪,在经济全球化日益发展的大背景下,加强与发达国家的经济联系,参与南北型自由贸易区具有更加重要的意义。

(一) 有利于中国扩大出口

发达国家和地区的市场对中国的出口是至关重要的。当今,中国的主要贸易伙伴国中,发达国家占据主要的地位。如果没有这块市场,中国的出口状况将严重恶化。因此,中国必须积极投身于南北型自由贸易区,巩固中国向发达国家和地区的出口。随着区内发达成员贸易壁垒的逐步消除,中国向这些国家的出口必然会进一步扩大,与区外国家相比,从而获得长期的、相对稳定的市场保证。

(二) 有利于中国利用外资

中国参与区域经济一体化有利于中国更多地利用外资,这主要表现在以下两个方面:

(1) 在中国实际引进外资的过程中,发达国家和地区是中国最主要的外资

来源,因此,参与发达国家和发展中国家之间的区域经济组织必然会促进发达国家成员对中国的投资。

（2）南北型自由贸易区能产生"关税工厂"效应,通过分享这一效应,可以促进区外国家和地区对中国的投资。其中最主要的是发达国家的投资。所谓"关税工厂"效应,是指发展中国家与发达国家统一市场后,区外资本为分享经济一体化的关税优惠等好处,避开一体化组织对区外企业设置的贸易壁垒,经常把投资成本相对较低的发展中国家作为它们进入贸易区的桥头堡,使发展中国家成为吸纳外来投资和加工生产的重要中心。例如,北美自由贸易区中的墨西哥就是如此。

（三）有利于中国的技术引进和技术进步

一方面,发达国家是中国最主要的技术进口来源,参与南北型的贸易区显然有利于中国方便、直接地从发达国家引入先进适用的技术。另一方面,贸易具有"技术外溢"效应和"边干边学"效应,即指通过贸易活动可以间接地带来外国的先进技术,并且这些技术可以"外溢"到国内的其他行业。中国加入南北型区域经济一体化后带来的对外贸易扩大,有利于中国进行技术学习。同时,国内企业为了在竞争中保持优势地位,有动力不断地进行技术创新。

（四）有利于中国的改革和制度创新

任何改革措施都不是闭门造车的结果,而是对外先进经验的借鉴和学习。参与南北型自由贸易区作为中国对外开放的重要途径,在这个过程中可以借鉴他国维持和巩固新制度的现成经验,推动中国的制度改革进程。

综上所述,中国必须重视南北经济合作,积极参与南北型区域经济一体化的进程。

二、中国参与区域经济一体化组织的进展

到目前为止,中国参加的唯一一个南北型区域经济一体化组织是亚太经济合作组织。1991年中国正式成为该组织的成员,此后相继参加了包括亚太经合组织部长级会议等在内的几乎所有重要活动。

（一）中国参与亚太经合组织的基本政策

与一般的亚太经合组织成员相比,中国在社会制度、意识形态、经济体制等很多方面都很一定的特殊性。基于中国的特殊国情,在参与亚太经济合作组织的过程中,采取了如下基本政策:

（1）亚太经济合作组织的贸易自由化和便利化措施应该建立在自愿参加、

协商一致和自主行动安排为主的基础上。

（2）亚太经合组织的行动议程和市场开放安排应考虑成员的不同水平，坚持灵活性原则。

（3）亚太经合组织应对所有成员实行非歧视性原则，组织内的开放成果向非成员开放。

（4）亚太经合组织要重视经济技术合作，将它与贸易投资自由化放在同等重要的地位。

（5）不能改变亚太经合组织的性质，即消除亚太地区贸易投资障碍，加强成员间的经济技术合作，促进地区经济繁荣的使命，而不包括政治和安全方便的内容，更不能成为由某个大国操纵的政治工具。

（二）中国参与亚太经合组织的基本政策

在上述政策前提下，中国积极地投身亚太经合组织的各种活动，并在其中发挥了重要影响。

（1）参与亚太经济合作组织基本原则的制定。1996 年中国提出了"APEC方式"，即承认多样性，强调灵活性、渐进性和开放性；遵循相互尊重、平等互利、协商一致、自主自愿的原则；单独行动与集体行动相结合。最终，马尼拉会议将"APEC方式"写入其会议宣言。

（2）参与亚太经济合作组织的贸易投资自由化行动，如 1995 年大阪会议上宣布，从 1996 年起大幅度降低进口关税（平均关税水平从 35.9％降至 23％）。

（3）积极推动亚太经济合作组织的经济技术合作，如选定北京、合肥、苏州、西安、烟台 5 个高新技术开发区作为向亚太经济合作组织开放的 5 个高新科工业区。

（4）成功举办亚太经济合作组织上海年会。2001 年 11 月，亚太经济合作组织第十三次部长级会议和第九次领导人非正式会议在上海举行。这次会议对重塑"911"事件后的经济信心、克服当时的世界经济困难、启动世贸组织首轮多边贸易谈判等都起到了积极作用。

（三）中国参与亚太经济合作组织中存在的问题

从理论上讲，中国作为亚太经合组织的成员之一，可以分享其贸易投资自由化的好处，从而促进本国的经济发展。但是，中国能从亚太经合组织的贸易投资自由化中得到多少好处也取决于其各成员国对贸易投资自由化行动计划的实施情况。近年来，在亚太经合组织贸易投资自由化行动基本停顿的情况下，中国能从其中得到的好处不容乐观。现实数据也说明了这一点。1991—1999 年，中国对亚太经济合作组织成员国的贸易占中国贸易总额的比重从 80％下降到 75％，来自于亚太经合组织成员的外资占中国利用外资总额的比重由 93％ 下降到 77％。这在一定程度上说明,中国与亚太经济合作组织其他成员的经济联系不仅没有加强反而减弱了。亚太经济合作组织对成员经济的促进作用是有限的。

中国的经济发展需要参与有实效的南北型自由贸易区,而不是像过去的南南型经济一体化和亚太经合组织的"空谈俱乐部"。坚持多边主义高于地区主义的原则,在积极参与南北型区域经济一体化的同时,以更高的热情投身全球经济一体化,而不能以前者来代替对后者的参与。

三、中国积极投身东亚区域经济合作中国

(一) 东亚经济合作的加速发展

自 20 世纪 90 年代中期以来,经济全球化与区域一体化已成为当今世界经济发展的两大主要趋势。尽管与欧洲和北美相比,东亚区域经济合作仍很落后。但经历了 1997 年东亚金融危机的洗礼,以及在区域经济一体化浪潮的冲击下,东亚各国加强区域经济合作的意识正在不断加强,出现了加速发展的趋势,并已取得了积极进展,呈现出多样化发展的态势。舆论一般认为,从国家与国家之间真正形成实质性区域经济合作的角度说,东亚区域经济合作中主要有以下四种形式:①东盟和东盟自由贸易区;②东盟与中、日、韩的合作对话(10＋3);③东盟分别于中、日、韩的合作对话(10＋1);④中、日、韩三国合作对话。

这也被称为推动东亚合作进程的四个轮子。

(二) 东亚区域多边经济合作与中国的经济发展

东亚各国与中国地域相邻,文化相近,是中国对外经济发展的重心。中国对外贸易的 70％ 是在东亚地区进行的,中国吸引外资的 85％ 也是来自于这一地区。所以东亚区域经济合作的蓬勃发展必将对中国产生重大的影响:

1. 有助于中国与东亚各国经济的互动,营造中国经济发展需要的稳定周边环境

20 世纪 90 年代以来,中国对参与东亚区域经济一体化的态度有了根本的转变,尤其是中国与东盟所达成的在 10 年内建立自由贸易区的协议和更紧密区域经济合作关系的热情,为推动东亚区域经济合作树立了样板,为整个东亚自由贸易区的形成发挥了积极的作用。同时,东盟也对中国政府的合作表示非常赞同的态度。这种动向反映了一种深刻的经济关系的转折和变化。

(1) 东盟国家在中国崛起和世界经济形势的变化下,正在改变其长期以来在雁行模式下紧盯欧美市场的出口导向战略,把更多的贸易和投资转向中国市场,转向亚洲和东盟国家内部市场。

（2）特别是对于中国来说,经济崛起后要进一步发展需要有一个稳定的周边环境;中国要成为地区甚至世界经济强国,更少不了东亚周边国家特别是东盟国家在经济和政治上更多的支持与合作。

因此,这种相互需求以及双方贸易、投资及其他经贸关系的日益发展,使得双方相互之间的依赖关系日益深化,也使双方都感受到加强合作、建立自由贸易区将是符合双方利益的重大选择。东亚区域经济合作的积极推进,营造了中国经济再次腾飞所需要的周边环境,同时也为东盟的经济模式的转变提供了机遇。

2. 增强中国在世界经济中的分量

自由贸易区的建立将在世界上经济最活跃的地区形成一个拥有最多人口和最大潜力的统一市场,进而推动 WTO 新一轮贸易自由化谈判的进程。因此,中国与东亚经济合作的加强,尤其是中国—东盟自由贸易区的建立将极大地增强中国在世界经济中的分量,提高自己的国际地位,同时有利于加强中国内地与港、澳、台的经济联系,加快它们经济一体化的进程。

（三）东亚经济合作的发展态势

东亚区域经济合作起始于东盟。尽管东盟的合作开始得比较早,但从整个区域来说,东亚合作还只是处于起步阶段。与欧洲相比,东亚各国的差别很大,既有作为世界第二大经济体的日本,也有作为世界人口第一大国的中国,还有世界上最不发达的国家。各国成员的社会、经济、制度、文化等方面存在巨大差异,东亚合作从一开始并没有一个明确的政治目标。因此,它从务实需要开始,不断增加合作的内容,逐步建立和完善合作机制。从很大程度上说,也没有一个统一的共识。与北美也不同,东亚经济合作也不仅仅是建立自由贸易区,还把政治目标作为自由贸易区的重要内容,加强同东亚各国的政治、外交、经贸关系。所以在可以预见的未来,只能从地区多层次、多领域的合作开始,逐渐达到区域经济的一体化最终目标,而决不能指望在短时期内实现类似欧盟和北美自由贸易区那样的区域合作。东亚合作只能循序渐进,在合作过程中出现的问题和困难,需要东亚各国和地区努力取得共识,通过互利互惠的原则协商解决。因此,东亚区域经济合作需要建立和推动多重机制的发展,寻找并建立符合东亚特点的一体化道路。目前呈现的上述多层次共同发展的局面,就完全符合东亚当前的实际情况。

思考与练习题

1. 区域经济一体化对世界经济的影响是什么?
2. 区域经济一体化形成与发展的原因是什么?
3. 区域经济一体化经历了哪几个发展阶段?

4. 经济一体化有哪几种形式?

5. 怎样理解经济一体化与经济全球化的关系?

案例研究

案例

新形势下的欧盟发展之路

自 2004 年 5 月一口气接纳 10 个新成员国开始,欧盟就面临着"消化不良"的难题。2005 年,法国、荷兰否决了旨在确保扩大后的欧盟更好运转的《欧盟宪法条约》,使欧盟在当时陷入制宪危机。2008 年,被视为"简版"宪法条约的《里斯本条约》又遭爱尔兰否决,欧盟政治一体化进程出现新问题。

欧盟布鲁塞尔峰会以具有法律效力的决定形式,在有关堕胎、社会政策、税收及确保爱尔兰中立地位等问题上打消了爱尔兰的疑虑,为其就《里斯本条约》举行第二次全民公决清除了障碍,欧盟制宪终于迎来新的曙光。

在经济社会层面,欧洲经济一体化的成功推进,曾使很多成员国对欧盟整体发展有着较为乐观的预期。但是,《欧盟宪法条约》遭否决而引发的有关发展模式的讨论,以及此后发生的金融危机,给这种乐观蒙上了一层阴影。在挑战中找到一条推动欧盟经济、社会更好发展的道路,成为欧盟国家迫切需要解决的问题。

2009 年,欧盟峰会批准了包括建立一套全新泛欧金融监管体系在内的一整套金融改革方案,一致通过了"共担就业责任"建议。建议的核心内容是保持就业率,增加就业渠道,要求企业共同为促进就业而努力。这些措施表明,欧盟今后将努力为成员国打造一个应对、防范金融风险的"防波堤",同时协力解决社会发展中的问题。

欧盟委员会主席巴罗佐在峰会上阐述了未来五年欧盟改革的大致方向:为欧盟探寻出一条绿色和可持续的经济增长道路;提高欧盟竞争力,力争使欧盟向知识经济转型;确保欧盟能源安全;加强金融监管,并在应对气候变化领域继续发挥重要作用;等等。

在新形势下,欧盟发展的阶段性脉络更为清晰,解决一体化进程、经济社会发展中问题的措施不断增加新内容。尽管困难与考验依然不少,但欧盟正展示出成熟、渐进推进一体化的态势。

案例思考与讨论

1. 欧盟内的东欧国家经济发展水平与西欧国家相比较低,欧盟应如何应对成员国之间巨大差异造成的困境?

2. 欧元区国家目前深陷主权债务危机的困境之中,你认为危机的根源是什么?

第十二章

可行性研究与资信调查

学习要点

　　可行性研究与资信调查是确保项目投资决策科学性和正确性的一项重要的保障措施,它们都是在投资决策作出前进行的。本章首先论述了可行性研究的概念、阶段划分、应注意的问题和可行性研究的组织实施;接下来介绍了资信调查的分类、内容、途径和程序以及资信等级评定等方面的知识。通过本章的学习,学生应认识到可行性研究与资信调查的重要性,熟悉可行性研究与资信调查的主要内容和基本步骤。

Key Points

　　Feasibility Study and Credit Status Analysis are important tools to assure the success of investment decision and they should be carried out before the investment decision is finally made. This chapter firstly introduces the concept, the process and potential problems of Feasibility Study as well as its implementation. Then, this chapter illustrates the classification, the content, the ways and procedure of Credit Status Analysis and also the knowledge concerning Credit Status rating. By studying this chapter, students are expected to realize the importance of Feasibility Study and Credit Status Analysis and be familiar with their main content and procedure.

第一节　可行性研究概念与阶段划分

一、可行性研究的概念

　　可行性研究是在项目投资决策前,对项目进行研究评价的一种科学方法,它通过对市场需求、生产能力、工艺技术、财务经济、社会法律环境等各方面情况的详细调查研究,就项目的生存能力和经济及社会效益进行评价论证,从而明确提出这一项目是否值得投资和如何运营等建议。

可行性研究产生于第二次世界大战前。20 世纪 30 年代,美国在开发田纳西河流域这一大规模国土整治工程时,正式将"可行性研究"作为项目前期论证的名称。这一时期,可行性研究侧重点在于工程技术方面。第二次世界大战后,可行性研究的重点逐渐转向财务分析方面。经过诸多专家的不懈努力,可行性研究从理论到实践日趋完善。当今可行性研究的特点是注重投资项目的综合性效果,以财务分析为核心,并且对政治、社会、生态环境等因素给予相应的重视。

二、可行性研究的阶段划分

(一) 机会研究

机会研究,又称投资机会鉴定。它的任务是:在一个特定的地区和行业,分析和选择可能的投资方向,寻找最有利的投资机会。同时,对项目有关数据进行估算。机会研究的步骤大体是:国别研究、地区研究、部门或行业研究以及提供项目报告。

机会研究工作比较粗略,主要依靠笼统的估计而不是详细的分析。这种粗略研究所依据的各种数据一般是经验数据和规划数据,也有的是参考现有项目匡算得出的数据,其精确度一般为±30%。对于大中型投资项目,机会研究所用的时间一般为 2～3 个月,所耗费用一般占投资费用的 0.1%～1%。投资机会鉴定后,凡能引起投资者兴趣的项目,就有可能转入下一阶段即初步可行性研究。

(二) 初步可行性研究

初步可行性研究是经投资决策者初步判断并提出进一步分析的要求后,对项目方案所作的初步的技术和经济等方面的分析。这一步骤有时根据决策者的要求和建议也可省去而直接进入下一阶段的研究。

初步可行性研究,主要是对以下各项作出研究和分析:市场状况、生产能力和销售策略;资源(人力、动力、原材料);建厂地址选择;项目技术方案和设备选型;管理结构;项目实施进度;项目财务分析(项目资金筹措、产品成本估算、盈利率和还贷期估算);不确定性分析。

初步可行性研究,将为项目是否可以上马提供判别依据。初步可行性研究一般要用 4～6 个月或更多一点的时间来进行,各种数据的估算精度为±20%,所需费用一般占总投资的 0.25%～1.5%。如果确定项目可以上马,则可进入下一阶段即可行性研究。

（三）可行性研究

这一阶段不但要对项目从技术、经济上进行深入而详尽的研究，确定方案的可行性，而且必须对多种方案进行反复权衡、比较，从中选出投资省、进度快、成本低、效益高的最优方案。可行性研究将为如何实施投资项目提供指导性依据。

可行性研究的内容与初步可行性研究的内容基本相同，但它所需要的资料数据比初步可行性研究更精确，对数据处理精度要求更高。这一阶段各种数据的估算精度为 $\pm 10\%$，时间一般为 8～12 个月，所需费用占总投资费用的 1%～3%，大型项目占总投资费用的 0.2%～1%。

（四）编写可行性研究报告

这一阶段的主要任务是将可行性研究的基本内容、结论和建议用规范化的形式写成报告，成为最终文件以提交给决策者作为最后决策的基本依据。

下面以中外合营（合资与合作）项目为例说明可行性研究报告的主要内容。其内容主要包括：基本概况（包括合营企业名称、法定地址、注册国家、总投资、注册资本和合营企业期限等）；产品生产安排及其依据；物料供应安排及其依据；项目地址选择及其依据；技术设备和工艺过程的选择及其依据；生产组织安排及其依据；环境污染治理和劳动安全、卫生设施及其依据；建设方式、建设进度安排及其依据；资金筹措及其依据；外汇收支安排及其依据；综合分析（包括经济、技术、财务和法律等方面的分析）和主要附件（包括合营各方的营业执照副本、法定代表证明书等）。

（五）项目评估

项目评估是指银行、政府部门、金融信贷机构对项目的可行性研究报告作出评审估价。项目评估和可行性研究同是为投资决策服务的技术经济分析手段。它们的内容基本相同，但它们是投资决策过程中的两个不同的重要阶段。其主要区别在于：可行性研究是由投资者负责进行的，其考虑的重点是更新技术、扩大生产、赚取利润。项目评估主要是由银行或金融机构进行的，其所关心的是贷款的收益与回收问题，主要评估项目的还款能力及投资的风险。所以，在项目评估时侧重考察以下几个问题：①基础数据，尤其是重要基础数据的可靠性；②项目方案是否优选；③项目投资估算的误差是否超过允许的幅度；④项目投资建议是否切实可行，有没有错误的建议或遗漏；⑤项目的关键方面是否达到期望研究的质量。

可行性研究的五个阶段都是在项目投资前进行的,可行性研究是项目发展周期的一个重要组成部分(见图 12 - 1)。

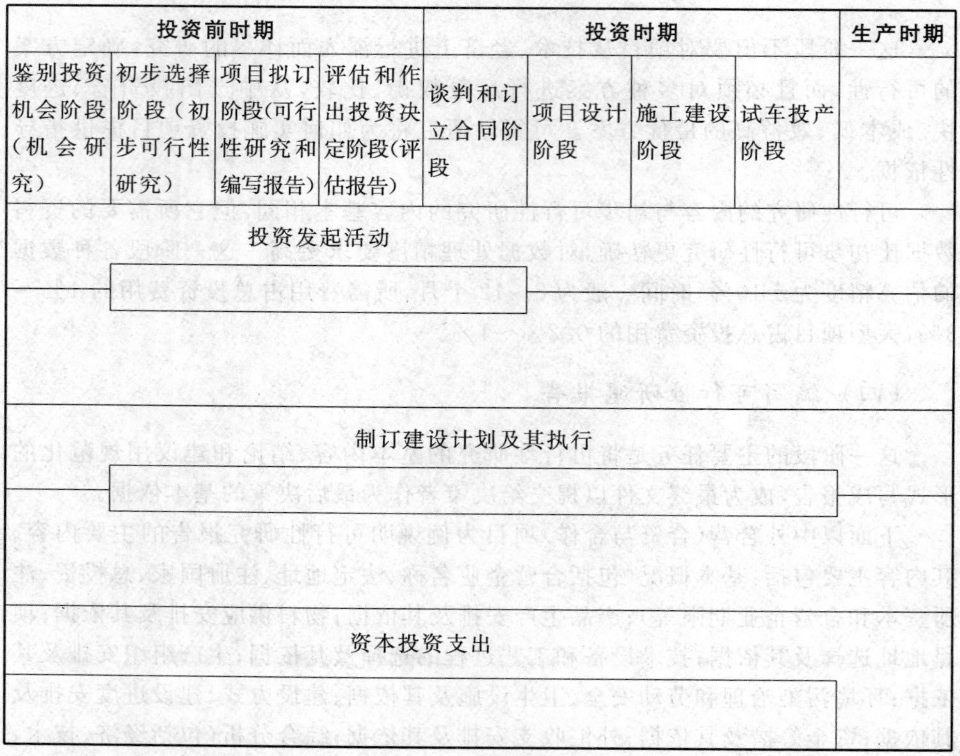

投资前时期				投资时期				生产时期
鉴别投资机会阶段(机会研究)	初步选择阶段(初步可行性研究)	项目拟订阶段(可行性研究和编写报告)	评估和作出投资决定阶段(评估报告)	谈判和订立合同阶段	项目设计阶段	施工建设阶段	试车投产阶段	

投资发起活动

制订建设计划及其执行

资本投资支出

图 12 - 1　可行性研究与项目发展周期关系图

三、可行性研究中应注意的几个问题

(一) 科学性和公正性

进行可行性研究,必须坚持实事求是的原则,数据资料要求真实可靠,分析要据实比选,据理论证,公正客观。绝不能出现为达到事先已经确定的投资目标,而任意改动数据的情况。

(二) 评价数据的正确性、合理性和可靠性

(1) 认真审核基础数据的可靠性。投资额、生产量、成本费用和销售收入等基础数据一定要比照同类项目,结合当地实际情况认真估算,如果基础数据估算失误,下面的内部收益率计算过程再规范、计算数值再准确,也不能起到应有的

作用。

（2）合理确定计算期。计算期不宜过长，如果过长，便难以预测环境的变化，进而使计算的各项动态经济指标的可信度降低。

（3）基准收益率的确定必须切合实际，偏高或偏低都会使折现计算失真。

（4）多方案比较时应认真审定方案之间的可比条件；否则，不仅使比较失去实际意义，而且可能导致决策失误。

（三）　可行性研究的结论应简单明确

可行性研究中的结论和建议，应以简洁的文字，总结本研究的要点，建议决策人采用推荐的最优方案，要简述其理由。其中包括推荐方案的生产经营和技术的特点、主要技术经济指标、不确定性分析结论、对项目各阶段工作的指导意见等。同时，对实施项目中要加以注意和预防的问题也应明确指出，切忌有意隐瞒一切可能出现的风险。

四、进行可行性研究时的一些重要参考资料

从国外方面来看，联合国工业发展组织曾制定和出版了三本工作手册，作为在世界范围内通用的项目可行性研究标准工作手册，它们是：《工业可行性研究报告编写手册》、《项目评价准则》和《项目估价实用指南》。从国内来看，主要是国家发展与改革委员会和原建设部制定出版的《建设项目经济评价方法与参数》。

第二节　可行性研究的实施

目前进行项目可行性研究通常采用两种方式：一是由企业自己编制，但同时聘请一些专家作为顾问；二是委托专业咨询公司编制。

一、由企业承担编制任务

（一）　可行性研究小组成员的组成

如果由企业自己承担编制任务，则首先要成立一个研究小组。项目可行性研究小组按照理论模式至少应包括下列成员：一名负责人；一名市场分析专家；一名本行业技术专家；一名管理专家；一名财务专家。此外，还应视项目的具体情况聘请一些短期专家协助工作，如法律、金融、生态环境等方面的专家。

（二）由企业自己承担编制任务的利弊分析

以企业自身为主，同时视情况聘请一些短期专家协助编制可行性研究报告的优点主要是：编制人员熟悉本行业和本企业的技术业务以及企业管理特点，编制的报告针对性较强，并且所花费的费用较少。但是，同时也存在一些缺点：可行性研究结论往往带有一定的倾向性；有些企业因专业人才不全或水平较低，有可能导致可行性研究报告的质量较差，甚至有可能带来一些问题。

二、委托专业咨询公司编制

在国内外，承担项目可行性研究的机构大小各异，有跨国公司、研究院所、大学、设备制造商、施工承包公司以及专门的咨询公司和小型事务所等机构。目前，在西方国家有一些世界性的跨国咨询公司，专门从事可行性研究工作，如美国的麦肯锡公司和克泰尔公司、法国的雷诺咨询工程公司、瑞士的哈耶克咨询公司等。因此，企业必须按照一定的程序，选择信誉高、经验多的咨询机构为己服务。委托专业咨询公司编制可行性研究报告时，要注意处理好以下两个问题：

（一）合作程序

1. 确定咨询服务的职责范围

项目投资者应为本次咨询服务划定界限，其中包括：需要提供服务的内容细目、日程安排、报告的最终形式等。

2. 发送征求咨询文件

根据咨询服务的职责范围，项目投资者编制出征求咨询文件，然后向项目投资者认为比较合适的咨询机构发送。备选咨询机构，一般以三至六家为宜，提出名单过多会给选择工作带来困难。

3. 确定候选机构的优选顺

候选机构在接到征求咨询文件后，如对此次咨询感兴趣，一般都会编制咨询建议书。内容包括：可行性研究的工作大纲、时间进度、研究重点、研究深度、费用和支付方式、人员组成、向项目投资者汇报的时间、次数等各方面必须明确的问题。项目投资者在收到各候选机构的咨询建议书后，即可开始对各咨询机构的业务能力、从事工作的人员是否称职以及该建议书的适应程度进行评价，选出一个值得与之进行合同谈判的公司。

选择咨询机构的标准，可以通过以下几个方面确定：

（1）咨询机构对项目所涉及的经济和技术活动的一般经验如何。

（2）所提出的工作计划是否切合项目的实际情况。

（3）所提出的费用能否被项目投资者基本接受。

综合以上三项标准，排出优选顺序。

4. 谈判签订合同

通过以上优选排序确定候选机构后，即可安排与选中的公司谈判，就一些细节问题进行磋商，最后签订咨询合同。谈判结束，项目投资者将选定咨询公司的消息通知其他候选公司之后，咨询工作人员即可开始工作。

（二）可行性研究咨询费用的计算方式

1. 固定金额计算方式

这种方式是按照咨询价格的理论构成计算出咨询费用总额，以后的整个咨询活动不再另外计取费用。通常，这项总额费用中还包括有一定比例的不可预见的支出费用。咨询过程中，如费用有结余，归咨询机构，如有超支，投资者不予补偿。对于确定属于业务增加而引起的费用，可以用追加合同的方式解决。

2. 咨询人员工资加一定比例其他费用方式

这种方式是将咨询人员的工资加上一定比例的其他费用，作为咨询费。其计算公式为：咨询费＝咨询人员工资×（1＋系数）＋直接费用。

公式中的系数，实际上反映了咨询活动中间接咨询费用的内容，它的高低一般取决于常规的间接费用数量和咨询工程的所在地、工作季节、工程类型等。该系数通常在 2 以上，美国一般取 2.3～3。

3. 概略估计方式

对于某些投资项目，由于其所需咨询服务的不确定性，可由咨询机构一方根据项目难易程度和以往同类项目咨询的经验，提出一个咨询费用的总金额，并同时规定一个报酬总额的上限和下限。如果项目咨询活动出现意外增减，咨询费用增减的额度以预先议定的上下限为界。

第三节 资信调查

一、资信调查的概念、分类和意义

（一）资信调查的概念

资信调查（Credit Information）是指通过一定的方式对贸易客户或合作与投资伙伴的资金及信用等各方面情况进行调查了解。资信调查在有的国家或地区又称征信调查，其英文有时又译成 Credit Investigation 或 Credit Inquiry，简单来讲就是验证一个人或企业的信用。资信调查与咨询服务并不完全相同,咨询服务是请人担任经营与管理或信息方面的顾问或参谋,而资信调查可以说是请人担任商业方面的侦察人员。我们通常所讲在投资决策之前要做好国外市场调查研究工作,主要讲的是要做好投资环境的评估。当然,如果广义来理解,也可以把资信调查包括在其中。

(二) 资信调查的分类

资信调查按照不同的标准可以分为许多不同的类型:以资信调查的地域分类,可以分为国外资信调查与国内资信调查;以资信调查的对象分类,可以分为个人资信调查、企业资信调查、财产资信调查和产业资信调查;以资信调查的目的分类,可以分为投资资信调查、交易资信调查、管理资信调查、聘雇资信调查和婚姻资信调查;按资信调查的方式分类,可以分为直接资信调查、间接资信调查和直接与间接相结合资信调查,等等。

一般来讲,资信调查是在一项决策作出之前进行,但由于经营管理过程中时常要进行一些较重要的决策,所以资信调查也不是一次就完结了,而是要根据需要选择时机对投资与合作伙伴的资信状况不断地了解和掌握。另外,投资与合作伙伴的资信状况也是在不断变化的,也需要不断了解,特别是当其法律与管理组织结构发生重大改组、人事发生重大调整或生产与经营状况发生逆转时,更需要及时把握其资信的相应变化。由此看来,资信调查又可以分为事前资信调查、事中资信调查、追踪资信调查和应急资信调查等。

(三) 资信调查的意义

从进行国际合作与投资项目的角度而言,做好资信调查的意义和作用主要有以下几方面:

(1) 有助于选定资金和信用等各方面情况良好的投资合作伙伴。如果我们选定的合作伙伴资信可靠,就有助于合作与投资项目的顺利进展;反之,如果选定的合作伙伴资信不佳,不仅对项目的顺利进展不利,甚至还会使企业受骗上当,造成企业亏损以致倒闭破产。据报道,仅20世纪90年代初的4年间,境外企业拖欠我国外经贸企业的货款就高达89亿美元。被拖欠的货款既有外贸出口方面的,也有对外承包工程方面的。在上述89亿美元的拖欠货款中,有意欺诈款约占六成。造成外商拖欠货款的主要原因是我国不少外经贸企业不重视对外商的资信调查。

(2) 进行资信调查有利于作出科学的国际合作与投资项目决策,提高项目的成功率,促进国际经济合作与投资事业的发展。例如,在我国利用外资与海外投资工作中,都把对外方投资合作伙伴的资信调查作为一个重要环节来抓,结果是有力地提高了这两方面的审批质量和工作水平。

(3) 做好资信调查还有助于减少我国海外企业投产开业后合营各方的矛盾和纠纷,避免出现不必要的风险和损失,使我国海外企业能够取得较好的经济效益,使海外投资的本金能够保值和增值。如我国某省的国际经济合作公司与巴巴多斯华人何某合资创办了一家公司,生产服装,由于事先未对合作伙伴的资信情况进行认真的调查了解,结果公司创办后何某采取多种手段侵吞公司资金,导致公司破产,我方损失 100 多万美元。又如,我国某市一家外贸公司在国外合资开办了一家中餐馆,但由于企业开办前轻信对方的自我表白,未进行很好的资信调查,结果餐馆开业后,对方为人刁钻刻薄,很难合作共事,开业当年即出现亏损,后来该企业难以正常经营,只得提前关闭。

(4) 资信调查一般在项目可行性研究之前进行,因此,资信调查做好了对项目可行性研究工作的顺利开展也有很大的益处。总之,资信调查是做好我国对外经济贸易工作的一个重要前提。

二、资信调查的内容

(一) 关于资信调查内容方面的不同学说

在资信调查的内容(要素)主要应当包括哪些方面的问题上存在不同的观点和学说,较有代表性的有"3F"说、"5C"说、"5P"说和"5M"说。下面分别介绍一下这几种学说:

"3F"说中的 3 个 F 是指 3 个要素,即管理要素(Managerial Factor)、财务要素(Financial Factor)和经济要素(Economic Factor),认为企业资信调查的内容主要是这几个方面。

"5C"说认为企业资信调查的内容应当是:品行(Character),指潜在的合作伙伴在以往的经营中表现出来的商业道德,如债务偿还情况等;经营能力(Capacity of Business),指潜在合作伙伴在日常经营管理中所显示出的经营技能和实力;资本(Capital),指潜在合作伙伴的财务情况;担保品(Collateral),指潜在合作伙伴担保品的种类、性质和变现性;经营状况(Condition of Business),是指潜在合作伙伴目前经营业务的状况,如市场环境状况、所在行业的现状与前景、企业的竞争力状况等。

"5P"说认为资信调查主要应当围绕着以下五方面的内容进行:一是人的因素(Personal Factor);二是目的因素(Purposeful Factor);三是还款因素(Payment Factor);四是保障因素(Protective Factor);五是业务展望因素(Perspective Factor)。

"5M"说认为资信调查的内容是管理(Management)、财力(Money)、企业员工(Man)、市场(Market)和机器设备(Machine)方面的状况。

以上几种学说的立论有所不同,但实质上区别并不是很大,因为资信调查的内容总是围绕着与调查对象直接相关的因素而展开。

(二) 资信调查的主要内容

对合作与投资伙伴进行资信调查,主要应注意和考虑下列内容。

1. 公司或企业的注册时间与注册地点

公司或企业成立的迟早是一个很重要的信号。据几个主要西方国家的官方统计,公司的破产率与公司成立的时间长短有很大的关系。在破产的公司中,破产绝大多数是发生在公司成立的早期,破产的高峰期是在公司成立后的前三年,一般破产率达 20%,到成立后第十年,破产率逐步趋稳,在 5%上下徘徊。所以,在寻找合作伙伴时要特别注意这一点。当然,这并不是说绝对不能与新成立的公司打交道。另外,还要注意公司或企业的注册地点,有些外国企业在一些特殊地点注册,这都是有其用意的。例如,有些企业不在本国或经营业务所在国注册,而是到巴哈马、开曼群岛、百慕大、瑙鲁、利比里亚等地注册,因为上述地区对企业的管制较少,税收政策也较优惠,所以吸引了不少公司去寻求特殊的好处。对在这些地区注册的公司的资信情况,企业应慎重对待。

2. 公司的注册资本金额

现在国外的大多数公司都是有限责任性质的企业,即企业只是以其注册资本的金额为上限对本企业的债务承担有限责任。企业的经营能力与企业的资本实力有着密切的关系。例如,我国某进出口公司曾委托国内一家资信调查机构调查香港一家公司的资信情况,结果发现其注册资本数量很小,而其却大肆宣传自己资金实力如何雄厚,可出几亿港元与我方合建企业等。

3. 公司的法律或管理组织结构

外国公司有不同形式的组织结构,如有子公司、分公司与母公司之分;有有限责任公司、无限责任公司和股份有限公司之分;有股票上市公司与不上市公司、独资公司与合资公司、控股公司与非控股公司之分;此外,还有独资企业与合伙企业之区别。总之,所有这些组织结构形式,都会在某些关键时刻和关键问题上影响该公司的权益。如子公司与分公司形式就有很大不同:子公司的债务由子公司负责偿还,偿还不了时则倒闭破产;而分公司则不同,因分公司不是独立的企业法人,所以分公司所欠的债务在自身偿还不了时,母公司要代为偿还,这说明分公司是无限责任性质的企业。

4. 资产负债比率

资产负债比率是指企业负债总额与企业资产总额的比率。其计算公式为:资产负债比率=(负债总额/资产总额)×100%。资产负债比率是衡量企业资力和风险的重要尺度。这里所指的负债,是指企业所负担的全部短期和长期债务(国外把一年以上的欠款均视为长期债务,银行透支额按其性质也算在长期债务之内)。这里所讲的资产是指企业所拥有的一切财产、物资、债权和其他各种可以用货币计价的权益。一般来说,该项比率越低,说明该企业资信越好;反之,如果该项比率越高,说明该企业资信较差。这项比率原则上不应超过100%。英、美等国工业企业的负债对资产比率平均为50%左右,一般工业企业超过了这个比例,就很难从银行或财务公司借到资金。当然,各国的经营管理概念不同,银行等金融机构对企业的支持程度也有所不同,对这一比率要求也就不一样。在日本,工商企业的资产负债比率高达60%~90%也属正常。

5. 合作伙伴的性格、道德(品行)和能力

合作伙伴诚实可靠并具有较强的业务开拓能力,是双方合作成功的保障和基础。为此,要对合作伙伴的经历、学历、信用、性格特点、主要经营者之间的相互关系、实际经营者与其继承者关系、经营者对现代经营管理知识的认识与实践程度、经营者的经营作风、履约情况以及经营者的经营能力等进行调查了解。

6. 企业的员工与设备等经营管理方面的情况对企业资信也有直接影响

具体包括企业员工的数量、构成比例、流动率、敬业精神、薪金水准和工会组织作用;企业设备的技术档次、配套能力和商标牌号;企业经营与管理机构的设置、经营与管理计划的制订和执行情况、经营范围和经营性质等。

7. 往来银行

了解潜在合作伙伴往来银行的名称、地址以及其在银行中的存、借款情况和对外付款记录也是很重要的。

8. 业务现状与展望

企业供货来源状况、生产状况、销售状况、销售市场的分布与未来销售计划,前后向关联企业现状与预测和该行业发展前景,企业业务开拓规划以及长期投资的行业、产品、时间和地区分布状况等与企业的资信情况也有密切的关系。

三、资信调查的途径和程序

(一) 资信调查的途径

(1) 通过国内外银行进行调查。通过中国境内的银行(如中国银行等)进行调查。调查时,国内企业要先提出委托申请并提供国外调查对象的有关资料,然后由银行拟好文稿,附上调查对象资料,寄给其往来银行的资信部门。国内企业也可以直接向对方的往来银行调查。调查时,将企业自拟的文稿和调查对象的资料寄给对方的往来银行资信部门。企业在自拟的文稿上可用以下简洁文句:We should be obliged if you would inform us, in confidence, of their financial

standing and modes of business。通过银行系统进行调查,除了可以了解到调查对象的资力与借贷信誉等属于银行内部保密的情况之外,所需费用也相对较低一些。

(2)通过国内外的专业咨询和资信调查机构进行调查。许多咨询机构都进行客商资信调查工作,还有一些咨询机构是以资信调查作为其主要业务的,即专业性的资信调查机构。在通过国内外的咨询和资信调查机构进行资信调查时,也是要先提出委托申请并提供调查对象的有关资料。目前,中国境内从事国际资信调查业务的机构已建立了不少,仅北京地区较有名的就有:中国国际经济咨询公司、中国对外经济贸易咨询公司、北京中贸商务咨询公司和东方国际保理咨询服务中心等。有些境外或国外的咨询公司也已在大陆指定代理机构或设立分支机构,开展资信调查等方面的业务,国内企业也可以直接委托它们进行资信调查。如美国邓白氏信息咨询公司已在中国境内设立机构从事资信调查等业务,又如台湾地区最有影响的资信调查机构中华征信所已在北京设立了办事处,直接开展境外或国外工商企业资信调查等项业务。由于是专业咨询和资信调查机构,所以调查报告的内容会更加全面、准确,时效性也会更快,并且因其是中立机构,其所提供的报告也会更加客观、公正。但是,委托这类机构进行资信调查,所支出的费用会相对高一些。

(3)通过国内外商会或进出口协会进行调查。各国的商会组织都拥有各行业企业的详细资料,因此,企业也可以通过商会了解国外调查对象的资信情况。

(4)通过我国驻外使(领)馆商务机构进行调查。我国驻外使(领)馆的商务机构(经济商务参赞处或经济商务参赞室)对当地企业的情况比较了解,委托它们调查当地企业的资信情况也是一个有效的途径。

(5)通过国外的亲朋好友、本企业的海外机构、本国的其他海外企业与机构、本企业的国外现有客户与合作伙伴进行调查。

(6)本企业派人到国外进行实地考察了解,判断对方的资信,或根据对方的来函、报道对方情况的报纸杂志以及对方股票的股市行情等由本企业作出判断。

(7)要求对方直接提供能反映其资信状况的资料,直接与对方接触,面对面核对对方的身份和询问对方的生产经营规模、注册资金、年度盈利情况等,通过这些方式也可以了解和判断对方的资信。对当面询问不要有不礼貌的顾虑。如果担心有悖于对方的风俗人情,则可以先出示自己的合法身份和介绍本公司的情况,然后礼尚往来,也自然引起对方向我方相应地介绍其自身的有关情况,或者我方直接询问对方也是顺理成章的。签订合同或协议本身就是为了防止今后的纠葛,这样做对双方都有利,任何一个诚实的客商都明白这个道理。

在上面所讲七个途径中,前五个是间接的资信调查途径,后两个是直接的资信调查途径。有时可以把间接和直接的资信调查途径结合起来使用。凡是进行间接的资信调查都要将调查对象的全称、地址、电话和传真号码以及其往来银行的全称、地址、电话和传真号码告之被委托调查机构或个人,同时,还需要提供调查对象与自己单位接触的意向。

(二) 资信调查的程序

程序主要是针对间接资信调查而言的。间接资信调查五种途径的程序大同小异,下面以通过国内资信调查机构进行调查为例,介绍基本程序如下。

1. 提出委托申请

由委托人向资信机构提出书面申请,填写国外资信报告委托书,详细列明调查对象的有关情况和具体事项以及委托方的情况。

2. 付款

零散客户在委托申请提出后付清费用。固定客户付款情况有所不同,采用的是定期结算付款方式。

3. 开始调查

资信机构在将委托人所填具的委托书统一编号备案后,便开始通过相应的方式进行调查工作。根据国际惯例,资信机构在从事调查时无权向调查对象透露委托来源。

4. 提供资信调查报告

资信机构在事先约定的期限内完成调查工作,向委托人提供资信报告。报告标准文字为中文,如委托人有要求也可提供英文等文种的报告。

四、资信(信用)等级评定

资信(信用)等级评定是指以统计方法,将影响企业信用的各项要素数量化和精确化,按照具体、客观、准确、迅速的原则,对被调查企业的信用状况给予一个总体评价。具体进行评定时要制定出一个评分表,以企业得分总数之多少,评定其信用等级。现在,一般的做法是将企业的综合信用分为四个等级,即最好(High)、好(Good)、一般(Fair)、差(Limited)。有时也称为 A、B、C、D 四级。

(一) 工商企业信用等级评定的具体标准和条件

下面以台湾中华征信所信用评等等级划分标准为例进行介绍。中华征信所将信用评等的等级划分为以下几级。

1. A 级:优良客户

标准和条件是:①在本行业与银行界必须具备最高的信誉;②有稳定的高于本行业平均水平的获利能力;③属于第一类股票上市公司,盈余情况良好;④属全国性成绩优秀的大厂商;⑤财力雄厚的厂商;⑥对本公司盈利有突出贡献的厂商;⑦自动付款交易情况良好者。

2.B级:满意客户

标准和条件是:①长期往来性客户,收付款情况正常;②公司获利情况良好;③往来交易量极为平稳;④企业与其负责人无不良评价;⑤对本公司盈利有贡献的厂商;⑥地方性厂商;⑦上市股票公司,盈余正常;⑧同行业与银行界评价良好;⑨小型企业具有潜力者。

3.C级:应该注意的客户

标准和条件是:①往来交易有延滞或换票情况者;②查询往来银行实绩较差者;③公司或工厂用房与用地为租用者;④企业财力薄弱者;⑤公司新成立营业未满三年者;⑥旧客户久未往来,近来重新往来者;⑦夕阳行业的厂商;⑧不景气受害较严重的厂商;⑨负债比率偏高的厂商;⑩有财务纠纷或诉讼的厂商;⑪资信资料不全的厂商;⑫在同行业往来交易中有不良记录的厂商。

4.D级:应特别注意的客户

标准和条件是:①营业情况不良者;②获利能力差,近年严重亏损者;③资产负债比率偏高,负债情况严重;④产品滞销情形严重;⑤关系企业经营失败;⑥被主要往来客户重大倒账;⑦股东不和,情形严重,重大股东退股;⑧遇水灾、火灾等重大自然灾害者;⑨有重大漏税或违法情形者;⑩同行业传说不稳定者;⑪有退票等不良记录者;⑫有刑事犯罪前科者;⑬付款情况不良,经常需要催讨者。

(二) 工商企业信用等级评定的对应分值

下面仍然以台湾中华征信所企业信用等级评定的对应分值为例加以说明。通过工商企业信用等级评定的对应分值表(见表 12-1)可以看出,80 分至 100 分对应的是 A 级,50 分至 79 分对应的是 B 级,30 分至 49 分对应的是 C 级,29 分以下对应的是 D 级。

表 12-1　信用等级评定的对应分值表

等级		分数	信用情况
A	AA	90~100	信用优良,往来交易应无问题
	A	80~89	信用良好,目前往来交易应无问题
B	B+	70~79	信用尚佳,当前正常交易尚无问题
	B	60~69	信用尚可,有保证或有条件之交易尚可往来
	B—	50~59	信用普通,资产有限,大宗交易宜慎重
C	C	30~49	信用欠佳,往来交易应注意
D	D	0~29	信用不良,不宜往来交易

资料来源:台湾中华征信所。

五、如何阅读和利用资信调查报告

在委托资信机构进行资信调查后,企业会得到一份资信调查报告,在阅读和利用资信调查报告时主要应注意以下几点:

(1) 拿到一份资信调查报告后,首先,要关注调查对象的信用等级,因为信用等级是整个调查报告的核心,通过信用等级可以观察到调查对象的总体资信情况。如果资信等级为 A 级,说明调查对象的资信很好,可放心与之合作。现实中,多数调查对象的资信为 B 级,说明资信较好,在一定条件下可与之合作。如果资信为 C 级,与之合作时应特别加以注意。调查对象的资信为 D 级,则不应与之合作。其次,要认真阅读报告中的总体分析或重要评论部分的内容,因为在这些部分要给企业一些有关调查对象的综合情况分析和评价,以及提示企业在与之进行交易时应注意的问题。

(2) 不论调查对象的信用等级评定是高还是低,在抓住上面提到的两个关键内容之后,还要对资信报告从头到尾进行阅读。在阅读报告时,一方面要注意分析给调查对象评定那个等级的依据;另一方面,还要注意将自己所了解的调查对象的情况以及调查对象所提供的自身情况同报告中所反映出来的情况进行对照。

(3) 要根据本企业与调查对象的接触意向,拟与调查对象进行合作的项目性质,对资信调查报告进行针对性的阅读,分析是什么因素影响了调查对象的信用情况,而这些因素对本企业与之合作是否有直接的影响,如果有,本企业应当作出什么样的决策。

思考与练习题

1. 简述可行性研究的概念与阶段划分,可行性研究与项目发展周期的关系。

2. 简述委托专业咨询公司编制可行性研究报告时应注意的主要问题。

3. 什么是资信调查? 它有什么意义? 资信调查可以通过哪些途径进行?

案例研究

案例一

可行性研究报告目录格式

下面是一份制造业项目可行性研究报告的目录格式,从中可以看出这类报告所包含的主要内容和要求:

第一章　实施要点(项目名称、宗旨、规模、范围、期限等)

第二章　项目的背景和历史(项目各方基本情况介绍等)

第三章　市场和工厂生产能力(需求和市场研究、销售、生产计划、生产能力)

案例思考与讨论

1. 可行性研究报告主要包括哪些内容?

2. 进行可行性研究的必要性和意义是什么?

案例二

北京新华信商业信息咨询有限公司企业信用报告样本(节选)

本报告所指的金额除特别说明外,均为人民币。

重要事项:

目标公司于 2001 年由原名某科技发展有限公司更为现名。

报告摘要:(略)

信用评价:

建议信用额度:150 万元

信用等级:CR3

新华信的建议信用额度没有考虑您与目标公司的具体交易情况,仅供您在确定您与目标公司进行信贷决策时参考。新华信在分析目标公司资信状况时,综合考虑了目标公司的规模、背景与历史,目标公司相对于行业平均水平的财务状况和经营情况,目标公司的信用历史等。新华信信用等级的含义如下:

等级	风险水平	新华信建议
CR1	风险极小	信贷交易可以很宽松
CR2	风险小	信贷交易可以较宽松
CR3	风险低于平均水平	可以正常信贷条件与其交易
CR4	风险属于平均水平	可在密切监控基础上以正常信贷条件与其交易
CR5	风险高于平均水平	尽量避免信贷交易
CR6	风险大	信贷交易应以担保为基础
CR7	风险很大	只在现金基础上与其交易

综述:

目标公司是一家专业从事计算机设备批发的公司,主要代理各知名品牌的计算机设备。目标公司近几年业务收入增长速度高于整个行业的增长速度,但由于竞争激烈,销售毛利率有所下降。目标公司的资产结构和资产效率好于同行业的平均水平。

实地探访：

信用分析员于 2002 年访问了目标公司经营地点——某大厦某楼某座某室。此大厦位于上海市徐汇区繁华地段，交通非常方便。据某大厦物业管理处的有关人员透露，大厦属于甲级写字楼，租金约为 100～120 元/平方米·月。目标公司租用办公面积若干平方米。办公室内部陈设标准，工作气氛紧张。

主营业务：（略）

销售情况：（略）

采购情况：

目标公司是某显示器的总代理，直接向南京某显示器有限公司采购显示器，其采购条件是 30 天赊账。目标公司一般的采购条件是 30 天赊账或现金进货。

信用记录：

信用分析员通过与南京某显示器有限公司财务部联系，得知目标公司是其在华东地区的总代理，付款较为及时。信用分析员与目标公司的另一家供货商苏州某电子有限公司进行电话联系，该供应商的销售经理告知，其与目标公司合作至今，未发生拖欠现象。信用分析员访问了目标公司所在大厦的物业人员，了解到目标公司于 2000 年开始进驻经营，至目前为止，目标公司每月支付租金均较为及时。经向当地法院查询，未发现目标公司被起诉的记录。

员工数量：（略）

财务资料：（略）

财务说明：（略）

基本财务指标对比：（略）

银行账号：（略）

注册资料：（略）

股东及股份：（略）

主要股东背景：（略）

主要管理人员：（略）

附属机构：（略）

资料来源：新华信公司网站。

案例思考与讨论

1. 该企业信用报告中目标企业的信用状况如何？在阅读该报告时应该注意哪些问题？

2. 将本案例与教材中的相关内容结合起来分析，总结概括出企业信用（资信）调查主要内容和信用等级评定方面的一些基本规律。

3. 投资环境评估、投资项目可行性研究、资信调查等几项工作都是在投资决策作出之前进行的，它们之间是什么关系？可以相互替代吗？

第十三章

国际税收

学习要点

　　国际经济合作业务与国际税收有着密切的联系,税收对各种生产要素的国际流动具有较强的调控作用,对经济合作项目位置的分布、数量的多少、规模的大小和效益的高低也有一定影响。国际税收是国家税收发展到一定阶段的产物,它是随着经济生活国际化和税收活动国际化的出现而出现的。自从实行改革开放政策以后,中国也逐步建立起了自己的涉外税收制度。在本章中,首先介绍了国际税收的概念、税收管辖权、国际双重征税和国际税收协定;接下来分析了国际避税方法与国际反避税措施;最后对中国现阶段实行的涉外税收制度进行了论述。

Key Points

　　International economic cooperation is closely related with International Taxation. Taxation has strong control towards the transnational flow of factors of production and also has certain impacts towards the distribution, the quantity, the scale and the profits of economic cooperation projects. International Taxation appeared when national taxation developed to a certain phase; it emerged with the internationalization of national economy and taxation. Since the open-door policy was adopted, step-by-step China has built up her own Foreign-related taxation system. This chapter firstly introduces the concept of International Taxation, Tax Jurisdiction, International Double Taxation and International Taxation Treaties; then it analyzes the measures of International Tax Avoidance and International Anti-Tax Avoidance; and at the end it illustrates Chinese current Foreign-related Taxation System.

第一节　国际税收概述

一、国际税收的概念

(一) 税收与税收制度

税收是一个经济范畴,也是一个历史范畴,它的发展是受社会生产力发展水平制约的。税收是国家为了实现其职能,以政治权力为后盾,强制地、无偿地参与社会产品分配的一种方式。税收所反映的是一国政府同其政治权力管辖范围内的纳税人(包括自然人与法人)之间所发生的征纳关系。税收是国家参与国民收入分配的一种特殊方式,同其他分配方式相比较,具有强制性、无偿性和固定性等几个特征。

税收制度是国家各种税收法律、法规和征收管理办法的总称,是国家征税的法律依据和工作规程。构成税收制度的基本要素主要有纳税人、征税对象、税目、税率、纳税环节、纳税期限、减免税和违章处理等。

(二) 国际税收的概念

国际税收是指两个或两个以上国家的政府,在依据各自的税收管辖权对跨国纳税人征税的过程中,所发生的国与国之间的税收分配关系。对国际税收概念的理解,要注意把握以下几方面的内容:

(1) 国际税收作为一种税收活动,不能脱离国家而独立存在,它是国家税收在国际范围内的运用,是以国家为一方,以跨国纳税人为另一方的税收征纳行为。

(2) 跨国纳税人是国际税收中的一个关键性因素。这是因为,一个国家对纳税人征税,行使其征税权力,本属国家税收的范围,只是由于纳税人的活动超出了国界,成为跨国纳税人,才引起了国家之间的税收分配关系,才产生了国际税收。

(3) 国际税收的实质是国家与国家之间的税收分配关系,它同国家税收的实质有着严格的区别。国家税收所反映的是一国政府与国内纳税人之间的分配关系,而国际税收所反映的除了这方面的分配关系以外,更多的是指不同国家之间的税收分配关系,或者说是不同国家之间的财权利益分配问题。

(三) 国际税收与外国税收和涉外税收的区别

国际税收不仅同国家税收有着明显的区别,而且,它同外国税收以及涉外税收等概念也是不同的。外国税收是相对于本国税收的一个概念,它是外国人眼里的本国税收,同本国税收一样,也属于国家税收的范畴,因而不能把外国税收看成是国际税收。涉外税收是一国税收制度中涉及外国纳税人的部分。各国的涉外税收同国际税收有着一定的联系,各国的涉外税收制度是国际税收关系形成的基础,国际税收是各国涉外税收的延伸和扩展。但是,两者的立足点不一样。一国的涉外税收立足于国内,主要是处理本国政府的对外征税问题,所体现的是该国的对外经济关系,它对别国的税收制度是不起约束作用的。而国际税收主要立足于国际,所要处理和解决的问题主要是国与国之间的税收分配关系,它把各国的涉外税收制度放在国际经济关系的整个体系中加以分析和考察,从而揭示出带有规律性的联系,调整和规范国际间的税收分配关系。所以,也不能把涉外税收同国际税收等同看待。

(四) 国际税收中的纳税人和征税对象

在国际税收中,纳税人和征税对象是其不可或缺的两个要素。实际上,国际税收本身并没有自己单独的纳税人和征税对象,国际税收所涉及的纳税人和征税对象,仍然是各个国家税法所规定的纳税人和征税对象,只有当有关国家各自对它的税法所规定的纳税人征税,引起了这些国家相互之间的税收分配关系时,才使得这些国家的纳税人和征税对象,同时成为国际税收所涉及的纳税人和征税对象。国际税收所涉及的纳税人是指负有跨国纳税义务的自然人和法人。该跨国纳税人必须拥有来自于居住国以外的收入或所得,并且,该跨国纳税人的同一笔跨国收入或所得同时在两个或两个以上的国家成为征税对象。由于国际税收的研究范围主要是所得税,因而,国际税收中所涉及的征税对象主要是指跨国收入或所得,它包括跨国经常性收入或所得、跨国超额收入或所得、跨国资本利得或跨国其他收入或所得等。

二、税收管辖权和国际双重征税

(一) 税收管辖权的概念

税收管辖权是国家主权在税收领域中的表现,是国家依法确定纳税人和征税对象及其纳税义务的权力。税收管辖权的主体,是拥有征税权的国家,其客体则是负有跨国纳税义务的跨国纳税人及其跨国所得。

(二) 税收管辖权的分类

税收管辖权是国家主权的重要组成部分,它受到国家政治权力所能达到的范围的制约。对于一个主权国家的政治权力所能达到的范围,一般有**两种**

理解：一个是地域概念，即一个国家只能在该国区域内（领土范围内）行使它的政治权力；另一个是人员概念，即一个国家可以对该国的全部公民和居民行使其政治权力。在国际税收中，对于选择地域概念作为一国行使其征税权力的指导原则的，称为属地原则；对于选择人员概念作为一国行使其征税权力的指导原则的，称为属人原则。按照属地原则确立的税收管辖权，称作地域税收管辖权或收入来源税收管辖权，它根据纳税人的所得是否来源于本国境内来确定其纳税义务，而不管纳税人是否为本国的居民或公民。依照属人原则确立的税收管辖权有两种，称为居民税收管辖权和公民税收管辖权，它们是根据纳税人同本国的居住联系或政治法律方面的联系（即是否拥有国籍）来确定其纳税义务，而不管这些居民或公民的所得是否来源于本国领土范围之内。近些年来，公民税收管辖权的应用越来越少，世界各国较普遍地行使的是居民税收管辖权。

在当今世界上，绝大多数国家和地区都在同时行使地域税收管辖权和居民（公民）税收管辖权，也就是常说的"两权并用"。个别国家甚至是"三权并用"，即同时行使地域、居民和公民三种税收管辖权，如美国。当然，也有少数国家和地区单一行使地域税收管辖权，如中国香港、巴拿马、乌拉圭和阿根廷等。还有极少数国家和地区完全放弃对所得税的税收管辖权，即两种税收管辖权都不采用，如巴哈马、开曼群岛、瑙鲁和安道尔等。目前，中国在所得税方面同时采用了地域和居民两种税收管辖权。

（三）　国际双重征税的含义和产生的原因

国际双重征税有时也称为国际重复征税，它是指两个或两个以上的国家，在同一时期内，按同一税种对参与国际经济活动的同一跨国纳税人或不同跨国纳税人的同一征税对象同时征税。国际双重征税一般可分为法律性双重征税和经济性双重征税两种类型。法律性双重征税强调的是纳税主体（纳税人）与纳税客体（征税对象或税源）均具有同一性，是指不同国家对同一跨国纳税人的同一征税对象或税源进行的重复征税；而经济性重复征税是指不同国家对不同的跨国纳税人的同一征税对象或同一税源的重复征税，经济性重复征税不强调纳税主体的同一性。

国际双重征税是由于各国税收管辖权的重叠行使造成的。税收管辖权重叠的方式主要有三种，即地域税收管辖权与居民税收管辖权的重叠，地域税收管辖权与地域税收管辖权的重叠，居民税收管辖权与居民税收管辖权的重叠。国际双重征税的存在加重了跨国纳税人的税收负担，违反了税收的公平原则，影响了有关国家之间的财权利益关系，因而对国际经济尤其是国际投资的发展会产生十分不利的阻碍作用。

（四）避免和消除国际双重征税的方式与方法

由于国际双重征税对国际经济的发展有不良影响,因此,为了顺应国际经济发展的潮流,为了各国自己的财政经济利益和税务管理的需要,各国政府和国际经济组织采取各种方式与方法来避免和消除国际双重征税。目前,各国采取的避免国际双重征税的方式有三种,即单边方式、双边方式和多边方式。单边方式是指一国政府单方面采取措施来消除和缓和国际双重征税的方式。双边方式是指有关的两个国家之间通过谈判,共同签订双边税收协定以克服双重征税的方式。多边方式是指两个以上的国家间通过谈判签订多边税收协定的方式。在上述三种方式中,应用最普遍的是双边方式。

在各国税法和国际税收协定中通常采用的避免、消除或缓和国际双重征税的方法主要有免税法、扣除法、抵免法和减免法。免税法也称豁免法,采用免税法是以承认地域税收管辖权为前提的,即政府对本国居民来自本国以外的全部所得免税,而只对其来源于本国境内的所得征税。扣除法是指行使居民税收管辖权的国家,对居民已纳的外国所得税税额,允许其从来自世界范围内的应税总所得中作为费用利支扣除。扣除法有时也称作扣减法,它同抵免法一起构成一国单边免除国际双重征税方法的体系。抵免法是指采用居民管辖权的国家,对其居民在国外的所得征税时,允许居民把已纳的外国税额从应向本国缴纳的税额中扣除。行使抵免法的原则是既承认居民税收管辖权,也承认地域税收管辖权,并且承认地域税收管辖权的优先地位。抵免法是目前国际上采用较普遍的避免国际双重征税的方法。最后一种方法是减免法,它是指一国政府对本国居民来源于国外的所得,在本国按较低的税率征税。减免法可以减轻或缓和国际重复征税,但不能消除国际重复征税。以上四种方法在避免或消除国际双重征税方面都可以起到积极的作用,但相对而言,免税法与抵免法比较彻底,扣除法和减免法作用小一些。

三、国际税收协定

（一）国际税收协定的发展与作用

国际税收协定是有关国家为了协调相互间在处理跨国纳税人征税事务和其他有关方面的税收关系,本着对等原则通过谈判而达成的一种书面协议。国际税收协定有时也称为国际税收条约。签订国际税收协定的目的,主要是避免国际双重征税,此外,还有反对税收歧视和通过加强国际税务合作防止国际偷、漏税的目的。

最早的国际税收协定是 1843 年在比利时和法国之间签订的。该协定主要是解决两国间在税务问题上的相互合作和交换情报等问题,目前已不再执行。

目前仍在执行中的最早缔结的税收协定是意大利和奥地利于 1925 年 10 月 31 日签订的双边税收协定。从第一个国际税收协定出现到现在的一个半世纪中，国际上签订了各种类型的税收协定 1 000 多个。国际税收协定已成为当今国际经济关系中的一项重要内容。为了使国际税收协定规范化，多年来，各国政府和国际经济组织作出了积极的努力。现在，有两个税收协定范本供各国在签订税收协定时参考，一个是经合组织于 1977 年颁布的《经济合作与发展组织关于避免对所得和财产双重征税的协定范本》（简称《经合组织范本》），另一个是联合国于 1979 年颁布的《联合国关于发达国家和发展中国家间双重征税的协定范本》（简称《联合国范本》）。《联合国范本》和《经合组织范本》都承认从源征税原则应当优先，而纳税人居住国应当采取抵免或免税的方法来避免国际重复征税。但两者也有区别：前者强调收入来源税收管辖权，后者则偏向居民税收管辖权。因此，这两个范本在一定程度上分别反映了发展中国家和发达国家的利益。对于发展中国家而言，《联合国范本》是它们在谈判双边税收协定时的一个较好的参考样本。

国际税收协定的作用主要有：它体现出了主权国家之间的相互尊重和平等协商；它可以赋予本国居民（公民）履行跨国纳税义务的安全保障；它可以促进缔约国各方协调相互之间的税收分配关系；它可以推动有关国家之间的经济技术交流与合作。总之，国际税收协定的签订，可以实现避免国际双重征税、减轻跨国纳税人的负担、反对税收歧视和防止国际偷、漏税，从而可以有力地促进世界经济的发展和一体化。

（二）　国际税收协定的主要内容

国际税收协定的主要内容一般包括适用范围、征税权划分、避免双重征税的方法、无差别待遇和情报交换五个方面。适用范围是指国际税收协定对哪些人、哪些税种适用，以及它在时间和空间（领域）上的法律效力。征税权划分方面的内容是国际税收协定的主要部分，这方面的规定一般要占整个协定条文的 3/5～4/5 之多。征税权划分所要解决的是跨国纳税人的各项所得在各缔约国间如何进行公平、合理分配的问题，它主要涉及对营业所得、投资所得、劳务所得和财产所得的征税权的划分。国际税收协定中避免双重征税的方法同各国国内税法中规定的方法基本上是相同的，即免税法和抵免法等。无差别待遇是国际税收协定的一项常有的内容，指的就是反对税收歧视，实质上就是要求实行国民待遇。无差别待遇的具体含义是指：缔约国一方国民在缔约国另一方负担的税收或者有关义务，不应与该缔约国另一方国民在相同的情况下负担或可能负担的税收或有关义务有所不同或比其更重。建立缔约国间的税务情报交换制度是缔约各方的一种义务，这种制度的建立有利于防止国际偷、漏税行为的发生，避免潜在的不公平税负。所以，在国际税收协定中都列有一些专门条款，规定双方国家的主管当局应定期交换税务情报。

第二节　国际避税方法与国际反避税措施

一、国际避税的性质

国际避税(International Tax Avoidance)是指跨国纳税人利用各国税法规定所存在的差别或税法规定允许的办法,采用各种公开与合法的手段作出适当的财务安排和税务筹划,以达到减少或消除税收负担的行为。

国际避税与国际逃税(International Tax Evasion)的性质是不同的,国际逃税是指跨国纳税人利用国际税收管理合作的困难和漏洞,采取不向税务机关报送纳税材料、谎报所得、虚构扣除、伪造账册和收付凭证等种种非法的隐蔽手段,蓄意瞒税,以谋求逃避应承担的纳税义务的行为。避税是公开与合法的,而逃税是隐蔽和非法的,这是两者的主要区别。

国际逃税和国际避税的性质不同,因而各自所承担的责任也不同。对国际逃税,可由有关国家根据其国内税法或税收协定的规定,依法进行补税和加处罚金,以示惩罚。而对国际避税行为,由于是各国税法上的漏洞和各国税法之间的差别引起的,对避税人无法也不可能进行处理,有关国家在发现这些问题之后,只能通过完善税法,如相应作出一些补充规定,或加强与他国税法的衔接,来进行防范。

需要指出的是,逃税与避税只是两个相对而言的概念,以合法与否来作为区分二者的标准本身也是相对的。特别是当逃税与避税成为一种跨国界行为时,就更难区分了,因为各国对合法的理解是不一样的。同一行为,在A国是合法的,在B国可能就是非法的。

企业在进行避税活动时,要注意以下两点:一是要注意处理好经营盈利与避税盈利的关系。相对于避税盈利来讲经营盈利是主要的和基本的盈利方式,如果企业连正常的收入都没有也就谈不到避税。二是要注意培养有关人才和学习有关知识。企业要开展避税活动,首先要拥有精通国际财务和税收的人才,同时,还要了解有关法律和政策等方面的信息和知识。

二、国际避税的客观基础和刺激因素

(一)　国际避税的客观基础

从主观因素上讲,国际避税的动机当然是纳税人要减轻税负,获得更大利润。但如果没有产生避税的客观基础,这种动机是不会实现的。国际避税的客观基础,简单地说,就是各国税收上的差别。国家间税收差别的存在,意味着人、收入来源或资金的流动会影响纳税义务和实际税负。

国际避税的客观基础,或者说各国税收规定间的差别,主要有以下八种情况:

(1) 各国在税收管辖权上的差别。各国在税收管辖权上的差别,可能会造成双重征税,也有可能导致不纳税。例如,A 国行使居民税收管辖权,B 国行使地域税收管辖权,某纳税人是 B 国居民,如果他的收入来自 A 国,就可以在两国都免于纳税。

(2) 课税程度和方式上的差别。一些国家对所得、财富或财富转让不课税,大多数国家对个人和公司所得课税。

(3) 运用税率上的差别。有些国家使用比例税率,有些国家使用超额累进税率;有些国家最高税率可能达 70%,而有些国家最高可能不超过 35%。

(4) 税基上的差别。所得税税基为应税所得,但在计算应税所得时,各国对各种扣除项目的规定可能差异很大。如给予各种税收优惠,会缩小税基;如取消各种税收优惠,则会扩大税基。在税率一定的情况下,税基的大小决定着税负的高低。

(5) 避免国际双重征税方法上的差别。为避免国际双重征税,各国采用了不同的方法,如免税法、扣除法、抵免法等。这些不同的方法会使纳税人承担不同的税负。其中扣除法税负最重,其次是抵免法,税负最轻的是免税法。

(6) 国与国之间有无税收协定上的差别。国与国之间有无税收协定,直接影响到避免双重征税及子公司向母公司汇出股利及贷款利息等预提税的多寡。如美国政府规定,对于向没有同美国政府签订税收协定的国家和地区汇出股利、利息或特许使用费,预提税为 30%;对于有税收协定的国家,则为 10%。

(7) 使用反避税措施上的差别。例如扩大纳税义务,在税法中采用国籍原则,以及各种国内和国际反避税措施方面的差别。

(8) 税法有效实施上的差别。各国税务部门的征收管理水平不同,使纳税人的实际税负产生差异。有些国家税法上规定的纳税义务很重,但实际征收水平可能会很低。

上述差别的存在给纳税人合法避税提供了机会。由于逃税(或偷、漏税)是非法行为,要受到法律惩处,所以纳税人目前正越来越多地潜心研究各国税制上的差别,寻求合法避税途径,以达到减轻税负的目的。

(二) 国际避税的刺激因素

近年来,许多国家的税率和实际税负都有了提高,所得税的税负一般要占净收入的一半左右。税收负担的加重,是导致纳税人,特别是从事跨国经营活动的纳税人,想方设法避税的外在因素。具体来说,导致税负增加,从而刺激国际避税的因素主要有以下三个。

1. 税率

在其他条件不变的情况下,税率越高,税负越重。那么相应地,逃税的动机也就越强。税率分平均税率和边际税率两种情况。平均税率是指税收总额被税基相除的比率,也就是应纳税额占应税所得的百分比。边际税率是指对税基下一个单位适用的税率,也就是对每一新增应税所得额适用的税率。在实行累进税率的情况下,边际税率随税基增加而增加。

对纳税人来说,他所关心的主要是边际税率的大小,即政府要从纳税人新增加的每一元收入中拿走多少。经验表明,当边际税率不到50％时,纳税人一般尚可忍受;当边际税率超过50％时,纳税人的抗拒心理增强,避税行为增加。

2. 税基

税基是征税的客观基础。在税率一定的前提下,税基的大小决定了税负的轻重。近年来,各国所得税税基都有扩大的趋势,如美国和法国,将过去一向不视为征税对象的转让所得也列入征税范围。加拿大税制委员会提出了把转让所得、赠与、继承及其他一切收入均列入征税所得概念的提案。

3. 通货膨胀

通货膨胀是各国都面临的一个经济问题。在实行累进所得税的国家,若没有对收入和资本或二者兼而有之的价格指数进行调整,来提供相应的免税补偿(即税收指数化),由通货膨胀造成的名义收入的增加,将把纳税人的适用税率推向更高的档次,政府借此从纳税人实际所得中征走更大的份额。国外学者将这种现象称为"档次爬升"(Bracket Creep)。从某种意义上说,"档次爬升"是政府增加财税收入的一条捷径,因为它不需要立法机构发布新的增税法令,而是利用所得税累进税率的特点,使政府从国民收入真实所得中取走更多的份额。此外,由于通货膨胀直接引发的物价水平上涨和消费价格指数提高,以及对企业资本原始价值的影响,还造成了对个人所得和企业所得中应扣除的成本费用的扣除不足,从而导致过分征税。由通货膨胀造成的"档次爬升"和扣除不足,蚕食了纳税人的实际所得和资本,迫使纳税人选择了避税这条路。

三、国际避税的主要方法

国际避税的方法分自然人避税方法和企业法人避税方法两个方面。下面重点介绍企业法人避税的主要方法。

(一) 利用国际避税地避税

1. 国际避税地的种类

国际避税地也称国际避税港,是指对所得与资产免税或按较低的税率征税或实行大量税收优惠的国家和地区。主要分为三类：

第一类是指不征收个人或企业所得税以及一般财产税的国家或地区，这一类一般被称为"纯国际避税地"，如巴哈马、开曼群岛、英属维尔京群岛、海峡群岛、百慕大、瑙鲁、巴巴多斯、西萨摩亚、新喀里多尼亚、瓦努阿图、特克斯与凯科斯群岛、安道尔、摩纳哥等。海外投资者到这些国家或地区设立企业，只需向当地有关部门注册登记，缴纳一定的注册费，而不必缴纳企业所得税和一般财产税；个人到这些地方长期居住，则不必缴纳个人所得税。

第二类是指完全放弃居民（自然居民和法人居民）税收管辖权而只实行地域税收管辖权的国家或地区。在这类国家和地区，只对来源或存在于当地的所得与财产征税而不对来源或存在于国外（地区外）的所得与财产征税，如中国香港、马来西亚、巴拿马、阿根廷、哥斯达黎加、利比里亚等。

第三类是指按照国际惯例制定税法并实行征税，但对外来投资者提供某些税收优惠的国家或地区。这一类国家和地区包括：加拿大、希腊、爱尔兰、卢森堡、荷兰、英国、菲律宾等。

2. 利用国际避税地避税的具体方法

(1) 在第一类和第三类国际避税地开办企业或银行，从事正常的生产和经营活动，享受其在所得和资产以及其他方面的减免税优惠，从而达到避税目的。

(2) 在国际避税地虚设机构。跨国企业在避税地设立一个子公司，然后把母公司销售给另一公司的货物，在根本未通过避税地子公司中转销售的情况下，制造一种通过该子公司中转销售的假象，从而把母公司的所得转移到避税地子公司的账上，以达到避税的目的。设立于避税地的这家子公司，实际上并不从事生产经营活动，而只从事专门的避税活动，因此又被称为挂牌公司、纸面公司、文件公司或基地公司。

(3) 在国际避税地虚设信托财产。虚设信托财产是指海外投资者在避税地设立一个个人持股信托公司，然后将其财产虚设为避税地公司的信托财产，由于避税地对财产税实行减免征收，从而达到避税目的。比如，美国某公司在巴哈马设立一个信托公司，并把远离巴哈马的财产虚设为避税地的信托财产，把这部分财产的经营所得放在避税地信托公司的名下，这样就逃避了纳税义务。

(二) 利用转移价格避税

转移价格是跨国公司母公司与子公司、子公司与子公司之间进行内部交易时所使用的一种价格，通过跨国公司内部价格的划拨，来达到避税的目的。转移价格不受市场供求关系的影响，也不是买卖双方在市场上按独立竞争原则确定的价格，而是一种人为的内部转账价格。由于跨国公司的内部交易涉及商品和劳务两个方面的内容，因而转移价格也包括两个方面：一是有形产品的转移价格,如公司内部相互提供的设备、零部件和原材料等的价格;二是无形产品的转移价格,如子公司付给母公司(或其他子公司)的技术使用费、贷款利息、商标使用费、佣金费、管理费和咨询服务费等的价格。

转移价格首先被用来逃避所得税。跨国公司的子公司分布在不同国家,这些国家的所得税税率高低不同,因此,跨国公司就可以利用这一点,将盈利从高税率国家转移到低税率国家(包括属于避税地的三类国家),从而减少公司的纳税额。

利用转移价格还可以逃避关税。具体做法有两种:一种是在跨国公司内部企业之间进行商品交易时,以调低的价格发货,减少缴纳关税的基数。比如,某商品的正常价格为 2 000 美元,在甲国要交 80% 从价进口税,跨国公司如果采取折半的价格以 1 000 美元进行内部交易,进口税就可以从 1 600 美元减少到 800 美元,从而少缴 50% 的进口关税。另一种是利用区域性关税同盟或有关协定对不同商品进口关税率所作的不同规定逃避关税。区域性贸易集团为保护内部市场,促进商品在本区域范围内流通,对内部产品都制定优惠关税政策。如欧洲自由贸易区规定,如果商品是在该贸易区外生产的,或在该贸易区内生产的价值含量不足 50%,那么由一成员国运往另一成员国时,必须缴纳关税。但如果该商品价值的 50% 以上是在该贸易区内增值的,则在该贸易区成员国间运销不用缴纳关税。

(三) 利用变更企业总机构登记注册地或变更企业实际控制与管理机构所在地的办法避税

国际上认定法人居民身份(公司居住地)的标准主要有两个,一个是以公司总机构登记注册地为标准(指负责管理和控制法人的日常经营业务活动的中心管理机构所在地),另一个是以公司的实际控制和管理机构所在地为标准(指作出和形成法人经营管理决定和决策的地点)。如果一家海外企业的所在国是以登记注册地为标准认定法人居民身份,且这个国家是高税国,那么企业就可以采取到低税国登记注册的办法避税。同样,如果一家处于高税国的海外企业的所在国是根据实际控制和管理机构所在地来认定法人居民身份,那么这家企业就可以采用将实际控制和管理机构转移到低税国的办法来避税。

(四) 利用双边税收协定进行国际避税

不同国家间签订的双边税收协定通常为缔约国各方的居民提供了某些减免税的优惠待遇,这些协定规定的优惠待遇对非缔约国居民的纳税人则不适用。利用双边税收协定进行国际避税是指本无资格享受某一特定的税收协定优惠的第三国居民,为获取该税收协定的优惠待遇,通过在协定的缔约国一方境内设立一个具有该国居民身份的公司,从而间接享受该税收协定提供的优惠待遇,减轻或避免了其跨国所得本应承担的纳税义务。例如,甲国和乙国之间签订双边税收协定,协定规定甲国居民来源于乙国的所得可享受减免税优惠,丙国与甲国之间也签订了税收协定,但丙国与乙国之间没有签订税收协定。在这种情况下,丙国的居民纳税人通过在甲国设立公司,直接收取其来源于乙国的所得,从而享受甲、乙两国间税收协定规定的优惠待遇。而根据丙国与甲国之间的协定规定,丙国居民来源于甲国的收入也可获得减免税优惠,这样就减轻了其来源于乙国的所得本应承担的税收义务。

(五)　避免成为双边税收协定中所称的常设机构而实现避税

常设机构一般是指企业在某一国家进行营业活动的场所。常设机构要想逃避纳税义务是很困难的,因为在相互签订了双边税收协定的国家,常设机构是对企业进行征税的前提和依据。所以,避免成为常设机构就成为外国企业经常采用的利用国际税收协定避税的一种手段。例如,双边税收协定一般规定:外国企业在当地开展的一些业务活动(货物仓储、货物购买、存货管理、广告宣传、信息提供、建筑安装咨询服务或其他辅助性营业活动等),只有超过一定的期限(6个月或以上)时才构成常设机构。

(六)　通过弱化股份投资进行国际避税

在一般情况下,跨国企业经营所需要的资金,主要来自于股东的股份投资和各种贷款。当跨国企业融资的时候,是选择以股份形式还是以贷款形式融资,通常主要考虑的因素有企业的经营控制权、企业的性质和企业的自有资金状况等,而较少考虑税收方面的因素。但是,在现实的国际经济活动中,跨国股息和利息所得的实际国际税负是不一样的,两者之间存在差别,这就使得跨国企业可能利用这种国际税负的差别,通过有意弱化股份投资而增加贷款融资比例的方式,把本来应以股份形式投入的资金转变为采用贷款方式提供,从而达到逃避或减轻其本应承担的国际税负的目的。

四、国际反避税措施

针对跨国公司的国际避税行为,各国政府和国际组织近年来都在积极采取行动,堵塞漏洞,加强反避税措施。

(一)　国际组织提出的国际收入与费用分配原则

所得税的征收对象是应税所得,而应税所得则是收入扣除费用后的余额。应税所得的多少直接取决于收入和费用的增减变化。转移价格的实施,使收入和费用出现了非正常的国际间流动。从这个意义上说,要想堵塞国际避税的漏洞,必须设法使跨国关联企业间的收入和分配合理化。从 20 世纪 60 年代起,联合国及经济合作与发展组织就致力于研究切实可行的国际收入与费用分配原则,以规范跨国公司的行为。目前这一努力已取得一定进展。这些原则包括:

(1) 独立核算原则。该原则要求关联企业间的交易往来,必须按无关联企业的交易往来方式进行。

(2) 总利润原则。该原则对跨国关联企业的内部交易不予过问,但到财政年度终了时,要将各关联企业在世界范围内所取得的全部利润汇总相加,再按合理标准重新分配。

(3) 合理原则。该原则是指经济合理性为基础进行国际间的收入与费用分配。

(4) 合理利润划分安全地原则。该原则要求跨国关联企业内部交易利润的划分,只有在有关国家规定的"安全地"范围内才可认为合理而予以承认。

在上述 4 项原则中,后两项原则应该说只在理论上成立,不具有可操作性。就前两项原则来看,只有少数几个国家实行了总利润原则,其余大部分国家奉行的都是独立核算原则。它们把独立核算原则贯彻在国内的税收法中,并提出了一些具体的国际收入费用分配标准。

(二) 转移价格税制

美国《国内收入法典》第 482 条规定,若两个以上的企业有特殊关系时,为了防止避税或正确地计算所得,税务部门在必要时可以对这些企业的所得进行分配,即实行转移价格税制。转移价格税制的基本思路是要求跨国关联企业按正常交易原则进行交易。

美国税法还对交易是否正常提出了具体的操作方法。这些方法得到了联合国及经济合作与发展组织的税务专家们的认可,并被很多国家吸收采纳。这些方法包括:

(1) 独立价格比照法。该方法是将彼此无关联的企业在市场竞争中讨价还价形成的价格视为市场价格,以此为标准衡量关联企业价格的高低。其基本点是,要求跨国关联企业间的交易价格,按照独立竞争企业间相类似交易的价格制定。

(2) 再销价格倒算法。该方法是从企业的再销售价格中减去一定的利润,以此来倒算标准的市场价格。它通常适用于最终产品销售价格的认定。

(3) 成本利润推算法。该方法是按成本加正常利润的方法进行推算。它一般适用于缺乏可比对象的某些工业品销售及特许权使用费之类无形资本转让收入的分配。

（4）其他方法。主要包括投资利润率推算法、最终销售价格推算法、机能推算法等。

按照美国法律规定，上述几种方法必须按顺序择用，不能随意选择。特别是，当前三种方法都不能采用时，才可选用第四种方法。事实上，虽然独立价格比照法是最为合理的，但实施起来也是很困难的。美国 1979 年年末的一份统计资料表明，在所调查的 519 个公司中，只有 200 个公司收到了转移价格课税调整的劝告，涉及交易 403 次，金额 2.775 亿美元。其中只有 3% 是根据独立价格比照法进行调整的，根据第二种和第三种方法进行调整的件数占 27%，金额占 65%。

从 20 世纪 80 年代开始，美国的转移定价税制又增加了新的内容。这是因为，在无形资产及特许权转让方面，要想根据以前的判断标准，先找出市场竞争的交易价格，然后与转移价格比较，判断其是否合理的做法很难行得通，因为此时很难找到比较对象的交易价格。因此，1986 年的税制改革，提出了无形资本转让时支付的价格，必须与它所带来的收益相适应的原则。在具体的判断方法上，认为用前三种方法判断无形资本价格已经显得乏力，应实行利润分割推算或利润率推算等其他方法。基本特征是，不直接与市场交易价格相比较，而是采用机能分析，根据经营体内部的机能推算利润。

美国制定转移价格税制的目的，是防止美国跨国公司把应税所得转移到海外。但随着其他国家对美国直接投资的增加，转移价格税制的重点已发生变化，防止外国跨国公司把美国的应税所得转移到母国或第三国日益成为转移价格税制的主攻方向。近年来，美国税务当局特别把矛头对准了在美投资的日本企业。1985 年，美国追征日产、丰田 9 亿美元的税款，1990 年又追征日立、东芝、松下等日本企业 500 亿日元的税款。

（三）避税地对策税制

避税地对策税制最早出现在美国。美国制定避税地对策税制的目的，是防止跨国公司把利润留在避税地，不汇回国内。避税地对策税制是避免企业利用避税地来推迟纳税的重要税收立法。以前的美国税法规定，凡是有美国股东参股的外国公司，其所得无论是股息还是盈余分配，在汇回美国之前，对美国股东暂不征税。如果这些公司设在避税地，那么美国股东就可能利用这一规定享受延缓纳税的特权。为了防止这种避税行为的发生，美国在 1962 年的《国内收入法典》第 951～第 964 条中提出了"F 分部所得"（Subpart F Income）的概念，即对美国股东控股的特定外国法人的一定所得征税。

该条款规定了三方面的内容：

（1）美国股东必须拥有避税地公司 50% 以上的股权，纳税义务人为美国股东中拥有该法人股票10％以上者。

（2）所得项目不指该法人从正常营业活动中的所得，主要针对在避税地成立的基地公司所得，如"外国基地公司销售所得"、"外国基地公司提供劳务所得"等。

（3）该外国法人必须是设在低税负的避税地。凡符合上述条件者，不管美国股东是否收到上述所得，均应申报其F分部所得，在美国缴纳税金。

继美国之后，许多其他国家也都在税法中作了类似的规定。如1972年原联邦德国的对外税法就规定，一个联邦德国居民，从某个受该国控股的特定外国法人得到的利息，如果占该公司利息的10％或10％以上，那么在特定外国法人分配利润时，该居民必须就他的这部分所得申报纳税，不管这部分所得是否汇回国内。日本在1978年的税制改革中，将避税地对策条款引入租税特别法之中，规定日本的居住者或法人直接或间接拥有特定外国人股票的10％以上时，该居住者或法人的所得须向日本政府申报纳税。这样，即使海外子公司把全部所得留在国际避税地，但对母公司来说，海外留存等同于汇回国内，同样要向国内申报纳税。据统计，1987—1989年的三年间，根据避税地对策税制，日本共追征漏报的留存利润税金70多亿日元。

第三节　中国的外商投资企业税收制度

一、外商投资企业税收制度的演变

大体来讲，从建立之初到现在，中国的外商投资企业税收制度已经经历了5次较大的改革：

第一次，合并《中华人民共和国中外合资经营企业所得税法》和《中华人民共和国外国企业所得税法》。为了积极有效地吸引外资，中国政府在实行改革开放政策初期，曾先后制定了《中华人民共和国中外合资经营企业所得税法》和《中华人民共和国外国企业所得税法》，并配套制定了这两部法律的施行细则。在执行若干年后，于1991年对这两部涉外税法进行了合并，合并后的新税法名称为《中华人民共和国外商投资企业和外国企业所得税法》，这部法律于1991年7月1日开始施行，与其配套的实施细则也在当年7月1日实施。两部税法的合并统一了涉外企业所得税制，是中国外商投资企业税收制度进行的第一次改革。

第二次，统一内外税收征管制度。以1992年《中华人民共和国税收征收管理法》的公布为标志,统一了对内税收和涉外税收的征管制度,这是外商投资企业税收制度的第二次改革。

第三次,进行全面的税制改革。1994年,根据"统一税法、公平税负、促进平等竞争"的指导思想,统一了内外流转税制和个人所得税制,使内资企业和外商投资企业及外国企业适用统一的增值税、消费税和营业税暂行条例。同时,废止了原适用于外商投资企业和外国企业的工商统一税条例,并且实现了外籍个人和国内公民适用统一的个人所得税法,即公布了统一的《中华人民共和国个人所得税法》。

第四次,关税和进口环节增值税免税方面的改革。当时的涉外税法规定,从1996年4月1日算起,在此日期以后批准设立的外商投资企业,在其投资总额内进口的自用设备一律按法定税率征收关税和进口环节增值税。这一政策在执行过程中曾做过一些调整。

第五次,2007年进行的两税并轨。即将《中华人民共和国外商投资企业和外国企业所得税法》与《中华人民共和国企业所得税暂行条例》合并,建立内外统一的《中华人民共和国企业所得税法》,从而为内外资企业的市场竞争创造平等的税收环境。

外商投资企业税收制度是中国原来建立的涉外税收制度的主要内容之一。原来建立的涉外税收制度除涵盖外商投资企业外,还包括外国企业和外籍在华人员。改革开放30多年来,中国的税法走过了一条"从统一到国内税收与涉外税收分开再到重新合并统一"的历程,这个历程也反映了改革开放走过的历程。实行改革开放政策后,中国依据维护国家权益,服务于对外开放,尊重国际税收惯例的原则,制定了一套比较完整的涉外税制,给涉外税收纳税人提供了一些优惠待遇,为外国投资者及外籍人员提供了良好的税收环境。当时之所以采取单独制定和实施涉外税法的政策,一个原因是为了给予外商投资优惠待遇,另一个原因是国内税收体制与国际上的标准存在差距。涉外税收优惠既体现在税种的设立上,也体现在税率的高低和税收减免上,既针对企业也针对个人。涉外税收优惠以企业所得税为主,还涉及个人所得税和进出口关税等。但与外商投资企业相关的税收除这几种外,还包括增值税、消费税、营业税、土地增值税、城市房地产税、印花税、车船使用牌照税和契税等。

从实际效果来看,单独设立涉外税收制度在当时确实起到了比较好的作用,使我国利用外商直接投资和吸引跨国公司来华投资取得了举世瞩目的成就,外资流入量连续16年列发展中国家第一位,多年来一直排列世界前五名,外资已经成为中国经济高速稳定增长的一个重要因素。但是,在中国加入WTO和进入21世纪后,为了推进市场化改革,建立统一高效的市场经济体制,创造平等的企业竞争环境,有必要对单独设立的外商投资企业所得税法进行改革,使其与国内企业所得税法合并统一。通过合并内外资企业所得税法,逐步减少给予外商投资企业和外国企业的税收优惠与超国民待遇,逐步取消内外资企业在税种、税率和税收待遇上的差别,实行平等的国民待遇。正是出于这样的考虑,在 2007 年对两部相互独立的企业所得税法进行了合并统一。

二、新《企业所得税法》的制定和实施

2007 年 3 月 16 日,第十届全国人民代表大会第五次会议审议通过了新的对内外企业共同适用的《中华人民共和国企业所得税法》(以下称新《企业所得税法》),这部法律自 2008 年 1 月 1 日起施行。新《企业所得税法》共 8 章 60 条,主要内容涉及总则、应纳税所得额、应纳税额、税收优惠、源泉扣缴、特别纳税调整、征收管理和附则等。与新《企业所得税法》相配套的《中华人民共和国企业所得税法实施条例》的框架也是 8 章,但具体内容多达 133 条。

根据新《企业所得税法》,企业分为居民企业和非居民企业,居民企业(即依法在中国境内设立的内外资企业)实行统一的企业所得税税率,税率为 25%,对于非居民企业,在适用税率上有一定的差别。凡是在中国境内依法设立的外商投资企业均属于税法中所称的居民企业,应当就其来源于中国境内、境外的所得缴纳企业所得税,税率为 25%;凡依照外国(地区)法律成立且实际管理机构不在中国境内,但在中国境内设立机构或场所的,即为税法中所称的非居民企业,非居民企业应当就其所设机构或场所取得的来源于中国境内的所得,以及发生在中国境外但与其所设机构或场所有实际联系的所得,缴纳企业所得税,税率为 25%;在中国境内未设立机构或场所,或者虽设立机构或场所但取得的所得与其所设机构或场所没有实际联系,但有来源于中国境内所得的企业,也为税法中所称的非居民企业,它们也应就其来源于中国境内的所得缴纳企业所得税,税率为 20%。

新《企业所得税法》还对既适用于外商投资企业也适用于内资企业的税收优惠作出了规定,主要内容包括:国家对重点扶持和鼓励发展的产业与项目,给予企业所得税优惠;企业的下列所得,可以免征或减征企业所得税:从事农、林、牧、渔业项目的所得,从事国家重点扶持的公共基础设施项目投资经营的所得,从事符合条件的环境保护、节能节水项目的所得,符合条件的技术转让所得等;符合条件的小型微利企业,减按 20% 的税率征收企业所得税;国家需要重点扶持的高新技术企业,减按 15% 的税率征收企业所得税;民族自治地方的自治机关对本民族自治地方的企业应缴纳的企业所得税中属于地方分享的部分,可以决定减征或者免征,自治州(县)决定减征或者免征的,须报省、自治区、直辖市人民政府批准;企业的下列支出,可以在计算应纳税所得额时加计扣除:开发新技术、新产品、新工艺发生的研究开发费用,安置残疾人员及国家鼓励安置的其他就业人

员所支付的工资;创业投资企业从事国家需要重点扶持和鼓励的创业投资,可以按投资额的一定比例抵扣应纳税所得额;企业的固定资产由于技术进步等原因,确需加速折旧的,可以缩短折旧年限或者采取加速折旧的方法;企业综合利用资源,生产符合国家产业政策规定的产品所取得的收入,可以在计算应纳税所得额时减计收入;企业购置用于环境保护、节能节水、安全生产等专用设备的投资额,可以按一定比例实行税额抵免等。

三、与新《企业所得税法》相关的过渡优惠政策安排

对于新《企业所得税法》公布之前实行的企业所得税优惠政策,国务院于2007年12月专门下发了《关于实施企业所得税过渡优惠政策的通知》,规定了过渡期的具体安排,主要内容包括以下几方面。

(一) 新税法公布前批准设立的企业税收优惠过渡办法

企业按照原税收法律、行政法规和具有行政法规效力文件规定享受的企业所得税优惠政策,按以下办法实施过渡:自2008年1月1日起,原享受低税率优惠政策的企业,在新税法施行后5年内逐步过渡到法定税率。其中:享受企业所得税15%税率的企业,2008年按18%税率执行,2009年按20%税率执行,2010年按22%税率执行,2011年按24%税率执行,2012年按25%税率执行;原执行24%税率的企业,2008年起按25%税率执行。自2008年1月1日起,原享受企业所得税"两免三减半"、"五免五减半"等定期减免税优惠的企业,新税法施行后继续按原税收法律、行政法规及相关文件规定的优惠办法及年限享受至期满为止,但因未获利而尚未享受税收优惠的,其优惠期限从2008年度起计算。享受上述过渡优惠政策的企业,是指2007年3月16日以前经工商等登记管理机关登记设立的企业;实施过渡优惠政策的项目和范围按《实施企业所得税过渡优惠政策表》执行。

(二) 继续执行西部大开发税收优惠政策

根据国务院实施西部大开发有关文件精神,财政部、税务总局和海关总署联合下发的《财政部、国家税务总局、海关总署关于西部大开发税收优惠政策问题的通知》中规定的西部大开发企业所得税优惠政策继续执行。

(三) 实施企业税收过渡优惠政策的其他规定

享受企业所得税过渡优惠政策的企业,应按照新税法和实施条例中有关收入和扣除的规定计算应纳税所得额,并按本通知第一部分规定计算享受税收优惠。企业所得税过渡优惠政策与新税法及实施条例规定的优惠政策存在交叉

的,由企业选择最优惠的政策执行,不得叠加享受,且一经选择,不得改变。

（四）附表

在该通知的最后,还附有《实施企业所得税过渡优惠政策表》,其中涉及 30 项具体内容,划定了可享受过渡优惠的 30 项原税收法律、行政法规和具有行政法规效力的文件,实际上是规定了实施过渡优惠政策的项目和范围。这些文件一部分是专门针对外资企业的优惠措施,一部分是外资企业在特区内的优惠,还有一些是专门针对特定区域的优惠措施。

四、中国与外国（地区）签订的双边税收协定

为了从国际法方面保障利用外商投资事业的健康发展,自实行改革开放政策以来,中国已经先后同世界上许多国家签订了双边层次的《关于对所得避免双重征税和防止偷漏税的协定》以及《关于相互促进（鼓励）和保护投资协定》。据国家税务总局公布的数据,截至 2011 年年底,中国中央政府已经签署了 96 个双边税收协定（其中有 5 个尚未生效）和 2 个税收安排（即同香港特别行政区和澳门特别行政区签署的双边税收安排）,基本覆盖了我国利用外商投资的主要投资来源地和对外直接投资的主要目的地。与此同时,我国还与一些国家就国际运输收入（空运和海运）的税收处理问题签署了议定书或相关协定。可以说,这些协定或议定书的签订,对于确保经济活动和税收的互利互惠,健全和完善中国的涉外税收制度与征收管理,促进国际间的相互投资,特别是扩大外商来华投资和发展中国家的对外直接投资,增强中国在国际经济活动中的地位等,都起到了重要的作用。

另外,中国政府还通过与其他国家订立双边税收协定的方式向外国投资者提供税收优惠。通过订立双边税收协定提供税收优惠是通过国际法方式提供,有别于通过国内立法提供。要确保外国投资者从我国给予的税收优惠中真正得到好处,有赖于税收饶让的争取和实行。税收饶让是指居住国政府对本国纳税人所得因来源国给予的税收减免而未缴纳的税款视同已纳税给予抵免。税收饶让的实行一般要依据国家间订立的税收协定,因而它是一种国家间的措施,是居住国政府对所得来源国吸引外资政策的一种积极配合。

思考与练习题

1. 如何准确地理解国际税收的概念?

2. 如何理解税收管辖权? 税收管辖权分为哪几类? 税收管辖权与国际双重征税是什么关系? 避免和消除国际双重征税的方法是什么?

3. 国际避税的客观基础和刺激因素是什么?

4. 目前国际上采取的反避税措施主要有哪些?

5. 中国涉外税收的税种和税率有哪些?

案例研究

案例一

《中国和乌克兰关于对所得和财产避免双重征税
和防止偷漏税的协定》(节选)

第二十四条　消除双重征税方法

一、在中国,消除双重征税如下:

(一) 中国居民从乌克兰取得的所得,按照本协定规定在乌克兰缴纳的税额,可以在对该居民征收的中国税收中抵免。但是,抵免额不应超过对该项所得按照中国税法和规章计算的中国税收数额。

(二) 从乌克兰取得的所得是乌克兰居民公司支付给中国居民公司的股息,同时该中国居民公司拥有支付股息公司股份不少于 10% 的,该项抵免应考虑支付该股息公司就该项所得缴纳的乌克兰税收。

二、在乌克兰,消除双重征税如下:

按照乌克兰关于消除在乌克兰境外缴纳的税收的法律规定(该规定应不影响本协定总的原则),根据中国法律,并与本协定相一致,就来源于中国境内的利润、所得或应税财产而支付的中国税收,无论直接缴纳或通过扣缴,应允许在就该利润、所得或财产计算的乌克兰税收中抵免。该抵免在任何情况下,不应超过抵免前,按照实际情况计算的,应属于在该另一国可能就该所得或财产征收的所得税或财产税部分。

资料来源:http://www.chinalaw114.com。

案例思考与讨论

本案例中采取的避免国际双重征税的方法属于哪一种? 还有其他避免国际双重征税的方法吗?

案例二

跨国公司利用转移价格避税

跨国公司经常利用转移价格实现避税目的。利用转移价格不仅可以规避所得税,还可以规避关税。以规避一国海关关税为例,具体做法有两种:一种是在跨国公司内部企业之间进行商品交易时,以调低的价格发货(即调低转移价格),减少缴纳关税的基数。比如,某商品的正常价格为 2 000 美元,在甲国要缴 80% 从价进口税,跨国公司如果采取折半的价格以 1 000 美元进行内部交易,进口税就可以从 1 600 美元减少到 800 美元,从而少缴 50% 的进口关税。另一种是利用区域性关税同盟或有关协定对不同商品进口关税率所作的不同规定规避关税。区域性贸易集团为保护内部市场,促进商品在本区域范围内流通,对内部产品都制定优惠关税政策。如欧洲自由贸易区规定,如果商品是在该贸易区外生产的,或在该贸易区内生产的价值含量不足 50%,那么由一成员国运往另一成员国时,必须缴纳关税;但如果该商品价值的 50% 以上是在该贸易区内增值的,则在该贸易区成员国间运销不用缴纳关税。在这种情况下,跨国公司就可以利用调高转移价格,尽量使某种商品在该贸易区内生产的价值含量超过 50%,进而达到避税目的。

案例思考与讨论

1. 什么是转移价格? 如何利用转移价格规避所得税?
2. 国际避税的主要方法都有哪些?

案例三

文艺界名人利用国际避税地避税

2001 年,意大利著名男高音歌唱家帕瓦罗蒂因为偷逃税款一案在自己的家乡,即意大利北部小城摩德纳法庭与检察官对簿公堂。案件的起因是:检察机关认为帕瓦罗蒂在 1989—1995 年间存在未申报的课税收入达 350 亿～400 亿里拉之间(约合 1 660 万～1 900 万美元),而帕瓦罗蒂则申辩,在这 7 年时间里,他一直居住在摩纳哥的蒙特卡洛,因此应该享受免税待遇。检察机关给出的依据是:1989—1995 年这 7 年间,帕瓦罗蒂的主要居住地不可能是蒙特卡洛,因为他在意大利的摩德纳和海滨度假地帕萨洛都拥有住宅,而他在蒙特卡洛居住未满 6 个月,不能算是当地正式居民。与此同时,帕瓦罗蒂本人未能拿出有力的证据证明自己在此期间一直居住在"免税天堂"蒙特卡洛,因而作为意大利公民的他仍应在意大利纳税。检察官还进一步指出,即使帕瓦罗蒂在这几年是居住在摩纳哥的蒙特卡洛,但他在意大利从事了商业经营活动,所以仍需照章纳税。面对指控,帕瓦罗蒂的辩护律师说:在这期间,帕瓦罗蒂的商业活动不是在意大利境内开展的,对此他们有充分的证据。

案例思考与讨论

1. 国际避税地有哪些种类? 企业和个人如何利用国际避税地进行合理避税?
2. 什么是税法上所称"居民"?
3. 近年来中国利用外商直接投资来源的统计中,英属维尔京群岛都居于比较靠前的位置,甚至超过了一些资本输出大国(如在 2004 年对华投资前 15 位的国家或地区排名中,英属维尔京群岛排名第二,仅次于中国香港,位居韩国、日本和美国等国家之前)。你能解释其中的原因吗? 另外,避税港、自由港和离岸金融中心之间的区别与联系是什么? 它们有交叉吗? 你能分别列举出一些著名的避税港、自由港或离岸金融中心吗?

专业名词中英文汇编

第一章 生产要素、生产要素禀赋、生产要素的非同一性、生产要素的国际移动、国际经济合作。

第二章 国际直接投资、国际合资企业、国际独资企业、投资动机、垄断优势理论、内部化理论、产品生命周期理论、比较优势理论、国际生产折中理论、OIL理论、投资发展周期理论、跨国并购、合并、国际直接投资环境、软环境、硬环境、投资环境等级评分法、与贸易有关的投资措施协议、多边投资协定、多边投资框架、国际直接投资协调、双边投资协定。

第三章 跨国公司、归核化、战略联盟、法律组织形式、母公司、子公司、分公司、联络办事处、全球性地区结构、非股权投资。

第四章 中外合资经营企业、中外合作经营企业、外（独）资企业、外商投资股份有限公司、投资性公司、BOT投资方式、外商投资企业的合并与分立、并购境内企业。

第五章 "走出去"战略、海外直接投资宏观管理、企业国际竞争力、跨国化指数、经营当地化。

第六章 资本证券、发行市场、流通市场、外国债券、欧洲债券、全球债券、买壳上市、QFII、ADR、开放式基金、封闭式基金。

第七章 技术、专利权、商标权、专有技术、普通许可、排他许可、独占许可、《巴黎公约》、《商标国际注册马德里协定》、知识产权。

第八章 总包、分包、二包、招标、投标、FIDIC条款、施工索赔、交钥匙合同、银行保函、劳务、劳务输出、劳务合同。

第九章 融资租赁、经营租赁、杠杆租赁、售后回租、综合租赁、维修租赁。

第十章 赠与成分、双边援助、多边援助、财政援助、官方发展援助、方案援助、技术援助、联合国发展系统。

第十一章 贸易转移效应、贸易扩大效应、范纳模型、关税同盟、《马斯特里赫特条约》、《罗马条约》、欧盟、北美自由贸易区、亚太经济合作组织。

第十二章 可行性研究、项目评估、资信调查、资信等级评定。

第十三章 国际税收、国家税收、外国税收、涉外税收、税收管辖权、国际双重征税、国际税收协定、国际避税、国际逃税、税率、税基、国际避税地、转移价格、转移价格税制、税种。

Key terms

Chapter 1   Factors of production, factors endowment, differences in Factors of production, Transnational Movement of Factors of production, International Economic Cooperation.

Chapter 2   International Direct Investment, International Joint-Venture Enterprises, International Sole Enterprises, investment motive, Monopolistic Advantage Theory, the Theory of Internalization, the Theory of Product Life Cycle, the Theory of Comparative Advantage, the Eclectic Theory of International Production, Theory of Ownership-Internalization-Location (OIL Theory), the Theory of Investment Development Cycle, Transnational Mergers and Acquisitions, International Direct Investment Climates, Soft Environment, Physical Environment, Investment Climate Rating、Agreement on trade-related investment measures (TRIMs Agreement), Multilateral Agreement on Investment (MAI), Multilateral Framework on Investment (MFI), Coordination of International Direct Investment, Bilateral Investment Treaties (BIT).

Chapter 3   Transnational Corporations, Refocusing, Strategic Appliance, Legal Organizational Structure, Parent Company, Subsidiary, Branch, Liaison Office, Global Regional Structure, Non-Equity Investment.

Chapter 4   Sino-Foreign Equity Joint Ventures, Sino-Foreign Contractual Joint Ventures, Foreign-Invested Enterprises, Shareholding Companies with Foreign Investment, Foreign-invested Holding Companies, Build-Operate-Transfer, M&A for Foreign-Invested Enterprises、M&A with Domestic Enterprises.

Chapter 5   "Go out" Strategy, Macro-management of overseas direct investment, International Competitiveness of Corporations, Transnationality Index (TNI), Localization of Operation.

Chapter 6   Capital securities, issuance market, circulation market, foreign bonds, Euro bonds, global bond, reverse merger, qualified foreign institutional investors, American Depositary Receipt, opened-end fund, closed-end fund.

Chapter 7   Technology, patent right, trademark right, know-how, simple license, sole license, exclusive license, Paris Convention for the Protection of Industrial Property, Madrid Agreement concerning International Registration of Trade Marks, intellectual property rights.

Chapter 8   Main contracting, subcontracting, separate contracting, invitation to tender, bidding, FIDIC clause, construction claim, turn-key contract, guarantee letter, labor, export of labor, service contract.

Chapter 9　Financial lease, operating lease, leveraged lease, sale and lease back, comprehensive lease, maintenance lease.

Chapter 10　Grant Element, bilateral aid, multilateral aid, financial assistance, official development assistance, programme assistance, technical assistance, the United Nations Development System.

Chapter 11　Trade diverting effect, trade expansion effect, Viner model, tariff union, Maastricht Treaty, Treaty of Rome, European Union, North American Free Trade Area, Asia-Pacific economic cooperation organization.

Chapter 12　Feasibility Study, Project Assessment, Credit Status Analysis, Credit Status Rating.

Chapter 13　International Taxation, National Taxation, Foreign Taxation, Foreign-related Taxation, Tax Jurisdiction, International Double Taxation, International Taxation Treaties, International Tax Avoidance, International Tax Evasion, Tax Rate, Tax Base, International Tax Havens, Transfer Price, Transfer Price Taxation, Tax Type.

主要参考文献

一、中文文献

[1] 卢进勇.中国企业海外投资政策与实务.北京:对外经济贸易大学出版社,1994.

[2] 卢进勇.入世与中国利用外资和海外投资.北京:对外经济贸易大学出版社,2001.

[3] 卢进勇,等.国际服务贸易与跨国公司.北京:对外经济贸易大学出版社,2002.

[4] 卢进勇,杜奇华.国际投资理论与实务.北京:中国时代经济出版社,2004.

[5] 卢进勇,杜奇华,闫实强.国际投资与跨国公司案例库.北京:对外经济贸易大学出版社,2005.

[6] 卢进勇,杜奇华.国际经济合作.北京:对外经济贸易大学出版社,2005.

[7] 卢进勇,余劲松,齐春生.国际投资条约与协定新论.北京:人民出版社,2007.

[8] 卢进勇,杜奇华.商务国际投资.商务部统编全国商务系列培训教材.北京:中国商务出版社,2008.

[9] 卢进勇.中外跨国企业融资理念与方式比较.北京:中国商务出版社,2009.

[10] 卢进勇,刘恩专.跨国公司理论与实务.2版.北京:首都经贸大学出版社,2012.

[11] 杜奇华.国际投资.北京:高等教育出版社,2006.

[12] 杜奇华.国际技术贸易.北京:对外经济贸易大学出版社,2008.

[13] 杜奇华,卢进勇.商务国际合作.商务部统编全国商务系列培训教材.北京:中国商务出版社,2006.

[14] 储祥银,葛亮,卢进勇.国际经济合作原理.北京:对外经济贸易大学出版社,1994.

[15] 邱年祝,严思亿,李康华,卢进勇.国际经济技术合作.北京:中国对外经济贸易出版社,1994.

[16] 张汉林,卢进勇.经济增长新引擎:国际直接投资方式、规范与技巧.北京:中国经济出版社,1998.

[17] 张锡嘏,卢进勇,王福明.全国公务员世界贸易组织知识读本.北京:对外经济贸易大学出版社,2001.

[18] 王志乐.2012跨国公司中国报告:跨国公司与中国"入世"十年.北京:中国经济出版社,2012.

[19] 王志乐.2012走向世界的中国跨国公司.北京:中国经济出版社,2012.

[20] 中华人民共和国商务部.2012中国外资统计.

[21] 中华人民共和国商务部.中国外商投资报告(2011).

[22] 中华人民共和国商务部,中华人民共和国国家统计局和国家外汇管理局.中国对外直接投资统计公报(2011年度).

[23] 商务部编写组. 国际投资. 北京：中国商务出版社，2007.

[24] 曹凤岐等. 证券投资学. 2 版. 北京：北京大学出版社，2000.

[25] 林康. 跨国公司经营与管理. 北京：对外经济贸易大学出版社，2008.

[26] 马春光. 企业国际化经营与管理. 北京：中国对外经济贸易出版社，2002.

[27] 江小娟. 中国的外资经济. 北京：中国人民大学出版社，2002.

[28] 陈继勇等. 国际直接投资的新发展与外商对华直接投资研究. 北京：人民出版社，2004.

[29] 安格斯·麦迪森. 世界经济千年史. 武晓鹰，等，译. 北京：北京大学出版社，2003.

[30] 杨圣明，裴长洪. 中国对外经贸理论前沿（1－6 集）. 北京：社会科学文献出版社，1999—2010.

[31] 黄静波. 国际技术转移. 北京：清华大学出版社，2005.

[32] 国际咨询工程师联合会（FIDIC）. 施工合同条件. 中国工程咨询协会译. 北京：机械工业出版社，2002.

[33] 国际咨询工程师联合会（FIDIC）. 简要合同格式. 中国工程咨询协会译. 北京：机械工业出版社，2002.

[34] 尼尔·胡德，斯蒂芬·扬. 跨国企业经济学. 北京：经济科学出版社，1994.

[35] 易纲，海闻. 投资学. 上海：上海人民出版社，1998.

二、英文文献

[1] UNCTAD. World Investment Report(1991—2012)，United Nations Publication.

[2] United Nations Conference on Trade and Development. Transnational Corporations(1991—2012，All Issues). United Nations Publication.

[3] Charles W. L. Hill：International Business：Competing in the Global Marketplace. Fifth Edition. McGraw-Hill Companies，Inc，2005.

[4] Alan M. Rugman. Forty Years of the Theory of the Transnational Corporation. Transnational Corporations，1999，8(2).

[5] Alan M Rugman，Verbeke A. Subsidiary Specific Advantages in Multinational Enterprises. Strategic Management Journal，2001，22(3).

[6] David Rayome，James C. Baker. Foreign Direct Investment：A Review and Analysis of the Literature. The International Trade Journal. 1995. Spring，Ⅸ(1).

[7] Joel W. Messing. Towards a Multilateral Agreement on Investment. Transnational Corporations，1997，6(1).

[8] Hymer S H. The International Operation of National Firms：A Study of Direct Investment. Cambridge：The MIT Press，1976.

[9] Jagdish Bhagwati. International Factor Mobility. Cambridge：The MIT Press，1983.

[10] Vernon Ramand. International Investment and International Trade in the Product Cycle. Quarterly Journal of Economics. 1966(5).

[11] Peter J Buckley，M. Casson. The Future of Multinational Enterprises. London：Macmillan Press Ltd. ，1976.

[12] Peter J Buckley. Multinational Firms, Cooperation and Competition in the World Economy. Macmillan Press Ltd. and ST. Martin's Press, LLC. , 2000.

[13] Dunning J H. Towards an Eclectic Theory of International Production: Some Empirical Tests. Journal of International Business Studies, 1980, 2.

[14] Dunning J H, Alan M Rugman. The influence of Hymer's Dissertation on the Theory of FDI. American Economic Review, 1985(5).

[15] Dunning J H, Fabienne Fortanier. Multinational Enterprises and the New Development Paradigm: Consequences for Host Country Development. Multinational Business Review. 2007 Spring, 15(1).

[16] Cantwell John. Knowledge in the Theory of the Firm and MNC: Asset or Action? Journal of Management & Governance, 2006, 10(1).

[17] Hans-Werner Sinn. Why Banking Crises Happen, The International Economy. 2008 Summer, 22(3).

[18] Louis T Wells. The Role of Foreign Direct Investment in East Asian Economic Development. Journal of Economic Literature. 2001, 39(4).

[19] Bruno Solnik, Dennis McLeavey. International Investment. Fifth Edition. Person Education, Inc. , 2004.